수학교육학 신서

강옥기 · 강윤수 · 고상숙 · 고호경 · 권나영
김구연 · 김래영 · 김민경 · 김응환 · 김익표
노선숙 · 서보억 · 신재홍 · 이수진 · 이중권
정인철 · 한인기 · 허혜자 · 황우형 지음

KYOWOOSA
教友社

PREFACE

본 서는 수학교육학에 대한 일반적 내용을 정리하기 위한 노력과 열정으로 집필되었다. 무엇보다 개론서로서 수학교육학에 대한 새로운 분야를 독창적으로 만들어내는 데에 중점을 두지 않고, 방대하게 펼쳐져 있는 수학교육학에 대한 내용들을 종합하여 모으고 정리해서 요약했다고 볼 수 있다. 대학에서 수학교육학을 전공하고 있다면 체계적인 구성으로 보다 효율적으로 학습에 임할 수 있을 것이다.

또한 수학교육학에 대한 기본적인 이해를 위하여 수학교육학의 개념과 철학적 근거를 제시해주고 있으며 반드시 알아야 할 수학교육학자들의 이론을 설명하고 있다. 특히 수학교육학에서 가장 중요하게 생각되는 주제들을 위해서는 별도의 장을 마련해서 학습하는 데 있어 구조적으로 읽기 편하게 구성되었다.

이 책은 다음과 같이 구성되었다.

먼저 제1장에서는 전반적인 수학교육을 소개하고 있는 **수학교육학의 개관**(한인기 교수)을, 제2장에서는 철학적 접근에서의 수학교육을 다루고 있는 **수리철학에 근거한 수학교육 철학**(이수진 교수), 이후부터는 본격적으로 교수학습이론을 다루고 있는데 제3장에서는 **Bruner와 수학교육**(서보억 교수), 제4장에서는 **Skemp의 수학학습심리학**(황우형 교수), 제5장에서는 **Dienes의 수학학습이론과 적용 사례**(강윤수 교수), 제6장에서는 **Vygotsky**(이중권 교수), 제7장에서는 **Gagne의 학습이론**(김응환 교수), 제8장에서는 **Ausubel**(고호경 교수), 제9장에서는 **Freudenthal**(정인철 교수), 제10장에서는 **van Hiele**(고상숙 교수), 제11장에서는 **Piaget**(신재홍 교수)를 다루고 있다.

제12장에서는 수학적 문제해결(김익표 교수), 제13장에서는 구성주의 학습지도원리(이중권 교수), 제14장에서는 테크놀로지를 활용한 수학교육(허혜자 교수), 제15장에서는 수학과 평가(김래영, 노선숙, 김민경, 김구연 교수), 제16장에서는 수학과 수업모형(강옥기 교수), 제17장에서는 수학사를 활용한 수학교육(한인기 교수), 제18장에서는 수학교육과정(권나영 교수), 제19장에서는 수학과 교사(권나영 교수), 마지막으로 제20장에서는 Krutetskii의 수학적 재능과 개인차(서보억 교수)를 다루고 있다.

해당 장의 참고문헌은 장의 마지막에 배치하여 독자들로 하여금 각 장의 연구과제에 대해 구체적으로 접근할 수 있도록 하였다. 더불어 수학교육 임용고사 등 관련된 시험을 준비하는 사람들을 위하여 매 장마다 **생각해 볼 문제**를 제시하여 반드시 숙지하고 있어야 할 기출문제와 예상문제를 간단하게나마 수록함으로써 자기주도적 학습을 가능하게 하였다.

본 서는 대학에서 수학교육학을 직접 지도하고 있는 많은 교수님들의 경험에서 나오는 내용과 오랜 시간에 걸친 각자의 헌신적 노력의 결과라 할 수 있다. 오랜 시간 동안 수학 및 수학교육을 연구하고 이 책이 출간되기까지의 짧지 않은 집필기간의 노력에 감사할 따름이다.

이 시간 이후 독자들이 지적해주는 오류와 부족한 사항은 지속적으로 보완하고 보충해나갈 것임을 약속하면서, 이 책이 만들어지기까지 지속적인 관심과 도움을 주신 교우사 오판근 사장님과 편집부를 비롯한 관계자 여러분들에게 심심한 감사와 고마움을 표한다. 또한 항상 사랑으로 격려해주는 집필진 모두의 가족들과 지인들에게 감사와 고마움을 표한다.

2012년 1월

집필진 일동

강옥기 · 강윤수 · 고상숙 · 고호경 · 권나영
김구연 · 김래영 · 김민경 · 김응환 · 김익표
노선숙 · 서보억 · 신재홍 · 이수진 · 이중권
정인철 · 한인기 · 허혜자 · 황우형

CONTENTS

Chapter 01 수학교육학의 개관

01 수학의 교육과 이에 관련된 역사의 개관

수학이 다른 학문 영역에 비해 오랜 역사를 가지므로, 수학의 교육도 오랜 역사를 가질 수밖에 없다. 예를 들어 고대 이집트나 바빌로니아의 유물에서 다양한 수학적 개념들, 수학적 문제해결에 대한 증거들이 확인되었는데, 이것은 고대 이집트나 바빌로니아 사회에서 수학적 지식이 폭넓게 활용되었으며 직접적 또는 간접적으로 수학이 교육되었음을 의미하는 것이다.

피타고라스는 기원전 530년경에 남부 이탈리아의 크로톤에서 피타고라스 학교(또는 피타고라스학파)를 열었으며, 이곳에서 제자들과 함께 산술, 기하, 음의 조화, 천문학 등을 가르치고 연구하였다. 이때에 피타고라스가 어떠한 교수방법을 사용했는지에 대해서는 잘 알려져 있지 않지만, 수론 분야에서 수준 높은 연구 결과들을 얻었다는 것은 잘 알려진 사실이다.

고대의 수학 교수-학습 방법에 관련하여 지금까지도 많은 연구자들이 관심을 가지는 것이 소크라테스(B.C. 469-B.C. 399)의 산파술이다. 비록 산파술이 수학 교과의 교수-학습에만 국한되어 사용되지는 않지만, 지금까지도 수학 교수-학습에서 산파술의 활용에 관련된 연구 논문들이 발표되고 있다.

수학교육의 중요성을 강조한 고대의 철학자 중에서 대표적인 사람이 플라톤(B.C. 428경-B.C. 348년경)이다. 플라톤은 소크라테스의 제자로, 철학자 군주의 양성을 위한 교육의 과정으로 기초교육, 수학교육, 변증술 교육, 실무교육을 순차적으로 나열하였다. 이때 수학교육에서는 산술(수론)교육과 기하학교육이 포함되었는데, 이들의 교육을 통해 인간의 영혼을 이데아로 향하게 할 수 있다고 생각하였다. 특히 플라톤이 아카데메이아의 현관에 '기하학을 모르는 자는 이 문 안에 들어오지 말라'고 썼다는 것은 잘 알려진 일화이다.

그후 기원전 300년경에 살았던 유클리드는 완성된 수학체계의 모범인 '원론'을 기술하였다. 원론은 13권으로 구성되었으며, 수학의 기초들이 최소한 출발점 명제들(공리, 공준)로부터 논리적인 유도관계를 통해 완성된 형태의 수학 이론으로 기술되었다. 유클리드 원론은 1900년대 초까지 유럽에서 수학교과서로 사용되었으며, 명나라 시대에 서광계에 의해 한문으로 번역되어 출판되기도 하였다.

한편 동양에서도 오래전의 수학 기록들이 지금까지 남아있다. 예를 들어 기원전 14세기경의 고대 중국의 수학에 관한 기록이 남아있다. 고대 중국의 가장 오래된 수학책들 중에 주비산경과 구장산술이 있다. 주비산경은 주나라의 해시계라는 뜻으로, 언제 집필되었는지는 정확히는 알려져 있지 않다(기원전 1세기경으로 추측하기도 하고 기원전 4세기경으로 추측하기도 한다). 지금 전해지는 주비산경은 기원후에 조상(기원 후 3세기경), 견란(기원 후 6세기경) 등이 재기술하고 이순풍이 주석을 붙인 것이다. 주비산경에는 분수의 연산, 제곱근, 피타고라스 정리의 증명 등의 내용이 포함되어 있다.

중국 최고의 수학책로 많은 사람들은 구장산술을 꼽는다. 구장산술은 기원전 1세기경에 기술되었을 것으로 추측되며, 기원 후 263년에 유휘가 주석을 붙인 책이 지금 널리 알려져 있는 구장산술의 모습이다. 구장산술은 관리들에게 필요한 수학 내용을 포함하고 있으며, 9개의 장으로 구성되어 있다. 물론 구장산술은 우리나라에도 전해져서 우리나라의 수학교육에도 큰 영향을 미쳤다.

우리나라에서는 통일신라시대에 국학에서 수학을 교육하였다. 김용운·김용국은(1982, p.79) '… 산학을 가르쳤다는 기록이 삼국사기에 짧게 언급되어 있다. 산학박사 또는 조교 한 사람을 두어 철경, 삼개, 구장, 육장을 교수한다. … 그 연령은 15세 이상 30세 이하까지를 원칙으로 한다. 재학 연령은 9년으로 하고'와 같이 통일신라시대의 수학교육을 기술하였다. 통일신라시대의 수학교육은 당나라의 수학교육에 영향을 받았을 것으로 추측된다. 이때 중요한 것은 이미 통일신라시대에 다양한 수학내용에 대한 교육이 국가적인 차원에서 이루어졌다는 것이다.

한편 고려시대에는 문종(1047-1082) 때부터 산학이 국자감의 교육과정에 포함되었으며, 교육 내용은 통일신라시대와 별 차이가 없었던 것으로 알려져 있다. 고려시대의 수학은 관리들의 필요에 따른 관학(官學)으로써의 수학이 주류를 형성했으며, 민간 수학자들에 의한 수학은 그다지 발전하지 못했다.

조선시대에는 이전과 마찬가지로 행정상의 필요, 예를 들어 토지 측량, 세금 징수 등에 필요한 내용이 수학교육의 주된 내용이었다. 그러나 조선시대에는 수학에 대한 인식 수준, 수학 연구의 폭이 고려시대에 비해 훨씬 넓어졌다.

박형빈·방주현(2005, p.12)에 의하면, '세종대왕은 왕 자신이 산학을 배울 정도로 산학에 대한 관심이 높았다. 그래서 고위층 학자, 관료들이 산학을 중시여기는 풍조가 마련되어서 조선조 산학의 흐름이 세종대에 그 기틀이 정해졌다'고 하였다. 그 후 세조 때에는 산학에 대한 중요성을 인식하여, 중앙 행정 조직에 산학에 관련된 관직이 많아졌다. 세조 때에 종6품인 산학교수와 별제, 종7품인 산사, 종8품인 계사, 정9품인 산학훈도 등이 중앙의 관료로 있었다.

장혜원(2006, pp.23-24)에 의하면, '조선시대의 수학 활동은 산사(算士)라는 중인 계급에 의해 주도되었으며, 아울러 사대부 계층의 박학다식한 지식 속의 일부분으로 이루어졌다. 중인 계급은 조선 초기의 관료 조직상 잡과(雜科) 10학을 전담하는 기술관리직의 지위가 확립됨에 따라 형성된 중간계급'이라고 한다. 즉 조선시대에는 중인 계급의 산사와 사대부로 산학을 연구한 사람들이 수학의 주류를 형성했다.

한편 임진왜란 이후에 조선시대의 실학기에 접어들면서 산학에 대한 연구가 활성화 되었으며, 현재 남아있는 수학책들 중에서 많은 책들이 이때에 간행되었다. 이 시기에 활약했던 중인 수학자로는 홍정하가 구일집을 집필하였고, 이상혁이 차근방몽구, 산술관견을 집필하였으며, 사대부인 수학자로는 최석정(1646-1725)이 구수략을, 남병길(1820-1869)이 측량도해, 유씨구고술요도해를 집필하였다.

살펴본 바와 같이, 동서양을 막론하고 수학은 문명의 초창기에 발생하여, 그 사회의 정신적 문화 또는 물질적 문화를 떠받치는 중요한 기둥이었다. 그리고 시간이 흐름에 따라 수학은 각 나라와 각 민족의 사회적 환경, 자연적 환경에 따라 독특한 특징을 가지며 발전해왔다. 그리고 수학의 교육으로써의 수학교육도 수학과 함께 공존하며 지속적인 발전을 거듭해 왔다.

수학은 고대 그리스 시대에 고유한 학문영역으로 형성되었다. 비록 수학교육이 수학과 함께 존재의 오랜 역사를 가지고 있지만, 수학교육학이 학문의 한 영역으로 형성된 것은 그리 오래되지 않는다는 주장이 일반적이다. 특히 교수학 연구의 시초로 코메니우스(1592-1670)의 '대교수학'을 꼽는다는 것을 생각하면, 수학교육학의 형성에 대한 이러한 견해도 나름의 신빙성을 가질 것으로 생각된다.

신인선·박배훈(1993, p.119)에 의하면, '19세기를 통하여 대학들은 중등 수학교사를 양성,

배출했으나, 수학을 가르치는 것에 관한 강의는 교사 준비과정의 적은 부분만을 차지했다. 19세기 말에 이르러서야 교수학(didactics)을 일반적인 교육학에서 분리하여 학교 지식을 다루는 학문으로 확립하려는 시도가 시작되었다'고 하였다. 수학교육학이 교육학 영역의 교수학과 밀접하게 관련된다는 것을 감안하면, 수학교육학의 형성을 19세기 말 이후로 추정하는 것도 타당한 접근이라 할 수 있을 것이다.

박경미(1997, p.79)는 '대학교육에 이와 같은 교수학 강좌를 처음 개설한 사람 중의 하나가 클라인(F.Klein, 1849-1925)이었는데, … 그는 함수적 사고의 기치를 들고 중등학교 수학교육의 광범위한 개혁을 시도하였으며, 후진 양성을 통해 최초의 수학교육학 박사 학위를 배출하였다'고 하였다. 즉 독일의 수학자 클라인은 전문적인 수학교육학 연구자들을 교육시켜 수학교육학 영역의 박사학위를 배출하여, 수학교육학이 전문가들에 의해 독립적이고 전문적으로 연구될 수 있는 기반을 만들었다. 알려진 바에 의하면, 독일에서는 1911년에 수학교육학 분야의 박사들이 배출되기 시작하였다.

러시아의 수학교육의 역사에 관련하여, Polyakova(2002)에 의하면 오스트로고르스키(Ostrogorskii A.N., 1840-1917)는 '기하교수법 자료들'이라는 기하의 교수-학습 방법에 대한 책을 출판하였고, 보비닌(Bobynin V.V., 1849-1919)은 모스크바국립대학교에서 '수학교육의 역사와 현재'라는 강좌를 개설하였다. 한편 신현성(2007, p.29)은 '수학교육학은 1900년부터 미국의 시카고 대학과 컬럼비아 대학을 중심으로 학문으로서 시작되었다'고 하였다.

살펴본 독일, 러시아, 미국의 경우에서와 같이, 수학교육학에 대한 강좌의 개설, 전문적인 연구 활동의 전개는 1800년대 말과 1900년대 초에 시작되었으며, 이러한 과정에서 고유한 연구 영역과 문제를 가지는 학문영역으로 발전하기 시작하였음을 알 수 있다. 수학교육학이 학문으로 형성한 시기를 1800년대 말과 1900년대 초로 규정하는 것이, 그 이전에는 수학교육에 대한 연구들, 수학교과서에 대한 다양한 관점들이 전무했다는 것을 의미하는 것은 아니다. 그 이전에도 수학의 교수-학습에 관련된 다양한 자료들, 수학교과서들이 출판되었다.

수학교육학에 대한 연구자들과 전문가들의 연구와 관심, 1900년대 초의 수학교육 개선에 관련된 많은 주장들을 바탕으로, 1908년 로마에서 개최된 제 4차 국제수학자회의(ICM, International Congress of Mathematicians)에서는 국제수학교육위원회(ICMI, International Commission on Mathematical Instruction)가 결성이 되어 수학교육의 목표, 수학교육 방법들, 시험, 학교 수학교육의 현황, 수학의 활용, 수학과 다른 지식들과의 관계 등에 관련된 논의가 이루어졌다.

현재에는 수학교육학이 고유한 연구 영역과 연구 방법을 가지는 독립적인 학문으로 확고하게 자리잡고 있으며, 세계의 여러 나라에서 많은 연구자들이 다양한 영역의 수학교육학 연구를 활발하게 진행하고 있다.

한편 우리나라의 수학교육학의 초기 연구자에 관련하여, 동아일보에 다음과 같은 흥미로운 기사가 실렸다.

> 미국 필라델피아의 템플 대학교 대학원에서 수학하던 여정순(30) 씨가 '수학교과과정의 총괄적 연구와 문교성 수학 교과과정과의 비교분석'이란 논문으로 수학교육학 박사학위를 받았다. 여씨는 서울사대 수학과를 졸업하고 도미(渡美), 뉴욕 보나벤처대학 등에서 수학(修學), 지금은 뉴저지 주립교육협회에 근무하고 있다.
> (1972년 5월 30일자 동아일보 5면)

수학교육학 박사학위를 취득한 후에 여정순 씨가 국내의 수학교육학 연구와 관련하여 어떤 활동을 했는지는 알려져 있지 않지만, 1972년에 우리나라 사람으로 수학교육학 분야에서 전문적인 연구를 통해 박사학위를 취득했다는 사실은 수학교육학 연구의 역사와 관련하여 흥미로운 사실이 될 것이다.

우선 우리나라의 수학교육학 연구에 관련된 학회 활동을 살펴보자. 우리나라에 설립된 최초의 수학교육학 연구를 위한 전문 학술단체는 1962년 가을에 설립된 한국수학교육학회이다(한국수학교육학회의 설립 이전에도 수학교사나 교수들이 주축이 되어 수학교육학 연구 모임이 만들어져 활동을 하기도 했다). 한국수학교육학회는 박한식, 구광조, 김주봉, 양동철, 유병림, 이동수, 이재철, 최운구, 호문용 등이 창립하였다.

박한식(1993, p.1)은 한국수학교육학회의 창립에 관련하여, '수학교육에 있어서의 세계 각국의 정보를 서로 교환하고 보급하며, 그리고 수학교육계에 수학교육을 연구하는 분위기를 조성할 필요가 있다고 하는데 인식을 같이하는 수학교원들이 모여서 한국수학교육학회를 만들게 되었고'와 같이 말하였다. '수학교육의 세계화'와 '수학교육학 연구의 활성화'라는 목표를 중심으로 1962년에 우리나라에 수학교육학회가 설립되었다.

한국수학교육학회는 이듬해인 1963년 3월에 수학교육학 분야의 전문학술지인 '수학교육'을 발간하였다. 박한식(1963, p.1)은 수학교육의 제 1권 1호에 실린 발간사에서 다음과 같이 수학교육학 연구의 필요성 및 방향을 주장하였다.

> 해방 후 18년간 우리나라에 여러 가지 교육의 신사조가 바다를 건너서 들어왔다. 그것에 따라 수학교육도 양상을 달리하게 되었다. … 이들 변천에 있어서 과연 수학하는 사람들은 그들 사조를 완전히 소화하고 실험하며 실천하였든가 우리들은 크게 반성해야 되는 일인 줄 안다.

이들이 맹목적으로 도입되어 그것도 형태만 생활단원이요 모양만 객관식인 입시문제가 우리들 수학교육계를 휩쓸고 있는 이 현실을 실지로 수학교육을 담당하고 있는 우리들은 직시해야 하겠다. 우리들은 연구하며 탐구하면서 전진해야 하겠고 선진국가에서 시행되는 것도 우선은 검토를 해야 하겠다. 우리들은 우리들 나름의 환경이 있고, 우리들 나름의 바탕이 있다. 이러한 여러 조건하에서 우리들에게 알맞은 보다 효과적인 수학교육의 길을 찾는 것이 우리들 수학교육자에게 주어진 사명이며 권리일 것이다.

이 학술지는 지금까지도 발행되고 있으며, 외국의 수학교육학 연구 이론 및 결과들을 국내에 소개할 뿐만 아니라, 국내의 우수한 수학교육학 논문들을 발표하는 훌륭한 학술지로 성장해왔다. 학술지 '수학교육'은 2003년 5월에 통권 100호를 발행하였으며, 발행된 100권의 논문집에는 921건의 논문들과 자료들이 수록되었다. 이들 중에서 수학교육학에 관련된 논문이 499편이며, 국내의 연구자들 뿐만 아니라 외국의 연구자들(미국, 일본, 러시아 등)도 논문을 게재하였다.

한편 이강섭(2003, p.252)에 의하면, '수학교육'에 게재된 논문들 중에서 '수학수업에 관한 내용이 절반 가까이(47.12%) 차지하고 있으며, 다음으로 교육자료, 교육공학(21.60%), 수학교육연구 및 심리학(15.23%) 등의 순서'였다. 이를 통해 우리나라에서 학술지들을 통해 발행된 논문들의 성격, 연구 문제 등을 간접적으로 알 수 있을 것이다.

1980년대 이후에 우리나라에서도 수학교육학에 대한 연구가 본격적으로 활성화되었다. 1980년대 중반에 서울대학교와 한국교원대학교의 대학원에 수학교육학 전공의 박사과정이 처음으로 개설되었으며, 그 이후에 많은 대학에 수학교육학 박사과정이 개설되었다. 현재는 국내의 대학들에서 수학교육학을 전공한 전문가들이 많이 배출되고 있으며, 미국, 일본, 러시아 등에서 수학교육학을 연구한 전문가들과 함께 우리나라의 수학교육학 연구를 이끌어가고 있다.

한국수학교육학회의 창립된 이후에, 1991년에 대한수학교육학회가 창립되었고, 1998년에는 한국학교수학회가, 1999년에는 학교수학교육학회가 창립되었다. 그리고 초등수학교육에 관련하여서는 1996년에 한국초등수학교육학회가 창립되었고, 수학사 연구에 관련하여서는 1983년에 한국수학사학회가 창립되었다.

이들 학회에서는 수학교육학 분야의 학술적 연구 결과를 발표하는 전문학술지들을 발행해 오고 있다. 한국수학교육학회에서는 살펴본 '수학교육'이외에, 초등수학교육, 수학교육연구(영문학술지), 수학교육 논문집을 발행하며, 대한수학교육학회에서는 수학교육학연구, 학교수학을, 한국학교수학회에서는 한국학교수학회논문집을, 한국초등수학교육학회에서는 한국초등수학교육학회지를, 한국수학사학회에서는 한국수학사학회지를 정기적으로 발행하여, 수학교육학 영역의 연구를 활성화하고 발전시키는데 기여하고 있다.

세계적으로도 수학교육학 연구와 모임이 활발하게 진행되고 있다. 이에 관련하여 ICMI과 국제수학교육회의(ICME, International Congress on Mathematical Education)를 대표적으로 꼽을 수 있다.

ICMI와 ICME에 대해 박한식(2004)의 연구를 중심으로 살펴보자. 세계 수학자들의 모임인 국제수학자연맹(IMU, International Mathematical Union)이 있다. IMU는 4년마다 국제 학술대회를 개최하는데 이것이 ICM이다. ICM에서는 우리가 잘 아는 바와 같이, 훌륭한 수학적 발명을 이룬 수학자를 격려하는 필즈메달의 시상식이 열린다. ICMI는 IMU의 산하단체로(우리나라에는 KSICMI가 구성되어 있음), ICMI는 4년마다 국제적인 학술 행사를 개최한다. 이것이 수학교육학 분야에서 가장 큰 학술 대회인 ICME이다.

ICME는 1969년 프랑스에서 처음 개최되었으며, 1972년에는 영국, 1976년에는 서독, 1980년에는 미국, 1984년에는 호주, 1988년에는 헝가리, 1992년에는 캐나다, 1996년에는 스페인, 2000년에는 일본, 2004년에는 덴마크, 2008년에는 멕시코에서 개최되었으며, 2012년에는 7월 8일에서 15일까지 우리나라의 서울에서 개최될 예정이다.

보통 ICME에는 세계 100여개 국가로부터 4천여 명의 정도의 수학교육학 연구자들, 관련자들이 참석하며, 2천여 편 정도의 논문이나 강연이 이루어진다. 특히 우리나라에서 개최될 ICME와 관련하여, 신현용(2009)은 '순수 학문으로서의 수학교육학은 현장연구 못지않은 의의와 가치를 가진다. ICME12를 통하여 세계 최첨단 연구 문제와 연구 기법들을 접하고 다양한 수학교육 학회 간의 활발한 교류를 촉진함으로써 한국의 수학교육학을 한 단계 올릴 수 있는 기회가 된다'고, ICME 유치 및 개최의 의미를 역설하였다.

02 수학교육학의 개념과 구조

수학교육학이란 무엇인가? 수학교육학의 개념 규정, 연구 대상, 성격 규정, 구조 등에 대해 살펴보자. 이를 위해 수학교육학에 대한 다양한 수학교육학자의 견해를 살펴보자. 우선 학습자의 측면에서 수학교육의 의의를 살펴보자.

> 수학교육은 학습자를 수학적 세계로 입문시키는 과정으로서, 학교수학을 통하여 유용성의 측면에서 수학의 본질을 깨닫게 하고, 수학적 활동을 훈련시키는 것이라고 말할 수 있다.
> (구광조 외, 1988, p.17)

이 주장을 통해, 수학교육이라는 프리즘을 통해 수학의 세계로 들어가며, 이 과정에서 학습자는 수학의 본질을 깨닫고 자신의 수학적 활동을 형성하고 발전시키게 된다. 즉 수학교육학은 학습자의 수학에 대한 앎의 본질과 과정, 수학적 활동의 형성과 발전에 관련된다는 것을 알 수 있다. 이러한 관점은 수학교육학의 주된 연구 대상과 관련하여 다음과 같이 정리될 수 있다.

> 수학교육학은 수학의 교수·학습에 관련되는 것을 연구하는 과학이다. 수학교육학을 이와 같이 정의할 때, 그 주된 연구 대상은 수학의 교수·학습이다. (이용률·성현경, 1991, p.2)

결국 수학교육학은 수학의 교수·학습 과정을 주된 연구 대상으로 삼는 교육과학이다. 그리고 교수·학습 과정은 구광조 외(1988)의 주장에서와 같이, 수학적 인식의 본질과 과정, 수학적 활동에 직접적으로 관련된다. 한편 수학의 교수·학습 과정이외에 수학교육학의 연구 대상이 다음과 같이 규정될 수 있다.

> 수학교육학은 수학의 학습에 대한 목적 결정과 교재 선정에 관한 연구를 포함한 실행 가능한 교육과정의 개발과 그 실제적인 실행, 경험적인 검증을 연구대상으로 하는 과학이다.
> (신현성, 2007, p.31)

> 수학교육학은 모든 형태의 수학교육에 대하여 그 근거와 문제점, 그리고 방법을 연구 대상으로 하는 교과교육학이다. (박성택 외, 1989, p.9)

살펴본 바와 같이, 수학교육학은 수학교육의 목표, 수학교재, 수학교육의 문제점, 교수·학습 과정, 수학교육의 방법, 수학 학습 지도 개선 등과 같은 수학교육의 이론적인 측면으로부터 교사와 학생의 구체적인 활동에 이르기까지 다양한 측면들을 연구 대상으로 삼는 종합적인 과학이다. 이제 수학교육학의 성격을 살펴보자.

> 수학교육학은 하나의 단일한 학문이 아니라 수학교육에 관련된 여러 인접학문들이 함께 관여하는 일종의 종합학문으로 파악되고 있다. 그리고 수학교육학은 그것이 산출하는 지식이 결국은 수학교육이라는 실천영역에 도움을 주고자 하는 것이라는 점에서 실천지향적인 학문으로 규정된다. (박경미, 1997, p.83)

이로부터 수학교육학은 종합성, 실천지향성의 성격을 가진다는 것을 알 수 있다. 즉 수학교육학은 수학교육에 관련된 다양한 학문 영역들의 융합을 기반으로 하며, 수학교육학의 연구는 추상적이고 이상화된 지식의 축적이 아니라, 수학교실과 관련된 실질적이고 실천적인 성격을 강하게 가진다. 이러한 관점은 다음과 같은 주장으로 구체화 될 수 있다.

> 수학교육학은 복합적 성격을 갖는 것으로, 순수수학, 응용수학, 심리학, 교육학, 수학사 등 많은 관련 분야의 요인을 고려해야 하는 종합과학으로서 그 연구는 전문가적 결정을 필요로 하는 과학이다. 곧 여러 관련 학문 중에서 특히 수학과 교육학의 학문적 특성을 인식론적, 심리학적 기반 위에서 통합하여 수학의 학습 지도 개선이란 독자적인 문제해결을 위한 연구를 철저하게 추구하는 과학인 것이다. (박성택 외, 1989, p.9)

> 수학교육학은 수학이라는 내용을 학습자인 인간에게 가르치는 실천적 행위와 관련된 제 측면에 대하여 연구하는 학문이기에, 복잡성은 물론이거니와 그 주변에 관련되어 있는 많은 학문 영역과 -순수수학을 비롯하여 응용수학, 수학사, 수학인식론, 일반 학습심리론, 일반 교육학, 사회학, 인지과학 등- 접속, 중복이 많은 종합적인 학문이다. (강완 · 백석윤, 1998, p.24)

> 수학교육학은 수학, 교육학, 논리학, 심리학의 접경 영역에 놓여있다. 수학교육학은 이들 과학을 연결하며, 이들 과학에 기반하여 자신의 문제를 해결한다. (Stolyar, 1969, p.16)

이들 주장으로부터, 수학교육학은 순수수학, 응용수학, 수학사, 수학인식론, 일반 학습심리론, 일반 교육학, 사회학, 인지과학, 논리학 등의 학문 영역과 관련된 학문이라 할 수 있다. 수학교육학은 이 학문 영역들과 지속적으로 교류하며, 서로에게 새로운 발전의 계기와 방법을 제공하고 있다. 살펴본 바와 같이 수학교육학은 다양한 학문 영역과 관련되며,

이들 학문에 기반하여 성립, 발전하고 있다.

이제 수학교육학의 근본적인 성격에 관련된 한 물음을 살펴보자. 수학교육학은 '수학교육'과 '학'의 결합인가 아니면 '수학'과 '교육학'의 결합인가? 즉 수학교육학은 수학교육에 대한 교육과학인가 아니면 수학과 교육학이 결합인가? 이들도 아니라면, 위에서 나열한 학문영역 일부 또는 전부의 합집합에 해당하는 과학인가? 이 물음에 대한 다음 주장은 수학교육학의 성격에 대한 의미로운 시사점을 제공한다.

> 수학교육학은 그 연구문제의 성격상 많은 관련 과학분야의 요인을 고려해야 하는 종합과학이며 수학교육 실제에 기여하는 실천과학이다. 따라서 수학교육학이 수학, 교육학, 심리학 등의 연구결과와 연구방법에 의해 뒷받침된다는 것, 그리고 수학보다 수학교육학과 밀접한 관계가 있는 과학이 없다는 것은 명확하다. 그러나 의학이 응용해부학이나 생리학이 아니며, 농학이 응용생물학이 아닌 것처럼 수학교육학은 이들 학문의 단순한 응용이 아님도 명백하다.
>
> (김응태 · 박한식 · 우정호, 2004, p.13)

이 주장으로부터, 수학은 다양한 학문영역에 관련되지만 이들의 단순한 합집합도, 단순한 응용도 아님을 알 수 있다. 즉 수학교육학은 관련된 학문 영역들에 기반하며, 이들 학문 영역의 창조적인 융복합의 과정을 통해 형성된 고유한 연구 대상, 연구 방법을 가지는 독립적인 학문영역이라는 것이다. 결국 수학교육학은 여러 학문 영역의 합집합이 아니라, 수학교육에 대한 독립적인 학문이라는 주장이 타당할 것이다. 이러한 관점으로부터 수학교육학의 성격, 연구 목적, 연구 방법을 다음과 같이 정리할 수 있다.

> 염견건지우(塩見健之祐)는 수학교육의 학적 구성의 이상성(理想像)을 수학교육학이라 부르고, 수학교육학은 '수학교육'과 '학'이 연결된 것이라 생각해야 되고, 그렇게 해서 그의 학적 독자성이 있는 방법이 자각되어 왔다고 말하고 있다. 그리고 수학교육학은 수학과 교육학의 양자를 강하게 관련시키는 것인데, 그 연구 목적이나 방법 더 나아가서 연구 영역에 있어서 그들과는 다른 독자성을 갖는 분야라는 것을 주장하고 있다. … 수학교육학의 독자성에 대해 석전충용(石田忠勇)은 염견(塩見) 등의 논고를 기초로 해서 수학교육학의 성격을 다음과 같이 정리하고 있다.

① 수학교육학은 수학교육을 대상으로 하는 학문이다.
② 수학교육학은 수학을 통해서 인간 형성을 추구하는 학문이다.
③ 수학교육학은 규범성과 실증성을 모두 가지고 있는 학문이다.
④ 수학교육학은 수학교육의 이론과 실천의 통합적 연구를 행하는 학문이다.
⑤ 수학교육학은 수학교육의 사상과 방법의 통합적 연구를 행하는 학문이다.

(小山正孝, 1999, pp.200-201)

결국 수학교육학은 수학교육에 대한 과학이며, 다른 교과목과 마찬가지로 인간 형성을 추구하며, 규범성과 실증성을 모두 가진 학문으로 수학교육의 이론과 실천의 통합적 연구를 수행하는 학문 영역이다.

한편 러시아의 수학교육학자인 Stolyar(1969, p.26)는 수학교육학의 구조를 '무엇을 가르칠 것인가'와 '어떻게 가르칠 것인가'로 나누어 설명하였다[그림 1-1] 참고). 무엇을 가르칠 것인가는 교육내용에 관련되며, 어떻게 가르칠 것인가는 교육방법에 관련된다. 이때 교육방법은 두 가지로 나누었는데, 모든 교과의 교육에 관련되는 방법이 일반적인 방법이며, 수학 교과의 교육에 국한되는 방법이 특정한 방법이다.

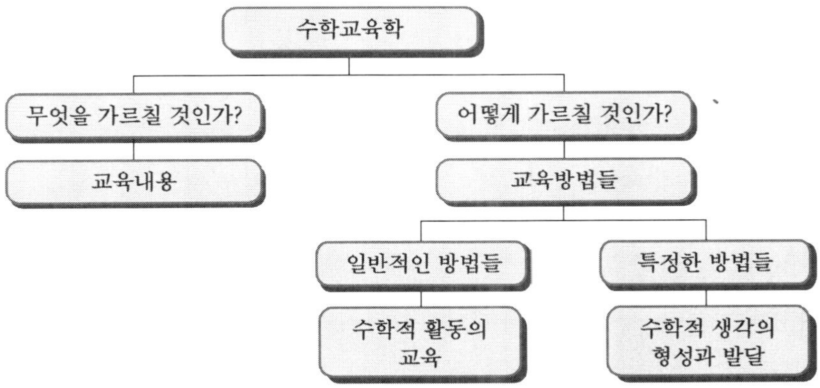

[그림 1-1] **수학교육학의 구조**

한편 박경미(1997, pp.90-91)에 의하면, '수학교육학의 구조는 내용적 명제로의 수학, 메타적 이해를 위한 설명적 명제로의 수학기초론과 수학사, 교육적 명제로의 수학교육과정론, 수학교재론, 수학 교수·학습론, 수학교육평가, 수학 문제해결, 수학교육공학으로 구성되어 있으며, [그림 1-2]와 같이 구조화될 수 있다'고 하였다.

[그림 1-2]에서 내용적 명제로의 수학은 교과내용을 구성하는 수학을 의미하며(순수수학과 학교수학을 포함하여), 설명적 명제는 내용적 명제인 수학을 깊이 있게 이해하기 위한 배경 지식에 해당하며, 교육적 명제는 수학교육학의 주요 영역이라 할 수 있다.

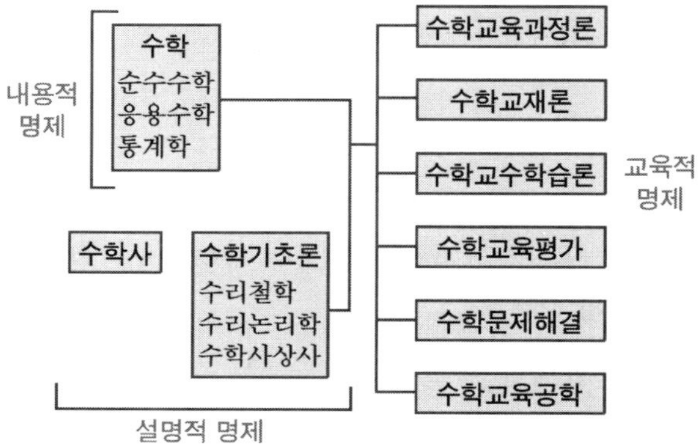

[그림 1-2] **수학교육학의 구조**

수학교육학의 구조를 구성하는 요소들을 개략적으로 살펴보자.

- 수학 : 수학은 실세계의 양적인 관계와 공간적인 형태에 관한 학문으로, 17세기 이후에는 변화의 개념이 수학적 연구의 중요한 대상으로 등장하였다. 현대 수학은 엄밀한 형식적인 논리를 바탕으로 공리계로부터 논리적 추론을 통해 구성되는 수학적 구조를 연구하는 학문으로 인식되기도 한다. 오늘날 수학은 물리학, 천문학, 화학, 공학, 의학, 경제학, 언어학 등을 포함하여 모든 학문 영역에서 중요한 문제해결의 도구로 사용되고 있다. 이와 같이 수학 이외의 학문 영역에서 수학을 이용하는 것에 관련된 수학 영역을 응용수학이라고 부르며, 응용보다는 수학 자체에 대해 연구하는 부분을 순수수학이라고도 부른다.

- 수학기초론 : 1800년대 말에서 1900년대 초에 활발하게 연구된 수학의 영역으로, '수학'이라는 학문의 바탕에 관심을 가지며, 수학적 역사적 발달, 논리적 문제, 철학적 문제, 수학 이론의 체계에 관련된 문제들이 연구의 대상이 된다. 예를 들어 수학기초론에서는 수학이란 무엇인가? 수학적 지식은 참인가? 수학적 지식이 참이라는 것은 어떻게 보장되는가? 수학적 지식의 본질은 무엇인가? 수학적 체계에 모순은 없는가? 등과 같은 문제들이 수학, 철학, 논리학 등과 관련되어 연구된다.

- 수학사 : 수학사는 수학이 역사적으로 어떤 방향으로 어떻게 발전하는가에 대해 연구

하는 학문 영역이다. 수학사의 연구에서는 첫째, 수학의 역사적 발전에 관련된 사실이 탐구된다. 수학적 개념, 정리, 수학의 연구 방법이 어떻게 발생했는가? 수학 이론이나 수학적 생각들은 어떻게 발명되고 축적되었는가? 둘째 수학사에서는 수학의 발생과 발전에 관련된 다양한 요인들, 이들 사이의 관계에 대해 연구한다. 예를 들어 수학의 발생 및 발전과 사회적 요구의 관계, 수학과 다른 학문의 관계, 사회적 구조의 변화가 수학의 발전에 끼친 영향 등이 연구된다. (한인기, 2005, pp.1-2)

- ❏ 수학교육과정론 : 수학교육과정은 가르치고 배울 수학 내용의 범위, 계열성 등을 명시함으로써 수학교육 프로그램의 개관을 보여주는 것이다. 따라서 수학교육과정론의 주된 과제는 심리적, 사회적, 철학적 측면 및 이들 사이의 관련성을 반영하여, 교육의 내용으로서의 수학 주제들을 선정하고 조직하는 것이다. (박경미, 1997, pp.94-95)
- ❏ 수학교재론 : 수학교재론은 교수학습을 염두에 두고 선정된 내용을 교육적으로 좀 더 정교화시키는 과정을 말한다. 즉 학문으로서의 수학을 전담하는 수학자의 복잡한 사고 과정에서부터 출발하여 학생의 학습 활동이라는 종착점에 이르기까지의 복잡하고도 다차원적인 변용의 과정을 고찰하는 것이다. (박경미, 1997, p.96)
- ❏ 수학 교수-학습론 : 교사에 의한 수학의 교수와 학생의 학습에 관련된 규칙성을 연구하는 학문 영역으로, 수학교과의 특징을 바탕으로 하여 심리학적, 철학적, 교수학적 접근을 통해 다양한 수학 교수-학습이론들이 제기되었다. 예를 들어 Bruner, Freudenthal, van Hieles, Skemp, Dienes, Brousseau 등의 수학 교수-학습이론이 국내에 소개되었다.
- ❏ 수학교육평가 : 수학교육평가의 주된 목적은 교사들에게 학생들이 알고 있는 것을 더 잘 이해하게 하고 수업 중에 내리는 결정을 의미있게 만드는데 도움을 주기 위한 것이다. 그리고 수학교육평가의 초점은 학생들과 교사들이 상호작용할 때, 교실에서 무슨 일이 일어나는가에 주어져야 한다. 특히 학생평가는 수업에 통합되어야 하며, 다양한 평가기법들이 사용되어야 하며, 수학적 지식의 모든 측면과 그들 사이의 연결성이 평가되어야 한다(신현용 외, 2004, p.45). 수학교육평가에서는 수학교육평가의 목적, 과정, 원리에 대한 이론적 연구와 함께 수학교육평가의 실제에 대한 실천적인 성격의 연구가 이루어진다.
- ❏ 수학 문제해결 : 학생들에게 있어, 문제해결의 주된 목적은 사회적으로 또는 학술적으로 새로운 가치를 창출하는 것이 아니다. 학생들은 문제 풀이를 통해 수학의 학습과 관련된 무언가를 배우고, 새로운 수학적 사실들을 알며 수학적 방법을 터득하고, 일정

한 경험을 축적하며 생각하는 방법을 배우게 된다(한인기·꼴랴긴, 2006, p.15). 그러므로 수학교육의 모든 과정이 수학 문제해결에 관련된다. 수학 문제해결에서는 특히 문제해결의 본질, 문제해결과 탐색수행, 발견술, 문제해결 전략, 문제풀이 기술하기, 문제해결의 반성, 문제해결의 심리적 측면 등에 관련된 연구들이 수행되고 있다.

❑ 수학교육공학 : 수학교육에서 활용되는 공학적 도구는 계산기, 그래픽 계산기, 컴퓨터를 생각할 수 있다. 그래픽 계산기나 컴퓨터는 강력한 시각화나 정보처리 기능을 가지고 있으므로, 학생들의 수학적 사고나 문제해결에 도움을 줄 수 있다. 이들 공학적 도구를 수학 교수-학습 과정이나 평가 과정에서 학생들의 지적인 측면과 정의적 측면의 계발을 위해 활용하는 다양한 연구들이 진행되고 있다.

한편 수학교육학의 구조가 반영된 구체적인 예로, 한국교육과정평가원(2008, p.8)이 제시한 수학 교사 임용시험에서 수학교육학 분야의 평가영역 및 평가내용 요소를 들 수 있다. 여기에서 수학교육학 평가 영역은 수학과 교육과정 및 수학사, 수학 영역별 교육론, 수학 교수·학습론, 수학 학습 지도 및 평가로 구성된다. 그리고 이들 영역에 대한 구체적인 평가 내용요소는 〈표 1-1〉과 같다.

〈표 1-1〉 **수학교사 임용시험에서 평가영역 및 평가내용 요소**

구분	기본 이수과목 및 분야	평가영역	평가 내용 요소
교과교육학	수학 교육론	수학과 교육과정 및 교육사	우리나라 수학과 교육과정의 이해, 수학과 교육과정의 국제적 동향, 수학교육사, 수학교육철학 등
		수학 영역별 교육론	수와 연산교육, 대수교육, 기하교육(측정교육 포함), 확률과 통계교육, 수학교과서의 이해 등
		수학 교수·학습론	수학학습심리학, 수학 교수·학습 원리와 방법 등
		수학 학습 지도 및 평가	수학적 문제해결, 의사소통, 추론의 지도, 수학교육에서 도구(공학적 도구, 교구 등)의 활용, 수학사의 교육적 이해 및 적용, 수학과 수업 설계, 실행 및 분석, 수학과 평가, 학생의 이해 및 오개념 분석

03 학문분류체계에서 수학교육학의 위치와 수학교육학 연구의 분류

수학교육학은 전체 학문분류체계에서 어떻게 분류되는가에 대해 살펴보자. 교육과학기술부에서는 2009년 9월 4일에 교육과학기술부 고시 제 2009-34호로 국가과학기술표준분류체계를 고시하였다. 이것은 우리나라의 학문영역 전반에 걸친 국가적인 차원의 분류로, 여기에서 학문영역을 자연, 생명, 인공물, 인간, 사회, 인간과학과 기술의 분야로 나눈 후에 대분류-중분류-소분류로 체계화하였다.

자연분야는 수학, 물리학, 화학, 지구과학의 4개의 대분류로 나뉘며, 생명분야는 3개의 대분야, 인공물 분야는 9개의 대분류, 인간분야는 5개의 대분류, 사회는 9개의 대분류, 인간과학과 기술은 3개의 대분류로 나누어진다.

이 분류에서 수학교육학은 사회의 대분류 중에서 '교육'에 속하며, '교육'의 9개 중분류 중에서 자연과학 교과교육에 속하며, 여기서 소분류인 '수학'에 속한다(<표 1-2> 참고).

〈표 1-2〉 **수학교육학이 속한 중분류** (교육과학기술부 고시 자료, p.33)

중분류	소 분 류	
SH06. 자연과학 교과교육	SH0601. 수학	SH0602. 물리
	SH0603. 지구과학	SH0604. 화학
	SH0605. 생물	
	SH0699. 달리 분류되지 않는 자연과학 교과교육	

〈표 1-3〉 **자연과학 교과교육의 정의 및 수학교육학의 성격**

중분류명 : SH06. 자연과학 교과교육(Natural science education)	
정의	• 자연과학의 개념과 본질 교육과정 및 기초학문을 연구 개발 - 자연과학의 개념과 본질 및 방법 등에 대한 기초이론을 터득하고 관련 과목의 교과내용을 분석 연구
	SH0601. **수학(Mathematics)** : 수학교육의 성격과 위치, 수학학습심리, 수학교육의 연구방법을 중고등학교 교육고정과 연계하여 이해하게 되고 이를 바탕으로 하여 수준별 교과과정을 선정 조직할 수 있는 능력을 기르고 현장 적용방법을 연구

한편 한국과학기술기획평가원(2010, p.457)은 교육과학기술부에 제출한 국가과학기술표준분류체계에 대한 보고서에서 자연과학 교과교육의 정의, 수학교육학의 성격을 다음 〈표

1-3〉과 같이 규정하였다.

〈표 1-3〉으로부터 수학교육학에서는 수학교육 자체의 성격과 위치, 수학학습심리학, 수학교육 연구방법을 연구하며, 이들을 수학교실에서의 다양한 교수학적 상황과 관련시켜 고찰한다는 것을 알 수 있다.

수학교육학에 관련된 연구 분야들을 살펴보자. 소산정효(1999)는 수학교육학의 연구 분야로 수학교육의 교육철학적 분야, 수학교육의 심리학적 분야, 수학교육의 언어학적 분야, 수학교육의 사회학적 분야, 수학교육사, 수학사의 교육적 고찰, 수학교육의 비교교육학적 연구, 교육내용의 이론적 연구, 교수과정의 이론적 연구를 들었다. 이로부터 수학교육학의 연구들이 수학교육의 철학, 심리학, 언어학, 사회학, 수학교육사, 수학사, 비교교육학, 교육내용, 교수과정에 주로 관련된다는 것을 알 수 있다. 그리고 이러한 수학교육학 연구 분야의 분류는 [그림 1-1]과 [그림 1-2]에서 살펴본 수학적 구조의 요소들을 포함하고 있다.

김응태·박한식·우정호(2004, pp.16-17)에 의하면, Griesel은 수학교육학의 연구 분야를 다음과 같이 분류하여 제시하고 있다.

① 수학의 내용, 수학적 활동 및 수학의 적용 상황 분석
② 교수학적 아이디어의 구상·개발
③ 목적의 정식화 및 분석, 소재의 선택에 대한 교수학적 근거
④ 수학학습조직에 대한 문제의 연구
⑤ 통계적으로 확증된 학습-지도 관리
⑥ 수학의 학습과정 및 개개인이 수학을 다루고 적용하는데 필요한 능력의 획득에 대한 통찰
⑦ 수학의 학습 및 수학의 전달의 개인적·발달심리학적·사회심리학적 조건의 의존관계의 연구
⑧ 수학에 몰두하는 것이 인간에 미치는 뚜렷한 영향의 연구
⑨ 수학교육학 분야에서의 발달, 가치관, 기본적 구상 및 이념의 역사적·철학적·교육학적·심리학적·수학적인 정리

한편 천구정(川口廷)은 일본수학교육학회의 수학교육학 학술지에 게재된 논문들을 분석하여, 다음과 같이 9개의 수학교육학 연구 영역을 도출하였다(소산정효, 1999, p.201).

① 수학교육의 목표론, 내용론, 교육과정론에 중점을 둔 연구
② 수학교육의 지도 방법론, 평가론에 중점을 둔 연구
③ 수학교육에 대해서의 교육사, 문화사, 비교교육학에 중점을 둔 연구

④ 아동의 수학적 개념의 형성 과정, 문제해결의 사고 과정 등의 심리적 과정의 탐구에 중점을 둔 연구
⑤ 수학교육사상의 구명(究明)에 대해서, 통계학적 또는 수학적 방법의 사용에 중점을 둔 연구
⑥ 수학교육의 연구 방법론에 중점을 둔 연구
⑦ 수학교육의 연구와 지도에, 교육 기구 등의 교육공학적 방법의 사용에 중점을 둔 연구
⑧ 수학교육사상의 구명에 대해서, 일반인 또는 학생 대상의 설문지 또는 테스트 등에 의한 조사, 실험 등의 결과를 판단의 기준으로 전개한 연구
⑨ 위의 어느 영역에도 넣기 어렵다고 생각되는 연구

천구연의 수학교육학 연구 영역 분류는 Griesel의 분류에 비해 구체적이며 귀납적인 성격을 띤다. 이들 연구를 통해 수학교육학 연구들의 분류를 위한 포괄적인 기준이 마련되었다는 것은 의미롭게 평가할 수 있다.

이제 수학교육학의 연구 논문을 작성할 때에 실제로 사용하는 ZDM의 분류를 살펴보자(MSC2000 분류 방법도 사용하지만, 여기서는 ZDM의 분류를 한국수학교육학회의 웹사이트www.ksme.info에 제시된 자료들을 중심으로 살펴볼 것이다).

ZDM(Zentralblatt für Didaktik der Mathematik)은 전 세계에서 발행되는 수학교육학에 관련된 주요 학술지의 논문 초록이나 논문 평가를 게재하는 학술지이다. ZDM에서 사용하는 수학교육학 연구의 분류는 세 가지 수준의 분류가 합쳐져 만들어진다.

첫 번째 수준의 분류에서 A는 수학교육 일반, B는 교육 정책과 교육 체계, C는 수학 교육 심리학, 수학 교육 연구, 사회적 측면, D는 수학 교육 및 수학 수업, E는 수학 기초론, F는 산술, 수론, 양(量), G는 기하학, H는 대수, I는 해석, K는 조합론과 그래프 이론, M은 수학적 모델링, 수학의 응용, N은 수치 수학, 이산 수학, 수학용 소프트웨어, U는 교육자료와 매체, 교육공학이다.

두 번째 수준의 분류는 첫 번째 수준의 분류를 구체화시킨 것이다. 이들 중의 일부를 살펴보자.

A1: 수학에 관한 포괄적인 연구
A2: 레크리에이션 수학
A3: 전기(傳記), 수학사 및 수학교육사
A4: 사회적 논제, 교수의 전문성, 수학 관련 직업

B1: 교육 연구 및 계획
B2: 교육 일반
B3: 직업 교육
B4: 고등 교육
B5: 교사 교육 (교사 양성 및 교사 재교육)
B6: 학교 밖의 교육, 성인 교육과 평생교육
B7: 교수요목 · 교육과정 안내 · 공식 문서

C1: 포괄적인 연구 및 조사
C2: 정의적 측면 (동기, 불안, 흥미, 태도, 주의력)
C3: 인지 과정. 학습, 학습이론
C4: 지능과 적성, 성격(재능, 지능, 능력, 창의성, 행동, 개인적 특성, 성격 발달)
C5: 언어 및 구술 의사소통(교실에서의 구술 의사소통, 교사 · 학생간의 대화)
C6: 학습의 사회적 측면 집단의 역동적인 힘, 개인 간의 상호 작용, 사회적 학습
C7: 교수 · 학습 과정, 수업 평가

D1: 수학 수업에 관한 포괄적 연구, 수학 수업의 연구 및 조사, 수학 교육에 관한 국제 비교 연구
D2: 수학 교수법의 철학적, 이론적 토대, 연구 방법들, 수학교육이론
D3: 수학 교육의 목표, 수학 교육과정 개발
D4: 교수법 및 수업에서의 지도 기법, 수업 준비, 교육 원칙
D5: 문제 해결 교육과 발견술 전략
D6: 성취도와 등급 평가
D7: 학습의 어려움과 학생 오류의 진단 · 분석 · 교정
D8: 교수 단위

E1: 수학 기초론 및 수학 기초론의 교육에 관한 포괄적인 연구, 수학 연구 방법론
E2: 메타수학. 수학의 철학적 측면. 인식론
E3: 수학 수업에서 논리적 · 언어적 추론 능력의 습득
E4: 수학 언어, 공리 및 공리적 방법, 수학 개념의 습득
E5: 증명 방법. 수학 수업에서 추론 및 증명

F1: 산술과 산술 교육에 관한 포괄적인 연구
F2: 수의 개념, 셈
F3: 자연수와 자연수의 연산, 자릿값, 필산, 암산
F4: 정수, 유리수, 분수 및 소수의 연산, 수영역의 확장
F5: 실수, 거듭제곱과 근, 복소수

G1: 기하 및 기하 교육에 관한 포괄적인 연구
G2: 비형식적 기하학
G3: 넓이 및 부피
G4: 평면 및 입체 기하학

M1: 수학화, 수학화의 본질과 교육에의 적용, 수학의 응용에 관한 전반적 연구
M2: 직업훈련과 직업교육에서의 수학

N1: 수치 수학과 그 교육에 관한 포괄적인 연구
N2: 수의 표현, 반올림과 어림값, 오차와 근사값 계산

U1: 교육 자료, 교육공학과 매체연구에 관한 포괄적인 연구
U2: 교과서 분석, 교과서의 개발과 평가, 수업에서의 교과서 사용
U3: 교사용 지도서와 지도 보조물
U4: 문제집, 경시 대회
U5: 프로그램화된 수업, 컴퓨터 활용 수업
U6: 구체물 자료와 수업에서의 활용
U7: 수학 교구 및 기자재, 계산기, 교육 매체로서의 컴퓨터

ZDM 분류의 세 번째 분류 수준은 수학교육의 학년 수준에 관련된다. 1은 유치원 수학교육이며, 2는 1-4학년의 초등학교 수학교육, 3은 5-10학년의 수학교육이며, 4는 11-13학년의 수학교육이며(고등학교와 대학 예비학교), 5는 대학교의 수학교육, 6은 특수학교의 수학교육, 7은 직업학교의 수학교육, 8은 성인교육기관의 수학교육, 9는 교사 양성 및 재교육의 수학교육을 말한다.

ZDM 분류에서 어떤 연구가 U34로 분류되는 것은 U3인 교사용 지도서와 지도 보조물에 대한 연구이며, 학년 수준은 '4'에 해당하는 11-13학년의 수학교육에 관련된다는 것을 알 수 있다. 한편 U33으로 분류되는 연구는 U3인 교사용 지도서와 지도 보조물에 대한 연구이며, 학년 수준은 '3'에 해당하는 5-10학년의 수학교육에 관련되는 것이다.

살펴본 수학교육학 연구 영역 및 연구 문제에 대한 몇 가지 분류 방법을 통해, 수학교육학의 연구 영역, 연구 문제에 대한 개략적인 정보를 가질 수 있다.

참고문헌

강완·백석윤(1998). 『초등수학교육론』. 서울 : 동명사.

구광조 외(1988). 『수학과교육론』. 서울 : 갑을출판사.

김용운·김용국(1982). 『한국수학사』. 서울 : 설화당.

김응태·박한식·우정호(2004). 『수학교육학개론』, 서울 : 서울대학교출판부.

박경미(1997). 『수학교과학연구』. 서울 : 한국교육개발원.

박성택 외(1989). 『수학교육』. 서울 : 동명사.

박한식(1963). 「왕의 길을 찾자」. 《수학교육》 1(1), p.1.

박한식(1993). 「한국수학교육학회가 걸어온 길 30년」. 《수학교육》 32(3). pp.1-6.

박한식(2004). 「ICME에의 참가」. 《수학교육 논문집》 18(2). pp.1-8.

박형빈·방주현(2005). 「조선왕조실록으로 본 조선시대의 수학교육」, 《한국수학사학회지》 18(1). pp.11-32.

소산정효. 김용대 옮김(1999). 「수학교육학 연구에 관한 고찰」. 《수학교육》 38(2). pp.199-206.

신인선·박배훈(1993). 「수학교육학의 성격」, 《수학교육》 32(2). pp.117-123.

신현성(2007). 『수학교육론』. 서울 : 경문사.

신현용(2009). 「수학교육의 중심으로 자리매김할 기회」, 《인터넷 과학신문 사이언스 타임즈》 2009년 5월 7일.

신현용 외(2004). 『수학과 교사의 학생 평가 전문성 신장 모형과 기준』, 서울 : 한국교육과정평가원.

이강섭(2003). 「〈수학교육〉에 게재된 논문의 분류와 분석 : 통권 1호부터 통권 99호까지」, 《수학교육》 42(2). pp.247-258.

장혜원(2006). 『조선수학』, 서울 : 경문사.

한국과학기술기획평가원(2010). 『국가과학기술표준분류체계('08년 개편) 범부처 활용체계 구축』. 서울 : 과학기술부.

한인기·꼴랴긴(2006). 『문제해결의 이론과 실제』. 서울 : 승산.

한인기(2005). 『교사를 위한 수학사』. 서울 : 교우사.

"박사학위 수학교육학=여정순". 〈동아일보〉, 1972년 5월 30일. 〈http://dna.naver.com/viewer/index.nhn?articleId=1972053000209205016&edtNo=2&printCount=1&publishDate=1972-05-30&officeId=00020&pageNo=5&printNo=15585&publishType=00020〉 (2011년 3월 15일 검색).

『표시과목 '수학'의 교사자격 기준과 평가영역 및 평가내용 요소』. 〈한국교육과정평가원〉. 2008년. 〈http://kice.re.kr/ko/board/view.do?article_id=86727&menu_id=10313〉 (2011년 3월 15일 검색)

Polyakova T.S.(2002). *Istoriya Matematicheskogo Obrazovaniya v Rossii*, Moscow : Izdatelstvo Moskovskogo Universiteta.

Stolyar A.A.(1969). *Pedagogika Matematika*. Minsk : Vysheishaya Shkola.

Chapter 02 수리철학에 근거한 수학교육 철학

수리철학은 수학에 관한 일종의 반성으로서 수학의 본질에 대하여 성찰하고 설명하는 것을 그 과제로 삼는다. 즉 '수학적 지식의 기초는 무엇인가? 수학의 본질은 무엇이며 어떻게 설명할 수 있는가? 무엇이 수학적 진리를 특징짓는가? 무엇이 수학적 진리의 주장을 정당화하는가?' 등을 살펴봄으로써 오랜 세월에 걸쳐 누적된 많은 수학 지식에 의미를 부여하고 그 내용들을 의도적으로 재구성하는 것이 바로 수리철학이라 할 수 있다. 반면, 수학교육 철학이란 간단히 말해서 수학교수의 활동 또는 실행에 대한 목적이나 이유를 고민하는 학문이다. 따라서 수학교육철학에서는 '수학의 교수와 학습의 목적은 무엇인가? 어떻게 하면 어려운 수학을 학생들에게 잘 가르칠 수 있을까'와 같은 고민들이 무엇보다 중요하다 (Earnest, 1991). 그러한 의미에서 수리철학과 수학교육철학은 서로 밀접한 관계라고 말할 수 있는데, 이것은 수학교육철학의 고민들은 위에서 언급된 수리철학의 근본적 질문들에 대한 고민 없이는 대답하기 어렵기 때문이다.

이러한 수리철학과 수학교육의 관련성에 대해서 일찍이 Thom(1973)은 '모든 수학교육은 비록 일관적이지 않지만 수리철학에 의존한다'(p.204)고 하였고 Hersh(1979)와 Steiner(1987)는 수학을 가르치는데 있어서 교수 방법들이 수학의 본질에 대한 가정을 하고 있으므로 따라서 모든 수리철학은 수학교육 철학에 영향을 미친다고 하였다. Thompson(1984)와 Cooney(1988)는 교사들의 수학에 대한 시각, 믿음, 그리고 선호도가 그들의 교수실행에 영향을 미친다는 연구를 하였고, 이는 개인철학을 비롯한 수리철학이 수학교육 철학에 많은 영향을 미친다는 실증적 증거이기도 하다. Freudenthal은 수학 인식론과 수학교육의 관련성에 대해

'수학이 세상밖에 존재한다고 생각하는 사람은 누구나 수학교육을 같은 생각으로 체계화하거나 또는 해석하려고 하며 반면에 수학은 세계와 사회의 자극에 따라 만들어지고 동요하는 어떤 것으로 경험한 사람들은 직접 또는 교육개발가로서 수학을 같은 방법으로 가르치려고 할 것이다'(Freudenthal, 1991, p.131, 정영옥 (1997)에서 재인용)라고 하였고, 그러한 수리철학과 수학교육철학 사이의 관련성은 Earnest(1991)의 *The Philosophy of Mathematics Education*에도 잘 나타나 있다.

Earnest(1994)는 수학교육의 여러 가지 현상이나 문제점들이 수리철학과 수학교육의 철학이 어떻게 연관되느냐에 따라 나타난다고 하였다. 수학교수의 목적에 대해 생각해 볼 때, 목적이나 목표, 어떠한 행위에 대한 이유는 진공상태에서 존재하지 않고, 개인 혹은 사회적 집단에 의해 형성된다. 따라서 좋은 수학교수법은 그 시대의 사회적 집단이 혹은 개인이 믿는 수학적 지식의 형성과정 등에 영향을 받을 수밖에 없고, 그러므로, 수리철학은 의심할 나위 없이 수학교육철학에 매우 중요한 부분이다. 하지만, 그렇다고 해서 수학교육철학이 단지 수리철학에 영향만을 받는 다는 것은 아니며, 수학교육 철학은 다학문적(interdisciplinary) 성격을 가지고 있어서 여러 분야(교육학, 수학, 사회학, 심리학 등)와 연관지어질 수 있다.

Stephen Brown(1995)은 수학교육에서의 철학적 논의가

1. 철학이 적용된 수학교육 혹은 수학교육철학인지
2. 수학교육에 적용된 수리철학 혹은 교육 전반에 적용된 수리철학인지
3. 아니면, 수학교육에 적용된 교육철학인지

위에 세 가지 중 어느 곳에 중점을 두느냐에 따라서 다른 성격을 지닌다고 하였다. Earnest(2004)은 그러한 Brown에 주장에 동의하지만, 그 세 가지보다 수학교육 철학은 더 포괄적이 분야를 논의해야 한다고 주장했고, 수학교육 철학이 단지 수리철학에만 기본을 두면 안 되고 수학교육과 관련된 다양한 부분들(학습, 교수, 학습자의 환경 등)에 대한 철학적 고민을 해야 한다고 했다.

최근에 수학교육 철학은 단지 철학에 대한 이론적 연구(theoretical research)에 그치는 것이 아니고 실증 연구(empirical research)를 바탕으로 하여 수학교육 학문에 맞는 이론을 만드는데 그 중점을 두고 있다. 그러나, Schon(1983)은 이미 존재하는 이론적 관점을 단순히 연구에 적용해서 그 이론적 관점에 아무런 의심 없이 결론을 유추해 내는 방식의 논문들을 실증주의 인식론의 실행(positivist epistemology of practice, Cobb (2007) 재인용)이라 규정짓고 이러한 실증

연구방법은 다양한 이론적 관점을 발전시키는데 한계를 초래한다고 하였다. Cobb(2007)은 수학교육의 발전을 위해서는 단순한 적용에 그치는 것보다 다양한 이론적 관점들을 비교함으로 기존에 존재하는 이론들을 실험하고 수정하여 실제 수학교육 연구에 맞는 유연한 이론적 관점들을(theoretical perspectives) 정립하려고 하고 있다. 이러한 학자들의 연구는 단순히 수학교육철학이 수리철학의 변화에만 국한된 것이 아니고 다양한 학문들의 영향으로 발전되어 온 학문이라는 것을 뒷받침해준다.

수학교육에서의 큰 획을 그었던 미국과 유럽등지에서 일어난 "Math wars1)"은 단지 수학을 학습하는데 있어서 절차적 지식(procedural knowledge)과 개념적 지식(conceptual knowledge)의 교수, 학습에 있어서 역할이나 우선순위에 대한 갈등이 아니고 근본적으로 수학교육철학에 대한 관점의 차이가 그러한 갈등의 원인으로 설명될 수 있다. 그리스의 철학자 Georg Hegel에 의해 완성된 절대적 이상주의(absolute idealism)에 영향을 받은 Karl Popper와 Bertrand Russell과 같은 학자들은 수학이라는 학문이 우리가 사는 현실의 가치에 의해 그 옳고 그름이 결정되는 것이 아니라 수학이란 이 세상의 절대적 진리의 집합체이며 그 집합체는 이미 존재하고 확실하며 의문의 여지가 없는 객관적인 하나의 영역이라고 보아왔다. 그러한 관점을 2000여 년 동안 수리철학을 지배해 왔던 수학을 오류 없는 객관적인 진리의 조직체로 보는 절대주의의 패러다임이라 할 수 있는데, 이러한 절대주의 패러다임은 수학이 오류 가능하며 여타의 다른 지식의 조직체와 마찬가지로 인간의 발명의 산물이라고 주장해온 오류주의 패러다임에 의해 도전을 받아왔고, 그 과정 속에서 현재의 수학철학은 패러다임의 전환을 계기로 재개념화 되었다.

절대주의적 패러다임과 오류주의 패러다임은 그 둘 중 어느 하나를 선택하든 수학교육 이론의 바탕에 깔리는 가장 중요한 인식론적인 요소가 된다는 점에서 수학교육에서 두 철학적 관점에 대한 논의는 빈번히 진행되어 왔다. 다음에 이어질 두 관점에 대한 견해의 기술에 앞서 강조하고 싶은 부분은, 이 장의 목적이 결코 한 쪽의 패러다임을 옹호하고 다른

1) Math wars은 많은 대학생들의 수학 수준이 기대에 미치지 못해서 대학 수학 교수들과 연구진들이 중고등학교 교육과정의 전반적 수정에 대해 논의하게 된 일종의 개혁운동이다. 이러한 개혁운동 중 대표적인 것으로 미국과 유럽 등지에서 일어난 New Math를 꼽을 수 있다. 이는 주로 대학 수학자들을 중심으로 이루어졌고 이는, 예컨대, 미국에서 the University of Illinois Commission on School Mathematics (UICSM)이나 the School Mathematics Study Group (SMSG)와 같은 프로젝트를 만들어 고등학교 교육과정에 집합론이나 실해석학과 같은 고등수학 개념을 포함시킬 것을 강조했으며, 이는 수학교육 역사상 성공적이지 못한 사례로 남아있다. 학자들이 말하는 New Math의 가장 큰 실패 요인은 학교의 현실을 고려하지 않는 (모든 모임들이 순전히 수학자들에 의해 이루어졌다) 소위 위에서 아래로의 개혁운동(top-down reform)이었고, 또한 학생들이 대학교 수학을 따라가지 못하는 원인의 대처방안으로 교수-학습 방법의 전환에 중점을 두지 않은 채, 교육과정의 수정에만 중점을 두었기 때문이다.

한 쪽을 비판하고자 하는 것이 아님을 밝혀둔다. 최근에, Wallis(2006, November 19)는 교육이 정치와 마찬가지로 하나하나의 생각이 흑과 백으로 이분화 되는 양상에 대해 비판하였다. 진정으로 논의되어야 할 점은 그러한 이분법적 사고가 아니고 오히려 왜 우리사회에 서로 다른 조직들이 학교 수학교육에 대한 상반된 기대와 생각을 하고 있으며 그러한 차이가 수학교육 철학으로 어떻게 설명될 수 있는 지를 이해하는 일이라고 생각한다. Ernest(2004)의 절대주의 철학과 오류주의 철학으로 설명하는 수학교육 철학이 이분법적 사고가 아니냐는 의문을 제시할 수도 있겠지, 사실 Ernest 역시 '수학교육 철학이 단지 수리철학에만 주의를 두어서는 안 된다'고 강조하였다.

01 절대주의 수리철학

절대주의 수리철학의 관점에서 수학적 지식은 확실한 기초가 존재하는 절대적 진리로서의 수학의 존재성을 인정하는 입장이다. 수학적 증명이 경험적 자료에 의존하지 않고 이성에만 의존하므로 모든 지식 중 가장 확실하다는 것이다. 〈유클리드의 원론〉은 기원전부터 19세기 말까지 약 2500여 년 동안 절대적으로 확실한 지식, 즉 진리를 보여주는 전형적인 체계로 생각되어 왔다. 20세기 초까지도 수리철학을 지배하였던 절대주의 수리철학자들은 참이라고 인정한 공리, 정의, 연역적 증명에 의하여 구성된 수학적 지식을 참이라고 하였다. 이때 정의는 반드시 참인 것으로 전제되어 있어야 한다. 따라서, 절대주의 수리철학은 수학적 진리의 안전한 기초를 확립해야만 했고, 플라톤주의나 20세기 초반의 수학기초론 학파들은 공통적으로 이러한 기초를 찾을 필요성이 있었다. 이들이 기본적으로 인정하는 가정은 수학적 지식의 기초가 되는 수학적 공리와 공준 및 사용된 전제들이 진리라는 것과 연역적 증명이 진리를 보존한다는 것이다. 그러므로 연역적 양식 또한 진리를 확립하는 방법적 수단으로 절대주의 수리철학에서 중요하게 취급된다. 이를 바탕으로, 고전적인 수리철학인 플라톤주의와 20세기 초반의 논리주의, 직관주의, 형식주의 수학기초론 학파를 중심으로 절대주의 수리철학에 대해 자세히 살펴보도록 하자.

1 플라톤주의

플라톤주의에 의하면, 수학의 대상들은 인간의 의식과 독립적으로 어떤 이상적인 세계에서 실제적이고 객관적으로 존재하며, 만들어지지도 변하지도 없어지지도 않는다. 따라서 수학적 대상은 모두 이미 존재하여 있는 상태이므로 수학자는 어떠한 것도 새롭게 발명하는 것이 아니고, 이미 존재하는 수학적 대상의 성질을 발견한다. 따라서 수학을 한다는 것은 이전부터 존재하는 수학적 대상들 사이의 관계를 발견하는 과정이며, 수학적 지식은 수학적 대상들 사이의 관계와 구조로 이루어져 있다. 수학적 증명이란 자명한 진리에서 출발하여 면밀한 추론에 의해 결과적으로 항상 참이 되는 숨겨진 진리를 발견하는 과정이며, 수학 내용의 절대적 진리성을 정당화하기 위한 유일한 방법이다.

플라톤주의는 이성의 기능을 인간의 타고난 특성으로 간주하였고, 그것에 의해 진리를 관찰과 무관하게 선험적으로 지각할 수 있다고 생각하였다. 감각 정보에 의해 생성되는 세상에서 크기를 갖지 않는 점이나 폭이 존재하지 않는 선을 찾을 수 없다. 자나 컴퍼스로 아무리 정확하게 그려도 완전히 곧은 직선이나 수학적 정의에 완벽하게 부합하는 둥근 원을 그릴 수는 없다. 그러나 우리가 그러한 기하학적 도형을 이야기 할 때에는 칠판이나 종이 위에 그려진 불완전한 대상들에 대하여 이야기하는 것이 아니라 이성에 의해 구성된 완전한 유클리드 도형들에 대하여 말하는 것이다. 수학적 지식은 이와 같이 완전한 대상에 대한 지식이므로 다른 지식들에 비해 더 확실한 지식으로 여겨진다.

19세기에 이르러서도 플라톤주의와 유클리드 기하의 입지는 확고하였고, 모든 사람들이 수학을 가장 확실하고 가장 믿을 수 있는 분야로 생각했다. 그러나 19세기에 비유클리드 기하학이 발견되어 두 가지 이상의 기하학을 고려할 수 있다는 사실이 밝혀졌고, 해석학이 발달하여 모든 곳에서 미분 불가능한 연속 곡선 등의 발견을 통해 기하학적 직관이 파괴되었으며 Russell의 역리가 발견되어 수학적 완전성이 흔들리게 되었다. 또한 플라톤주의는 이미 존재하는 구조를 발견한다는 의미에서 수학의 정적인 구조적 측면을 설명하지만, 이미 알고 있는 개념들 사이의 관계성을 조사, 분석해 봄으로써 새로운 개념을 생성, 발전시키는 동적인 측면을 간과하는 측면이 있다. 플라톤주의에서 수학적 지식은 형이상학적인 실재이기 때문에 실생활에의 유용성, 수학과 과학, 수학과 인간 활동 또는 문화와의 관계, 수학의 기원 등에 대해서는 설명할 수 없다는 문제점을 지니고 있다.

(1) 플라톤의 수리철학에 기초한 수학교육

플라톤은 수학이 생성으로부터 실재로 영혼을 이끌어가는 데 유용한 학문이라고 한다. 플라톤은 철학자의 수학과 일반인의 수학을 구분한다. 일반인의 수학이 실세계의 구체적 사물을 대상으로 하는 실제적인 유용성이 분명한 수학인데 비해, 철학자의 수학은 실세계의 구체적 사물을 대상으로 하지 않으며 일상 세계에의 실용성을 일차적 관심으로 하지 않는다. 먼저, 플라톤은 산술(수론)에 대하여, 그것은 모든 기술과 모든 형태의 사고와 지식이 이용하는 공통의 것으로, 실제적 유용성을 지닌 학문임과 동시에 영혼을 생성에서 존재로 이끌어가는 데에도 적합한 것이라고 주장한다. 이 두 가지 유용성 중에 플라톤은 후자를 더 중시한다. 그는 장사를 위해서가 아니라 앎을 위해서 배운다면, 산술(수론)은 여러 면에서 유용할 것이라고 하며, 법으로 산술(수론)을 철학자 군주가 될 사람들이 배워야 할 필수 교과목으로 정하자고 한다. 산술(수론)에 이어 플라톤이 철학자 군주 양성을 위한 두 번째 교과목으로 들고 있는 것은 평면 기하학과 입체 기하학이다. 플라톤은 기하학 역시 산술(수론)과 마찬가지로 실제적 유용성과 철학적 유용성을 모두 가지고 있는 교과라고 말하면서도 이 중 철학적 유용성을 중심으로 기하학의 가치를 설명한다. 플라톤은 실제적 유용성과 관련해서는 간단한 기하학과 계산으로도 충분할 것이며 기하학의 많은 부분과 고급단계는 선(좋음)의 이데아를 더 쉽게 보도록 만드는 데에 기여한다고 주장한다.

플라톤은 산술이 상거래에, 기하학이 측량, 건축, 무역 등에 유용하다는 수학의 이러한 유용성을 부인하지는 않는다. 그는 군인이나 전술가들에게 산술과 기하가 실제적으로 유용하다고 말하고 있다. 그러나, 그는 이러한 실제적 목적을 위해서는 최소한의 학문으로 충분하며, 그 이상의 수학을 공부하는 것은 그것이 영혼의 눈을 뜨게 하여 실재로 향하게 하는 데 도움이 되기 때문이라고 본다. 플라톤이 철학자 군주를 양성하는 교육과정에서 수학을 중시하게 한 수학의 학문적 성격은 '비가시적 대상을 논리적으로 탐구하는 것'이라 할 수 있다. 수학이 다루는 대상은 눈에 보이지 않는 대상이지만, 수학자들은 이 눈에 보이지 않는 대상을 연구할 때 이 대상을 불완전하게 구현하고 있는 감각적 모상을 사용한다. 모상은 수학의 대상을 완전하게 구현할 수 없기 때문에 때때로 혼란을 일으킨다. 수학은 감각 경험이 이성에 부여한 혼란을 이성의 사유 작용이 개입하여 정리한 결과이다. 눈에 보이는 것을 그것이 그렇게 보인다고 해서 받아들이는 것은 수학적 사유보다 낮은 인식수준인 '의견(doxa)'에 해당한다. 플라톤에게 수학적 사고는 수학적 사유는 눈에 보이는 것을 그것이 그렇게 보인다고 해서 받아들이는 것이 아니라, 의견의 타당성을 논리를 가지고 검증하는 인식 수준이다. 비가시적인 수학적 대상의 정확한 정의로부터 시작하여 논리적으로 사고하여, 의견의 논리적인 이유를 가지고 있을 때에 비로소 플라톤적인 의미에서 수학적 사고를 했다고 말할 수 있다.

플라톤에 따르면, 교사는 산파와 같다. 교사는 산파라는 견해에 따르면, 교사가 해야 할 일은 학생들에게 지식을 주입시키는 일이 아니라 학생이 자신 안에 배태하고 있는 사고를 낳도록 하는 일이 된다. 산파로서의 교사가 할 일은 학생들로 하여금 생각하도록 돕는 일이다. 학습자가 사고하기 위해서는 학습자가 학습할 내용에 대하여 당혹감 또는 경이를 느끼게 해야 한다. 〈메논〉에서 소크라테스는 '부정적인 격파술'을 계속 사용하여 대화 상대자의 그릇된 의견을 격파하여 당혹감을 불러 일으켜 탐구로 이끈다. 경이 또는 당혹감을 이끌어 내는 과정은 '부정적 수업'이라는 말로 특징지어질 수 있다. 교사가 산파의 역할을 잘 수행하기 위해서는 가르칠 내용에 대해 잘 알고 있어야 하나, 교과 내용을 잘 기억하고 있다고 해서 산파로서의 교사가 될 수 있는 것은 아니다. 산파로서의 교사가 되기 위해서는 가르칠 내용이 어떤 상식적 견해에 대비되는 학문적 견해인지를 알고 있어야 한다. 또한 가르칠 내용에 담겨있는 인식론적 질문이 무엇인가를 잘 알아야 한다. 교과 내용이 담고 있는 질문을 알지 못하는 교사는 학생들에게 해 줄 질문이 없는 것이며 그의 수업은 교과서에 기록된 것을 그대로 재진술하고 전달하는 수업이 될 가능성이 높다.

한편, 수학교육학 분야에서, 플라톤은 수학의 발생 과정을 고려하지 않는 지도 양식, 유클리드적인 연역적 교재 양식과 그에 따른 연역적 지도 양식의 기반이 되는 철학으로 거론되기도 한다. 수학의 발생과정을 고려하지 않는 지도 양식이 주입식 교육이나 암기에 의존하는 학습을 초래한다는 주장을 고려할 때, 플라톤은 주입식 교육이나 암기식 학습의 배후로 지목되고 있는 셈이기도 하다. 그러나, 플라톤은 암기식 학습과 주입식 교육이 교수와 학습의 참된 모습이라고 생각하지 않았다. 플라톤이 수학을 공리적 체계의 성격을 지닌 학문으로 보았다는 점에서 플라톤이 수학의 지식 체계로서의 성격을 인정하고 있다고 할 수 있으나, 이로부터 그가 수업에서의 연역적 지도 양식을 지지했다는 결론을 끌어낼 수는 없다. 수학을 지식 체계로 파악하는 것은 사실적으로는 연역적 지도 양식과 관련 있을지 모르나, 논리적으로는 그러한 지도 방식을 함의하고 있지 않다.

2 논리주의

논리주의는 순수 수학을 논리의 일부로 보는 학파이다. 논리학의 의심할 여지가 없는 확실성을 통해 수학은 확실한 대상이 되며, 증명이란 논리의 공리와 추론 규칙을 통해 수학적 지식을 정당화하는 장치이다. G. Leibniz, G. Frege, B. Russell, A. N. Whitehead와 R. Carnap등이 이러한 견해를 지지하고 있으며, Russell에 이르러 논리주의의 주장이 분명해지고 명백해졌다. 논리주의는 두 가지 주장으로 특징지어질 수 있다.

1) 수학의 모든 개념(concept)은 그것이 집합론의 개념이나 혹은 Russell의 유형론과 같이 비슷한 힘을 가진 어떤 체계의 개념을 포함하는 것으로 간주된다면, 궁극적으로 논리적 개념으로 환원될 수 있다.
2) 모든 수학적 진리(theorems)는 공리와 논리의 추론 규칙(공리)만으로 증명될 수 있다

이러한 주장의 의도는 만약 모든 수학이 순전히 논리적인 용어로 표현되고 논리적 원리만으로 증명될 수 있다면, 수학적 지식의 확실성은 논리의 확실성으로 환원될 수 있고, 따라서 논리는 진리의 확실한 기초를 제공하는 것으로 간주될 수 있다는 것이다. 또한 만약 논리주의에 기초한 프로그램이 성공한다면, 그 프로그램은 수학에서의 절대적 확실성을 재확립하여, 수학적 지식의 확실한 논리적 기초를 제공할 것이다.

Whitehead와 Russell은 정의의 연쇄에 의하여 두 주장 중 첫 번째 것을 확립할 수 있었다. 그러나 논리주의는 두 번째 주장에 대해서는 실패하였다. 수학은 무한 공리(자연수의 집합은 무한이다)와 선택공리(공집합이 아닌 집합족의 카테시안곱은 공집합이 아니다)와 같은, 비논리적인 공리를 요구한다. Russell은 그것을 다음과 같이 표현하였다.

> 그러나 모든 논리적(혹은 수학적) 정리가 완전히 논리적 상수와 변수에 의해 완전히 표현될 수 있다면, 역으로 이런 식으로 표현될 수 있는 정리는 모두 논리적이라고 하는 것은 옳지 않다. 우리는 지금까지 수학적 명제의 필요한 그러나 충분은 아닌 준거를 찾았다. 우리는 수학의 모든 아이디어가 정의될 수 있지만 모든 수학의 정리가 유도될 수 있는 원시정리에 의해서는 아닌 식으로, 원시적 아이디어의 특성을 충분히 정의하였다. 이것은 매우 어려운 문제로, 아직 이에 관해서 충분한 해답이 무엇인지 알려지지 않았다. 우리는 무한 공리를 그것이 논리적 용어로 선언될지라도 논리에 의해 참인 것으로 주장될 수 없는 정리의 예로 취급할 수 있다.

그래서 모든 수학적 정리는 논리의 공리만으로 유도될 수 있다. 이것은 수학의 공리가 논리의 공리를 위하여 소거될 수 있다는 것을 의미한다. 수학적 정리는 수학적 가정의 약분 불가능한 집합에 달려 있다. 실제로, 중요한 수학의 공리들은 독립적이며, 그것 또는 그 부정이 모순을 야기하지 않고 채택될 수 있다. 그래서 논리주의의 두 번째 주장이 반박된다. 이 문제를 극복하기 위해, Russell은 'if-then 주의'라고 불리는 약간 약화된 형식의 논리주의로 물러섰는데, 이것은 순수 수학은 'A-T' 형태의 조건 명제로 구성되어 있다고 주장한다. 이런 주장에 따르면, 앞에서처럼, 수학적 진리는 논리적 증명에 의한 정리로 확립된다. 각각의 정리(T)는 조건 명제에서 후건(consequent)이 된다. 증명에서 사용된 수학적 공리(A)의 결합은 전건(antecedent)으로 조건명제에 합병된다. 그래서 수학적 공리의 필요성을 제거하면서, 정리(T)가 의존하는 모든 수학적 가정(A)은 이제 새로운 정리(A → T)의 형태로 합병된다. 여기서 가정된 공리 집합의 결과는 공리의 필연적 진리는 주장하지 않고서도 조사되기 때문에, 이러한 방법은 수학은 가설 연역 체계임을 인정하는 것과 같다. 'Peano의 산술은 무모순이다'라는 Machover의 논의와 같이, 모든 수학적 진리가 조건 명제로서 표현될 수는 없기 때문에, 불행히도, 이런 계획도 실패하였다.

두 가지 논리주의자적 주장의 타당성에 관계없이 Gödel의 불완전성 정리는 연역적 증명은 모든 수학적 진리를 입증하는데 불충분하다는 것을 보여줌으로써, 수학적 공리를 논리의 공리로 성공적으로 환원해도 모든 수학적 진리를 유도하는 데는 충분하지 않음을 주장하였고, 따라서 수학적 지식의 확실성을 논리의 확실성으로 환원하려는 논리주의자적 프로그램은 원칙적으로 실패하였다. 논리는 수학적 지식의 확실한 기초를 제공하지 않는다.

논리주의가 수학교육에 미친 대표적인 예는 유클리드 기하학의 지도와 1960년대의 새수학 운동이라고 할 수 있다. 전통적으로 유틀리드 기하의 지도는 학생들에게 논리적으로 사고하는 것을 가르치는 것으로 정당화되었으며, '공리, 보조정리, 정의'의 목록에서 시작하는 연역주의자적 양식을 고착화 시켰다. 이런 양식은 엄밀하고 우아한 수학의 모습을 보여주지만, '수학적 개념이 왜, 어떤 이유로 도입되었으며, 왜 그렇게 사고하여야 하는가'에 대한 답을 주지 못하는 경향이 있다. 논리주의자들이 수학적 개념을 논리적 개념으로 환원하려는 시도 중의 하나가 집합을 이용하여 수를 정의하는 것인데, 이는 새수학 운동에서 일대일 대응을 이용한 자연수의 정의나, 교환법칙, 결합법칙, 배분법칙 등의 연산법칙의 지도 및 집합론에 기초를 둔 내용 전개 등으로 나타났다. 집합과 산술 법칙을 명확하게 취급하는 것은 수학의 기초 연구에서는 도움이 되지만, 수학의 추상성과 상징성을 너무 일찍 도입하는 것은 학교수학에서, 특히 초등학교 수준에서 무리가 된다는 점에서 문제로 지적될 수 있다.

3 직관주의

논리주의의 뒤에 등장한 주요한 사조로서, 직관주의는 수학은 직관을 바탕으로 인간의 정신활동으로 구성해 가는 과정이라고 주장한다. 직관주의는 여러 일시적이고 단편적인 제안들을 네덜란드 위상 수학자 Brouwer가 종합, 발전하여 정리하였다. 그는 수학적 사고가 경험과 독립적으로 직관을 기본으로 하여 스스로의 세계를 만들어가는 정신적 구성의 과정이라 하였다. 직관이란 선험적인 내적 경험을 이야기하는 것이고, 구성이라는 것은 즉각적인 확신이나 유한 번의 단계로 실제를 표현할 수 있는 방법을 제시하거나, 임의로 원하는 정도만큼 정확히 실제를 계산하는 방법을 제시하는 것을 말한다. 예를 들어, 수학 전체의 출발점인 자연수가 어떤 기본적인 직관에 의해 우리에게 부여되어 있고, 직관으로 자명하다고 인정되는 자연수에 기초하여 유한한 구성 과정으로 수학을 전개하려고 시도하였다. 따라서 모든 수학이 자연수 위에 구성적으로 근거하여, 수학적 대상은 유한 번의 단계 내에 구성되지 않으면 존재한다고 볼 수 없다고 생각했으며, 구성적인 증명을 제시할 수 없는 것은 모두 버려졌고, 직관적으로 안전한 구성적 방법으로 수학적 지식을 이끌어 냄으로써 수학의 확실한 기초를 제공할 수 있다고 생각했던 것이다. 그러므로 직관주의에 입각한 수학적 증명이란 수학을 참으로 인정하게 만드는 유한 번의 구성이라고 볼 수 있다.

직관주의자들은 인간정신이 수학적으로 구성하지 않은 것은 진리로 인정하지 않았기 때문에 고전논리의 대부분의 법칙을 수학에 적용해서는 안 된다고 보았다. 예를 들어, 고전논리에서 존재증명에 흔히 사용하는 배중률과 삼분법을 무한집합에 임의로 적용될 수 없는 직관적으로 자명하지 않은 논리라고 보고, 새로운 수학적 진리 발견의 도구로 사용해서는 곤란하다고 주장하였다. 모든 진술이 참이나 거짓이라는 배중률을 사용하여 증명 한 것을 직관주의자들은 배격한 것이다. 직관주의자들은 수학적 존재성은 구성 가능성으로 보았다. 하지만, 위에 설명한 구성의 정의에 따르면 이러한 직관주의자들의 견해를 따를 경우 논리주의에서와 같은 역설이나 모순은 피할 수 있으나, 수학의 내용을 지나치게 제한하는 오류를 범하여 미적분학, 실함수론 등의 많은 수학적 지식을 포기해야 하는 상황에 직면한다. 실제로, Cantor의 무한집합, 초한수이론, Zermelo의 선출공리, 실무한 집합을 사용하는 해석학의 많은 내용들이 버려진다. Hillbert는 직관주의자를 "귀찮다고 우리의 가장 귀중한 보물의 대부분을 포기'하려 한다고 비난하였다. 더구나 직관주의가 근거로 하고 있는 주관적 직관이 어떻게 객관성을 갖게 되는지에 대하여도 적절한 설명을 하지 못하고 있다. 그럼에도 불구하고, 직관과 활동을 강조하는 직관주의자들은 수학을 한다는 것은 그것을 정신적으로 구성한다는 것이고, 수학적 실재의 구성이 강조된다는 측면에서 바람직한 학습방법으로서 교육적으로 시사하는 바가 있다고 하겠다.

4 형식주의

논리주의의 역리와 직관주의에 의한 고전 수학의 포기라는 수학적 위기를 극복하려는 시도에서 생겨난 사조가 형식주의이다. 형식주의에 있어서 수학이란 형식적 언어와 추론의 형식적 규칙을 바탕으로 순수하게 유한한 논법을 바탕으로 증명함으로써 확실한 대상이 된다. 형식주의의 대표주자인 Hillbert는 집합론의 역리는 수학의 정의와 증명에서 정확성과 엄밀성이 부족한 데서 생긴다고 보고, 수학을 엄밀한 방법으로 공리들 집합 사이의 독립성과 무모순성을 지닌 완전한 공리 체계로 구성하고자 시도하였다. Hilbert가 제안한 엄밀한 방법은 수학을 해석되지 않는 완전한 형식적인 체계로 보는 것이다. 수학을 형식체계로 보면, 명제는 형식적인 추론규칙에 따라 다루어지는 의미 없는 기호의 유한 번의 연결로 간주된다. 수학을 추상적인 기호를 다루는 형식 체계로 보면, 기호가 의미하는 것은 전혀 문제가 되지 않으며, 기호를 다루는 규칙 체계가 건전 한가하는 문제만 남게 된다. 기호가 의미하는 것이 문제가 되지 않으므로 그 기호를 다른 기호로 나타내어도 상관없다. 예를 들어, 점·선·면 대신 책상·의자·맥주컵으로 대치하여 사용하여도 무방하다. 형식적인 체계 내에서 이런 용어들은 의미를 지니지 않는 무정의 용어로 다루어진다. 다만 이 용어들의 관계만 모순 없이 규정될 수 있으면 수학적으로 타당하고 보는 것이다.

따라서 수학은 종이 위의 기호들을 가지고 정해진 규칙에 따라 이루어지는 일종의 형식적인 게임 체계로 보는 것이 형식주의의 관점이다. 그러한 게임 체계의 건전성을 입증하기 위해서는 첫째로, 그 체계 내에서 모순이 발생하지 않을 것이라는 메타수학에 의한 무모순성의 입증이 있어야 한다. 둘째로, 그 체계의 완전성, 즉 각 공리 체계 내의 수학적 명제들을 이끌어 내는 규칙, 정리 등을 각각 가지며 그것에 의해 그 체계 내에서 증명 가능하거나 반증 가능하다는 것을 입증해야 한다. 그러나 1931년 Kurt Gödel은 불완전성 정리로, 무모순인 공리 체계에 증명도 반증도 할 수 없는 결정 불가능한 명제가 존재한다는 것을 보였다.

형식주의적 프로그램이 성공했다면 형식적인 수학적 체계에 기초하여, 형식적 증명이 수학적 진리의 기준을 제공할 수 있음을 보이게 되고, 따라서 수학적 진리의 절대주의적 관점은 더욱 강화되었을 것으로 보인다. 그러나 형식주의의 두 가지 주장 모두 반박되었고, 모든 수학의 진리가 형식 체계에서 정리로 표현될 수는 없으며, 더욱이 체계 자체가 안전성을 보장받을 수 없음이 밝혀졌다. 교육학적 관점으로 볼 때에도, 규칙을 따르면서 기호들을 가지고 하는 게임으로 수학을 규정하는 형식주의적 관점에서 따른다면, 수학의 교수, 학습은 단순 암기 등에 의존하는 기계적인 방법이 될 가능성이 높다. 하나의 주제가 기계적인 방법으로 가르쳐질 때, 그것을 의미를 가지지 못하며, 이해되거나 정당화되지 않은 채 맹목적으로 규칙을 따르게 될 때, 그 학습은 형식적인 방법이 되기 쉽다. 또한 기호나 개념의 도입도 모순이 없으면 의미와 별 상관없이 도입될 우려도 없지 않다.

02 상대주의 수리철학

수학의 확실성을 찾고자 하는 노력의 실패와 한계에 의하여 수학적 지식이 절대적임을 부인하고, 오류 가능함을 인정하는 사조가 등장한다. 20세기 중반에 등장한 상대주의 또는 오류주의에 따르면, 수학적 지식에는 절대적인 기초가 존재하지 않으며, 존재한다 하더라도 어떤 것이 기초인지 판단할 수 없다.

1 준경험주의

자명하다고 진술된 공리, 정의, 보조정리에서 시작하여 무모순의 법칙에 따라 표현된 완벽한 정리와 증명이 뒤따르는 연역주의자의 양식에서는 모든 명제는 참이고 모든 추론도 타당하다. 수학은 영원히 변치 않을 진리의 집합체로 제시되며, 반례, 반박, 비판의 여지가 없다. Lakatos는 연역주의자들의 수학적 지식관은 수학적 지식의 발생과 발달의 맥락을 드러내 주지 못하는 문제점을 갖고 있다고 비판하였다. 연역적 전개 양식은 수학의 논리화, 형식화를 지향함으로써 간결성과 추상성을 그 장점으로 하고 있으나 다른 한편으로는 수학적 사고의 합리적, 비판적 요소를 배제함으로써 인간이 수학을 발견, 발명하고 수정해 가는 과정을 감추게 되어 수학의 학습을 통하여 발견 능력과 비판 능력을 기를 수 있는 훌륭한 기회를 상실하게 만든다. 또한, 연역적 전개 양식에서 자명한 기초의 인정은 지식의 탈 인간성을 전제하기 때문에 개인적이고 수용적인 성향을 기르기 쉽고, 대화를 통한 상호 인정과 협동의 자세를 기르기 힘들게 하며, 문제 제기와 그 해결 등과 같은 고등 정신 기능의 신장보다는 기억과 반복과 연습을 요구하게 되기 쉬운 것이다. 이는 일찍이 Descartes가 Euclid적인 종합적 양식은 정신을 질식시킨다고 비판하면서 "왜 그렇게 되는지, 어떻게 그것을 발견했는지를 정신 자체에 분명하게 보여주지 못하는 그러한 피상적인 논증에 호소하는 것보다 더 무익한 것은 없다."고 주장하며, 연역적 양식에 의해 수학적 지식의 정당화의 맥락만 강조하는 것은 수학적으로도 교육적으로도 바람직하지 않음을 지적한 것과 맥락을 같이 한다고 볼 수 있겠다.

(1) Lakatos의 준경험주의

Lakatos에 의하면 수학은 고정된 기초 위에 세워진 유한한 구조가 아니라. 항상 성장하고 변화함에 따라 기초가 수정되는 지식체이다. 수학적 지식은 오류 가능하므로 끊임없이 개선된다. 따라서 증명이란 이미 주장된 정리를 비판하여 그 정리를 개선하기 위한 발견의 도구이다. Lakatos는 수학에서의 확실성에 대한 탐구는 결국 순환 논리에 빠지게 된다는 것을 보였다. 어떠한 수학 체계도 몇 개의 가정에 의존하며, 그것을 증명함으로써 확실성을 확립하려고 시도하면 무한 회귀에 빠지게 된다는 것이다. 증명을 하지 않는다면, 가정은 오류 가능한 믿음이며 확실한 지식은 아니다. 우리가 할 수 있는 것은 단지 그것을 최소화하며, 환원된 공리 집합을 얻는 것에 불과한데, 즉 그것은 우리가 가정을 하지 않고서는 수학의 확실성을 확립할 수 없음을 의미하며, 결국 절대적 확실성을 얻지 못하게 되는 것이다. Lakatos는 의심의 여지없이 확실한 수학적 지식의 기초를 확립하는 것은 불가능하며, 따라서 기초를 확립함으로써 회의주의를 극복할 수는 없다고 주장한다. 그리하여, Lakatos는 수학을 완성된 체계로 보고 그 기초를 찾아 그로부터 수학을 논리적·형식적으로 조직하려는 전통적인 수리 철학에 반대한다. Lakatos는 수학을 인간의 창조활동으로 볼 때, 증명과 반박의 논리를 수학적 발견의 일반적인 패턴으로 보았다. 그는 오일러 다면체 정리와 관련된 수학 이론의 발전 과정을 18세기 이후의 수학사를 조사하여 알아보았다. 이를 통해 비형식적인 수학 이론의 성장을 위한 수학적 발견의 방법인 증명과 반박에는 일정한 패턴이 있음을 밝혀냈다. 그러한 패턴은 추측이 증명과 반박의 방법에 의해 끊임없이 개선되는 변증법적 과정을 의미하며 이 과정을 통해 수학적 지식이 성장한다. Lakatos는 수학적 지식은 만들어지고 있기에 완전한 확실성을 밝힐 수 없으며 다만 추측하고 추측을 검사하고 반박하고 새로운 개선된 추측을 만들어 발전시켜 나갈 수 있다는 의견를 제시하고 있다.

비형식적인 수학이나 발생 과정에 있는 수학적 지식은 오류 가능한 추측이라는 이런 관점은 오류주의 수리철학이라고 불리기도 하는데, 이러한 오류주의적 수학 인식론은 교육적 측면에서 볼 때 전통적인 수리 철학과 상당한 차이가 있음을 알 수 있다. 전통적인 수리 철학에서는 참인 수학적 지식에 관심을 갖고 그러한 지식의 인식 문제를 수학적 지식의 본성의 문제와 별개로 다루어 수학의 연역적 전개 방식을 정당화시킨다. 그러나, 수학적 지식의 인식 문제와 수학적 지식의 본성 문제를 동일한 것으로 간주하여, 수학적 지식의 오류 가능성을 인정하는 오류주의 수리 철학은 오류를 발견하고 개선할 수 있는 교육적 수단을 대화로 보고 있으며, 수학의 역사적 발달을 받아들이고 수학적 개념이 점진적으로 발달하는 것으로 이해한다. Lakatos가 제시한 수학적 지식의 성장 과정은 다음과 같은 네 단계로 정리할 수 있다.

1단계: 수학적 추측을 제기하는 단계
2단계: 추측을 부분 추측으로 분해하는 단계
3단계: 반례가 등장하고 추측과 증명을 반박하는 단계
4단계: 증명을 검토하여 증명과 추측을 개선하는 단계

수학은 자연과학처럼 경험적인 실험법을 통해 연구하는 것은 아니지만, 수학적 지식의 성장 과정이 추측하고, 추측에 대한 반례가 나타나고, 추측을 수정하는 방식이라는 점에서 자연과학의 발전과 유사하며, 이 점에서 수학을 준 경험과학이라고 부를 수 있겠다.

(2) Lakatos 수리철학에 대한 평가

Lakatos의 수리철학에는 수학적 지식의 발생 이론이 핵심인 것으로 볼 수 있다. 이는 수학적 실제의 이론이고 따라서, 수학사의 이론이다. 사실 Lakatos는 개인의 마음속에 나타나는 공리, 정의, 추측의 기원을 다루지 않기 때문에 개개인의 수학적 창조 또는 발견의 심리학적 이론을 제시한 것이 아니다. 주로 개인적인 창조가 승인되는 공적인 수학적 지식으로 변환되는 과정, 즉, 핵심적으로 비판과 재형성을 포함하는 과정에 초점을 맞추었다. Lakatos의 수리철학은 매우 흥미롭지만 그의 뜻하지 않는 죽음과, 그의 간접적인 플라톤적인 대화를 사용한 표현법으로 인해 충분히 연구된 학문체계로서 완성된 수학철학으로 보기에는 어려운 점이 있다. 따라서 준경험주의 수리철학을 평가하기 위해서 우리는 그것을 적절한 판별 기준에 비추어 그것을 고려해야 한다.

준경험주의는 수학적 지식의 본질, 그 발생 그리고 정당화의 본질을 부분적으로 설명한다. 이 점에서 Lakatos는 우리가 살펴본 다른 수리철학자들보다 더 광범위한 범위에서 그들을 초월하는 설명을 제시한다. 그는 전통적인 형식화된 수학적 지식의 층에 새로운 하나 더 낮은 층 즉, 비형식적 수학적 지식의 층을 첨가했다. 또 이렇게 확장된 체계에 역동성을 덧붙였는데, 이것은 낮은 층의 지식이 어떻게 발달하느냐 하는 것뿐만 아니라 두 층 사이의 관계를 보여준다. 어떻게 특별히 낮은 수준의 지식이 형식화에 의해 의심의 여지가 없는 수학적 진리처럼 보이는 더 높은 수준에서의 이상화된 이미지들을 형성하는 것으로 간주되는지를 보여준다. Lakatos는 수학적 지식의 본질을 Popper의 과학 철학과 아주 유사한 가설 연역적, 준경험적인 것으로 설명한다. 그는 수학적 오류들을 설명하고 수학적 지식의 발생에 대한 세련된 이론을 제공한다. 이것은 잠정적으로 수학적 실제와 그 역사의 많은 부분을 설명한다.

한편, 준경험주의는 여러가지 면에서 비판될 수 있다. 무엇보다도 수학적 확실성에 대한 어떤 설명도 없다. Lakatos는 왜 수학적 지식은 모든 지식 중에서 가장 확실한 것을 보이는가에 대해 설명하지 못한다. 둘째로, Lakatos는 수학적 대상의 본질 또는 그것의 기원을 설명하지 못하고 더욱이 발견술의 객관성의 근거를 제시하지 못한다. 세째, Lakatos는 수학의 응용의 본질 또는 성공 또는 과학, 기술 및 다른 영역에서의 유효성을 설명하지 못했다. Lakatos는 주로 순수수학을 다루고 언급했으며, 응용수학의 본질에 대한 설명은 그의 철학에서 빠져있다. 네째, Lakatos는 수학사를 그의 수리철학의 핵심으로 간주한 데 대한

합법성을 확립하지 못했다. 이 점에서 그는 수리 철학적 전통에 정면으로 반대하고 있는 것이다. 다섯 번째, 그의 철학과 역사적 논제 사이에는 대조적인 위치의 문제가 존재한다. Lakatos는 경험적인(즉 추측적인) 역사적 논제를 분석 철학적 접근 방식에 도입하기 위한 타당성을 제시하지 못했다. 이것은 그가 수학적 발견의 일반적인 논리와 수학적 발견의 발달과 세련화의 단계들과 관련된 특별한 경험적 논제를 구분하지 못했기 때문이다. 여섯 번째, Lakatos의 준경험주의적 수리철학은 수학적 지식을 확립하기 위한 충분조건이 아니라 필요한 기반을 제공한다. Lakatos의 발견술의 일반적인 패턴을 따라 발달과 재형성이 이루어진 후에도 여전히 인정된 수학적 지식체로 통합되지 못하는 수학적 지식의 여러 가지 예들을 발견할 수 있다. 마지막으로 그것의 논제들은 상세히 제시하고 그것에 대한 기대나 반대를 반박하는 준경험주의에 대한 어떤 체계적인 설명도 없다.

(3) Lakatos의 수리철학의 수업에의 적용

Lakatos는 공리, 정의에서 시작하여 정리와 그 증명이 제시되는 형식주의적 입장에 반대하고, 역사 발생의 논리에 따라 수학을 발견적 양식으로 제시하여야 한다고 주장하고 있는데, 그의 이러한 주장은 인간 활동으로서의 수학을 체험하게 하려는 활동주의 수학 교육 이념의 구현 방안이 되는 동시에 수학 교육의 인간화를 위한 이론적 발판이 될 수 있다고 생각된다.

Lakatos는 비판적인 수학적 탐구 양식으로서 소박한 추정과 연역적 추정의 두 가지 패턴을 제시하였다. 이 두 가지 패턴에 의해서 비판적으로 수학적 탐구가 이루어진다고 보다면, 학생들에게 수학적 탐구의 습관을 형성하기 위해서는 먼저, 매우 단순하고 초보적인 것일 지라도 추측을 하는 경험을 하도록 하여야 한다. 그러기 위해서는 학생들 수준에서 추측이 가능하도록 문제 상황을 잘 구성하여야 하며, 학생의 수준에서 반박의 여지가 없는 엄밀한 정리를 처음부터 제시해서는 안될 것이다. 추측을 권장한다는 것은 Platon적 직관이 아닌 학생의 현재의 지적 상태를 반영하는 경험적 직관을 중요시하는 것이다. 그러한 직관은 모호하고 오류가 있을 수 있으며 그러한 직관을 개발하는 방안이 명확하지는 않지만, 교육은 바로 여기에서 출발해야 한다는 주장이 Lakatos에 의해 뒷받침된다. 다음에는, 학생들이 수학적 비판을 경험할 수 있는 수업 상황을 만들어 주어야 한다. 자유로운 추측과 자유로운 비판이 제기되기 위해서는 잘못된 추측이나 잘못된 비판이 비난 받아서는 안된다. 또한, 이러한 비판이 개인에 대한 공격이 아니라 아이디어에 대한 공격임을 이해하게 하여 자신의 추측이 교사나 동료학생들에 의해 기꺼이 비판 받기를 요구하도록 해야 할 것이다. 이러한 비판 활동은 학생들에게 추측하게 함으로써 자칫 수업이 산만해지고 통솔

이 어려워지는 상황을 통제해 줄 수 있을 것이다.

이러한 전제하에서 Lakatos가 제안한 수학적 탐구 양식에 토대한 수업 모델은 다음과 같다.

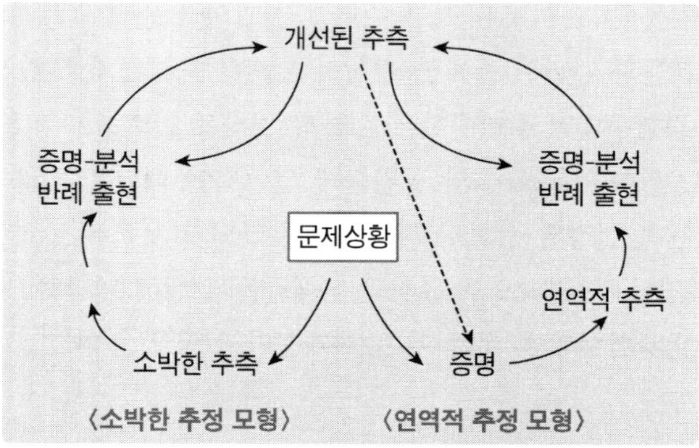

[그림 2-1] **Lakatos의 수학적 탐구 양식에 토대한 수업 모델**

이러한 모형에 따른 수업은 처음부터 정리를 제시하고 그것을 증명하는 수업보다 산만해지고 복잡하며 시간도 많이 소요될 것이다. 그리고 이 모형에 따라 마지막으로 얻어지는 추측, 곧 정리는 연역적으로 제시된 정리와 동일하거나 그보다 더 불완전할 수도 있다. 그러나, 수업의 목적이 학생들에게 주어진 정리를 논리적으로 증명하게 하는 것이 아니라 그러한 정리를 발견하고 비판하고 개선하는 과정을 통해 교과 지식의 의미 있는 학습과 함께 탐구하는 방법 자체를 학습하게 하는 것이라면 불완전한 정리를 보다 많은 시간을 요하면서 얻게 된다 하더라도 충분한 가치가 있을 것으로 생각된다. 따라서, 수업의 목적이 단순한 명제적인 수학적 지식의 획득인가 아니면 수학을 하는 능력의 개발과 그 경험인가를 먼저 충분히 고려해 본 후에 이러한 탐구 모형을 적용하여야 할 것이다.

Lakatos의 수리 철학은 수학 교육의 인간화를 위한 인식론적 근거가 되며 또한 그 방법론적 대안을 제시해 준다고 생각된다. 자명하게 참인 기초의 존재를 부정하고, 개념은 우리가 갖고 있는 직관에서 출발하여 증명하고, 반례가 제안되면 그 오류를 수정하면서 성장해 나간다고 보는 Lakatos의 수리 철학은 수학과 수학교육의 인간적 측면의 부흥으로 간주될 수 있다. 그러나, 수학 교육의 인간화가 수학의 공리, 연역적 구성을 무시해도 좋다는 것으로 이해되어서는 안될 것이다. Lakatos의 수리 철학이 정당화의 맥락과 발견의 맥락의 구분을 반대하여 그 통합을 시도하고 있듯이, 이분법적 사고의 극복과 상보적 관점에서 보다 균형 잡힌 접근이 바람직하다고 생각된다. 결국, Lakatos의 수리철학은 그 자체가 수학교육에 중요한 변화를 요구하고 있지만 그것을 구체화하기 위해서는 많은 다른 이론의 도움과 추가적인 연구가 필요하다고 할 수 있겠다.

2 구성주의

구성주의라는 용어가 언제, 그리고 누가 사용한 것인지는 분명하지 않으나, 구성주의 그 자체는 대체로 1960년대와 70년대에 걸쳐 생성된 인식론의 한 형태로 알려져 있다(Robert, Maher, & Noddings, 1990). 그런 만큼 구성주의라는 용어의 출현은 그렇게 오래된 일이 아니다. 그러나, 구성주의자들은, 구성주의의 인식론적인 근거를 B.C. 6세기경의 회의주의까지 거슬러 올라가서 찾고 있다(von Glasersfeld, 1984). 회의주의자들은 진리의 존재성에 대하여 의심하기보다는, 인간의 주관에 의한 '사물의 현상에 대한 설명'을 의심한다. 합리론자인 Descartes 역시 이러한 맥락에서 사물을 올바르게 인식할 수 있는 근원적인 힘을 추구했다. 이 과정에서 그는, 기존의 모든 관점이나 사상을 일단 의심해 보고 그리고 재검토하였다. 이에 비해, 경험론자들은 인식의 바탕은 경험이라고 보고, 경험을 분석하는 데 노력하였다. 이를테면, Locke는 모든 관념은 경험에서 얻어지는 것으로 생각하였다. 그러나, Berkeley는 그와 달리, 심적 실체를 일체의 표상 활동의 원인체로 보았다. 한편 Kant는 자연 대상에 관한 확실한 인식이 가능하기 위해서는, 대상이 인식에 의존해야 한다고 상정함으로써 인식론적 관점의 대변환을 가져왔다. 구성주의자들이 구성주의의 근원으로 Kant의 이론을 내세우는 것도, 바로 이러한 생각 때문이다. 그러나 오늘날, 구성주의자들이 주장하는 이론의 배경에는 Kant의 사상 이외에 상대주의적 철학과 프래그머티즘이 있다. 구성주의의 개념적 다양성에도 불구하고 Kilpatrick은 구성주의자의 주장을 다음과 같이 두 가지로 요약하였다.

- 지식은 인식 주체에 의해 능동적으로 구성되는 것이며, 환경으로부터 수동적으로 받아들여지는 것이 아니다.
- 알게 된다는 것은 자신의 경험 세계를 조직하는 조절 과정이다. 즉 그것은 인식 주체의 관념 밖에 독립적으로 이미 존재하는 세계를 발견하는 것이 아니다.

수학이 처음부터 만들어져 있던 것이 아니라 구성된 것이라는 이러한 구성주의의 인식론적 바탕은 Piaget의 조작적 구성주의에 그 뿌리를 두고 있는데, 구성주의는 기존의 절대주의적 지식관이 지식 형성 과정의 본질을 제대로 해명하지 못한다고 본다. 구성주의는 학습자가 지식을 수동적으로 수용하는 것이라는 종래의 통념을 부정하고, 학습자는 스스로의 능동적인 구성 활동을 통해 자신에게 의미 있는 지식을 구성해 나간다고 본다.

(1) 급진적 구성주의

von Glaserfeld는 지식이란 개별 주체가 특정한 환경에 적응하기 위하여 구성하는 것이므로 그러한 지식에 객관성을 부여할 수 없다고 생각한다. 지식은 인식하는 주체에 의하여 능동적으로 구성되며 (자주적 구성의 원리), 인식의 기능은 적응적이며 생장성을 지향하고 (생장 지향성의 원리), 인식은 주체가 경험 세계를 조직하는데 도움을 주는 것이지 결코 객관적인 존재론적 실재를 발견하는 것이 아니라 (비객관성의 원리). 지식은 개별 주체가 특정한 환경에 적응하기 위해 구성한 것이기 때문에, 인식의 자율성을 주장하면서 전통적으로 인정되어 온 지식의 객관성 개념을 부정하는 것이 급진적 구성주의의 성격을 결정짓는 가장 큰 특징이라고 하겠다.

(2) 사회적 구성주의

사회적 구성주의가 급진적 구성주의 대별되는 점은 수학적 지식의 사회적인 구성과정을 강조하고, 수학의 객관성의 근거를 사회적인 언어 관습에 있다고 주장하는 것이다. 수학은 사회적 구성물로서, 절대화된 수학적 지식은 없으며, 지식은 오류 가능하다. 수학은 사회적 환경에 따라서 상대적이므로 다른 수학이 구성될 수 있다. 따라서, 수학은 가치 독립적이지 않으며, 다른 지식과 문호, 이데올로기 등과 관련 된다. 사회 구성원들의 주관적 지식이 사회적 상호작용을 거쳐 객관적 지식으로 이행되므로 대화와 변증법적 언어가 필수적인 역할을 하며, 수학적 증명이란 주관적 지식을 객관적 지식으로 이해하기 위한 의사소통의 수단으로 이해된다.

Cobb은 주관 독립적인 의미에서의 객관성을 대체할 수 있는 공통주관적인 의미에서의 객관성 개념으로 인류 공동체의 '합의성'을 제안하고 있다(Cobb, 1990). 그는 이러한 공동체의 합의된 영역을 수학 교수·학습의 기준으로 삼을 수 있기 때문에, 수학의 교수·학습에 급진적 구성주의를 도입할 때 일어날 수 있는 많은 혼란을 방지할 수 있다고 생각하였다. 한편, Ernest는 이 객관성을 사회성으로 대체함으로써 급진적 구성주의의 비객관성의 원리를 보완하고 있다. 특히 급진적 구성주의자가 언어의 비공유성을 강조하는데 반하여 Ernest는 언어의 사회적 공유성을 강조하고 있다. 이러한 논의는 모두 비객관성의 원리를 사회적 메커니즘에 의한 공통 주관적 객관성을 도입함으로써 해소하고자 하고 있다는 점에서, 이들을 일괄하여 사회적 구성주의라 부를 수 있을 것이다(수학교육학의 지평).

사회적 구성주의는 수학적 지식의 사회적 성격에 초점을 두고 있다. 사회적 구성주의도 전통적인 의미의 객관성은 거부하지만, 객관성을 '지식사회 구성원의 합의에 의한' 또는 '역사와 문화를 통해 인정된'과 같은 의미로 사용한다. 수학을 객관적 실체가 아니라 역사 속에서 창조되고 진화되는 사회적 실체로 보는 것이다. 수학적 지식의 기초는 언어적 지식, 관습, 규칙과 같은 사회적인 성격의 것이므로 수학의 사회적 기초는 사회 구성원들의 경험으로부터 만들어지고 변화될 수 있다. 수학적 지식은 이러한 기초 위에 사회적으로 인정된 논증 방식에 근거하여 사회적 합의 과정을 거쳐 정당화된 것이다.

준경험주의와 마찬가지로, 사회적 구성주의는 수학적 지식의 정당화보다는 발생에 초점을 두고 있다. 새로 생긴 수학적 지식은 주관적이거나 객관적일 것이다. 사회적 구성주의의 독특한 특징은 이 두 지식의 형태를 모두 고려하며 나아가 이 둘을 생산적인 순환 관계 속에서 연결 지어 파악한다는 것이다. 사회적 구성주의는 주관적 지식과 객관적 지식을 서로가 서로를 새롭게 갱신하는 하나의 순환 속에서 관련짓는다. 순환 속에서 새로운 수학적 지식이 만들어지는 길은 주관적 지식(개인의 개인적인 창조)으로부터 공표를 거쳐(상호 주관적인 조사, 재형식화, 수용에 의해) 객관적 지식으로 가는 길이다. 한편, 각 개인은 수학을 학습함으로써 객관적 지식을 내면화하고 재구성해 개인의 주관적 지식으로 삼는다. 그리고 다시 이 지식을 사용하여, 개인은 새로운 수학적 지식을 창조하고 공표한다. 이로써 주관적 지식과 객관적 지식 사이의 순환이 완성된다. 이와 같이 수학의 주관적 지식과 객관적 지식은 서로의 창조와 재창조에 기여한다.

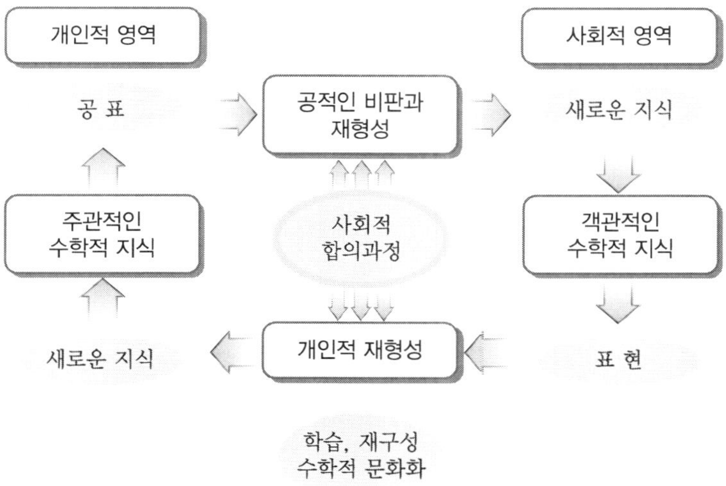

[그림 2-2] **사회적 구성주의에 입각한 수학적 지식의 형성과정**

따라서, 학생이 구성하는 수학적 지식은 인지적 맥락에서뿐만 아니라, 하나의 학급을 그 자체의 고유한 문화, 역사, 규약 등을 갖는 공동체로 보고, 그 학급 안에 존재하고 있는 사회의 상호 작용 메커니즘에 주목해야 한다. 사회적 구성주의는 학생들의 발표와 토론이 중시되는 사회적 상호 작용 수업을 지지하는 것으로 해석 될 수도 있으며, 소집단 협력 학습은 그 한 가지 유형으로 볼 수 있다.

(3) Paul Ernest의 사회적 구성주의

지식의 창조에 대한 사회적 구성주의자들의 가정은 다음과 같다.

- 개인은 수학의 주관적 지식을 가지고 있다.
- 주관적 지식을 공표하는 것은 주관적 지식이 객관적인 수학적 지식이 되는 데 충분하지 않지만 필요한 조건이다.
- 공표된 지식은 라카토스의 발견술을 거쳐서 객관적인 수학적 지식이 된다.
- 위의 이 발견술은 객관적 기준에 의존한다.
- 공표된 수학적 지식을 비판하기 위한 객관적 기준은 수학뿐 아니라 언어의 객관적 지식에 기초한다.
- 주관적 수학적 지식은 대체로 내면화되고 재구성된 객관적 지식이다.
- 개인의 기여는 수학적 지식을 증가시키고 재구조화하고 재생산할 수 있다.

객관성이 사회적인 것으로 이해될 때 그 의미를 명확히 하기 위하여, 객관적인 수학적 지식에 대한 사회적 구성주의자들의 설명을 반복할 가치가 있다. 사회적 구성주의에 따르면, 공표된 수학 즉 기호화되어 공적 영역에 등장한 수학은 객관적 지식이 될 잠재력을 지니고 있다. Lakatos의 수학적 발견의 논리를 이 공표된 수학에 적용하는 과정이 이 지식이 사회적으로 수용되고 객관성을 확보해가는 과정이다. 일단 수학의 공리, 이론, 가설, 증명이 공적으로 형식화되어 출현하면, 단지 의사소통 속에서라고 하더라도, 자율적인(즉 사회적으로 받아들여진) 발견술이 작용하기 시작한다. 그 과정과 결과는 모두 객관적이고 사회적으로 받아들여진 것이다. 유사하게 이 발견술이 의존하고 있는 암묵적이고 명시적인 언어 관습과 규칙과 논리는 객관적이고 또한 사회적으로 받아들여진 것이다.

한편, 객관적 지식의 역할의 중심성과 더불어 주관적인 수학적 지식의 역할 또한 인정되어야 한다. 그렇지 않으면 수학에 관한 전체적인 설명이 불완전한 상태로 남아있을 것이기 때문이다. 주관적 지식은 현존하는 지식의 재창조와 유지뿐만 아니라 새로운 수학적 지식의 기원에 대한 설명에 필요하다. 객관적 지식은 사회적인 것이고 어떤 이상적인 영역에 스스로 존재하는 실체가 아니므로, 문화의 모든 면과 마찬가지로, 이 지식은(교과서와 같은 적절한 고안물의 도움을 받아서) 세대에서 세대로 재생되고 전수되어야 한다. 사회적 구성주의자들의 설명에 다르면, 주관적 지식은 수학이든 언어든 논리든 객관적 지식을 유지하고 갱신한다. 이렇게 객관적 지식과 주관적 지식을 더불어 취급하는 것은 우리가 보아온 많은 현대의 철학 및 수리철학과 다른 점이라고 할 수 있다. 예를 들어 Popper는 과학에서 발견의 맥락과 정당화의 맥락을 아주 신중히 구분했다 그는 정당화의 맥락은 논리적 분석의 대상으로 생각하고 철학의 적절한 관심사로 간주하였다. 그러나 발견의 맥락은 경험적인 문제와 관련되기 때문에 심리학이 다룰 문제이지 논리나 철학의 문제가 아니라고 보았다.

Paul Ernest는 절대주의와 선험적으로 존재하는 지식의 가능성을 강력히 비판한다. 논리와 수학을 포함해서 소위 모든 아프리오리한 지식은 그 정당화를 준경험적인 기초에 의존하고 있으므로, 이것은 결국 아프리오리한 지식과 경험적 지식 사이의 고유한 범주적 구별이 있다는 주장을 정면으로 반박하는 것이다. 왜냐하면 객관적 지식을 포함한 모든 지식이 경험적으로 물들어 있기 때문이다. 다만, 절대주의를 강력히 비판하면서 수학 지식의 오류가능성을 받아 들이는 것은 사회적 구성주의의 중요한 가정이기는 하지만, 수학 지식과 수학의 대상의 객관성이 널리 수학의 특징으로 받아들여지고 있고 어떤 수리철학에 의해서든 설명되어야 한다는 것은 여전한 사실이다. 사회적 구성주의에서는 객관성이 공적이고 상호주관적인 동의에 귀속한다는 것 즉 객관성이 사회적인 것임이 주장하고, 그러므로 수학의 객관성이 의미하는 것은 지식과 대상의 존재성에 대하여 상호 주관적인 동의가 있고, 이 존재성이 개인의 주관적 지식에 독립적이고 자율적인 존재성을 가진다는 것이다. 우리는 이런 지식에 대해 공적인 접근을 가능하게 해즈고 그에 대한 상호주관적인 동의를 보장하는 공유된 근거를 확립할 필요가 있는 것이다.

그는 또한 수학적 지식의 객관성은 자연언어의 공우된 지식에 근거해 있다는 것이라고 보았다. 자연 언어 능력을 획득하는 것은 반드시 많은 암묵적인 지식의 획득을 포함하며, 수학과 논리적 추론, 그 적용의 기본적인 지식들은 이런 암묵적 지식의 일부이다. 언어의 의사소통이 이루어지기 위해서는 의미를 구체화 시키는 언어의 규칙과 관습이 미리 전제되어 있을 것이 요구된다. 그것이 없으면 의사소통이 단절될 이 공유된 전제들은 수학적 지식(그리고 대상)의 객관성의 기초를 이룬다. 언어 용법에 들어 있는 수학적 지식은 비형식적인(그리고 궁극적으로 형식적인) 수학적 지식의 기초를 제공한다. 이런 지식 속에서 구체화된 의미와 규칙은 일련의 언어 게임으로 묘사될 수 있다. 이들 게임은 그 규칙과 의미를 추상화하고 정련하고 확장하고 발달시키는 훨씬 더 세련된 언어 게임의 기초를 제공한다. 그러므로 자연 언어에 속해 있는 수학적 지식이 기초를 이루는 느슨한 위계가 설정될 수 있다. 이 위에 비형식적이고 궁극적으로 형식적인 수학을 구체화하는 일련의 언어게임이 세워진다. 위계의 상위단계에서 비형식적인 수학적 체계는 공리화된 이론으로 형식화된다. 이 단계에서 게임이나 체계의 규칙은 거의 완전히 명시된다. 이런 방식으로 언어에 함축되어 있는 수학적 지식은 모든 수학적 지식에 하나의 기초를 제공한다. 언어 용법에 의해 구체화되고 허락된 진리들은 수학에서 받아들여진 기본적인 가정들을 정당화하기 위해 보다 높은 단계로 반영된다. 논리의 가정과 규칙에 대해서도 그러하다. 따라서 언어관습과 사용은 수학적 지식에 그 안전한 기반을 제공한다. 수학은 근본적으로 다른 지식 영역과 마찬가지로 본질상 암묵적인 언어적 가정에 의존한다. 오류주의는 우리가 시간이 지남에 다라 수학의 변화하는 성격뿐만 아니라 그러한 변화가 출현해왔음을 인정하게 한다.

수학적 대상들이 진정 존재하는 것인지 아닌지는 존재론의 아주 근본적인 문제인 동시에 실재론과 유명론 사이의 전통적인 쟁점이다. 사회적 구성주의자의 관점은 수학의 대상들은 사회적 구성물이고 문화적 가공물이라는 것이다. 그 대상들이 공적이라는 점에서 또 그 성질과 존재성에 대한 상호주관적인 합의가 있다는 점에서 객관적으로 존재한다. 사회적 구성주의자의 관점은 수학적 실체가 진리, 미, 전의, 선, 악과 같은 보편적 개념, 또는 돈이나 가격 같은 명백한 구성물보다 더 영원하거나 영속적인 자기 존재를 갖는 것은 아니라고 본다. 그렇기 때문에, 만약 인류와 그 생산물들이 모두 사라진다면, 진리와 돈과 수학적 대상의 개념들 역시 그러할 것이다. 사회적 구성주의는 그렇기 때문에 플라토니즘에 대치되는 주장을 가지고 있다고 할 수 있다.

참고문헌

강옥기·허난·조현공·박경은·이환철(2010). 『수학교육학 정론』 서울 : 경문사.

김진(2003). 『眞 수학교육론』 서울 : 현대고시사.

박영배(1996). 『수학 교수·학습의 구성주의적 전개에 관한 연구. 서울 : 서울대학교출판부.

박혜향(2005). 『수학교육론 이야기』 서울 : 열린교육.

임재훈(1998). 『플라톤의 수학교육 철학 연구』 서울 : 서울대학교출판부.

정영옥(1997). 「수리철학의 변화와 수학교육에의 시사점」. 《대한수학교육학회 논문집》 7(1). pp.295-316.

황혜정·나귀수·최승현·박경미·임재훈(2007). 『수학교육학신론』 서울 : 문음사.

Brown, S. I. (1995). Philosophy of Mathematics Education: POM(E), PO(ME) OR POE(M)? Philosophy of Mathematics Education Newsletter No. 8 (May 1995): 16-18 (Located at http://www.ex.ac.uk/~Pernest).

Cobb, P. (1990). Multiple perspectives. In L. P. Steffe & T. Wood (Eds.), *Transforming children's mathematics education*, (pp.200-215). Hillsdale, NJ: Erlbaum.

Cobb, P. (2007). Putting philosophy to work: Coping with multiple theoretical perspectives. In. F. Lester (Ed.), *Second handbook of research on mathematics teaching and learning* (Vol, 1., pp.3-38). Greenwich, CT: Information Age Publishing.

Cooney, T. J. (1988). The issues of reform., *Mathematics Teacher*, 80, 352-363.

Ernest, P. (1991). *The Philosophy of Mathematics Education*, The Falmer Press.

Ernest, P. (2004). What is the philosophy of mathematics education? *Philosophy of Mathematics Education Journal*, 18.

Ernest, P. (2006). 『수학교육철학』 (이중권 · 강문봉 · 백석윤 · 장혜원 · 황우형 옮김) 서울 : 경문사.

Hersh, R. (1979). Some proposals for reviving the philosophy of mathematics, *Advances in Mathematics*, 31, 31-50.

Robert, D., Maher, C., & Noddings, N. (1990). "Constructivist views on the teaching and learning of mathematics" *Journal for Research in Mathematics Education Monograph No. 4*. Reston, VA: National Council of Teachers of Mathematics.

Schon, D. (1983). *The Reflective Practitioner: How Professionals Think in Action*, Basic Books.

Steiner, H. G., (1987). Philosophical and epistemological aspects of mathematics and their interaction with theory and practice in mathematics education. *For the Learning of Mathematics*, 7(1), 7-13.

Thom, R., (1973). Modern mathematics: does it exist?. In Howson, A. G.(Ed.) *Developments in mathematical education* (pp.194-209). Cambridge: Cambridge University Press.

Thompson, A. G. (1984). The relationship between teachers conceptions of mathematics and mathematics teaching to instructional practice, *Educational Studies in Mathematics*, 15, 105-127.

von Glasersfeld, E. (1984). An introduction to radical constructivism. In P. Watzlawick (Ed.), *The invented reality* (pp.17-40). New York: Norton.

Wallis, C. (2006). How to end the math wars. *Time*. Retrieved from www.time.com/time/magazine/article/0,9171,1561144,00.html.

Chapter 02

생각해 볼 문제

01. 수학적 지식 형성의 특성을 von Glasersfeld가 주장한 구성주의(constructivism) 학습관에 입각하여 설명하시오. (2000년 기출)

02. 다음의 가상 상황을 읽고 아래 물음에 답하시오. (2001년 기출)

미현이는 학교에서 평면 위에 있는 사각형의 네 변의 중점을 이으면 평행 사변형이 된다는 정리는 공부하였다.

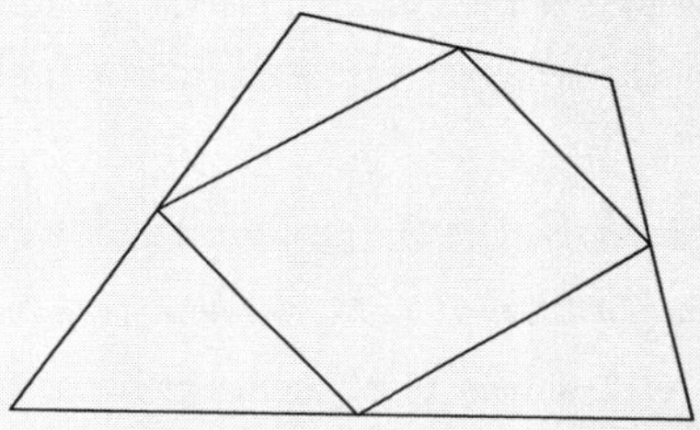

미현이는 이 정리를 바탕으로 다음과 같은 문제를 제기하였다.

아래의 그림과 같이 한 평면위에 있지 않은 공간에서의 네 점 A, B, C, D를 차례대로 연결하여 만든 도형에서 선분 AB, BC, CD, DA 의 중점을 각각 E, F, G, H라 할 때, 사각형 EFGH는 평행 사변형일까?

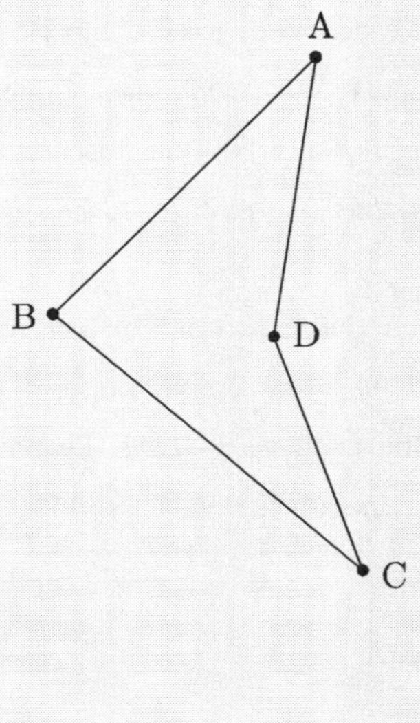

03. 다음은 라카토스(Lakatos)의 준경험주의 입장과 수학적 지식의 성장 과정을 요약한 것이다. (2005년 기출)

(가) 수학은 '추측-증명-반박'의 논리에 의한 추측의 끊임없는 개선을 통해 성장하는 준경험 과학이다.

(나) 라카토스가 제시한 수학적 지식의 성장 과정은 다음과 같다.

1단계 : 수학적 추측을 제기하는 단계

2단계 : 추측을 부분추측으로 분해하는 단계(사고실험)

3단계 : 반례가 등장하고 추측과 증명을 반박하는 단계

4단계 : 증명을 검토하여 증명과 추측을 개선하는 단계

〈보기〉는 어떤 학생의 추측과 증명을 나타낸 것이다. 위 (나)의 3, 4단계를 근거로 잠정적으로 참으로 받아들일 수 있는 개선된 추측과 그 과정을 제시하시오.

보기

〈소박한 추측〉

미분가능한 함수 $f(x)$는 $f'(a)=0$일 때 $x=a$에서 극값을 갖는다.

〈증명(사고실험)〉

- 1단계 : 미분가능한 함수 $f(x)$는 $f'(a)=0$일 때, $x=a$의 좌우에서 $f'(x)$의 부호가 바뀐다.
- 2단계 : $f'(x)$의 부호가 바뀌므로 이 함수는 $x=a$에서 극값을 갖는다.

04. 다음은 8-가 단계 수학에 있는 '유리수와 소수' 단원의 수업 계획을 교사의 관점에서 제시한 것이다. (2006년 기출)

> 학습목표 : 유한소수로 나타내어지는 분수의 특징을 알 수 있다.
>
> 수업 계획
>
> ① 칠판에 학습 목표를 쓴다.
>
> ② 여러 가지 분수를 제시하고 그것을 소수로 나타내 보게 한 후, 유한소수와 무한소수의 뜻을 설명한다.
>
> ③ 위의 분수 중에서 유한소수로 나타내어지는 분수와 무한소수로 나타내어지는 분수를 각각 기약분수로 나타내었을 때, 분모의 소인수가 어떤 특징을 가지는지 알아보도록 한다.

위의 수업 계획 중에서 ③을 사회적 구성주의의 지식관을 반영하여 진행하고자 한다. 이때, 학생들이 객관화된 수학적 지식을 얻기까지 거쳐야 할 활동 과정을 쓰고, 그 결과 얻어져야 할 지식을 학습 목표와 관련하여 쓰시오.

Chapter 03 Bruner와 수학교육

Jerome S. Bruner

Bruner가 수학교육에 끼친 영향은 매우 크다. Bruner의 주도로 이루어진 수학교육의 현대화 운동은 학교 교실환경을 근본적으로 바꾸어 놓았고, 새로운 교육과정을 학교 교실에 성공적으로 정착시켰다. 그의 이러한 현대화 운동의 결과물은 현재 우리가 사용하고 있는 교과서 구석구석에 묻어 있고, 지금도 그의 이론에 의해 교육이 이루어지는 것이 상당하다. 따라서 이번 장에서 Bruner의 이론을 살펴보는 것은 현재 학교에서 가르치는 수학 내용을 이해하는 중요한 밑거름이 되리라 기대된다.

Bruner하면 떠오르는 단어는 매우 많다. 교육의 과정(The Process of Education), 지식의 구조(structure), 발견학습(discovery learning), 나선형 교육과정(spiral curriculum), EIS 이론 등을 들 수 있다. 이러한 그의 주장의 핵심에는 무엇이 들어 있을까? 그것은 지식의 구조로 한 마디로 요약할 수 있을 것 같다. 왜냐하면 지식의 구조를 가르치는 방법과 원리로써 발견학습을 제기하였고, 지식의 구조를 충분히 반영한 교육과정과 원리로써 나선형 교육과정을 설명할 수 있으며, 이러한 구조를 학습하는 심리학적인 원리로써 EIS 이론을 생각할 수 있기 때문이다.

따라서 본 장에서는 지식의 구조를 가장 잘 담고 있는 Bruner의 교육의 과정을 기반으로 하여 Bruner의 이론을 구체적으로 서술하고자 한다.

01 교육의 과정(The Process of Education)

구소련의 Sputnik 의 충격이후 미국을 중심으로 학교 교육과정의 개혁에 대한 움직임이 시작되었다. 교육과정의 재평가가 시작되었고 이러한 과정에서 1959년 Massachusetts의 Woods Hole에서 중요한 회의가 열렸다. 이 회의에는 35명의 과학자, 수학자, 교육학자 등이 참석하였는데, 그들은 어떻게 하면 초등학교와 중등학교에서 과학 및 수학교육을 개선할 것인가에 대한 논의를 하였다. 이러한 논의의 핵심은 수학 수업을 위한 가장 중요한 목표는 수학의 지식의 구조를 가르치도록 어떻게 할 것인가에 모아졌다. 결국 초등학교에서부터 학생들에게 수학의 구조를 어떻게 가르칠 것인가에 대한 관심이 모아졌고, 이러한 관심을 구체적으로 표현하여 제시한 것이 Bruner가 대표저자로 된 '교육의 과정'에 담겨져 있다고 볼 수 있다. 이 책은 1960년에 출판되었으며 담겨진 주요 내용을 살펴보면, 1장 서론, 2장 구조의 중요성, 3장 학습의 준비성, 4장 직관적 사고와 분석적 사고, 5장 학습의 동기, 6장 수업교구 등의 내용을 담고 있다.

1장에서는 Woods Hole 회의에 대한 전반적인 의미에 대한 설명과 교과 교육을 위한 구조가 가지는 의의와 목표를 제시하고 있다. 특히 Bruner는 구조에 기반을 둔 교육을 성공적으로 수행한다면 학생 개개인은 가장 뛰어난 지적발달수준에 도달할 수 있음을 믿고 있었다. 2장에서는 구조의 중요성에 대해 언급하면서 구조의 네 가지 장점을 언급하고 있다. 첫째, 구조는 수학교과의 이해를 수월하게 한다. 둘째, 구조는 기억을 용이하게 한다. 셋째, 구조는 기본적 원리를 이해하는 것이고 기본적인 원리와 유사한 다른 것도 동일하게 알 수 있게 해 줄 수 있으므로 전이를 가능하게 한다. 넷째, 수학지식에서 초등적인 지식과 고등적인 지식사이의 연속성을 보장해 줄 수 있어 그 사이의 차를 좁혀줄 수 있다. 3장에서는 학습의 조기 준비성에 대한 내용으로, Bruner는 기계적인 통념을 부정하고 있다. 즉, 일정 수준과 발달단계에 도달한 학생들만이 특정 수학내용을 가르칠 수 있다는 Piaget의 이론을 부정하고 있는 것이다. 그러면서 그는 '어떤 교과든지 지적으로 올바른 방법으로 표현할 수만 있다면 어떤 발달단계에 있는 학생들에게서도 효과적으로 가르칠 수 있다'는 Bruner의 핵심적인 이론을 제시하였다. 이러한 조기 준비성의 핵심에 지식의 구조가 위치하고 있다. Bruner는 학생들은 발달단계에 따라 각각 특이한 혹은 상이한 방법으로 교과내용을 지각한다는 것이며, 여기서 인지적 발달단계라는 것은 교과 내용의 구조를 파악하는 서로 다른 방식에 지나지 않는다는 것으로 해석한다. 따라서 Bruner의 주장에 비추어 보면 학습의 준비성이라는 것은 학생 개개인의 발달단계에 부합된 서로 다른 지각방식에 타당하도록 '학습 내용의 구조'를 표상(representation)하는 문제로 귀결하게 된다. Bruner는 이러한 학습 내용의 구조를 표상하는 방법으로 활동적 표상, 영상적 표상, 상징적 표상 세 단계를 제시한다. 4장에서는 직관적 사고와 분석적 사고에서는 생산적 사고를 가능하게 하는 방법이 다루어지고 있다. 교육의 과정에서 직관적 사고가 중요하다는 것은 서로 다른 표상을 통해 학습이 이루어진다는 Bruenr의 이론을 통해 충분히 짐작할 수 있다. 5장에서는 학생들이 학습에 대한 욕구를 어떻게 불러일으킬 것인가에 대한 방법, 즉 내재적인 동기유발에 대해 다루고 있다. Bruner는 이 장에서 지식의 구조를 강조한 결과로 '지적인 희열', '발견의 희열'을 학생들에게 심어줄 수 있기를 기대하고 있다. 6장에서는 학습에서 적절한 교구를 사용하여 학습의 효과를 극대화시킬 수 있다는 내용을 제시하고 있다. 교구 자체의 사용이 목적이 될 수 없다는 것을 강조하면서 교구의 사용이 수학적 구조를 제시하는 목적으로 사용될 때 그 가치를 인정받을 수 있다고 믿고 있다. 이러한 목적이 달성되기 위해서는 수학수업에 타당한 교구는 일정한 조건이 구비되어야 하며, 특히 이 교구를 사용하는 교사가 교구에 포함된 구조를 정확하게 인식하고 있느냐가 매우 중요한 요소가 된다.

02 지식의 구조

Bruner의 교육의 과정에서 가장 중요한 개념을 찾으라고 한다면 한 마디로 '구조'라고 할 수 있다. 이러한 구조에 근거를 두고 있는 교육과정을 '구조중심' 교육과정 혹은 '학문중심' 교육과정이라고 부르고 있다. Bruner에 의해 강조되는 구조중심 교육과정의 기본 전제는 모든 교과목에는 그 교과목만의 독특한 기본적인 구조를 가지고 있다는 것이다. 따라서 학문중심 교육과정에서 수학 교과는 수학이라는 학문이 지니고 있는 기본적인 구조를 바탕으로 구성되어져야 한다는 것을 의미한다. 좀 더 구체적으로 언급하면, 수학의 내용 영역은 수와 연산, 문자와 식, 기하, 규칙성과 함수, 확률과 통계 총 5개로 세분하고 있는데, 각각의 내용 영역들은 그 내용 영역을 구성하는 기본적인 구조를 바탕으로 하여 조직하여야 한다는 것을 의미한다. 실제로 기하 영역의 경우, 중학교 1학년에서는 직관적인 관점에서 기술되고, 중학교 2학년과 3학년은 논증적 입장에서 서술되어 있는데, 도형을 이루는 가장 기본적인 단위(구조)인 점, 선, 면을 기초로 하여 삼각형, 사각형, 원에 대한 평면도형의 성질을 체계적으로 다루고 있다.

그렇다면 수학교과 내용을 구성하는 기본적인 구조에서 '구조(structure)'가 의미하는 것이 구체적으로 무엇인가? 구조의 개념이 무엇인가? 에 대한 의문이 생기게 된다.

구조에 대한 사전적인 의미를 찾아보면, '구조(構造)란 부분이나 요소가 어떤 전체를 짜 이룸 또는 그렇게 이루어진 얼개'라고 큰 틀에서 제시하면서 '집합과 거기에서 정하여진 연산이나 집합과 거기에서 정해진 관계 등 집합과 그것이 가지고 있는 집합론적 대상으로써 얽어진 것', '어떤 일을 성립시키는 것 사이의 상호 기능적 연관' 이라고 정의하고 있다. 따라서 직관적인 측면이나 상식적인 측면에서 구조의 의미는 '한 사물을 얽어매고 있는 요소 내지는 그 요소가 얽혀져 있는 모양 혹은 요소들 사이의 상호 연관성'을 의미한다고 볼 수 있다.

그럼 수학교육에서 구조라는 용어는 언제부터 사용되어진 것일까? 1950년대 후반부터 미국은 수학, 과학 등의 교과를 중심으로 새로운 교육과정의 개선에 노력을 기울이고 있었다. 이러한 개선의 움직임의 결실이 Woods Hole 회의에서 이루어졌고, 이 회의에서 제시된 지식의 구조라는 말은 1950년대 미국의 학교 수학교육의 문제점과 이에 대한 해결을 위한 개선 방향을 한 마디로 축약해서 표현된 말로 판단할 수 있을 것이다. 따라서 지식의 구조의 역사는 1950년대 새로운 교육과정 수립을 위한 방향 설정을 위한 큰 방향 제시의 측면에서 최초로 사용된 것으로 받아들일 수 있다. 그렇다고 해서 지식의 구조가 당시 미국 사회의 수학교육의 구조적인 문제만을 내포한다고 볼 수는 없다. 현재까지 여전히 지식의 구조를 언급하고 있다는 측면에서 지식의 구조는 수학교육내용으로서의 학문의 성격이 무엇이고, 이러한 학문의 성격을 정확하게 교실에서 실현하기 위한 방법이 무엇인가에 관심을 가지기 위해 발생하였다고 보는 것이 더 타당할 것이다.

Bruner는 지식의 구조라는 용어를 사용하였다. 그렇다면 일반적인 '수학 지식'과 '수학 지식의 구조'는 어떤 차이가 있는 것인가? 지식이라고 부르지 않고 지식의 구조라는 말을 사용하는 것은 특별한 의미가 있을 것으로 보인다.

사전에서 구조라는 의미를 설명하면서 예시로 제시된 단어를 찾으면, 가옥 구조, 권력 구조, 컴퓨터의 구조, 소화 기관의 구조 등을 제시하고 있다. 여기서 컴퓨터의 경우를 살펴보자. 컴퓨터는 '인터넷을 가능하게 하고, 한글로 문서를 편집할 수 있고, 엑셀로 데이터를 처리할 수 있는 기계'라고 설명할 수 있는 반면, 컴퓨터의 구조는 '입력장치로 키보드, 출력장치로 모니터, LCD, 프린터, 중앙처리장치로 CPU, 기억장치로 HDD, LAM 등의 하위 요소로 구성된 기계'라고 설명할 수 있다. 수학적 상황으로 예를 들면, 수(number)란 무엇인가와 수의 구조가 무엇인가라는 두 질문을 비교해 보자. 수는 양적인 의미를 지니고 있는 수학적인 개념이다. 수의 구조를 양적인 의미를 지닌 개념이라고 표현한다면 매우 어색할 수밖에 없다. 수의 구조는 '수는 실수와 허수로 구분되고, 실수는 유리수와 무리수로 구성되며, 유리수는 정수와 정수가 아닌 유리수로 …' 라고 표현할 수 있다. 이때도 마찬가지로 수의 구조는 '양을 나타내는 수학적 개념'이라고 말한다면 매우 어색하다. 결국 지식과 지식의 구조는 분명한 차이를 지니고 있음이 분명하다.

수(number)와 컴퓨터의 예에서 볼 수 있듯이, 지식이라는 것은 사용 가능한 기능적인 측면(양을 표현하고, 인터넷을 가능하게 하고)이 강한 반면, 지식의 구조는 지식의 전체를 구성하는 요소들이 중요한 역할을 하고 있음을 알 수 있다. 또 다른 측면에서는 지식은 '그 지식 자체와 그 지식이 아닌 외적인 다른 지식과의 관계'에 더 밀접한 관계가 있다. 지식은 지식의 외적인 측면에서 그 의미를 찾을 수 있다는 것이다. 예를 들어, 컴퓨터에 대한 지식은 컴퓨터가 아닌 다른 대상과 구별되어지는 컴퓨터에 대한 속성이 이에 해당하고, 수(number)에 대한 지식은 수가 다른 수학적 대상과 구별되어지는 개념이 지식의 영역에 들어간다. 그렇다면 지식의 구조는 외적인 측면과 관련이 있는 '지식'과 상반되어 지식 자체의 내적인 부분과 관련이 있다. 즉, 지식의 구조는 '그 지식을 다른 지식과 별도로 생각하고, 그 지식 자체 내에서 그 지식이 지니는 속성과 의미를 찾는 것'에서 그 지식이 가지는 의미를 찾는 것이다. 예를 들어, 컴퓨터의 구조를 말할 때는 컴퓨터를 다른 대상과 관련을 맺지 않고, 오로지 컴퓨터 자체의 속성과 요소들에만 관심을 가지는 것으로, 컴퓨터의 생김새, 얼개 및 구성요소 등을 가리키는 것이다. 또한 수의 구조를 말할 때는 수의 개념을 다른 수학적 개념과 분리시켜 놓고, 수 자체의 모양과 구성요소들을 생각하는 것이다.

지식의 구조가 가지는 의미를 보다 명확하게 하기 위해 외연과 내포의 용어를 도입해 보자. 외연과 내포의 의미는 기하에서 매우 중요한 개념이다. 특히 van Hiele은 그의 기하학습이론의 사고수준의 구분 제 1수준인 분석수준과 제 2수준인 비형식적 연역수준에서 외연과 내포의 이해 유무를 가장 중요하게 생각하고 있다. 여기서 외연(extension)은 한 명사나 개념이 적용되는 대상들의 범위나 범주를 가리키는데, 예를 들어 수(number)라는 명사의 외연은 수의 범주에 포함시킬 수 있는 대상들을 포괄하는 것이므로, 자연수, 실수, 복소수, 삼원수 등을 포함하는 것이다. 즉 외연이라는 것은 '개념이 지시하는 존재의 일정한 범위'이다. 반면, 내포(intension)는 한 명사나 개념의 형식적 정의를 이루는 내재적 내용을 가리키는데, 예를 들어 수(number)라는 개념에서 유리수는 정수와 정수의 비로 나타낼 수 있는 것, 무리수는 순환하지 않는 무한소수로 나타낼 수 있는 것 등이다. 즉, 내포는 '개념을 규정할 수 있는 것들의 집합'이다. 이러한 외연과 내포에 대해 논의할 때, 수의 개념만으로는 이러한 외연과 내포에 대해 논하는 것은 거의 불가능하다. 수의 구조에서 그 수를 구성하는 요소들과 그들 사이의 관계성을 통해서만이 외연과 내포에 대한 분명한 이해가 가능한 것이다. 결국 지식의 구조에 대한 이해를 통해 그 지식이 가지고 있는 본질적인 의미와 개념을 정확하게 조직할 수 있고, 지식의 내재된 의미의 파악, 지식의 온전한 전체 및 지식을 구성하는 요소들에 대한 명확한 이해가 가능하다. 이런 측면에서 지식의 구조는 지식과는 차별된다.

그렇다면 여기서 문제가 되는 것은 학교 수학교실에서 가르치는 내용이 무엇인가에 대한 의문이다. 지식과 지식의 구조가 차별되어진다는 것이 보편적인 사실이라면 학교 수학교실에서 가르칠 내용의 선정에서 수학지식과 수학지식의 구조는 서로 차별되어져야 할 것이다. 구조가 강조되기 이전에는 학교 수학교실에서는 수학적인 구조 자체에 관심을 가지고 교육내용을 교수한 것이 아니라, 수학의 기능적인 측면 즉, 수학적 내용을 수단으로 하는 학습이 이루어졌다. 과거에는 무엇을 가르칠 것인가에 대한 물음을 '지식이 어디에 활용되는가?', '지식은 어떤 기능을 가지고 있는가?'와 동일시하는 경향이 지배적이었다. 수학에서 예를 들면, 수(number)를 지도할 때, 수에 대한 구조 중심으로 학습이 이루어지기보다는, 수를 가르치는 기능적인 이유와 수의 양적인 지식을 활용한 기능적인 측면, 즉, 자연수의 연산, 정수의 연산, 유리수의 연산, 실수의 연산과 같은 실용적인 측면의 학습이 중심을 이루었다. 반면 지식의 구조를 강조하는 입장에서는 학교 수학교실에서 가르쳐야할 내용은 지식의 기능적인 측면이 아닌, 지식의 구조 즉, 지식 그 자체 내에서 그 지식을 구성하고 있는 요소들에 대한 학습으로의 전환이 요구되어진다. 따라서 수학학습내용의 선정에서도 수학의 구조에서 수학을 구성하는 본질적인 요소들에 대한 학습, 수에 대한 학습에서는 수를 구성하는 다양한 수 집합에 대한 학습과 수의 연산 그 자체 보다는 연산의 기본적인 법칙과 원리인 교환법칙, 분배법칙, 결합법칙, 항등원, 역원 등에 대한 학습이 중심을 이루게 된다. 여기서 지식의 구조에 대한 Bruner의 설명을 제시하고, 지식의 구조에 대한 개념을 정리하고자 한다. Bruner는 그의 교육의 과정에서 세 가지-생물학, 수학, 언어-간단한 예를 제시하여, 지식의 구조를 설명하고 있는데 여기서는 수학에 대한 지식의 구조에 대한 설명을 살펴보자.

> 이제 더 간단한 것으로 수학에서 그 예를 살펴보자. 수학에서 대수(algebra)는 미지수와 기지수를 방정식에 배열하여서 미지수를 기지수로 바꾸는 것이다. 이 방정식을 풀기 위해서는 세 가지의 기본적인 연산법칙이 있다. 그것은 교환법칙, 분배법칙, 결합법칙이다. 기본적으로 학생들이 이 세 가지의 기본적인 원리를 정확하게 이해하고 있다고 한다면, 현재 풀려고 하는 새로운 방정식은 전혀 새로운 방정식이 아니라, 이미 그 전에 알고 있던 기존의 방정식의 한 변형에 불과하다는 것을 쉽게 파악할 수 있을 것이다. 여기서 중요한 것은 학생들이 변형을 위해 사용한 연산법칙의 이름을 기억하는 것이 아니라, 그 법칙의 의미를 정확하게 활용할 수 있느냐이다(Bruner, 1960, p.6).

Bruner는 또한, 구조에 대해 '지식의 구조를 파악한다는 것은 곧 한 가지 현상을 여러 가지 현상과의 관련을 통해 이해할 수 있게 된다는 것을 의미한다. 즉, 구조를 학습하는 것은 사물이나 현상이 어떻게 관련되어 있는가를 학습하는 것이다.'라고 밝히고 있다. 위의 대수에 대한 예에서 볼 수 있듯이, 대수라는 큰 지식의 구조에 포함된 기본적인 요소로 세 가지 원리를 제시하였다. 교환법칙, 결합법칙, 분배법칙이 그것이다. 대수라는 지식의 구조를 파악하기 위해서는 이러한 법칙들이 주어진 방정식과 어떻게 관련을 맺고 있는지를 파악하는 것이고, 이러한 관련성을 통해 대수의 구조를 이해할 수 있다는 것을 의미한다.

마지막으로, Bruner는 교육의 과정에서 '구조'라는 단어와 거의 동일하게 사용한 문장이 자주 등장하고 있다. '일반적인 원리', '기본적인 개념', '기본적인 아이디어'를 구조가 사용되어야할 상황에 자주 언급되고 있다. 이러한 혼합된 사용에 대해 이홍우(1992)는 '이것은 구조가 이러한 것들과 문자 그대로 동의어이기 때문이 아니라, 원리나 개념, 아이디어 등이 구조를 이루는 요소이기 때문이며, 따라서 이런 것들에 관해서 말할 수 있는 내용은 대체로 구조에 관해서도 타당하기 때문이다.'라고 제시하였다. 따라서 수학을 학습하고 있는 우리에게 다소 익숙한 용어인 '일반적인 원리', '기본적인 개념'을 토대로 지식의 구조에 대한 개념을 이해하는 것이 매우 효과적이지만, 이러한 한두 가지 독자적인 원리나 개념을 지식의 구조로 이해하는 것이 아니라, 지식의 구조를 구성하는 한 부분으로서의 원리나 개념이기 때문에 다른 수학적인 개념과 원리와 관련시켜 전체적인 관점에서 원리나 개념을 이해하는 것이 지식의 구조에 부합될 것이다.

03 구조의 중요성-발견학습

그렇다면 여기서 한 가지 의문이 제기된다. 지식의 구조가 지식과는 다른 별개의 속성을 지니고 있음을 알았다. 하지만, 지식의 구조를 가르침으로 인해 학생들이 얻게 되는 유용성과 효과성에 대한 결론을 내리지는 못했다. 이에 대해 Bruner는 다음 네 가지 입장에서 지식의 구조의 학습을 통해 얻어지는 장점을 역설하고 있다.

첫째, 수학에 대한 기본적인 구조를 이해하면 수학교과 지식을 훨씬 쉽게 이해할 수 있다. 자연수에서 수의 표현방법 즉, 진법을 예로 들어 보자. n진법의 구조는 n만큼 수가 모이면 자릿값이 한 자리 커진다는 것이다. 5진법은 1, 2, 3, 4 다음에 10이 된다는 구조이다. 따라서 진법의 이러한 구조를 이해하고 있다면 5진법에서 44다음은 100이 된다는 사실을 쉽게 이해할 수 있다. 즉, 수학적인 개념의 구조에 대한 명확한 이해는 그 지식의 이해를 용이하게 한다.

둘째, 수학지식의 기억력과 관련이 있다. 1960년대 후반 정보처리심리학자들도 언급하였지만, 인간의 기억체계는 기억하고자 하는 내용을 기존의 지식과 별개인 독립적인 형태로 받아들일 경우 재생에 실패할 가능이 매우 높다고 지적하고 있다. 즉, 우리가 학습하는 수학적 내용이 전체적으로 구조화된 형식 안에 들어 있지 않을 경우, 곧 잊어버리거나 재생이 불가능해 진다. 또한, Bruner는 지식의 구조에 대해 언급하면서, '일반적이고 기본적인 원리 즉, 구조를 배운다는 것은 다름 아니라, 세세한 것들이 기억에서 사라진다고 해서 전적으로 모든 것이 사라지지는 않는다'고 설명하고 있다. 즉, 수학 학습에서 지식의 구조 중심으로 학습이 이루어진 다음, 그 내용에 대한 기억이 사라지거나 재생에서 실패할 경우에도, 구조의 학습 이후에 남아있는 그 무엇인가에 의해서 필요한 세세한 내용을 다시 구성할 수 있도록 해 준다는 것이다. 수학학습에 대한 좋은 이론, 좋은 수학적인 구조에 의한 학습은 현재 학습하는 내용에 대한 이해의 수단일 뿐만 아니라 장차 그것을 기억하는 수단이 되기도 한다.

도함수의 예를 들어보자. $f(x)=\sin x$의 도함수는 $f'(x)=\cos x$이다. 삼각함수에 대한 도함수 공식은 매우 많다. 그래서 시간이 지나면 기억이 어렵거나 혼란스럽다. 하지만 도함수의 개념에 대한 본질적인 학습 즉, $f'(x)=\lim_{h\to 0}\frac{f(x+h)-f(x)}{h}$을 정확하게 이해하고 있다면, 이를 통해 언제든지 $f'(x)=\lim_{h\to 0}\frac{\sin(x+h)-\sin x}{h}$을 다시 구성해낼 수 있을 것이다.

셋째, 기본적인 원리나 개념을 이해하는 것은 적절한 '전이'를 가능하게 하는 가장 중요한 방법이다. 학습에서 전이는 매우 중요한데, 지식의 구조를 중심으로 하는 학습은 이러한 전이를 매우 용이하게 한다. 즉 한 가지 수학적인 개념을 학습한 것 뿐만 아니라, 장차 배우게 될 학습 내용 중에서 이와 유사한 수학적 개념을 지닌 학습에서 동일한 학습효과를 기대할 수 있다.

수학의 학습 중에서 일차변환을 예를 들어 보자. 일차함수 $y=3x-5$, 원의 방정식 $(x-2)^2+(y+1)^2=9$, 로그함수 $y=\ln(x-2)$를 x축의 방향으로 3만큼, y축의 방향으로 -2만큼 평행이동한 각각의 식을 구하는 문제는 본질적으로 동일하다. 왜냐하면 평행이동의 구조, 즉 일차변환의 구조에 대한 이해를 통해 해결될 수 있다. 일차변환 $T:(x,y)\to(X,Y)$에서 $X=x+3$, $Y=y-2$이므로, $x=X-3$, $y=Y+2$를 대입함으로써 해결된다. 즉, 주어진 형식은 다르지만 일차변환이라는 구조의 틀 속에서는 동일한 해결을 가진다. 따라서 수학학습에서 구조를 정확하게 파악하고 있으면 일차함수의 평행이동의 학습만으로 모든 도형의 평행이동을 동일하게 이해하게 된다. 구조의 학습은 학습의 전이를 매우 용이하게 한다.

넷째, 기본적인 지식의 구조와 이해에 대한 강조는 고등지식과 초등지식 사이의 관련성을 밀접하게 만들어 주기에 유익하다. 이에 대한 Bruner의 생각을 정리하면, 초등학교와 중학교에서 다루어지는 수학학습내용을 수학적인 배경 및 구조에 비추어 기본적인 개념을 정확하게 담고 있는지를 끊임없이 확인함으로써 초등수학지식과 고등수학지식사이의 차를 극복할 수 있다는 것이다.

그렇다면 지식의 구조에 중심을 둔 학습을 진행하지 않는다면 어떻게 될까? 이에 대한 Bruner의 생각도 명확하다. 수학이 지닌 일반적인 원리, 기본적인 개념에 기초하지 않고 구체적인 사실이나 기능적인 측면에서 수학을 지도한다면 비경제적이다. 왜냐하면, 첫째, 구체적인 사실이나 기능적인 측면에서 수학을 가르친다면 이 내용을 배우는 학생들은 학습한 내용들이 다음에 배우게 학습 내용과의 관련성을 맺지 못해 새로운 학습에 대한 적응이 매우 힘들 것이고, 둘째, 일반적인 원리를 학습하지 못하면 수학을 배우는 학생들이 수학에 대한 지식인 희열을 받기 힘들어, 수학을 공부하는 가치가 무엇인지 학생들이 깨닫기 힘들 것이며, 셋째, 구조가 강조되지 않는 수학교육은 수학내용에 대한 기억을 어렵게 하기 때문이다(Bruner, 1960).

구조의 중요성과 구조를 강조하지 않았을 때 나타나는 단점을 Bruner의 입장에서 재정립하여 보았다. 그렇다면 학교 수학교실에서 구조를 가르쳐야하는 것은 매우 당연한 것으로 보여진다. 최소한 1950년대 교육현실을 그러하였다. 물론 지금도 이러한 구조의 중요성은 다양한 방식으로 증대되어지고 있다. 그럼, 어떻게 학교 수학교실에서 지식의 구조를 가르쳐야 하는가? 구조를 가르치기 위한 교육적인 방법으로 어떤 것이 있는가?

교육의 과정에서 중요하게 인식된 '수학을 공부하는 초등학교 3학년 학생과 대학에서 수학을 전공한 수학자들은 동일한 학문적인 수행을 한다'라는 주장이 제기되었다. 이러한 주장의 배경에는 수학에 대한 지식의 구조를 어떻게 가르쳐야 하는지에 대한 방법적인 원리를 내포하고 있다. 여기서 '수학자와 동일한 수행을 한다'는 것의 의미는 학교교실에서 배우는 수학내용이 곧 수학자들이 공부하는 내용과 동일한 것이어야 한다는 내용적인 측면과 함께, 수학을 배우는 학생이 수학자와 동일한 작업을 수행하도록 교육을 실행하여야 한다는 방법적인 측면을 내포하고 있다. 실제로 Bruner의 주장을 수학에 적용하여 재해석하면,

수학이라는 것은 '수학 책에 나오는 내용의 모음'이라기보다는 '수학적 내용을 처리할 수 있는 방법'이다. 즉, 수학이라는 것은 수학에 대해서 '알아야 할 무엇'이 아니라 수학에 대해서 '할 줄 아는 무엇'이다. 따라서 수학교실에 있는 학생들은 이미 주어진 지식의 내용에 대한 방관자나 수동자가 아니라, 수학적 내용이 던져진 교실환경에 적극적으로 참가하여야 하는 참가자나 능동자가 되어야 한다. 따라서 수학교육의 입장에서 이러한 수학을 가르치는 원리로서 '발견'과 이것을 가르치는 수업의 방법적인 측면에서 '발견학습'을 강조한다.

수학에서의 발견학습은 스스로 탐구하고 발견하는 것으로 표현되어질 수 있다. 따라서 탐구하고 발견하는 주체는 전적으로 개인이며 발견을 위한 자발적인 노력이 필수적이다. 즉, 수학교사가 학생들에게 탐구할 내용을 제시하고, 학생은 자발적으로 그 내용에 대한 해답을 스스로 발견하도록 하는 것이다. 결국 발견학습의 강조는 수학교육이 궁극적으로 학습자의 내적 체계의 자발적 구성이라는 명백한 인식을 가져오도록 하였으며, 또한 수학의 학습은 학습자의 능동적인 참여를 통해 달성되어질 수 있다는 근본적인 교육원리의 중요성을 재확인하는 중요한 계기가 되었다고 할 수 있다.

이제 수업의 방법적인 측면에서의 발견학습에 대해 구체적으로 살펴보기로 하자. 발견학습모형에 대한 연구는 다양하게 진행되었는데, 윤기옥 등(2002)이 제시한 발견학습모형의 수업절차를 수학교육적인 측면에서 요약하면 다음과 같다.

1단계 : 수학 자료 탐색 및 문제 파악 단계
이 단계에서 학생은 교사에 의해 주어진 수학학습 자료를 탐색하고 수학 학습 문제가 무엇인지를 명확하게 파악하고, 교사는 학생이 문제를 정확하게 파악할 수 있도록 도와준다.

2단계 : 수학자료 제시 및 관찰 탐색 단계
이 단계에서 교사는 수학 문제 해결에 필요한 자료를 몇 가지 제시하고, 학생은 교사에 의해 주어진 자료를 관찰 탐색한다.

3단계 : 수학자료의 추가 제시 및 관찰 탐색 단계
이 단계에서 교사는 앞에서 제시한 자료 이외의 추가적인 새로운 자료를 제시하고, 학생은 교사에 의해 주어진 추가 자료를 관찰 탐색하고 앞의 자료와 비교분석한다.

4단계 : 규칙성 발견 및 개념정리 단계
이 단계에서 학생들은 탐색한 결과를 통해 일반화하고 규칙성을 발견하게 되고, 교사는 학생들이 일반적인 규칙성을 발견하지 못할 경우 추가적인 자료를 제시한 다음 일반화하도록 한다.

5단계 : 적용 및 응용 단계
이 단계에서 학생들은 앞에서 발견한 일반적인 성질과 규칙성을 다른 문제 상황에 적용 및 응용해 보고, 발견한 일반적인 성질과 규칙성을 심화하게 된다.

이제 고등학교 수학I에서 학습하는 '자연수의 거듭제곱의 합'을 이용하여 발견학습 수업의 절차에 대해 살펴보면 다음과 같다.

1단계 : 수학 자료 탐색 및 문제 파악 단계
연속된 자연수의 합을 간단하게 계산하는 방법이 있을까? 연속된 자연수의 세제곱의 합을 간단하게 구할 수 있는 방법은 존재하는가?

2단계 : 수학자료 제시 및 관찰 탐색 단계

[자료 1] 다음 연속된 자연수의 합을 구해 보자. 또한, 아래의 그림에서 어두운 정사각형의 개수를 구해 보시오.

$1+2=\square$, $1+2+3=\square$, $1+2+3+4=\square$, $1+2+3+4+5=\square$

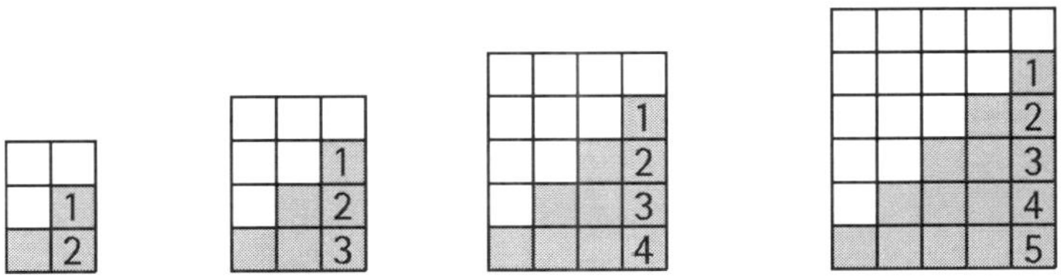

[자료 2] 다음 연속된 자연수의 세제곱의 합을 구해 보시오.

$1^3+2^3=\square$, $1^3+2^3+3^3=\square$, $1^3+2^3+3^3+4^3=\square$, $1^3+2^3+3^3+4^3+5^3=\square$

3단계 : 수학자료의 추가 제시 및 관찰 탐색 단계

[추가자료 1] 1부터 10까지의 연속된 자연수의 합(S_{10})을 아래와 같은 방법으로 Gauss가 구하였다고 한다. 이 방법이 옳은 이유를 생각해 보자.

풀이 $S_{10}=1+2+3+4+5+6+7+8+9+10$이므로 다음과 같이 적어보자.

$$\begin{array}{rl} S_{10} = & 1+2+3+4+5+6+7+8+9+10 \\ +\quad S_{10} = & 10+9+8+7+6+5+4+3+2+1 \\ \hline 2S_{10} = & 11+11+11+11+11+11+11+11+11+11 \end{array}$$

따라서 $S=\dfrac{11\times 10}{2}=55$이다.

이와 같은 방법을 이용하여 1부터 30까지의 자연수의 합을 구해 보자.

[추가자료 2] 연속된 자연수의 합의 제곱은 어떤 수의 값을 가지는지 생각해 보자. 그리고, 구한 값이 [자료 2]와 어떤 관련성을 가지는지 생각해 보자.

(1) 1^2 (2) $(1+2)^2$ (3) $(1+2+3)^2$

(4) $(1+2+3+4)^2$ (5) $(1+2+3+4+5)^2$

4단계 : 규칙성 발견 및 개념정리 단계

1. 연속한 자연수의 합에 대한 일반적인 규칙성을 구해 보자.

   $1+2+3+\cdots+n=\dfrac{n(n+1)}{2}$ 임을 찾을 수 있다.

2. 연속한 자연수의 세제곱의 합에 대한 규칙성을 구해 보자.

   $1^3+2^3+3^3+\cdots+n^3=\left\{\dfrac{n(n+1)}{2}\right\}^2$ 임을 찾을 수 있다.

5단계 : 적용 및 응용 단계

[적용 및 응용 1] 앞에서 구한 규칙성이 옳음을 수학적 귀납법 및 항등식을 이용하여 구해 보자.

(1) $1+2+3+\cdots+n=\dfrac{n(n+1)}{2}$ 임을 수학적 귀납법을 이용하여 증명하여 보자.

(2) $\displaystyle\sum_{k=1}^{n}k^3=\left\{\frac{n(n+1)}{2}\right\}^2$ 임을 항등식 $(k+1)^4-k^4=4k^3+6k^2+4k+1$을 이용하여 증명하여 보자.

[적용 및 응용 1] 1부터 시작하지 않는 연속한 자연수의 합과 연속한 자연수의 세제곱의 합을 구하는 방법을 생각해 보고, 아래 문제를 해결해 보자.

(1) $12+13+14+\cdots+55$

(2) $11^3+12^3+13^3+\cdots+100^3$

04 EIS이론(인지적 표상 이론)

교육의 과정에서 인용된 말 중에서 가장 강한 영향을 미친 것은 아마 다음 내용일 것이다. '어떤 교과든지 지적으로 올바른 방법으로 표현할 수만 있다면 어떠한 발달단계에 있는 어떤 학생들에게도 효과적으로 가르칠 수 있다'라는 주장이다. 이러한 주장에 대해 Bruner는 이 주장은 '대담한 가설'이며, 동시에 '새로운 교육과정의 수립을 위해서 필요불가결한 가설'이라고 표현하고 있다.

Bruner의 이 주장을 명확하기 위해서 우리는 인지발달단계에 대한 그의 이론을 바탕으로 인지적 표상이론(EIS)에 대해 명확하게 이해할 필요가 있다.

먼저 인지발달달계에 대해 생각해 보자. 학생들의 인지적 발달에 대한 연구를 보면, 각각의 인지적 발달단계는 그 단계마다 고유의 지각방식과 학습의 방식을 가지고 있다. 따라서 어떤 특정 나이의 학생들은 그 나이에 맞는 수학 학습내용의 표현방식이 존재한다는 것을 의미하므로, 수학교과의 내용을 가르친다는 것은 곧 배우는 학생들의 인지발달수준에 부합되도록 수학내용에 대한 지식의 구조를 표현하는 것으로 귀결지을 수 있다.

Bruner는 많은 학자들의 연구결과를 바탕으로 학생들의 인지발달단계는 크게 세 단계, 즉 전조작 단계, 구체적 조작 단계, 형식적 조작 단계로 세분화하였다.

첫째, 전조작 단계이다. 이 단계는 아동의 지적 활동은 주로 경험과 활동 및 동작과 관련을 맺으면서 이루어진다. 이 단계에서는 아동이 수학학습을 통해 달성하고자 하는 목적과 이 목적을 이루고자 필요로 하는 수단을 거의 구분할 수 없으며 자신을 통제하는 방법도 상징적인 조작이 아니라, 직관적 조절에 전적으로 의존하고 있다. 또한, Piaget를 비롯한 학자들은 전조작 단계에서 가장 부족한 부분은 '가역성'이라고 밝히고 있다.

둘째, 구체적 조작 단계이다. 전조작 단계가 전적으로 활동과 동작에 의존한 것과 비교할 때, 이 단계에서는 학생들의 사고방식이 '조작'적으로 변환된다는 것이 가장 큰 차이점이다. 조작이라는 것은 '실세계의 현상을 사고 구조 속에 넣고 사고 구조속에서 그 현상들을 변형하고 조직하여 새로운 문제 상황에서 문제해결을 위한 도구로 사용할 수 있는 것'을 의미한다. 구체적 조작 단계의 학생들은 조작을 위한 기초가 되는 내면화된 사고구조를 가지고 있다는 것을 의미한다. 즉, 이 단계에서 학생이 어떤 수학적인 개념이나 일반적인 원리를 이해한다는 것은 개념이나 원리가 학생들의 사고 구조 속으로 번역이 이루어졌음을 의미한다.

하지만 이 단계의 학생들도 학생이 직접 눈으로 본 적이 없거나, 직접 경험할 수 없는 내용을 다룰 수는 없다. Bruner는 이에 대해 '구체적 조작단계의 학생들은 아직 일어나지 않은 일을 예상할 수 없다는 뜻이 아니라, 주어진 시점에서 아직 일어나지 않은 모든 가능성을 체계적으로 상상할 수 없다'라고 설명하고 있다. 즉, 이 단계의 학생들은 당장 시각적으로 지각이 가능한 실재를 초월한 그 이상의 내용에 대한 체계적인 정리가 불가능하다.

셋째, 형식적 조작 단계이다. 이 단계의 학생들은 자신의 경험, 시각적인 관찰 유무에 관계없이 가설에 의한 명제를 자유롭게 다룰 수 있는 능력 즉, 형식적으로 명제를 조작할 수 있는 능력을 가지게 된다. Bruner는 이 단계가 되면 학생들의 지적인 활동은 수학자나 논리학자가 수행하는 지적인 활동과 본질적으로 동일한 조작활동을 할 수 있다고 믿고 있다. 따라서 이전 단계의 구체적인 경험이나 교구를 통한 조작적인 사고활동에서 벗어나 자유롭게 수학적인 대상을 논리적으로 분석하고 증명하는 활동이 가능하게 된다. Bruner의 교육의 과정에서 구체적인 조작단계와 형식적 조작단계의 차이점에 대해 다음과 같이 수학적인 예를 제시하여 설명하고 있다.

> 구체적 조작단계의 학생들은 수학적인 개념이나 원리를 구체적이고 직관적인 방법으로 획득할 수 있다. 즉 학생들은 이러한 개념이나 원리를 구체적인 조작을 통해서만 이해하고 사용할 수 있다. 예를 들면, 구체적인 조작단계에 있는 5학년 학생은 고등수학적인 내용을 포함하고 있는 교구나 기구를 직접 다루어 보는 경험을 통해 귀납적인 방법으로 수학적인 원리나 개념을 깨달을 수 있다. 이것은 곧 수학적인 내용을 포함한 교구나 기구를 통해서 수학적인 개념을 명확하게 이해할 수 있을 뿐 아니라 이를 응용할 수 있는 능력이 있음을 의미한다. 하지만, 이 학생에게 수학적인 의미가 담긴 교구나 기구와 관련시키지 않고, 이 교구나 기구에 담긴 수학의 본질적인 개념이나 원리를 기호로 표현하도록 요구하거나 그러한 개념이나 원리에 대한 수학적인 기호를 교수하게 된다면 학생들은 이것을 받아들이지 못하게 된다. 왜냐하면 개념이나 원리를 구체적인 교구나 기구와 독립하여 이해하게 되는 발달단계는 형식적 조작단계이기 때문이다(Bruner, 1960, p.38).

교육의 과정에서 Bruner가 언급한 말에서 알 수 있듯이 수학적인 개념이나 일반적인 원리가 아무리 중요하다고 할지라도, 그것을 배우는 학생에게 올바른 방법으로 표현할 수 없다면 수학학습은 이루어질 수 없다. 따라서 학생들의 인지적인 발달수준에 적합한 표현수단이 요구되어진다. 이러한 표현수단을 찾을 수만 있다면 Bruner의 기본적인 주장처럼, 어떤 발달단계에 있는 어떤 학생들에게도 수학의 지식의 구조를 효과적으로 가르칠 수 있을 것이다. 지식을 표현하는 표현방법으로 Bruner는 세 가지 표상(representation)을 제시하고 있다. 첫째, 활동적인 표상(enactive representation), 둘째, 영상적 표상(iconic representation), 셋째, 상징적 표상(symbolic representation)이 바로 그것이다. 활동적인 표상 단계는 인지발달에서 가장 기본이 되는 것으로, 구체적인 조작단계에 이르기까지는 행동이 지배적인 역할을 하며 활동적인 행동을 통해 지식이 내면화한다. 이 시기의 아동들에게는 물리적 대상의 조작이나 사물의 조작을 통한 학습이 효과적이다. 영상적인 표상 단계는 구체적 조작기에 해당되는 것으로, Flow chart, 수형도, 벤다이어그램, 함수의 대응 표현 등의 그림 표현과 같이 전달하고자 하는 구조에 대한 도식적인 표현을 사용을 통한 학습이 효과적이다. 상징적인 표상 단계는 형식적 조작기에 해당되는 것으로, 이 표상은 가장 추상적이고 가장 성과가 큰 방법이며 본질적인 특징은 기호를 사용한다는 것이다. 또한, Bruner는 이 시기는 문제해결을 위하여 추상적인 사고와 이해의 적용이 가능하다고 생각하였다.

이러한 세 가지 표상은 Bruner가 제시한 인지적 발달단계와 매우 밀접한 관련이 있으며 각각의 표상은 다음과 같은 구체적인 예를 통해 설명할 수 있다.

박한식 등(1992)은 Bruner의 EIS에 대한 예를 다음과 유사하게 제시하고 있다.

첫째, 자연수를 표현하기 위한 세 가지 표상의 예를 다음과 같이 제시하였다.

활동적 표상	영상적 표상	상징적 표상
원소 8개와 대응한 집합의 구체적인 제시	그림으로 8개 표현 ●●●●●●●●	숫자로 표현 8

둘째, 자연수의 덧셈을 표현하기 위한 세 가지 표상의 예를 다음과 같이 제시하였다.

활동적 표상	영상적 표상	상징적 표상
구체적인 자료를 합치고 세는 활동	그림으로 7개 표현 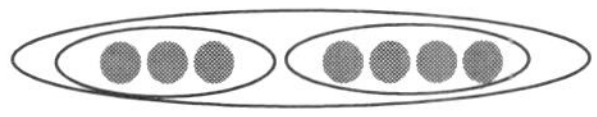	연산과 숫자로 표현 3 + 4

이제 고등학교에서 학습하는 '순열'을 구하는 방법을 세 가지 표상으로 어떻게 표현되어지는지 구체적으로 살펴보자.

순열의 학습을 위한 활동적 표상은 구체적인 대상에 대한 조작과 활동을 통해 이루어질 수 있다. 따라서 학생 5명이 100m 달리기 시합을 하였을 때, 일어날 수 있는 등수의 경우의 수를 구하게 하는 활동, 3개의 서로 다른 종류의 동전 즉 50원, 100원, 500원짜리 동전을 순서로 나열할 때 서로 다르게 나열되어지는 경우의 수를 구하게 하는 활동(아래 그림 참조), 4가지 색깔(검은색, 파란색, 붉은 색, 초록색)의 색연필로 비어 있는 네 칸을 색칠할 수 있는 경우의 수를 구하는 구체적인 활동이 활동적 표상에 해당된다.

순열의 학습을 위한 영상적 표상은 수형도나 벤다이어그램과 같은 도식적인 표현을 통해 이루어질 수 있다. 직접적인 사물이나 구체적인 대상에 대한 조작이나 활동없이 5명의 사람을 A, B, C, D, E라고 두고 수형도를 그리거나, 세 종류의 동전을 그림으로 표현하여 경우의 수를 구하는 것을 영상적 표상에 해당된다.

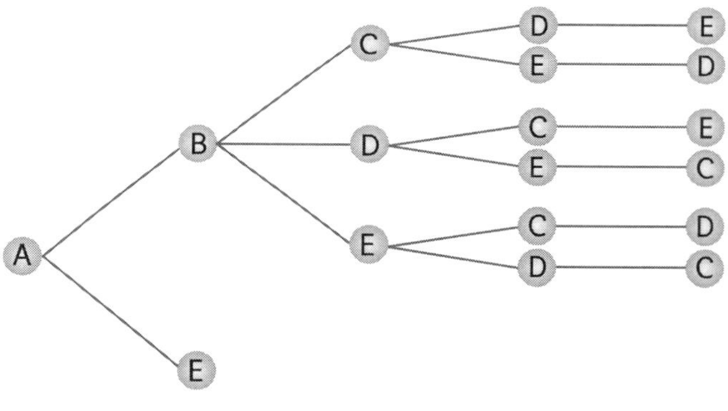

순열의 학습을 위한 상징적 표상은 기호를 사용한 표현을 통해 이루어진다. 5명의 학생을 줄 세우는 경우의 수를 $5! = 120$, 3개의 동전을 나열하는 경우의 수를 $3! = 6$, 서로 다른 네 종류의 색연필을 네 칸에 색칠하는 경우의 수를 $4! = 24$로 표현할 수 있다. 더 나아

가서는 n개의 서로 다른 대상을 순서대로 나열하는 경우의 수를 $n! = 1 \times 2 \times ... \times n$ 으로 표현하게 되는 단계이다.

05 나선형 교육과정(spiral curriculum)

앞에서 제시한 Bruner의 핵심적인 가설 즉, '어떤 교과든지 지적으로 올바른 방법으로 표현할 수만 있다면 어떤 발달단계에 있는 어떤 학생들에게도 효과적으로 가르칠 수 있다'는 것이 옳다고 한다면 학교의 수학교육과정은 수학에서 가장 중요한 내용, 일반적인 원리, 고차원적인 개념을 중심으로 구성되어져야 함이 명백하다.

만약 수학을 공부하기 위해서 수론, 논증기하, 무한개념의 이해가 매우 중요하다고 생각되어진다면 이러한 수학적인 내용은 학생들의 인지발달수준에 부합되고, 지적으로 올바른 방법으로 표현하여 가능하면 일찍 가르쳐야 한다는 것을 의미한다. 초등학교 저학년에부터 학생들이 이해할 수 있는 표현방법으로 가르치고 나면, 이들이 고학년이 되었을 때 이 주제에 대한 학습을 성숙된 발달수준에 부합된 새로운 표현방법을 적용하여 또 다시 가르칠 필요가 있는 것이다. 이때 가르치는 내용에서 본질적으로는 수학적 구조의 차이는 나타나지 않으며 단지 표상방법의 차이만 있을 뿐이다.

이처럼 초등학교에서 가르쳤던 내용을 중학교, 고등학교에서 반복하여 가르치게 하고, 학년이 올라갈수록 수학적인 원리나 개념을 점차적으로 확장하여 지적인 성숙을 이룩할 수 있도록 구성한 교육과정을 나선형 교육과정이라고 한다. 나선형이란 나사모양과 같이 회전하면서 처음 위치에 돌아오는 것처럼, 학교에서 가르쳐지는 내용도 반복적으로 되풀이하며 가르치는 것을 의미한다.

구체적인 예로, 우리나라 수학교육과정 중에서 함수의 내용 영역을 통해 살펴보자. 중학교 1학년에서는 규칙성과 함수 영역에서 함수의 정의, 함수의 그래프에 대해 학습하고, 중학교 2학년이 되면 함수의 정의를 바탕으로 1차 함수를 통해 함수의 내용을 학습하고, 중학교 3학년이 되면 2차 함수라는 소재를 통해 함수에 대해 학습을 한다. 그리고 고등학교 1학년이 되면 고차함수, 유리함수, 무리함수라는 소재를 통해 함수에 대해 학습하고, 최종적으로는 고등학교 2학년에서는 미분을 통해 얻어진 도함수를 소재로 하여 함수에 대해 학습하게 된다. 이러한 일련의 과정에서 다루어지는 학습의 주제는 동일한 함수이지만, 함수의 본질적인 개념은 유지된 채 학년이 올라갈수록 개념을 확대하면서 함수에 대한 지적인 성숙을 가져오게 교육과정을 수립 운영하는 것이 나선형 교육과정의 일례라고 볼 수 있다.

일반적으로 함수 $y = ax(a \neq 0)$의 그래프의 성질은 다음과 같다.

함수 $y = ax(a \neq 0)$의 그래프

함수 $y = ax(a \neq 0)$의 그래프는 원점을 지나는 직선이다.

① $a > 0$일 때

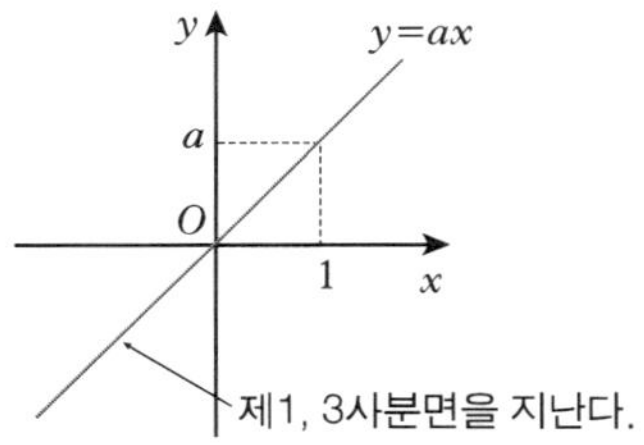

② $a < 0$일 때

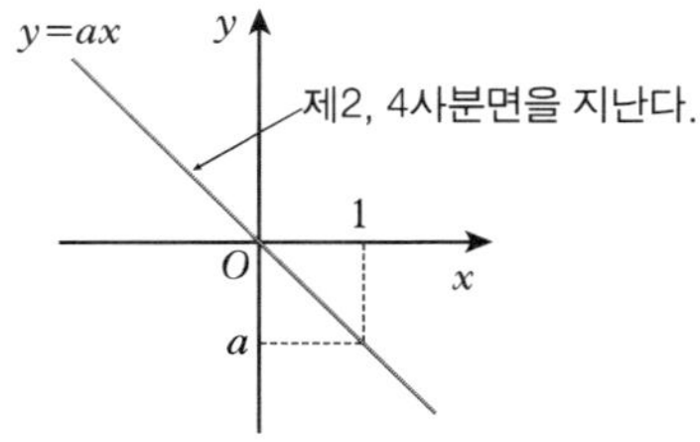

중1의 함수 학습(유희찬 외, 2009)

일반적으로 일차함수 $y = ax$와 $y = ax + b$의 그래프 사이에는 다음과 같은 관계가 성립한다.

일차함수 $y = ax + b$의 그래프

일차함수 $y = ax + b$의 그래프는 일차함수 $y = ax$의 그래프를 y축 방향으로 b만큼 평행이동한 직선이다.

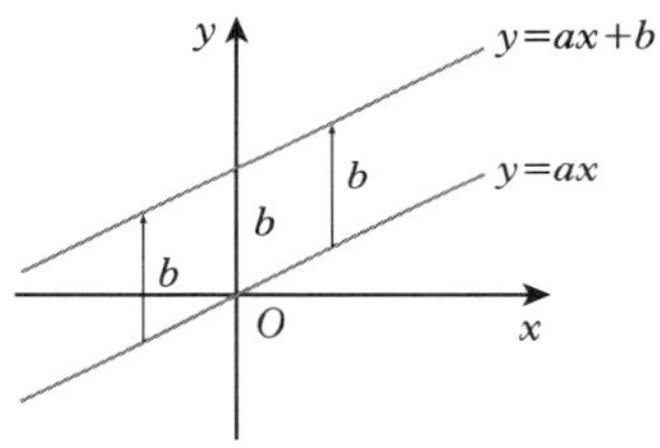

중2의 함수 학습(유희찬 외, 2010)

분수함수 $y = \frac{k}{x}(k \neq 0)$의 그래프

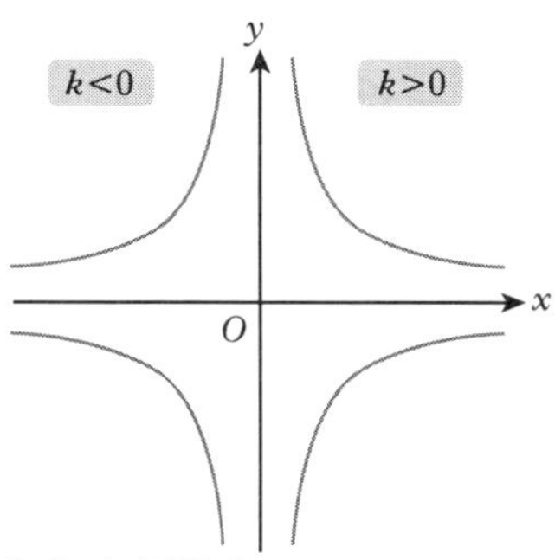

① 정의역과 치역은 0을 제외한 실수 전체의 집합이다.
② 그래프는 원점에 대하여 대칭이다.
③ $k > 0$이면 제 1사분면과 제 3사분면에 있고,
$k < 0$이면 제 2사분면과 제 4사분면에 있다.
④ $|k|$의 값이 클수록 그래프는 원점에서 멀어진다.
⑤ $|x|$의 값이 커질수록 x축에 가까워지고, $|x|$의 값이 작아질수록 y축에 가까워진다.

고1에서의 함수 학습(유희찬 외, 2009)

또한 규칙성과 함수에 대한 초등학교의 학습 내용을 살펴보면, 구체적으로 함수라는 용어는 사용하지 않지만 각각의 수에 대응하는 수의 값을 제시함으로써 궁극적으로는 함수의 개념과 동일한 학습을 하고 있다. 이러한 학습 방법은 초등학생의 지적 수준에 맞는 표현방식을 도입한 것으로 볼 수 있다. 중학교에서는 함수에 대한 학습은 주로 그래프와 관련을 지어서 설명하고 있는데 이는 초등학교와는 다른 표현방식이며, 고등학교에서는 그래프와 관련된 함수의 학습도 다루지만 궁극적으로는 합성함수, 함수의 연산, 도함수의 도입 등과 같은 기호 및 형식체계를 이용한 함수학습이 이루어지고 있다. 이처럼 동일한 함수를 학습하지만 초등학교, 중학교, 고등학교 학교급에 따른 학습방법의 차이는 전형적인 나선형 교육과정에 따른 예가 될 것이다.

오른쪽 그림과 같이 점 A를 지나는 직선을 무수히 많이 그을 수 있다.
그러나 두 점 A, B를 지나는 직선은 오직 한 개만 그을 수 있다.
따라서 서로 다른 두 점의 좌표를 알면 이 두 점을 지나는 직선을 그릴 수 있다.

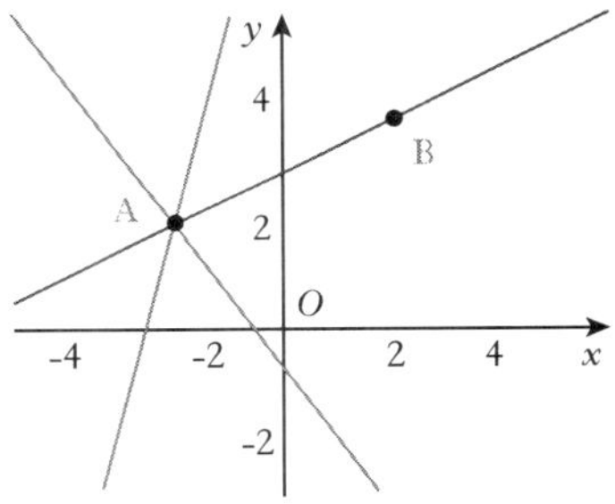

일차함수의 그래프는 직선이고, 한 평면 위에 서로 다른 두 점을 지나는 직선은 오직 한 개이므로 일차함수의 그래프가 지나는 서로 다른 두 점을 알면 일차함수의 그래프를 그릴 수 있다.

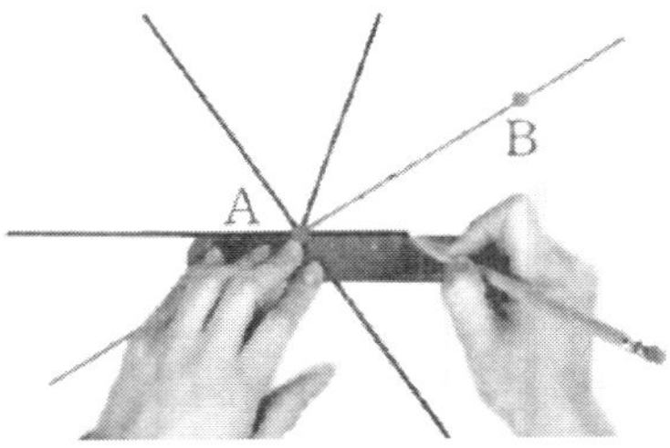

중학교에서의 함수 표현(유희찬 외, 2009)

일반적으로 두 함수

$$f: X \to Y,\ y=f(x), \qquad g: Y \to Z,\ z=g(y)$$

에 대하여 X의 각 원소 Z의 원소 $g(f(x))$를 대응시키면 이 대응은 X에서 Z로의 새로운 함수가 된다. 이때, 이 새로운 함수를 f와 g의 합성함수라 하고, 기호로

$$g \circ f: X \to Z$$

와 같이 나타낸다. 즉, 두 함수 $f: X \to Y$, $g: Y \to Z$의 합성함수 $g \circ f$는 다음과 같이 정의한다.

$$(g \circ f)(x) = g(f(x))$$

합성함수의 정의

두 함수 $f: X \to Y$, $g: Y \to Z$의 합성함수는

$$g \circ f: X \to Z,\quad (g \circ f)(x) = g(f(x))$$

고등학교에서의 함수 표현(유희찬 외, 2009)

참고문헌

구광조 · 오병승 · 전평국 역(1995). 『수학학습심리학』. 서울 : 교우사.

박한식 · 김응태 · 우정호(1992). 『수학교육학개론』, 서울 : 서울대학교출판부.

유희찬 외(2009). 『고등학교 1학년 수학』. 서울 : 미래엔컬쳐그룹.

유희찬 외(2009). 『중학교 1학년 수학』. 서울 : 미래엔컬쳐그룹.

유희찬 외(2010). 『중학교 2학년 수학』. 서울 : 미래엔컬쳐그룹.

유희찬 외(2011). 『중학교 3학년 수학』. 서울 : 미래엔컬쳐그룹.

윤기옥 · 정문성 · 최영환 · 강문봉 · 노석구(2002). 『수업모형의 이론과 실제』. 서울 : 학문출판(주).

이홍우(1992). 『지식의 구조』. 서울 : 교육과학사.

이홍우 역(1973). 『지식의 구조와 교과』. 서울 : 교육과학사.

한글학회(1992). 『우리말 큰 사전』. 서울 : (주)어문각.

Bruner, J. (1960). *The Process of Education*. Harvard University Press.

Chapter 03

생각해 볼 문제

※ 다음 두 교사의 대화를 읽고 물음에 답하시오(1~2). 2006학년도 기출문제

김 교사 : 저는 수학 수업에서 지식의 구조, 곧 기본적인 아이디어를 다루는 것이 중요하다고 생각합니다. 그러한 아이디어는 학생의 사고양식에 맞게 세 가지 표현으로 재구성할 수 있습니다. 세 가지 표현을 이용하면 어떤 지식이든 어떤 수준의 학습자라도 이해할 수 있도록 적절한 형태로 제시할 수 있습니다.

박 교사 : 저는 지식의 표현 방법도 중요하지만, 그 지식의 지도 순서도 중요하다고 생각합니다. 그래서 저는 학생들에게 일반적인 개념이나 원리를 먼저 지도하고, 이 개념을 발판으로 하여 이어지는 학습내용을 점점 특수화하고 세분화하는 형태로 지도할 때 학생들에게 의미 충실한 학습이 될 수 있다고 생각합니다.

01 김 교사의 생각에 반영되어 있는 이론을 참고하여, 위의 대화에서 김 교사가 말한 '세 가지 표현'이 무엇인지 쓰시오. 그리고 김 교사가 "삼각형의 세 내각의 이등분선은 한 점에서 만난다."는 성질을 지도하고자 할 때, 가장 낮은 수준의 학생들도 이해할 수 있도록 삼각형 모양의 종이를 활용하여 이 성질을 표현하는 과정을 구체적으로 쓰시오.

02 박 교사는 다항식의 곱셈과 관련된 〈보기〉의 학습 내용을 ①에서부터 순서대로 지도하려고 한다. 이때, 박 교사가 계획한 학습 내용의 지도 순서와 관련하여, 그의 생각에 반영되어 있는 학습 지도 원리를 쓰고, 그 원리에 입각하여 〈보기〉의 학습 내용 지도 순서를 구체적으로 해석하시오.

보기

① $(a+b)(c+d)$의 전개

② $(a+b)^2$의 전개

③ 101^2의 계산

03 다음은 학교수학에 관한 두 가지 입장을 나타낸 것이다. 이는 어떤 이론에 대한 설명인지 서술하시오.

2009학년도 기출 변형

> (가) 학생들이 수학을 통하여 현상을 이해하는 안목을 기를 수 있게 하기 위해서는 학생들에게 수학의 구조를 가르쳐야 한다. 이때, 수학의 구조를 가르친다는 것은 학생들이 수학자와 본질적으로 동일한 일을 하게 하는 것으로, 어떤 수준의 학생에게도 그 본질은 적절한 형태로 제공될 수 있다.
>
> (나) 수학의 구조를 가르친다는 명분으로 완성된 형식적 수학을 구체적으로 번역하여 학생들에게 제공하려는 하양식 구성은 반교수학적인 전도이며, 학생들 스스로 발전적인 조작의 가능성을 갖지 못하는 지식을 제공하는 데 그칠 우려가 있다.

04 Bruner의 가설인 '어떤 교과든지 지적으로 올바른 형식으로 표현하면 어떤 발달단계에 있는 어떤 아동에게도 효과적으로 가르칠 수 있다'는 것의 의미가 무엇인지 수학적인 구조의 입장에서 설명하시오.

05 구조를 학습함으로 인해 얻을 수 있는 장점을 설명하시오. 이때, 고등학교 1학년에서 일부 학습하고 있는 군(group)이 되기 위한 대수적인 조건을 사용하시오. 즉, 닫혀있다는 성질, 결합법칙, 항등원, 역원의 개념을 활용하시오.

06 지식의 구조를 학습함으로 인해 학습의 전이가 매우 잘 일어날 수 있다고 Bruner는 생각하고 있다. 전이의 개념을 설명하고, 구조가 수학학습에서 전이를 효과적으로 일으키는 이유를 수학적인 예를 통해 설명하시오.

07 지식의 구조를 가르치기 위해서는 나선형 교육과정이 필수적이다. 방정식 개념에 대한 학습이 초등학교, 중학교, 고등학교에서 어떻게 이루어지고 있는지 서술하고, 이러한 교육과정 구성으로부터 나선형 교육과정의 개념에 대해 구체적으로 논하시오.

08 Piaget의 인지발달이론을 적용하였다고 보여지는 Bruenr의 세 가지 표상 방식이 무엇인지 제시하고 그 특성을 기술하시오. 또한 이러한 표상 방식을 기초로 하여 ${}_nC_2$의 개념에 대한 학습이 어떻게 구현되어지는지 서술하시오.

09 Piaget의 학습준비성과 Bruner가 생각하는 학습준비성의 차이가 무엇인지 구체적으로 서술하시오. 이러한 차이가 학교 수학교육과정에 각각 어떤 영향을 미칠 수 있는지 설명하시오.

10 구조의 교수방법으로 발견학습이 효과적이다. 발견학습의 장점과 단점을 구별하여 설명하고, 발견학습이 이루어지는 단계를 구체적으로 서술하시오.

또한, 등차수열의 개념 [$a_n = a_1 + (n-1)d$] 과 등차수열의 합 $\left[S_n = \dfrac{n(a_1 + a_n)}{2}\right]$ 공식을 학습하는 내용을 바탕으로 발견학습이 이루어지기 위한 학습지도안을 체계적으로 작성하시오.

MEMO

Chapter

04 Skemp의 수학학습심리학

Richard Skemp
(출처 : skemp.org.uk)

Richard Skemp(1919~1995)가 『The Psychology of Learning Mathematics』를 저술한 이유는 다음과 같다. Skemp는 영국에서 명문대학을 졸업한 후 교사로서 사명감과 자부심을 가지고 학생들에게 수학을 열심히 가르쳤음에도 불구하고 많은 학생들은 수학을 어려워했을 뿐만 아니라 이를 걸림돌로 생각하고 수학을 싫어하는 현실에 부딪히게 되었다. 교사로서 당면했던 이 문제를 해결하기 위해서 저자는 다시 대학으로 돌아갔고, 대학원에서 심리학을 공부해서 이 문제를 해결할 수 있는 방법을 이론적으로 찾고자 하였다. 그러나 당시의 학계는 행동심리학이 주류를 이루고 있었고, 동물을 대상으로 하는 비교적 낮은 수준의 학습을 주로 연구하였으므로 저자의 고민을 시원하게 해결해줄 수 있는 이론을 찾을 수가 없었다. 이 상황에서 저자는 좌절하지 않고 자신이 이 문제를 해결할 수 있는 이론을 직접 구성해보겠다는 결심을 하게 되고, 학문의 다양한 분야를 섭렵하는 지적 여행을 떠나게 되었으며 결국 자신의 이론체계를 만들게 되었다. 그의 저서는 이러한 지적여행을 통해서 얻은 연구결과를 일목요연하게 정리해 놓은 것이다.

그가 방문한 학문세계는 발달심리학, 동기유발, 정서, 인공두뇌학, 진화론, 인간 지능 등의 영역이었다. 저자가 수학에서 출발한 여행은 다시 수학으로 돌아오게 되었는데, 수학으로 다시 돌아왔을 때는 새로운 시각으로 수학을 볼 수 있는 안목을 갖게 되었다. 첫째로 수학을 인간 지능의 역할을 설명할 수 있는 적절하고 집약된 모델로 생각하게 되었으며, 둘째는 수학은 지난 수백 년 동안 인간이 공동으로 그 자체의 필요성에 의해서 만든 가장 강력하고 융통성 있는 정신적 도구라는 생각을 하게 되었다.

01 수학적 개념 형성과 개념 구조

1 수학적 개념 형성 구조

'개념'을 정의한다는 것은 쉬운 일이 아니다. 개념이란 추상화과정이 모두 끝난 상태인 추상을 말하는 것으로, 이를 탁자를 예로 들어 설명하면 다음과 같다. 아이는 맨 처음 태어나서 사물을 인식하기 시작하게 되는데 이때 방이나 마루에 있는 탁자를 처음 대하게된다. 이 탁자를 밑에서도 보고 옆에서도 보면서 그것이 "탁자"라는 것을 부모 또는 가족으로부터 듣게 되고 이것이 "탁자"라는 것을 인식하게 된다. 이와 같이 처음 대하는 탁자는 아이들에 따라서 각각 다르다고 할 수 있다. 그런데 그 후에도 집안에서 또는 이웃집에서 다른 형태의 두 번째 탁자를 대하게 되면서 그것도 탁자라는 것을 알게 된다. 그 후 새로운 탁자를 계속 대하게 되면서 이 어린아이는 지금까지 접한 탁자들의 공통된 성질을 모으게 되고 탁자의 불변의 성질을 인식하게 된다. 이러한 추상화단계의 마지막을 추상이라고 하는데, 이를 개념이라고 부른다. '추상화'란 일상생활에서 우리의 경험들 사이의 유사성을 인식하는 활동이고, 추상화와 결과로서의 추상을 구별하기 위해서 추상을 '개념'이라고 부른다.

또한 탁자라는 개념이 생기고, 의자라는 개념, 옷장이라는 개념 등이 위와 비슷한 과정을 통해서 생기게 되면 이러한 개념이 "가구"라는 다음단계의 개념으로 발전하게 된다. 이렇게 개념은 계속해서 다음 단계로 발전하게 되는데 수학적 개념은 모든 개념 중에서 가장 추상적이므로 개념 형성의 가장 마지막 수준이라고 할 수 있다.

개념은 크게 일차개념과 이차개념으로 나눌 수 있다. 빨강, 승용차, 무거운, 뜨거운, 달콤한 등과 같이 우리의 감각기관이나 외부 세계의 동적 경험으로부터 얻을 수 있는 개념을 일차 개념이라고 하고, 다른 개념에서 추상화된 개념을 이차 개념이라고 한다.

어린아이에게 빨강이라는 일차개념을 갖게 하려면 다양한 빨간색 사물에 노출시키면 된다. 빨간 모자, 빨간 자동차, 빨간 지붕, 빨간 꽃 등을 보여주고 그 사물의 이름을 알려주면 점차 어린아이는 이 사물들의 특성 중에서 유사성을 인식하여 빨강이란 불변의 개념을 예로부터 분리하여 개념을 형성하게 된다. 그러나 이차개념은 이렇게 구체적인 사물을 나열해서 보여주는 것으로 유사성을 인식하여 개념을 형성하게 할 수 없다. "색(color)이 뭐예요?" 라는 질문에 대한 답으로는 "빨강, 파랑, 초록, 노랑 등을 합해서 색이라고 합니다."라고 말할 수는 있다. 그런데 빨강, 파랑, 초록, 노랑 등은 이미 추상화된 개념으로, 이러한 개념이 없는 사람은 위와 같은 대답을 듣고 "색"이 무엇인지 전혀 알 수가 없다.

그러므로 사람들이 가진 개념보다 더 높은 차원의 개념은 정의에 의하여 의사소통할 수 없으며, 그들이 경험한 적절한 예들을 함께 모음으로서만 할 수 있는데, 이차개념의 경우 그 예들이 이미 추상화된 개념이어서 이것들은 이미 형성되어 있어야 의사소통이 가능하다. 수학적 개념은 이차 개념이므로 그 예들이 학습자의 머릿속에 이미 형성되어 있는지 확인해 보아야 한다. 수학에서의 개념은 일상생활에서의 개념보다 훨씬 더 추상적일 뿐만 아니라, 수학학습은 대부분 더 추상화되는 방향으로 진행된다. 그러므로 수학적 개념의 의사소통은 주고받는 사람 모두에게 매우 어렵다.

개념적 사고가 가지는 장점중 하나는 어떤 것이 가장 좋은 방법인가 알아보기 위해서 무엇을 실제로 해보지 않아도 된다는 것이다. 예를 들어, 하나의 항공기를 만들기 위해서는 실제로 이를 조립하기 이전에 항공기 전문가들이 모여서 구상을 하게 되는데 이 단계에서 개념적인 사고를 하게 된다. 개념적 사고의 힘이 기여하는 것은 또한 우리가 집중할 수 있는 시간이 짧다는 것과 관련이 있다. 우리의 일시적인 기억은 한정된 수의 단어나 기호를 저장할 수 있을 뿐이다. 이러한 기호들이 표현하는 개념의 차원이 높으면 높을수록, 개념이 저장하고 있는 경험은 더 많아질 수 있다. 수학은 모든 이론 체계 중에서 가장 추상적이다. 그래서 가장 힘이 있을 수 있고 가장 유익하게 사용될 가능성이 있다.

오늘날 수학을 학습하는 학생들은 수학적 개념이나 이론을 처음 만들었던 수학자의 원래 자료를 가지고 학습하는 것이 아니라, 이러한 원래자료를 기초로 정리된 수학교과서 또는 관련 서적을 가지고 학습하게 된다. 이것은 학습자에게 매우 큰 이익이 될 수 있다. 왜냐하면 이러한 아이디어를 생각해내고 발전시키는 데 수세기가 걸렸던 지식도 기본적인 학습 능력이 있는 학습자라면 수년 내에 모든 내용을 섭렵할 수 있기 때문이다. 그런데 이러한 상황은 또한 학습자에게 해가 될 수 도 있다. 수학을 주변 환경으로부터 직접 배울 수 없고 교사 등 다른 사람에게 자신의 반영적 지능을 활용하여 간접적으로만 배울 수 있기 때문이다. 이것은 교사나 수학책의 저자를 전적으로 믿어야 하는 긍정적인 면도 있지만, 학습자가 평생 동안 수학을 싫어하고 두려움을 가지게 될 가능성도 동시에 갖게 된다.

수학학습의 또 다른 원리로는 다음과 같은 것이 있다. 수학에서 이와 같은 예들은 대부분 불필요한 다른 개념도 포함하고 있기 때문에, 학습자의 마음속에서 이미 형성된 개념들을 먼저 확실하게 해야 한다는 것이다. 이 원리에서 또 다른 두 가지 결론을 얻을 수 있는데 첫 번째 것은 연속적으로 추상화되어가는 구조를 형성하는 과정에서 어떤 하나의 특정 단계를 이해하지 못하게 되면, 그 이후의 추상화 과정은 형성되기 어렵다는 사실이다. 수학은 선행하는 개념에 대한 의존도가 다른 어떤 과목보다도 강한 학문으로, 유럽의 지리를 모르는 상태에서 아프리카의 지리를 이해할 수 있고, 18세기 역사를 공부하지 않았어도 19세기 어느 정도 역사를 이해할 수 있으나, 초등학교 수준의 산수계산 원리를 이해하지 못하면서, 중학교에 가서 대수를 제대로 이해한다는 것은 불가능하다. 위 원리의 또 다른 결론은 추상화의 새로운 단계에서는 매번 모든 선행하는 개념들이 당시 실시간에 '사용 가능'해야 한다는 것이다. 학습자가 과거에 한 번쯤 배웠던 경험이나 기억으로는 충분하지 않고 필요할 때마다 쉽게 사용할 수 있도록 준비되어 있어야 한다는 것이다.

2 개념 구조란 무엇인가?

개념 구조는 마치 살아있는 유기체와 같은 구조를 이루고 있으며 스키마(schema)라고도 부르는데 개념들을 단순히 모아놓은 개념의 집합과는 구분된다. 예를 들어, 컴퓨터 재활용 센터에서 각종 부품들이 상자에 들어있다고 생각해보자. 이 상자에서 부품들을 꺼내어 컴퓨터를 조립하기 위해서 작업대 위에 가지런히 놓는다. 이 상황에서 각각의 부품은 서로 다른 기능이 있고 조립하기만 하면 컴퓨터가 될 수 있는 가능성이 있다. 그러나 조립되기 전까지는 가능성만 가지고 있다. 즉 부품을 한곳에 모아놓은 것이고 조립 전에는 아직 컴퓨터라고 부르지 않고 컴퓨터의 기능도 할 수 없다. 이제 컴퓨터부품을 조립하기 시작해서 조립이 모두 끝났다고 생각해보자. 조립되어 완성된 컴퓨터와 부품이었을 때의 부품들의 기능을 비교해보면 그 차이는 비교할 수 없을 만큼 매우 크다. 부품상태였을 때는 이를 가지고 아무 일도 할 수 없지만, 완성된 컴퓨터를 가지고는 문서작성, 자료 찾기, 이메일보내기, 영화보기, 음악감상 등 다양한 기능에 활용 할 수 있다. 이 차이는 스스로 움직일 수 없고 죽은 것 같이 보이는 수정란과 갓 깨어난 병아리의 차이만큼 크다. 실제로 스키마의 특성 중 가장 중요한 것은 그 자체가 유기적으로 조직되어 있고 살아있어서 스스로 확장하려한다는 것이다.

스키마가 가지는 기능은 세 가지로 구분해서 생각해볼 수 있다. 하나는 기존의 지식을 통합하는 것이고, 다른 하나는 새로운 학습을 위한 도구가 되는 것이고, 마지막 기능은 이해를 가능하게 하는 것이다.

아파트와 관련된 예로 스키마의 통합적 기능을 설명할 수 있다. 아파트를 구입하거나 이

사를 가기 위해서 살고 있던 아파트를 세 놓으려고 할 때 이에 대한 대처는 거의 상례적이고 즉각적으로 이루어질 수 있다. 아파트를 구입하고자 하는 경우에는 선호하는 지역을 먼저 정하고 인터넷이나 인근 부동산 공인중개사를 통해서 원하는 아파트의 시세를 알아보면 된다. 현재 현금이 충분히 있다면 현금을 주고 구입하면 되고 현금이 없다면 은행이나 금융기관에서 대출을 받아서 구입하면 된다. 이사를 가기 위해서 살고 있던 아파트를 세 놓아야 하는 경우에도 인근 부동산을 몇 군데 들러서 전세금 시세를 알아보고 적당한 가격으로 전세를 내놓으면 된다. 그런데 아파트를 구입하기 위해서 청약을 하고 중도금도 치렀는데 공사 도중에 아파트 건설회사가 부도가 난 경우에 처했다고 가정해보자. 이 문제는 위의 두 경우와 같이 상식적인 수준에서 일상적으로 해결할 수 있는 문제가 아니므로 자신의 지식과 경험, 그리고 해당 분야의 전문가와 상의하는 등 가능한 한 많은 스키마를 활용해서 이 문제를 해결하려고 노력해야 한다.

과거 유명했던 외화시리즈의 주인공 맥가이버는 많은 유용한 스키마를 가지고 있었는데, 이를 활용해서 자신의 생명을 위협하는 위급한 상황을 잘 극복하는 것을 보여주는 좋은 예를 제공하고 있다.

새로운 지식을 얻기 위해서는 기초가 되는 기존의 스키마가 반드시 필요하다. 우리가 새로운 것을 학습할 때는 대부분의 경우 이미 알고 있는 기존의 지식에 의존하게 된다. 우주선 설계를 배우려면 이미 기체 동력학 및 물리학, 천문학을 알고 있어야 하고, 이를 위해서는 앞서서 미적분학을 배웠어야 한다. 미적분학을 제대로 이해하려면 대수를 알고 있어야 하고, 대수를 공부하기 전에 산수를 이해했어야 한다. 이와 같이 높은 차원의 모든 학습은 읽기, 쓰기, 말하기 등과 같은 기본적인 스키마에 의존하게 된다.

그러나 또한 스키마식 학습에는 단점도 있다. 첫째로 어떤 과제가 독립된 것이라면 스키마식 학습은 시간이 더 오래 걸릴 수도 있다. 예를 들면, 간단한 방정식을 푸는 방법은 암기하는 것이 이해하는 것보다 시간을 훨씬 절약할 수 있다. 그러나 만일 계속해서 암기식으로 학습을 하게 되면, 암기해야 할 내용이 점점 많아지게 되고, 결국에는 기억할 수 있는 한계에 도달해서 감당하지 못하게 된다. 두 번째 단점은 새로운 것을 학습하는데 스키마의 영향력이 매우 크다는 것이다. 스키마에 맞지 않는 것은 전혀 배울 수가 없고, 일시적으로 학습한 것은 쉽게 잊어버린다. 그러므로 부적절한 스키마는 새로운 학습을 하는 데 크게 장애가 될 뿐만 아니라, 실제로 가치가 있었던 스키마조차도 기존의 스키마와 맞지 않는 새로운 경험과 마주치거나 새로운 아이디어를 얻을 필요가 있을 때는 부정적인 요인으로 작용할 수 있다.

이러한 스키마 학습의 단점은 스키마의 안정성 또는 바뀌지 않으려는 성향이 원인이 되는데 기존의 스키마와 맞지 않는 새로운 상황에 적응하려면 기존의 스키마를 재구성하여야 한다. 예를 들어, 아동들은 작은 수의 경우 자연수와 자연수의 연산을 이해하고 이를 큰 수의 연산으로 쉽게 확장할 수 있게 된다. 그런데 이 아동이 자연수로부터 분수와 분수의 연산을 쉽게 확장시켜서 이해하는 것은 매우 어렵다. 이때 스키마의 재구성이 필요한 것이다. 재구성의 어려움을 보여주는 예는 수학사에서도 많이 나타나고 있다. 무리수와 허수가 처음에 발견되었을 때 많은 수학자들이 이를 비밀로 하거나 인정하여 않으려 했고 아라비아 숫자가 처음 소개되었을 때도 이를 사용하는 것에 대한 저항이 컸다.

어떤 것을 이해한다는 것은 그것을 적당한 스키마에 동화시키는 것이다. 그러므로 스키마가 구성되어 있지 않으면 이해자체를 할 수 없게 된다. 그런데 우리는 부적절한 스키마에 동화시키고 주관적으로는 이를 이해했다고 느낄 때도 있다.

스키마와 관련하여 수학학습의 시사점은 다음과 같다. 학습초기에 부적절한 스키마에 동화시키면 나중에 동화가 어렵게 되거나 그자체가 불가능하게 된다. 그래서 스키마 학습은 학습 초기에 교사의 역할이 매우 중요하다. 교사는 수시로 학생들이 스키마학습을 하는지 확인해야하고 어느 단계에서 단순한 동화가 필요하고, 어느 시기에 전반적인 재구성이 필요한지 알아야 한다. 그러나 교사가 학생들이 장래에 필요한 것이 무엇일지 모두 예측할 수는 없으므로 다음과 같은 세 가지 원칙을 가지고 가르치는 것이 좋다. 첫 번째는 학습자가 앞으로 필요하게 될 스키마를 스스로 구성할 수 있도록 기본적인 아이디어의 구조를 튼튼하게 하는 것이다. 즉 학생 스스로 기초적인 규칙성을 찾을 수 있도록 도와주는 것이다. 두 번째는 학생들에게 기본적인 규칙성을 항상 스스로 찾을 수 있도록 가르치는 것이다. 세 번째는 학생들에게 항상 그들의 스키마를 재구성할 준비가 되어 있도록 가르치는 것이다.

02 두 가지 수준의 사고

직관적 사고(지능)와 반영적 사고(지능)는 사고의 대상으로 쉽게 구분할 수 있다. 직관적 사고의 사고대상은 사물이고 반영적 사고의 사고대상은 사고자체이다. 즉, 생각에 대한 생각이 반영적 사고이다. 예를 들어, 12 곱하기 13에 대해서 생각해볼 수 있다. 이 질문의 답이 무엇인가? 라는 질문에 답을 하기 위해서는 직관적 사고가 작동한다. 아래의 그림과 같이 외부환경에서 12×13이라는 기호를 수용기(눈)를 통해서 받아들여서 직관적 사고활동을 통해서 계산하는 과정을 거치게 되고 그 결과는 반응기(입 또는 손)를 통해서 답을 말하거나 종이위에 답을 쓰게 된다. 이 한 사이클이 직관적 사고이다.

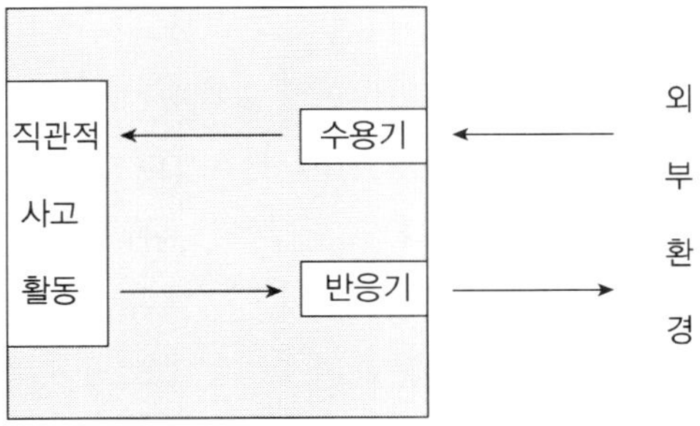

그러고 나서 우리는 다음과 같은 질문을 할 수 있다. 답을 어떻게 구했나요? 이 질문에 답을 하기 위해서는 바로 위의 그림에서 직관적 사고활동 자체에 대해서 생각해 보아야 한다. 즉, 12 곱하기 13을 어떤 방법으로 계산했는지에 대해서 생각해보아야 한다. 그래서 그 그림은 아래와 같이 나타낼 수 있다.

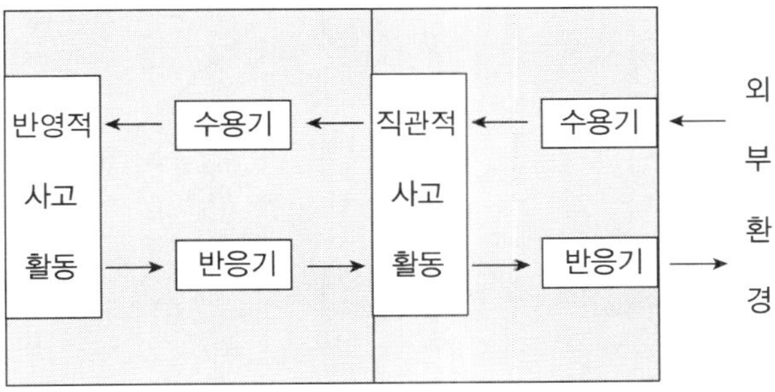

오른쪽에 있는 직관적 사고활동(12 곱하기 13의 계산과정) 자체에 대해서 생각해야 답을 어떻게 구했는지 알 수 있으므로 왼쪽 수용기를 통해서 이 계산했던 과정을 가져와서 왼쪽 반영적 사고활동 과정을 거쳐서 생각에 대한 생각을 하게 되고 그 결과가 두 반응기를 차례로 통과해서 답을 어떻게 구했는지 입으로 말하거나 손을 사용해서 연필로 종이위에 기술하게 된다.

반영적 사고는 수학학습을 하는 과정에서 매우 중요한 역할을 하게 되는데, 수학적으로 일반화하는 과정에도 반영적 사고가 필수적인 요소이다. 어떤 내용을 계속해서 공부하는 것보다 그 내용을 다른 사람에게 가르쳤을 때, 즉 가르친 사람 입장에서 보았을 때 학습효과가 더 클 수 있는데, 이러한 현상도 반영적사고의 유익한 점이라고 할 수 있다.

반영적 사고를 발달시키는 데 영향을 미치는 요인은 다른 사람과의 의사소통과 밀접한 관계가 있다. 그러므로 반영적 사고를 발달시키는 가장 좋은 방법은 어떤 주제를 가지고 토론하는 것이다. 그 이유는 우리가 어떤 의견을 피력하고자 할 때 자신이 가지고 있는 의견을 정리해야하는데 이과정이 결국 자신의 생각에 대해서 생각을 하게하고, 상대방의 이야기를 듣고 그 의견에 대해서 대응을 하기 위해서는 상대방의 생각과 자신의 생각을 비교해보아야 하므로 이때는 자신의 생각에 대한 생각뿐만 아니라 상대방의 생각에 대한 생각도 해야 하므로 반영적 사고를 하게 되고, 이 과정은 계속 누적되면서 이어지므로 반영적 사고를 발달시키는 결과를 가져오게 된다.

직관적 사고와 반영적 사고를 교수법과 관련해서 알아보면 다음과 같은 시사점을 얻을 수 있다. 학습자가 직관적인 단계에 있는 동안에는 교재가 제시하는 방법에 크게 의존하게 된다. 그러므로 교사들은 초기단계부터 주의 깊게 개념을 분석해서 개념을 설명할 계획을 세워야 한다. 이와 관련해서 수학 교사에게는 다음과 같은 세 가지 과제가 있는데, 하나는 학습자의 수학적 스키마의 발달 단계에 맞는 적절한 수학 교재를 선정해야 하는 일이고, 또 하나는 학습자의 능력에 의해 결정되는 사고 수준과 양식에 맞도록 이를 설명하는 방식을 찾아야 하는 일이고, 마지막으로는 학습자의 스스로의 분석 능력을 점차 증대시켜서 교사가 더 이상 가르쳐 주지 않아도 되는 단계에 이르도록 하는 일이다.

03 두 가지 유형의 이해

관계적 이해는 무엇을 해야 하는지를 알고 있고 또한 왜 그런지도 모두 아는 것이고, 도구적 이해란 공식의 의미는 모르지만 그 공식을 사용할 수 있는 것을 말한다. 일반적으로 도구적 이해를 이해라고 부르기는 어렵다. 그러나 수학시간에 많은 학생들과 교사들은 이것을 '이해'라고 생각하는 경우도 있다. 교사가 수학시간에 공식이나 어떤 절차의 의미를 가르쳐주지 않고 공식이나 절차에 따라 문제 푸는 방법만을 가르치는 상황은 학생들이 도구적으로 이해하게 되는 예라고 할 수 있다.

이 두 가지 이해는 수학 학습상황에서 교사와 학생 사이에 문제가 발생하기도 한다. 교사가 관계적 이해에 초점을 맞추어서 학생들이 그 의미를 이해하도록 가르치고자 하는데, 학생들은 문제를 푸는 방법만 알기 원할 수 도 있고, 아니면 그 반대인 경우가 될 수도 있다. 이는 농구팀과 핸드볼팀이 한 운동장에서 상대팀이 되어서 경기하는 상황에 비유될 수 있는데, 두 팀은 상대방 선수들을 보면서 당황할 수밖에 없다. 공 모양도 다르고 경기 규칙도 다르기 때문에 경기를 시작하자마자, 어쩌면 경기를 시작하기도전에 같이 경기할 수 있는 팀이 아니라는 것을 알아채고 그 자리를 떠날 수도 있다.

학교 현장에서는 아직도 도구적인 이해가 만연해 있다. 그렇다면 그럴만한 이유가 있다는 것인데, 도구적 이해의 장점은 다음과 같다. 첫째, 도구적으로 이해하는 것은 관계적으로 이해하는 것보다 쉽다. 관계적 이해와 다르게 공식이나 절차만 알고 있으면 쉽게 문제를 풀 수 있다. 둘째, 학생입장에서 보면 보상이 더욱 즉각적이고 명백하다. 그 이유는 첫 번째 장점으로부터 자연스럽게 연결된다. 셋째, 적은 지식이 필요하기 때문에 관계적 사고보다 도구적 사고에 의존하면 보다 빨리 정답을 얻을 수 있다.

이러한 도구적 이해의 장점과 비교해서 관계적 이해의 장점은 다음과 같다. 첫째, 관계적 수학은 새로운 과제에 더 잘 적응된다. 수학적 내용을 관계적으로 이해했을 경우 그 원리도 아는 것이므로 새로운 상황에서 같은 원리를 적용할 수 있다. 둘째, 관계적 수학은 기억하기가 더 쉽다. 다각형의 넓이를 공부하는 방법으로 넓이의 의미를 알고 직사각형의 넓이를 구하는 방법을 이해한 후, 이를 기초로 삼각형이 직사각형 넓이의 반이되는 상황을 이해할 수 있다. 그리고 평행사변형, 사다리꼴의 넓이 구하는 방법을 넓이 개념과 앞의 내용과 연계하여 이해하게 되면 각각의 공식을 외운 경우보다 쉽게 구하는 방법을 기억해낼 수 있다. 셋째, 관계적 지식은 그 자체가 목적으로서 효과적일 수 있다. 공식이나 절차만을 알고 있는 도구적 이해는 그자체가 학습의 궁극적인 목적이 될 수 없으나 관계적 이해에 기초한 관계적 지식은 그 자체가 학습의 목적이 될 수 있다. 넷째, 관계적 스키마는 질적으로 유기적이다. 관계적 지식은 그 자체가 하나의 살아있는 조직을 이루고 있다는 의미이다. 이것은 스키마의 특성이기도한데, 이 특성으로 인하여 학습자가 일단 관계적 스키마를 갖게 되면 계속 스스로 확장하고 성장하려는 성향을 갖게 되어 수학학습에서 동기유발이 내면적으로 일어나게 된다.

이와 같이 도구적 이해와 관계적 이해의 장점이 있음에도 불구하고 도구적으로 가르치는 교사는 다음과 같은 이유로 고심 끝에 도구적으로 가르치게 되는 경우가 있다. 첫째, 학생들을 관계적으로 이해시키는데 시간이 너무 많이 소요되고 학생들이 필요로 하는 것은 특정한 기능을 아는 것으로 생각했기 때문이다. 둘째, 어떤 주제는 관계적으로 이해하기가 너무 어려울 수 있는데, 학생들은 시험을 보아야하기 때문에 그 주제 관련 문제를 풀 수 있어야 하기 때문이다. 셋째, 학생들이 현재 이용할 수 있는 스키마를 관계적으로 이해하기 전인데 다른 과목(과학 등)에서 그 기능을 사용해야하기 때문이다. 넷째, 다른 모든 교사들이 수학을 도구적으로 가르치는 학교에 근무하고 있는 초임 교사이기 때문이다.

이 외에도 학생들을 관계적으로 이해시키기가 어려운 상황적 요인들이 있는데, 이는 다음과 같다. 첫째, 시험의 역효과이다. 시험에 합격하는 것이 목표인 학생들이 문제를 정확히 맞히기 위해서는 도구적인 이해가 더 효과적일 수 있다. 둘째는 과중한 학습내용이다. 제한된 시간에 많은 양의 공부를 하기 위해서는 관계적 이해가 효과적이지 않을 수 있다. 셋째, 평가의 어려움이다. 학생이 관계적으로 이해하는지를 정확히 평가하는 것은 쉬운 일이 아니다. 넷째, 교사가 오랫동안 가지고 있는 스키마를 재구성하는 데 느끼는 심리적 어려움이다.

04 기호와 여러 가지 표상

1 기호

수학을 가르치고 배우는 과정에서 기호의 역할은 매우 중요하다. 수학적 개념은 볼 수도 없고 들을 수도 없는 순수한 대상이고 마음속에 있는 내용을 직접 관찰할 수도 없고 다른 사람들에게 보여줄 수도 없으므로 기호를 사용해서 말을 하거나 종위위에 쓰기 전에는 의사소통하는 것이 불가능하다. 그러므로 기호가 없으면 수학교육이 이루어질 수 없다. 다음은 기호의 10가지 기능에 대한 설명이다.

첫 번째는 **의사소통**으로 기호가 없으면 의사소통 자체가 이루어지지 않으므로 기호의 의사소통기능은 별도의 설명이 필요하지 않을 것이다.

기호의 두 번째 기능은 **지식의 기록**인데, 기록은 특별한 의사소통방법이다. 사람들이 만나서 구두로 의사소통을 하는 경우 듣는 사람이 이해가 잘 안되거나 질문하고 싶은 내용이 있을 때 상대방에게 질문할 수 있는 기회가 있다. 그러나 기록은 한 번에 정확히 기술해서 독자와 의사소통을 해야 한다. 독자가 질문할 수 있는 기회도 전혀 없다. 그러므로 한번 주어진 기회에 전달하고자하는 것을 정확하게 나타내야 한다.

정확하게 지식을 기록해서 의사소통하기 위해서는 하나의 기호가 하나의 개념과 연결되어 있어야 하는데, 실제로는 하나의 기호에 여러 가지 개념이 연결된 경우가 종종 있다. 예를 들어 "operation" 이라고 말했을 때, 의사, 군인, 은행원, 수학자는 각각 이를 듣고 다른 개념을 떠올리게 된다. 의사는 '수술'을 생각할 것이고, 군인은 '군사작전'을, 은행원은 '자금운용', 수학자는 '연산'을 생각할 것이다. 이런 경우 독자가 혼동하지 않도록 다음과 같은 원칙을 가지고 접근해야 한다. 사용되는 범주 안에서 이 기호를 듣는 사람이나 읽는 사람이 알고 있는지 확인해야 하고, 이 범주 안에서는 각각의 기호는 한 가지 아이디어만을 표현하도록 해야 하며, 듣는 사람이나 읽는 사람에게 알리지 않고 범주를 바꾸지 말아야 한다.

세 번째 기호의 기능은 새로운 개념의 전달이다. 우리가 전달하려는 개념이 일차개념(구체적인 사물로부터 추상화되어서 형성되는 개념인 경우)인 경우는 대상이 되는 다양한 사물을 보여주면서 공통적인 특성인 유사성을 인식하도록 하면 된다. 그런데 전달하려는 개념이 이차개념인 경우에는 예로 제시하는 것이 실제 사물이 아니고 개념이기 때문에 그 개념을 나타내는 기호를 사용하지 않으면 이 예들을 다른 사람에게 제시할 수 없게 된다.

즉, 빨강이라는 개념을 알려주기 위해서는 빨강색인 여러 가지 사물을 지적하면서 보여주면 된다. 빨간 옷, 빨간 차, 빨간 모자, 빨간 종이, 빨간 우산, 빨간 의자 등…. 그러나 "색"이란 개념을 전달하려면 그 예가 파랑, 노랑, 분홍, 초록 등인데 이러한 색의 개념은 추상화된 것으로 직접 보여줄 수 없고 상대방의 마음속에 이미 형성된 각각의 색에 대한 기호를 모음으로만 이를 나타낼 수 있다.

기호의 네 번째 기능은 다중분류를 쉽게 하는 것이다. 우리가 알고 있는 모든 것들은 하나 이상의 다양한 성질을 가지고 있다. 마치 어떤 사람이 가정에서는 아버지이고 남편이며, 직장에서는 교사이고, 친구들을 만나면 동창이 되며, 조카들을 만나면 삼촌이 되는 것이나 마찬가지이다. 이와 같이 어떤 하나의 물건이나 존재가 가지고 있는 다양한 면을 보여주기 위해서는 기호가 필수적이다. 기호가 없으면 이렇게 다양한 성질을 나타낼 수가 없다.

수 36을 6의 제곱, 3 곱하기 12, 10의 제곱 빼기 8의 제곱 등으로 생각할 수 있다. 또한 x, y가 모두 변수인 $x^2-4xy+4y^2$의 경우, 우리는 이 기호의 모임이 어떤 수를 표현하는지 알고 있다. 그러나 $x^2-4xy+4y^2=(x-2y)^2$이라고 다시 기술했을 때 우리는 이수가 양수라는 새로운 사실을 알게 된다.

다섯 번째는 설명할 때 기호의 기능이다. 설명이란 다른 사람이 이해하지 못했던 것을 이해하도록 도와주는 일방적인 형태의 의사소통이다. 그런데 우리는 설명을 했는데 의사소통이 잘 안 되는 경우가 종종 있다. 이는 다음의 한 경우라고 할 수 있다. 첫 번째는 잘못된 스키마를 사용하는 경우이고, 두 번째는 새로운 아이디어와 기존의 적절한 스키마 사이가 너무 먼 경우이며, 세 번째는 기존의 스키마를 확장하거나 재구성하지 않고는 새로운 아이디어를 재구성할 수 없는 경우이다.

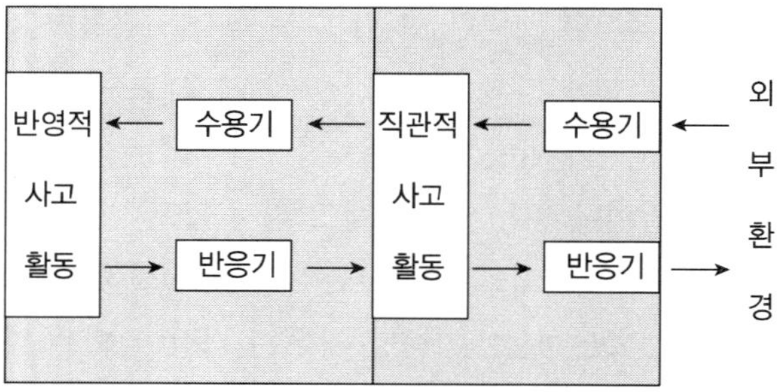

기호의 여섯 번째 기능은 기호가 반영적 활동을 가능하게 하는 것으로, 반영적 사고는 이미 설명한 바와 같이 오른쪽 직관적 사고활동 자체를 왼쪽 수용기를 통해서 왼쪽 반영적 사고활동으로 가져와서 이를 다시 두 단계의 반응기를 통해서 외부환경으로 보내는 것이다. 이 과정에서 기호의 역할은 지대하다고 할 수 있다. 기호가 없다면 개념이나 생각하는 과정을 구분할 수도 없고 이를 가져올 수도 없다. 이 상황에서 기호는 이름표와 손잡이의 역할을 하는 것이다.

일곱 번째로 기호가 하는 역할은 구조를 밝히는데 도움을 주는 것이다. 예를 들어, 아라비아숫자에서 12는 '십이'라고 읽는데 이는 십이 1개이고 일이 2개라는 의미이고, 로마숫자로 '12'를 나타내면 십이 한 개(X), 일이 두 개(II)인 XII로 나타낼 수 있다. 아라비아숫자로 12×300의 값은 각각 36, 360, 3600으로 12×3만 계산하고 나면 나머지는 일관성 있는 패턴을 가지고 있으므로 쉽게 알 수 있다.

그런데 이를 로마숫자로 표기할 경우는 상황이 다르다. XII(12) 곱하기 III(3)은 XXXVI(36)이고, XII(12) 곱하기 XXX(30)은 CCCLX(360)이며, XII(12) 곱하기 CCC(300)은 MMMDC(3600)이다. 이 경우에는 XII(12)..........XXX(30)이나 XII(12) 곱하기 CCC(300)의 결과를 알 수 없다.

XII(12) 곱하기 CCC(300)의 결과를 알 수 없다. 즉, 아라비아숫자로 나타낼 경우 곱셈의 패턴을 쉽게 알 수 있으나, 로마숫자로 나타낼 경우에는 그렇지 않다.

기호의 여덟 번째 기능은 틀에 박힌 조작을 자동화하는데 필수적인 역할을 한다는 것이다. 수학을 잘 하기 위해서는 문제해결과정과 틀에 박힌 조작의 자동화를 구분할 수 있어야 한다. 훌륭한 카레이서가 되기 위해서는 기아 변속이 자동적으로 이루어져야하고, 유명한 피아니스트가 되려면 어떤 곡을 분석해서 자신의 감정을 청중에게 전달하는 수준에 이르기 전에 피아노 치는 기술이 어느 수준 이상 도달되어 있어야 한다. 그런데 자동적인 수행과 기계적인 조작은 구분 되어야 한다. 자동적인 수행은 수행도중이나 수행한 후에 자신이 무엇을 하고 있는지 그리고 지금까지 무엇을 했는지를 알고 있는 것이다. 그런데 기계적인 조작은 자신이 지금 무엇을 하는지 알지 못한다.

이러한 자동적인 수행 시 우리는 개념을 나타내는 기호를 개념 대신 조작한다. 그리고 조작이 끝난 후에는 다시 기호에 개념을 부여하여 그 의미를 찾는다. 이와 같이 개념과 기호를 분리했다가 다시 연결하는 과정은 스포츠카를 설계하고 이를 제작하는 과정의 예로 보여줄 수 있다. 설계자들은 스포츠카 시동을 걸기 전에, 그리고 첫 금속판들이 조립되기 전에 이미 시속 수백킬로로 달릴 때의 압력을 계산하여 스포츠카가 이러한 고력에 견딜 수 있도록 기계적인 구조를 설계한다.

아홉 번째 기호의 기능은 정보를 재생하고 이해하는데 기호가 필요하다는 것이다. 장기간 기억 저장고 속에서 어떤 개념이나 스키마를 꺼내려할 대 기호는 어떤 역할을 하나? 현재 가지고 있는 개념을 확실하게 잡는 것은 매우 어렵다. 더욱이 기억 저장고속에서 이를 가져오는 것은 이를 잡아서 꺼낼 수 있는 기호가 없이는 가능하지 않다. 이에 대한 수학적인 예로 다음을 살펴보자. 2차방정식에 관한 기초 지식을 가진 사람에게 $x^2-2x+2=0$가 실근을 갖는지 물으면, 대부분의 경우에 '판별식'이 먼저 생각나고, 그러고 나서 이에 근거한 해결방법이 회상될 것이다. 수학적인 예는 아니지만 다음과 같은 상황도 기호의 역할을 잘 설명해주고 있다. 오랜만에 중학교 동창생을 만났다고 생각해보자 어염푸시 기억이 나려고하는 순간 " 나 짱구야"라는 친구의 말을 듣고 그 친구에 대한 기억과 함께 같이 했던 추억이 순간적으로 생각나는 경우이다.

그러나 기호가 항상 먼저 기억되지는 않는다. A라는 사람이 B의 이야기를 듣고 이를 C에게 전하는 과정을 살펴보자. 이때 A는 B로부터 들은 이야기를 단어하나 틀리지 않고 말 그대로 정확하게 C에게 전하는 것이 아니라 그 중에서 중요한 내용만을 A 나름대로 해석해서 핵심적인 내용을 A의 말로 전하게 된다. 이 경우를 보면 기호를 기억해서 그대로 전하는 것이 아니고 그 내용을 기억해서 전하는 것이다.

기호의 마지막 기능은 창조적인 정신활동에서 중요한 역할을 한다는 것이다. 창조적인 사고활동 과정은 의식적인 것이 아니고 이 활동의 핵심은 무의식적이고 무의지적이다.

수학을 학습한다는 것은 이를 의미 있게 학습하는 경우 그 과정 자체가 창조적인 사고활동이라 할 수 있다. 수학문제나 수학적인 개념을 이해하기 위해서 집중한다고 생각해보자 이때 집중하는 것은 문제나 개념이지만 집중하는 수단은 기호이다. 문제에 집중해서 문제를 해결할 수도 있고 어떤 경우에는 문제를 해결하지 못하고 몇 시간이고 씨름을 해야 하는 경우도 있다. 결국 문제 푸는 것을 포기하고 책을 덮는 경우가 있는데 그 후 어느 정도

시간이 지난 후 어느 순간에 예상하지도 않았고 의도하지도 않았는데 그 문제를 풀 수 있는 실마리가 갑자기 떠오르는 경우가 있다. 문제를 푸는 입장에서 이는 창조적인 사고활동의 한 순간인 것이다. 그런데 이런 아이디어가 떠올랐을 때 이를 그냥 방치하면 그대로 잊혀질 수도 있다. 이때 이 아이디어를 기호에 연결시키지 않으면 그 아이디어를 영영 잃어버릴 수 도 있다. 그러므로 창조적인 사고과정에서 기호의 역할은 무의식적이고 무의지적인 핵심적인 사고 전 후에 중요하다고 할 수 있다.

2 표상

수학을 가르치고 배우는 과정에서 학생들이 어떤 것을 생각할 때 나타나는 심상(mental image)은 두 가지로 나누어볼 수 있다. 이는 시각적 심상과 언어적 심상이다. 시각 기호는 다양한 종류의 다이어그램 특히 기하학적 도형이 그 예가되고, 언어기호는 우리가 말이나 글로 표현하는 모든 기호를 포함한다.

시각 기호와 언어 기호는 수학에서 함께 쓰이기도 하고 따로 사용되기도 한다. 그런데 실제로 수학책을 보면 대수학관련 책은 물론이고 심지어는 고급수준의 기하관련 책까지도 여러 장을 넘겨보아도 그림이 나타나지 않는 경우가 있다. 이런 점은 언어 기호(대수적 기호도 포함)는 반드시 필요한 것이지만, 시각 기호는 그렇지 않다는 것을 보여주는 하나의 예라고 할 수 있다. 그러나 시각 기호는 같은 아이디어를 나타내는 데 있어서 언어적 표현보다 유용하고 훨씬 이해하기 쉽다는 것도 사실이다. 그러므로 합리적인 가설은 두 가지 기호는 각각 수행하는 기능이 다르지만, 서로 상호보완적이라고 할 수 있다.

또한 언어 기호는 의사소통이 쉽고 보다 집단적인 반면, 시각 기호는 의사소통이 어렵고 보다 개인적이다. 언어적 사고가 집단적인 것은 언어적 사고는 대부분 개인적인 사고에도 포함되지만 다른 사람의 사고 및 두 사람 사이의 상호작용을 통하여 만들어진 최종 산물로 볼 수 있기 때문이다. 시각적인 것이 비교적 개인적인 이유는 어떤 것을 다른 사람의 관점에서 보려면 우리는 그 사람이 있는 곳에 실제로 가 보거나 그 사람으로부터 그림 또는 사진을 받아 보아야 하기 때문이다.

언어적 기호가 의사소통하기 쉽고 시각적 기호가 의사소통하기 어려운 이유는 우리의 신체 구조와 밀접한 연관이 있다. 언어적 기호로 의사소통하기 위한 기관으로는 입과 귀가 있다. 아무런 보조기구가 없이도 언제든지 의사소통이 가능하다. 그런데 시각적 기호로 의사소통하기 위해서는 반드시 연필과 종이와 같은 보조기구가 필요하다. 시각적 정보를 수용할 수 있는 눈은 가지고 있어서 정보를 직접 받아들일 수 있지만, 어떤 아이디어를 직접 시각적으로 다른 사람들에게 전달할 수 있는 신체 기관을 인간은 가지고 있지 않다. 이와 같은 투사기가 인간에게 있었다면 인간의 의사소통 방법은 많이 달라졌을 것이다.

언어적 기호(대수적 기호 포함)와 시각적 기호를 비교해보면 다음과 같다. 시각적 기호 체계는 모양, 위치와 같은 공간 성질을 추상하고 의사소통이 어렵다. 또한 비교적 개별적인 사고를 표현하며 통합적이고 구조를 보여준다. 그리고 시각적 기호체계는 동시적이고 직관적이다. 이와 비교하여 언어-대수적 기호 체계는 수와 같이 공간적 형태와 무관한 성질을 추상하며 의사소통이 쉽다. 비교적 집단적 사고를 표현하며 분석적이고, 세부사항을 보여준다. 또한 순서적이고 논리적이다.

05 정의적 요인

1 단기적인 악순환과 장기적인 악순환

학습자는 수학을 학습하는 과정을 통해서 단기적인 악순환과 장기적인 악순환을 경험할 수 있다. 단기적인 악순환은 수학을 학습함에 있어서 내용을 제대로 이해하지 못하고 계속 암기하는 과정에서 발생할 수 있는데, 이해하지 못한 학습자는 자신이 실패했다는 사실에 대해 두려움을 느껴서 그 내용을 이해하고자 더욱 노력하게 된다. 그러나 이러한 두려움은 노력에 대한 효과를 감소시킬 수 있다. 그 이유는 학습자가 불안하면 할수록 보다 더 노력하게 되지만, 그 방법이 암기하는 것이므로 결국 이해할 수 없게 되고 더욱 불안하게 된다. 그래서 악순환이 시작된다.

장기적인 악순환이란 이러한 단기적인 악순환의 경험을 몇 번 반복하다 보면 수학 시간 또는 수학 공부하는 것 자체가 불안을 일으키는 요인이 될 수 있다. 그래서 학습자는 수업 시간 전에 또는 수학 책을 펴기도 전에 이미 자신감을 잃고 패배감을 가지고 학습을 시작하게 된다.

불안이 시작되는 이유를 생각해보면 다음과 같다. 학습자가 이해하는 데 필요한 스키마를 가지고 있지 않거나 스키마를 가지고 있으나 현재 사용 가능하지 않은 경우, 그리고 학습자가 어떤 내용을 학습할 때 교사의 권위를 무조건 수용해야 하는 상황에서 시작된다. 학습 초반에는 문제없이 암기식 학습이 진행될 수 있고, 어떤 경우에는 학습의 목적에 따라서는 오히려 더 효과적일 수 도 있다. 그러나 장기적으로 보면 다음의 두 가지 이유로 반드시 실패하게 된다. 첫째로 수학의 수준이 높아지고 복잡해짐에 따라 암기해야 하는 내용이 증가하게 되고, 개인적인 차이는 있겠지만 어느 선을 지나면 기억할 수 있는 최대량을 초과하게 된다. 둘째로 암기해서 습득한 지식은 제한된 영역의 문제에만 사용할 수 있고, 같은 수학적 아이디어에 기초하고 있어도 형식이 달라진 문제에는 적용할 수 없게 된다.

2 학습의 본질적인 동기

왜 사람들은 수학을 학습하는가? 아동과 성인은 수학을 학습하는 이유가 다를 수 있는데, 수학을 학습하고자하는 이유는 수학을 학습하게 하는 동기와 밀접한 관계가 있으며 동기는 욕구에 의해서 발생한다. 우리의 생존에 필수적인 음식, 주거시설, 수면 등의 필요성은 타고난 욕구이고, 술, 취미생활, TV 등의 필요성은 학습된 욕구이다. 이런 관점에서 수학은 학습된 욕구에 속한다고 할 수 있다. 그렇다면 사람들은 어떻게 수학이 필요하다는 것을 학습하게 되는가?

현재 우리의 문화적 환경에서 화폐는 이를 통하여 광범위한 분야의 필요성을 충족시킬 수 있는 방법으로 사용된다는 것을 쉽게 배우게 된다. 화폐와 마찬가지로 수학도 어떤 필요성을 만족시킬 수 있는 일반적 목적을 갖고 있는 가치 있는 지식이다. 그러나 이러한 사실을 주지시켜서 수학을 처음 배우기 시작하는 아동에게 수학학습의 동기를 부여하는 것은 어려운 일이다. 학교 교실에서 동기는 단기적이어야 하고 효과적이어야 한다. 수학을 학습하게 하는 동기는 외적 동기와 내적동기로 구분해서 생각해볼 수 있다. 외적인 동기는 교사의 칭찬이나 벌인데 이는 한시적인 효과는 있을 수 있겠으나 본질적인 동기를 부여하는 데는 한계가 있다.

우리는 어린이가 낮은 담장을 보면 손을 잡으라고 하고 균형을 잡으면서 그 위를 걷는 것을 본적이 있을 것이다. 아이들은 이 외에도 나무에 오르거나 놀이기구에서 뛰어내리는 등 신체적인 활동을 누가 시키지 않아도 스스로 재미있어하면서 한다. 이러한 활동을 즐거워하는 이유는 이러한 신체적 운동을 통해서 균형 감각을 익히고 심폐기능을 강화하며 근육이 튼튼해지기 때문이다. 결과적으로 자신의 생존에 긍정적인 결과를 가져오므로 내적인 즐거움을 느끼게 되고 내적인 동기가 유발되는 것이다. 이는 신체적인 면으로, 인간은 생존과 경쟁을 위해서는 신체적인 면보다 정신적인 면이 더 중요하기 때문에 지적으로 성장하는데 기여하는 정신적 활동은 적어도 신체적 활동 보다는 더 아동들이 좋아한다. 더욱이 지적성장은 신체적 성장이 멈춘 후에도 계속되기 때문에 개인의 지능을 즐거움을 동반하면서 훈련시키는 일은 아동기부터 노년까지 계속될 수 있다. 그러므로 수학을 가르칠 때 본질적인 동기, 즉 수학을 이해하도록 하여 스키마가 성장하도록 가르친다면 학습자는 내적인 동기가 유발되어 학습자는 수학을 즐기면 학습할 수 있게 된다. 이 사실이 피부에 와 닿지 않는 이유는 과거 우리가 수학을 학습했을 때 이러한 경험을 많이 하지 못했기 때문이다.

Chapter 04

생각해 볼 문제

01 Skemp는 아래와 같은 그림으로 사고 과정을 설명하고 있다. 다음 물음에 답하시오. [총 6점]

1999년도 추가 중등교사 신규임용 후보자 선정 경쟁시험 2번

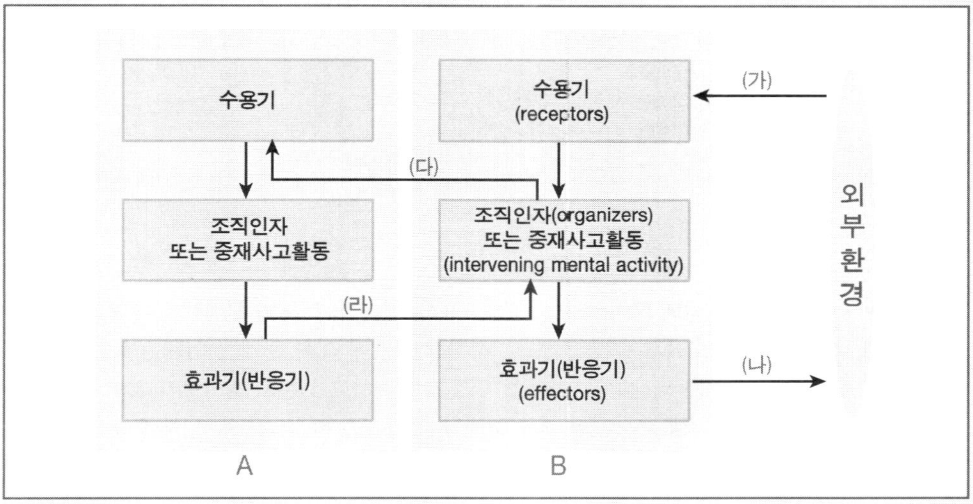

(1) 어떤 아동이 주어진 수학 문제는 해결했는데, 자신이 그 문제를 어떻게 풀었는지 그 과정을 설명할 수 없었다. 이 경우는 위의 그림에서 A와 B 가운데 어느 부분이 미숙하기 때문이며, 그 부분을 무엇이라 하는가? [3점]

(2) 위 (1)의 아동의 경우, 위의 그림 (가)와 (다)에서 이 아동이 인식하는 대상은 각각 구체적으로 무엇인가? [3점]

해설 (1) A, 반성적 체계 (A가 미숙하기 때문이며 이를 반성적(반영적) 지능(사고)라 한다.)
(2) (가)에서 인식하는 대상 : 외부에서 얻은 자료(데이터) (수학문제)
(시각과 청각에 의해서 얻은 자료)
(나)에서 인식하는 대상 : 감각기관을 통해서 인식한 자료
(아동이 문제해결 하던(직관적) 사고과정)

02 R. Skemp는 규칙의 근본 원리를 모르고 규칙만을 기억하여 문제해결에 적용할 수 있는 능력을 '도구적 이해(instrumental understanding)'라고 하고, 규칙의 적용방법과 이유를 아는 상태에서 보다 일반적인 수학적 관계로부터 특정한 규칙이나 알고리즘을 연역할 수 있는 능력을 '관계적 이해(relational understanding)'라고 하였다. 이와 관련한 다음 각 물음에 답하시오. [총 7점]

2001학년도 중등교사 신규임용 후보자 선정 경쟁시험 3번

(1) R. Skemp가 주장한 '도구적 이해'를 목표로 하는 수학 학습의 장점 3가지를 제시하시오. [3점]

(2) R. Skemp가 주장한 '관계적 이해'를 목표로 하는 수학 학습의 장점 4가지를 제시하시오. [4점]

해설 (1)
- 도구적 이해는 관계적 이해보다 이해하기 쉽다.
- 도구적 이해는 보상이 즉각적이고 명백하다. 그러므로 성취감이 높다.
- 도구적 이해는 관계적 이해보다 적은 지식이 필요하므로 보다 빨리 올바른 답을 얻을 수도 있다.

(2)
- 관계적 이해는 새로운 과제에 더 잘 적응된다.
- 관계적 이해는 기억하기가 더 쉽다.
- 관계적 이해는 그 자체가 목적으로서 효과적일 수 있다.
- 관계적 이해는 질적으로 유기적이다.

03 Skemp는 수학적 개념에 대한 이해 유형의 일부로 도구적 이해와 관계적 이해를 비교하여 설명하였고, 수학 학습-지도에서는 궁극적으로 수학적 개념에 대한 관계적 이해를 목표로 해야 한다고 주장하였다. 김 교사가 학생들이 '이항'을 어떻게 이해하고 있는지 알아보기 위해 일차방정식 문제를 풀게 하였더니, 학생 A와 학생 B가 아래와 같이 동일한 방법으로 문제를 풀었다.

2008학년도 중등교사 신규임용 후보자 선정 경쟁시험 3번

(문제) 방정식 $3x+7=19$ 풀어라.

(학생 A와 학생 B의 풀이)

$3x+7=19$ ─┐ ㉠
$3x=19-7$ ←┘
$3x=12$
$x=4$

잠시 후 김 교사는 학생 A와 학생 B에게 ㉠의 과정을 각자 설명해 보라고 하였다. 김 교사는 두 학생의 설명을 듣고 나서, 학생 A는 '이항'에 대하여 도구적 이해를 하고 있고, 학생 B는 관계적 이해를 하고 있다고 판단하였다.

학생 A와 학생 B가 ㉠의 과정을 어떻게 설명했을지 각각 제시하시오. (단, 두 학생 모두 '이항'이라는 용어는 사용하지 않았고, 그 설명이 7-가 단계의 수준을 넘지 않았다고 한다.) [4점]

· 학생 A의 설명 :

· 학생 B의 설명 :

해설 • 학생 A의 설명 : 방정식의 좌변에 x항 만을 남기기 위해 좌변의 7을 우변으로 옮길 때 부호를 바꾸어야 하므로 +7이 -7로 바뀝니다.(Skemp의 도구적 이해 적용)

• 학생 B의 설명 : 방정식의 좌변에 x항 만을 남기기 위해 등식의 성질 "양변에 동일한 값을 빼어도 그 등식은 같다"를 이용하여 양변에 7을 뺀 결과입니다. (Skemp의 관계적 이해 적용)

04 김 교사는 '평행사변형의 두 대각선은 서로 다른 것을 이등분한다'는 성질을 가르치고 있다. Skemp가 제안한 '이해'의 유형 가운데 철수의 대답과 가장 관련이 깊은 것은? [1.5점]

2009학년도 6월 중등교사 신규임용 후보자 선정 경쟁시험 모의평가(객관식) 4번

김 교사 : 여기에 평행사변형이 있습니다([그림 1]). 평행사변형의 두 대각선을 그렸을 때([그림 2]), 이 두 대각선은 어떤 성질이 있는지 이야기해 볼까요?

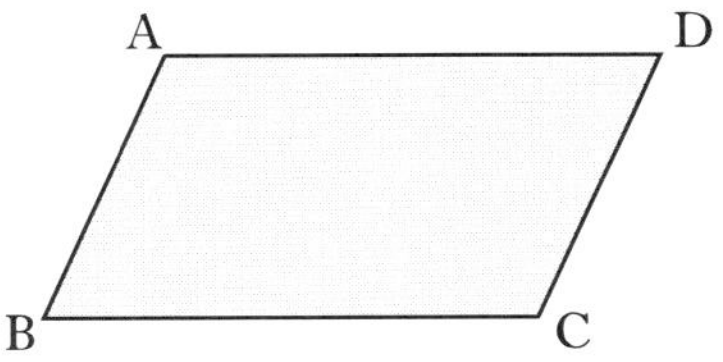

[그림 1]

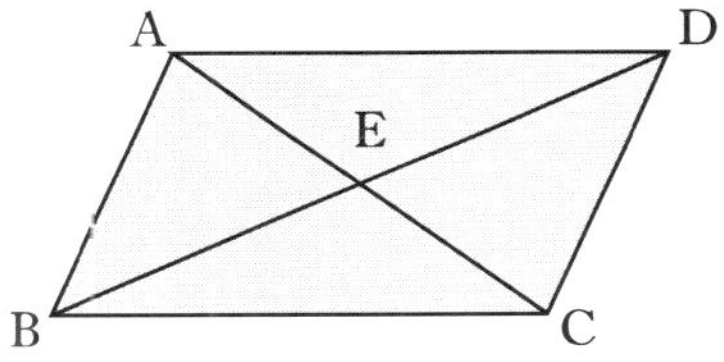

[그림 2]

철　수 : 두 대각선은 서로 다른 것을 이등분해요. 그러니깐 선분 AE의 길이와 선분 EC의 길이가 같고, 선분 BE의 길이와 선분 ED의 길이가 같아요.

김 교사 : 아! 그렇군요. 그럼 어떻게 그렇다는 것을 알 수 있지요?

철　수 : 그림에서 보면 바로 똑같다는 것을 알 수 있어요.
초등학교 때 그렇게 배운 것으로 기억하고 있는데, 그 이유는 잘 모르겠어요.

① 도구적 이해　　② 관계적 이해　　③ 논리적 이해
④ 형식적 이해　　⑤ 기호적 이해

정답 ①

05 다음은 대수 학습에 어려움을 겪고 있는 중학생의 사례이다. 이에 대한 설명으로 적절한 것을 〈보기〉에서 모두 고른 것은?

2009. 중등교사임용 1차 4번

(가영) $a=3, b=4$일 때 $2ab$의 값을 234라고 썼다.
(나현) $s=1, 2, 3$일 때 집합 $\{a+b \mid a, b \in S\}$를 $\{3,\ 4,\ 5\}$라고 썼다.
(다은) a는 양수이고 $-a$는 음수라고 생각한다.

보 기

㉠ Skemp에 따르면 가영이는 수와 연산에 관한 스키마를 가지고 있지 않다.
㉡ 나현이의 오류는 a와 b가 서로 다른 수를 나타낸다고 생각하는 문자에 대한 잘못된 이해로 해석될 수 있다.
㉢ 다은이는 문자가 나타내는 대상을 제한된 범위에서만 생각하는 것으로 볼 수 있다.
㉣ 갈등상황을 제공하는 것은 나현이와 다은이가 산술적 사고에서 대수적 사고로 이행하는 데 방해가 된다.

① ㉠, ㉣ ② ㉡, ㉢ ③ ㉠, ㉡, ㉢
④ ㉡, ㉢, ㉣ ⑤ ㉠, ㉡, ㉢, ㉣

06 다음은 주어진 수를 이진법으로 나타내는 알고리즘을 지도하기 위한 김 교사의 수업 계획과 수업을 한 후 어느 학생을 평가한 내용이다. 이를 보고 물음에 답하시오. 2010. 중등교사임용 1차 8번

[가] 수업 계획

〈1단계〉 주어진 수를 8, 4, 2, 1의 합으로 나타내고, 이를 이진법으로 나타내는 활동을 한다.

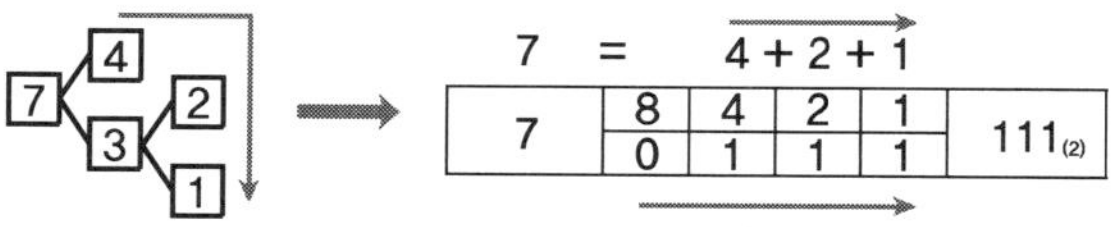

〈2단계〉 〈A〉와 〈B〉를 관련시키면서, 수를 이진법으로 나타내는 알고리즘을 설명하고 적용하는 활동을 한다.

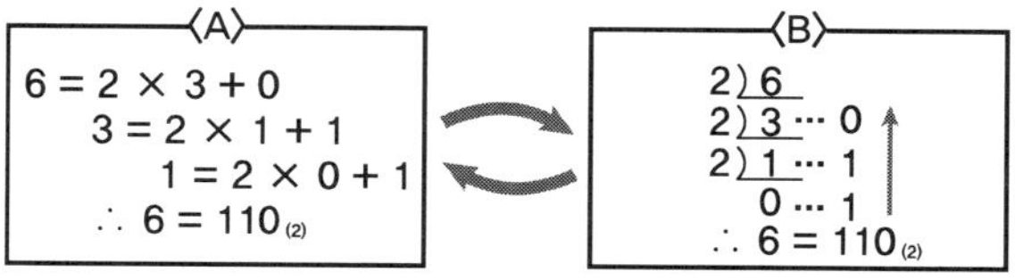

[나] 예은이의 성취도 평가 답안지

1. 다음 빈칸에 알맞은 수를 넣어라.

2. 다음 수를 이진법으로 나타내어라.

(1) 17 =10001(2) (2) 24 =11(2) (3) 38 =11001(2) (4) 46 =11101(2) (5) 50 =

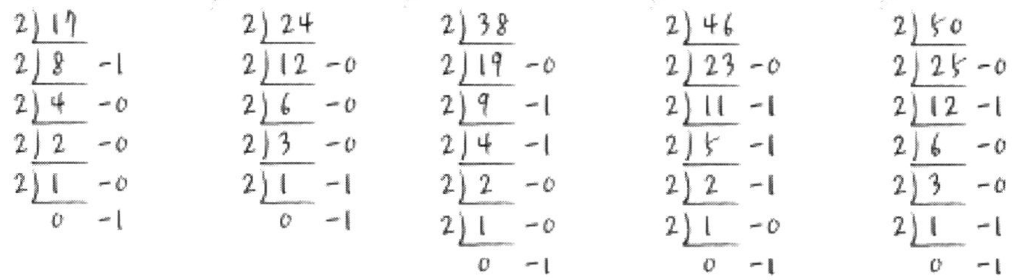

정답 ②

07 [가], [나]에 대한 설명 중 가장 적절한 것은?

① 〈1단계〉는 딘즈(Z. Dienes)의 개념 형성 과정 중 자유놀이 단계에 해당한다.

② 딘즈에 따르면, 지각적으로 다양한 상황은 혼란을 제공하므로 〈1단계〉에서 한 가지 지도 수단을 사용하는 것이 효과적이다.

③ 〈1단계〉에서는 오수벨(D. Ausubel)의 통합 조정의 원리가 적용되고 있다.

④ 〈2단계〉에서 김 교사는 스켐프(R. Skemp)가 말하는 도구적 이해를 의도하고 있다.

⑤ 김 교사가 사용한 지도 수단이 [나]에서 평가의 대상이 되는 현상을 볼 수 있다.

정답 ⑤

MEMO

Chapter 05 Dienes의 수학 학습 이론과 적용 사례

01 Dienes의 수학교육 상황 진단

Z.P.Dienes는 그가 1960년, 1964년에 각각 저술한 'Building Up Mathematics' 1, 2판에서 형식적인 기호조작에 의한 수학 학습보다는 개념학습(혹은 개념 형성, 개념확립)에 의한 수학 학습이 청소년들이나 어른들은 물론이고 어린 아이들이 수학을 쉽게 배울 수 있는 더 나은 방법이라고 강조하였다. 실제로 그가 1960년에 'Building Up Mathematics'의 초판을 발행한 이후로 이러한 관점은 많은 연구자들에 의해 추종되어 관련 논문들이 출판되었다. 나아가 이런 연구들은 다른 연구자들에 의해 비판받기 보다는 지지하는 후속연구가 진행되는 동기를 부여하였으며 결과적으로 Dienes의 이론과 관련된 연구들은 대부분 그의 이론을 확인하기 위한 의도로 작성되었다. 이런 분위기는 Dienes가 1964년에 위의 책 2판을 발행하는 바탕이 되었다. 이 장에서는 Dienes가 'Building Up Mathematics'(2판)에서 제시한 개념 형성을 통한 수학 학습 방법, 이 방법을 가능하게 한 여러 가지 구체적인 교구와 교수모델, 이러한 학습 방법의 성공을 위해 그가 제안한 학습 원리 등을 비교적 자세하게 다룰 것이다.

Dienes는 당시의 수학교육[2]이 수학적 개념의 진정한 의미를 이해하지 못한 채 시험에

2) 현재도 이런 관점은 많은 수학교육자들에 의해 지적되고 있다.

대비하여 복잡한 기호들의 집합을 다루는 기술을 숙련시키는데 대부분의 시간을 낭비하고 있음을 지적하면서 수학교육이 안고 있는 문제점을 아래와 같은 몇 가지 측면에서 분석하였다.

수학을 싫어하는 학생들은 너무나 많고, 나이가 들수록 그 수는 늘어가며, 아주 간단한 수학 학습 상황에서도 큰 어려움을 느끼는 학생들이 많다. 열성적인 교사가 수학을 흥미롭고, 좀 덜 어렵게 만들기 위해 온 힘을 다 바치는 몇몇 특수한 경우를 제외하면, 수학이란 일반적으로 어렵고 까다로운 것으로 간주된다. 하지만, 몇 가지 사례를 제외하면, 이러한 상황을 개선하려는 노력은 거의 없고, 또한 그러한 상황이 당연하게 여겨진다.

수학을 배우는 목적은 무엇인가? 아동에게 수학을 배우게 함으로써 우리가 의도하는 것은 정확히 무엇인가? 휴게실에서 이런 대화를 나눈다면 다양한 대답이 나오겠지만, 수학교육의 목적에 대한 답들은 크게 경제적인 것과 개인적인 것으로 나누어질 수 있을 것이다. 어떤 이는 경제적 유용성에 강조를 두고, 어떤 이는 잘 된 일이나 즐거웠던 일에서 찾을 수 있는 개인적인 만족에 더 강조를 둔다. 전자는 아마 후자를 감상주의자라고 부를지도 모르며, 후자는 전자를 실리주의자나 유물론자라고 매도할지도 모른다. 우리의 문화 상황에서는 실리주의자의 주장에 더욱 무게가 실리겠지만 앞으로의 글에서는, 수학적 아이디어를 배우는 것은 인문과학이 할 수 있는 것처럼 개인의 자아실현에 기여할 수 있다는 것이 드러날 것이다.

이제 세 가지 상황 즉, 수학적 상황, 교육적 상황, 심리학적 상황을 우리의 학교 상황에서 존재하는 그대로 고찰해 보자.

'수학적' 상황은 (a) 테크닉의 습득과 (b) 아이디어의 이해라는 두 측면에서 검토될 수 있다.

테크닉 습득의 효율성을 개선하기 위한 많은 노력들 즉, 산술적인 과정들을 가르치는 대안적 방법에 대한 연구, 테크닉 습득을 위한 교과서 저자들의 노력 등이 지속적으로 진행되어 왔지만 불안정한 수학적 상황은 본질적으로 바뀌지 않고 있다. 이와 관련된 더욱 강력한 노력이 주어진다고 해도 이들이 유의미하게 개선될 것 같지는 않다.

아이디어의 이해에 대한 상황은 매우 심각하다고 할 수밖에, 아니 어쩌면 절망적이라고 표현할 수밖에 없다. 말로는 수학의 이해가 필요하다고들 하지만, 수학적인 정보를 전하는 현재의 체계는 대다수의 경우에서 볼 때 실패하고 있는 것이 사실이다. 학생들은 일차방정식을 푸는 모든 테크닉에 정통해 있으면서도 일차방정식이 무엇인지에 대해서는 알지 못할 수 있다. 다시 말해, 학생들은 사실은 그렇지 않음에도 스스로 수학을 이해하고 있다는 느낌을 갖고 있을 수 있다. 이러한 학생은 자신이 알고 있는 다양한 과정들 사이의 상호관계에 대한 진정한 이해가 결여되어 있다. 교사 역시 그렇지 않음에도 학생들이 어떤 것을 이해하고 있다는 느낌에 빠지기 쉬운데, 학생들이 전형적인 문제에 대한 전형적인 답을 빨리 익혀서 개념을 이해하고 있다는 인상을 줄 수 있기 때문이다. 사실 수학적 개념을 이해하는 정도는 첫 눈에 드러나는 것보다는 훨씬 적은 것 같다.

이제 '교육적' 상황을 살펴보자. 수학 교육에서 가장 널리 퍼져 있는 테크닉은 교수과정에 의해 수학의 'know-how'를 학생들에게 어떻게든 전달하려는 정보의 원천으로서 교사가 행하는 교실 수업이다. 만약 우리가 진정한 수학적 이해를 목표로 한다면, 분명 이러한 전달은 아무 도움이 되지 않는다. 오류는 정보의 제공자에게서, 전달 과정에서, 수용하는 과정에서 각각 나타날 수 있다. 정보 제공자인 교사의 자질이 다양하다고 하더라도 현재와 같은 상황을 잉태한 책임을 잘못된 교수에 돌릴 수는 없다. 또한, 전달 과정에 대한 많은 개선점들이 제안(그림, 모델, 필름, TV 등)되었지만 이러한 접근이 학습 능률을 더욱 개선한다는 것을 확인하기 위해서는 보다 많은 연구가 필요하다. 이러한 고안품들은 효율적인 교수-학습 상황을 위해 '필요'하다는 것은 밝혀질 수 있겠지만 그것만으로 '충분'할 것 같지는 않다. 정보를 수용하는 커뮤니케이션의 마지막 단계에서 겪는 문제는 학생들이 어떤 이유로든 그 정보를 받아들일 능력이나 의지가 없기 때문일 수 있다. 받아들이지 않으려는 문제는 보통 점수 등을 통한 상과 벌을 만들어 냄으로써 대처하는데, 이러한 종류의 인위적인 동기부여는 사실 나쁜 학습을 유도하며 성공의 부족은 장기화되면 내적인 갈등뿐 아니라 외적인 갈등도 일으켜 학습 상황을 싫어하게 된다. 배운 내용들 사이의 관련성에 대한 이해 없이는 쉽게 기억되지 않는 것들로 인해 학생들의 부담은 갈수록 늘어만 간다.

능력별 학급 편성, 상벌 체계, 교사들의 개인적인 노력들, 이 모든 것에도 불구하고 분명히 수학 학습에 대한 학생들의 태도는 여전히 부정적인 경우가 많다. 만약 학생들에게서 긍정적인 태도가 나타난다면 그것은 대개 성취감에 기인하거나 그 규칙들이 허용하는 것이 진정 무엇인지에 대한 더 이상의 이해 없이 군더더기 없는 규칙들의 집합을 다루는 것에 대한 즐거움에 주로 기인한 것이다. 수학 학습을 유도하는 통상적인 방법으로 능력별 학급 편성이 고려되지만 같은 수학 내용이라도 학생들에 따라 이해하는 방식이 천차만별이라면 능력별 편성은 상황을 균질하게 만드는 데는 성공하지 못할 것이며 심각한 난점은 여전히 생길 것이다. 최근의 연구를 보면, 수학적인 아이디어뿐만 아니라 다른 추상적인 아이디어들도 그것을 형식화하는 방식에는 개인차가 실제로 존재하는 것 같고, 수학 교사들이 겪는 어려움의 상당 부분은 이러한 차이에 대한 지식이 부족한 것 때문으로 볼 수 있다.

이는 우리에게 수학 학습에서의 '심리학적' 상황을 검토하게 한다. 우리는 추상적 사고의 메커니즘을 이해하는 아주 초보적인 단계에 있다. 많은 연구가 행해지고 있지만 여전히 문제점은 대단히 많고, 모든 활용 가능한 심리학적 지식이 동시에 교실 상황에 실제로 사용된다고 할지라도 이 문제들이 해결될 수 있을지 의심스러울 만큼 어려운 문제들이다. 현재 진행 중인 연구의 주된 주제는 세 가지로 볼 수 있다. (a) 추상적인 아이디어를 형성하는 방법의 개인에 따른, 또는 한 개인의 성장 단계에 따른 차이, (b) 추상화 과정의 세부적인 메커니즘, (c) 동기부여의 문제. 사고 과정에 관한 심리학적 지식이 축적됨에 따라 이러한 지식을 교사가 학습 상황에 적용할 수 있는 형태로 만드는 것이 바람직할 것 같다.

이제 다시 수학 학습 목적에 대한 질문으로 돌아가 보자. 학생들이 수학을 학습하는 방법은 많은 부분을 전통에 따르지만 어느 정도는 의식적인 목적에 의해 결정된다. 왜 수학을 배워야 하는가?는 문제를 고민하다 보면 우리 대부분은 솔직히 경제적 문제에 굴복하게 된다. 우리는 실용적이고 실제적이기 위해 너무 서두르고 있지는 않은가? 학생들은 교사가 그들 앞에 세상의 신비를 펼쳐 보이기를 기대하고, 재미있기만 하면 어떤 것이 유용하냐고 결코 묻지 않는다는 점을 잊고 있지는 않은가? 수학 학습의 동기는 남보다 더 높은 점수를 얻으려는 의심스러운 목적이나 수상의 명예 같은 것에 있는 것이 아니라, 여전히 발견의 스릴에 있어야 하는 것이다.

Dienes는 수학 학습 목적의 경제적인 측면을 다시 '일상 생활에의 필요성'과 '과학적 진보를 위한 필요성'으로 구체화하였다.

우선, 그는 일상 생활에서 활용할 수 있는 수학적 기술들로 인하여 약간의 시간을 절약하는 것이 그것을 익히기 위해 학생들이 겪는 수년간의 고통에 대한 값어치가 되지 못하며 일상 생활에 필요한 정도에 따라 학생들이 배울 교수요목을 결정한다면 거기에는 수학이 거의 포함되지 않을 것이라고 주장했다.

그는 과학적 진보를 위한 필요성도 학교에서의 수학 학습을 충분히 정당화하지 못한다고 주장한다. 수학은 다른 과학(순수과학이든 응용과학이든)이 차츰 발전해 갈 수 있도록 하는데 본질적인 도움을 주며 수학적인 테크닉들은 물리, 화학, 생물, 심리학, 공학 등의 변화하는 요구에 부합하기 위해 끊임없이 발달해 왔다. 이러한 새로운 테크닉들을 이해하기 위해서는 그것들이 바탕에 두고 있는 더욱 기초적인 테크닉들에 정통하는 것이 필수적이다. 하지만, Dienes는 학교에서 진행되고 있는 수학 학습 상황이 수학적 과정에 대한 이해가 결여된 채로 진행되고 있어서 과학적 경력을 위한 예비 단계로서는 좋지 못하다고 진단한다. 그러면서 그는 산업과 과학을 위해 적절한 수학자들을 공급하기 위해서라면, 우리는 더 적은 사람에게 더 많은 수학을 가르쳐야만 하고 미래의 전문가들은 보다 높은 기준에 도달해야 한다고 했다.

마지막으로, Dienes는 개인의 인격 형성 측면에서 수학교육의 필요성을 살펴보았다. 심리학에서 일반적으로 받아들여지는 원리에 따르면 personality(인간의 구조 혹은 인격)는 통합의 과정을 통하여 발달한다. 통합된 인간은 개인적이거나 부분적인 인간과는 달리 대부분의 질문에 대해서 보다 넓은 관점을 갖는다. 그는 차이보다는 관련성을 찾을 것이며, 자신과 동료들 사이의 이해관계에 대한 기본적인 본질을 확인함으로써 그의 환경에 잘 적응할 것이다. 하지만 형식적인 테크닉의 학습이 교사와 학생, 학생들 사이의 관계를 형성하는데 있어서 도구적인 것 이상의 어떤 통합의 효과도 갖지 못한다는 것은 상상할 수 있다. Dienes는 아동의 수학 학습 대부분이 그들의 인격에 통합의 효과를 가져 오지 못하며 현재의 수학 학습 체제가 계속되는 한에는 그러한 효과를 기대하기 어렵다고 결론 내린다. 이런 비관적인 상황에서도 그는 교육계의 여러 곳에서 수학교육의 목적이 재검토되고 있으며, 인격적인 실현을 위해 수학 학습을 사용하는 방안이 탐색되고 수학적 통찰의 필요성을 깨닫기 시작한 것을 다행이라고 평가했다. 특히, 수학적인 통찰이 칠판에서 이루어지는 것이 매우 드물기 때문에 보다 특별하게 디자인된 수학적 기구가 필요하다는 것을 인정하기 시작한 것을 긍정적으로 평가하면서 Montessori, Cuisenaire, Stern의 시도가 성공적이라고 했다. 이러한 시도들은 상벌 상황 없이 수행되며, 독립적인 탐구가 개개의 아동이나 소집단에 의해서 이루어지고 자신만의 속도와 방법에 따라 진행될 수 있어서 좋다는 것이다.

위와 같은 수학 교육 상황에 대한 진단을 바탕으로 통찰력 있는 수학 학습을 위한 기본적인 요구 조건으로 Dienes가 내세우는 것들을 간단하게 정리하면 다음과 같다.

(a) 수학 학습을 계획하는 사람은 수학적 구조의 전체성에 대해서 알고 있어야 한다. 수학적 경험의 과정은 5세 이상부터의 수학적, 논리적, 심리학적 과정들을 모두 포함해서 하나의 전체로 간주되어야 한다.

(b) 수학적 경험에는 풍부한 다양성이 있어야 하며, 이로부터 개개의 아동들은 수학적 개념을 형성할 수 있다. 각각의 개념은 여러 가지의 경험들을 필요로 하며 그렇지 않은 경우에는 일반화가 아니라 연합만이 일어나게 된다.

(c) 담당 교사는 각각의 학생들이 도달한 특정한 단계뿐만 아니라 학습 과정의 일반적인 역학 관계에 대해서도 알고 있어야 한다. 또한, 학습 방법의 개인적인 차이를 알고 있어야 하며, 특히 진정으로 창조적인 학습 상황의 감정적인 미묘함과 그러한 상황에서 학습 과정의 성패를 좌우하는 그의 능력에 대해서도 알고 있어야 한다.

Dienes는 수학 학습의 모든 단계에서 충분히 창조적인 수학 학습 상황을 확립하는 것이 가능하다고 보았다. 아동이 자신의 경험으로부터 개념을 실제로 형성했다면, 그는 이전에 없던 무엇인가를 창조한 것이며 이 무엇인가는 심리학적 의미에서 그의 인격 안으로 들어간 셈이란 것이다. 이러한 학습의 단편이 그에게 주는 가치는, 만족스러운 그림을 그리는 것, 좋은 소설을 쓰는 것, 친구들과 놀기 위해 흥미진진한 놀이를 발명하는 것 등이 주는 것과 유사한 종류의 가치일 것이며 그것은 인생이 만들어지는 바로 그 원료의 일부분이 되는 내재적 가치를 갖는다는 것이다.

02 Dienes의 수학 학습 이론

Dienes는 테크닉들이 수학을 효과적으로 사용하는 데 중요한 역할을 하지만 수학을 일련의 테크닉들을 정교화 한 것으로 볼 수는 없다고 하면서 수학의 의미를 다음과 같이 설명하였다.

> 수학은 관계들의 구조, 한 사람에게서 다른 사람에게로 그 구조의 일부분을 순수하게 의사소통하는 방법인 형식적 기호체계(formal symbolism)로 간주될 것이다. 수학적 명제는 그 구조 안의 어떤 관계에 대한 명제이다. 그러한 관계를 표현하기 위해서 우리는 기호체계를 이용한다. 사실 기호체계는 순전히 이런 목적으로 발명된 것이다.
>
> (중략)
>
> 그러므로 나는 수학을 수와 관련된 개념들과 실세계의 문제에 그것들을 적용하는 것과 관련된 개념들 간의 실제적인 구조적 관계를 의미하는 것으로 이해할 것이다. 수학 학습은 그러한 관계들을 이해하고, 기호로 나타내고, 세상에서 일어나는 실제 상황에 개념들을 적용하는 능력을 획득하는 것을 의미한다.

그러면서 그는 '패턴'과 '구조'라는 수학적 특성을 바탕으로 수학의 의미를 설명하고자 하였다.

패턴화는 수학적 사고의 본질이다. 일단 만들어진 패턴은 곧 수학적 대상으로 간주되며 그것은 더 높은 수준의 패턴 속에 끼워 맞추어진다. 그리고 이 높은 수준의 패턴은 다시 친숙해지고 수학적인 대상으로 간주된다. 이렇게 층층이 쌓여가는 패턴화나 구조화는 수학적인 초보자들의 입장에서 볼 때에는 매우 빠른 속도로 진행된다. 따라서 그들은 얼마 지나지 않아 뒤쳐지게 된다. 이 과정을 논리적 언어인 '원소', '류' 대신 더 익숙한 문법적 용어인 '주어', '술어'를 사용하여 설명하면 다음과 같다.

자연수 개념을 생각해 보자. 술어 '세 개가 있다'는 사물의 집합에 대한 것이다. 이 때, 사물의 집합은 '집합 안에 세 개의 사물이 있다'라는 술어에 대한 주어이다. 이 단계를 넘어서 세 개의 사과와 세 개의 오렌지를 보게 되면, '오렌지만큼 많은 사과가 있다'라고 말하고 싶어진다. 우리는 지금 새로운 술어 '~만큼 많이 있다'를 적용하고 있다. 이 술어의 주어는 무엇인가? 분명히 그 집합 자체는 아니며 집합들 중 하나에 있는 사물의 수이다. 정확히 '~만큼 많이 있다'는 술어는 실제로 사과의 집합 속에 있는 사물의 수와 오렌지의 집합 속에 있는 사물의 수라는 두 개의 주어를 가진다. 우리가 말하고 있는 것은 이 수들이 같다는 것이다. 이를 '~보다 적다'라는 술어와 비교해 보면 그 의미가 더 명백해 진다. 만약 두 개의 오렌지가 있고 세 개의 사과가 있다면 술어 '~보다 적다'를 오렌지와 사과에 적용하여 '사과보다 오렌지가 적다'라고 말할 수 있다. 주어는 수 2와 3이고 술어는 '~보다 적다'이다. 이것을 기호로 표현하면

$$2 < 3$$

과 같이 쓸 수 있다. 처음에 2와 3은 각각의 사물의 집합에 대해 무엇인가 말하고 있었고, 그 다음 술어 '~과 같다'나 '~보다 적다'는 2와 3에 대해 무엇인가 말하고 있다. 계속해서 '~과 같다'에 대해 말할 수 있다. 예를 들어, 더하는 것이 의미하는 것을 명확히 하기 위해 '~과 같다'는 개념이 필요하다. 2까지 세고 3을 더 세면, 5까지 바로 센 것과 '같은' 수를 얻는다. 비슷하게, 곱셈이 설명될 수 있으려면 덧셈을 필요로 한다. 식 2(A+B)은 덧셈과 곱셈을 필요로 한다; 이 식은 대단히 많은 사물에 대해 말하고 있는 것이며, 각 사물은 다시 또 다른 사물에 대해 말하고 있는 것이다. 수까지 내려가면 이것은 사물의 집합에 대해 말하고 있는 것이다. 문법적으로는, 술어는 더 높은 수준의 술어에 대해 주어가 되고 다시 높은 수준의 술어는 그보다 더 높은 수준의 술어에 대해 주어가 되는 교대작용이 계속된다.

훌륭한 수학자는 술어를 잘 다루고 그것을 주어로 바꾸는데 익숙한 사람들이다. 새로운 술어를 만들면 수학자는 거의 곧바로 새로운 술어에 대해 무엇을 말할 수 있는지 궁금해 하기 시작한다. 특정 부류의 주어에 적용되는 술어를 만드는 것은 그것들을 둘러싼 일종의 울타리를 만드는 것이다. 수학적인 정신을 가진 사람은 그렇게 둘러싸인 공간에서 수학적 밀실공포증을 느끼고 그 울타리밖에 무엇이 있는지 궁금해 하기 시작한다. 다시 말해 그는 술어들 사이의 관계를 찾기 시작할 것이다. 아무도 그가 오랫동안 둘러싸인 상태로 있게 할 수 없다. 이러한 종류의 끝없이 열린 사고가 수학적 사고의 본질이라면 그것은 분명히 평범한 일상적인 유형의 사고와는 매우 다르다. 학습과 사고의 문제를 연구한 심리학자들은 대부분 수학자들이 아니었다. 아마 이것이 수학이라는 다소 특별한 분야에서 일어나는

학습을 설명하는 적절한 이론이 지금까지 제안되지 못한 이유일 것이다.

Dienes는 자신의 이론의 원천으로 Piaget의 연구, 하버드 대학에서 Bruner가 주도한 인지 프로젝트, Bartlett의 흥미 있는 연구 등을 언급하면서 이들 이론에서 어떻게 자신의 이론이 이끌어내졌는지를 설명하였다.

Piaget는 개념 형성 과정이 그간 믿어왔던 것보다 훨씬 더 오래 걸린다는 것, 그리고 사고가 진행되는 방향에 대한 어떤 실마리가 보이기 전에 개념과 무관해 보이는 많은 작업이 이루어져야 한다는 것을 확인한 첫 번째 사람이다. 이것은 주로 무의식적인 놀이 단계로, 어느 날 유용한 방식으로 세상의 사건들을 분류하도록 하는 어떤 아이디어가 생기기 전에 개념의 성분들을 오랫동안 가지고 놀아야 한다. 아동은 실제로 수나 공간 개념의 성분들을 다루고 있다는 것을 알기 전에 오랫동안 벽돌이나 다른 대상을 가지고 놀면서 그것을 여러 모양이나 크기에 따라 분류한다. 두 번째 단계는 우리의 경험들이 한 의미 있는 전체로 구성될 수 있도록 하는 방향을 차차 인식하면서 인도된다. 아기는 누군가가 자기 누나의 이름을 부르면 그녀가 항상 나타나는 것과 같이, 특정한 사건이 일어날 때마다 특정한 소리가 난다는 것을 인식하기 시작한다. 그는 점점 적절한 환경 속에서 소리를 내려 하기 시작한다. 벽돌을 가지고 노는 아동은 궁극적으로 두 가지 사물을 포함한 모임들이 공통의 어떤 것을 가진다는 것을 인식한다. 이것은 수학적 경험의 시초이며 그 경험은 후에 순수한 수의 이해라는 클라이막스로 아동을 인도할 것이다. 물가와 봉급에 대해서 생각하면서, 그 관계를 이해해야겠다고 생각하여 도서관에 가서 경제학에 대한 책을 빌려올 때가 올 것이다. 두 번째 단계는 조만간 세 번째 단계로 넘어간다. 여기서 우리는 '이해한다'고 느낀다. 정신적 여행의 끝이라는 갑작스런 인식과 함께 사이클이 닫힌다. 새로운 개념이 우리의 경험에 더 확고하게 닻을 내리고 그것이 우리 주변에서 일어나는 일들을 다룰 때 작동하는 무기가 되도록 하기 위해 실습 기간이 뒤따른다. '엄마'라고 말하는 것을 배운 아기는 그것이 기대되는 효과를 내는지 보기 위해 그것을 반복해서 말할 것이다. 수를 발견한 아동은 똑같은 탑을 계속 세우는 것과 같은 일을 하면서 어른들이 그 단조로움에 쉽게 피곤해할지라도 이것을 함께 하자고 할 것이다. 이것은 개념의 인식에 뒤따르는 실습 단계이며, 이것은 다시 이어지는 개념을 얻는 놀이 단계의 역할을 할 것이다. 사이클은 그렇게 계속되며, 각각은 이전에 형성된 사이클 위에 세워진다.

그러나 이것은 단지 틀이며, 이 틀은 우리가 학습하는 것의 내용으로 채워져야 한다. 예를 들어 논리적 구조를 보자. 우리는 일단의 경험을 여러 가지 논리적 관계를 써서 관련짓는다. 예를 들어 벨 소리와 수업의 시작과 같이 사건 A와 B가 늘 함께 발생하는 경우가 있다. 우리는 두 사건을 연결된 사건으로 합접(conjoining)하여 관련짓는다. 한편, 한 직위에 대한 추천 명단에 두 사람이 있다면 둘 중의 한 사람만이 그 직위에 임명될 수 있다. 이 경우는 두 개의 분리된 가능성을 이접(disjoining)하여 합칠 수 있다. 추천 명단이 작성되기 전에는 무관했던 두 사건의 이접을 만든다.

> 합접의 경우: '벨이 울리**고** 수업이 시작된다.'
> 이접의 경우: '그 직위를 브라운씨가 얻**거나** 그린씨가 얻는다.'

이 밖에도 이미 형성되어 있는 개념들을 가지고 만들 수 있는 많은 다른 논리적 관계가 있다. 예를 들어, A씨가 런던 사람**이면**, 나는 그와 영어로 말할 수 있다. 하지만 내가 어떤 사람에게 영어로 말할 수 있다고 해서 그 사람이 반드시 런던 사람인 것은 아니다. 이것은 함의 관계이다. 이들은 모두 다른 논리적 관계들이며, 이것들이 똑같은 상황에 적용되더라도 그 결과 형성된 복합적인 상황은 서로 다른 것이 된다. 예를 들어, A가 소수이고 B는 4로 나누어서 나머지가 1인 수라면 'A 이고 B'는 4로 나눌 때 나머지가 1이 되는 소수를 의미한다. 하지만, 'A 또는 B'는 4로 나누어서 나머지가 1이 되는 수와 소수인 모든 수를 의미한다.

Bruner, Goodnow, Austin은 하버드 대학의 연구 프로젝트에서 이미 형성된 개념의 서로 다른 논리적 결합에 대한 주체의 반응을 연구했다. 이 연구는 문제에서 미지인 것으로 주어진 논리적 관계를 발견하는데 주체가 사용하는 개인적인 전략에 관한 것이다. 대부분의 경우에 그 방법은 다양한 카드를 제시하는 것이었다. 각 카드에는 삼각형, 원 또는 정사각형이 하나, 둘 또는 세 개 그려져 있다. 각 카드는 빨강색, 파랑색이거나 녹색이다. 결국 세 개의 값을 가지는 세 개의 변수(수, 모양, 색깔)가 있다. 빨간 삼각형과 같은 개념이 실험자에 의해 선택되고, 피험자가 카드를 고르면 실험자가 그것에 대해 예나 아니오라는 대답을 해준다. 즉, 카드가 빨강인 경우 그리고 카드에 삼각형이 있는 경우에는 예, 그렇지 않으면 아니오라고 대답한다. 피험자는 최소한의 시도로 실험자가 생각하고 있는 개념을 발견해야 한다.

이 절차는 합접, 이접이나 다른 개념의 형성을 조사하는데 쉽게 적용될 수 있다. 예를 들어, '빨간 삼각형'은 합접이다. 왜냐하면 그 카드는 빨간 색이어야 하고 삼각형이 그려져 있어야 하기 때문이다. 반면, '빨강 또는 삼각형'은 이접 개념이고, 임의의 빨간 카드나 삼각형이 그려진 카드를 선택하면 실험자가 '예'라고 대답할 것이다.

이미 Piaget의 개념 형성의 3단계를 보았다. 이들 각각은 매우 다른 형태의 학습이 대응

된다. 예비적 또는 놀이 단계에는 다소 목표가 불분명한, 마치 목표가 없는 것처럼 보이는 활동이 대응된다. 이 활동은 그 자체로 즐기며 수행되는 그러한 종류의 활동이다. 흔히 놀이라고 하는 활동이 이러한 종류의 활동이다. 이 단계는 가능한 한 자유로워야 하며, 개념의 요소를 놀이 자료로 사용할 수 있어야 한다. 두 번째 단계는 좀 더 방향이 정해지고 목적을 지향하지만, 추구하고 있는 것에 대한 명확한 인식은 없는 단계이다. 이 단계에서는 어느 정도 구조화된 활동이 바람직하다. 이것이 어떻게 발전하는가는 주체의 독특한 사고방식과 개념의 구조에 달려있다. 세 번째 단계에서는 형성된 개념을 고정시키고 적용하기 위한 적절한 실행을 제공해야 한다. 이들 단계에서의 놀이를 다음과 같이 부를 수 있다.

(a) 예비 놀이
(b) 구조화된 놀이
(c) 실습 놀이

이러한 분류는 물론 주어진 개념에 따라 상대적이다. 한 개념에 대한 실습 놀이가 이후의 개념을 위한 예비 놀이가 될 수 있다. 그러나 한 개념에 대한 실습 놀이가 같은 개념에 대한 예비 놀이로 사용되어서는 안 된다는 것이 중요하다. 유치원에서 보게 되는 공통된 실수는 아동들이 실제로 그들이 학습하도록 기대된 것을 미리 알지 않고는 할 수 없는 놀이를 하면서 학습이 진행되기를 기대한다는 것이다.

이제 수학 학습의 내용에 대해 자세히 알아보자. 수학적 술어나 개념이 완전히 조작적(operational)인 것이 되기 위해서는 먼저 성장의 세 단계가 필수적이다. 어떻게 아동에게 가장 적합한 경험을 주어서 개념의 성장을 가속시킬 수 있을까? 수학적 개념은 보통 몇 개의 변수를 포함하고 개념을 구성하는 변수들은 변하지만 이 변수들 사이의 변하지 않은 항구적인 관계가 있는데 이것이 수학적 개념이다. 개념의 성장을 고무시키기 위해 구조화된 최대한의 경험을 주려면, 개념은 변하지 않게 유지하면서 모든 가능한 변수를 변화시키는 것이 바람직해 보인다. 예를 들어, 평행사변형의 개념에 대해 각과 대변의 길이를 변화시켜서 모양을 변화시킬 수 있다. 대변의 평행성이 유지되도록 하면서 그 위치를 변화시킬 수 있다. 같은 위치에 놓인 합동인 평행사변형들은 개념의 성장을 위한 적합한 경험이 되지 않을 것이다.

다음으로 과제의 실제 개념적 내용에 맞는 구조 선택의 문제를 살펴보아야 한다. 논리적 복잡성을 최소화하기 위해 구성적으로 만들어진 과제와 분석적으로 만들어진 과제 중에 하나를 선택해야 한다면 전자가 더 적절할 것이다. 상황을 날카롭게 판단하는 분석적 방법은 훨씬 더 성숙한 사고 방법이고 12살 이전의 아동에게는 좀처럼 일어나지 않는다. 이 나이가 지나면 (증명과 같은) 분석적 과제들이 이해되기 시작한다. 수학적 구성이 있어야 분석할 어떤 것이 있게 된다.

과제를 구조화할 때 나타날 수 있는 가능한 모든 개인차를 어떻게 고려할 수 있을까? 같은 개념적 주제에 대해 다양한 수단을 사용하여 가능한 한 많은 변화를 주는 것이다. 꽤 달라 보이지만 근본적으로 같은 개념적 구조를 가지는 과제를 제공하는 것이다. 다시 말해, 개념적 구조를 변화시키지 않고 그대로 두면서 지각적 표현을 변화시킬 수 있다. 예를 들어, 평행사변형을 종이 위에 그릴 수도 있고, 두 개의 합동인 나무로 된 삼각형으로 만들 수도 있고, 못박이판 위에 못으로 표시할 수도 있고, 벽지 패턴에서도 찾을 수 있다. 아동은 이러한 다른 표현들 사이에 공통적인 무엇인가가 있다는 것을 배우는데, 바로 이 공통적인 특성이 수학적 개념이다. 이것을 요약하면 다음과 같다.

1. **역동적 원리**(Dynamic Principle)
   예비 놀이, 구조화된 놀이, 실습 놀이는 그것들로부터 수학적 개념이 실제적으로 형성되는 필수적인 경험으로서 각 놀이에 맞는 적절한 시기에 반드시 제공되어야 한다. 비록 아동들이 어릴 때는 구체물을 가지고 이런 놀이를 해야 하지만, 모든 놀이 중에서 가장 흥미 있는 놀이로서의 수학적 탐구의 맛을 볼 수 있도록 정신적 놀이를 점차 도입할 수 있을 것이다.

2. **구성의 원리**(Constructivity Principle)
   놀이를 구조화할 때, 구성이 항상 분석에 선행되어야 한다. 분석은 12세까지 아동들의 학습에서 거의 나타나지 않는다.

3. **수학적 다양성의 원리**(Mathematical Variability Principle)
   변수를 포함한 개념은 (비본질적인) 변수를 가능한 한 다양하게 변화시키는 경험을 통해 학습되어야 한다.

4. **지각적 다양성의 원리**(Perceptual Variability Principle)
   아동들이 수학적 본질인 추상화를 끌어내고, 개념 형성 과정에서 아동들에게 나타날 수 있는 다양한 개인차에 대처하기 위해 같은 개념적 구조라도 가능한 한 많은 지각적으로 동치인 다양한 형태로 제공되어야 한다.

아동의 개인차를 고려하여 대부분의 학습은 개별적으로 또는 두 세 명의 작은 그룹으로 이루어져야 한다. 세 명 이상의 아동들이 대체로 같은 진도, 같은 방식으로 학습을 진행할 것 같지는 않다. 이것은 모든 정보가 교사에게서 나올 수 없다는 것을 의미한다. 왜냐하면 교사가 일일이 돌아다니면서 각각 다른 단계에 있을지도 모르는 40명의 학생들을 따로 따로 가르칠 시간이 없기 때문이다.

창조적인 학습 상황의 본질은 탐구에 열중하는 것이며, 권위주의는 탐구 정신을 길러주지 않는다. 담당교사는 꽤 다른 역할을 수행할 것이다. 먼저 그는 정보의 원천으로부터 아동에 이르는 의사소통의 길이 열려 있는지 확인해야 한다. 또 아동이 선행 개념을 충분히 숙달하지 못한 채 아직 학습할 준비가 되어 있지 않은 내용을 학습하려고 시도할 수도 있다. 첫 번째 경우에는 내용이나 문제가 되는 표현을 학급 전체적으로 다시 구성하는 것이 필요할 것이다. 두 번째 경우에는 아동에게 학습하고 있는 개념을 강화시키는 더 많은 경험을 소개하는 것이 필요할 것이다.

전통적인 방식으로 훈련된 교사는 어떻게 이 모든 일이 권위적이지 않은 방식으로 진행될 수 있을까 의아해 할 것이다. 하지만, 창조적인 학습 계획을 운영하는 교사가 그것이 옳다고 확신한다면 아동들은 그의 열정을 이해하고 학습 통제의 문제는 감소될 것이다. 창조적인 대수 수업이 가져오는 기쁨, 자유 시간이나 선택 시간에 수학적 활동을 자발적으로 수행하는 것은 창조적 학습 상황이 스스로 동기를 부여하게 한다는 충분한 징후이다. 이 방법을 사용하려는 교사에게 학생들에 대한 동정과 사랑의 태도는 필수적이며, 그는 아동들의 사고의 힘이 펼쳐지는 것에 겸손한 태도를 갖고 독단적이지 않은 접근을 해야 한다. 형식적인 수업의 교수 상황에서 권위적인 역할에 붙잡혀 있는 교사는 이 내용에서 어떤 감동도 받지 않을 것이다. 반면 천성적으로 아동에 대한 힘이나 권위가 아니라 동정심을 가진 교사는 아동이 실수했을 때 답에 ×표를 하는 것보다는 아동이 그의 실수를 깨달을 수 있도록 해주는 다른 과제를 제시하는 것이 더 좋을 것이라는 것을 어렵지 않게 발견할 것이다. 그리고 아동이 교사와는 다르게 만든 방법의 장점을 생각하는 것을 배우고, 하나의 과정을 표준화하는 것이 그것을 효율적으로 수행하도록 가르치는 유일한 방법이 아닐지 모른다는 것도 어렵지 않게 깨달을 것이다. 다시 말해 그는 자신뿐만 아니라 모두가 적극적인 역할을 하는 창조적인 상황으로 아동들을 이끌 수 있는 매우 많은 다른 방법을 쉽게 배울 것이다.

03 Dienes의 학습이론을 활용한 산술 지도

Dienes는 자신이 주장한 학습 원리를 학교수학의 각 영역에 적용한 사례를 소개했는데 이 절에서는 앞에서 다룬 네 가지 원리들에 비춰 산술 개념을 학습하는 방법으로 그가 제시한 사례를 살펴보고자 한다.

학교수학의 산술에서 다루기에 적당한 개념 영역은 정수와 분수에 적용된 사칙연산과 길이, 넓이, 부피의 측정과 같은 기하학적 적용, 속력과 연결될 시간과 관련된 측정, 물리적인 것과 관련된 적용으로 무게라는 개념 등이 있다.

이 개념들은 자연스럽게 순수개념과 응용개념으로 나눌 수 있는데, 순수개념은 수 자체와 수의 특성을 다루는 개념이고 응용개념은 이러한 특성과 조작을 우리가 그것을 찾을 때처럼 실세계의 특정 측면에 적용한 개념이다. 예를 들어, 선형성에 수가 적용되어 척도단위라는 응용개념이 생기며 외관에 수가 적용되어 표면적이라는 응용개념이 생겨난다.

순수개념이 어떤 방식으로 생겨나는지를 안다는 것은 어렵지만 지금까지의 이론에 비춰 볼 때, 그러한 개념은 결국 여러 경험들의 공통된 본질로서 추상된 것이다. 따라서 우리는 반드시 이러한 여러 가지 경험들을 찾아내어야 한다. 확실히 따로따로 떨어진 대상들을 다루고 이들을 몇 개의 모둠으로 분류해서 모으거나 쪼개는 어릴 적 경험에서 자연수 개념이 생겨난다. 이 쪼개어 생각하는 과정을 아동이 완전히 통달하기까지는 몇 해가 걸리며 더미를 이루고 있는 구슬 열 개를 테이블 위에 흩어져 있는 구슬 열 개와 같은 수라는 것을 인식하기 전까지는 아동에게 우리가 알고 있는 대로의 자연수 개념이 형성되지 않은 것이다. Piaget의 설명처럼 군집 내 물체들의 수의 불변성을 인식하기 전까지는 오랫동안 아동은 세기를 할 수 없다. 50이나 100까지 세는 것을 배우는 것이 수 표기의 완전한 의미를 배운 것은 전혀 아니다. 어린 아동에게 17은 단순히 '열 일곱'이라는 말과 관계가 있는 것이며, 그렇다고 해서 아동이 10과 7로 분해할 수 있는 것은 확실히 아니다. 또 두 수를 더하려면 처음 수에서 두 번째 수만큼을 세야 한다는 개념을 아동이 파악했더라도, 27+35라는 과제가 지닌 복잡한 구조를 확실히 이해하지는 못했을 것이다. 수학적 개념들과 과정들은 우선 순수한 형태로 가르쳐야 하며 그 후에 동일한 개념들과 과정들이 표기적 형태 즉 이들에 덧붙여지는 십진법체계의 구조로 가르쳐야 한다.

24,579와 같이 큰 수를 쓸 때, 우리가 실제로 의미하는 것은

$$2 \times 10^4 + 4 \times 10^3 + 5 \times 10^2 + 7 \times 10^1 + 9 \times 10^0$$

이다. 수학적 다양성의 원리에 비춰 이 전개식을 살펴보면, 수를 이렇게 배열한데에는 계수, 지수, 밑 등과 같은 세 가지 변인이 들어 있다는 것을 알 수 있다. 여기서 자릿값의 기본 특성을 전혀 망가뜨리지 않고 이러한 변인들 중의 일부를 혹은 모든 것을 변화시킬 수 있다. 밑이 무엇인가에 따라 계수의 값에 제한이 있기는 하지만 자릿값 개념은 계수의 값에는 독립적이며 지수에 사용되는 수에도 독립적이다. 나아가 자릿값은 밑에 대해서도 독립적이다. 다시 말해, 126은 삼진법으로 11200이라고 쓸 수 있다. 수를 표현하는 이러한 모든 방법들이 가지고 있는 공통되는 개념은 자릿값 개념이다. 계수, 지수, 밑을 변화시켰을 때 여전히 남아 있는 것은 무엇인가? 무엇이 자릿값 개념의 수학적 추상화인가? 우리는 늘 밑의 지수들을 내림차순으로 배열하며, 각 계수의 값은 밑의 값보다 늘 작아야 한다: 한 단계 오른쪽으로 옮기면 한 단계 아래의 지수로 내려가는 것을 의미하며, 왼쪽으로 옮기면 한 단계씩 위의 지수로 올라가는 것이다. 계수가 밑과 같거나 이를 초과하면, 한 단계 위인 지수의 계수를 최소한 하나 더 이미 가지고 있다는 것을 의미한다. 이러한 내용들은 자릿값 개념의 '순수한 뼈대'이며, 수학적 다양성의 원리에 비춰 우리가 도달해야 할 일반성의 목표이다. 보다 일반화된 형태에서 개념을 통달한 아동은 보다 넓은 영역에 걸쳐 그것을 적용할 것이다.

구성의 원리에 따르면, 독서가에게 사실들을 제시해온 것과 똑같이 아동에게 그것을 제시해서는 안 된다. 아동에게는 자신이 가지고 있던 기존의 개념들로부터 새로운 개념을 만들어 낼 수 있도록 과제가 제시되어야 한다. 이는 일종의 실제적인 구성으로 아동은 이들의 논리적 연관성을 나중에서야 알게 될 것이다. 복잡한 수학적 구조를 우리는 아동들에게 어떻게 제시하고 있는가? 이때가 바로 역동적 원리가 소용되는 곳이다. 하지만 여러 경험들을 아동들의 실제 생활에서 찾기는 매우 힘들며 따라서 교실에서 인공적으로 만들어야 한다. 가려는 방향으로 아동을 이끌어갈 구조화된 학습 자료가 초기 놀이 단계와 연이은 구조화 단계(최종적인 통찰로 이끄는)에서 제공되어야 한다. 새로운 개념을 아동의 일상생활에 확고하게 붙잡아 두기 위해 필요한 연습 게임이 그 다음에 이어진다.

한편, 우리는 아동들이 몇 가지 경험만으로 추상화하기가 실제적으로 불가능하다는 것을 잊어서는 안 된다. 그래서 지각적 다양성의 원리에 입각한 학습이 필요하다. 아동을 학습 자료에서 떼어 놓고 추상적 개념-아동이 형성한 연합이 아니라-을 형성시키기 위해서 다른 학습 자료들을 도입해야 하는데, 이 자료들은 가능한 다르게 보이면서도 근본적으로 동일한 수학적 구조를 가지고 있는 것이어야 한다.

이제는 역동적 개념 형성에 적당한 것으로 알려진 학습 자료들을 자세히 설명하고 이것들을 사용해 산술개념과 많은 대수적 개념들을 완전히 일반화되도록 형성시킬 수 있는 방법들을 기술할 것이다.

여기서 소개할 산술 학습 자료는 Multibase Arithmetic Block(M.A.B)이다. 이것은 몇 개의 상자들로 이루어져 있으며, 각 상자는 다른 상자들과는 다른 밑의 값을 가지고 있다. 예를 들어, 밑이 3인 상자 속에는 다음과 같은 조각들이 들어 있다.

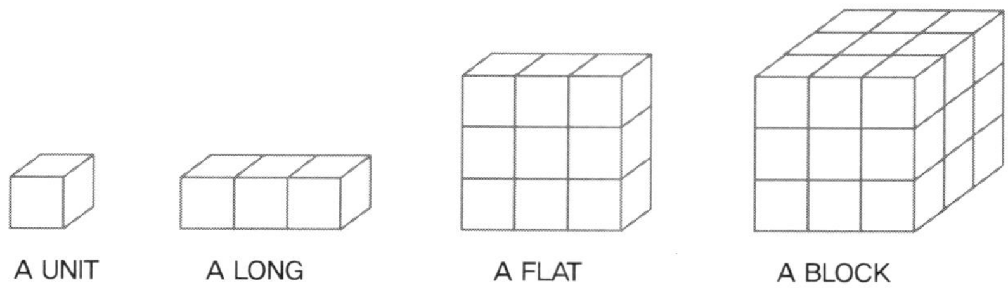

종류별로 충분한 양을 제공하여 아동 스스로가 만들어낸 문제들을 풀어갈 수 있도록 한다. 인접한 조각의 부피가 3을 비로 하여 기하급수적임을 알게 될 것이다.

역동적 원리에 따르면, 구조화된 연습이 있기 전에 예비적 놀이 단계의 시기가 있어야 한다. 이 시기에는 아동들이 그 자료를 가지고 놀면서 자신이 좋아하는 것을 하도록 놔두는 것이 좋다. 이러한 놀이 기간 동안 많은 것을 배우게 되지만, 이 중에서 아동에게 직접적으로 다가가는 것은 하나도 없거나 아주 미미하다. 그렇더라도 아동이 시간을 낭비하고 있으며 어떤 것도 얻지 못하였다고 생각할 필요는 없다.

다음 게임은 두 명의 아동이 밑이 3인 상자로 할 수 있는 것이다: 입방체의 마주 보는 면에 0, 1, 2가 각각 쓰여 있다. 이를 주사위로 사용하는데 처음 던진 결과는 block에 해당된다. 각 아동은 주사위에 나온 수만큼 block들을 가진다. 그런 다음, 그들은 다시 주사위를 던져 flat에 해당하는 수를 얻으며 그 만큼 flat들을 가진다. 같은 방법으로, long과 unit에 대해서도 던진다. 최종적으로 가장 많은 나무 조각을 가져간 사람이 이기는 것이다.

첫 번째 던져서 나온 주사위의 수가 결정적이며, 누구든지 첫 번째 던지기에서 이긴 사람이 결국 그 게임을 이긴다는 사실이 곧 분명해진다. 특히, 게임에서 좀 더 자주 졌던 아동이 더욱 잘 알게 될 것이다. 만약 첫 번째에서 비겼다면, 물론 두 번째 던진 것이 결정적이며, 이런 식으로 계속된다. 이것은 아동이 주사위를 던지는 순서의 상대적 중요성을 인식하게 되는 구조화된 게임이다. 게임을 어느 정도 진행한 후에, 이번에는 unit에서 시작하여 block으로 끝나도록 게임순서를 바꿔보기를 권해 본다. 게임에 이기는 데에 결정적인 것은 첫 번째 던져서 나온 수가 아니라 block에 해당하는 던지기이며, 던지는 순서는 아무런 상관이 없다는 것을 아동에게 가르쳐 준다. 우리는 또 다른 변인을 변화시키는 데 성공하였다. 즉, 순서에 그에 해당하는 값-감소와 증가-을 줌으로써 순서를 변화시켰다. 각 아동들이 모든 상자들을 자주 사용할 수 있어야 한다는 것은 두 말할 나위 없다. 첫 번째 단계가 점점 두 번째 단계로 스며들어가듯이 이것은 천천히 조금씩 의식되기 시작하며, 교사는 점점 더 구조화된 게임을 제안할 수 있다. 밑이 3인 한 상자에서 unit 세 개로 한 개의 long을 만들 수 있다는 것을 아동은 알 필요가 있다. 같은 식으로, 세 개의 long으로 flat을 세 개의 flat으로 block 하나를 만든다. 사고는 구성적인 경로를 따라 진행되고 있으며 분석적인 방향으로 일어나고 있는 것이 아니다. 다행히도 아동들은 자신의 구성에 대한 분석적 측면인 1 : 3이라는 비의 특성을 눈치 채지 못하고 있다. 아동이 모든 상자들 각각의 구조를 (늘 구성적인 방식으로) 이해하고, unit으로 flat을, long으로 block을 만들어 보았으며 간단한 경우들에서는 unit으로 block을 만들어 왔다면 다음과 같은 질문들이 제기될 수 있다: block 다음에는 뭐가 오나요? 상자에 block보다 더 높은 종목은 없다. 그러나 아동은 곧 일반화하여 밑이 3인 상자에서는 block 세 개를 합하여 놓을 것이며, 밑이 4인 상자에서는 block 네 개를 합해 놓는 등, 계속하여 다음 '유형'을 만들어낼 것이다. 더 이상 사용할 나무 조각이 없다면 그들은 상상 속에서 그러한 실행을 계속할 수 있다. 그리고 최소한 이론적으로나마, 그러한 과정의 막연한 가능성은 아마도 '무한'의 개념으로 나아가는 첫 문을 여는 것이 될 수 있으며 모든 아이들이 매우 흥미로워 할 것이다.

일단 자료의 구조와 그것의 열려진 성질을 습득하면, 아동은 덧셈, 뺄셈, 나눗셈, 곱셈의 네 가지 산술적 조작으로 이어지는, 좀 더 구조화된 연습으로 기꺼이 나아갈 것이다. 아동들은 적절한 공간에서 나무 조각들을 가지고 덧셈을 할 수 있다. 왼쪽에서 오른쪽으로 감소하는 방향이 선호될 것이다. 예를 들어, 밑이 4인 경우에

(1block, 2flats, 3longs, 2units) + (2flats, 2longs, 3units)[3)]

이라면 같은 조각들을 더하고 이미 배운 사실들을 사용하면, 그 결과가 다음과 같다.

(2blocks, 1flat, 2longs, 1units)

아동은 이를 다음과 같이 기록할 것이다.

3) Dienes는 나무 조각 그림을 활용하여 이 부분을 설명하였다.

$$
\begin{array}{rcccc}
 & B & F & L & U \\
 & 1 & 2 & 3 & 2 \\
+ & & 2 & 2 & 3 \\
\hline
 & 2 & 1 & 2 & 1
\end{array}
$$

상자 4

물론, 아동들이 상자들을 가능한 자주 바꾸는 것이 중요하다. 이는 한 상자가 개별적으로 가지고 있는 특성들에 고착되는 것을 피하기 위해서이다. 그 중에서도, 밑이 10인 상자가 자연스럽게 사용될 수 있을 것이다. 아동이 지금까지 배운 무언가가 가지고 있는 근본적으로 추상적인 성격을 아동으로 하여금 명확하게 알게 하는 데에는 대단한 것이 전혀 필요하지 않다. 네 가지 혹은 다섯 가지 색깔의 counter(세는데 활용할 수 있는 단추나 바둑돌 모양의 돌)들을 가지고 있으면 충분하다. 예를 들어, 노란색 다섯 개는 녹색 한 개와, 녹색 다섯 개는 빨간색 한 개와, 빨간색 다섯 개는 파란색 한 개와 같다는 것을 정하는 것으로 충분하다. 이것저것 해보면서(예를 들어, 좀 더 높은 색깔의 단위 이름으로 바꿔가면서) 아동은 이러한 counter들을 사용하여 덧셈을 기꺼이 수행할 것이며, 그리고 오래 되지 않아 그들은 지금 자신들이 하고 있는 일이 기본적으로 나무 조각들을 가지고 이전에 했던 것과 같다는 것을 알게 될 것이다. 대부분의 학생들은 지각적으로는 아주 상이하지만 개념적으로는 동일한 두 과제로부터 과제의 구조를 추상할 수 있다. 그런데 필시 어떤 학생들은 과제의 구체성으로부터 좀 더 점진적으로 '떼어낼' 필요가 있다. 이런 아이들을 위한 다음 단계는 똑같은 작은 물건들을 그룹을 지어 놓고 그 위에서 연산을 수행하는 것이다. 예를 들어, 바둑돌을 활용한 방법을 들 수 있다. 여기서는 바둑돌의 위치가 그 값을 결정할 것이다. 더하기는 다음과 같다.

밑 4

다음 단계는 바둑돌 무더기를 '적절한 위치'의 플라스틱 수로 대치하는 것이며 이렇게 이전의 바둑돌 무더기를 상징적으로 표현한 것을 사용하여 연산을 할 수 있을 것이다.

대부분의 아동은 저절로 밑이 10인 상자의 특정한 역할을 알아내게 된다. 예를 들어, 2

blocks, 6 flats, 4 longs, 8 units 라고 쓸 때, 2천6백4십8개의 units 즉 2648 units을 쓴 것임을 아동은 알게 된다. 여러 가지 상자들을 다양하게 다루어보면서도 여전히 이러한 정보를 얻지 못한 아동을 위해서는 다음과 같은 연습을 제안할 수 있다: 예를 들어, 157이라는 수를 선택한다. 3을 밑으로 하는 상자를 선택하고 157개의 unit을 택한다. 이들로부터 가능한 많은 block들을 만들어보고, 그 나머지에는 가능한 많은 flat을, 그 나머지에서 long을 만들어 보아 맨 나중에 기껏해야 1개의 unit만이 남도록 한다. 그렇게 하고 나서 똑같은 수를 취하여 다른 상자에 대하여 같은 일을 해 보며, 밑이 10인 상자까지 해본다. 그러면 다음과 같은 상황들이 벌어질 것이다.

밑 3	LB	B	F	L	U
	1	2	2	1	1

밑 4	B	F	L	U
	2	1	3	1

밑 5	B	F	L	U
	1	1	1	2

밑 6	B	F	L	U
		3	2	1

밑 10	B	F	L	U
		1	5	7

개념 사이클이 진정으로 완성되어 그때까지 배운 개념들이 새로운 사이클의 출발점으로 사용될 수 있다는 것을 확인하기 위해서, 역동적 원리에 따라 이 개념을 연습하는 것이 어느 정도 필요하다.

이제 뺄셈으로 넘어가 보자. 뺄셈은 세 가지 다른 방식으로 이해되는데, 모두가 수학적으로 동치이다. B가 A보다 크다고 가정하자. 그러면 B에서 A를 뺄 수 있다. 그 결과를 X라 놓으면, 수학적으로 다음과 같다.

$$X = B - A \tag{1}$$

이 문장은 수학적으로 다음과 동치이다.

$$B = A + X \tag{2}$$

$$A = B - X \tag{3}$$

비록 이 세 문장이 수학적으로는 동치이지만 심리적으로는 매우 다르다. 이들이 수학적으로 동치임을 기호의 도움도 없이 아동이 이해한다면 이는 매우 위대한 통합이 아닐 수 없다.

아동이 13개의 counter를 집어 들고 내가 4개를 집는다고 가정해 보자. 나는 이제 아동에게 자기 것에서 내가 손에 가지고 있는 것만큼을 counter상자에 집어넣으라고 말한다. 그는 counter 네 개를 차례로 상자 속에 집어넣고 9개가 남았다고 말한다. 아동은 (1)의 공식으로 상징되는 과제를 수행한 것이다.

이제 나는, 같은 상황에서, 아동에게 우리가 같은 수의 counter를 가질 수 있을 만큼 내 손 위에 counter들을 올려놓으라고 말한다. 아동은 9개를 상자에서 꺼내어 내 손 위에 올려놓는다. 그는 공식(2)로 상징되는 과제를 수행하였다.

다시 나는 그에게 우리가 같은 수의 counter를 가질 수 있도록 그의 것을 상자 속에 집어넣으라고 한다. 그는 자신의 손에 있는 9개를 상자에 집어넣는다. 그는 공식(3)으로 상징되는 과제를 수행한 것이다.

우리는 이러한 과제들을 (1) 순수한 뺄셈 (2) 보완적 덧셈 (3) 보완적 뺄셈이라 부르려 한다. 보통 뺄셈을 배우는 나이에 아이들 대부분이 이 세 조작이 동치임을 인식할 수 없다는 것은 거의 확실하다. 예를 들어, '한 반에 아이들 43명과 남자 27명이 있다. 여자는 몇 명인가?'라는 문제에 대해 어떤 아동도 자연스럽게 43에서 27을 빼지 않는다. 그는 27에서 43이 될 때까지 세고 나서(필요하다면 손가락을 사용하여) 여자가 16명 있다고 말한다. 만약 이 단계에서 교사가 '아니야. 그건 잘못한 거야. 43에서 27을 빼야지'라고 말한다면 문제들이 나타날 때마다 '이것은 덧셈일까? 뺄셈일까?'라고 질문하면서 접근하려고 할 것이며, 결국 자연스러운 수학적 성장은 방해받게 된다.

뺄셈 개념의 기호적 형식과 관련하여, 최소한 두 가지 상이한 유형의 구조화된 연습이 블록을 사용하여 도입되어야 할 것이다. 다음과 같이 놓는다고 가정해 보자.

밑 6	5B	3F	2L	5U
	2B	2F	1L	3U

두 번째 줄은 절대 건드리지 말고 첫 번째 줄에서 두 번째 줄에 놓인 것만큼을 빼도록 아이들에게 정해준다. 이것은 명백히 counter를 사용하여 묘사된 대응하는 문제를 네 번 반복하는 것에 불과하다. 이제 분해가 필요한 경우를 생각해 보자.

밑 6	5B	3F	2L	5U
빼기	2B	4F	5L	3U

두 번째 줄을 건드려서는 안 된다는 것이 여기서 확실히 강조되어야 한다. 만약 아동이 문제를 풀 수 없어 힌트가 필요하다면, flat들을 block에서, long들을 flat에서 가지고 오도록 제안할 수 있다. 이는 어디까지나 제거해야 할 나무 조각들을 한꺼번에 치울 수 있는 정도 내에서이다.

이와 같은 유형의 풀이는 분해방법(받아 내림)으로 이어진다. 한 단계 바로 위의 단위에서 받아 내려와서, 빼려고 하는 자리에 남아 있는 수에 남겨진 것을 더한다. 그런데, 몇몇 아이들은 방법론적으로 자신들의 계획을 세우기를 더 좋아하며, 모든 지점에서 뺄셈이 가능하도록 첫 번째 줄을 배열하는 것을 더 좋아한다. 그들은 아마 다음과 같이 뺄 것이다.

	4B	8F	8L	5U
빼기	2B	4F	5L	3U

그리고 이제 그들은 단순한 빼기를 네 번 할 수 있다. 때때로 교사들은 이러한 방법을 좋아하지 않는데, 그 이유는 기록하면서 지운 표시를 많이 하게 되고 교사들은 아동이 정돈하는 것을 배우지 않으려고 한다고 느끼기 때문이다. 첫 번째 방법이 올바른 것이긴 하지만 수학적 관점에서 두 번째 방법 역시 하나의 방법이며 정돈된 것임을 인정하게 될 것이다.

이제 곱셈에 대해 알아보자. 한 아동에게 탑을 만들도록 하고 다른 아동에게는 그것의 두 배나 세 배 큰 탑을 만들도록 한다. 기록 단계에서는 두 배 큰 탑 안에서 작은 조각들은 가능하면 큰 것으로 대치되어야 한다는 것을 아이들에게 상기시킨다.

밑에 의한 곱셈은 매우 교육적이다. 예를 들어 아동이 다음과 같은 줄을 만들었다고 하자.

밑 3　　2F 1L 2U

이것을 세 배 크게 만들면 그 결과는

2B 1F 2L 0U

이다. 여기서 곱셈은 밑에 의해, 즉 1L과 0U에 의해 이루어지며, 결과는 다음과 같이 보여질 것이다.

밑 3	B	F	L	U
		2	1	2
	×		1	0
	2	1	2	0

여기서 승수로 쓰여진 1L을 아동은 3으로 읽을 것이며 십진기수법으로 작업할 때 이를 1이 아닌 10으로 읽을 것이다. 아이들은 '마술과 같은' 계수의 이동과 끝에 나타난 0은 밑으로 곱셈을 할 경우에 늘 일어난다는 것을 곧 알게 될 것이다. 따라서 비논리적인 '0 더하기' 공식은 이 법칙이 갖는 진정한 수학적 토대로 대치될 것이며 아이들은 그들 스스로 이렇게 흥미로운 개인적 발견을 경험하게 된다. 이러한 경험은 그들에게 영원히 가치 있는 것으로 남아있게 되며 그들은 그것을 잊거나 다른 법칙과 혼동하지 않는다. 이 과정에서 이미 덧셈에 대한 분배법칙이 이용되어 왔다는 것을 인식해야 한다.

$$K \times (A + B) = K \times A + K \times B$$
$$(K + L) \times A = K \times A + L \times A$$

위의 두 법칙이 교환법칙에 의해 수학적으로 동치라고 하더라도 결코 아동에게 심리학적으로 동치가 아님을 인식하는 것이 중요하다. 두 번째 형태가 논리적 결과임에도 불구하고 첫 번째 형태가 아이들에게는 더 쉬운데, 중요한 것은 각각의 법칙이 그들 자신의 개인적 경험으로부터 구성되어야 한다는 것이다. 복잡한 곱셈은 두 번째 분배법칙에 의존하는데 만약 곱셈의 수학적 구조에 대한 완전한 통찰을 이루려면 아동에게 두 번째 분배법칙을 얻을 수 있는 경험을 제공하는 것이 필요하다. 이것은 법칙에 내재된 근본적인 수학적 연관성을 장차 절실히 느끼게 할 수 있는 천칭이나 그 밖의 학습 자료를 바탕으로 교사에 의해 이루어질 수 있을 것이다.

두 가지 분배법칙을 배운 아동은 밑이 10인 567과 17을 곱하는 계산을 할 준비가 되었다. 왜냐하면 그들은 뭔가를 17배 하는 것은 그것의 10배와 그것의 7배를 더하는 것임을 두 번째 분배법칙에 의해 알게 될 것이며, 567의 10배는 500의 10배와 60의 10배, 7의 10배를 더한 것임을 첫 번째 분배법칙에 의해 알기 때문이며 이것은 7에 대해서도 마찬가지이다.

이제까지 말한 것은 앞장에서 말한 네 가지 원리가 산술학습 동안에 실제로 옮겨질 수 있는 방식에 대한 아이디어를 제공할 것이다. 그러나 경이로움은 어떤 특정한 기구에 있는 것이 아니라 오히려 학습하고 있는 아이들에 대한 변화된 태도에 있다는 것은 아무리 강조해도 지나치지 않는다. 아동을 가르치는 것과 그들이 학습하도록 돕는 것 사이에는 큰 차이가 있다. 그들 앞에 필요한 모든 수학적 도구들을 내놓으면 그들은 도구들(나무들)을 사용하여 그들의 수학을 만들 것이다. 나아가 그들은 자신의 마음속에서 진정으로 추상적이며 그러면서도 여전히 개인적인 수학을 만들 것이다. 이 때, 그들이 사용하는 도구는 그들이 놀이 기간 동안에 스스로 형성해 왔던 정신적 도구이다. 우리는 이런 사실을 확신할 수 있다.

04 Dienes의 학습이론을 활용한 대수 지도

Dienes는 산술과 대수를 구분하고 대수적인 기호 형태로 기호화하는 것은 바람직하지 않다고 보고, 기호에 대응되는 개념들을 진정으로 이해하게 되면 그 개념들을 기호화하는 방법을 알 수 있으며 아동들 스스로 기호화의 필요성을 인식하게 될 것이라고 했다. 그러면서 그는 대수는 수학적 경험의 자연스러운 일부가 되어야 하며 아동들의 수학적 기초와 연결되어야 한다고 주장하면서 이미 자신이 주장한 네 가지 학습 원리를 활용한 대수 지도 방법을 구체적인 예를 들어서 설명하였다.

대수적 경험이 없는 학생이 중학교에서 칠판 위에 쓰여진 A, B를 보고 문자가 아니냐고 질문할 때, 어떤 수 또는 미지수를 나타낸다는 설명을 들을 수 있다면 다행스러운 일이고 최악의 경우 창피하게 그런 질문을 하느냐는 말을 들을 수도 있다. 첫 번째 답변에는 왜 그 수를 쓰지 않는지 이해하기 힘들 것이며, 두 번째 답변에 학생의 수학적 호기심은 사라질 것이다.

그렇다면 '어떤 수' 문제를 아동들이 이해하기 어려운 이유는 무엇인가? 확실히 수학적 다양성의 원리(Mathematical Variability Principle)에서 그 답을 찾을 수 있다. 변수가 실제로 변하는 것을 아동들이 이해하기 전에는 아동들에게 변수를 도입할 수 없다. 아동들의 경험 속에서 변수들이 실제로 변했을 때, 모든 다른 수 대신에 '우리가 선택한 수'를 대입하는 것이 의미가 있고 경제적인 표현을 위해 우리가 선택한 수 대신 문자가 이용된다는 것을 쉽게 이해하게 될 것이다. 공식을 '설명하는' 방법은 대체적으로 아동들에게 공식에 대입해서 그것이 참인지를 확인하도록 요구하는 것이다. 그러나 이러한 방법은 앞뒤가 뒤바뀐 것이다. 왜냐하면 공식이란 그 공식으로 유도되는 수에 대한 경험전체를 간결하게 표현한 것이기 때문이다. 공식은 그 활동의 맨 마지막 부분이자 많은 경험으로부터 추상한 것들을 간결하게 형식화한 것이다. 공식에 대입하는 것과 같은 개념의 분석적 측면은 그 공식이 수학적으로 뿐만 아니라 심리적으로 구성될 때만 통찰력이 있다.

대수적인 개념으로 추상화되도록 하는데 유용한 경험들은 어떤 것들이 있는가? 실생활에서, 공식

$$(A+B)^2 = A^2 + 2AB + B^2$$

과 동치인 구조를 갖는 활동들이 있는가? 그러한 활동은 거의 없다. 자연 환경적 접근은 대수 개념을 획득할 수 있는 경험을 아동들에게 제공해 주지 못할 것이다. 이러한 것이 너무 강조될 필요는 없다.

대신, 지레 받침으로부터 일정한 간격으로 고리가 달려 있는 수평 저울을 생각해 보자.

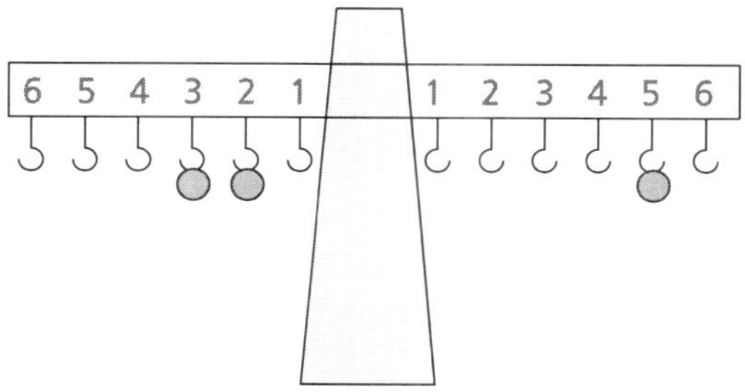

예를 들면, 하나의 링이 고리5에 걸려 있다. 문제는 왼쪽에 두 개의 링을 서로 다른 고리에 걸어 균형을 맞추는 것이다. 고리5에 걸려 있는 링과 균형을 맞추기 위해 고리4와 고리1 또는 고리3과 고리2에 링을 걸면 된다는 것을 알아내는 것은 어렵지 않다. 이제 과제를 고리5에 두 개의 링을 거는 것으로 바꿔보자. 이 문제의 구조가 앞 문제와 같다는 것을 금방 이해하고, 고리4와 고리1에 각각 두 개씩의 링을 걸거나 고리3과 고리2에 두 개씩의 링을 거는 아동들도 있을 것이다. 이러한 해결은 구성적 풀이 방법이다. 한편, 5가 둘이면 10이고 3에 두 개의 링을 걸면 6이 되고 4가 남으니 두 개의 링을 고리2에 걸면 된다고 말하는 아동도 있을 것인데 이것은 분석적 풀이 방법이다. 서로 다른 풀이 방법을 제공하는 아동들은 가능하면 함께 활동하지 않는 것이 좋다. 왜냐하면 자신의 구성을 분석할 수 있는 아동은 그렇지 못한 아동들보다 훨씬 앞서가거나 자연스럽게 분석적 풀이를 선호하기 때문이다.

이러한 경험을 한 아동들은 그것으로부터 다음과 같은 수학적 정보를 추상할 것이다:

$$2 \times (\text{첫 번째 고리 번호}) + 2 \times (\text{두 번째 고리 번호})$$
$$= 2 \times (\text{첫 번째 고리 번호} + \text{두 번째 고리 번호})$$

여기서 첫 번째 고리번호(First hook number)와 두 번째 고리번호(Second hook number)를 각각의 머리글자인 F와 S를 이용해서 나타내면 식은 더 쉽게 쓰여질 수 있다.

$$2 \times F + 2 \times S = 2 \times (F+S)$$

위 식에서 F+S를 둘러싸고 있는 괄호는 F+S가 하나의 수라는 것을 가리키는 것이며, 모든 사람이 이것이 하나의 수임을 알 수 있도록 괄호를 표시한 것이다.

링이 부족할 때까지 각 고리에 3개, 4개, 5개의 링을 연결하여 반복적으로 연습을 하는 것은 어렵지 않다. 아동들이 링의 개수가 이용된다는 것을 이해하면 다음과 같은 결론에 도달할 수 있다.

$$(\text{링의 개수}) \times F + (\text{링의 개수}) \times S$$
$$=(\text{링의 개수}) \times (F+S)$$

여기서 '링의 개수'를 문자 N으로 놓으면 다음과 같은 항등식을 얻는다.

$$N \times F + N \times S = N \times (F+S)$$

위의 공식이 유도되기 전에 이러한 경험의 본질이 수평저울로부터 분리되어야 한다. 그렇지 않으면 경험과 수학적 항등식은 서로 연결되고 따라서 추상화된 것이 아니다. 결국 순수하게 수학적인 구조 다시 말해서 식으로 표현되는 공식을 진정으로 이해시키고자 할 때는 자료의 변화가 대단히 중요해진다.

점판(pegboard) 위의 못을 이용하면 동일한 개념을 지각적으로 다른 장면으로 제공할 수 있다. 예를 들어, 7개로 된 못의 열-처음 4개는 검은 못이고 나머지 3개는 빨간 못-이 점판에 놓여 있다. 또 다른 못의 열이 그것과 나란히 놓여 있다. 다음과 같은 패턴을 이룬다.

b b b b r r r
b b b b r r r

검은 부분과 빨간 부분으로 나누면 2×4+2×3이 되고, 첫 번째 행과 두 번째 행으로 나누면 2×7이 된다. 곧바로 재능있고 이해가 빠른 아동에 의해 다음과 같이 표현될 수 있다.

2×(검은 못의 개수) + 2×(빨간 못의 개수)
= 2×(검은 못의 개수 + 빨간 못의 개수)

결국, $2 \times B + 2 \times R = 2 \times (B+R)$ 이다.

합의 항들 중 한 개만 변하고 다른 항은 변하지 않는 중간 단계가 필요할 때도 있을 것이다. 이 경우에는 다른 구체물 즉 나무로 된 직사각형과 정사각형을 이용해서 제공될 수 있다. 정사각형의 개수는 일정한 반면 직사각형은 반-추상적인 형태로 임의의 정사각형의 개수를 나타낸다. 어느 경우에도 2보다 큰 수를 곱할 수 있으며 결국은 일반화된 수를 곱할 수 있다. 한 번에 한 개의 변수만을 일반화할 수 있는 아동들에게 지각적으로 다양한 장면을 제공하기 위해서는 직사각형, 정사각형 그리고 삼각형은 물론 가능한 다양한 형태의 구조를 나타낼 수 있는 것은 무엇이든 활용될 수 있다. 아래의 그림이 그러한 아동들을 돕는데 활용될 수 있다.

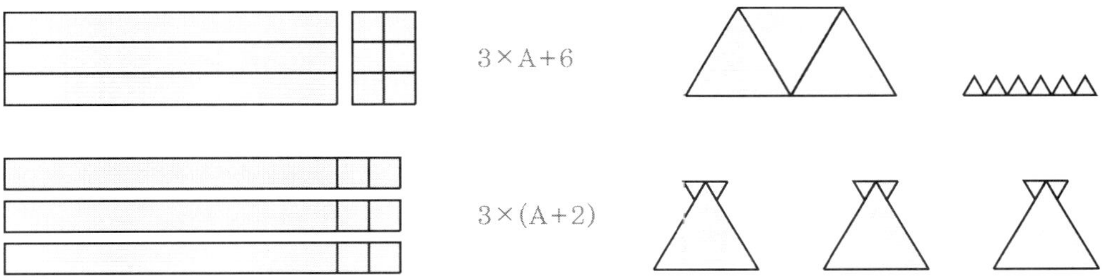

아동들은 또한 교환법칙에 익숙해져야 한다. 9살 정도가 되더라도 많은 아동들이 교환법칙을 잘 이해하지 못한다. 설령 이해하더라도 교환법칙을 전체 패턴의 일부보다는 고립된 골동품처럼 생각한다. 점판 위의 못과 정사각형들을 이용해서 직사각형을 구성함으로써 교환법칙에 대한 통찰력이 생길 수도 있고 수평저울을 이용할 수도 있다. 2번 고리에 3개의 링을 걸어라. (평행을 유지하기 위해) 2개의 링을 같은 고리에 건다면 몇 번 고리에 걸어야 할까? 또는 2번 고리에 3개의 링이 걸려 있다면 균형을 유지하기 위해 3번 고리에 몇 개의 링을 걸어야 하는가? 라는 문제를 제기할 수도 있다. 결과적으로 아동들은 이러한 연습의 구조가 못과 정사각형을 이용한 경험과 동치라는 사실을 이해하게 될 것이다. 결국 인수들이 상호 교환될 수 있음을 발견할 것이다. 이러한 과정은 제 2분배법칙에 대한 통찰력을 얻는 방법을 암시하며 아동들은 스스로 그 계열을 구성할 수 있다.

(첫 번째 고리 번호)×(링의 개수)+(두 번째 고리 번호)×(링의 개수)
=(첫 번째 고리 번호+두 번째 고리 번호)×(링의 개수)

우리는 아동들이 자신들의 경험으로부터 대수의 토대가 되는 다음 법칙들을 구성했다고 가정할 수 있다.

(1) 교환법칙: $A \times B = B \times A$
(2) 결합법칙: $(A \times B) \times C = A \times (B \times C)$
(3) 분배법칙: $A \times (B + C) = A \times B + A \times C$, $(A + B) \times C = A \times C + B \times C$

대수에서 등호가 서로 다른 두 가지 의미로 이용된다는 것을 이해하지 못하는 중학생들이 많다. 하나는 항등(identity)의 의미이고 다른 하나는 등식(eqality)의 의미이다. 학생들이 $2\times(A+B)=2\times A+2\times B$를 배운다면 변수에 어떤 값을 대입하더라도 양변은 항상 같다. 곧이어 이 문자가 변수(variables)가 아니라 미지수(unknowns)를 나타낼 수 있는데, 이런 상황이 혼란을 줄 수 있다. 우리가 $A+B=0$라고 쓸 때, 이 식은 모든 변수에 대해 성립하는 것이 아니며 이 식을 성립시키는 값에 대해서만 참이므로 항등식이 아니라 등식이 된다. 이 문제를 오직 하나의 값에 대해서만 등호가 성립하는 문제로 바꿀 수 있다. 예를 들면, $2\times A+4=10$은 A가 3일 경우에 참이 된다. 아동들은 그러한 '방정식 상황'의 성질과 속성을 추상화하기 전에 '실제' 상황을 많이 경험해야 한다. 그래야만 방정식의 형식적인 기호들이 모든 경험들에 공통인 본질을 표현하는 언어로 작동될 수 있다. 실생활에서 그러한 '방정식 상황'이 흔한 것이 아니기 때문에 교실에서는 일반적으로 그런 상황을 인위적으로 만들 필요가 있다. 일정한 것과 변하는 것을 더욱 분명히 하기 위해 원리가 똑같은 방정식을 선택하면서 몇 가지 방정식 상황을 기술한다.

$3\times A+10=5\times A+2$와 같은 방정식 상황을 생각해 보자. 이러한 방정식을 아동들에게 곧바로 제시할 수는 없기 때문에 다음과 같은 상황을 제시한다. 수평저울의 왼쪽에 10을 만들어 보라고 요구한다. 예를 들면, 아동은 고리5에 2개의 링을 걸 수 있다. 오른쪽에는 2를 만들도록 한다. 아동은 고리1에 2개의 링을 걸거나 고리2에 1개의 링을 걸 수 있을 것이다. 그런 다음, 왼쪽에는 3개의 링을 오른쪽에는 5개의 링을 같은 고리에 걸어 균형이 유지되도록 하는 고리의 번호를 찾아야 한다. 결국, 고리4가 정답이다. 아동들은 이 문제를 $10+3\times$(고리 번호)$= 2+5\times$(고리 번호)와 같이 형식화 할 수 있고, 고리 번호를 대신하여 H

라는 문자를 사용하면 10+3×H=2+5×H가 된다. 이 방정식에서 고리 번호가 4라는 것은 분명해지며 아동들은 '고리 번호는 4' 혹은 'H=4'라고 쓸 수 있다.

이제 아동들이 그들이 수행한 활동의 일반적인 성격을 이해하도록 해보자. 왼쪽의 아동은 3개의 직사각형 열과 10개의 정사각형을, 오른 쪽 아동은 5개의 직사각형 열과 2개의 정사각형을 갖고 있다면 상황은 다음과 같을 것이다.

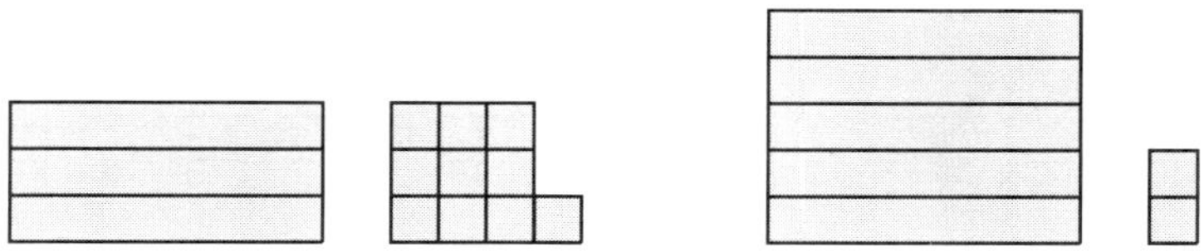

문제는 두 아동이 갖고 있는 정사각형의 개수가 같도록 직사각형 열에 들어 있는 정사각형의 개수를 찾는 것이다. 대부분의 아동들은 단번에 성공하기보다는 시행착오 과정을 겪는다. 직사각형 열에 두 개의 정사각형을 대입하면 왼쪽이 더 많아지고, 세 개를 대입하면 여전히 왼쪽이 더 많지만 그 차이가 점차 줄어든다. 답은 아마 4일 것이다. 각 직사각형 열에 정사각형 4개가 들어 있다면 각 아동은 22개의 정사각형을 갖는다. 따라서 문제의 답은 '각 직사각형 열에는 4개의 정사각형이 들어 있다'이다. 이 문제를 다음과 같이 형식화할 수 있다.

3×(몇 개의 정사각형)+10=5×(같은 수의 정사각형)+2

구하는 정사각형의 개수를 S라고 하면, 이것은 3×S+10=5×S+2가 된다. 결과는 최종적으로 'S=4'와 같이 형식화된다. 필요하면, 직사각형 열의 개수를 미지수로 만든, 10개의 정사각형+(정사각형이 3개 들어 있는 직사각형열의 개수)와 2개의 정사각형+(정사각형이 5개 들어 있는 직사각형열의 개수)에 포함된 정사각형의 개수가 같게 되는 직사각형 열의 개수는 얼마인가?와 같은 문제를 제기할 수도 있다.

지각적 구조를 변화시키기 위해 못과 점판을 이용할 수도 있다. 점판 위의 3열과 10개의 못을 표시하고 다른 쪽에 5개의 열과 2개의 못을 표시하였다. 각 열의 못의 개수가 같다면, 양쪽의 못의 개수가 같아지도록 하는 각 열의 못의 개수는 몇 개인가? 답은 물론 4개이다.

이러한 방법으로, 아동들은 다양한 경험으로부터 추상화하면서 방정식이 실제로 '방정식 상황'(자세히는, 일차방정식)의 공통 특징을 기호화한 것이라는 것을 깨닫게 될 것이다.

학교에서 방정식을 가르칠 때는 방정식의 풀이부터 시작하는 것이 일반적이다. 수학을 잘 못하는 학생들에게 전혀 알지 못하는 것을 풀라고 강요한다. 즉 아동들은 칠판에 쓰여진 방정식이라고 불리는 이러한 것들이 무엇인지를 알아볼 기회가 없다. 다시 말해서, 개념 발달 이전의 발생 단계가 누락된 것이다. 그러면서 우리는 아동들이 수학을 왜 어려워하는지를 의아하게 생각한다.

방정식 $3\times(A+1)+2\times A+6=2\times(A+1)+2\times(A+5)+2$를 생각해 보자. 이 방정식을 직사각형열과 정사각형을 활용하여 나타내면 아래 그림과 같다.

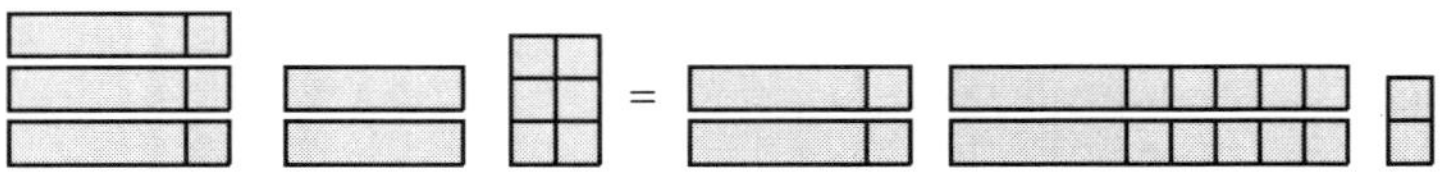

등호의 양변에 같은 개수의 사물이 있기 때문에 등호는 일종의 거울로 보일 수 있다. 직사각형열과 정사각형이 가능한 한 정확히 서로 거울에 비친 상이 되도록 배열할 수 있다.

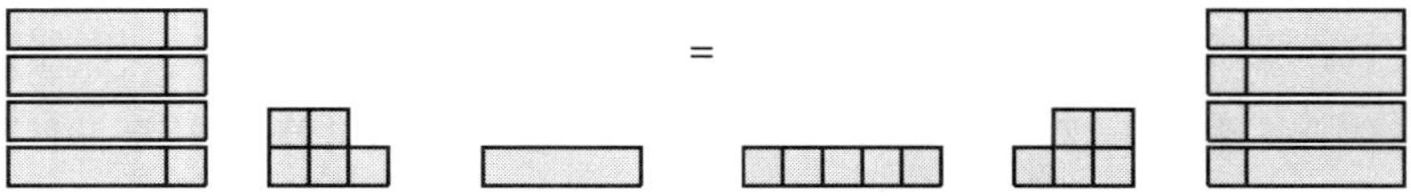

A를 5로 바꾸면 그 패턴의 모든 부분이 같기 때문에 각 직사각형열에 5개의 정사각형이 들어 있음이 분명하다. $A=5$를 구하는데 별로 오래 걸리지 않는다.

이제 정사각형이라는 수학적 개념의 문제로 돌아가 보자. 정사각형 개념은 작은 정사각형을 이용해서 더 큰 정사각형을 만들어 낼 수 있다. 이러한 활동을 통해,

$$(A+B)^2=A^2+2AB+B^2$$

과 같은 관계를 점차 이해하게 된다. 다음과 같은 고전적인 그림을 그려보자.

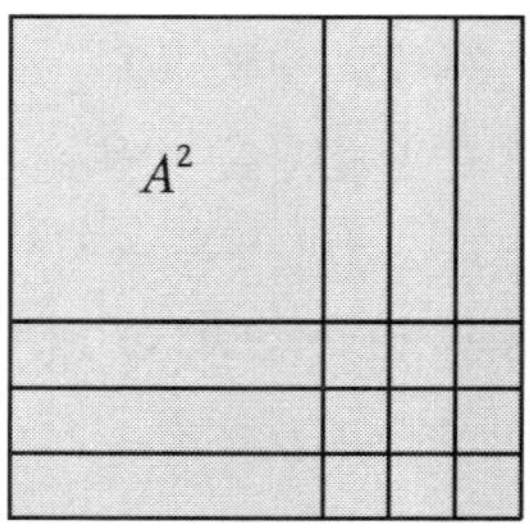

큰 정사각형을 A^2이라고 하자: 이것은 정사각형에서 가장 작은 열에 A개의 정사각형이 들어 있음을 의미한다. 그 다음, 3개의 정사각형이 더 있으며 모두 합하면 $A+3$개가 된다. 각 열에 $A+3$개의 작은 정사각형이 분명히 있고 결국 A^2+6A+9에서 $(A+3)^2$이 구성된다.

이러한 활동을 한 아동은 이제 이차식의 인수분해와 이차방정식을 풀 준비가 되어 있는 것이다. 정사각형을 구성했다면 아동들은 더욱 일반적인 직사각형을 구성할 수 있을 것이다. 이차식의 인수분해 개념에 목표를 둔 구조화된 연습문제가 제공될 수 있다. 예컨대 아래의 그림을 활용하여 K^2+5K+6에서 $(K+2)(K+3)$을 구성할 수 있다. 아래의 그림에서처럼 점판을 이용해서도 이러한 연습을 반복할 수 있다.

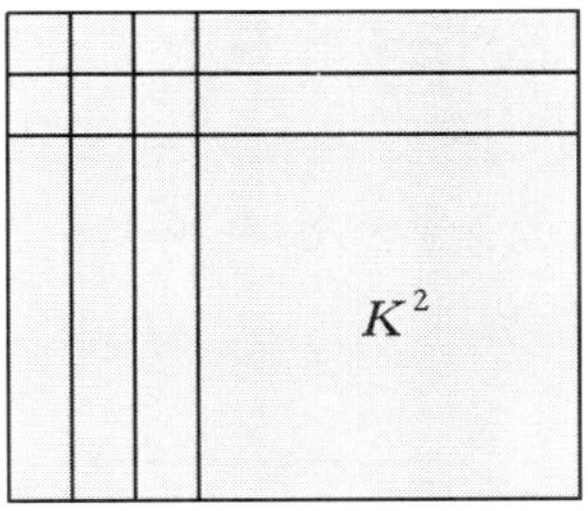

각 행에 K+3개의 정사각형

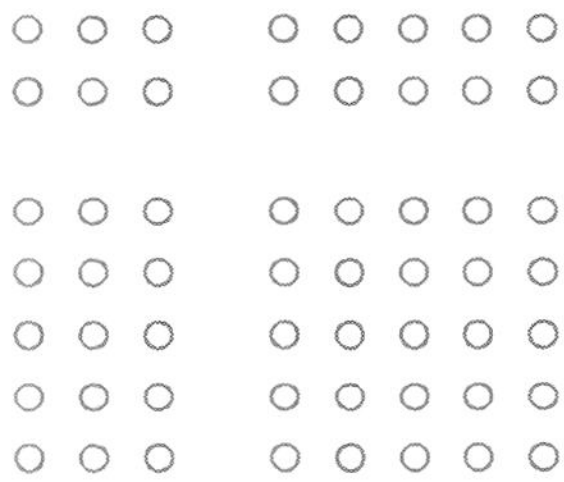

K=5일 때, 점판의 예

두 항으로 된 식들을 곱하고 동류항끼리 묶는 곱셈의 역과정은 매우 어려워 인수분해 개념이 완전히 조작적인 것이 되기까지는 시도해서는 안 된다는 것이 강조되어야 한다.

한편, 음의 항을 나타내기 위해서는 조각들을 이용해서 이미 존재하는 다른 조각들을 덮는다. 예를 들면, 넓이가 A^2인 정사각형 위에 이 정사각형의 한 변과 단위 길이를 각각 가로와 세로로 하는 직사각형열 하나를 덮으면 남은 것은 A^2-A이다. 이것은 두 변의 길이가 각각 $A, A-1$이므로 $A^2-A=(A-1)\times A=A\times(A-1)$이 된다는 것을 쉽게 이해할 수 있다.

이제 좀 더 복잡한 문제, 예를 들어, A^2-5A+6을 인수분해하는 문제를 생각해 보자. 이 경우에는 큰 정사각형과 6개의 작은 정사각형이 '양의' 조각이다. 아동들은 덮을 직사각형열 5개를 갖고 있으며 이것으로 모두 덮고 나면 하나의 직사각형이 남는다. 풀이과정은 다음 그림과 같다.

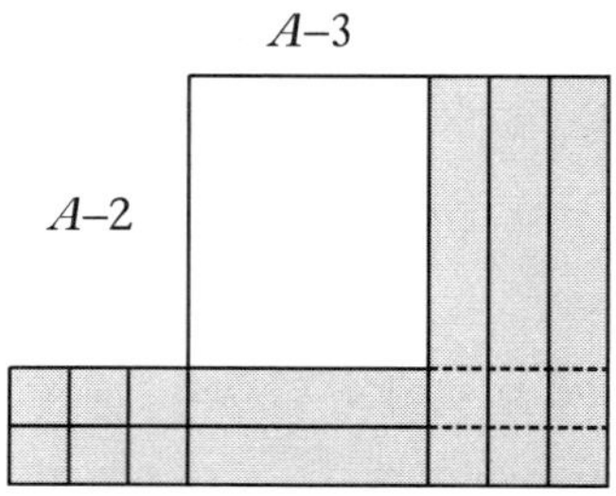

$$A^2-5A+6=(A-2)(A-3)$$

같은 문제를 못과 점판을 이용해서 해결할 수도 있다. 점판의 경우에 '음의' 못들은 사실상 제거된다.

이제 상수항이 음수인 경우로 넘어가 보자. 예를 들어, K^2+K-6인 경우는 존재하는 조각으로 문제를 푸는 것이 불가능하다. 이 경우에는 아동들이 한 가지 중요하면서도 분명한 수학적 성질 즉, 어떤 것을 더한 후에 같은 양만큼 빼면 처음 것과 같은 양이 남는다는 것을 알도록 해야 한다. 다시 말해, 하나의 직사각형열을 더한 후에 똑같은 직사각형열을 덜을 수 있다. 이 과정을 다음 그림에서 확인할 수 있다.

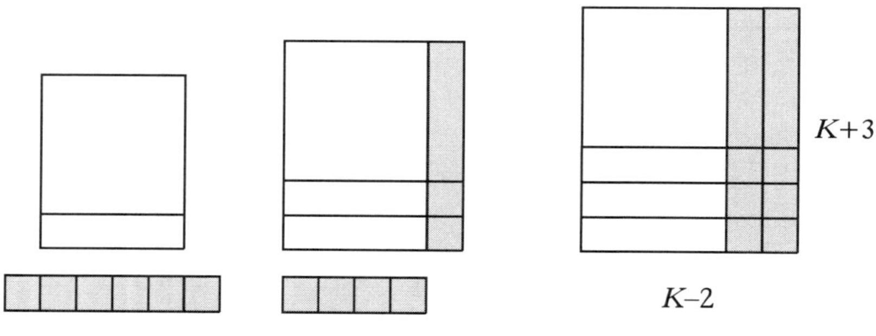

점판을 이용해서 이러한 활동을 할 수도 있으며, 나무 또는 플라스틱 조각에 의존하지 않고 그 절차를 추상화하기에 적절하다고 판단되면 어떤 방법이든 이용할 수 있다. 아동들이 하는 것이 완전히 추상적이지 않다고 하더라도 그것은 적어도 경험에서 유도된 것이며 아동들의 자연스러운 사고의 흐름을 왜곡시키지는 않을 것이다.

구조화된 연습문제들을 아무리 제공한다 할지라도 아동들이 인수와 해 사이의 관계를 발견하는데는 아주 오랜 시간이 걸린다. 그러한 통찰력은 본질적으로 구조의 내적인 관계에 대한 통찰력 즉 분석적이며 아동들로서는 이를 이해하는 것이 쉽지 않기 때문이다. 이 때, 어떤 이유로도 속도가 강제되어서는 안 된다. 아동의 경험이 그러한 통찰력이 있을 만큼 성숙하지 않았다면 아동들에게 그 내용을 가르치는 시기를 기다려야 한다.

아동들은 대체로 전체적인 틀을 본다. 아주 세세한 부분을 좋아해서 나무는 보고 숲을 보지 못하는 것은 우리 성인들일 뿐이다. 아주 미세한 부분을 깊게 파고들어 예술 작품을 죽이는 예술평론가는 전체적인 조망을 즐길 수 없거나 즐기고 싶어하지 않을 것이다. 분석적 인식이 필요하며 그것이 전체적인 시각을 강화시켜 줄 수도 있지만 실질적인 것은 전체적인 것이지 부분적인 것이 아니다.

전체적인 조망이란 무엇인가? 그 관계가 $A=B^C$인 세 개의 변수 A, B, C가 있다면 세 가지 다른 방법으로 2개의 변수를 제시할 수 있다. 다시 말해, B, C를 선택해서 $X=B^C$라는 문제를 만들 수 있지만 A와 C를 선택하면 $A=X^C$가 된다. 마지막으로 A, B를 선택하면 $A=B^X$이 된다. 아동들에게 이런 식으로 문제를 제시하자는 것은 아니며, 이러한 목표를 위해 구조화된 경험이 제공되어야 함을 제안하는 것이다. 지수(거듭제곱)를 도입하는 방법은 관련된 두 변수인 밑과 지수에 대해 최대한의 변화를 허용하도록 구조화되어야 한다. 큰 지수를 도입하고 싶다면 밑은 아주 작아야 한다.

이미 소개된 산술 블록에서 구현된 기하급수의 원리를 이용하여 지수장치를 구성할 수 있다. 즉, 밑이 2인 경우는 이전 블록 두 개로 다음 블록을 만들면 되고 밑이 3인 경우는 이전 블록 세 개로 다음 블록이 만들어진다. 아동이 밑이 2, 3, 4인 경우에 대해 적절한 연습을 했다면 추상화 과정에 익숙해지고 다양한 크기의 대상들을 가지고 수행한 과정의 공통성질을 찾게 될 것이다. 아동들은 A가 밑이라면 즉, A가 첫 번째 '단위(long)'를 만드는 수라면 A를 곱하는 것이 한 단계씩 위로 올라가는 것을 의미하고 A로 나누면 한 단계씩 내려가는 것임을 배우게 될 것이다. 마찬가지로 A^2을 곱하면 두 계단씩 올라가는 것과 동치라는 규칙을 아주 쉽게 발견할 수 있을 것이다. 이러한 과정을 거치면 일반화가 쉽고 지수법칙 $A^p \times A^q = A^{p+q}$을 별 어려움 없이 알 수 있다.

여기서 음의 지수 또는 유리수 지수로 넘어갈 수 있다. 현재의 단위를 바꿈으로써(예컨대 A^6 을 1이라고 하자), 자연스럽게 음의 지수가 도입될 수 있다. 밑은 여전히 같지만 단위가 바뀐 것이다. 단위를 바꾸는 대신에 밑을 바꾸면 유리수 지수를 얻을 수 있다. 새로운 밑으로 A^{12}를 택하고, 이것을 B라고 하자. 이제 각 조각들을 B의 거듭제곱으로 나타내려고 한다. 필요하다면 힌트를 주면서 이런 문제를 제시하면 아동들은 유리수 지수를 이용하여 어렵지 않게 해결할 것이다.

세 가지 종류의 상자 열(series)이 있고 그에 따라 밑(base)도 세 가지가 있다. 상자 열의 각 상자는 몇 개인가의 단위들로 이루어져있다. '3^5을 찾아라'라는 말은 '상자 열 3의 5번 상자에는 몇 개의 단위들이 있는가?'를 의미한다. 반대로 '7번 상자에는 128개의 단위들이 있다. 어떤 상자 열인가?'와 같은 문제를 생각할 수도 있다. 이러한 문제들은 지수와 그 결과를 알고 있을 때 밑이 얼마인가를 구하는 문제이다. 아동들이 이러한 문제를 능숙하게 풀면 다음과 같은 문제를 제기할 수 있다: '4번 상자에 625개의 단위가 있다. 어떤 상자 열이겠는가?' 상자 열 4의 4번 상자는 단지 256개의 단위들이 있을 뿐이므로 어린 연구자들은 새로운 상자 열(여기서는 밑을 5로 하는 상자 열)이 필요하다는 것을 깨닫는다.

아동들이 준비가 되면 다음과 같은 문제를 제시함으로써 추상화가 더욱 심화될 수 있다: 'A^8은 상자 열 A의 8번 상자이다. 그것이 4번 상자가 되는 상자 열은 어떤 것인가?'라는 문제는 실제로 A^8의 네제곱근을 구하는 문제로, 아동들은 아직 깨닫지 못하겠지만, 답은 A^2이다. 마찬가지로, 'A^8이 2번 상자로 나타나는 것은 어떤 상자 열인가?'라는 문제의 답이 되는 상자 열은 1, A^4, A^8, A^{12}, … 가 된다. 아동들은 어렵지 않게 밑을 구하려면 지수를 상자 번호로 나누면 된다는 것을 깨닫게 될 것이다. 이 때, 원한다면 그리고 유리수 지수를 이미 배워서 $A^{p/q}$ 이 A의 p제곱의 q제곱근이라는 것을 알고 있다면, 이것을 유리수 지수 개념과 연결시키는 경험이 제공될 수 있을 것이다.

이제 지수가 미지수인 세 번째 유형으로 넘어가 보자. '상자 열 3에서 단위의 개수가 81개인 상자 번호는 몇 번인가?' 아동들은 서로 다른 모양과 관련된 다양한 수에 익숙해지고 이러한 수가 모양의 로그라는 설명을 듣게 될 것이다. '정육면체'의 로그는 3, '평면'의 로그는 2, '평면 블록'의 로그는 5 등등. 아동들은 예컨대 64의 로그를 쓰라고 할 때 상자 열 번호가 무엇인지를 먼저 알아야 한다는 것을 이해할 것이다. log(상자 열2)64=6 이고 log(상자 열4)64=3이다. 아동들은 상자 열 번호가 밑이라는 것을 알게 되고 일반적인 로그의 기호를 어려움 없이 받아들이게 될 것이다. 로그 표현은 지수법칙이 다소 변형된 것이다. 사실, log(AB)=log(A)+log(B)와 같은 로그의 성질은 아동들이 이미 알고 있는 지수에 관한 것을 다른 방법으로 표현한 것에 불과하다.

조망하고자 한 것이 이제 분명해졌다. 세 가지 (i) 상자 열의 번호, (ii) 상자 번호, (iii) 상자에 들어 있는 단위의 개수 중 어느 두 개를 알 때 나머지 하나를 구하는 문제가 제기된다. 이러한 문제는 각각 제곱근, 로그, 지수의 연산과 관련이 있다.

참고문헌

R. R. Skemp (1987). *The Psychology of Learning Mathematics*, Lawrence Erlbaum Associates, Inc.

Z. P. Dienes (1964). *Building up Mathematics(2nd ed.)*, Hutchinson Educational Ltd.

Chapter
05

생각해 볼 문제

01 Z. P. Dienes는 수학적 다양성의 원리(mathematical variety principle)와 지각적 다양성의 원리(perceptual variety principle)를 수학적 개념의 지도 원리로 제시하고 있다. 이 중 수학적 다양성의 원리가 무엇인지 간략히 서술하고 (2점), 이 원리가 평행사변형의 개념 지도에서 어떻게 적용될 수 있는지 구체적인 예를 들어 설명하시오(4점). [임용고사 기출문제]

02 자연수 10진법의 모델은 십진막대(base ten blocks)로 나타낼 수 있으며 그 모델은 다음과 같다. 다음 물음에 답하시오. (총 5점) [임용고사 기출문제]

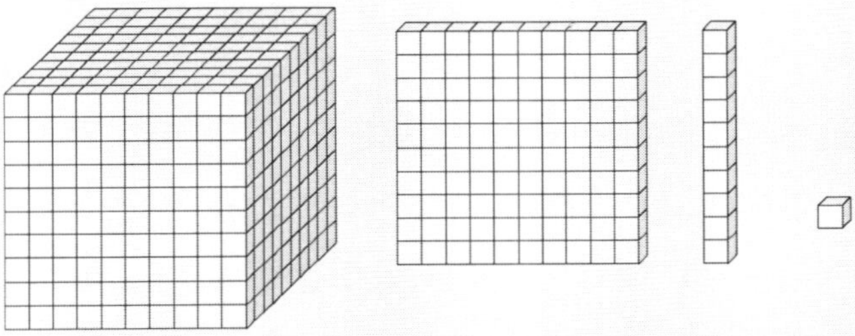

(1) 앞에 제시된 10진법의 모델을 참고로 하여 5진법의 모델을 그리시오. (3차원 이외의 모델은 평면으로 그려도 되며, 자를 사용하지 않아도 됨) (2점)

(2) 아래의 5진법 덧셈을 위의 모델을 가지고 그림으로 설명하시오. (3차원 이외의 모델은 평면으로 그려도 되며, 자를 사용하지 않아도 됨) (3점)

$$\begin{array}{r} 3\ 2_{(5)} \\ +\ \ 2\ 4_{(5)} \\ \hline \end{array}$$

03 최 교사는 “기울기가 같은 두 일차함수의 그래프는 서로 평행하거나 일치한다.”는 학습 내용을 지도하려고 한다. 다음은 최 교사가 수업에 사용하기 위해 만든 학습 자료와 그 학습 자료를 활용한 학습 활동에 대한 계획이다. [임용고사 기출문제]

〈 학습 자료 〉

탐구형 소프트웨어를 이용하여 컴퓨터 화면에 함수 $f(x)=2x+1$의 그래프를 그린다. 매개변수 입력창에 a, b 의 값을 입력하면 그 값에 따라 새로운 함수 $g(x)=ax+b$ 의 그래프가 동일한 화면에 그려지도록 한다.

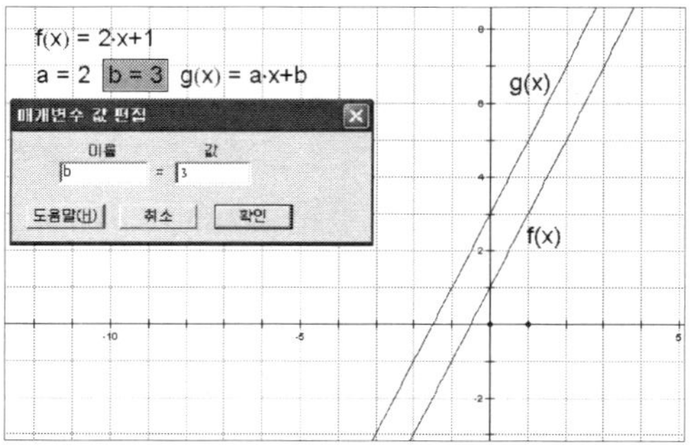

〈 학습 활동 〉

활동 ① : 위 학습 자료에서 a 의 값을 2 로 입력하여 고정한다.

활동 ② : b 의 값에 3 을 입력하여 $g(x)$의 그래프를 그리고, $f(x)$와 $g(x)$의 두 그래프 사이의 관계를 관찰한다.

활동 ③ : b 의 값을 바꾸어 입력하여 $g(x)$의 그래프를 그리고, $f(x)$와 $g(x)$의 두 그래프 사이의 관계를 관찰한다.

활동 ④ : 활동 ③의 과정을 여러 번 반복해서 실행한다.

딘즈(Z. P. Dienes)가 제시하는 수학 학습 원리 중 ‘수학적 다양성의 원리’를 쓰고, 지도하려는 학습 내용에 대한 최 교사의 수업 계획을 수학적 다양성의 원리의 관점에서 평가하시오. [5점]

04 Dienes가 주장한 ‘지각적 다양성의 원리’를 덧셈과 곱셈에 대한 분배법칙을 지도하는 것과 관련하여 설명하시오.

05 Dienes는 개념 형성 과정에서 아동들에게 나타날 수 있는 다양한 개인차에 대처하기 위해 같은 개념적 구조라도 가능한 한 많은 지각적으로 동치인 다양한 형태로 제공되어야 한다고 주장하였다. 다음에 제시된 연산에 대해 산술 블록, counter(세는 데 사용할 수 있는 색깔이 있는 바둑돌 모양의 돌), 바둑돌 등을 각각 활용한 모델을 제시하고 그 의미를 설명하시오.

$$1232_{(4)} + 223_{(4)} = 2121_{(4)}$$

06 '수학적 다양성의 원리'를 활용하여, 십진법 전개식을 지도하고자 할 때, 변인이 될 수 있는 세 가지를 지적하고 이 변인들을 변화시킨 예를 각각 제시하시오.

07 Dienes는 넓이가 A^2인 정사각형 위에 이 정사각형의 한 변과 단위 길이를 각각 가로와 세로로 하는 직사각형열 하나를 덮으면 남은 것은 $A^2 - A$이다. 이것은 두 변의 길이가 각각 $A, A-1$이므로 $A^2 - A = (A-1) \times A = A \times (A-1)$이 된다는 방식을 활용하여 인수분해 학습 방법을 소개하였다. 이 방식을 활용하여 $A^2 - 5A + 6$을 인수분해 하는 직사각형 모델을 제시하고 그 관계를 설명하시오.

MEMO

Chapter

06 Vygotsky

01 Vygotsky의 생애

Lev Vygotsky
(1896~1934)

Vygotsky는 Piaget가 탄생한 그 해인 1896년 Minsk 근교에 있는 러시아 서부의 작은 마을인 Orsha에서 태어났다. Vygotsky는 조숙한 아이였으며 여러 가지 인지 분야에서 두각을 나타낸 것으로 알려져 있다. 청소년기에는 친구들과 함께 헤겔의 역사철학이나 사회 속에서의 개인의 역할에 대한 문제에 대해 토론하기도 했다. 대학 예비학교에서는 전 과목 최고 점수를 받아 금메달을 받고 졸업했다. Vygotsky는 모스크바에 있는 2개의 대학에서 동시에 공부를 하고 1917년에 동시에 졸업했다. 이후 Vygotsky는 모스크바에 고향으로 돌아와 몇몇 학교에서 학생을 가르쳤다. 심리학에 대한 정규 훈련을 받지 않은 한 인본주의 학자 Vygotsky가 1924년 1월에 열린 제 2회 심리학회에서 발표한 논문이 모스크바 실험심리 연구소 소장의 관심을 받게 되었고 본격적인 심리학의 입문이 이루어졌다. 많은 활동 때문에 그는 간헐적으로 생명을 위협하는 폐결핵에 걸리게 되었다. 이 병은 그가 어렸을 때 자기 동생을 간병하다가 생긴 것이었다. 1925년 10월에 공식적인 심사 없이 '예술의 심리학(The Psychology of Art)'이란 제목의 논문으로 박사 학위를 받았다. 폐결핵을 앓고 있으면서도 Vygotsky는 자신의 목적을 달성하기 위해 노력했다. 작은 단칸방 아파트에서 아내, 두 딸과 함께 살면서, 그는 새벽 2시 이후에야 자신만의 시간을 가질 수 있었고 그 때 글을 썼다. 그는 주기적으로 입원했던 요양소의 붐비고 시끄러운 막사에서 글을 쓰기도 했다. Vygotsky는 죽기 전 3년 동안에 거의 광적인 속도로 논문과 저서를 펴냈는데. 이때 폐결핵은 말할 것도 없이 더 나빠졌고, 결국 1934년 6월 37세의 일기로 사망했다. 그의 사후에 Vygotsky의 글이 몇 개 출판되었다. 그러나 그의 이론은 '자본주의식 사고'라고 비판을 받았다. Vygotsky의 관점이 스탈린이 언어학에 대해 쓴 글의 관점과 다르다는 이유로 Vygotsky의 글은 1956년까지 출판되지 않았다. Vygotsky의 주요 이론은 주의, 추상, 언어, 기억, 수 조작과 추리의 발달에 있어서의 문화적 부호와 상징의 역할(1929), 고등 심리적 기능 혹은 고등 정신 기능이라고 하는 인지발달의 결과에 대한 설명과 논의(1931), 사고 발달에 있어서의 과학적인 개념의 주요 역할(1934), 그리고 사고와 언어의 관계(1934) 등을 다루고 있다.

Vygotsky는 러시아의 심리학자로서 심리학 외에도 교육학, 언어, 철학 분야에서 많은 저서와 논문을 남기며 업적을 세웠다. 하지만 미국의 교육계에 큰 영향을 미치고 있었던 Piaget에 비하여 Vygotsky의 이론은 알려지지 않았다. 그러한 몇 가지 이유가 있다.

첫째로, 자신의 능력을 다 발휘하지 못하고 38세의 젊은 나이에 결핵으로 생을 마감했기 때문이다.
둘째로, 당시 스탈린 치하에서 정치적인 이유로 인한 출판금지로 자신의 이론을 펼치기 어려웠다.
셋째로, 미국과 소련의 냉전으로 인해 학문적인 교류가 일어나지 않았다.

이러한 세 가지 이유로 그의 이론은 생전에는 빛을 발하지 못하였다. 하지만 제자들을 중심으로 스탈린 사후 서구에 그의 이론이 소개되면서 1970년대 이후부터 그의 이론에 대한 많은 관심과 연구가 이루어졌다. 그의 이론은 발달심리학에 있어서 강력한 영향력을 가지게 되었다. 즉 Piaget의 이론이 1960~70년대 인지발달 분야를 지배한 반면에 Vygotsky의 이론은 1980년대와 1990년대 인지발달이론을 지배하였다.

그의 이론은 인간의 사고기능이 개인 내부 차원에서 독립적으로 발달하는 것으로 보고 논리적 사고능력의 발달을 강조하는 Piaget의 이론과는 근본적인 차이가 있다. Piaget의 이론은 '발달은 주로 학습자의 내부에서 외부로 일어난다.'는 것이다. 즉, 아동의 능력이 내면적으로 성숙된 후 그들은 자신들이 직면하는 과제에 자신의 인지를 적용한다는 것이다.

하지만 Vygotsky는 이러한 Piaget의 이론과는 반대되는 방향에 초점을 두고 있다. Vygotsky는 인간이란 사회적 맥락 속에 존재하고 있기 때문에 인간 행동을 이해하려면 사회적 맥락에 대한 이해가 선행되어야 하며 교육은 인지발달 수준에 맞추어 경험을 제공할 것이 아니라 인지발달을 촉진하는 역할을 수행해야 한다고 주장했다.

02 Vygotsky의 학문적 배경

Vygotsky는 구성주의 심리학, 행동주의 심리학, 형태심리학 모두를 반대하고 전혀 새로운 심리학 체계를 세웠다. 그는 정신과 행동의 개념적 분리는 주관주의자들 즉 구성주의 심리학에 의해 시작되어서 행동주의자들에 의해 확대되었으며 결국에는 정신과 행동을 잘못 보게 된다고 생각하였다. 그는 이렇게 마음과 행동을 분리하여 따로 연구하는 입장도 반대하였지만 이 요소를 통합하기 위해 Kornilov 등이 변증법적, 유물론적 주장들을 혼합하여 만든 소위 막시즘 심리학도 독단적이고 잡탕이라고 여겨 거부하였으며 다른 심리학 이론(가령 형태심리학)을 반대하고, Hegel과 Marx의 철학(Marxist philosophy)을 기초로 하여 사고(마음)와 행동을 통합하여 연구하는 새로운 과학적 학둔으로서의 심리학 체계와 관점을 세우고자 하였다(Vygotsky, 1986, p.xxiii).

Vygotsky는 Marx의 사회에 관한 다음의 세 가지 가정으로부터 자신의 발달이론을 발전시켰다(Thomas, 2000).

첫째, **행동이 생각을 결정한다**. 사고가 행동을 만들어 내는 것이 아니라 행동이 생각을 만들어 내기 때문에 아동은 행동에 몰두하고 이 행동결과로부터 마음의 내용을 형성한다고 하였다. 결국 정신기능의 발달은 사회문화와의 교류를 내면화하는 과정이다.

둘째, **발달은 변증법적 교류에 의해 이루어진다**. Vygotsky는 변증법적 공식을 다음의 예로 적용하였다. 아동이 어떤 문제를 풀 때 기존의 해결방식이 반드시 적용되지 않고 대립이 생기는 경우가 있다. 그러면 아동은 새로운 해결방식을 찾는다. 따라서 아동발달은 끝없는 갈등과 해결의 변증법적 흐름으로 이루어지며 문제해결방법과 과정은 내면화되어 아동에게 지식을 형성하게 한다. 또한 이 지식은 다음 행동을 위한 지식이 된다.

셋째, Marx는 사회발달을 문화적 맥락 안에서 일어나는 역사적 과정이나 진화과정으로 보았다. 이에 따라 Vygotsky는 사회가 아동을 그 문화만의 독특한 요구에 적응시키려 하기 때문에 아동의 발달과정과 이유를 이해하려면 그 문화의 역사적 배경을 이해해야 한다고 하였다.

Vygotsky는 이러한 철학적 가정을 토대로 인간의 정신기능 발달과정을 연구하기 위해 발생학적 실험방법을 사용하였다. 그는 문제해결과정에서 일어나는 아동의 사고과정과 행동뿐만 아니라 그 행동과 사고가 아동의 정신적 발달에 어떤 영향을 미치는지 알고자 했으며 그래서 문제를 주고 최종적인 답의 정오를 판정하는 것으로는 아동의 사고과정이나 정신기능의 발달을 측정할 수 없다고 보았다.

03 Vygotsky 이론의 기초

1 인간발달에서 사회 · 문화 · 역사적 측면을 강조한다.

Vygotsky에 따르면 인간발달이 다른 동물과의 발달과 근본적으로 다른 것은 인간은 도구와 상징을 사용하고 그 결과 문화를 창조하기 때문이라고 하였다. 즉, 사회 환경을 고려하지 않으면 개체의 발달을 이해할 수 없다고 주장한다. 이렇게 인간의 정신은 사회문화적 환경에 의해 결정된다는 이론을 사회문화적 이론(문화역사적 이론)이라 한다. 이 이론은 인간의 모든 행동이 사회 및 역사적 상황에 따라 결정된다고 보는 Marx의 영향을 받았다.

2 유능한 사람과의 상호작용이 학습 및 발달에 중요한 영향을 준다는 점을 강조한다.

Vygotsky는 매개와 내면화를 통해 개인이 지식을 획득한다고 하였다. 사회와 문화에 대한 지식은 매개를 통해 아동에게 전달되며 그 아동은 수업을 통해 전달된 개념의 의미를 이해하고 사고로 통합하는 과정을 거치게 되는데 이를 내면화라고 한다. 내면화가 되었다는 것은 고등 정신 기능이 진정한 내적 정신기능이 되어 아동의 내부에서 작동하는 것을 말한다.

3 언어는 학습 및 발달에서 핵심역할을 수행한다.

사회적인 기원을 가진 정신기능을 개체 외부에서 내부로 내면화 하는 과정에서 문화 속의 기호와 상징, 특히 언어가 중요한 역할을 한다고 하였다. 즉, 언어는 사고의 도구이다. 언어는 사회적 행동과 개인의 사고의 원천으로 사고를 가능하게 해주며 행동을 조절하여 사회적 상호작용을 가능하게 한다. 이러한 언어는 학습과 발달에 중요한 역할을 한다고 그는 주장하였다.

4 학습은 발달에 선행하며 발달을 촉진한다.

학습과 발달의 관계에 대한 관점은 크게 세 가지가 있다. 발달이 학습보다 선행한다고 보는 Piaget의 관점, 학습과 발달을 동일시하는 행동주의 관점, 학습이 발달보다 선행하여 적절한 학습이 발달을 유도한다는 Vygotsky 관점이다. Vygotsky에 따르면 교사나 유능한 동료의 도움을 받을 경우 학습은 근접발달영역 내의 발달을 주도하게 된다. 따라서 이 관점에 따르면 학습자가 학습을 통해 발달을 주도할 수 있도록 적극적으로 사회·문화적 환경을 조성해야하며 교사-학생 간의 상호작용이나 학생-학생간의 상호작용을 중시하는 수업을 해야 한다.

04 Vygotsky의 인지발달 이론과 개념

1 발달의 기본 가정

인간의 정신기능발달 즉 인지발달에서 Vygotsky는 서구의 생각과는 다른 관점을 갖고 있다.

(1) 인간과 동물의 정신기능 차이

Vygotsky는 지각이나 단순기억과 같은 기본적인 인지기능(정신활동)은 동물과 인간 사이에 차이가 없다고 보았다. 사자가 나타나면 위험을 직각하여 경계하며, 불에 덴 후에는 조심하는 것과 같은 기호화 현상(signalization)은 사람이나 동물이나 모두 생물학적 유전에 의해 일어나는 공통적인 정신활동이다. 인간과 짐승의 차이는 인간은 생물학적 유전으로부터 한 단계 더 발달하였다는 것이다. 진화의 역사에서 보면 원시인은 비록 단순하지만 도구를 만듦으로써 원숭이 상태를 벗어나 현대 문화인의 조상인 원시인이 탄생하게 되었다는 것이다.

(2) Marx에 의해 발전된 Hegel 철학

Vygotsky의 이론의 뼈대는 Hegel철학과 Marx의 아이디어에서 나왔다. Hegel에 따르면 인간은 노동을 통하여 자연 상태와는 다른 모습의 세계 즉 문화를 다양하게 창조한다. 이러한 맥락에서 노동은 자연스러운 활동이라기보다는 사회적 활동이다.

원시인에 의해 만들어진 도구는

첫째, 인간의(오늘날의) 출현을 가져왔다. 도구가 사람들로 하여금 일을 하고 협동과 대화(speech)가 필요하도록 하였기 때문이다.

둘째, 도구를 사용함으로써 인류는 자연과 인간 자신을 바꾸기 시작하였다. 가령 농사도구와 같은 도구를 사용함으로써 독특한 생산체계와 사회조직을 만들어 나가는 것이다.

셋째, 도구를 사용함으로써 생겨난 사회조직에 따라 인간의 정신활동(인지발달)이 달라졌다. 따라서 인간의 노동은 도구창조를 통하여 자연세계는 물론 인간의 경험 즉 문화를 바꾼다. 가령 불의 발견, 간단한 농사도구의 발명, 전기발견 등이 바로 그러한 예들이다. 한마디로 노동은 도구를 만들게 하고, 도구는 특정의 사회조직과 생산체계를 포함하는 문화를 만들며, 문화는 정신활동의 변화를 가져왔다는 말이다.

(3) 심리적 도구의 역할

Hegel철학에 젖어있던 Vygotsky는 Marx와 같이 인간의 정신능력 즉 인지발달은 사회적 경험 즉 사람이 세상과 상호작용함으로써 발달한다고 보았다. 그러나 도구사용과 같은 원시인들의 단순 활동으로부터 어떻게 오늘날의 진보된 인간, 진보된 고등정신기능이 발달하였는가하는 문제는 Marx철학에서는 답하기가 어렵다. Marx철학에서 답할 수 없는 또 하나의 질문은 도구사용, 사회조직, 그리고 인지발달에서의 차이 간 상호관련성은 무엇인가 하는 것이다. 여기서 그는 도구사용과 고등정신기능 즉 인지발달간의 관계를 해결하기 위해 Vygotsky는 노동에서 사용되는 기술적 도구(technical tools)가 아닌 심리적 도구(psychological tools, 또는 문화적 도구 cultural tools)로서 기호(sign)와 상징(symbol)을 제안하였다. 사람은 노동에서 사용하는 기술적 도구와 달리 심리적 도구의 사용을 통하여 다양한 사회조직이 형성되고 이 사회조직(즉 문화)에 따라 고등정신기능이 발달한다는 것이다. 그가 사용하는 '심리적 도구'개념은 Kohler와 Durkheim으로부터 나온 것으로 보인다.

한 마디로 노동에서 사용하는 기술적 도구는 외부 자연환경을 바꾼다. 이에 비유하여 심리적 도구는 사람의 정신기능 또는 사고과정을 변화시킨다. 그런데 심리적 도구는 문화와 역사에 따라 다르며, 이러한 생각을 정신의 문화-역사적 이론(cultural-historical theory of the psyche)이라고 불렀다.

2 인지발달의 기본개념 - 사회문화적 관점

Vygotsky의 이론에 따르면 인지발달은 주로 환경과의 대외적인 과정을 통하여 학습자의 내부에 내면화 된다는 것이다. 즉, 주요한 전제는 인간의 인지발달은 타인과의 상호작용에 근원이 있다는 것이다. 아동은 사람들 간의 상호작용을 지켜보고 타인과 상호작용을 하며 자신의 인지발달을 위하여 이러한 상호작용과정을 활용한다는 것이 사회문화적 관점(sociocultural perspective, 또는 문화-역사적 관점, cultural-historical perspective)라고 한다. 그가 이러한 이론은 강조한 이유는 인간은 사회적 존재로서 타인과의 관계를 통해 영향을 받으며 성장하기 때문이다. 인간의 정신은 독립적인 활동이 아니라 사회학습의 결과이며 일상에서의 과제해결은 성인이나 혹은 뛰어난 동료와의 대화로부터 영향을 받으며 이들 구성원과 상호작용을 하는 동안 자신이 속한 사회문화에 적합한 인지 과정이 아동에게 전이된다고 하였다. 즉, 개인을 둘러싼 총체적인 사회 문화적 환경은 그 개인이 무엇을 아는가를 결정할 뿐만 아니라 그 개인이 어떻게 사고하는가에 많은 영향을 준다는 것이다. 여기서 사회 또는 문화란 주위 사람들(가령 부모, 교사, 친구 등)과의 사회적이고 일상적인 상호작용(물건 사고팔기, 친구관계, 경쟁과 협동 등)과 대화, 교육활동 등 인간사회에서 일어나는 모든 행위를 포함한다.

또한 Vygotsky는 동물과 인간 행동의 대비를 통해서 이 둘은 심리학적 발달 단계에서 볼 때 질적으로 다른 두 개의 발달 경로가 있음을 알았다. 이것이 바로 생물학적 발달경로와 사회-문화적 발달경로이다. 생물학적 발달경로는 모든 생물학적 종이 거치는 진화 과정의 일부로서 중요한 신경 계통, 육체적 성장이나 성숙 등이 여기에 해당한다. 이러한 발달경로는 동물이나 인간에 상관없이 거치는 과정으로 인간의 경우 유아기에 대부분 나타나는 단순한 지각이나 기억, 그리고 무의식적인 주의 등의 발달을 설명해 주고 있다. 하지만 인간은 부호와 기호의 창조자임을 생각할 때, 생물학적 발달경로만으로는 인간행동의 특징을 설명할 수는 없다. 따라서 Vygotsky는 인간으로서 거쳐야할 또 하나의 발달경로가 있다고 했는데 이 경로가 바로 사회-문화적 발달경로이다. 이 발달경로에 미치는 요인으로는 한 문화를 배경으로 해서 만들어진 말이나 기록 문자인데 이들은 그 문화권에 속한 인간의 행동 양식과 사고 양식을 구조화하고 조절하는 기능을 한다. 한 문화권에서 태어난 아이는 그 문화의 기초 체계(예를 들면, 말이나 언어, 수학적 기호)를 배우게 되는데, 그 기호 체계의 우수성의 여부에 따라 기본적 사고 기능이나 복잡한 사고 기능이 발달이 좌우된다고 한다. 실제 이런 주장의 예는 saxe의 유명한 파푸아뉴기니의 옥삽민 부족연구에 잘 나타나 있다. 이 연구에서 한 문화권의 기호 체계가 어떻게 그 문화권에 있는 사람들의 사고 기능을 조절하는지를 잘 보여주고 있다. 이 작은 마을에서는 수를 셀 때 신체의 부분을 사용했다(saxe, 1981). 수를 셀 때는 오른쪽 엄지손가락에서 시작해서 손, 팔, 어깨, 오른쪽 귀, 눈을 세고 다시 왼쪽으로 넘어가서 왼쪽 팔뚝과 손가락까지 내려간다. 이런 방법으로 셀 수 있는 최대 수는 27이기 때문에, 마을 사람들은 간단한 수를 더하고 빼는 문제에 대해서도 큰 어려움을 느꼈다. 게다가 셈하는 방법 때문에 더하고 뺄 수 있는 수가 제한될 수밖에 없었다. Vygotsky 이론으로 설명하면 이 세기 체계의 비정교성은 결국 이 옥삽민 부족민들의 사고 기능 발달을 저해하는 결과를 가져온다고 할 수 있다. 이처럼 한 문화권에서 사용하는 기호체계의 우수성 여부는 결국 그 문화권 내의 사람들의 정신 기능 수준의 차이를 가져온다. 결국 이 말은 여러 문화권에 똑같이 적용될 수 있는 심리 발달의 단계란 있을 수 없다는 결론으로서 Piaget의 인지발달 단계 이론을 부정하는 것으로 해석될 수 있다.

3 발달의 발생론적 기초

과거 소련의 발달론자들은 발달에서 행동의 역할을 강조하였다. 행동이란 환경과 상호작용하는 목표 지향적 행위이며 그 결과에 따라 개인의 인지 구조가 변한다고 하였다. 그들은 발달 단계마다 행동의 위계를 설정하여 주도적 행동(leading or dominant activity)을 맨 위에 놓았다. 주도적 행동은 아동의 심리적 발달에 중요한 기능을 하며 다음 단계로의 이전은 주도적 행동이 형성되면 전 단계는 사라지는 것이다. 한 단계에서 다음 단계로의 이전은 사고방법과 세계와의 상호작용 방법의 변화를 초래하기 때문이다. 다음은 Vygotsky가 설명한 주도적 행동에 따른 발달단계이다.

(1) **성인과의 직관적, 감성적 접촉단계(출생~1세)**
다른 사람과의 접촉 욕구를 느끼고 그들에게 정서적 태도를 표현하며 물체를 붙잡고 다양한 지각행동을 표현한다.

(2) **물체조작 단계(1~3세)**
사회적으로 용인된 방법으로 사물이나 사건을 다루는 법을 익히고 성인과의 접촉을 통해 말과 사고가 발달한다.

(3) **놀이단계(3~7세, 취학 전)**
상징적 활동, 창의적 놀이에 몰두하며 집단에서 상호 협조하는 것을 배운다.

(4) **학습활동 단계(7~11세, 초등학교시기)**
객관적 사실에서 법칙을 찾고 추상적인 이론적 사고를 이해한다.

(5) **사교적 대화단계(11~15세, 이른 청소년 시기)**
삶의 문제해경에 필요한 대화를 주도하고 남들의 의도와 동기를 이해하며 집단의 규칙에 적응하는 기술을 습득한다.

(6) **직업적 학습단계(15~17세, 늦은 청소년 시기)**
새로운 인지적, 직업적 관심이 발달하고 삶의 문제와 계획을 생각한다.

4 고등정신 기능

Vygotsky는 인간의 심리과정을 하등정신 기능과 고등정신 기능으로 나눌 수 있다고 하였다. 하등정신 기능은 인간뿐만 아니라 다른 고등 동물들에게도 나타나는 것으로 감각, 반응적 주의집중, 자발적 기억, 감각 동작 기능 등이 있다. 반면에 고등 정신기능은 오직 인간만이 독특하게 지니고 있는 것으로 매개 되고, 내면화된 행동들이다. 고등정신 기능은 지적인 활동을 유발하게 매개하기 위해 언어나 다른 문화적 도구들을 사용하는 것으로 매개된 지각, 의도된 주의집중, 의도적 기억, 논리적 사고 등을 포함한다. 발달이 이루어지는 동안 고등정신 기능은 하등정신 기능을 체계적으로 재조직해 나간다. 그가 고등정신 기능으로 설명한 많은 심리과정들이 오늘날 초인지(metacognition)로 표현되고 있다.

	초보적 또는 자연적 정신 기능	고차적 또는 문화적 정신 기능
과 정	단순한 지각, 자연적인 기억, 비자발적인 주의집중	범주적 지각, 논리적 기억, 개념적 사고, 자기조정적 주의 집중
통제의 원 천	환경으로부터의 자극	개인이 자신의 행동을 숙달하고 통제하기 위해 사용하는 '목표 자극'과 '수단 자극'
역 할	두 자극의 동시 발생	개인이 자극을 인위적으로 통합함으로써 새로운 연결을 생성한다.
특 성	즉시성, 구체적인 경험에 의해 속된다.	과정에 대한 의식적 자각, 수상, 통제

	초보적 또는 자연적 정신 기능	고차적 또는 문화적 정신 기능
사고와 추 론	자연적 기억에 의해 결정된다.	추상적·개념적·논리적 관계와 일반화를 사용한다.
기 원	생물학적 요소	문화-역사적 발달

Vygotsky는 다음과 같이 가정하였다. "아동의 문화적 발달에서 모든 기능은 두 번 나타난다. 처음에는 사회적 수준에서, 그리고 나중에는 개인적 수준에서 나타난다. 처음에는 사람들 사이에, 그 다음에는 아동 안에 나타나는 것이다." 이처럼 고등정신과정은 처음에는 사람들이 함께 활동하는 동안 공동으로 구성되면서 사람들 사이에서 나타난다. 이과정은 아동에게 내면화되고 아동의 인지발달의 일부가 된다.

한 6세 아동이 장난감을 잃어버리고 아버지에게 도움을 청한다. 아버지는 아이에게 마지막으로 그 장난감을 본 것이 어디였는지 묻는다. 아이는 "기억이 안나요."라고 말한다. 아버지는 계속해서 여러 가지 질문을 한다. 네 방에서 갖고 놀았니? 밖에서 갖고 놀았니? 이웃집에서 갖고 놀았니? 각 질문에 대해 아이는 아니라고 대답한다. 아버지가 "차에서 갖고 놀았니?"라고 물었을 때 아이는 "그런 것 같아요."라고 말하고 장난감을 찾으러 간다.

누가 기억을 해냈는가? 그 답은 아버지도 아니고 아동도 아니도 둘이 함께 했다. 기억과 문제해결은 둘의 상호작용에서 공동으로 이루어졌다. 그러나 이 아동은 다음번에 무언가를 잃어버렸을 때 사용할 전략을 내면화 했을 것이다. 이 아동은 언젠가 이런 종류의 문제를 독자적으로 해결할 수 있을 것이다. 이렇듯이 고등정신기능은 장난감을 찾는 전략과 마찬가지로 각 아동 안에 존재하기 전에 아동과 교사사이에 먼저 나타난다. 수학에서 예를 들면 아이는 수 세기를 부모나 형제, 친구와 함께 단순한 세기 활동을 통해서 배우기 시작한다. 그 이후 이 아이는 혼자서 하는 활동에서도 이 세기를 사용할 수 있게 되고 이러한 능력은 곧 사고를 위한 도구로 발전하게 된다.

5 외적활동의 내면화

내면화(internalization)란 사회적 상황에서 지식을 흡수하거나 받아들여서 스스로 사용할 수 있는 상태를 말한다. 예를 들어 어린 아이가 혼자서 잡을 수 없는 곳에 놓여있는 물건을 잡기 위하여 팔을 뻗을 때, 이것을 보고 있던 어른은 그 동작을 그 아이가 그것을 원하는 행동으로 이해하고 그 물건을 집어주었다고 하자. 이전까지는 팔을 뻗는 동작이 아무런 기호도 아니었으나 점진적으로 아동은 그 동작에 대해 성인과 같은 의미를 부여하게 되고 이후로 의도적으로 그 동작을 어떤 것을 가리키는 기호로 사용하게 될 것이다. 이와 같은 아동과 성인간의 상호작용에 의한 사고과정을 몇 차례 경험한 후 아이는 혼자서 그 문제를 해결할 수 있게 된다. 이것을 개인과 개인 간의 사고과정이 개인 내의 사고과정으로 내면화되었다고 한다. 즉, 내면화는 사회적 현상을 심리적 현상으로 변형시키는 과정이며 외적인 활동을 내적 수준으로 독자적으로 실행하는 과정이다. 내면화가 되었다는 것은 고등 정신기능이 진정한 내적 정신기능이 되어 아동의 내부에서 작용한다는 것을 뜻한다. 따라서 사회적인 영향을 중시하는 Vygotsky는 아동은 집, 학교, 사회와 같은 다양한 상황에서 다른 사람들의 행동과 그들이 행동하는 이유에 대해 관찰 한 다음 그것을 내면화하여 자기 것으로 만들어 간다고 하였다. 아동은 내면에서 자기가 관찰한 행동과 상호작용을 재창조 하는 것이다. 따라서 아동의 학습의 상당 부분은 환경과의 상호작용을 통해 이루어지며 그 상호작용이 아동이 무엇을 내면화 하였는가를 결정하게 된다.

사람은 내면화 과정을 거치면서 발달해 가는데 그 과정을 거칠 때마다 인식의 수준은 높아지게 된다. 그리하여 이전에 알았던 개념과 질적으로 다른 개념을 형성하게 된다. 예를 들면 초등학생이 알고 쓰는 덧셈과 고등학생이 하는 덧셈 그리고 수학을 전공하는 사람이 하는 덧셈은 겉모습은 같을지 모르지만 덧셈 체계를 이해하는 차원에서는 커다란 차이가 있다. 한 단계 또는 몇 단계 높은 수준에서 덧셈 체계를 이용하게 된다. 덧셈과 뺄셈의 상호 관련성, 이항과 소거, 항등원과 역원과 같은 사실을 알게 된다는 것은 덧셈을 단순히 물건을 보태는 것 이상의 의미를 갖는다.

예를 들어 어떤 대응 관계를 보여주는 대상을 보고 그것이 함수 관계를 이루고 있음을 지적할 수 있다고 하여 함수의 개념을 수학적으로 명확히 깨달았다고 하지는 않는다. 또 함수의 서술적 정의를 제대로 말할 수 있다고 하여 함수의 개념을 올바르게 이해하고 있다고 할 수 없다. 학생에게 십진법을 직접 가르칠 수는 없다. 숫자를 쓰고, 더하고, 곱하는 문제를 푸는 방법을 배우고 적용하는 과정을 거치면서 일정한 시점에 이르게 되면 마침내 이것들로부터 십진법의 보편 개념이 나타나게 된다.

6 모방의 역할

Vygotsky 관점에서 모방이 개인에게서 다른 사람에게로 전이되는 간단한 기제가 아니다. 모방하는 과정은 '다른 사람의 행동에 대한 의미를 어느 정도 이해'하는 것을 필요로 한다. 예를 들어, 만일 어떤 사람이 체스에 대해 전혀 모른다면 체스 전문가가 그 방법을 가르쳐 주어도 체스 게임을 할 수 없을 것이다. 다시 말해서, Vygotsky는 모방의 의미를 '아동의 정신적 활동과 어느 정도 직접적으로 연결되는 조작'으로 한정하였다.

Vygotsky는 모방을 교실에서 이루어지는 교수·학습의 기본으로 보고 있다. 학생이 잊고 지나간 부분들에 대하여 직접 주의를 환기시킬 수도 있고 올바른 방법을 실제로 시범보일 수도 있다.

> "어린이의 발달에서 모방과 교수는 주된 역할을 한다. 이것들을 뚜렷하게 인간 정신의 특성을 발휘하게 하며 어린이는 새로운 발달 관계로 이끌어준다."(Vygotsky, 1962)

위는 Vygotsky가 교육에서 모방을 적극적으로 평가하고 있음을 보여주는 부분이다. 이와 달리 수학교육에서 학습과 발달을 같게 보는 관점에서는 모방이라고 하기보다는 기계적 암기와 같은 복제라는 개념이 밑바탕에 깔려있고 학습과 발달은 독립이라는 입장에서 모방에 대한 가치를 인정하지 않는다. 또한 "근접발달영역에 대한 충분한 이해는 학습에서 모방이 하는 역할에 대한 재평가로 귀착되어야 한다."고 하였다. 학생들은 학습을 통해서 수준 아동이 이루어지는 발달 기간 동안에 교사나 능력 있는 또래의 활동을 모방하면서 학습 내용을 받아들이고 이해하기 때문이다. 학생들은 처음에 그들이 학습하는 것을 잘 이해하지 못한다. 그러므로 첫 단계에서 학생의 반응은 모방이라고 볼 수 있다. 어린이는 자신이 지금 가지고 있는 능력의 한계를 넘어서 그 이상으로 여러 가지 행위를 모방할 수 있다. 학생들은 모방을 통해서 더 잘할 수 있게 된다. 실제 사용을 통해서 개념을 이해하는 것이 자연스런 과정이다. 그러므로 학생으로 하여금 능동적으로 모방을 하게 하는 수학교실을 만드는 것이 교수학습의 중요한 요소가 된다.

7 인지 발달에 있어서 언어와 사고의 발달

기호적 중재는 내면화의 과정에 관여하는 매개체를 말한다. 예를 들면, 여러 기호 체계(언어와 수학)가 아동들의 인지발달에 영향을 준다고 할 때 이것을 기호에 의한 중재라고 한다. 다른 친구와의 의견교환 활동이 이들의 인지발달에 영향을 준다고 하면, 동료에 의한 중재라고 한다. Vygotsky는 실제의 도구와 상징적 도구를 포함하는 문화적도구들이 인지발달에 대단히 중요한 역할을 한다고 믿었다. 실제의 도구에는 인쇄기, 자, 주판 등이 있고 최근에는 컴퓨터, 달력, 인터넷 등이 추가될 수 있는 것이다. 상징적 도구에는 수, 수학체계, 점자와 수화, 지도, 예술품, 기호와 부호, 언어 등이 있다. 자신이 속한 문화에서 양을 나타내는 도구로 로마숫자만을 제공한다면 미적분과 같은 종류의 수학적 사고는 하기 힘들 것이다. 그러나 제로, 분수, 양수와 음수, 무리수 등이 있는 수체계라면 훨씬 많은 것이 가능할 것이다. 수 체계는 사고, 학습, 인지발달을 지원하는 문화적 도구이다.

언어란 의견교환을 위한 인지적 도구인 동시에 이 도구의 사용은 또한 인간의 정신기능을 지배해 왔다. 언어와 사고의 관계에 대해서는 세 가지의 중요한 주장들이 있어 왔다.

첫 번째 주장은 **언어가 사고를 만들어 간다**는 주장이다. 사피르-울프가설이라고 하는 이 견해는 한 문화의 언어는 그 문화의 구성원들이 세계를 보고 이해하는 관점을 형성하며 그래서 서로 다른 언어를 사용하는 문화의 사람들은 서로 다른 세계관을 가지게 된다.

두 번째 견해는 **사고가 언어를 형성한다**고 주장한다. Piaget에 의한 이 주장은 언어발달은 인지발달에 좌우된다는 주장이다.

세 번째 주장은 **언어와 사고는 서로 영향을 미친다**는 것이다. Vygotsky에 의하면 언어와 사고는 처음에는 서로 독립적으로 발달된다. 그런데 아이가 두 살 정도가 되면, 이 둘은 서로 얽히게 되어 그 이후에는 서로 영향을 주고받게 된다는 것이다. 아이의 외부세계에 대한 인지적 이해는 언어에 의해서 그 표현이 증가되고 정확하게 되며, 언어는 사고와 행동을 점차적으로 효율성 있게 조절하게 된다.

다시 말해서, Vygotsky는 문화가 사고를 지원하기 위해 제공하는 도구를 강조하였다. 그 중 아동의 인지발달에서 가장 중요한 영향을 미치는 것을 언어의 습득이라 주장하였다. 이는 타인과의 상호작용에 언어가 필수 요소이기 때문이다. 즉, 언어가 사회문화적인 환경과 개인의 정신기능을 연결해 주는 중요한 매개체이며, 정신을 재구조화하고 자기 조절이 이루어진 높은 수준의 사고과정을 형성하는데 중요한 도구가 된다고 하였다.

> 인지 발달의 과정에서 가장 중요한 순간인 추상적 지능의 발생은 이전에 서로 독립적으로 발달되어왔던 활동과 언어가 결합되면서 이루어진다. 언어를 활용하기 이전의 아동의 도구 활용은 원숭이의 그것과 비슷하다. 그러나 이런 활동에 언어가 결합되면서 활동은 전혀 새로운 방향으로 변형되고 조직된다. 이런 결과로 인간의 이전의 제한적인 도구 활용을 뛰어넘게 된다. (1978, p.24)

> 인간에게 특별한 언어능력은 아동들이 어려운 과제를 해결하는데, 충동적인 행동을 억제하는데, 행동으로 옮기기 전에 문제의 해결책을 계획하는데, 또 자신의 행동을 숙달하는데 있어서 보조도구의 역할을 한다.

Vygotsky는 서로 독립적으로 발생하기 시작한 사고와 언어는 2세경에 서로 연합하고 이러한 연합은 발달과정에서 변화하고 성장하며 언어와 사고가 일치된 언어적 사고를 형성한다고 하였다. 사고(thought)는 일정한 양의 비언어적 사고(자기에게 소리 없이 하는 말)를 말하며 언어(speech)는 일정한 양의 비지적 언어(소리 내어 하는 말)를 말한다. 유아는 일정한 양의 사고와 언어를 가지고 있으며 문제 해결 초기 단계에서는 비언어적 사고가 사용되지만 이 시기가 지나면 구체적인 단어가 형성된다고 하였다. 즉, 외적언어가 발달한 후에 내적 언어가 발달한다. 언어의 최종 발달 단계는 내적 언어의 발달이며 이 단계에서 언어와 사고가 상호 교차되면서 발달하는 것이다. Piaget와 달리 Vygotsky는 아동이 성인이나 자기보다 유능한 또래와의 상호작용을 통해 인지발달이 이루어진다고 보았기 때문에 언어는 지식의 내면화 과정에 필수적인 도구이며 인지발달을 촉진하기 위한 매개적 수단이라 보았다. 또한 인지발달단계의 전조작기에 나타나는 자기중심적 언어의 사용이 단순하게 자기만의 생각을 표현하는 것이 아니라 문제해결을 위한 사고의 도구라고 생각하였다. 사회적 언어는 타인과의 사회적 상호작용을 통해 발달되며 목적 달성에 필요한 수단을 얻기 위해 마음속에서 사용되는 내적언어는 문제해경에 중요한 기능을 하며 과제의 난이도가 높을수록 내적 언어의 사용이 증가한다. 이러한 내적언어와 사회적 언어 모두 인지 발달에 영향을 미친다.

(1) 언어발달단계

① 사회적 언어(social speech, 외적언어)

3세 이전의 초보적 언어 기능으로 다른 사람의 행동을 통제하기 위해 감정이나 사고를 전달하는 기능을 한다.

② 자아 중심적 언어(egocentric speech)

3세에서 7세 사이에 주로 나타나는 언어기능이로 자신의 행동을 조정하기 위해 자기 자신에게 말하는 언어이다. 이 단계에서는 외적 기호를 내적 문제해결의 보조수단으로 사용하게 된다. 예를 들어 아동이 손가락으로 수를 세거나 여러 가지 기억 보조수단을 이용하는 것을 말한다. 성인은 자아 중심적 언어를 소리 내지 않고 속으로 하는 데 반해 아동은 소리 내어 말한다는 차이가 있다. 이는 문제해결을 위한 계획을 모색하는 사고의 중요한 도구가 된다. 또한 자기중심적 언어의 감소와 함께 내적 언어단계가 시작된다.

③ 내적언어(inner speech)

나이가 많은 아동이나 성인이 주로 사용하는 언어로 소리를 내지 않고 말하는 내적 자기 대화를 의미한다. 이는 언어가 사고로 내면화된 단계로서 사고능력이 증가되었다는 것을 의미한다. 또한 사고와 행동을 조정하며 모든 고등 정신기능을 가능하게 하는 토대가 된다.

(2) 사적언어(private speech)

위의 언어발달단계에서 두 번째 단계인 자기중심적 언어 단계에서 Vygotsky는 Piaget와 반대의견을 가졌다. Piaget가 아이들이 자기 자신에게 말하는 것을 '자기중심적 언어'라고 보는 반면에 Vygotsky는 혼잣말(사적언어)을 개인적 지식이 공유되는 지식으로 전환되는 필요한 과정이라 주장한다. 그는 아동들이 다른 사람들의 언어를 통합하여 필요시에 자신의 문제해결을 위해 사용한다고 하였다. 즉, 자신의 행동과 생각을 이끌어가기 위해 자기 자신과 의사소통한다고 보았다. 그러므로 어려운 과제에 직면할 때에 더욱 자주 나타난다고 하였다. 어느 유치원 교실에서 네 살 된 아이들이 퍼즐을 하면서 "아냐. 그건 거기에 맞지 않아. 여기 한번 해봐. 돌려. 돌려. 정말 이건가 봐!" 라고 말하는 것은 아이들이 성숙해감에 따라 자기를 향한 언어는 소리 내어 하는 말에서 속삭이는 말로, 또 조용히 입술만 움직이는 것으로 점차 변화해나간다. 마지막으로 아이들은 단어를 머릿속으로 생각하기만 한다. 사적언어는 나중에 소리를 내지 않는 언어로 바뀌기 때문에 중요하다. 왜냐하면 사적언어를 광범위하게 사용하는 아동들이 다른 아동들에 비해 더욱 효과적으로 복잡한 과제를 배울 수 있기 때문이다. 인지적 자기 교수라 불리는 접근은 학생들이 학습을 하기 위해 자신에게 혼잣말을 하도록 가르친다. 예를 들어, 학생들은 천천히, 조심스럽게 나아가도록 스스로에게 상기시키는 것을 학습한다. 그들은 과제를 하는 동안 "됐어. 내가 해야 할 일이

뭐지?......이 그름을 다른 선으로 베끼자. 천천히, 조심스럽게 해야 돼. 그래, 선을 아래로 내려 긋고, 좋아. 그리고 오른쪽으로. 그렇지. 자......" 같은 이야기를 한다. 이러한 과정을 통하여 아이들은 인지적 활동을 완수하게 된다.

(3) 사고발달단계

① 비조직 더미에서의 사고 : 자신의 지각에 우연히 연결되는 바에 따라 사물을 조직화하고 이름을 붙인다. 이때 더미는 아무런 근거 없이 함께 묶인 공통점이 없는 사물로 구성된다.

② 복합적 사고 : 사물을 단순히 자신의 주관적 인상과 사물들 사이에 존재하는 관계에 의해 관련짓는다. 이때의 사고는 구체적 맥락 속에 있는 배열된 요소들 간의 연결에 기초함으로서 분석이나 종합, 추상화에 취약하다.

③ 개념적 사고 : 사물을 종합하는 능력과 분석하는 능력을 갖추게 되고 추상화가 가능하다.

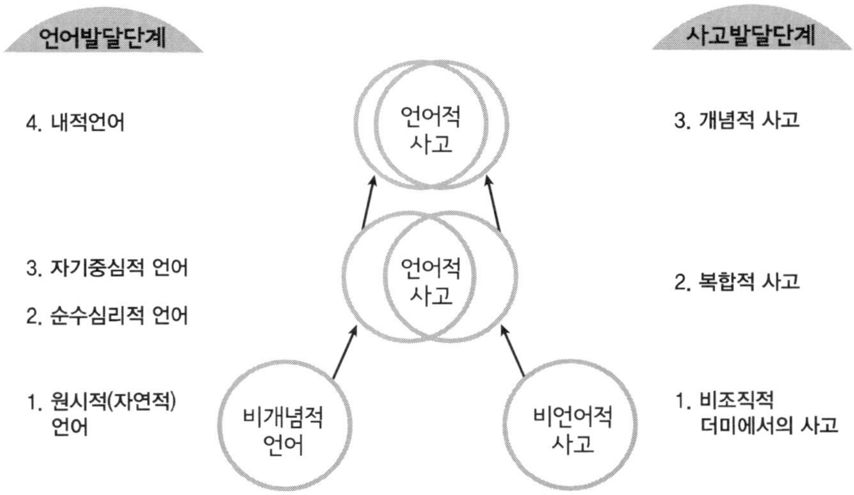

[그림 6-1] Vygotsky의 언어와 사고발달에 대한 관점

8 학습과 발달의 상호작용

> 학습의 기본적 형태는 근접발달 영역을 창출하는 것, 즉 학습은 아동이 환경 속에서 동료들과 협동해서 상호작용을 할 때만 조작될 수 있는 다양한 내적 발달과정들을 불러일으키는 것이라고 제안한다. 이 과정들이 내면화되면 이것들은 아동의 독립적인 발달의 성취부분이 된다(Vygotsky, 1978).

여기서 보면 학습은 발달이 아니지만 적절하게 조화된 학습은 발달을 유도하고 심리적 기능을 발달시키는 과정의 필수적인 측면이라는 것을 알 수 있다.

학습과 발달의 관계에 대한 관점은 크게 세 가지가 있다.

첫 번째, 발달이 학습보다 선행한다고 보는 Piaget의 관점을 보면 학습은 사고발달에 거의 영향을 미치지 않으며 적절한 학습이 이루어지려면 일정 수준의 발달이 전제되어야 한다는 점이다. 따라서 학습자가 특정내용을 학습할 정도로 발달하지 않으면 교수-학습이 전혀 효과가 없으므로 발달수준을 고려하여 수업해야 한다고 하였다.

두 번째, 학습과 발달을 동일시하는 행동주의 관점은 소수의 선천적인 특성을 제외하면 모든 행동이 학습된다고 보고 모든 발달을 학습의 산물로 가정한다. 사회 · 문화적 환경이 발달 및 학습을 결정한다고 보고 교사중심의 계획적인 수업을 해야 한다고 한다.

세 번째, 학습이 발달보다 선행하여 적절한 학습이 발달을 유도한다는 Vygotsky 관점이다. Vygotsky에 따르면 교사나 유능한 동료의 도움을 받을 경우 학습은 근접발달영역 내의 발달을 주도한다. 따라서 이 관점에 따르면 학습자가 학습을 통해 발달을 주도할 수 있도록 적극적으로 사회 · 문화적 환경을 조성해야 하며 교사-학생 간의 상호작용이나 학생-학생 간의 상호작용을 중시하는 수업을 해야 한다. 또한 Piaget는 발달수준의 개인차에 대해서는 별로 관심을 두지 않았으나, Vygotsky는 발달수준이 개인에 따라 차이가 있을 수 있다고 보았다.

관점	주요내용	주요 이론
학습과 발달은 분리되어 있다.	발달이 학습을 주도하는 주된 과정이다. (학습은 발달에 따른 결과이다.)	Piaget의 인지발달이론
학습과 발달은 동일하다	발달은 전적으로 학습의 결과이다.	행동주의 이론
학습이 발달을 주도한다.	학습은 발달에 있어서 중요한 역할을 한다. 아동들이 근접발달영역 내에서의 과제를 전문적인 파트너로 교육받는 것처럼 학습은 발달을 이끈다.	Vygotsky의 사회문화적 이론

9 근접발달영역에서의 지식형성

(1) 근접발달영역 정의

근접발달영역(zone of proximal development; ZPD)란 아동이 독립적으로 문제를 해결하는 실제적 발달 수준과 좀 더 지식이 풍부한 성인이나 또래의 도움을 받아 성취할 수 있는 잠재적 발달 수준 사이의 거리(Vygotsky, 1978)이다. 이는 아동의 지적 능력을 설명하기 위해 Vygotsky가 사용한 개념이다. 근접 발달영역은 독자적으로 문제를 해결할 수 있는 수준을 나타내는 실제적 발달 수준과 성인이나 또래의 도움을 얻어 해결할 수 있는 잠재적 발달수준(Y)사이의 격차 또는 거리(D=Y−X)를 의미한다. 그에 따르면 실제적 발달 수준보다 근접발달 영역의 인지발달주준을 더 적절하게 나타낸다.

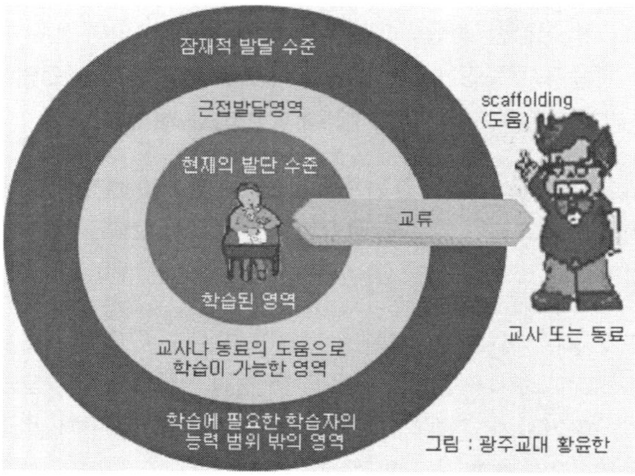

그림 : 광주교대 황윤한

Vygotsky는 실제적 발달 수준을 이미 완성된 발달의 열매에, 잠재적 발달 수준을 발달을 꽃봉오리에 비유했다. 발달은 모든 시점에서 독자적으로 해결할 수 있는 영역, 혼자서 해결할 수는 없지만 다른 사람의 도움을 받으면 해결할 수 있는 영역, 아무리 도움을 받더라도 해결할 수 없는 영역으로 나눌 수 있다. 이 중에서 근접발달영역은 혼자서는 해결할 수 없지만 다른 사람의 도움을 받으면 해결할 수 있는 영역으로 적절한 수업상황에서 학습자가 학습할 수 있는 정도를 나타낸다. 따라서 아동들이 아직은 학습하지 못한 것이지만 시간이 주어지면 학습이 가능한 것을 의미한다. 즉, 학습 및 발달이 가장 왕성하게 일어나는 역동적인 영역이다.

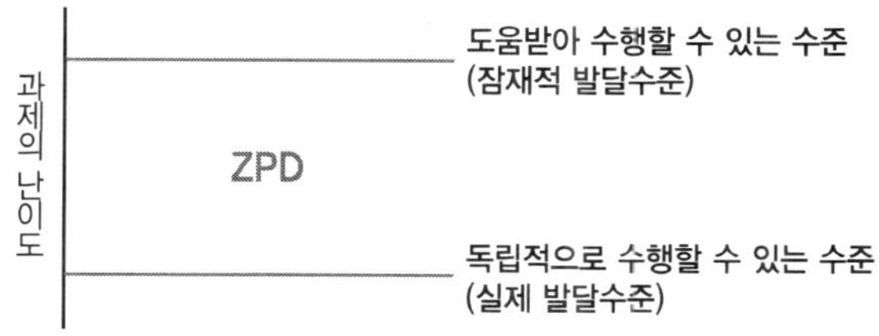

[그림 6-2] **근접발달영역**(ZPD)

그는 아동들의 현재의 수준은 같을지라도 근접발달 영역은 개인차가 있을 수 있다고 하였다. 그는 근접발달영역을 학습과 발달을 위한 전략으로 간주하였다. 근접발달영역 안에 있는 기술이나 행동은 역동적이고 끊임없이 변화한다. 현재 도움을 받아야 할 수 있는 일도 곧 독립적으로 할 수 있게 되고 도움을 필요로 하는 성취 수준은 아동이 발달해감에 따라 변화한다. 근접발달영역은 고정된 것이 아니라 보다 높은 수준의 사고와 지식을 달성함에 따라 계속 변화한다.

학교에 막 입학하는 두 명의 아동을 연구한다고 가정하자. 두 아동은 모두 생활연력으로 10세, 정신연력으로 8세이다. 그들은 정신적으로 동일한 연령이라고 말할 수 있는가? 물론, 이것이 의미하는 것은 무엇인가? 이것은 8세 수준으로 표준화된 난이도에 이르는 과제를 그들이 독립적으로 처리할 수 있음을 의미한다. 만약 내가 이 정도에서 중단하면 사람들은 이들 아동들의 정신발달과 학교 학습의 후속진행은 동일 할 것으로 생각할 것이다. 왜냐하면 그들이 지적 능력에 달려있기 때문이다.

…

그러면, 여기서 나의 연구를 중단하지 않고 다시 시작한다고 가정하자. 이들 두 아동은 8세 수준에 해당하는 무제를 처리할 수 있지만 그 이상은 처리하지 못할 것이다. 내가 문제를 처리하는 다양한 방법을 그들에게 제시한다고 가정하자. 다른 실험자가 다른 사례에서 다른 시범양식을 활용할 수 있다. 어떤 실험자는 전체 시범을 보여주고, 아동에게 시범을 반복하도록 요구 할 수 있다. 다른 실험자는 처음 부분의 해결책을 보여주고 아동에게 나머지를 해결하도록 요구할 수 있다. 요컨대, 나의 아동이 나의 도움으로 문제를 해결하는 것을 이런저런 방법으로 제안한다. 이러한 환경에서 첫째 아동은 12세 수준의 문제까지 처리할 수 있고, 둘째 아동은 9세 수준의 문제까지 처리할 수 있는 것으로 밝혀졌다. 자, 그래도 이들 아동은 정신적으로 동일한 연령인가?

이 예에서 보는 바와 같이, 근접발달 영역이란 실제적 발달수준과 잠재적 발달 수준간의 간격이다. 즉, 도움 없이 독자적 문제 해결에 의해서 결정되는 '현재의 발달 단계'와 어른의 지도를 받으면서 혹은 보다 능력 있는 친구와 함께 문제 해결을 통해서 결정되는 '잠재적 발달의 높은 단계' 사이의 거리를 말한다.

또한 가능한 학생들이 소그룹을 이루어 서로 협력하는 협동학습의 기회가 주어져야하고 그것도 좀 더 우수한 다른 학생들과 함께 학습하도록 하는 것이 바람직하다고 본다. 한 연구에 의해서도 두 명의 학생이 함께 공부할 경우 보존 개념을 먼저 습득한 한 학생은 그렇지 못한 학생에게 영향을 주거나 혹은 보존개념에 숙달하지 못한 두 학생이 함께 공부하면서 보존개념을 습득하는 것을 발견했다.

근접발달영역에서 발달은 타인의 도움을 받는 수행으로부터 타인의 도움 없이 자기조절에 의한 수행으로 나아가게 되는데 이는 점진적으로 이루어지게 된다. 이러한 근접발달영역에서의 발달을 4단계로 제시해 볼 수 있다.

① **타인조절** : 보다 유능한 타자에 의해 도움을 받아 이루어지는 수행단계로서 아동이 독립적인 수행을 하기 이전에 성인이나 유능한 또래에게 의존해있는 단계

② **자기조절** : 자기조절, 자기안내와 같은 자기 자신에 의해 도움을 받는 수행단계

③ **자동화** : 내면화, 자동화되는 수행단계로서 과제 수행의 원활과 통합, 성인이나 자기 자신의 도움을 더 이상 필요로 하지 않는 단계

④ **탈자동화** : 근접발달지대를 통한 회귀로 탈자동화가 이루어지는 수행단계로서 새로운 능력의 발달을 위해 근접발달지대로 회귀하는 단계

(2) 근접발달영역의 특성

첫 번째 특성은 고정되어진 영역이 아니라, 순간순간의 상호 작용에 의해서 쉴 새 없이 움직이는 역동적이며 민감한 영역이다. 즉, 근접발달 영역(ZPD)는 학생 개개인에 따라서 다르다. 어떤 학생은 아주 쉬운 것을 배우는데도 많은 도움이 필요한 반면, 어떤 학생은 조금의 도움만으로도 큰 학습 성과를 거두기도 한다. 동시에 한 학생의 ZPD의 크기 또한 학습 영역마다 다르고 학습 시기에 따라서도 다르다. 언어 능력이 뛰어난 학생이 언어를 배울 때 필요로 하는 ZPD의 크기는 수학을 배울 때 필요로 하는 ZPD의 크기와는 다르다.

두 번째 특성은 개인의 정신 능력에 따라 최고 수준과 최저 수준에 제한이 있다는 것이다. 다시 말해서 , 교사나 친구의 도움을 받아서 하는 수행은 이 학생이 현재 할 수 있는 최고 수준을 의미한다. 이 학생의 ZPD의 최고 수준을 넘어선 기능이나 행동을 가르치려고

하면, 이 학생은 그것을 무시하거나 잘못 사용하는 결과를 낳게 된다. 또 이 학생의 ZPD의 최저수준 이하의 정신 기능을 가르치게 되면, 너무 쉽다고 생각해서 배우려는 의욕의 상실을 낳게 되어 바람직한 학습을 기대하기 힘들게 된다.

또 근접발달영역은 사회적 상호작용에서 항상 나타나는 것은 아니다. 예를 들어, 학령기 아동이 '교실에서 본 모델을 기초로 해서' 집에서 무제를 해결할 때 근접발달영역 내에서 조작을 할 수 있다(즉 전에 교실에서 교사와 함께 한 것을 재창조하는 과정을 통해 교사를 모방하는 것이다.) Vygotsky는 그 '도움'을 '보이지 않게 나타난다.'고 했다. 다른 예로, 책, 신문, 잡지가 많은 집에서 자라고 있는, 독서광인 부모를 둔 6살 된 아동이 부모를 모방하고 구체적인 교수 없이도 읽기를 배우는 것을 들 수 있다.

(3) 잠재적 발달수준을 만들어 측정하거나 구별해 볼 수 있는 상황

Vygotsky는 측정해 볼 수 있는 상황의 예로 세 가지를 들었다. 즉 성인의 도움으로 문제를 푸는 상황, 놀이상황, 학교에서 배운 것을 적용하면서 혼자서 문제를 푸는 상황이다.

첫 번째 상황은 아동이 혼자서는 못 풀어도 성인(교사나 부모, 또는 또래 교사)이 약간만 도와주면 문제를 풀 수 있는 경우가 많은데 그 능력수준이 잠재적 발달수준이다.

두 번째 상황은 취학 전 아동의 놀이상황이다. 아동의 놀이 수준은 일반적으로 자신의 일상적인 행동수준이나 능력 또는 나이보다 위의 수준에서 일어난다. 이렇게 머리 하나만큼은 더 큰 나이의 놀이를 함으로써 놀이가 아동에게 근접발달영역을 창조해 주는 것이다. 가령 막대기로 총 놀이를 하고 흙으로 쌀 흉내를 내면서 또는 아픈 인형을 안고서 약을 먹이고 쓰다듬는 등 엄마가 보살피는 흉내를 내면서 아동은 추상적 세계로 들어간다. 이러한 놀이는 가상적 상황을 만들고 이 가상적 상황은 아동의 실제적 발달수준보다 높은 잠재적 발달수준으로 인도함으로써 추상적 사고가 발달된다고 본다.

세 번째는 혼자서 문제풀이를 하는 상황인데 이때는 학교에서 선생님이 풀었던 방식과 과정을 적용하고 모방함으로써 근접발달영역이 창조된다.

(4) 근접발달영역과 지능검사

근접발달영역은 아동의 지적 능력을 잘 나타내어준다. 예를 들면, 아동의 학습 잠재력은 독립적 수행만을 측정하는 표준 IQ검사 또는 문제해결검사로 차단되는 것 같다. 이 가능성을 검증하기 위해서 A. Brown과 동료들은 심리 간 수행의 측정을 개발하였다. 구체적으로, 그들은 철자계열과제(letter sequencing task)에서 사전에 설정된 수행준거에 도달하기 위해서 아동이 요구한 표준화된 단서의 수를 관찰하였다. 이러한 학습 잠재력 지수는 IQ와 학년 수준과 상관이 있기는 하지만, IQ나 학년 수준으로 설명될 수 없는 학생들의 인지 수준에 관한 정보를 제공하였다.

(5) 근접발달영역과 평가

역동적 사정 환경(dynamic assessment environment)이란 아동에게 문제를 제시해 줄 뿐만 아니라 아동이 문제를 풀 수 없을 때 단계적인 힌트를 제시해 주는 것을 말한다. 이 검사 과정은 두 사람의 지능 지수가 동일하다고 할 경우 현재의 능력수준을 동일할 수 있지만 발달잠재력은 다를 수 있다는 점을 확인하는 것이다. 이와 대비되는 평가는 전통적인 고정적 평가(static assessment)이다. 이는 평가자가 아동에게 문제만 제시해 줄 뿐이고 아동의 수행에 대한 피드백을 제공해 주지 않는 것을 의미한다. 주로 실제적 발달 수준을 확인하기 위해 실시되며 학교현장에서 실시되고 있는 대부분의 평가이다. 전통적인 지능검사나 대학수학능력시험과 같이 학습이 무엇을 얼마나 알고 있나 에 초점을 둔다. 반면 역동적인 평가는 실제적 발달수준과 잠재적 발달 수준을 동시에 파악하기 위한 평가이며 특정시점에서 무엇을 얼마나 학습했는가, 앞으로 무엇을 어느 정도 학습할 수 있는가를 확인하기 위한 평가방식이다. 또한 아동이 문제해결을 하지 못하면 단계별로 힌트를 주어서 문제를 풀 수 있나 확인한다. 힌트를 활용하는 능력은 발달잠재력의 정도를 나타내므로 근접발달영역을 측정하기 위한 토대가 되기 때문이다. 따라서 특정 문항에 오답을 했다고 하더라도 힌트를 이용해서 문제를 풀 수 있는 학생은 그렇지 못한 학생보다 잠재력이 높다고 해석한다. 교사는 아동이 도움을 어떻게 사용하고 또 어느 정도의 지원이 필요한지에 대해 주의 깊게 살펴보고 듣고 기록한 다음 이 정보를 교수방식에 따른 학생의 또래학습, 학습 과제, 과제물을 계획하는데 적용한다. Vygotsky는 역동적 평가를 미래지향적인 평가라 하며 교육적 및 경험적 배경이 상이한 학생들을 평가하고자 할 때 중요하다고 하였다. 다음은 역동적 평가의 특징이다.

- 교육목표의 달성도뿐만 아니라 향상도를 평가한다.
- 학습결과뿐만 아니라 학습과정도 평가한다.
- 절대평가로 실시되며 지속적이고 종합적인 평가를 중시한다.
- 개발학생의 학습활동을 개선하고 교육적인 지도 및 조언 제공을 중시한다.

(6) 비계(발판화)(scaffolding) 설정

아동이 근접 발달영역에 있을 때는 구조화할 수 있는 단서를 제공한다든지 세부적인 내용이나 단계를 기억할 수 있도록 조력자의 격려나 도움이 필요하다. 성인 또는 뛰어난 동료는 아동이 지적으로 성장하는데 필요한 요소를 지원하는 안내자, 교사의 역할을 할 수 있는데 이러한 조력을 발판 혹은 비계설정이라고 한다. 발판이라는 개념은 Vygotsky가 직접 제안한 것은 아니며 Wood등이 Vygotsky의 이론을 적용하여 소개된 용어이다. 발판은 건축 용어로 콘크리트 구조물을 만들 때 콘크리트가 굳을 때까지 구조물의 모양을 지탱해주는 기능을 하는 거푸집이나 지지대를 말한다. 건축 초기에는 발판을 땅에 굳게 설치해야 한다. 공정이 진행됨에 따라 발판의 높이도 높아지며 건물이 완성되면 발판이 필요하지 않게 된다. 비계설정은 다음과 같은 다섯 가지 특성을 가진다.

- 비계설정은 학습을 지원해 준다.
- 비계설정은 버팀목의 역할을 하는 하나의 도구이다.
- 비계설정은 작업자의 작업 영역을 확대시켜 준다.
- 비계설정은 불가능한 과제를 가능하게 해준다.
- 비계설정은 학습자들의 도움이 필요한 곳에 선별적으로 사용되어진다. 즉, 지면으로부터 얼마 높지 않아서 작업자의 키에 닿을 수 있는 높이에는 비계가 필요 없다.

비계설정은 아동이나 문제의 초보자들이 과업을 성취하고 자신의 능력에 닿지 못하는 목표를 성취할 수 있도록 도와주는 것이다. 이러한 비계설정은 처음에는 아동이 할 수 없는 문제해결의 요소들을 성인이 통제하다가 차츰 아동들이 집중하도록 하고 결국에는 자신의 능력 안에서 그러한 과제들을 스스로 해결할 수 있도록 하는 것이다. (Wood, Bruner, and Ross,1976)

즉, 비계(scaffolding)는 동료나 성인에 의해 제공되는 조력을 말한다. 예를 들어 부모들이 어린 아이들에게 칫솔질이나 젓가락질 하는 방법을 가르칠 경우 발판화를 사용하여 처음에는 부모가 시범을 보이며 그 방법을 잘 설명해주고 아동이 실수하는 부분은 부모가 다시 교정해주는 과정이 계속되면 얼마 후 혼자서도 할 수 있는 단계에 도달하는 것을 볼 수 있다.

비계설정의 목적은 학생이 '자신의 근접발달영역에서 과제를 해결하게 하는 것'과 '자기조절을 증진시키는 것이다.' 이러한 비계설정 과정에서 중요한 것을 아동들이 할 수 없는 높은 수준의 과제를 해결을 위해 처음에는 많은 도움을 제공하지만, 아동들의 능력이 향상되어감에 따라 차츰 도움을 감소시켜서 아동들의 책임감을 가능한 빨리 증가하도록 하여 결국에는 자신의 능력 안에서 그러한 과제들을 스스로 해결할 수 있도록 하는 것이다.

발판화는 상호작용과정을 통해 학습이 점진적으로 향상된다는 것을 비유한 것이다. 본질적으로 발판화는 교사와 학습자의 상호협력관계를 강조한다. 교사나 부모가 아동의 학습을 조력할 수 있는 구체적인 발판화의 방법을 몇 가지 알아보자.

절차적 촉진물

학생이 암묵적으로 기술들을 배우도록 돕는 발판을 제공해 준다. 예를 들어 교사는 학생이 글을 읽은 후 누가, 무엇을, 언제, 어디서, 왜, 어떻게 같은 신호단어들을 사용하여 질문을 만들어 내도록 권장할 수 있다.

촉진물 사용을 모델링하기

위의 예의 교사는 읽은 책에 관한 질문들을 만들어 내는 모델이 되어줄 수 있다.

소리 내어 사고하기

교사의 전문적 사고과정을 그대로 본떠서 학습자가 문제를 처리하기 위해 절차적 촉진물을 사용할 때 행하는 수정과 선택을 학생들에게 보여준다.

어려운 영역들을 예상하기

교수의 모델링과 발표단계를 예로 들면 교사는 학생들이 저지를 수 있는 오류들을 예상하고 그에 대해 논의한다.

단서카드 제공하기

학생들이 공부할 때 참조할 수 있도록 절차적 촉진물을 단서카드들에 적어준다. 학생들이 연습을 거듭함에 따라 이 카드들은 점차 불필요해진다.

난이도 조절하기

암묵적 기술을 내포하는 과제들을 도입할 때에는 처음에는 단순한 문제를 주면서 시작해서 각 단계가 끝나면 연습을 하게하고, 점차 과제의 복잡성을 증가시킨다.

반쯤 완성한 예를 제시하기

학생들에게 문제를 반쯤 풀어서 제시하고 결론을 내리게 만드는 것은 학생들이 궁극적으로 자기 힘으로 문제를 푸는 방법을 가르치는 것이 효과적이다.

상호적 교수

교사와 학생이 교사의 역할을 번갈아가면서 한다. 교사는 학생이 논의를 이끌어나가고 스스로 질문을 던지는 것을 학습하는 과정에서 지원을 제공한다.

점검목록 제시하기

학생들에게 자기 점검 절차를 가르쳐서 자신의 반응의 질을 스스로 조정하도록 돕는다.

(7) 근접발달영역에서 학습 지도

학생들은 스스로 이해에 도달해야 하지만 다른 학생들이나 교사의 지원도 주어지는 상황에 놓여 져야 한다. 때로 가장 좋은 교사는 문제를 방금 해결한 다른 학생이다. 왜냐하면 이 학생은 학습자의 근접발달영역에서 활동하고 있을 것이기 때문이다. 학생들에게는 설명, 시범, 그리고 다른 학생들과의 작업, 즉 협동학습의 기회가 주어져야 한다. 학생이 자신보다 조금 더 잘하는 누군가와 함께 작업하게 하는 것도 좋은 생각이다. 이와 함께, 학생이 언어를 사용하여 자신의 사고를 조직하고 또한 자신이 성취하고자 하는 것에 대해 이야기하도록 격려해야 한다. 대화는 논의는 학습을 하게 하는 중요한 수단이다.

(8) 근접발달영역에서 의사소통

의사소통을 위한 문어는 정신기능에 대한 의식적인 자각의 발달과 정신기능들을 자발적 통제 하에 놓는데 주 역할을 담당한다. 학습자가 언어의 상징적 의사소통적 체계에 대하여 알게 되면 사고 자체가 반성이 된다. Vygotsky 이론에 근거하여 수업을 하는 교사들은 다양한 상징적 의사소통의 우형을 활용하고 통합하여 수업환경이 학습자들에게 익숙하도록 해야 한다. 읽기, 쓰기, 추론하기 등과 같은 의사소통 기능은 느낌이나 의미와 상관없이 학습자에게 구성훈련을 시키는 단절적 고정적 단계적 방식으로 지도할 수 없다. 실제 상황에서는 의미의 이해와 의사소통으로서의 문어 사용이 중요하다. 이러한 것을 사용한 교육적 접근법이 총체적 언어 교수 접근법이라고 한다(Berk & Winsler, 1995).

(9) ZPD에서 쓰기의 내면화와 근접실행영역(ZPP)

Albert(2000)는 구어를 통한 사회적 상호작용이 내면화되기 위해서는 자신의 도움을 받는 또 다른 영역인 근접실행영역(zone of proximal practice; ZPP)이 존재해야 한다고 주장하였다. ZPD에서 다른 사람의 도움을 받아 잠재적인 능력에 도달하기 위한 사회적 상호작용을 한 후, 내면화 과정을 거쳐 쓰기를 통해 자신의 도움으로 문제를 해결할 수 있는 ZPP가 필요하기 때문에 ZPD의 확장이 필요하였다. Albert는 ZPP를 통해 자기 비계, 자기 조절, 자기 사고과정이 이루어지고, 이것이 다시 준사회적 방식을 통해 다른 사람과의 사회적 상호작용에서 출발하는 순환과정이 된다고 하였다.

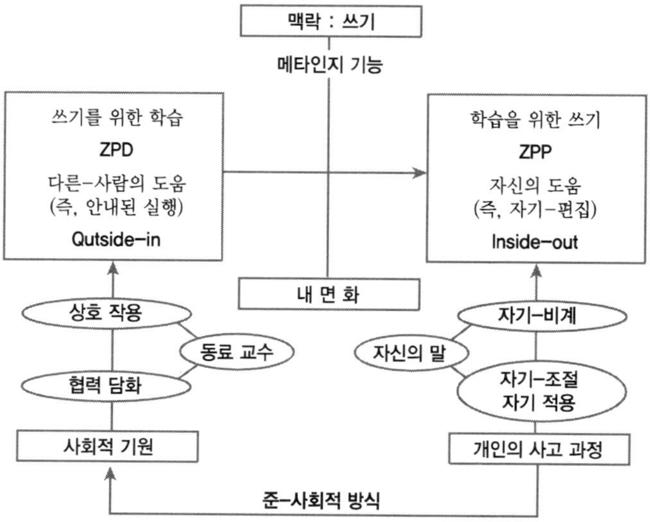

[그림 6-3] **ZPP : Vygotsky의 ZPD구성의 확장** (Albert, 2000)

(10) 근접발달영역을 넘어선 진전의 순환과정

Gallimore와 Tharp(1990)는 근접발달영역과 근접발달영역을 넘어선 진전의 순환과정을 제안 하였다. 근접발달영역은 시간적 순서에 따라 유능한 타인의 도움을 받는 1단계와 자신의 도움에 의한 2단계로 구성되고 내면화, 자동화, 화석화의 3단계를 거쳐 탈자동화의 4단계를 따라 순환한다고 하였다. 여기서 Albert의 ZPP는 ZPD내의 두 번째 단계에 포함되며 그 이후에 내면화가 이루어지는 것으로 볼 수 있다.

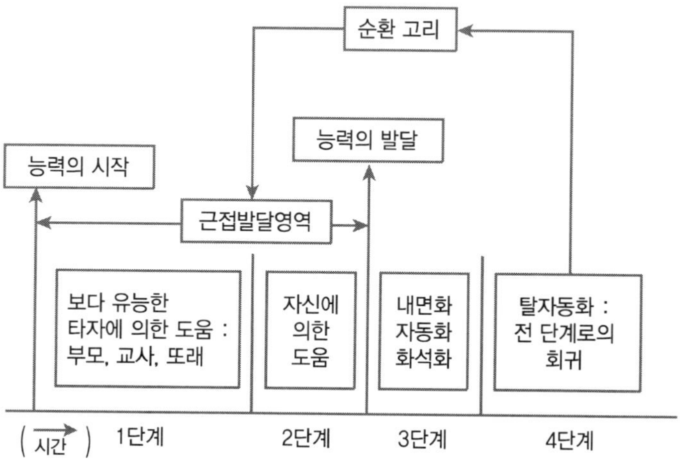

[그림 6-4] **근접발달영역과 그를 넘어선 진전 순환** (Sallimore & Tharp, 1990)

05 Vygotsky 이론의 적용

1 분석의 방법으로서의 단위분석

수학 교수-학습을 분석하는 접근법은, 그 방법에 따라 다른 해결 방책을 제시하게 된다 단위분석이라고 하는 비고츠키의 방법은 적절하게 부분을 분리하면 그 부분에 의하여 간접적으로 전체의 복잡성을 복원할 수 있다는 생각에 바탕을 두고 있다. 그렇지만 단위에서는 전체의 의미가 변증법적인 관계를 이루며 역동적으로 작용하기 때문에, 단위는 구체성을 띠고 있다.

> "해가 작은 물방울 하나에도 반영되듯이 의식은 말 가운데 자기를 표현한다. 작은 세계가 큰 세계로, 살아있는 세포가 몸에, 원자가 우주에 관계하는 것과 같은 방식으로 말은 의식에 관계한다. 말은 의식의 작은 세계이다. 의식이 부여된 말은 인간 의식의 소우주이다." **(Vygotsky, 1987)**

수학교육의 단위로 수학교실을 채택하는데, 그 이유는 수학교육에 관련된 모든 것이 투영되고, 따라서 그것들을 살펴볼 수 있기 때문이다. Vygotsky가 말한 단위분석이라는 것은 겉보기에 곤란한 과제이다. 연구 대상을 잘게 나누어 요소로 분해하면 전체의 속성을 파악하지 못하게 된다. 단위는 탐구 대상 총제가 가지는 의미를 유지하는 하한이다. 수학교실을 교사와 학생이라는 형식적인 관계를 맺고 있는 양자가 과학적인 개념으로서 수학개념을 교수-학습의 장, 바로 과학개념의 형식교육이 일어나는 장이라고 한다면, 수학교육을 분석한다고 할 때 수학교육의 모습과 의미를 총체적으로 유지하는 하한으로서 단위는 수학교실일 것이다. Vygotsky는 단위분석을 다음과 같이 기술하고 있다.

> 사항이 아닌 과정의 분석, 실제 인과-역동적인 연계와 관계를 드러내면서 그 과정의 외적특성을 해체시키지 않는 분석, 그래서 결국 기술 분석이 아닌 설명 분석, 시작점으로 돌아가서 ... 모든 발달 과정을 다시 구성하는 발생 분석으로 정리할 수 있다. **(1997a, 72쪽)**

2 학교교육과 인지발달

Vygotsky에 의하면, 교수는 두 가지 방법으로 발달에 영향을 미친다. 하나는 훌륭한 학습은 발달에 우선하고 발달을 이끈다. 교수-학습은 근접발달영역에 있는 기능들을 일깨우기 때문에 발달에 매우 중요한 역할을 한다는 것이다. 즉, 아동이 오늘 교사와 함께 성취한 과제는 내일 혼자서 할 수 있다.

> "그것들은 인간 사고의 특성을 이끌어 내고 아동의 새로운 발달 수준으로 안내한다." 따라서 교수계획은 교수가 시작될 수 있는 어떤 최소한의 인지기능의 발달이 요구되는 가장 낮은 역치(threshold)를 결정하는 것이다. (Vygotsky, 1934/1962, p.104)

이때 수업을 계획하는 과정에서 출발점도 결정해야 한다. 최소한의 인지기능은 필요하기 때문이다. Montessori와 같이 Vygotsky도 아동의 수용성이 특정 시기에 더 높기 때문에 수업의 영향력도 그러한 특정시기에 더 크다고 보았다. 아동의 행동과 말, 과제구성능력에 민감해야 아동이 능력을 숙달할 수 있다. 그러므로 교사의 자질로 중요한 것은 아동의 행동과 말에 민감하고 아동에게 나타나고 있는 능력을 훈련시킬 수 있는 과제를 구성할 수 있는 능력이다.

교수가 발달에 영향을 미치는 두 번째 방법은 학교에서 읽기와 셈하기 같은 과목을 가르치는 것이다. 이런 과목에는 인식과 의도적인 통제를 필요로 하는 조작이 포함되어 있다. 덧셈이나 곱셈을 계산하고, 의식적으로 조작학고, 주제 개념에 대해 생각하는 것을 학습함으로써 복잡한 사고 기능을 발달시킬 수 있다.

학교교육이 인지기능을 발달시킨다는 증거는 많다. Piaget의 인지발달에서 구체적 조작능력의 발달은 학교교육의 영향을 받지 않지만 형식적 조작능력의 발달에는 학교교육이 필요하다(Cole, 1995, p.99). 인간의 정신기능이 동물의 그것과 다른 점은 문화적으로 매개되고 역사적으로 발달하며 실제적 행동에서 더 나아간다는 것이다. Luria가 연구한 형식적 학교교육과 연역적 사고능력 간 관계를 보자(Cole, 1995, p.100). "시베리아의 모든 곰은 흰색이다. 내 친구 이반은 어제 시베리아에서 곰을 한 마리 보았다. 그 곰은 무슨 색일까?"하는 질문에 학교교육을 받지 않은 중앙아시아 농부는 "나는 시베리아에 가보지 않아서 모르겠다." "이반은 네 친구라고 했으니 그에게 물어 보라" 등 답이 자신들의 경험과 상황의 한계를 벗어나지 못하였다. 그러나 몇 년간 논리적 사고와 관련된 교육을 받은 후에는 이러한 한계가 사라졌다. 형식적 학교교육은 기억, 분류, 가설적, 이론적 사고 등의 고등정신기능을 발달시킨다고 결론을 내릴 수 있다(Cole, 1995).

3 교수학습법의 적용

다른 사람의 도움을 받아서 학습할 수 있는 것은 무엇인지 등을 파악하여 활동계획을 수립해야 한다. 또한, Vygotsky의 이론은 어떤 것이든 누구에 의해서나 가르쳐질 수 있다는 것을 의미하는 것은 아니다. 근접발달영역 내에서 발달을 촉진시킬 수 있는 수업과 활동만이 해당되는 것이다. 예를 들어, 만일 아동이 여러 번의 시도에도 불구하고 단어의 발음을 구분할 수 없다면 그 아동은 그러한 기술을 가르치는 수업에서 즉각적인 효과를 기대할 수 없게 된다. 사전에 알고 있는 기술의 연습과 너무 어렵고 복잡한 개념의 수업은 긍정적인 효과가 적다.

(1) 발판화를 학생들의 필요에 맞춘다.

① 학생들이 새 과제나 주제를 시작할 때 모델, 문장의 도입부, 지시, 피드백 등을 제공해준다. 학생들의 능력이 신장됨에 따라 지원을 줄이면서 독자적으로 일할 수 있는 기회를 더 많이 준다.
② 프로젝트를 할 때 난이도의 수준이나 독자적 작업의 정도를 스스로 선택하게 한다. 도전해 보도록 장려하며 문제가 잘 풀리지 않으면 도움을 청하게 한다.

(2) 학생들이 사고를 지원하는 강력한 도구를 사용할 수 있도록 해준다.

① 학생들이 학습 및 조직화 전략, 연구 장비, 언어적 도구(사전, 컴퓨터 검색), 문서 편집 등의 프로그램들을 사용하도록 가르친다.
② 도구사용의 모델이 되어준다. 계획을 세우고 시간을 관리하는데 이용하는 도구로 아이들에게 모델이 되어준다.

(3) 대화와 집단 학습을 이용한다.

① 또래 교습을 실험한다. 어떻게 하면 좋은 질문을 하고 유익한 설명을 할 수 있는지 가르친다.
② 협동학습을 하게 한다.
가. 능력 수준이 다양한 학생들로 집단을 구성하는 것이 좋다. 좀 더 능력이 있는 동료에게 개인지도를 받는 것이 근접 발달 영역 내에서 성장을 촉진시키는데 효과적이다.
나. 자신의 학습에 더욱 책임이 있는 학생들과 함께하는 비계를 강조한다.

4 수업에서 발생론적 발달법칙

인간의 내적인 심리기능(인지기능, 고등정신기능)은 아동이 그가 속한 문화의 지식을 가진 성인과 상호작용을 함으로써 시작된다. 그렇다고 해서 사회적 차원의 심리기능이 개인적 차원의 심리기능으로 갑작스럽게 변화하는 것은 아니다. 성인과 어떤 것을(가령 문제풀이) 해보았다고 해서 금방 혼자서 할 수 있는 것은 아니기 때문이다. 물체를 붙잡으려는 행위가 지시행위로 변하는 것도 상당한 반복 후에 가능하다. 이렇게 아동이 자신의 행동의 의미를 성인들이 해석하는 것과 같은 의미로(또는 같은 방향으로) 이해하고 또 그런 의미로 사용하려면 그 행위의 상당한 연습과 반복이 필요하다.

수업과 지적 발달의 관계는 반드시 1 : 1의 대응관계가 이루어지는 것은 아니다. 가령 수학을 문제를 1단계부터 5단계까지로 나누어 가르치는 경우 한 단계 한 단계를 가르칠 때마다 상응하는 수학적 사고가 수반되는 것이 아니라 마지막 5단계에 가서야 아하! 하는 깨달음이 일어날 수도 있다는 말이다.

5 기호화 과정

Vygotsky 이론에서 중요한 것은 의사소통에 사용되는 기호와 상징이 곧 인지발달의 기본이라는 점이다. 아동은 손가락을 사용하여 수셈을 하는 것과 같은 외적 상징의 사용에서부터 머리로 셈을 하고 논리적 기억을 하는 것과 같은 내적 언어로 발달해간다. 학교공부는 아동들이 계획을 세우기 위해 말을 활용하도록 도울 뿐만 아니라 외적 언어에서 내적 언어로의 변환도 돕는다.

6 학교환경 설정

학생들의 수행을 효과적으로 돕기 위해서는 억압적 의미를 내포하는 권위나 감독은 불필요하다. 학생들을 가르치는 데 있어서 권위적 요소들은 상호작용을 위축시키면서 효율적인 도움의 제공을 방해할 뿐이다. 또한 학교환경을 활동 환경으로 설계한다. 즉, 협동적 상호작용, 상호주관성, 수행보조가 있는 환경을 설계한다.

7 학습자 중심-교사 주도의 대화

Vygotsky의 이론에 비추어 수학교실에서 이루어지는 교수-학습은 교사와 학생 사이의 의사소통을 전제로 하고 있다. 이때 이루어지는 의사소통의 모습은 일방적인 의사전달, 곧 교사의 강의에 학생들이 드문드문 반응하고 질문하는 수업도 아니고 학생들끼리의 자유토론에 교사가 단순히 보조하는 형태도 아니다. 수업 내용이나 방식은 근접발달영역을 토대로 학생중심으로 결정되고 의사소통에 의한 상호작용은 교사가 주도하여 안내하는 가운데 학생들이 발전해 가는 교수-학습을 말한다. 다시 말해서 교사가 학생들의 인지 기준을 기초로 하여 목표(잠재적 발달수준)를 설정하고 그것을 달성하기 위해 설명과 질문을 활용하고, 학습자들의 활동을 안내함으로써 학습자들을 그 방향으로 이끌어 가는 것을 일컫는다. 의미를 발견하여 개념을 이해하는 것은 학생들이지만 교사는 그들의 잘못된 생각을 바로잡으며 생각이 막히지 않도록 적극 개입함으로써 목표 지점까지 이끌어 간다.

수학 교실에서 대화를 학생 중심으로 이끌어 가기 위해서 교사는 미리 학생들이 달성해야 하는 잠재적 발달 수준으로 설정한 명확한 개념이나 목표를 갖고 있어야 한다. 이것을 토대로 교사는 개념이나 기능에 대하여 교사의 정확한 설명이 필요한지 아니면 학생들로부터 이끌어낼 수 있는지, 모델 형성을 위한 교사의 시범이 필요한지 아니면 학생들의 활동으로부터 모델을 형성할 수 있는지, 매개체나 교구를 쓸 것인지 하는 것들을 미리 구상하고 준비해야 한다. 또한 다른 교과, 단원과 맺고 있는 관련성, 다루는 개념의 역사적 발달과정을 정확히 알고 적절한 수준과 시점에서 구사할 수 있도록 해야 한다. 교사가 안내를 해야 하지만 학습하는 내용을 이해하는 것은 학습자이다. 그러므로 수학 교실 안의 모든 활동은 학생의 이해, 곧 근접발달영역의 상한계인 잠재적 발달수준을 실제적 발달수준으로 전환시키기 위해 집중되어야 한다.

8 상보적 교수(상호 수업)

Vygotsky 자신은 구체적인 수업방법을 제시한 바가 없다. 그러나 근접발달영역 개념을 적용한 수업 방법으로 Brown & Palincsar(1989)의 상보적 교수(reciprocal teaching)를 들 수 있다. 상보적 교수의 목표는 학생들이 자신이 읽은 것을 깊이 생각하고 이해하도록 돕는 것이다. 이 목표를 위해, 소규모 읽기 집단의 학생들은 네 가지 전략, 즉 구절의 내용 '요약하기', 요점에 대해 '질문하기', 어려운 부분 '명료화하기', 다음에 무엇이 올지 '예측하기' 등을 배워야 한다. 이런 것들은 학생들이 거의 자동으로 적용해야 하는 전략들이다. 상보적 교수를 하는 방법으로는 먼저 교사는 전략을 설명하고 모델을 보여주고 학생들에게 연습하도록 격려를 한다. 다음에 교사와 학생들은 짧은 문단을 마음속으로 읽는다. 교사는 읽은 것에 기초하여 요약하기, 질문하기, 명료화하기, 예측하기를 보여준다. 모든 학생들은 다음 문단을 읽는다. 학생들은 점진적으로 교사의 역할을 맡기 시작한다. 종종 학생들의 첫 번째 시도는 불완전하고 부정확하다. 하지만 교사가 학생들이 과제를 수행할 때(가령, 질문 줄기(Stems) 제공하기 같은) 단서와 안내 격려 및 지지를 하고 학생들이 전략을 숙달할 수 있도록 모델을 보여주면 점점 완전하고 정확해진다.(발판화) 상보적 교수의 목표는 학생들이 독립적으로 이런 전략들을 읽기에 적용하는 법을 배워서 교재를 이해할 수 있게 되는 것이다.

9 협동학습

Vygotsky는 근접발달영역의 개념을 소개할 때, 성인들 뿐 아니라 보다 유능한 또래가 아동의 발달을 도울 수 있다고 하였다. 즉 아동의 근접발달영역에서 학습을 격려하는 사람이 반드시 성인일 필요는 없다. Vygotsky의 이론에 기초한 교실에서는 아동들이 또래들과의 활동에 상당히 많은 시간을 보낸다. Vygotsky는 또래들 간의 인지적 갈등은 공동 활동에 참여하는 아동들이 서로 그 과제 상황에 대한 공동의 의견을 모으고 상호주관성에 도달할 수 있을 때 인지발달을 촉진시킬 수 있다고 했다.

10 수준별 수업

전통적인 수업은 하나의 수준의 비계만 설정해 주는 수업이다. 반면 개별화 수업은 모든 학생의 수준에 맞는 비계를 설정해 주는 수업이다. 개별화 수업은 현대교육의 이상적 대안이나 현재 처한 학교의 상황에서는 불가능하다고 볼 수 있다. 수준별 수업은 개별화 수업과 전통적 수업의 중간쯤 위치한다. 현재 학교 상황에서 개별화 수업은 불가능하고, 또한 전통적인 수업에 대한 대안이 수준별 수업이다. 학생들을 몇 개의 집단으로 나누어 편성한 다음, 각 집단의 수준에 맞는 비계를 설정해 준다.

Vygotsky는 근접발달영역의 구체적인 측정 방법이나 근접발달영역에서 아동을 어떻게 가르칠 수 있는지에 관해서는 더 이상 언급하지 않았으나 근래 이 영역에 관한 연구가 많이 진행되고 있다.(한순미, 1999)

11 수업과 평가에 대한 시사점

(a) 아동은 외적 대화를 내면화함으로써 학습한다. 아동은 주위환경을 관찰함으로써 비판적으로 사고하는 것을 학습한다. 교사로서 가장 중요한 측면 중 하나는 학생들에게 모델의 역할을 제공한다는 것이다.

(b) 아동은 자기 자신의 최대한의 능력수준을 거의 발휘하지 못한다. 교사는 아동에게 많은 것을 기대한다. 그러나 때로는 교사는 아무것도 기대하지 않을 수도 있다. Vygotsky의 관점은 아동은 근접발달 영역을 가지고 있기 때문에 교사가 적절한 지도를 할 때 이 범위 내에서 최적의 발달이 일어난다는 것이다.

(c) 언어와 사고는 매우 밀접한 관련성을 가지고 있다. 언어가 지시적 수업이나 중재학습 경험 모두에 있어서 매우 중요하다는 점은 특히 학교에서 사용되는 언어와 자신의 모국어가 다른 아동에게 중요한 시사점을 제시해준다. 즉, 교사는 아동이 사용하는 모국어를 사용하지 못하게 하기 보다는 잘 개발시켜 줄 필요가 있다.

06 Piaget와 Vygotsky의 비교

관점	Piaget	Vygotsky
공통점	발달은 개체와 사회의 상호작용으로 발생한다. 학습자는 능동적인 존재이다. 발달은 급격한 변화로 구성된 역동적인 과정이다.	
인지발달의 영향력	개인내부에 존재. 사회 환경 영향 간과.	사회 환경의 영향 강조. 상호작용을 통한 사회학습.
지식관	평형화 중시	내면화중시
언어의 역할	사고의 징표	사고발달에 핵심적인 역할
학습과 발달의 관계	학습→발달	발달→학습
상호작용	다른 아동>성인	유능한사람과의 상호작용

07 Vygotsky 이론의 수학 교육적 시사점

(1) Vygotsky 이론에 의하면 고차적 정신 기능의 발달과 내면화를 위해서는 언어에 의한 중재가 중요하다고 하였다. 언어에 의한 중재란 결국 수학교실 구성원들 사이의 의견교환 활동을 의미하는 것이다. 이러한 수학적 의견교환은 교사와 학생 또는 학생들 사이의 말하기와 쓰기, 그리고 표상활동을 모두 포함하고 있다.

(2) 학생들로 하여금 풍부하고 다양한 수학적 의견교환의 기회를 가질 수 있도록 해 주어야 한다는 점이다. 사회적 구성주의로 대변되는 Vygotsky 이론을 수학교실에서 실천하는 방법은 학생들에게 소그룹별 학습을 보다 많이 하도록 하는 것이다.

(3) 소그룹에서 수학적 의견교환의 활성화를 위한 것이다. 수학적 추측이 부족한 교과서식문제를 사용하는 수학수업에서 수학적 의견교환은 주로 답이나 문제풀이를 서로 비교해 보고 도움을 요청하는 경우, 즉 단순히 이 답을 어떻게 구했는지에 대한 설명이 전부를 차지한다. 이런 형태의 수학적 의견교환을 지양하기 위해서는 수학적 추측이나 반박 또는 과학처럼 실험에 의존할 수 있는 다양한 일상생활의 경험을 바탕으로 하는 수학적 문제 선정이 필수적이며 이는 전적으로 교사의 관심과 노력에 달려있다.

(4) 수학교실에서 교사의 역할에 관한 것이다. Vygotsky 이론에서 비추어 보면 수학교사는 학생의 훌륭한 인지적 모델이 되어야 함을 말한다. Vygotsky는 그의 이론에서 모델이라는 용어 대신에 '모방(imitation)'이라는 용어를 사용했다. 일상생활에서 보면 아이가 수를 세거나 숫자를 읽을 때도 부모나 어른으로부터의 모방에 의해서 배우게 된다. 수학교과에서 문제해결 방법을 배우는 것도 이와 같은 식으로 학생들은 교사의 시범을 모델화(모방화)를 통해서 이 고차적 정신기능을 배운다고 할 수 있다.

(5) 수학교사의 모델링은 반드시 학생의 ZPD 내에서 이루어져야 한다. 만약 학생의 ZPD의 최저 수준과 최고 수준의 범위 밖에서 행해지는 모델링은 인지적 기능의 내면화를 가져오기보다는 오히려 학생의 무관심과 단순하고 무의미한 모방에 그쳐 아무런 학습을 가져올 수 없을 것이다.

08 요 약

미국의 전국수학교사협의회(NCTM)에서 발간된 보고서에서 눈에 띄는 것은 "수학적 의견교환"이라는 슬로건이다. 이것은 1980년대의 문제 해결 학습, 인지 심리학, 정보처리 이론, Piaget의 인지발달 이론 등에서 주장해 왔던 개인적 수학 활동의 합리성에 의문을 제기하고 있다. 이 슬로건이 취하고 있는 수학적 지식의 인식론은 Vygotsky의 사회-문화적 심리학에 바탕을 둔 '사회적 구성주의'이다. 즉 인간의 모든 지식은, 수학적 지식도 포함해서, 인간의 사회, 문화적 활동의 참여를 통한 '의견교환'에서 발생된다는 것이다, 교사가 의견교환을 통해서 수학을 가르치는 경우 교사와 학생들 간의 역할은 완전히 새로운 모습을 하게 된다. 지식의 전달자로서 칠판 앞을 지켜온 교사는 학생들이 무슨 의견을 교환하는지 귀를 기울이기 위해서 학생들에게 다가가게 되고, 틈틈이 그들의 대화에 함께 참여하며, 의견교환이 어려운 학생들 사이에는 대화의 조정자 역할을 하게 된다. 이러한 교실에서 학생들은 모든 수학적 지식의 결정권을 교사에게 의존하는 데서 벗어나 수학적 문제의 해답이란 교사나 해답자에 의한 절대적 진리를 의미하는 것이 아니라, 일시적 진리로서 학생들 스스로가 의견교환을 통해서 그 진리의 절대성 여부를 결정해야 한다는 사실을 배우게 된다.

지금까지 나온 수학교육에 관한 여러 이론을 보면 수학지식에 대한 관점에 대응하는 각각의 교수-학습에 대한 입장을 보이면서 수학교육이 스펙트럼을 형성하고 있다. 이른바 수학(지식)에 대한 절대주의적 관점을 토대로 하고 있는 주입식의 교수-학습, Piaget의 이론을 바탕으로 한 구성주의, 수학 지식은 본질적으로 개인이 구성한다는 입장을 찬층 강조하는 급진적 구성주의, (급진적)구성주의에서 출발하여 Vygotsky의 관점을 받아들였다는 상호작용주의와 같은 것들이 있다. 절대주의적 관점 이외의 것들은 모두 수학지식은 상대적이라하는 지식 상대주의에 그 근거를 두고 있다.

절대주의적 지식관과 관련된 수학 교수-학습의 형태는 수학 지식을 보편적인 불변의 산물로 보기 때문에, 그러한 지식을 알고 있는 교사가 그것을 전달하면 학생은 수용하는 형태의 수업이 이루어진다. 상대주의적 지식관에 근거한 수학 교수-학습 형태에서는 교사가 알고 있는 지식조차도 상대적인 것이기 때문에, 수학교실에서는 교사도 학생과 마찬가지로 수학지식을 구성하는 구성원의 한 사람으로 역할을 하게 된다. 여기서는 학생의 발달 수준에 학습과 그 내용이 종속되는 상황을 전제로 한다. 그러므로 전자의 경우는 학습에서 학생의 능동성이 무시되고, 후자의 경우는 발달에서 학습의 역할이 경시됨으로써 교사의 역할을 소홀히 여기게 된다. 이와 같이 교수와 학습, 교사와 학생의 관계가 일방적으로 치우치지 않고, 둘의 능동성이 적극적으로 발현되는 수학교실을 구현하기 위해서는 새로운 지식관과 그에 다른 수업형태가 요구된다. Vygotsky의 입장과 이것이 일치하는 시작이다.

학습이 발달을 주도한다는 생각, 근접발달영역과 내면화, 학습의 기초로서 모방에 대한 적극적인 해석, 교수와 학습 그리고 교사와 학생의 관계를 새롭게 정립하는 시각을 제공하는 분석의 방법으로서 단위분석과 같은 것들이 Vygotsky가 교육에 제공한 시사점이라 할 것이다.

참고문헌

권대훈(2006). 『교육심리학의 이론과 실제』. 서울 : 학지사.

권성룡(2006). 『테크놀로지와 함께하는 수학교육』. 서울 : 경문사.

김동수(2002). 「수학교육의 비고츠키적 접근에 관한 연구」, 중앙대학교 교육대학원 논문

로버트 E·슬래빈(2005). 『교육심리학』(이론과 실체 제7판). 서울 : 시그마익스프레스.

윤정륜(2002). 『학교교육심리학』. 서울 : 형설출판사.

이종희, 김선희(2003). 『수학적 의사소통』. 서울 : 교우사.

임규혁·임웅(2007). 『교육심리학』. 학지사.

조윤동·박배훈(2002). 「비고츠키의 이론의 수학 교육적 적용에 관한 연구」. 한국교원대학교 대학원 논문.

한순미(1999). 『비고스키와 교육』. 서울 : 교육과학사.

Albert, L. R. (2000). Outside-in Inside-out : Seventh-grade students' Mathematics Thought Process. *Educational Studies in Mathematics*, *41*, 109-141.

Berk, L. E. & Winsler, A. (1995). 『어린이들의 학습에 비계설정-비고스키와 유아교육』. 홍용희 옮김. 서울 : 창지사.

Vygotsky(1962). *Thought and Language*. 신현정 옮김(1985). 『사고와 언어』. 성원사.

Vygotsky(1978). *Mind in Society : The development of Higher Psychological Process*. 조희숙, 황해익, 허정선, 김선욱 옮김(2000). 『비고츠키 사회 속의 정신』. 양서원.

Chapter 06

생각해 볼 문제

[1~2] 아동의 발달과 사회 작용을 중시한 비고츠키의 이론 중 학습의 잠재력이라 볼 수 있는 근접발달영역은 학생의 성장 잠재력을 높이고 개인차를 고려한 수준별 교육과정을 추구하는 수학교육과정과 부합된다고 볼 수 있다.

01 근접발달영역 내에서 보다 능력 있는 협력자가 과제에 대한 상대방의 수행 능력에 따라 도움을 주는 것을 비계설정이라 하며 교사가 교수하는 동안 비계설정 즉 도움의 질은 어떻게 변하는지에 대해서 설명하시오.

02 9-나 단계의 학생을 대상으로 김 교사는 피타고라스 정리에 대해서 수업을 하였다. 다음은 비고츠키의 근접발달영역을 고려한 학습 지도를 하기 위해 다수의 학습자의 근접발달영역에 있는 문제로 형성평가를 하려고 한다.

형성 평가	아래의 그림의 삼각형 ABC에서 $\overline{AB}=5$cm, $\overline{AD}=3$cm, $\angle C=90°$이고 $\overline{BD}=\overline{CD}$일 때 $\overline{CD}=x$와 $\overline{AC}=y$의 값을 구하시오. 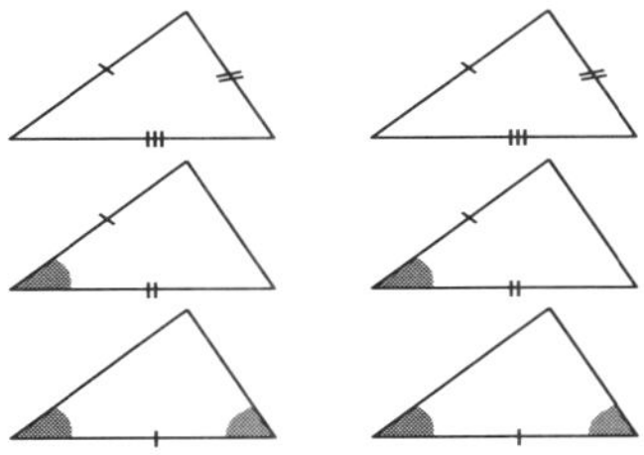

위의 형성 평가는 학습자의 실제적 발달 수준 보다 높은 수준의 문제이다. 이때 가능한 교사의 적절한 비계를 제시하여 문제를 해결하는 과정을 설명하시오.

03 비고츠키(Vygotsky)의 ZPD를 수학교육적 관점에서 논하시오.

04 Albert의 ZPP는 Vygotsky의 ZPD와 어떠한 관계를 가지고 있는지 설명하시오.

05 Vygotsky와 Piaget의 이론에 대하여 비교하시오.

06 Vygotsky의 인지발달에 관한 견해를 논하시오.

07 아동이 근접 발달영역에 있을 때는 구조화할 수 있는 단서를 제공한다든지 세부적인 내용이나 단계를 기억할 수 있도록 조력자의 격려나 도움이 필요하다. 이러한 의미를 지닌 비계(Scaffolding)의 5가지 특징을 서술하시오.

08 Vygotsky가 설명한 주도적 행동에 따른 6개의 발달단계를 서술하시오.

09 Vygotsky 이론의 기초 4가지를 약술 하시오.

10 Vygotsky이론의 수학교육적 시사점을 논하시오.

Chapter

07 Gagné의 학습이론

Robert M. Gagné
(1916–2002)

Robert M. Gagné(1916-2002)는 미국의 매사추세츠주 North Andover에서 1916년 태어나 그곳에서 중 · 고등학교를 다니고 Yale대학에서 심리학을 전공하고 Brown대학교에서 1940년 심리학 분야로 박사학위를 받는다. 그 후 공군 장교로서 요원들의 훈련교육과 인간행동의 연구를 지속하였다. 제대 후 Princeton 대학교 심리학교수로서 그 곳에서 1958년부터 1962년까지 문제해결과 수학적 기능에 대하여 연구하였다. 러시아의 스푸트닉호 발사 후 국가의 수학 과학교육의 문제가 이슈화 될 때 Gagné는 학교 교과의 "학습(learning)"에 주된 관심을 가지고 수학 프로젝트에 참가하고 학생들의 지적 기능과 선수학습요소를 연구하면서 "학습위계(Learning Hierarchy)"의 현상에 대하여 관찰과 연구를 시작하게 된다. 이 시기에 그의 유명한 저서 "학습의 조건(The conditions of Learning)"(1965)을 출판하게 된다. 그 후 플로리다 대학교로 학교를 옮긴 후에도 열정적으로 저술과 교육에 임하며 교육심리학 분야의 인간의 학습현상에 대한 조직화된 도식을 얻고자 연구 노력하며 "학습의 조건과 교수이론(The conditions of Learning and theory of instruction)"(1985)을 출판한다.

그는 계획적이고 의도적인 학습이 일어나는 광범위한 상황 하에서의 인간학습에 영향을 주는 학습조건을 기술하기위한 연구를 하였다. 특히 어떤 요인이 교수에 차이를 가져올 수 있는가를 질문하고 학습결과의 다양성과 학습의 조건에 대하여 관심을 두었다.

01 학습(learning)의 조건

1 학습

Gagné는 "학습이란 무엇인가"를 규정하기 위하여 첫째로 인간의 행동변화를 의미하는 학습된 인간능력의 유형들에 관하여 탐구하였다. 둘째로 과학적으로 통제된 실험연구로부터 학습결과의 결정요인을 찾아내어 학습과 기억이 촉진될 수 있는 학습의 조건을 찾고자 노력하였다.

인간은 학습을 통하여 자신만의 필요한 생활방식을 습득하게 된다. 인간의 생활습관은 학습된 것이다. 인간은 학습을 통하여 지능이나 기능 등을 획득해가면서 자신만의 독특한 자질을 형성하고 변화 성장하게 된다. 인간이 유아에서 성인으로 성장하는데 필요한 지적 기능, 비판력, 추론능력, 가치관, 기대 , 포부, 태도 등의 인간능력의 발달은 '유전적인 요인'과 '학습'이라는 과정을 거쳐서 개개인이 다른 환경 속에서 다양한 경험을 통하여 발달되고 형성된다는 것은 이미 잘 알려져 있다.

성장은 유전적 요인들에 의한 자연발생적 영향을 주로 받게 되지만 학습은 주로 환경적 요인들에 의한 영향을 받는다. 특히 사회 구성원인 성인들과 교사들은 아동들의 학습에 영향을 주게 되고 어느 정도 강력한 통제력을 행사하게 된다. 이러한 사실은 교사를 포함한 모든 사람들이 아동의 학습에 영향을 미치게 되는 환경적 요인임을 알고 그 책임감을 느껴야함을 시사해준다.

Gagné는 학습이란 인간의 성향(disposition)이나 능력(capability)의 변화가 일정한 기간 지속적으로 유지되는 행동변화의 상태로서 정의하고 있다. 이 행동변화에는 흥미, 태도, 가치관 등의 심리적 변화도 포함된다. 이때 관찰 가능한 인간의 행동변화를 "학습된 것"으로 인정할 수가 있다.

학습에 관한 연구의 전형들은 연합주의자들의 연합학습과 조건화된 반응, 시행착오학습, 강화, 형태심리학자들의 통찰학습, 효과의 법칙, 언어정보의 연합, 정보처리학습 등을 들 수가 있다.

2 학습된 능력의 5가지 유형

Gagné는 "연합(association)"과 "연쇄(chaining)"를 학습의 기본 형태로 생각한다. 인간은 살아있는 동안 계속하여 다양한 것들을 학습한다. 결국에는 어떠한 능력들을 학습하게 되고 학습된 능력들은 가능한 한 인간의 행위로서 관찰될 수 있어야만 한다. 다음은 Gagné가 주장하는 5가지 범주의 학습된 능력인 지적 기능, 인지전략, 언어정보, 운동기능과 태도에 대하여 살펴본다.

(1) 지적 기능(intellectual skills)

인간은 상징적 기호(symbol)의 사용과 관련된 기본적인 지적 능력이 있다. 예를 들면 초등학교 저학년에서 학습하게 되는 읽기, 쓰기, 셈하기 등의 학습에서 상징적인 기호를 사용하는 능력을 기르게 된다. 이 상징적인 기호의 사용능력은 더 고차원적인 수준으로 향상되게 된다. 이런 종류의 학습된 능력을 "지적 기능"이라고 이름 짓고자 한다. 이러한 지적 기능을 "방법적 지식" 또는 "절차적 지식"이라고도 말한다.

(2) 인지전략(cognitive strategies)

인간은 자신의 방식대로 기억하거나 사고하는 기능을 학습하게 된다. 학습자는 사고하는 방법, 문제의 분석방법, 문재해결의 접근방법 등을 학습하게 된다. 학습자 자신의 내적 정보처리과정을 통제하는 이러한 기능들을 여기서는 "인지전략"이라고 말한다.

(3) 언어정보(verbal information)

인간은 언어적 표현, 문장, 그림 등을 통하여 하나의 사실이나 일련의 상황을 기술하고 말할 수 있는 언어정보적 능력을 학습한다. 분명 인간은 설명이나 진술을 표현하기 위하여 특정한 지적 기능을 가지고 있어야 한다. 즉 하나의 아이디어를 진술할 수 있다는 것은 학습된 능력으로서 흔히 "언어정보"라고 한다. 이 언어정보를 명제적 지식 또는 선언적 지식이라고도 한다.

(4) 운동기능(motor skills)

인간은 일련의 조직된 운동행위를 위한 동작수행을 학습한다. 개별적이면서도 서로 밀접한 관계를 맺고 있는 단위 행동들은 테니스나 자동차운전 등의 보다 종합적인 활동의 부분을 형성한다. 이러한 단위활동들을 "운동기능"이라고 말한다.

운동기능의 학습은 수행의 계열과 형태를 제공하는 실행절차의 회상 혹은 사전학습에 의하여 이루어진다. 운동기능의 학습은 전체 운동행위에 결합되어야하는 부분적 기능들의 회상에 의하여 이루어지며 외적 조건은 주로 수행의 반복과 연습에 의하여 제공된다.

(5) 태도(attitudes)

인간은 개인적인 행위의 선택에 영향을 미치게 되는 정신적인 상태를 학습하게 된다. 어떤 사람은 자신이 좋아하는 운동으로서 골프를 선택할 것이다. 또 어떤 사람은 영문학보다는 수학을 공부하는 선택을 하게 된다. 이와 같이 자신이 하고자하는 특별한 행위의 선택 경향성을 "태도(attitudes)"라고 말한다.

태도는 사물, 인간, 또는 사건 등에 관하여 개인적 행동의 선택을 수정시켜주는 내적 상태이다. 태도는 다양한 방법으로 학습하게 된다. 태도학습에서의 가장 강력한 방법 중의 하나는 모델링(modeling)이다. 모델링이란 실제의 인물이든 혹은 상상적인 인물이든 간에 그러한 사람에 대하여 사전학습을 통하여 존경심을 갖는 것이 필수적으로 요청된다.

3 학습의 조건

Gagné는 앞에서 범주화한 학습된 능력들인 지적 기능, 인지전략, 언어정보, 운동기능과 태도 등은 학습자들의 수행 면에서도 서로 다를 뿐만 아니라 이러한 능력들을 학습하는데 요구되는 적절한 학습조건들도 다르다고 말한다. 이런 학습조건 중의 일부는 사전학습으로 얻어진 학습자의 기억으로부터 유발되는 내적인 것이 있고, 일부는 학습자에게 외적인 것으로써 수업의 관점에서 면밀하게 준비되어야 할 것이 있다라고 말한다. 각 학습능력에 따른 학습조건을 알아보자.

(1) 지적 기능의 학습의 조건

지적 기능을 학습하는데 있어서 내적 조건은 첫째로 새로운 기능의 구성요소가 되게 하는 선수학습기능을 회상하는 것과 둘째로 회상한 선수학습기능을 새로운 형태의 기능으로 통합하는 과정으로 구성된다. 외적 조건은 하위기능의 재생을 자극시켜주는 일, 학습자들에게 수행목표를 알려주는 일, 진술문, 질문과 힌트 등을 이용하여 새로운 학습 과제를 안내하는 일, 방금 전 학습한 기능을 새로운 장면에서 수행해 볼 수 있는 기회를 제공하는 등의 언어적 지시형태로 표현되는 단순기능들의 결합을 촉진시키는 것이다.

지적 기능의 학습에서의 선수학습요소로서 지적 기능들의 상호의존성과 종속성은 다음과 같다.

- '고차적 규칙들'은 선수요소로서 '규칙들'을 요구한다.
- '규칙들'은 선수요소로서 '개념들'을 요구한다.
- '개념들'은 선수요소로서 '변별들'을 요구한다.
- '변별들'은 선수요소로서 '연합'과 '연쇄'를 요구한다.
- 학습의 기본적인 형태는 '연합'과 '연쇄'이다.

수업계획에 적용할 수 있는 교육적 시사점으로서 지적 기능의 학습에 있어서의 가장 중요한 내적 조건은 학습해야할 새로운 기능의 구성요소인 선수학습기능들의 회상이다. 언어적 지시의 형태로 표현되는 외적 조건은 단순한 지적 기능들의 결합을 촉진시킨다. 이 지적 기능의 하위범주들인 변별, 개념, 규칙, 고차원 규칙 등의 학습으로 복잡성이 증가함에 따라 다양한 형태를 만든다.

(2) 인지전략의 학습의 조건

인지전략은 오랜 기간에 걸쳐서 점진적으로 획득되는 것으로 내적으로 조직된 기능이기 때문에 내적으로 사고하는 방법의 작동이 이루어진다. 내적 조건으로는 학습자는 이미 학습한바 있거나 또는 활용을 위하여 회상 가능한 유용한 개념들(범주들)을 풍부하게 지니고 있어야 한다. 외적조건으로는 아직까지는 알려져 있지 않다. 하지만 일반적으로 다양한 새로운 상황에서 학습자들에게 인지전략의 활용을 연습해보도록 고무시킬 필요가 있다. 예를 들어 다양한 학습 자료를 가지고 학습자들이 주의환기전략, 부호화전략과 재생전략에 관한 의사결정을 할 수 있도록 도전적인 기회를 제공하는 것이다.

수업계획에 적용할 수 있는 교육적 시사점으로서 인지전략은 주의 기울이기, 학습하기, 기억하기, 그리고 생각하기 등과 같은 학습자 자신의 정보처리를 관리하는데 사용되는 기능들을 의미한다. 인지전략은 수행해야 될 특수한 학습 과제들과 관련된 지적 기능과 정보의 회상을 내적 조건으로서 요구한다. 외적으로 분명하게 요구되는 것은 인지전략을 연습할 수 있는 기회를 자주 제공하는 것이다. 연습의 과정이 반복될수록 인지전략의 활용은 개선되게 된다.

(3) 언어정보의 학습의 조건

언어정보는 근본적으로 주어와 술어의 문장에 또는 명제의 형태로 이루어진 언어적 생각과 언어의 표현을 통한 명칭과 사실이다. 내적 조건으로서 학습자는 문장을 이해할 수 있는 언어적 규칙들을 선수학습을 통하여 획득하고 있어야 한다. 또 다른 하나는 의미있게 조직된 정보의 인지적 구조에 대한 학습자의 회상능력이다. 예를 들어 Ausubell(1978)은 "화산활동을 이해하기 위해서는 총체적으로 산, 언덕, 지구, 지구표면의 특징 등의 거대한 의미있는 구조에 포섭이 되는 경우 비로소 획득되어진다"고 말하고 있다. 외적 조건은 학습자가 이용 가능한 인지 구조에 접할 수 있도록 해주는 '자극'이다. 즉 새로운 정보와 조화를 이룰 수 있는 이전 정보의 맥락을 상기시켜주는 것이다. 예를 들면 Ausubell의 '선행조직자'가 그 하나이다. 선행조직자는 학습해야할 일련의 정보를 제시하기 전에 하급자에게 주어지는 포괄적인 의사소통이다. 또한 의미있는 명제로서 학습목표를 제시하는 것도 가능하다. 끝으로 정보를 반복 학습을 해야 한다. 반복학습을 하게 되면 학습과 파지가 이루어질 수 있다.

수업계획에 적용할 수 있는 교육적 시사점으로서 언어정보의 학습에 있어서의 가장 중요한 내적 조건은 "의미 있게 조직된 구조"로 짜여있는 복잡한 아이디어들이 내적으로 저장 기억되어 있는 것을 회상하는 것이다. 어떤 언어적 기능들은 정보가 명제적 형태로 기억되도록 제시되어야만 한다. 외적 조건은 새롭게 학습될 정보와 사전에 학습한 구조들과의 관련을 맺도록 작용한다.

(4) 운동기능의 학습의 조건

학습자들은 태어나면서부터 유아들의 옷 입기, 식사하기, 아동들의 글씨쓰기, 그림그리기, 공 던지기 등의 운동기능을 학습한다. 이 운동기능들이 반영된 수행의 세련성이나 적시성은 수행들의 고도의 내적 조직을 지니고 있다. 그러므로 운동기능을 학습하기 위해서는 오랜 기간 반복 연습을 해야 한다. 내적조건으로는 운동기능들의 일반적인 동작계열의 구성을 파악하고 부분기능들을 회상해야 한다. 예를 들면 골프운동에서는 ① 골프 몸의 자세와 골프채의 위치시키기 ② 골프채 들어올리기 ③ 골프공 조준하기 ④ 골프채 휘두르기 등의 행동계열의 구성이다. 이러한 부분 기능들을 별개로 절차적 규칙을 연습을 통하여 개선해나가야 한다. 외적조건은 연습시기와 연습기간의 적절한 제공이 중요하다. 운동행위 계열은 언어적 지시, 활동사진, 시범, 연습, 피드백 등과 결과정보가 제공되는 다양한 상황 하에서 반복연습을 통하여 근육운동감각을 향상시키는 환경을 계속적으로 제공되어야 한다.

(5) 태도의 학습의 조건

태도는 개인의 수행하게 될 행동선택에 영향을 미치는 내적인 상태로서 정의할 수 있다. 이것은 인지적 정서적 측면이 동시에 있다. 내적조건은 태도를 표현할 때 그러한 행동에 적절한 특정 능력들을 학습자는 가지고 있어야 한다. 예를 들면 수학적 퍼즐을 풀기를 좋아하는 태도를 얻으려면 학습자는 수학적 계산 기능을 사전에 학습해야 한다. 태도가 모방에 의하여 얻어지려면 학습자는 역할모델(role model)이 되는 사람에 관하여 존경심과 칭송하는 마음이 필수적으로 가지고 있어야 한다. 외적조건은 언어적 문장보다는 행동모델로서 존경받을 만한 역할모델을 이용하여 설득을 시도할 때 학습자는 태도를 변화하게 된다.

태도변화를 위하여 이러한 방법을 사용할 때 외적 조건은 인간모델에 의한 바람직한 행동의 표현과 성공적인 결과의 관찰로 구성된다. 행동선택에 뒤따르는 성공의 경험은 일반적으로 학습자의 태도에 직접적으로 긍정적인 영향을 미친다.

02 학습된 능력

여기에서는 Gagné가 주장하는 5가지 범주의 학습능력인 지적 기능, 인지전략, 언어정보, 운동기능, 태도에 대한 보다 자세한 내용을 살펴보기로 한다.

1 지적 기능

지적 기능들은 변별학습, 개념학습(구체적 개념, 정의된 개념), 규칙학습과 고차적인 규칙학습 등으로 복잡성이 증가함에 따라 다양한 형태를 만들고 학습위계와 누적학습 등과 관련이 있다.

(1) 변별학습(discrimination learning)

학습된 연합은 연속적으로 결합되어 연쇄나 언어적 계열을 만든다. 연합이나 연합으로 연결된 연쇄는 후속학습의 대상이 될 수 도 있다. 첫째, 연합은 점진적으로 그 구성 요소들 간의 구별이 잘되게 되므로 점점 더 확실하게 변별하게 된다. 이것이 변별학습(discrimination learning)이다. 결국 인간은 학습을 통하여 처음에는 구별되지 않던 자극물에 관하여 그 대상물의 각 부분이나 차원 또는 특성을 구별하고 변별하게 됨으로써 변별반응을 하는 것이다. 둘째, 학습자는 일단 이러한 기본적인 변별력이 형성되면 또 다른 학습을 할 수 있게 된다.

Gibson(1969)은 지각학습(perceptual learning)이 아동의 초기학습에 적절하다고 말한다. 이때 지각학습이란 환경의 부분들을 변별 또는 구별하게 되는 현상을 말한다. 즉 변별학습에 의해 대상물, 공간, 사건, 표현물 그리고 상징 등의 자극물에 관한 독특한 특징들에 관련하여 분류하고 분별하여 지각적 구별이 이루어진다고 설명하고 있다.

어린 아동들은 아주 어릴 적부터 그들이 처한 주변 환경들의 색깔, 형태, 크기, 재질, 소리크기, 높이 등을 구별해야 한다. 예를 들어 어린 아동들에게 명칭을 알려주지 않고 도형 분류하기를 학습하는 중에 "원과 타원을 구별하기"를 생각해보자. 우선 한 장에 두 가지의 도형을 그린 카드들이 제시되는데 몇 장은 두 개의 원을, 몇 장은 원과 타원을 함께 그리고, 몇 장은 타원을 두 개 그린 것이다. 학습과정에서 이들 카드를 보여주면서 두 도형이 서로 같은 것인지 아닌지를 대답하고 묻는 과정을 통하여 아동들의 반응이 옳은지 옳지 않은 지를 알려준다. 이 과정이 계속되면서 점차 정답의 비율이 증가하게 된다. 이때 아동들은 도형에 대한 변별능력이 획득되었다고 볼 수 있다.

변별학습에서 자극수가 많아질수록 분별이 어려워지게 된다. 학교학습 상황에서는 흔히 변별이 여러 개가 함께 있어서 **다중변별학습**(multiple discrimination)이 요구된다. 이러한 다중변별학습에는 간섭현상(interference)이 일어날 수가 있다. 즉 자극물간의 유사성으로 말미암아 변별이 어렵게 되면서 학습자들은 혼란에 빠질 수가 있다. 이럴 때는 이미 배운 변별학습을 회상시키고 반복하는 동안에 새로운 변별학습을 추가하여 점진적 부분학습(progressive part learning)을 실행할 수가 있다.

변별학습에서 학습자가 지녀야 하는 조건에는 변별을 하는데 필요한 다양한 반응 연쇄들을 재생해 낼 수 있는 능력이다. 이러한 능력은 자극에 대한 학습자의 옳고 그름에 따른 선택적 강화를 제공함으로써 얻을 수 있다.

(2) 구체적 개념학습(concrete concepts learning)

인간이 다양한 사물들을 변별하게 되는 학습의 한 방법은 그러한 대상이 되는 사물들의 특성과 차이점을 구별해 보고 반응하면서 "개념"이라는 자연스러운 학습결과를 얻게 된다. 이러한 "개념을 학습한다"는 학습을 "**개념학습**(concept learning)"이라고 말한다. 이때 구체적 개념(concrete concepts learning)이라고 하면 우리가 사물의 속성들을 구체적으로 관찰할 수 있는 개념들을 말한다. 이와는 달리 구체적으로 경험할 수 없는 관련성을 포함하는 추상적인 개념에 대해서는 **정의된 개념**(concepts by definition, defined concepts)으로 설명한다.

Gagné는 구체적 개념의 학습조건으로서 변별학습이 개념학습의 선수요소라는 것이다. 즉 개념학습을 위한 선수학습요소는 사전에 변별학습을 통하여 획득한 능력이다. 이러한 능력들은 학습자가 개념학습을 할 때 회상되어야 한다. 학습자는 개념을 나타내고 있는 자극물의 특징들에 대한 언어적 부호들을 사전에 연합을 통하여 학습해야 한다.

개념학습의 효과는 인간으로 하여금 구체적 자극물들에 예속됨이 없이 자유롭게 파악할 수 있는 능력을 길러 준다. 우리는 개념을 이용하여 읽고 의사소통하고 사고하는 것이다. 개념학습에 의해 형성되는 행동은 변별학습에 의하여 형성되는 학습보다 융통성을 많이 갖게 된다.

학교교육에서 개념학습의 중요성은 아무리 강조해도 지나치지 않는다. 개념획득은 교수의 가능성을 시사해준다. 시간적 제약 때문에 학습자가 경험해야 하는 모든 필요한 구체적인 상황들을 학습자에게 제공한다는 것은 불가능하다. 그러나 우리가 몇몇 의미있는 구체적 사례를 제공하여 학습자로 하여금 필요한 개념들을 획득할 수 있도록 한다면 "행함으로서 학습한다(learning by doing)"라는 구체적인 조작활동을 통한 훌륭한 교수학습이 이루어지는 것이다. 예를 들어 일단 학생들이 기본적인 독서기술을 획득하게 되면 개념들은 언어적 교수방법과 사진이나 도표를 사용하는 교수방법에 의하여 가르칠 수도 있다. 수학에서는 개념적 반응을 필요로 하는 자극상황이 언제나 인쇄된 부호(덧셈은 +, 뺄셈은 -)이기 때문에 매우 쉽다. 일단 개념이 숙달되면 인간은 사실 상 많은 양의 지식을 배울 준비가 된 것이다.

(3) 정의된 개념학습

지적 기능의 능력으로서 수학교과가 갖는 특징인 개념학습(concept learning)은 매우 중요하다. Gagné는 학습능력 중에 특히 정의된 개념(defined concepts)과 규칙의 학습(rule learning)에 있어서 학습위계를 강조하고 있다.

대부분 개념들은 구체적 개념처럼 학습될 수는 없다. 오히려 그것들은 "정의(definition)"에 의하여 학습되어야하며 그렇기 때문에 정의된 개념(concepts by definition, defined concepts)이라고 불린다. 이는 구체적 개념과 구별하기 위하여 추상적 개념이라고도 부른다. 예를 들면 대각선이라는 개념은 구체적 개념이 아니라 정의된 개념이다. 즉 선과 사각형의 반대 꼭짓점이라는 개념 사이의 관계를 나타내는 정의를 한 것이다.

일반적으로 정의된 개념은 규칙의 한 유형이다. 규칙은 수많은 문제를 해결하는 과정에서 개인의 행동을 안내하는 역할을 한다. a+b=b+a와 같이 수학적으로 3과 4의 합은 4와 3의 합과 같다는 것을 선택하도록 개인의 행동을 인도한다. 규칙은 절차적 지식(procedural knowledge)이라고 불리기도 한다. 이 절차에는 일련의 여러 단계들을 포함하고 있으며 하위범주로 쉽게 생각해 낼 수 있는 여러 특징을 지니고 있다.

정의란 분류를 위한 규칙을 표현한 진술문이다. 새롭게 정의된 개념은 사물이건 관계이건 간에 학습자에게 이미 익숙해진 다른 개념으로 구성된 정의로 나타낼 수 있어야 한다. 그것은 이미 학습한 개념이어야 한다. 정의된 개념들은 분류를 위한 규칙들을 의미한다.

여기서 정의된 개념의 학습은 어떻게 이루어지는지를 알아보자. 정의된 개념의 학습은 학습자가 스스로 내적인 그의 활동기억 속에서 학습해야할 개념의 정의를 나타내고 있는 구성개념에 접근할 수 있어야 한다. 또한 언어적 진술에 적절하게 반응할 수 있는 학습자는 먼저 이러한 진술의 문장구조를 스스로 표상할 수 있는 지적 기능(규칙)을 획득해야 한다.

외적으로 정의된 개념을 학습하기 위한 조건은 보통 구술 또는 인쇄된 형태로 정의를 제시하는 상황으로 이루어져 있다. 예를 들어 "지붕은 건물을 덮고 있는 외부 구조물이다."라는 진술은 학습자가 적절한 배열을 유지할 수 있도록 언어 이해의 문법적인 기능을 떠올리게 한다. 또한 적절한 예와 반례를 폭넓게 포괄할 때 효과적으로 학습결과를 획득하게 된다.

(4) 규칙학습

규칙학습(rule learning)은 학습자로 하여금 자극 상황들의 목록에 속하는 모든 사례에 대하여 수행목록에 속하는 적절한 사례를 가지고 반응하게 하는 추론된 능력이다. 전형적으로 규칙은 여러 개의 개념으로 구성되어 있다. 학습자가 규칙을 학습하기 위해서는 사전에 구성개념들을 학습했어야만 한다. 이런 상태에서 구성개념들 사이에 올바른 계열을 학습하는 것이다.

언어적 진술을 안다는 것이 반드시 그 규칙을 이해하고 있는 것을 의미하지는 않지만 언어적 진술이 새로운 규칙을 학습하는데 매우 중요한 역할을 한다. 일단 아동이 언어를 사용하기 시작하면 새롭게 정의된 개념과 규칙을 배우는 단서로서 언어적 진술을 사용하게 되고 그 결과로 학습과정은 촉진된다.

규칙학습의 조건은 내적으로 규칙을 구성하고 있는 개념들의 연쇄를 획득하기 위하여 사전에 개념에 대한 지식이 있어야 한다. 구성된 개념의 일부만 알고 있을 때는 규칙의 학습이 부분적으로 일어날 수도 있다.

규칙의 학습의 외적 조건은 언어적 교수로 구성된다. 이는 종종 규칙 자체를 진술하는 것이 아니라 학습을 마쳤을 때의 기대되는 수행의 결과의 성질에 대한 진술로 시작된다. 또한 언어적 교수는 구성 개념들을 계속하여 회상하게 한다. 환경에 흩어져 있는 규칙을 학습하기위한 조건들은 교수사태(events of instruction)의 계열에 통합되어야 한다. 그 계열의 개관의 6단계를 예를 들어보자.

1단계 : 학습을 마쳤을 때 기대되는 수행형태에 대하여 학습자에게 알려준다.
2단계 : 규칙을 구성하고 있는 이미 학습한 개념을 상기시키는 발문을 한다.

3단계 : 규칙 내의 개념들을 적절한 순서로 새로운 규칙에 결합하도록 안내할 수 있는 단서를 언어적으로 진술한다.
4단계 : 질문을 통하여 학습자에게 시연을 시키고 피드백을 준다.
5단계 : 적절한 질문을 통하여 학습자에게 규칙을 진술하도록 요구한다.
6단계 : 새로 학습한 규칙의 파지를 돕기 위해 후속학습과 시간간격의 복습과 새로운 사례를 제공한다.

2 인지전략

인지전략(cognitive strategies)이란 내적으로 조직된 기능으로서 개념과 규칙의 활용을 조정해주고 점검해주는 기능을 한다. 즉 인지전략이란 학습자들이 이전에는 경험하지 못했던 문제상황에 자신이 가지고 있는 지식과 기능을 사용하는 방법을 말한다. 학습자들은 학습방법, 기억방법, 학습을 촉진시켜주는 반성적 사고와 분석적 사고를 수행하는 방법을 배운다. 이때 점차로 자기교수(self-instruction)를 하게 되며 독립적 학습(independent learning)을 할 수 있게 된다. 이러한 이유는 학습자가 내적 과정을 조정할 수 있는 효과적인 인지전략들을 획득하기 때문이다. 다음은 각 학습과정에서의 다양한 인지전략을 간단하게 살펴보기로 한다.

(1) 주의집중에서의 인지전략

Rothkopf(1970)은 학습자가 인쇄된 문장의 특정부분에 주의를 기울이고 그것을 선택적으로 지각하는 과정에서 정보에 대한 주위집중전략을 활성화하고 통제할 수 있다는 가능성을 보여주었다. 따라서 학습자는 자신이 주의를 집중하고 자신이 읽은 것 중의 일부분을 선택적으로 지각하는데 수행통제과정을 사용하고 있음을 알 수 있다.

(2) 부호화에서의 인지전략

학습자들에게 짝지어진 단어에 의해 형성된 정신적 심상을 상상하도록 하거나 또는 시각적 이미지를 사용하도록 하였을 때 아동들과 성인들의 학습이 향상되었다. 대부분의 경우 학습자들이 스스로 고안하여 사용한 암시는 학습과 기억을 촉진하기위한 제작물보다 더 효과가 있음이 알려졌다. 단어연합의 학습에는 부호화 방법사용의 전략을 구체적 개념의 학습에서 사용하는 것이 효과적이었다.

(3) 재생의 인지전략

재생의 인지전략은 예로부터 알려진 기억술을 생각할 수가 있다. 이 기억술에는 단서를 제공하여 이전에 학습된 부호화 시스템에 연합하도록 하는 것으로 시각적 이미지와 청각적 이미지가 있다. 기억의 증가를 가져오는 전략으로 메타인지의 하위범주인 메타기억이 있다. 이 메타기억은 학습자 자신의 인지 과정과 인지결과에 관한 자신의 지식을 말한다.

(4) 문제해결에서의 인지전략

학습자들은 새로운 문제를 해결하는 경우 그 문제에 적용할 수 있는 규칙뿐 만 아니라 문제해결을 달성하는 일반적인 방법까지도 학습을 한다. 문제의 적절한 특징을 찾거나 이전에 시도했던 것을 회상하거나 자신의 가설의 개연성에 비중을 두는 등의 자기 통제 능력이 곧 문제해결의 인지전략이라고 할 수 있다. 성공적인 문제 해결자는 한가지의 사고 패턴에 고착하지 않는 특징이 있다. 전문가와 비전문가의 문제해결에의 인지전략의 차이가 있었다. 어떤 상황에서 얻어진 다양한 인지전략들은 다른 상황에 전이되어 사용될 수 있다.

(5) 인지전략의 획득

Gagné는 인지전략이라고 불리는 실행통제 기능은 쉽게 얻어지며 학습자가 이 실행통제 기능을 사용하는 것을 연습하면 할수록 신뢰가 높아진다고 말한다. 특히 효과적인 인지전략들은 학습과정과 사고과정을 선택하고 조절하는데 사용하는 경우 인간의 지적 수행에서 뚜렷한 변화가 온다고 주장한다.

Gagné는 인지전략 획득을 위한 학습의 조건으로서 학습자의 내적인 조건들이 인지전략 학습에 영향을 주고 있으나 이는 대부분 단순한 성격을 지니고 있으며 단순한 주의집중과 단순한 규칙들을 구성하는 개념과 언어적 진술을 이해할 수 있는 능력이면 된다고 말한다.

또한 학습상황에서의 인지전략의 학습을 위한 외적인 조건은 언어적 교수에 의해 쉽게 활성화 될 수 있다. 과제 지향적 다양성을 지닌 인지전략들은 문제를 해결하고 배우고자 하는 학습자들에 의해서 발견될 수 있다고 가정하고 있다.

Greeno(1978)는 문제해결과 사고에 적용될 수 있는 인지전략의 종류는 학습될 수 있으며 이러한 인지전략이 학습될 때 동일한 종류의 새로운 문제상황에 전이된다는 증거가 늘고 있음을 보여주었다. 일반적으로 효과적인 인지전략들을 학습하는 데는 오랜 시간이 걸린다고 알려져 있다.

3 언어정보

인간은 언어적 표현, 문장, 그림 등을 통하여 하나의 사실이나 일련의 상황을 기술하고 말할 수 있는 가장 친숙한 범주인 언어정보적 능력을 학습한다. 분명 인간은 설명이나 진술을 표현하기 위하여 특정한 지적 기능을 가지고 있어야 한다. 즉 하나의 아이디어를 진술할 수 있다는 것은 학습된 능력으로서 흔히 "언어정보"라고 한다. 이 언어정보를 '명제적 지식' 또는 '선언적 지식'이라고도 한다.

인간의 행동으로서 언어화할 수 있는 능력이란 일련의 단어가 아니라 명제의 형태로 사실이나 개념을 진술할 수 있는 능력을 말한다. 즉 주어와 술어의 형태로 언어정보를 재 진술하여 전달할 수 있을 때 학습자가 언어정보가 학습되었다고 본다.

Gagné는 학습된 의미 있는 정보를 명제적 구조에 따라 명칭 또는 이름, 단순명제 또는 단순사실, 명제의 집합체로 분류하고 다음과 같이 그 논의를 한다.

(1) 명칭(labels)에 대한 학습

사물이나 사물집합에 대한 이름인 명칭은 개념학습이 이루어질 때 단일상황으로 학습된다. 따라서 아동들은 "토마토"라는 명칭을 획득하는 것과 동시에 "토마토"라는 개념을 획득한다. 이러한 새로운 명칭을 학습하는 것은 그다지 어렵지 않다. 그러나 한 번에 여러 명칭을 학습하는 경우는 힘이 들고 시간이 걸린다. 이때 학습의 곤란도가 높아지는 것은 간섭효과(interference) 때문이다. 그래서 간섭의 발생은 학습의 저항요인으로 극복되어야할 사항이다. 반대로 명칭의 학습이 정보의 학습을 도와주는 경우도 있다. 간섭을 극복하는 방법들은 재생을 보다 쉽게 하려고 의미론적 부호화(semantic encoding)를 통하여 단기기억에 있는 단어를 장기기억으로 변환한다. 이때 관련된 다른 단어들과 연합 또는 중재고리(mediating link)의 사용으로 이루어진다. 또한 명칭에 대한 부호화의 한 종류는 유사한 범주로 묶기(clustering)가 있다. 범주로 제시된 명칭들은 그렇지 않은 명칭들 보다 쉽게 학습되고 저장된다는 것을 밝혀주었다.

(2) 사실(fact)에 대한 학습

학습자에게 획득되는 언어정보의 일반적인 형태는 사실이다. 이 사실은 일련의 단어들이 나열된 것 그 이상이다. 문장을 구성하고 있는 단어들이 의미있게 연결되어 있으면 학습이 용이하다.

Ausubel(1968)은 의미있는 사실들의 학습과 파지에 관련하여 기존의 지식이 새롭게 학습된 정보에 포함되는 것을 "인지 구조"라고 불렀다. 그는 의미있는 새로운 아이디어가 이전의 학습에 의하여 형성된 기존의 인지 구조에 포함됨으로써 학습된다는 것을 주장하였다. 예를 들어 학습자가 불교의 원리에 관하여 일련의 새로운 아이디어를 얻고자 한다면 새로운 아이디어는 기존의 인지 구조 속으로(구조의 예: 기독교 원리나 비교종교학원리 등) 조직되게 된다는 것이다.

Ausubel(1960, 1978)은 학습자의 기억 속에 이미 존재하던 인지 구조는 학습자에게 선행조직자(advance organizer)를 학습초기에 제시함으로써 활성화된다고 말한다. 이 선행조직자의 내용은 추상성, 일반성과 포괄성 면에서 보다 상위수준에 있다. 따라서 선행조직자는 학습을 위해 제시되는 자료에 관하여 관념적인 틀을 제공하려는데 있다는 것이다. 특히 Mayer(1979)는 적절하게 설계된 선행조직자는 사실들의 형태로 되어 있는 언어정보의 파지에 도움을 준다는 것을 발견하였다.

선행조직자로 이루어진 간단한 구문은 새로운 지식이 포함된 보다 일반적인 범주의 회상자(reminders)나 주제문과 같이 이전에 학습한 지식들을 활성화한다. 이때 파지에 긍정적인 효과를 가져올 수 있는 의사소통은 학습할 내용에 대한 사전 발문과 학습자에게 학습목표를 제공하는 다른 방법들을 포함한다. 또한 적절한 선행조직자는 학습자의 연령수준에 따라서 분명히 달라진다.

Gagné는 내적 과정을 활성화시키기 위해서는 학습자에게 이용 가능한 의미 있는 정보(meaningful information)와 연합된 자극으로 전환시켜 주고 새롭게 학습한 사실을 의미의 맥락 안에서 정착시키는 것은 최적의 학습조건중의 하나라고 말한다. 특히 학습자가 회상해야하는 언어정보 항목의 "연습(practice)"은 학습하고 기억 저장하는 정보의 복습(review)으로 구성된다. 이때 학습과 파지를 위해서는 단순한 암송보다는 복습의 형태를 갖는 반복이 대단히 효과가 있다고 주장하였다.

학교 밖에서 사회인들은 학교교육에서 사실이나 단순언어지식을 가르치기보다는 학생들을 창의적으로 사고하도록 가르치라는 도달하기 어려운 주문을 강조하고 있다. 그러나 사실이나 단순 언어지식은 일차적으로 쉽게 학습되고 필수적인 이들의 긍정적인 유용성을 적절하게 조화하면 창조적인 것은 부수적으로 획득하게 될 것이다.

언어정보는 첫째, 개인의 일생동안 유용성을 제공한다. 둘째로, 다른 종류의 능력을 학습하는데 있어서의 구성요소이다. 셋째로, 언어정보는 사고의 도구라는 것이다. 사고는 언어를 통해서 할 수가 있는 것이다.

새로운 정보학습이 이전에 학습한 지식에 의존한다는 것은 사람이 많이 알면 알수록 새로운 지식을 습득하는 것이 쉽다는 것을 의미하며 이러한 누적학습의 효과는 교육장면에서 자주 관찰된다.

4 운동기능

던지기, 먹기, 옷 입기 등의 수많은 기본적인 운동행위(physical performance)는 인간의 자기 유지와 생존에 필수적이므로 어렸을 때 확실하게 학습되어야 한다. 각종 운동기능은 개별적이면서도 일상생활에 서로 밀접한 관계를 맺고 있다.

운동기능(motor skills)의 학습은 수행의 계열과 형태를 제공하는 실행절차의 회상 혹은 사전학습에 의하여 이루어진다. 운동기능의 학습은 전체 운동행위에 결합되어야하는 부분적 기능들의 회상에 의하여 이루어지며 외적 조건은 주로 수행의 반복과 연습에 의하여 제공된다. 이러한 체육활동은 육체적 정신적 건강유지에 필수적이다.

(1) 운동기능의 구조

운동기능의 학습의 기본인 운동수행은 공통적으로 근육운동의 정확성과 적시성에 달려 있다. 운동기능 연구학자들은 운동수행의 구분으로 정교함과 거칠음, 연속성과 비연속성, 개방적 회로와 폐쇄적 회로 등으로 구분한다. 운동수행에 관련된 신체근육조직의 총량에 관한 것으로 정교함과 거칠음으로 구별된다. 거친운동은 전신운동으로 수영, 테니스 등의 기능이다. 정교함이란 글씨쓰기, 실꿰기, 만들기 등이다.

비연속적 운동이란 특정운동이 특정 외부자극에 대하여 비연속적으로 반응하게 되는 과제를 말한다. 연속적인 과제는 자극물에 대하여 개인이 연속적으로 계속적인 조절과 교정을 해야하는 과제이다. 폐쇄적 회로 기능이란 전적으로 내적자극으로서 근육으로부터의 내적 피드백에 종속되는 기능을 말한다. 예를 들어 칠판에 큰 원그리기 등이다. 대부분의 운동은 외적 자극을 받는 개방적 회로의 특징을 가진다.

(2) 운동기능의 학습

운동에는 전문가와 초보자가 나타내는 수행에는 정확성, 유연성, 적시성 등에서 분명한 차이가 나타난다. 하지만 노력과 학습여하에 따라 점진적인 변화가 일어난다. 운동기능의 학습을 확인하기 위해서는 출발점행동이 무엇인지를 확인해야 한다. 그다음 절차를 수행할 수 있어야 한다. 절차는 사실 지적 기능이고 때로는 하위규칙들의 연합일 수도 있으며 규칙의 계열이다. 예를 들면 차량 주차하기의 운동절차단계를 생각할 수 있다. 기능의 습득은 학습할 운동과제에 따라 달라지는데 요소운동행동을 절차적 계열로 통합하고 수행하는데 최소한의 시간을 필요로 한다. 부분적 기능들과 총체적 기능들 모두에 대한 추가적인 학습시간이 필요하다. 확실히 연습에 의하여 운동의 정확성과 적시적인 특성이 획득된다. 전형적으로 운동기능의 학습은 초기에는 빠른 속도로 수행이 향상되지만 연습이 진행될수록 수행향상의 속도는 급격하게 하향추세로서 느려진다. 오직 필수적 운동의 반복연습에 의해서만 수행능력은 향상된다. 이때 운동기능의 학습을 촉진시키기 위하여 피드백을 이용할 수 있다. 부분기능 들을 계열적 절차에 따라 통합하는 연습을 통하여 숙달된 운동 기능을 획득할 수 있다.

5 태도

인간은 개인적인 행위의 선택에 영향을 미치게 되는 정신적인 상태를 학습하게 된다. 어떤 사람은 자신이 좋아하는 운동으로서 골프를 선택할 것이다. 또 어떤 사람은 영문학보다는 수학을 공부하는 선택을 하게 된다. 이와 같이 자신이 하고자하는 특별한 행위의 선택 경향성을 "태도(attitude)"라고 말한다.

(1) 태도의 본질

태도는 사물, 인간, 또는 사건 등에 관하여 개인적 행동의 선택을 수정시켜주는 내적 상태이다. 태도는 다양한 방법으로 학습하게 된다. 태도변화의 측정은 매우 어렵다. 인지적 요소로의 태도는 인간이 자기 자신의 생각, 신념, 태도, 행동에서 일관성을 유지하려고 애를 쓴다는 것이다. 정의적 요소로는 내적 성찰로서 태도가 긍정적이거나 부정적인 느낌을 수반한다는 것이다. 행동적 요소로는 태도는 어떤 행동에 대한 경향성이나 준비성으로 정의된다. 그리고 태도는 어떤 대상, 사람, 사건의 범주에서 개인적 행동의 유목으로 한정한다. 태도와 가치는 구분하기 어렵지만 태도는 내면화의 정도가 증가되는 연속선상에 있는 것으로 태도의 내면화는 인격화로 표현된다. 다양한 가치들은 개인적 행동의 선택에 의해서 명확하게 나타난다. 도덕교육은 협소한 의미의 단순한 태도의 변화보다는 도덕적인 인격의 발달에 목표를 둔다. 태도는 개인적인 행동의 선택에 영향을 미치거나 행동선택을 수정하는 상태이다. 예를 들면 도서관에서 수학책을 빌리는 행동은 "수학을 좋아하는" 태도의 지표로 활용된다.

(2) 태도의 변화

인간의 태도는 대부분 부모, 동료 친구, 교사 등과 같은 다른 사람들과의 상호관계의 결과로서 학습된 것이다. 태도변화(attitude change)는 한 번의 경험에 의해서 갑자기 획득 될 수도 변화될 수도 있다. 또한 오랜 기간 동안 누적되어 서서히 변화되기도 한다. 태도의 학습은 고전적 조건화, 행동에서의 성공의 지각, 인간모델링 등의 3가지 구분한다.

고전적 조건화는 자극에 대한 정서적 반응이 태도형성에 영향을 준다는 것이다. 예를 들어 뱀, 곤충에 대한 공포심등이다. 강화는 긍정적 태도의 성공적 변화를 도모한다. 자기 강화나 자기 긍정은 윤리적이고 도덕적인 행동표준을 얻을 수도 있다.

태도학습에서의 가장 강력한 방법 중의 하나는 인간 모델링(modeling)이다. 모델링이란 실제의 인물이든 혹은 상상적인 인물이든 간에 그러한 사람에 대하여 사전학습을 통하여 존경심을 갖는 것이 필수적으로 요청된다. 태도변화를 위하여 이러한 방법을 사용할 때 외적 조건은 인간모델에 의한 바람직한 행동의 표현과 성공적인 결과(혹은 보상)의 관찰로 구성된다. 행동선택에 뒤따르는 성공의 경험은 일반적으로 학습자의 태도에 직접적으로 긍정적인 영향을 미친다. 메시지(message)의 내용과 태도변화는 의사전달자에 그 중요성이 있다. 학장이나 감독, 지휘자등의 통제의 수단을 소유한자가 “칭찬하는 의사소통”은 효과가 있음이 알려져 있다.

(3) 태도학습의 조건

태도학습의 최적 조건으로서 내적 조건으로는 첫째 새로운 태도에 대한 개념과 정보를 알고 있어야하고, 둘째 인간모델에 대한 개념이다. 셋째로 태도에 대한 개인적인 행동에 대한 개념이다. 즉 태도가 담배와 같은 마약에 관한 것이라면 이러한 대상에 대한 개념이 학습자 내부에 제공되어야 한다. 또한 정보제공자나 인간모델이다. 인간모델은 학습자의 동일시를 확립시켜주기 때문이다. 모델이 매력적이거나 통제력이 있거나 존경할만하다는 등 효과가 커야 한다. 이 개념과 정보들은 선수요소일 뿐이지 언제나 태도의 변화가 일어나는 것은 아니다.

태도형성을 위한 외적조건으로는 인간모델링을 위한 다양한 환경을 제공하는 일이다. 역할놀이나 토론을 통해서도 대리 강화를 할 수 있다. 수학교육에서 정의적 영역의 교육목표로 생각하는 수학에 대한 학습과 긍정적 태도의 함양의 중요성은 당연하다. 대부분의 학습자들은 자신의 경험을 통하여 많은 태도를 획득한다. 특히 인간모델 즉 역할모델을 잘 제공하여 학습자로 하여금 태도변화를 도모하는 것은 매우 중요한 일이다.

03 학습의 위계

1 학습위계

학습위계(learning hierarchy)란 어떤 주제에 대한 "이해"를 표상하는 지적 기능들의 조직된 집합을 획득시키기 위한 하위위계에서 상위위계까지의 최선의 길을 기술한 도식을 의미한다. Gagné는 학습된 능력 중에 정의된 개념과 규칙의 학습에 있어서 규칙들이 심리적으로 상호연결되어 있음을 간파하고 어떤 것의 학습은 다른 것의 선수학습요소라는 것을 강조한다. 이것을 그는 지적 기능의 심리적인 조직으로 구성되는 학습위계로 표현한다. 학교수학에서 많은 주제들이 학습위계로 나타낼 수 있는 조직으로 되어 있다.

다음은 벡터를 이용한 힘의 구성요소의 학습위계의 예이다. 학생들은 최종적 기능을 얻기 위하여 3가지 정도의 지적 내용을 우선 먼저 학습해야 한다.

(1) 평형에 대한 조건을 증명하는 규칙 사용하기
(2) 삼각형을 이용하여 힘의 크기와 방향을 나타내기
(3) 삼각함수의 성질 적용하기 등

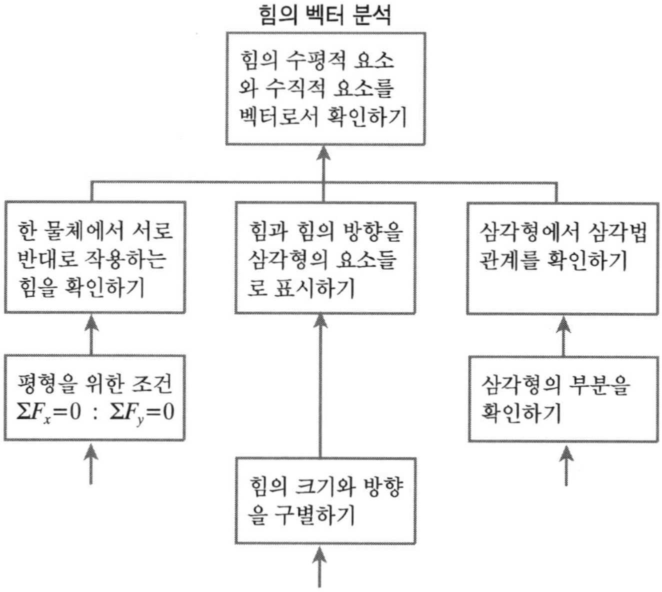

[그림 7-1] **최상위 규칙을 학습하기 위하여 선수학습요소를 분석한 학습위계도**
(선수학습요소는 하위규칙과 개념으로 구성되어 있다)

Gagné는 언어정보의 논리적 조직화 보다는 지적 기능의 심리적 조직화에 관심을 두고 있다. 학습목표의 달성을 위해 학생들은 선수학습요소인 준비학습으로 하위규칙들을 상기해야 한다. 이 학습위계는 교사가 학생들의 학습준비성을 확인하고 학습목표 달성을 위해 학습위계를 분석하여 필수적인 선수학습내용과 수준이 무엇인지를 알고 학생들을 가르쳐야함을 시사해준다.

2 누적학습(cumulative learning)

새로운 지적 기능을 학습해야 하는 경우 학습위계는 선수학습을 해야만 하는 학습요소들을 암시하고 있기 때문에 학습준비의 수준과 개념에 대한 정보를 시사해준다. 학습자가 보다 차원이 높은 문제를 해결하려는 경우 우선적으로 다른 단순한 기초적인 규칙들과 학습내용과 다른 개념들을 학습해야 한다. 이때 학습자 개인의 학습 경험은 누적적이다. 이미 학습된 변별과 개념학습은 규칙학습에 전이효과를 가져오고 이러한 긍정적인 전이는 보다 복잡한 규칙학습과 문제해결 능력의 신장에 도움이 된다. 또한 인간이 성장하면서 학습을 통해 고차원적인 능력의 학습에 대한 전이 가능성은 점점 증가된다. Gagné는 이렇게 누적되는 특성을 지닌 학습을 누적학습(cumulative learning)이라고 말한다. 예를 들면 자연수의 소인수분해를 하는 것과 관련된 학습은 분수의 덧셈이나 유한소수의 표현 등과 같은 보다 고차원적으로 관련된 규칙의 학습에 기여한다. 이런 의미에서 학습은 누적이 된다.

04 학습의 과정

Gagné는 학습을 "하나의 과정", 좀더 엄밀하게 말하여 "일련의 과정"으로 파악하고자 한다. 분석의 목적에서 보면 학습활동은 적어도 시작과 끝이 있다. 학습과정은 여러 가지 서로 다른 단계들로 분석될 수 있고, 이들 과정이 순차적 혹은 병행적으로 일어날 수 있다고 말한다.

Gagné는 학습과정들을 정보처리에 기반한 학습이론들의 기본구조를 형성한다고 생각하고, 학습하는 동안 내적으로 일어나는 주요한 학습과정을 주의집중, 선택적 지각, 의미론적 암호화, 재생, 반응조직화, 통제과정, 기대(예측) 등으로 구분하고 있다. Gagné는 그의 저서 "학습의 조건과 교수이론(The conditions of Learning and theory of instruction)"(1985)에서 정보처리이론의 기초적인 학습이론, 기억모델과 이것의 학습과정 및 외적 상황들의 정보처리과정에 미치는 효과 등을 다음과 같이 설명하고 있다.

1 정보처리모델

정보처리모델은 인간두뇌의 다양한 내적 구조들과 이러한 구조가 수행하는 것에 상응하는 정보처리하는 가정을 토대로, 인간의 학습과 기억에 대한 완벽한 설명은 아니지만 다음 [그림 7-2]와 같은 정보의 흐름에 대한 모델을 제안하고 있다.

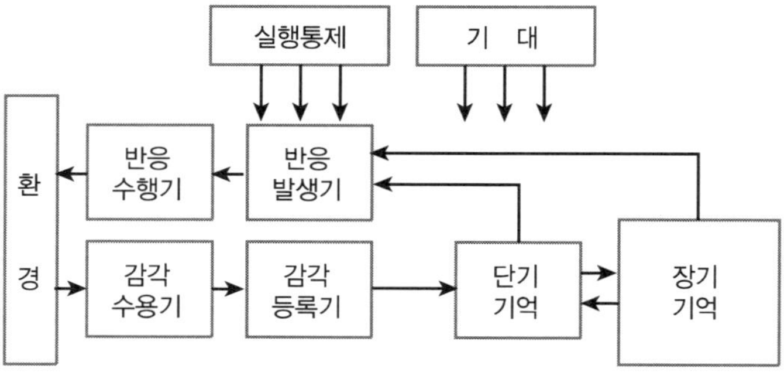

[그림 7-2] **정보처리에 기초한 학습이론과 기억이론에서 적용하고 있는 모델**
(출처: R. M. Gagné, Essentials of learning for instruction. NY, Holt, Rinehart & Winston, 1974)

① 감각등록기에서 단기기억으로

학습자는 환경으로부터의 자극을 통하여 감각수용기를 활성화시켜 주고 그리고 신경정보로 전환될 자극을 받아들인다. 이 정보는 감각등록기라고 불리는 구조들 속으로 들어간 후에 거기에서 매우 짧은 시간동안 존속하고 학습자의 능력에 따라 어떤 특별한 특징에만 주의를 기울이는 "선택적 지각"으로 단기기억에 입력되도록 전환된다.

② 단기기억상태

단기기억에는 청각적 형태, 유성음 형태와 심상형태가 있으며 용량은 제한되어 있다.

③ 단기기억에서 장기기억으로 저장

학습관점에서 정보의 결정적인 변환은 단기기억에서 장기기억으로 들어갈 때 일어난다. 이 과정을 부호화(encoding) 과정이라고 부른다.

④ 장기기억에 저장

단기기억에서는 지각적 특징을 지닌 형태로 존재하던 정보가 장기기억으로 전환되면서 그 정보는 개념적 또는 의미있는 부호화의 형태로 변환되어 의미있게 조직되고 영구적으로 저장된다.

⑤ 재생

학습하였다는 것을 증명하는 것은 장기기억으로부터 재생할 수 있어야만 한다. 재생과정에서 저장된 정보는 여러 가지 이유로 접근성이 떨어지기도 하고 재생과정이 비효율적이어서 망각되기도 한다. 탐색과정은 재생과정에 의해 유도된다.

⑥ 활동기억

대개의 경우 재생된 것은 "활동기억" 또는 "의식기억"의 특징을 갖는 단기기억으로 되돌아간다. 학습된 것의 회상(recall)은 단순한 재진술 보다는 재구성하게 된다. 이 회상은 새로운 상황에의 적용 즉 새로운 문제에의 적용을 포함하며 이때 "학습의 전이"가 일어난다.

⑦ 반응발생기

반응발생기는 말하기, 몸통의 근육, 손의 근육 등을 수행에 포함시킬 것인지에 대한 인간반응의 기본형태를 결정한다. 즉 운동의 순서와 시기등의 수행형태를 결정한다. 반응수행기에서는 외적으로 관찰 가능한 활동의 형태가 나타난다.

⑧ 수행

학습한 것이 명제에 대한 이해를 진술하는 능력이라면 수행은 말하는 행위이다.

⑨ 피드백(feedback)

학습에서의 마지막인 피드백은 학습자의 수행결과를 관찰한 후에 제공하게 되며 강화의 효과가 있다. 이것이 학습자가 목표를 달성했음을 검증하는 상황이다.

2 학습과정에서의 외적인 상황의 효과

Gagné가 생각하는 학습과 기억에 관한 정보처라 모델은 교육프로그램에 있어서 교수의 계획과 설계에 의미가 있는 중요한 시사점을 알려준다. 학습은 감각등록기로부터 자극을 받아들이고 학습자의 수행 후에 피드백으로 끝난다. 대체로 수업은 다양한 외적 자극으로 구성되어 있다. 가르치는 동안 학습자에게 제공되는 자극은 학습자의 내부에서 발생하는 다양한 내적인 정보처리과정을 지원하는 기능을 한다. 학습의 조건은 효과적인 교수설계를 위한 기초를 제공한다.

Gagné는 학습의 내적 정보처리과정을 다음의 7가지로 구분하고 있으며 외적 상황들이 정보처리과정에 미치는 효과를 요약해보면 다음과 같다.

내적 정보처리과정	외적 상황과 그들의 효과
주의집중(attention)	자극의 변화는 호기심(주의력)을 유발한다.
선택적 지각	학습대상의 특징을 부각시키고 차별화 시키는 것은 선택적 지각을 촉진시킨다.
의미론적 부호화	언어적 지시, 그림, 도형 등은 부호화체계를 획득하도록 하는데 도움을 준다.
재생(retrieval)	도형, 도표, 운율 등과 같은 단서의 제시나 암시는 재생을 촉진한다.
반응조직화	학습목표에 관하여 언어로 지시를 해주는 것은 학습자에게 기대되는 수행의 목록을 알 수 있게 한다.
통제과정	언어적 지시는 적절한 전략들을 선택하고 활성화 시킬 수 있는 장면을 확립하여 내적 처리과정을 특정한 방향으로 유지하게 한다.
기대	학습자에게 목표를 알려주는 것은 수행에 대한 특수한 기대를 확립시켜 준다.

05 문제해결과 창의력

앞서 배운 규칙학습과 언어정보의 학습은 문제해결학습의 기초단계이다. 어떤 의미에서 문제해결활동은 규칙학습과 스키마학습(schema learning)의 자연스런 확장이다. 사전에 학습된 규칙과 지식이 없으면 문제를 해결할 수가 없다.

1 문제해결학습

문제해결이란 학습자가 이미 학습한 규칙의 연합을 파악하고 새로운 문제상황을 해결하기 위하여 규칙을 적용할 계획을 세우고 실행하는 과정이라고 볼 수 있다. 학습자는 새로운 문제를 해결하고자 사전에 획득한 규칙을 회상한다. 문제해결은 단순하게 사전 규칙만 적용하는 것만이 아니고 오히려 사고과정을 실행하는 동안 새로운 학습이 일어나는 과정이다.

Gagné는 만약 학습자가 같은 종류의 문제해결 상황에 다시 직면하게 되면 그는 회상을 통해 매우 쉽게 문제에 대응할 수 있으므로 문제해결은 분명히 학습의 형태로 파악되어야 한다고 주장하였다.

문장진술로 이루어진 수학문제를 성공적으로 풀려면 약간의 지적인 선수기능을 획득하고 있어야 한다. 그러나 다수의 연구(Riley(1981), Siegler and Klahr(1982))에 의하면 문장제 문제해결에서 지적인 선수기능이 본질적이긴 하지만 이것만으로는 충분하지 않다는 것이 밝혀졌다. 다른 종류의 요구되는 지식이 "문제이해"라고 말하고 있다.

Gagné는 문제해결학습에서는 첫 번째로, 학습자들이 지적 기능을 지니고 있을 뿐만 아니라 두 번째로, "문제이해"를 증진시키기 위한 스키마르 표현된 언어정보의 능력도 갖추어야 한다는 것이 분명하다고 주장한다. 세 번째로, 다른 요소로 문제해결자는 문제진술의 목표가 획득될 수 있도록 하기위하여 지적 기능(행동)의 선택을 허용하는 "계획"을 수립해야만 한다고 말한다. 네 번째로, 문제해결의 종결과정의 또 다른 종류의 능력으로서 오답을 제거하고 해답을 타당화하는 방법을 알아야만 한다고 주장하였다. 이것을 요약하면 다음과 같다.

(1) 수학적 조작을 하기위한 규칙의 형태인 "지적 기능"이 필요하다.
(2) 문제이해에 대한 문제 스키마가 필요하다.
(3) 인지전략중의 하나인 "계획 전략"이 필요하다.
(4) 해답을 타당화하는 스키마가 필요하다.

2 문제해결학습의 전략과 본질

문제해결에는 지적 기능을 기본적으로 필요로 하지만 지적 기능 이외에도 문제와 관련된 언어정보의 요소를 의미 있게 연결한 일련의 스키마와, 인지전략이라고 하는 사고과정이 필요하다.

Simon(1978)이 언급한 "문제공간(problem space)"은 문제에 대한 학습자 자신의 표상을 의미한다. 초보자와 전문가가 물리학 문제를 해결하는 것을 연구한 Larkin(1980)에 의하면 전문가는 문제를 해결할 때에 복잡하고도 방대한 양의 지식을 동원할 수 있음을 보여주었다. 초보자도 자신의 지식의 범위 안에서 추론을 잘할 수 있다. 이것은 전문가와 초보자의 차이로서 그들이 행하는 추론의 질에 있는 것이 아니라 지식의 양에 있음을 말해주고 있다.

문제해결을 성공적으로 하는데 필수적인 다른 종류의 학습된 능력은 인지전략이다. 이러한 인지전략은 올바른 시기에 그리고 올바른 순서로 적절한 기법을 사용할 수 있게 한다.

Gagné는 문제해결 학습의 본질로서 다음 3가지 능력이 중요하다고 말하고 있다.

(1) 지적 기능 : 문제를 해결하기위하여 반드시 알아야하는 규칙, 원리, 개념 등의 지적 기능
(2) **조직화된 언어정보** : 문제를 이해하고 해결의 적합성을 평가할 수 있도록 스키마형태로 되어 있는 조직화된 언어정보
(3) **인지전략** : 문제를 해결하는 경우 언제 어떻게 적절한 정보와 기능을 선택하고 적용할 것인가를 결정할 수 있도록 하는 인지전략

3 문제해결학습의 조건

Gagné는 문제해결학습의 조건은 다음과 같이 주장한다.

(1) 학습자는 문제해결을 위하여 사전에 경험하고 학습한 관련된 규칙들을 상기하고 회상할 수 있어야 한다.
(2) 학습자는 적절한 방법으로 조직화된 언어정보를 소유하고 있어야 한다.
(3) 학습자는 자기가 가지고 있거나 사전에 학습한 인지전략들을 활성화하고 활용하는 것이다.
(4) 학습자에게 외부적으로 도움을 주는 것은 관련된 규칙을 회상할 수 있도록 발문을 통하여 자극을 주는 최소한의 언어적 교수로 구성된다. 이때 언어적 교수는 학습자의 사고를 특정방향으로 안내하거나 연결시킬 때 사용된다.

Worthen(1968)의 연구에 의하면 설명식 교수방법이 학습한 규칙을 회상하는데 더 효과적이라는 것으로 알려졌다. 하지만 회득한 규칙들을 전이하는 경우에는 발견식 방법에 의한 것이 더 효과적이었다고 말하고 있다. 문제해결에서 가장 신뢰있는 교수방법은 결국 학습자들이 스스로 규칙을 발견하도록 자극하기위하여 예시를 사용하는 것이다.

요약하면 발견학습이나 문제해결학습은 사전에 학습한 규칙들과 문제를 해결하기위한 새로운 고차적 규칙을 결합시키는 것을 말한다. 문제해결학습은 학습자가 스스로 해결방안을 구성하도록 요구하는 경우 일어나게 된다. 이때에 고차적인 규칙을 고안해낸 학습자는 보다 많은 상황에 효과적으로 일반화하게 되며 동시에 망각되지도 않는다.

4 문제해결과 창의력

Newton의 운동의 법칙과 Einstein의 일반상대성원리 등과 같은 위대하고 창의적이고 지적인 발견에 대하여 존경을 표하지 않는 사람은 없다. 피카소와 로댕과 같은 예술가들의

창작물에서도 같은 생각이다.

Gagné는 천재들의 이와 같은 창의력과 문제해결의 관계로서 첫째, 자신이 획득한 방대한 양의 지식이 기반이 된다는 것이다. 천재들은 많은 종류의 규칙들의 위계를 갖고 있었다. 그들은 자기가 관심을 두고 있는 분야의 규칙들에 깊이 몰두해있고 때로는 다른 학문의 규칙들도 몰두하였다. 과학자건 예술가건 간에 문제해결에 대한 오랜 시간동안 몰입하고 심사숙고를 하고난 후에 어느 순간 "섬광처럼 떠오르는 통찰"이 있다. 이러한 새로운 발견과 통찰의 기반이 되는 것으로 문제해결에 포함된 규칙들에 대한 사전 지식을 반드시 갖추고 있어야 한다는 것이다.

둘째, 이러한 발견에는 "귀납적인 도약"의 과정이 필요하다. 귀납적인 도약이란 넓게 산재되어 있는 지식체계들을 연결하고 아이디어를 결합하는 과정을 말한다. 이때 핵심아이디어는 두 개 이상의 매우 다르게 조직화 되어 있는 지식체계로부터의 하위규칙의 위계 들을 결합 연결 구성함으로써 알 수 있게 된다는 것이다.

Gagné는 결론적으로 학생들의 문제해결을 위한 교육프로그램은 지적 기능, 언어정보, 인지전략이라는 3가지 유형의 능력들을 가르치도록 설계되어야 한다고 주장하고 있다.

06 교수이론과 과제분석

1 교수이론

교수이론은 외적인 교수사태(events of instruction)들이 어떻게 학습자의 내적인 학습과정을 적절하게 지원 또는 촉진하느냐 것을 밝혀냄으로써 학습결과와 외적인 교수사태들을 관련시켜야 한다. 교수이론은 학습이론이 아니다. 교수이론은 교수사태들의 관계와 학습과정에 미치는 교수사태들의 영향 그리고 이들 과정의 학습결과를 제안하는 분야이다. 다음은 내적 과정과 그에 대응하는 교수사태와 활동의 예이다.

내적과정	교수사태들	행동의 예
감수	1. 주의력을 환기시키기	갑작스런 자극의 변화를 활용하기
기대	2. 학습자에게 목표 알려주기	학습을 마친 후에 할 수 있게 되는 것이 무엇인지를 말해주기

활동기억 재생	**3. 선수학습의 회상을 자극하기**	이전에 학습한 지식이나 기능의 회상을 요구하기
선택적 지각	**4. 자극자료를 제시하기**	독특한 방법으로 내용을 제시하기
의미론적부호화	**5. 학습안내를 제공하기**	의미 있는 조직을 제안하기
반응	**6. 수행을 유발하기**	학습자에게 수행하도록 요구하기
강화	**7. 피드백을 제공하기**	정보를 알려주는 피드백 제공하기
재생과 강화	**8. 수행을 평가하기**	피드백과 함께 학습자에게 부가적 수행을 요구하기
재생과 일반화	**9. 파지와 전이를 향상시키기**	다양한 연습과 시간간격을 둔 복습을 제공하기

9가지의 교수사태의 방법 들은 모든 것이 항상 학습상황에 제시되어야하는 것은 아니다. 어린 아동들에게는 교사가 모든 교수사태들을 사용하는 것이 바람직하지만 고학년으로 갈수록 학습자들이 경험을 쌓게 되므로 점차 학습자 자신에 의해서 자기 교수를 실행할 수 있게 됨을 의미한다. 특히 Carroll(1963)이나 Bloom(1976)의 이론 들은 교수에 영향을 주는 다른 요소로서 ①시간(학습에 투입된 시간의 양) ②동기유발(학습자에게 적극적인 동기유발) ③개인차를 고려할 것을 주문하고 있다.

2 과제분석

"절차적 과제분석"은 절차 그 자체 즉 학습자가 절차를 수행하도록 하는 실행루틴이다. 이와는 대조적으로 "학습 과제분석"은 학습위계라는 기술을 통하여 전체과제와 아직 잘 획득되지 않은 하위과제의 학습에 필요한 선수요소를 확인하는 것이다.

학습위계는 새로운 규칙들과 개념들의 학습을 위하여 필수적인 손수요소들을 나타내 준다. 이때 지적 기능의 학습위계는 오로지 필수적인 하위기능만을 나타내므로 교수계열의 계획에 필요한 모든 정보를 포함하지는 않는다. 또한 학습분석은 5가지 인간 능력의 학습을 위해서 결정적인 외적 조건을 확인하는 것이다.

(1) 학습 과제의 분석

가) 학습결과의 범주화

지적 기능, 인지전략, 언어정보, 운동기능, 태도 등으로 학습한 후의 결과인 능력을 범주화한다.

나) 학습목표로서의 과제에 대한 기술(記述)

학습목표를 잘 기술하기 위해서는 애매하지 않은 동사를 사용해야 한다. 애매한 동사의 예로는 '안다', '감상한다', '이해한다' 등이다. 애매하지 않은 동사의 예로는 '진술한다', '쓴다', '선택한다', '분류한다' 등이다.

다) 선수학습을 알아보기 위한 과제분석

본 학습을 위한 선수요소를 확인한다. Glaser(1967)는 교수설계의 결정적인 요인으로 '투입행동'을 강조하였다. 사전에 학습한 능력들이 장기기억으로부터 쉽게 접근 가능하도록 재생될 필요가 있다고 주장하였다.

- 새로운 학습에 도움을 주는 사전학습
- 학습한 것의 구성요소로서의 선수요소(새로운 학습에 통합되는 사전학습)

라) 학습을 위한 중간목표

학습의 선수요소는 각각의 직무요소이며 다른 학습목표에 대하여 선수요소가 되는 학습결과를 중간목표로 분석되어야 한다. 예를 들어 여러 자리수의 뺄셈 과제에 있어서 중간목표는 한자리수 뺄셈이다.

마) 학습분석의 결과

학습목표를 염두에 두고 과제를 분석하면 학습에 필요한 선수요소를 확인할 수 있다. 참된 선수요소는 중간목표라고 할 수 있는 하위기능의 사전학습내용이다.

- 선수요소의 진술문으로서의 학습위계

  하위기능들은 참된 선수학습요소들이다. 즉 하위기능들은 더 복잡해진 새롭게 학습된 기능속에 통합된다. 즉 새로운 규칙을 학습하는 과제에 직면하였을 때 학습자는 이미 어떤 기능을 알고 있어야하며 또한 회상을 할 수 있는가? 이다.

  각각의 지적 기능과 그 하위 기능에 대하여 성공적으로 수행된 분석에 의하여 학습위계는 밝혀진다. 학습위계는 학습자에게 이용가능한 선수요소만 나타낸다. 새로운 학습에 단순히 도와주기만 하는 이전 학습내용은 제시되지 않는다.

- 선수요소의 분석을 학습에 활용하기

  선수요소관계는 특히 기본기능들을 가르치기 위한 교정교육프로그램에서 성공적으로 사용되어 왔다. 선수요소분석은 학습조건의 계획 즉 교수설계를 위하여 활용될 수 있다. 한 가지는 사전학습으로 필요한 능력을 이미 가지고 있는 학습자들을 선발하여 학습조건을 설계하는 것이고 다른 하나는 선수학습요소를 획득하지 못한 학습자들을 위해서 선수요소를 학습할 수 있도록 계획한 교수설계이다.

(2) 학습의 외적조건 도출하기

학습의 선수요소를 밝히기 위한 과제분석은 최적의 학습조건의 설계에 필요한 많은 정보를 제공해준다. 학습을 위한 학습의 외적 조건으로는 다음과 같은 것이 있다.

① 선수요소의 회상을 자극하기
② 학습안내(부호화)의 제공
③ 파지와 전이를 증진시키기

3 학습을 위한 교수설계

지금까지 언급한 학습과 학습조건에 관한 지식은 교수설계과정에 사용될 수 있다. 교수설계는 첫째 구체적으로 어떤 능력이 학습되어야하는가와 둘째 학습자의 어떤 외적 자극이 학습에 필요한 내적과정을 잘 지원해 줄 것인가이다.

교수설계는

(1) 동기화와 연관시키는 것과 기대의 확립
(2) 주의력과 선택적 지각
(3) 부호화
(4) 재생과 회상
(5) 학습의 전이
(6) 학습능력을 반영하는 수행
(7) 강화

등의 과정을 지원하는 사태들을 명쇄화한다.

일단 교수설계가 이루어지면 교수모듈, 주제, 또는 매체가 선정된 코스는 전달체계와 양립될 수 있다. 그러므로 설계를 고려해야할 사항들은 효과적인 학습에 요구되는 교수사태들을 실행하는 방법과 매체의 선정과 같은 것들을 포함해야 한다. 형성평가를 통해서 교수패케지의 사용의 효과성 실행가능성 등을 해석하고 교수내용의 질을 향상시키고 교수내용을 수정하게 된다.

참고문헌

R.M. 가네(1996). 『학습의 조건과 교수이론』. 박성익·최영수 옮김. 서울 : 교육과학사.

Ausubell, D. P.(1960). The use of advance organizers in the learning and retention of meaningful verval material. *Journal of Educational psychology*, *51*, 267-272.

Ausubell, D. P.(1968). *Educational psychology : A cognitive view*. New york : Holt, Rinehart and Winston.

Ausubell, D. P., Novack, J. D. and Hanesian, H.(1978). *Educational psychology : A cognitive view*, 2nd Ed. New york : Holt, Rinehart and Winston.

Bloom, B. S.(1976). *Human characteristics and school learning*. New York : McGraw-Hill.

Carroll, J. B.(1968). A model of school learning. *Teachers College Record*, *64*, pp.723-733.

Gagné, R. M.(1983). Some issues in the psychology of mathematics instruction. *Journal of Mathematics Education*, *14*, pp.7-18.

Gagné, R. M.(1985). *The condition of Learning and Theory of Instruction*(4th Ed.). New york : Holt, Rinehart and Winston.

Gibson, E. J.(1969). *Principles of perceptual learning and development*. New York : Appleton.

Glaser, R.(1967). Some implications of previous work on learning and individual differences. In R. M. Gagné(Ed.), *Learning and individual differences*. Columbus, Ohio : Merrill.

Greeno, J. A.(1978). A study of problem solving. In R. Glaser(Ed), *Advances in instructional psychology*, Vol.1. Hillsdale, N.J. : Erlbaum.

Larkin, J., McDermott, J., Simon, D. p.and Simon, H. A.(1980). Expert and novice performance in solving physics problems. *Science*, *208*, pp.1335-1342.

Mayer, R. E.(1979). Can advance organizers influence meaningful learning?, *Review of Educational Research*, *49*, 371-383.

Reley, M. S.(1981). *Conceptual and procedural knowledge in development*. Master's thesis, University of Pittsburgh.

Rothkopf, E. Z.(1970). The concept of mathematics activities. *Review of Educational Research*, *40*, pp.325-336.

Siegler, R. S. and Klahr, D.(1982). When do children learn? the relationship between existing knowledge and the acquisition of new knowledge. In R. Glaser(Ed.). *Advances in instructional psychology*, Vol.2. Hillsdale, N.J. : Erlbaum.

Simon, D. p.and Simon, H. A.(1978). Individual differences in solving physics problems. In R. S. Siegler(Ed), *Children's thinking:what develops?* Hillsdale, N.J. : Erlbaum.

Worthen, B. R.(1968). Discovery and expository task presentation in elementary mathematics. *Journal of Educational psychology Monograph Supplement*, *59*, No. 1, Part 2.

Chapter 07

생각해 볼 문제

01 Gagné는 학습을 어떻게 정의하고 있는지 설명하시오.

02 Gagné가 말하고 있는 학습된 능력의 5가지 범주를 설명하시오.

03 Ausbell의 주장에 의하면 유의미 학습이 일어나는 경우는 학습자가 내부에 이용가능한 인지 구조가 있을 경우와 학습 과제에 논리적 유의미가 있어야하고 학습자의 유의미한 학습태세가 있어야 한다. 이와 관련된 가네의 수업의 사태에 대하여 설명하시오.

04 Gagné의 학습된 각각의 능력에 따른 학습의 조건의 특징을 말하시오.

05 Gagné의 학습의 내적 정보처리과정의 7가지를 설명하시오.

06 Gagné의 학습위계의 특징을 말하시오.

07 Gagné의 문제해결의 본질의 특징을 말하시오.

08 Gagné의 문제해결학습의 조건을 말하시오.

09 Gagné의 교수학습과정의 교수사태 9단계를 말하시오.

10 Gagné의 과제분석의 특징과 장점을 말하시오.

Chapter 08 Ausubel

Ausubel(David p. Ausubel, 1918~2008)은 교사 중심, 설명 중심의 지시적이고 설명적인 교수방법에 반대하여 학생 중심, 경험 중심의 탐구 및 발견 학습이 강조되던 시대인 1960년대에 강의식, 설명식 수업이 효과적이고 가치롭다고 주장하였다. 즉, Ausubel은 많은 양의 정보가 교사에 의해 효과적으로 조직되고 유의미하게 전달되는 방법과 원리가 무엇일까에 관심을 두었다. 이를 위해 Ausubel은 지식을 획득하는 과정에 관한 인지심리학적 원리들을 토대로 학습이론을 설명하면서, 인지 구조(cognitive structure), 지식의 위계(hierarchy), 포섭(subsumption), 포섭자(subsumer), 관련 정착 아이디어(relevant anchoring idea), 선행조직자(advanced organizer), 습득(acquisition), 유지(retention), 망각(forgetting)과 같은 개념들을 이용하여 학습 과정을 설명하였다.

본 장에서는 설명식 수업을 통하여 학생들이 수학을 이해하고 의미 있게 받아드리기 위한 방안으로 Ausubel의 유의미 학습을 고찰하였다. Ausubel의 유의미 학습의 정의와 조건 그리고 유의미 학습의 방법 등을 분석함으로써 수학교육에서의 유의미 설명식 학습의 활용을 알아보겠다.

01 유의미 학습(meaningful learning)의 정의

유의미 학습(meaningful learning)4)이란 새로운 학습내용이 학습자의 기존의 인지 구조와 의미 있게 연결됨으로써 그 안으로 포섭(subsume)될 때 일어나는 학습을 의미한다(Ausubel, 1963). 즉, 유의미 학습은 학습할 내용과 학습자가 가지고 있는 인지 구조 사이의 상호작용을 통해서 기존의 인지 구조(cognitive structure)가 변화하고 그에 따라 새로운 의미가 구성됨으로써 일어나는 학습을 뜻한다. 즉, 유의미 학습은 새로운 스키마(schema) 속에서 아이디어들이 서로서로 뿐만 아니라 기존의 스키마와도 논리적인 방식으로 관련될 때 일어나는 학습이다. 이처럼 Ausubel은 학습자의 인지 구조에 변화를 가져오는 학습을 진정한 학습이라고 보면서 학습자의 인지 구조를 학습의 중요한 변인으로 보았다. 더불어 학생은 수동적으로 교사의 수업을 받아들이는 존재라기보다 학습내용을 수용하기 위해 인지 과정을 활발히 움직이는 능동적인 존재로 보았다. 그 결과 학습내용은 인지 구조 속에 수용되고 인지 구조는 변화하는데, 이는 곧 유의미 학습이 이루어졌음을 의미한다.

Ausubel은 발견학습으로 얻어진 지식처럼 수용학습에 의해서도 유의미한(meaningful) 지식이 얻어질 수 있다고 주장하면서 수용학습도 충분히 유의미한 학습이 될 수 있다고 하였으며 발견학습만이 꼭 의미 있는 학습은 아니라고 주장하였다(Ausubel, 1963). Ausubel은 학습에 있어 인지 구조의 중요성을 강조하였다. 그리고 학습자의 인지 구조에 변화를 가져오는 학습을 진정한 학습이라고 보았다. Ausubel에 따르면, 학생은 수동적으로 교사의 수업을 받아들이는 존재인 것처럼 보이나 이는 겉으로 보기에만 그럴 뿐이다. 실제로 학습자 내부에서는 학습내용을 수용하기 위한 인지 과정이 활발하게 일어나고 있을 수 있다. 그리고 이러한 과정을 거쳐 학습내용이 인지 구조 속에 수용되고 인지 구조의 변화가 일어나게 된다. 이는 곧 유의미 학습이 이루어졌음을 의미한다.

Ausubel은 '지식 획득의 방식'과 '지식을 인지 구조에 통합시키는 방식'에 따라, 학습의 형태를 네 가지로 분류하였다. 지식 획득의 방식에 따라서는 수용학습(reception learning)과 발견학습(discovery learning)으로, 지식을 인지 구조에 통합시키는 방식에 따라서는 기계적 학습(rote learning)과 유의미 학습(meaningful learning)으로 구분하였다.

수용학습이란 이미 제시되어 있는 내용을 받아들이는 학습을 의미한다. 그리고 발견학습이란 주어진 자료를 근거로 하여 개념이나 원리를 도출하는 학습을 의미한다. Ausubel에

4) 유의미 수용학습(meaningful reception learning)을 유의미 언어(구두)학습(meaningful verbal learning)으로 해석한다. 즉, 교사 입장에서 언어(구두)로 설명하면 학생 입장에서 이를 수용한다.

따르면, 수용학습과 발견학습은 학습자가 내면화해야 할 학습대상에 있어서 차이가 있다기보다 학습하는 방법에 있어 차이가 있다고 본다. 따라서 학습이 발견학습의 형태가 아니더라도 즉, 수용의 형태로도 얼마든지 유의미한 학습이 될 수 있다고 주장하였다. 한편 유의미 학습은 특정한 정보를 암기하는데 주안점을 두는 기계적 학습과 대조된다. 기계적 학습이란 학습내용이 기존의 인지 구조에 통합되지 않는 경우를 의미한다. 즉, 기계적 학습은 기존 지식과의 연계성 없이 기계적으로 학습하는 암기학습이라 할 수 있다.

기계적 학습이면서 수용학습에 해당하는 예로 무의미 철자 학습이 있다. 유의미 학습이면서 수용학습에 해당하는 예로는 설명식 수업을 통해 개념간의 관계를 명료하게 이해한 경우를 들 수 있다. 기계적 학습과 발견학습이 동시에 일어나는 예로는 단순 시행착오적인 실험의 경우가 있으며, 유의미 학습과 발견학습이 동시에 일어나는 예로는 과학자들의 창의적 연구를 제시할 수 있다.

지식획득의 방식 / 지식을 인지 구조에 통합하는 방식	수용 학습 (reception learning)	발견학습 (discovery learning)
기계적 학습(rote learning)	무의미한 철자 학습	시행착오적 실험
유의미 학습(meaningful learning)	개념간의 관계 명료화	과학자들의 창의적 연구

다음 [그림 8-1]은 Ausubel이 제시한 학습의 종류와 그와 관련된 예시를 자세히 보여주는 것으로, Ausubel은 수용학습과 발견학습은 유의미 학습은 기계적 학습과는 수준이 다른 학습임을 설명하였다.

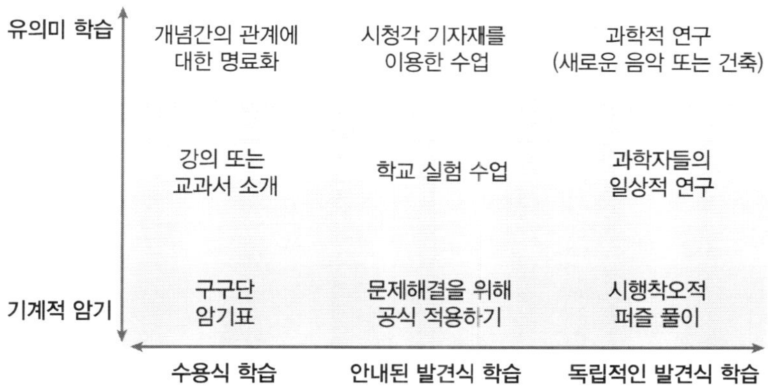

[그림 8-1] 학습의 종류와 예시

일반적으로 수용식 학습은 기계적 암기 학습이며 발견식 학습은 유의미 학습인 것으로 잘못 이해하는 경향이 있으나 Ausubel은 수용식 학습과 기계적 암기 학습 그리고 발견식 학습과 유의미 학습을 분명하게 구분하면서 학습은 발견의 형태가 아니라 수용의 형태로도 얼마든지 유의미한 학습이 될 수 있는 것으로 간주한다. Ausubel은 대부분의 수업시간이 설명식으로 이루어질 것으로 전제하고 유의미 수용 학습(meaningful reception learning)의 중요성을 강조하였다.

02 유의미 수용학습의 조건과 종류

Ausubel은 학교에서 유의미 학습이 아닌 기계적 학습이 일어나는 원인을 다음 세 가지로 정리하였다.[5)]

첫째, 학습 과제가 적절하지 않으면 기계적 학습이 일어난다. 즉, 학습 과제의 논리적 유의미가(logical meaningfulness)가 낮을 때 유의미한 학습이 일어날 가능성은 낮아진다.
둘째, 학습자의 인지 구조 내에 새로운 학습 내용과 관련된 내용이 없을 경우 기계적 암기 학습이 일어날 수 있다. 즉, 새로운 학습 내용과 관련하여 학습자에게 사전 지식이 없다면 새로운 학습내용을 받아들이기 어렵게 된다.
셋째, 학습자의 학습의욕이 결핍된 경우에 기계적 암기 학습이 일어난다. 즉, 학습자가 능동적으로 학습의 과정에 참여하지 않을 때 유의미 학습이 일어나기란 쉽지 않은 일이다.

결국 이 세 가지 원인 모두가 해결될 때 유의미한 학습이 일어난다. Ausubel은 유의미 학습을 위한 조건을 다음과 같이 소개하고 있다.

유의미 학습은 인지 구조에 잠재적 유의미 학습 자료가 관련이 될 때 그리고 이 자료가 관련적이며 더욱 포괄적인(inclusive) 개념적 체계에 적절히 포섭될 때 발생한다. 그런 자료가 구속적

5) 이 글 이후 논의되는 '유의미 학습'과 '기계적 학습'은 모두 '수용학습' 측면에서 이루어지는 학습으로 제한된다. 그러므로 '유의미 학습'은 '유의미 수용학습'을 의미한다.

(nonarbitrary), 실사적(nonverbatim) 형태 - 즉, 인지 구조 안의 안정적인(stable) 요소에 관련 가능한 형태 - 로 포섭가능하다는 것은 잠재적 가능성을 설명하는 것이며 유의미 관계 성립과 진정한 의미의 출현을 가능하게 만든다. 만약 학습 자료가 포섭 불가능하다면 그것은 기계적 자료로 구성되어 있거나 이산적이고 분산된 형태를 취하고 있기 때문이다. 따라서 잠재적 유의미 학습 자료에 대한 학습과 기억(retention)은 인지 구조 안에 특정 개념이 존재하는가에 큰 영향을 받는다. 즉, 인지 구조는 유의미 학습과 기억에 영향을 주는 가장 중요한 요소이다(1963, p.25).

이 글에서 Ausubel은 유의미 학습을 '이미 학습된 자료로부터 새로운 의미를 포섭하는 학습'으로 정의하였다. 이를 위해 학생의 입장에서 유의미 학습 자세(meaningful learning set)와 학습 과제 입장에서 잠재적 유의미 과제(potentially meaningful material)의 준비가 필요하다. 그리고 학습 과제가 잠재적 유의미 과제가 되려면 첫째, 학습 과제가 어떤 적절한 인지 구조에 구속적[6](nonarbitrarly, plausibly, sensibly, nonrandomly)으로 그리고 실사적[7](substantivenessly, nonverbatimly)으로 관련될 수 있어야 하며[8] 둘째, 특정 학습자의 인지 구조는 새로운 과제가 구속적이고 실사적으로 관련될 수 있는 관련 정착 아이디어(relevant anchoring idea)를 포함해야 한다. 결국 잠재적인 유의미 과제와 학습자의 유의미 학습 자세가 상호작용하면 유의미 학습이 이루어지게 되며, 그 결과 학생은 진정한 의미(meaning)를 얻게 된다. Ausubel은 유의미 학습으로 얻어진 의미를 심리적 의미(psychological meaning)라 칭하였다.[9]

[그림 8-2]는 유의미 학습 과정을 도식화한 것으로, 그림에서 보이는 바와 같이 Ausubel은 세 가지 조건이 충족될 때 유의미 학습이 이루어지며 그 결과 '심리적 의미'를 갖게 된다고 보았다.

6) 구속성(拘束性, 임의적이지 않음)이란 새로운 과제와 인지구조 안의 관련 과제 사이가 임의적이지 않다는 것이다. 예를 들어 정삼각형과 일반 삼각형 사이의 관계는 일반적인 경우에 대한 특수한 예의 관계이며 분명히 구속적이다. 그러나 의미 없는 음절 'lud'와 인지구조에 존재하는 어떤 과제 사이도 구속적인 관계라고 할 수 없다.

7) 실사성(實辭性, 본질성, 본질은 유지된다는 성질임)이란 학습 과제가 다르게 표현되더라도 그 과제와 인지구조와의 관계(relationship)는 바뀌지 않는다 즉 그 과제의 의미는 변하지 않는다는 것이다. 예를 들어 만약 '정삼각형이란 세 개의 동일한 길이의 변을 갖는 삼각형이다'라는 정의에 대하여 어떤 학생이 '정삼각형이란 모든 변의 길이가 동일한 삼각형이다'라고 다시 정의하여도 일반삼각형에 대한 정삼각형의 관계는 어떤 측면으로도 바뀌지 않는다. 하지만 의미 없는 음절 'lud'는 존재하는 지식의 어떤 것과도 실사적 관계가 불가능하므로 만약 'ldu'라고 바꾸면 완전히 새로운 것이 되어버린다.

8) 학습 과제가 학습자의 인지구조에 구속적으로 그리고 실사적으로 관련될 때, Ausubel은 학습 과제가 논리적 유의미를 갖는다고 하였다.

9) 이 부분의 설명과 주석은 모두 Ausubel의 『School Learning(1969), pp.52-53』의 내용이다.

① 자료 그 자체가 학습자의 인지 구조에 실사적이고 구속적으로 관련지어질 수 있어야 한다.
② 학습자는 과제를 관련지을 수 있는 관련 정착 아이디어를 소유해야 한다.
③ 학습자는 실사적이고 구속적인 방식으로 인지 구조에 이러한 아이디어를 관련시키려는 의도(intent)를 소유해야 한다.

이때 교사는 유의미 학습을 유의미 과제의 학습과 동의어로 생각하지 말아야 한다. Ausubel에 의하면 우선, 학습 과제는 분명히 잠재적으로 유의미해야 한다. 하지만 두 번째로 유의미 학습 자세가 존재해야 한다. 만약 학습자의 학습 자세가 갖추어져 있지 않다면 결국 잠재적으로 유의미한 과제도 기계적으로 학습될 수 있기 때문이다.

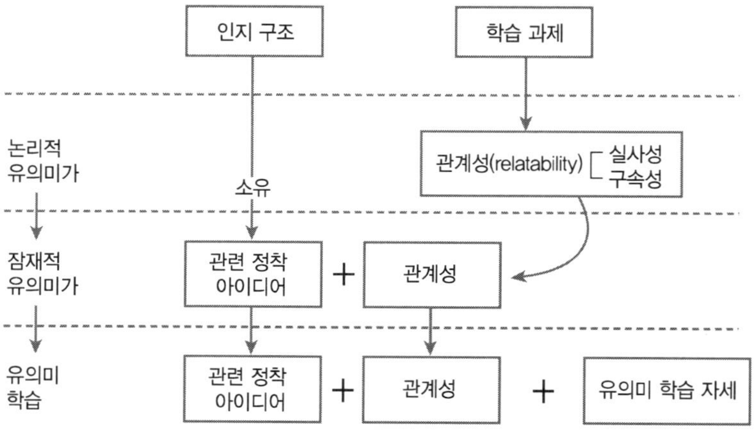

[그림 8-2] **논리적 유의미가, 잠재적 유의미가 그리고 유의미 학습**

Ausubel은 학교에서 이루어지는 학습을 크게 표현학습(representational learning), 개념학습(concept learning) 그리고 명제학습(proposition learning)으로 구분하였다. 표현학습은 이름짓기(명명하기)와 같이 어떤 사물, 사건 및 개념과 같은 지시물과 그 의미를 표시하기 위해 그리고 이러한 지시물의 의미가 무엇인지를 학습자에게 알리기 위해 임의의 기호(arbitrary symbol)를 사용할 때 일어난다. 개념학습에서 Ausubel은 개념을 공통 기준속성(common criterial attributes)을 가지며 동일한 표시(sign)나 기호(symbol)로 지시되는 대상, 사건, 상황 또는 소유물(property)로 정의하였다. 이때, 개념학습은 (1) 주로 어린아동들에게 나타나는 개념 형성(concept formation)과 (2) 학교 학생들과 성인들의 주된 개념학습 형태인 개념동화(concept assimilation) 두 가지로 구분된다. 학생들은 개념 형성과정에서 개념의 기준속성을 직접경험, 즉 가설생성(hypothesis generation) → 테스팅(testing) → 일반화(generalization)의 연속적인 단계를 통해 습득한다. 그러나 아동의 어휘가 증가함에 따라, 새로운 개념을 개념 동화의 과정을 통해 대부분 습득한다. 단어의 의미를 학습하는 개념학습보다 다소 복잡한 명제학습에서 학습과제 혹은 잠재적으로 유의미한 명제란 외연적 단어 의미와 내포적 단어 의미 그리고 단어 사이의 통사적 기능과 관계 모두를 담고 있는 문장으로 표현된 복잡한 지식들로 구성된다. 이때, 새로운 명제가 학습자의 인지구조 내의 관련 정착 아이디어인 기존 명제와 어떻게 연결되느냐에 따라 상위적 학습(superordinate learning), 하위적 학습(subordinate learning[10]) 그리고 병위적 학습(combinatorial learning)으로 구분된다[11]. 그리고 하위적 학습은 다시 파생적 포섭(derivative subsumption)에 의한 학습과 상호관련적[12] 포섭(correlational subsumption)에 의한 학습으로 구분된다. 새로운 명제가 기존의 인지구조 내에 있는 특정 하위 아이디어에 관련 가능할 때, 상위적 학습이 일어난다. 반대로 특정 학문의 '논리적으로' 유의미한 명제가 학생의 인지구조 내의 구체적인 상위 명제와 유의미하게 관련될 때 하위적 학습이 일어난다. 만약 학습 자료가 단순히 인지구조 내에 이미 존재하는 아이디어의 예이거나 지지하는 대상이라면 이 하위적 학습을 파생적(derivative) 포섭이라 부른다. 만약 학습 자료가 이전에 학습한 명제의 부연(extension), 정교화(elaboration), 수정(modification) 및 한정(qualification)이라면 상호관련적(correlative) 포섭이라고 부른다. 그리고 마지막으로 병위적 학습은 잠재적으로 유의미한 명제가 학습자 인지구조 내의 구체적인 상위 아이디어나 하위 아이디어와 관련성은 없지만, 인지구조 내의 일반적인(generally) 관련 내용에 결합하는 것이 관련가능 한 경우를 말한다. 다음 절에서 유의미 수용학습의 과정을 좀 더 구체적으로 다루어본다.

03 유의미 수용학습 방식

Ausubel(1960)의 이론에 따르면, 학습될 내용이 인지 구조 내의 관련 정착 아이디어와 연결되어 그 안으로 포섭될 때 유의미한 학습이 이루어지므로 포섭의 개념은 학습이론을 전개하는데 가장 중요한 도구가 된다. 포섭[13]이란 Piaget 이론에 사용되는 동화(assimilation)와 유

10) Ausubel은 하위적 학습을 포섭적 학습(Subsumptive learning)이라 정의하였다. 이는 파생적 포섭과 상호관련적 포섭에 의한 학습으로 구분되기 때문이다.
11) Ausubel의 1969년, 1978년 저서에는 상위적 학습을 상위적 관계(Superordinate Relationships)로 칭하고 있다.
12) 권낙원(2009)은 '상관적'으로 소개하였다.
13) 포섭이란 기존에 가지고 있는 정착지식이나 이미 학습한 개념, 원리 안에 새롭게 제시된 학습내용을 포함시키는 것이다.

사한 의미로, 새로운 과제가 인지 구조 속에 들어올 때 인지 구조에 존재하는 기존의 개념들과 화합 또는 통합하는 과정을 의미한다. Ausubel은 새로운 정보가 인지 구조에 존재하는 관련 개념들에 포섭될 때 의미 있는 통합이 이루어지게 된다고 보았으며 포섭 과정을 학습이 이루어지는 과정이라 언급하였다. 다음 그림은 포섭 과정을 간단히 도식화한 것이다.

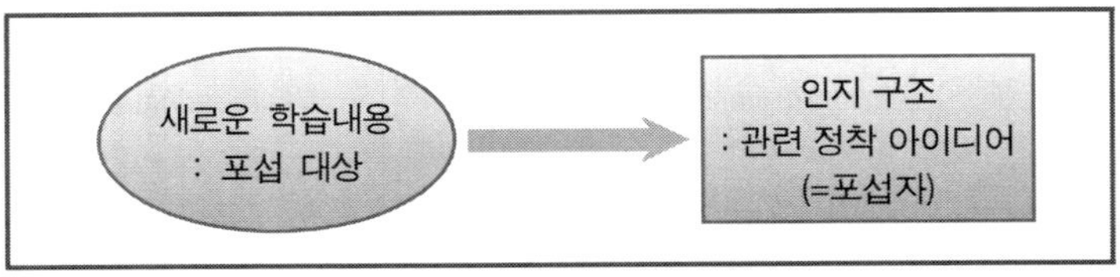

[그림 8-3] **포섭 과정**

1 상위적 학습(superordinate subsumption)

상위적 학습은 새로운 학습내용이 인지 구조 내의 관련 내용보다 상위의 내용일 때 일어나는 학습을 말한다. 즉, 학습자가 일반적인 지식 A의 특수한 지식 a_1, a_2, a_3를 알고 있을 때, 새롭게 A를 학습한다면 상위적 학습을 하게 된다.

인지구조 내에 이미 존재하는 지식 a_1, a_2, a_3는 새로운 지식 A의 더욱 특정한 예로 인식되며 A에 연결된다.

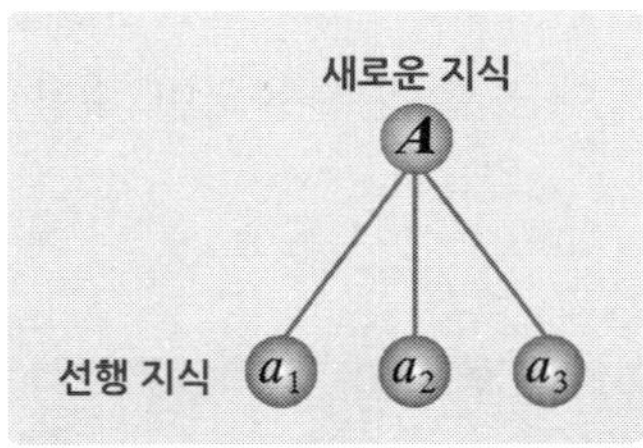

[그림 8-4] **상위적 학습 형태**

예를 들어, 학생이 정사각형, 직사각형, 평행사변형의 내각의 합이 360도임을 알고 있을 때, 교사가 "모든 사각형의 내각의 합은 360°이다"라는 일반명제를 지도한다면 학습자는 귀납적으로 일반명제를 습득할 것이다. 이 과정을 Ausubel은 [그림 8-5]의 왼쪽 편처럼 시각화하였다.

이후 [그림 8-5]의 오른쪽 편처럼, 일반명제가 학습자의 인지구조 내에 확립되면 평행사변형, 직사각형 그리고 정사각형에 대한 특수한 명제들은 파생적 관계로 일반명제 아래에 포섭된다. Ausubel(2000)은 상위적 학습을 통해 학생들이 특수한 예들로부터 귀납적으로 일반적이고 포괄적인 의미를 발전시킬 수 있는 경험을 가져야 한다고 언급하였다.

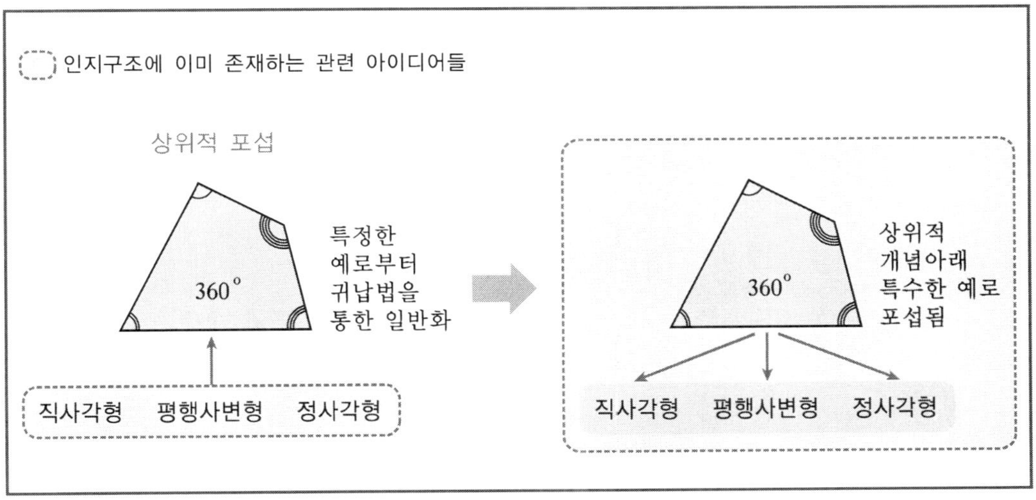

[그림 8-5] **상위적 포섭의 예에 대한 도식**

2 하위적 학습(subsordinate subsumption)

하위적 학습은 새로운 학습내용이 인지 구조 내의 관련 내용보다 하위의 내용일 때 일어나는 학습을 말한다. 이때, 새로운 학습내용이 기존 인지 구조 내 관련 개념의 구체적인 예이거나 이를 상세화하는 것일 때 파생적 포섭이 일어난다. 즉, 포괄적이고 일반적인 지식 A의 특수 예로 a_1, a_2, a_3, a_4를 아는 아동이 또 다른 특수 예인 a_5를 포섭한다면 a_5는 A에 대한 '아이디어의 특수화(Image particularized)'로 작용하게 되며, 아동은 a_5를 파생적으로 포섭하게 된다. 따라서 a_5는 선행지식 A를 보다 명확히 해 주고 보강해 주는 기능을 한다. 예컨대 만약 "고양이는 나무에 오른다"라는 지식을 이미 유의미하게 학습한 학습자가 "이웃집 고양이가 우리집 나무에 오른다"라는 특수한 지식을 학습한다면, 학습자는 이 특수한 지식을 일반적인 지식의 예로 포섭하게 된다. 한편, 새로운 학습내용이 기존 개념을 확장, 수정 정교화 할 때 상호관련적 포섭이 일어난다. 즉, 현재 알고 있는 지식 X의 특수한 예가 아닌 y를 X의 하위 지식으로 포섭한다면 y는 X에 대한 '아이디어에 대한 변형(Image transformed)'으로 작용하게 되며, 아동은 y를 상호관련적으로 포섭하게 된다. 이때 새로운 지식 y는 지식 X와 연결되지만 X의 파생적 관계가 아니라 X를 부연 설명하거나 수정 또는 정교, 제한한 것이다. 예컨대 교사가 평행사변형의 의미(대변이 평행인 닫힌 네 변으로 이루어진 도형)를 이해한 학습자에게 “평행사변형의 조건 중에서 네 변의 길이를 같다고 제한하면 마름모가 된다. 따라서 마름모는 모든 변의 길이가 같은 평행사변형이다”로 마름모를 정의한다면 학습자는 평행사변형의 의미를 수정하여 마름모의 의미를 포섭하게 된다. 두 관계와 그에 대한 예를 시각적으로 정리하면 다음 [그림 8-6], [그림 8-7]과 같다.

A. 파생적 포섭(derivative subsumption)

새로운 지식 a_5는 상위적 지식 A에 연결되며 A의 또 다른 예이다. 따라서 선행 지식을 보다 명확히 해주고 보강해주는 기능을 한다.

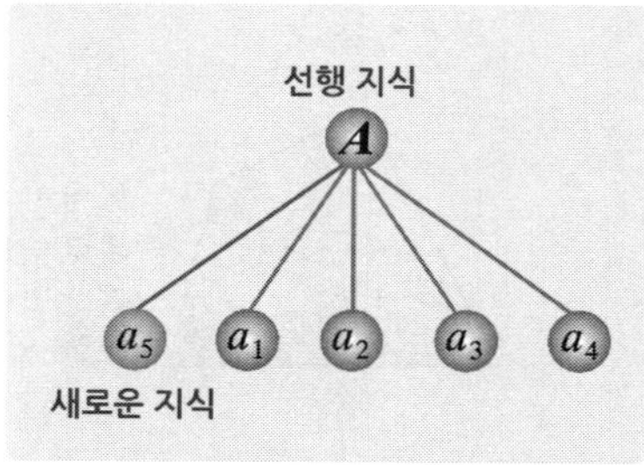

B. 상호관련적 포섭(correlational subsumption)

새로운 지식 y는 지식 X와 연결되지만 X의 파생적 관계가 아니라 X를 부연, 수정 또는 정교, 제한한 것이다.

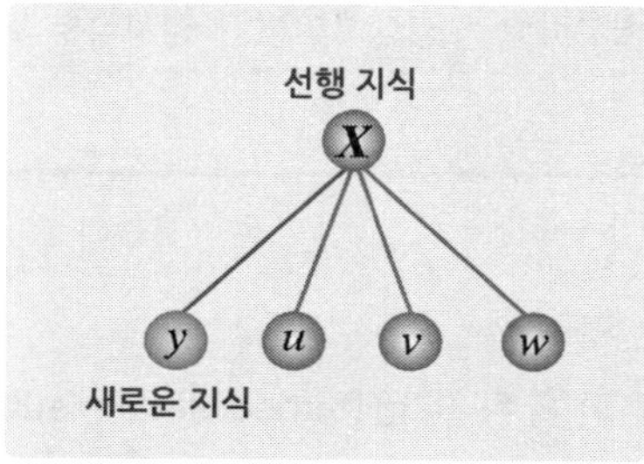

[그림 8-6] **하위적 학습 형태**

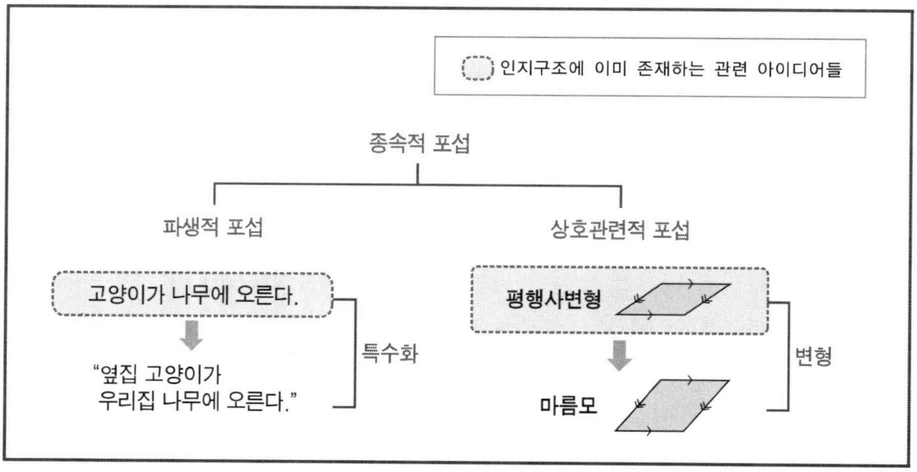

[그림 8-7] **하위적 학습의 예에 대한 도식**

3 병위적 학습(combinational subsumption)

학습자가 학습해야 하는 새로운 지식 A가 이미 알고 있는 지식 B, C, D의 하위적 또는 상위적 지식이 아닐 때, 다시 말해 새로운 지식의 의미가 이미 정립된 의미 아래에 포섭될 수도 없고 특수하고 덜 포괄적인 의미를 포섭할 수도 없을 때 학습자는 새로운 지식 A를 병위적으로 학습하게 된다.

새로운 지식 A는 선행 지식 B, C, D와 관련되는 듯 하지만, 지식 B, C, D보다 더 포괄적이거나 더 특수하지는 않다.

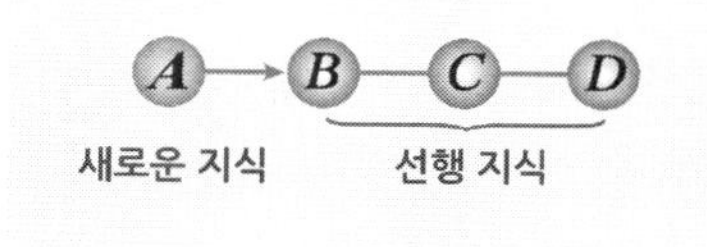

[그림 8-8] **병위적 학습 형태**

Ausubel은 병위적 학습의 예로 모델(model)의 활용을 소개하였다. 예컨대 교사가 유클리드 기하와 뉴턴 원리를 이미 학습한 학습자들에게 추의 주기 공식 유도[14] 과정을 설명하려 한다면, [그림 8-9]처럼 교사는 추를 유클리드적 선분과 뉴턴의 분자와 구조적으로 동치라고 생각하도록 강조하여 설명할 수 있다.

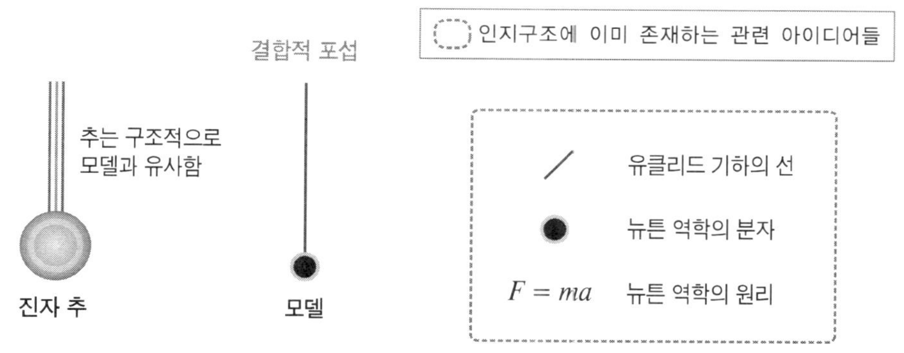

[그림 8-9] **병위적 학습의 예에 대한 도식**

14) 추의 주기에 대한 공식은 $t=2\pi\sqrt{\frac{l}{g}}$이다.

또, 문학에서 사용되는 은유적인 문장도 병위적 관계이다. 은유는 학습자의 인지 구조에 이미 존재하는 어떤 아이디어와 새로운 지식을 함축적으로 비교하는데 사용된다. 예를 들어, "인생은 단지 걸어 다니는 그림자이다"에서 Shakespeare는 추상적 아이디어인 인생을 실제적인 대상인 그림자에 비교하면서 인생의 희박하고(ethereal) 덧없고(fleeting) 근본적으로 흐린(somber) 특성을 보여주고 있다. 이처럼 특정 의미를 가진 추상적이고 심오한 개념을 은유를 통한 심상으로 바꾸려는 시도를 Ausubel은 인간의 전형적인 자세로 보면서 결국, 상황에 적절한 일시적 의미와 관계되는 아이디어를 제공하기 때문에 그 순간에 작가가 전달하려 희망하는 것을 독자가 이해할 수 있게 된다고 언급하였다.

04 유의미 수용학습의 실천 전략

Ausubel은 교사 중심의 수업을 선호하기는 하지만, 학습자 측면의 수동적 학습에 대해서는 분명하게 반대하였다. 수업에 있어 교사가 중요한 역할을 수행하되, 교사는 학생들로 하여금 학습해야 할 새로운 자료에 관하여 적극적으로 생각할 수 있도록 권장하고 요구해야 한다. 그리고 무엇보다도 새로운 내용 자체 내에서의 관련성뿐만 아니라 이전에 학습된 내용과의 관련성을 파악할 수 있도록 가르쳐야 한다.

Ausubel은 유의미 수용학습을 가능하게 하는 실천 전략으로 선행조직자의 활용, 점진적 분화의 원리, 통합적 조정의 원리를 강조하였다. 선행조직자를 제시하고 나면 교사들은 본시 수업을 진행해 나가면서 점진적 분화의 원리와 통합적 조정의 원리를 활용해야 한다. 이 두 가지 과정은 기존에 습득한 내용과 새로운 내용간의 관계, 새로운 내용들 간의 관계, 기존의 스키마와 새로이 발전해 가는 스키마 간의 관계를 학습자가 탐색하도록 도울 수 있다.

1 선행조직자의 활용

인지 구조는 좀 더 포괄적인 개념 하에 덜 포괄적인 하위개념과 구체적인 사실이 포섭된다는 측면에서 매우 위계적으로 조직되어 있다는 것을 전제로 하여(Ausubel, Robbins & Blake, 1957), 새로운 학습은 학습자가 가지고 있는 기존의 인지 구조에 새로운 개념을 동화시켜 더 발전된 인지 구조를 갖게 한다고 설명하고 있다(Ausubel, 1968).

인지 구조의 발달을 가져오는 유의미한 학습을 이루기 위해서는 새롭게 제시되는 학습구조를 포섭할 수 있는 인지 구조를 형성시킨 후에 학습 과제를 제시해야 한다. 이런 인지 구조를 형성시키기 위해서 학습에 앞서 적절한 포괄적 수준을 갖는 포섭자(subsumer)를 제공해야 하고, 이때 제공된 포섭자가 보다 포괄적인 인지 구조를 형성시켜주어 새롭게 제시되는 개념이나 명제가 이 인지 구조 속으로 동화 또는 일체화 되므로 유의미한 학습이 이루어진다는 것이다(한신복, 1993).

설명식 지도에서 유의미 학습이 보다 효과적으로 이루어지기 위해서는 특수한 학습내용을 전체적인 입장에서 조망하여 그 관련성을 파악할 수 있는 일반적이고 포괄적이며 설명력이 있는 아이디어가 학습자의 인지 구조 내에 구성도도록 하는 것이 무엇보다도 중요하다. 그러한 포괄적인 아이디어는 특별한 학습 과제에 적절성과 의미를 부여하고 확고한 정착지를 제공하며 관련된 지식을 통합하는 역할을 수행한다. Ausubel은 학습내용의 배열에서 '점진적 분화의 원리'를 실현하는 효과적인 전략의 하나로 '선행조직자(advance organizer)'의 사용을 제안한다(우정호, 2010).

그리고 유의미한 학습을 위해서, 새로운 학습 과제를 제시하기 전에 포섭자 역할을 할 수 있는 좀 더 포괄적인 개념을 순차적으로 배열한 진술문을 제시하는 방법이 바로 선행조직자의 제공 전략이다. 선행조직자를 "새로운 개념을 학습하기 전에 제시하는 학습내용보다 좀 더 일반적인 개념을 배열한 진술문으로서 적절하게 관련되고 포괄적인 개요적 자료"로 정의하고 있다(Ausubel, 1960). 선행조직자라는 용어는 '새로운 자료를 받아들이기 위한 정착점'을 설명하기 위하여 Ausubel이 제안한 개념이다. 선행조직자는 학습될 새로운 자료를 학생의 기존 인지 구조에 존재하는 내용(관련 정착 의미)과 관련짓기 위한 일종의 '징검다리'로서의 성격을 지닌다. 또한 선행조직자는 학생들에게 자신이 어디에 있으며 어디로 가야 하는지를 이해할 수 있도록 한다는 점에서 인지적인 '도로 지도'와도 같다. 효과적인 선행조직자는 새로운 정보를 기존의 도식에 관련지으면서 새로운 도식을 창조할 수 있는 수단을 마련해 준다.

선행조직자는 흔히 진술문의 형태나 질문, 이야기, 영화, 시범 혹은 비유의 형태로 제시될 수 있다. 선행조직자는 학습 자료에 풍부한 맥락을 부여하는 데에도 도움을 준다. 이러한 선행조직자가 일반적인 요약이나 개요 또는 서론과 다른 점은 수업에서 제시할 내용보다 더 포괄적이고 일반적인 수준으로 제시된다는 점이다.

선행조직자를 제공해줌으로써, 학습자는 자신의 인지 구조 내에 새롭게 제시되는 학습 과제의 학습을 위해서 필요한 관련 정착 아이디어(relevant anchoring idea)를 갖게 되고 따라서 유의미한 학습이 일어날 수 있다.

그러나 만약 포괄적이거나 일반적인 포섭자가 제공되지 않는다면, 학습자는 주어진 학습 과제를 자신이 가지고 있는 기존의 인지 구조 내로 통합시키지 못하고 조각 조각 기억에 보태는 기계적인 암기학습을 하게 되므로 학습을 성취하기가 어렵게 된다.

선행조직자는 나중에 제시되는 보다 상세하고 분화된 학습 자료를 안정적으로 통합하고, 기억할 수 있도록 하는 관념적 비계(ideatioanl scaffolding)로서 역할을 수행하는 것이었다.

Ausubel은 새롭게 제시되는 내용과 기존의 인지 구조가 서로 관련이 없어서 연관되지 못할 경우, 새로운 개념이나 정보가 유의미하게 학습되지 못하고 새로운 학습 과제가 포섭자 역할을 하는 개념이나 명제 등에 관련되는 한도 내에서만 학습과 파지가 일어날 수 있으므로, 예를 들어, 평행사변형의 넓이를 구하는데 앞서 직사각형의 넓이를 구하는 방법에 대해 학습하는 것과 같이 제시되는 포섭자는 제시되는 개념이나 명제보다 포괄적이고 추상적이어야 한다고 주장하고 있다.

즉, 제공되는 선행조직자가 포섭자의 역할을 수행하기 위해서는 인지 구조의 위계적인 특성에 근거하여 제시될 학습내용보다 더 포괄적이고 추상적인 개념을 포함해야 후에 제시되는 덜 추상적인 학습내용을 포섭할 토대를 제공할 수 있고, 따라서 유의미한 학습이 이루어질 수 있으므로 선행조직자는 추상적이어야 한다는 것이다.

그러나 Mayer(1976), Mayer & Bromage(1980), Corkill 외(1988a)은 선행조직자에 관한 연구들을 실시하여, 추상적이지 않고 구체적인 조직자가 효과적이라고 주장하고 있다.

이들은 첫째, 학습자들이 추상적인 내용보다 구체적인 내용을 보다 잘 시각화하므로 선행조직자의 내용을 시각화함으로써 학습자는 후에 제시되는 내용을 이해하고, 기억하기 위한 토대를 확보할 수 있도록 해준다.

둘째, 학습자들이 추상적인 내용보다 구체적인 내용을 더 친밀한 것으로 생각하므로 구체적인 선행조직자가 추상적인 선행조직자보다 효과적일 수 있다.

셋째, 구체적인 내용은 추상적인 내용보다 잘 기억된다. 선행조직자가 잘 기억되어 있을 때, 뒤에 제시되는 내용도 잘 기억될 수 있도록 해주기 때문에 더 효과적이라는 것이다.

따라서 유용한 선행조직자는 학습자에게 유의미하고 조직적인 개념 토대(organized conceptual framework)를 제공해야하고, 나아가 그 개념 토대 안의 여러 요소들과 학습할 개념을 학습자가 연결할 수 있도록 도와주는 것이어야 한다는 것을 전제로 한다면, 선행조직자는 반드시 학습해야 할 내용보다 추상적이어야 할 필요는 없을 것이다.

반면, 학습자들의 선행 지식과 관련이 있는 개념을 구체적으로 제시한다고 하더라도 학생들이 학습에 필요한 지적 발달 수준에 도달하지 못했다면 이해보다는 단지 암기를 통한 학습만이 일어날 가능성도 배제하기 어렵다. 예를 들면 비례추리와 같은 형식적인 조작적 수준이 요구되는 밀도 개념은 학습자들이 형식적 발달단계에 이르지 않는 한 질량, 부피, 무게 등과 같은 구체적인 선행개념들을 이용하여도 유의미하게 학습될 수 없는 면이 있다

(박승재, 조희형, 1999).

또한 선행조직자의 표현방식으로서의 일반성 수준에 관한 문제 역시 논의된 바 있다(이영만, 1984). Ausubel은 선행조직자란 학습할 과제의 내용보다 더 포괄적이고 일반적인 수준의 것이어야 학습 내용을 포섭할 수 있다고 하였으나, 학습자에게 선행경험이나 지식이 없어서 학습이 어려운 경우에는 학습내용보다 더 일반적인 선행조직자가 학습을 촉진하기 어렵다는 것이다.

따라서 효과적일 수 있는 선행조직자의 특성은 반드시 구체적이거나 추상적이어야 한다는 논의보다는 학습자의 능력, 학습할 내용의 구조적인 특성, 학습 과제의 유형, 학습 장면, 학습 과제의 인지적 요구도, 학습자의 선행 경험, 지적 발달수준, 학년 등과 같은 여러 요인들을 고려해야 할 것이다. 이러한 맥락에서 Ausubel(1978) 역시 선행조직자를 계획할 때 다음의 사항들을 고려할 것을 당부한다. ① 학습 자료의 특성, ② 학습자의 연령, ③ 학습 자료에 대한 친숙함의 정도. 만약 이와 같은 요인을 고려하지 않고 기계적으로 선행조직자를 계획하게 되면, 그 선행조직자의 효과에 대하여서는 낙관하기 어렵다는 것이다.

Ausubel 학습자가 새롭게 학습할 내용에 대한 사전지식을 가지고 있는지의 여부에 따라 선행조직자는 설명조직자와 비교조직자로 제시될 수 있다고 하였다.

(1) 설명조직자(expository organizer)

설명조직자는 새로운 자료에 맥락을 부여하기 위하여 이미 알고 있는 개념이나 일반화를 사용하는 것이다. 대부분의 경우 새로운 자료를 설명하기 위하여 보다 높은 수준의 일반성에서 시작한다. 설명조직자는 새로운 학습 과제를 친숙하게 만들어 줄 수 있는 연결 다리의 기능을 한다. 예를 들어 곤충에 관한 수업을 시작할 때 다음과 같은 설명조직자를 사용할 수 있다.

> 곤충에 관한 수업에 들어가지 전에, 동물이 공유하는 것이 무엇인지 생각해 보자. 토끼, 거북이 그리고 사람과 마찬가지로 곤충도 동물인데 동물로서 공유하는 것에는 어떤 것들이 있는지 생각해보자. 그러고 나서 곤충만이 가지는 특징에 대해서 자세히 공부하도록 하자.

특정한 형태의 동물인 곤충에 관한 학습을 하는데 있어서 보다 일반적인 개념인 동물에 관한 설명으로 수업을 시작하는 것은 학습에 필요한 장을 마련해준다. 즉, 모든 동물은 산소를 필요로 하고 자신의 종을 재생산하며 물과 음식을 취한다고 교사가 설명해 줌으로써,

학습자들은 특히 곤충이 이러한 기능을 어떻게 수행하고 있는지를 학습하기 위한 장으로 안내받게 된다.

다른 예로, 독립전쟁에 관한 수업을 하려고 할 때, 독립이라는 개념을 설명적 선행조직자로 활용할 수 있다. 또 기본적인 식품군에 관한 수업을 하려고 할 때 영양이라는 개념을 설명적 선행조직자로 활용할 수 있다. 수학에서 음수를 배우기 전에 음수가 나타날 수 있는 여러 가지 상황, 즉 온도계에서는 영하의 온도를 마이너스(−)로 나타낼 수 있고 건물의 지하를 (−)로 나타낼 수 있다는 것을 안내하는 것, 함수 $f(x)$에서 변수 x와 $f(x)$의 관계로부터 두 함수 $f(x)$, $g(x)$의 합성함수 $g(f(x))$를 이해시키는 것 등이 있다.

(2) 비교조직자(comparative organizer)

비교조직자는 새롭고 친숙하지 않은 정보를 이미 잘 알고 있는 것과 관련짓는 선행조직자이다. 비교조직자는 비유나 비교를 통해 새로운 내용과 이미 친숙한 경험을 관련지어 준다. 이는 새로운 내용에 친숙해지는 효과를 가지면서 기존 개념과 새로운 개념 간의 유사성으로 인한 혼동을 방지하는 효과도 가진다. 다음 선행조직자는 순환체계에 관한 수업을 시작할 때 제시하기 위하여 마련한 비교조직자이다.

> 순환 체계는 한 도시의 위생 체계와 같다. 두 가지의 체계에는 모두 펌프하는 장소, 깨끗한 물을 운반할 수 있는 다양한 크기의 수송관, 더러운 물을 정화하기 위한 여과 계획, 교체 지점, 폐수를 처리할 수 있는 시설이 있다.

이 예는 새롭고 낯선 순환 체계를 제시하기 위해 친숙한 위생 체계의 참조 틀을 사용한다. 그리하여 학습할 새로운 내용의 인지적 기초로서의 역할을 수행한다. 기존의 자료가 친숙하고 비유가 적합하면 할수록 보다 많은 학습이 촉진될 수 있다. 선행조직자를 제시하는 의도는 학생들을 참여자로서 학습의 과정에 참여시키는 데 있다. 학생들 스스로가 자신이 무엇을 학습하고 있는지 많이 파악하면 할수록 내용도 더 잘 이해할 수 있게 된다.

선행조직자는 일반적으로 연역적인 수업 계획에 포함되는 것으로 간주된다. 그러나 학습의 장을 마련하는 선행조직자는 귀납적인 수업 계획에서도 똑같이 효과적이다. 예를 들어, 곤충에 관한 수업에 있어 교사는 학생들에게 여러 가지 예들을 제시하고 이로부터 유사점과 차이점을 관찰하여 결론을 내려보도록 할 수도 있다.

2 점진적 분화(progressive differentiation)의 원리

'점진적 분화의 원리'는 교과의 가장 포괄적이고 일반적이며 설명력이 있는 통합 개념과 원리를 먼저 제시하고 점차 특수화되고 세분화되는 방향으로 학습-지도를 조직해야 한다는 원리이다.

① 점진적 분화의 가장 일반적인 형태로서 상위 개념에서 하위 개념으로 분화되는 것이다. 예를 들면, '일반적 자아 개념'은 다음의 하위 개념으로 분화된다.

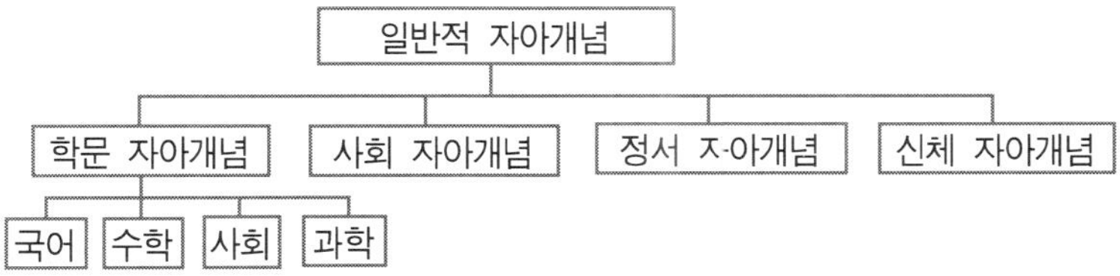

[일반적 자아개념의 하위 개념]

② 하나의 개념을 그것을 구성하는 요소들로 분해하는 것이다. 예를 들면 '각뿔'이라고 하는 개념은 다음의 요소들로 분해된다.

[각뿔의 구성 요소]

③ 보다 광범위한 일반화를 보다 구체적인 일반화로 분해하는 것이다.

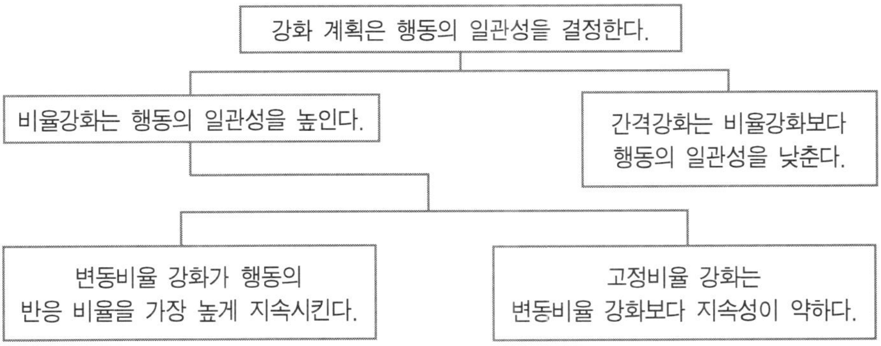

[강화 계획]

이 세 가지의 예에서 모두 새로운 도식에 포함된 아이디어들이 이전의 아이디어와 체계적으로 연계되고 있음에 주목할 필요가 있다. 이러한 조직은 정보를 받아들여 처리하는 것뿐만 아니라 기억과 회상을 하는 데에도 영향을 미칠 수 있다는 점에서 중요하다고 할 수 있다.

n각형의 내각의 합이 $180° \times (n-2)$임을 지도한 이후 삼각형, 사각형, 오각형 등의 내각의 합을 구해보게 하거나, 이항연산에서 역원의 개념을 지도한 후 복소수의 곱셈에 대한 역원을 지도하는 것 등이 점진적 분화를 활용한 지도가 될 수 있다.

3 통합적 조정(integrative reconciliation)의 원리

통합적 조정의 원리는 학생이 아이디어들 간의 논리적 관계를 만들 수 있도록 해주는 교수의 과정을 의미한다. Ausubel은 통합적 조정의 원리를 사용해야 하는 목적으로 '아이디어들 간의 관계를 탐구하고 중요한 유사점과 차이점을 지적하며 실제적이거나 분명한 불일치들을 조정하는 것'이라고 설명한다(Ausubel, 1963). 따라서 통합적 조정의 원리는 새로운 학습내용과 이미 학습된 내용의 유사성과 차이점을 분명하게 하여 새로운 학습내용이 인지구조 내에서 의식적으로 조정되고 명확히 분멸되어 통합되도록 되어야 한다는 것이다. 수학은 그 학문적 특성상 이러한 학습-지도 원리에 따라 일반에서 특수로 나아가는 하향식으로 그리고 관련성을 강조하면서 교재를 구성하고 학습-지도를 하기에 적합한 교과로 생각된다(우정호, 2010). 교사는 아이디어들 간의 관계를 적극적으로 탐구함으로써 학습자에게서 새로이 형성되고 있는 도식이 기존의 도식과 관련되도록 도와줄 수 있다. 그리고 통합적 조정은 새로운 도식 내에서의 여러 개념들도 서로 관련되도록 해야 한다.

예를 들어 다각형의 외각의 합이 360°라는 것을 추측하기 위하여 임의의 다각형을 그리고 그 외각들을 모두 측정하여 더하여 보면 360°가 됨을 다음과 같이 활동하였다고 하자.

종이 위에 다각형을 임의로 그려놓고 외각을 표시한 후 잘라 내어서 그것을 모아 보면, 한 점에 모이게 되는데 한 점의 둘레는 360°이므로 외각의 합은 360°이다.

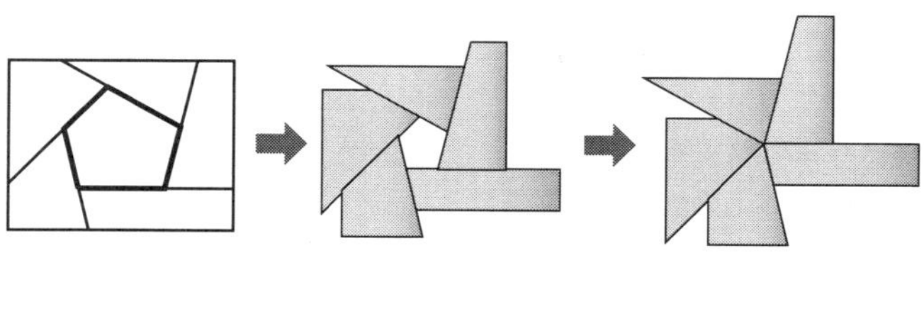

이러한 활동을 통해 임의의 다각형을 어떻게 만들어도 그 외각들의 합이 모두 360°임을 확인하였으므로, 다각형의 외각의 합이 360°라는 것을 학생들에게 보일 수 있다.

이후에 원을 여러 개의 부채꼴로 자른 후, 부채꼴을 펼쳐서 내부에 다각형이 생기게 한다. 이때 부채꼴의 중심각들이 내부에 생긴 다각형의 외각이 되므로 외각의 합은 360°라고 할 수 있다.

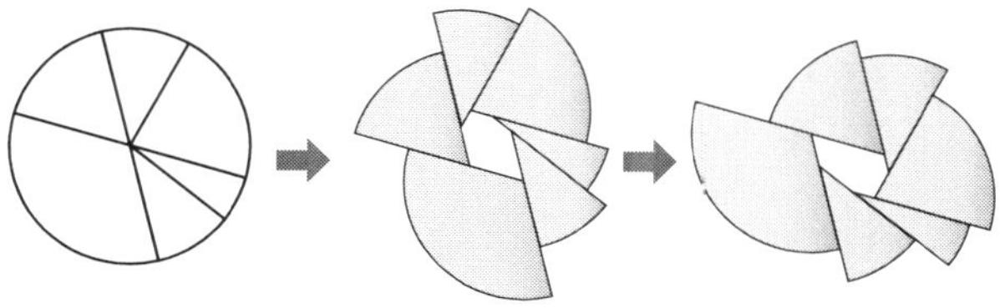

따라서 외각의 성질, 다각형의 외각과 원의 중심각 등을 서로 통합할 수 있다.

또한 새로 학습한 개념을 이미 학습한 개념에 관련지음으로써 기존의 개념 구조를 조정하는 것을 의미하는 통합적 조정의 원리의 한 예로 다음과 같이

$\log_a MN = \log_a M + \log_a N$에서

$\log_a M = m, \log_a N = n$이면,

$M = a^m, N = a^n$이다.

따라서 $\log_a MN = m + n$

을 $MN = a^{m+n} = a^m a^n$와 같이 이전에 학습한 지수로 나타내어 두 개념의 의미를 조정하는 것이 한 예가 될 수 있다. 한 가지 더 예를 들면, 넓이로서의 적분의 의미와 정적분을 학습하고 난 후 계산과정의 의미로서 역의 관계를 미분으로 이해할 수 있는 것이 있다.

f가 구간 $[a, b]$ 위에서 정의된 연속함수이고 모든 $x \in [a, b]$에 대하여 $f(x) \geq 0$일 때 구간 $[a, b]$를 동일한 폭 $\Delta x = \dfrac{b-a}{n}$을 갖는 n개의 부분구간들로 분할하자.
이때, 구간 $[a, b]$에서 f의 그래프 아래 영역의 넓이는

$$\lim_{n \to \infty} \sum_{i=1}^{n} f(x_i) \Delta x$$

이고, 이것을 a로부터 b까지의 f의 정적분

$$\int_a^b f(x) dx$$

이라 한다.

함수 f가 구간 $[a, b]$ 위에서 연속이면

$$g(x) = \int_0^x f(t)dt, \qquad a \le x \le b$$

이때, g는 구간 $[a, b]$에서 연속이고 구간 (a, b)에서 미분가능하며, $g'(x) = f(x)$이다. 따라서 함수 g와 함수 f는 피적분 함수 f가 연속일 경우, 함수 g가 함수 f의 도함수의 역연산 관계이다.

참고문헌

권 기(2006). 「Bruner와 Ausubel의 수업이론 비교·고찰」. 《교육과학연구》 6, pp.39-52.

권낙원·김동엽(2006). 『교수-학습이론의 이해』. 문음사.

김재춘 외(2007). 『교실 수업 개선을 위한 교수-학습 활동의 이론과 실제』. 서울 : 교육과학사.

박경은(2001). 「Ausubel의 유의미 수용학습이론에 근거한 수업 모델 개발 및 적용」. 성균관대학교 박사논문.

박경은·고호경(2010). 수학교육에서 Ausubel의 유의미 학습 재고. 韓國數學教育學會誌 시리즈 E, 《數學教育 論文集》 24(3), pp.777-792

박승재·조희형(1999). 『교수학습이론과 과학교육』. 서울 : 교육과학사.

변영계(2008). 『교수-학습이론의 이해』. 학지사

우정호(2010). 『수학 학습-지도 원리와 방법』. 서울대학교 출판문화원.

이영만(1984). 「학습자의 선행경험과 회화적 선행조직자 및 반복학습이 산문학습과 그 기억에 미치는 영향」. 부산대학교석사논문.

전성연(2007). 『현대교수학습의 이해』. 학지사.

한신복(1993). 「중학교 과학교육에서 선행조직자의 효과 연구」. 이화여자대학교 석사논문.

Ausubel, D. p.(1960). The use of advance organizers in learning and retention of meaningful verbal material. *Journal of Educational Psychology*, 51(5), 267-272.

Ausubel, D. p.(1963). *The Psychology of Meaningful Verbal Learning : An Introduction to School Learning*. New York : Grune and Stratton.

Ausubel, D. p.(1969). *Psychology in Teacher Preparation*. (With John Herbert) Toronto : The ontario Institute for Studies in Education.

Ausubel, D. p.(2000). *The Acquisition and Retention of Knowledge : A Cognitive View*. Boston : Kluwer Academic Publishers.

Ausubel, D. P., & Robinson, F. G. (1969). *School Learning : An Introduction to Educationl Psychology*. New York : Holt, Rinehart and Winston.

Ausubel, D. P., Novak, J. D., & Hanesian, H. (1978). *Education Psychology : A cognitive view(2nd ed)*. New York : Holt, Rinehart and Winston.

Chapter
08

생각해 볼 문제

01 (1) 새로운 개념을 학습하기 전에 선행 조직자의 원리를 활용하기 위하여 제시하는 학습내용보다 좀 더 일반적인 개념, 적절하게 관련되고 포괄적이거나 추상적인 자료를 1가지 이상 개발하고 그 이유를 기술하시오. (수학 내용 선별은 자유)

(2) 새로운 개념을 학습하기 전에 선행 조직자의 원리를 활용하기 위하여 제시하는 학습내용보다 좀 더 구체적인 개념, 적절하게 관련되고 시각적이거나 추상적인 자료를 1가지 이상 개발하고 그 이유를 기술하시오. (수학 내용 선별은 자유)

02 기계적 학습과 유의미 학습의 차이점을 유의미 학습의 조건과 관련시켜 설명하시오.

03 유의미 학습의 장점에 대하여 기술하시오.

04 브루너의 발견학습과 오수벨의 유의미 학습을 비교하여 설명하시오.

05 하위적포섭, 상위적포섭 그리고 병위적포섭의 예가 될 수 있는 것을 1가지씩 제시하시오.

MEMO

Chapter 09 Freudenthal

01 Freudenthal의 생애

Hans Freudenthal
(1905-1990)

Hans Freudenthal(1905년 9월17일－1990년 10월13일)은 독일의 베를린 근처 뤽켄발데(Luckenwalde)에서 태어났다. 독일의 수학자이자 또한 수학교육학자로서 생애를 보낸 Freudenthal은 위상대수에 무궁한 기여를 하고 문학, 철학, 역사 그리고 수학교육에까지 관심을 가졌다. 그는 베를린 대학의 Heinz Hopf와 연구를 하였고, 1930년 topological groups에 대한 이론을 내세웠다. 그는 1931년 10월에 학위를 수여받은 후 암스테르담으로 가서 당시 유명한 수학자였던 Brouwer의 초청으로 네덜란드에서 그의 조수로 일하였으며, 1937년 Freudenthal 이론을 공표하였다. 1941년 Freudenthal은 나치에 의해 암스테르담 대학에서의 연구 활동을 제지받게 되었다. 그러나 그의 부인은 유대인이 아닌 아리안계 네덜란드인이었던 덕분에 그는 동유럽 쪽의 집중 감시 수용소로 보내지지 않았지만 네덜란드의 Havelte 지역의 노동수용소로 격리된다. 1944년 말에 수용소를 탈출하였고 다시 암스테르담에서 가족과 함께할 수 있었다. 1946년에 우트레흐트(Utrecht)에서 교수가 되었으며, 수학자로 널리 이름을 떨쳤다.

말년에, Freudenthal은 초등수학교육에 관심을 가졌고, 당시 세계적으로 유행하던 새수학에 대항하여 현실적인 수학교육의 기초를 다졌다. 2006년에 Utrecht 대학교에 수학 과학교육에 관한 Freudenthal 기관이 설립되었다.

02 Freudenthal의 수학교육관

현재 우리나라 수학교육은 수학을 알고리즘의 체계로 보고 수학적 알고리즘을 이용하여 문제를 해결하는 것에 초점이 맞추어져 있다. 완성된 지식 체계로서 '수학'을 제시하여 연역적으로 이해하고 수용하게 하고, 일정한 패턴의 문제를 반복 연습시켜서 문제 해결을 하도록 하는 것이다. 이러한 수학교육은 학습자의 현실과 학습된 수학이 분리되어 존재하게 하고, 수학은 일상생활에 적용할 수 있는 지식이 아니라 대학 입시를 위한 도구로 전락하였다. 실생활에서 이용되지 못하는 학교 수학의 무용성에 대한 문제점을 해결하기 위해서는 고정된 지식 가치에 매달리지 않고, 지식을 삶 속에서 사용하여 사회의 변화에 대처하고 사고하는 능력을 개발해야 한다. 이는 Freudenthal이 이야기한 수학적으로 사고하는 능력과 태도를 기른다는 수학 교육의 목적과 상응한다. 그리고 이를 통해 인격적인 성장까지 가능하다는 것이 Freudenthal의 주장이다.

학교 수학이 기성의 연역적 체계에 대한 주입식 교육의 형태를 지니고 학습자의 밖에 수학이 머물러있는 형식적인 수학교육에 대한 문제점들을 해결하기 위한 방향으로 Dewey의 경험 중심 교육과정과 Bruner의 구조 중심 교육과정을 들 수 있다. Dewey는 교육을 경험의 재구성을 통해 아동이 성장하는 과정으로 보았다. Dewey는 이전의 교육에서 아동의 일상에서의 경험과 동떨어진 '지식의 기록'만을 배우게 됨으로써 암기와 주입식 교육에 의존하는 상황을 비판하면서, '완성된 형식'으로써의 지식은 교육의 출발점이 아니라 도달해야 하는 목표임을 주장하였다. 그의 교육관은 경험주의 교육과정으로 이어졌지만, 아동의 흥미와 아동의 생활에만 초점이 맞추어져 있어서 지적 발달을 도외시한다는 비판을 받았다. 이에 대비되는 학자인 Bruner는 수학의 일반적인 개념, 원리를 아동의 발달 단계에 맞추어 번역하여 제시하고 발견 학습을 통해 지식의 구조에 대한 이해를 할 수 있다고 하였다. 이런 Bruner의 '지식의 구조'를 중시하는 교육과정이 구조 중심 교육과정으로 수학의 구조를 학생의 수준에 맞추어 조기에 부과하며, 수학의 체계성과 엄밀성을 중요시 한다. 하지만 학습자의 현실과 학습된 수학이 분리되는 문제가 제기되었다(정영옥, 1997).

이 두 교육과정을 통합한 것이 Freudenthal의 '현실주의 수학교육'이다(우정호, 2000).

Freudenthal은 의사소통으로서의 수학을 강조하며 만인에게 수학의 본질적인 측면인 수학화 활동을 통해 수학적 태도를 기르는 것을 목표로 삼았다. 수학적 안목을 개발하여 수학이 학습자의 인격으로 통합되도록 하는 것을 중요시하였다. 수학의 내용보다는 수학의 내용을 이해해나가는 사고방법을 더 중요시 한 것이다. 우리나라 교육과정에서도 7차 교육과정부터 Freudenthal의 관점이 반영되기 시작하였다. 2007 개정 교육과정에서 수학과 목표는 '수학적 지식과 기능을 습득하고 수학적으로 사고하고 의사소통하는 능력을 길러, 여러 가지 현상과 문제를 수학적으로 고찰하고 합리적으로 해결하는 능력을 기르며, 수학에 대한 긍정적인 태도를 기르는 것.'(교육부, 2007)인데, 이는 Freudenthal이 수학교육에서 추구하는 방향과 같다.

Freudenthal의 수학교육에 대한 내용을 고찰해 보자.

먼저 수학에 대한 관점을 살펴보면, Freudenthal은 수학의 가장 특징적인 성질을 '확실성'이라고 보았다. Freudenthal은 수학의 확실성에 대해 고민하는 만큼 수학은 확실하며, 수학은 처방전이 아니라 통찰력을 가지고 사용한다면 그 자체로도 수학을 정확한 것이라고 이야기하였다. 또한 수학은 다른 학문보다 타당한 근거를 필요로 하기 때문에 확실성을 추구해야 하고, 이를 당연히 받아들이는 것이 아니라 다른 학문과는 달리 수학 내부의 특수한 정신 활동에 의해 받아들여진다. 그러므로 수학의 확실성은 계속적인 정신적 활동을 통한 결과물이다. 현대 수학은 마치 수학이 처음부터 완벽한 모습으로 존재하는 것 같은 착각을 하게 만드는데, Freudenthal에 의하면 수학의 확실성은 인간의 정신적 활동을 통한 다른 어떤 학문보다 더욱 타당한 근거를 제시함으로서 얻어진 것이다. Freudenthal은 인간의 정신적 활동 과정에서 오류가 있을 수 있음은 인정하지만 수학의 확실성에 대해서는 객관적 타당성을 인정하고 있다.

Freudenthal은 수학을 상식적인 것으로 보았다. 그런데 문제는 상식은 확실성의 근원이 되기도 하지만 철학자들과 과학자들에 의해 상식의 정확성이 끊임없이 경고되었으며, 자연에 의해 상식과 어긋나는 일이 쉽게 생기기도 한다. 이런 문제는 수학과 과학의 상식에 대한 관점의 차이에 의해 해결할 수 있다. 과학은 상식을 몰아내고 상식과 싸우면서 발전하지만 수학은 상식적 아이디어로부터 시작되고, 초기 산술의 뿌리는 상식에 있다. 이렇듯 수학은 상식에 깊게 뿌리내리고 있지만 상당수의 사람들의 관점과 의식에서 수학은 상식과 멀리 떨어진 학문이다. 왜냐하면 수학은 상식에서 출발하지만 상식이 진정한 수학으로 발전하기 위해서는 체계화되고 조직화되는 과정을 여러 번 거쳐 추상적이고 형식적인 수학으로 변화하기 때문이다. 상식들이 모여서 더 높은 수준의 상식이 되고, 이들은 훨씬 더 높은 수준의 수학의 법칙이 되는 것이다. 예를 들어 수에 대한 상식이 덧셈의 교환법칙으로 합쳐지고, 이런 법칙들은 다시 더 높은 수준의 상식이 되어 더 높은 수준의 수학의 기초가 된다. 그리고 이러한 상호작용을 통해 수학은 거대한 위계 조직이 된다.

Freudenthal은 수학과 과학의 차이를 구분하는 수학만의 특징을 상식과 수학의 상호작용, 즉 내용과 형식의 상호작용으로 보고 있다. 그러므로 수학은 최초의 발견 결과인 내용과 조직화의 결과인 형식으로 이루어져 있다. 앞의 예에서 수를 조작하는 과정에서 두 수의 순서를 바꾸어 더해도 그 결과가 같다는 아이디어를 알게 되는 상태까지를 내용이라고 볼 수 있는 것이고, 이것을 '덧셈의 교환법칙'이라는 수학적 표현을 사용하여 체계화시킨 것을 형식이라고 볼 수 있을 것이다. 형식은 모방을 통해 재생산될 수 있지만 내용은 그 자체를 이해하여야 한다. 이는 구조없는 내용보다 구조화된 형식을 더 가르치기 쉬운 이유이기도 하다. 하지만 수학을 알고리즘의 집합으로 보고 형식적인 모방만 한다면, 그것은 거짓이 된다. 그래서 Freudenthal은 교수-학습 과정에서 형식과 내용 중 어느 하나가 아니라 그 둘 사이의 상호작용에 계속 관심을 가지면서 가르쳐야 할 것을 강조한다.

상식에는 다양한 단계와 수준이 있다. 그렇다면 수학이 상식에서 출발할 때, 상식이 어느 수준에 속할지는 개인의 수준에 의존한다. 그리고 이 상식이 수학으로 변화할 때, 상식은 당연하지만 수학은 확실성을 추구하기 때문에 타당한 근거를 요구한다. 이를 추구하는 방식으로 Freudenthal은 '활동으로서의 수학'을 제안한다. 수학자들은 수학을 잘 조직하여 표현하는 것을 추구한다. 하지만 수학을 다른 분야에 활용하는 사람들에게 조직화는 수학을 사용하는 목표가 아니다. 수학은 빠르게 발전해나가는 다양한 과학과 사회 영역에서 유용한 도구로써 사용된다. 그럼으로써 수학을 필요로 하는 사람들이 급격하게 증가하고 이들은 수학 없이 살 수 없기 때문에 수학을 이용한다. 이들에게 수학은 효과적이고, 수학의 효과성은 빠르게 적용될 때 발휘된다. 수학자뿐만 아니라 모든 사람들이 삶 속에서 수학을 이용하기 위해서 Freudenthal은 '현실에서 출발하고 현실에 머무르는 수학'을 제시한다. 다시 말해 수학은 상식에서 시작하여 형식과 내용의 상호작용을 통해 발전해나간다고 할 때, 이 과정의 출발점은 학생의 현실이어야 한다. 그리고 학생들은 수학을 이용하여 현실 문제를 해결할 수 있어야 한다.

수학의 중요한 특징 중의 하나를 조직화로 본다면, 가장 중요한 수단은 구조이다(정영옥, 1997). 수학에서 형식과 내용의 관계는 구조가 갖는 어떤 것과 구조가 되는 어떤 것 사이의 관계로 나타난다. 다시 말해 구조화란 물리적, 수학적 현상을, 더 나아가 수학을 전체적으로 조직화하는 수단이다. 창조하는 일에 비해 학문의 구조를 조직화하는 일은 열등한 활동으로 보일 수 있지만, 수학에서만큼은 서로 밀도 있게 뒤섞여 있다. 그리고 부르바키 학파가 수학을 빈약한 구조에서 풍부한 구조로 위계 구조를 정리하였던 것처럼 대부분의 학문에서 일반적인 것에서 출발하여 특수한 것으로 진행하고 있다. 빈약한 구조와 풍부한 구조는 관계에 따라 구분할 수 있는데, 엄격하고 많은 관계가 구조를 풍부하게 한다. Freudenthal은 같은 매개체에서 관계를 제거하면 구조가 빈약해지고, 관계를 첨가하면 구조가 풍부해진다고 보았다. 예를 들어, 대수구조에서 가분성(divisibility)은 유리수, 실수, 복소수에서는 빈약한 개념인 반면에 자연수에서는 풍부한 개념이다. 개념 획득이라는 것을 개념을 형성하는 것 보다는 개념을 '구조화'하는 것으로 보았지만, Freudenthal은 학문의 구조를 교육을 구조화하기 위한 수단으로 사용되는 것에는 반대했다. 구조 중심 교육과정에서는 빈약한 구조에서 풍부한 구조로 진행되는 위계 구조를 모방하려고 하지만 Freudenthal은 이 방법이 교수학적으로 보았을 때 바람직하지 못하다고 비판하였다. 수학적 구조는 풍부한 구조에서 비롯되므로 교수학적으로도 수학이 발생되는 방향인 풍부한 것에서 빈약한 것으로 진행되어야 할 것이다. 이런 수학 교육을 위해서 더 풍부한 환경을 이용해야하며 이를 교육 현장에 도입하여야 한다. 이를 위해 교사의 태도에 근본적인 변화가 필요하다.

변화된 교사들의 수업에서는 창조적인 활동으로서 수학, 현실을 수학화하는 과정이 필수적이다(우정호, 2000). '수학화'라는 용어는 이전의 수학에서 내용보다 형식을 강조하는 '공리화', '형식화'라는 용어에서 생겨난 것으로 현실의 여러 현상들을 수학적인 수단을 사용하여 조직하고 현상들 사이에서 그 정리수단인 본질을 찾는 활동이다. 즉, 현실에 질서를 부여하는 활동을 말한다. 수학화는 '모델링'과 '본질찾기'와 같은 도식화를 한다. 수학화가 이루어지면 그 결과는 현실 속으로 들어와 현실을 확장시키고 이렇게 확장된 현실은 새롭게 재조직되는데, 이때 이전 단계에서 수단이 되었던 본질이 이제는 조직되어야할 현상이 된다(Freudenthal, 1973). 예를 들어 두 수의 중앙값을 구할 때 점진적인 도식화를 통해서 일반성을 가질 수 있게 할 것이다. '주어진 두 수의 합의 반'이라는 대수적인 용어로 정리할 수도 있다. 이를 통해 평균에 대한 심상과 도식을 구조화하기 위해서는 두 개 이상의 수에 대하여 질문을 함으로써 또 다른 일반화를 할 수 있다. 단지 형식적인 일반화를 위해서라면 여기까지로 충분할 것이다. 하지만 내용을 목표로 한다면 어떤 집단이 소비하는 음식이나 일용품의 전체 소비량이 주어졌을 때, 1인당 소비량을 구하는 상황을 제시하여 평균이 암묵적으로 나타나는 상황을 제시해 주어야할 것이다. 여기에서 대수뿐만 아니라 도형에서의 '중앙'을 언급하여 기하학적인 개념으로 확장시킬 수도 있다. 기하의 공리화도 기호 체계에 의해 그 언어적 표현을 세련시키는 형식화도 수학화이다. 기하를 대수적 방법으로 다루는 것은 기하를 대수화하는 수학화이며, 해석학의 산술화도 수학화이다. 자연현상이나 경제현상을 함수관계로 파악하고 기술하는 것은 현실세계를 수학화하는 것이다. 이러한 수학화 활동에는 형식화, 국소적 조직화, 공리화뿐만 아니라, 관찰, 실험, 귀납, 유추, 시행착오, 추측, 일반화, 도식화, 추상화, 기호화, 정의, 알고리즘화, 패턴화, 구조화, 추론, 분석, 증명, 반성적 사고, 관점의 전화, 재구조화, 구체화, 모델링 등의 활동도 모두 포함된다.

그 중 학교 수학에서 경험될 수 있는 기본적인 수학화 활동으로는 규칙과 패턴 찾기, 추론하기, 정의하기, 일반화, 단축화와 점진적 도식화, 형식화, 알고리즘화, 국소적 조직화 등을 들 수 있다(정영옥, 1997). 각각에 대해 좀 더 자세히 살펴보자.

1 규칙과 패턴 찾기

규칙과 패턴 찾기는 인간이 선천적으로 타고난 특징이며 학교수학에서도 이 부분에 많은 시간이 할당되어 있다. 그러나 수학 내적인 문제뿐만 아니라 좀 더 현실적인 상황에서 여러 가지 수학적인 패턴과 규칙을 찾는 기회를 제공해야 할 것이다.

2 추론하기

추론은 크기 분석적 추론과 직관적 추론으로 나눌 수 있으며 직관적 추론과 분석적 추론은 상보적인 관계에 있다. 수학교육에서는 분석적 추론을 강조해 왔으나, 직관적 추론 또한 강조되어야 하며, 수학의 역동적인 측면을 경험시키기 위해서는 교재 구성에서 추측과 예상을 위한 여지를 남겨 두어야 한다.

3 정의하기

정의하는 과정은 국소적인 조직화 활동 중의 하나이며, 암묵적인 아이디어를 사용하다가 정의의 필요성이 대두되면서 정의가 도입되는 경우가 많다. 학교수학에서도 형식적인 정의가 주어지기 전에 학습자가 스스로 정의를 발명해보는 경험을 통해서 정의의 필요성과 의미 그리고 방법 등을 이해할 수 있도록 해야 한다.

4 일반화

일반화는 하나의 맥락 속에서 혹은 여러 맥락 속에서 공통적인 성질, 유사성, 서로 유추할 수 있는 것, 동형성 등을 발견하는 이른바 핵심적 요소 찾기를 통해 이루어진다. Freudenthal은 법칙성을 파악하는 방법을 간접적 이해와 즉각적 이해로 구분한다. 간접적 이해가 세부 사항을 모아 일반화하는 것인 반면, 즉각적 이해는 한 가지 예로부터 그 구조를 이해하는 것이다. Freudenthal은 수학적 지식의 구조를 이해하기 위한 전형적인 예를 패러다임이라 부르며 이러한 패러다임을 통해 수학화 과정이 이루어지기를 기대했다.

5 단축화와 점진적 도식화

도식화란 좁은 의미로는 수학에서 풀이 공식이나 절차를 간소화, 간결화, 단축화하는 것을 의미하지만, 넓은 의미로는 현실에 적합한 수학적 도식 즉 모델을 찾는 것을 의미한다. 수학은 점진적인 도식화로 발달해왔으며, 아동들은 인류의 역사를 그대로 반복할 필요는 없지만 우리가 이미 알고 있는 것을 수학자들이 알았었더라면 일어났을 역사를 반복해야 한다.

6 형식화

Freudenthal(1973)에 따르면 형식화는 정확한 표현을 위한 도구로서 언어를 의식적으로 사용하는 것이다. 형식화는 발견된 내용을 수학적으로 적절하게 표현하기 위해 언어를 손질하고 조정하고 변형시키는 과정을 의미하는 것이다. 아동들은 문자에 의한 형식화에 큰 어려움을 느끼기 때문에 형식적인 기호를 도입하기 전에 그 필요성을 인식하면서 기호를 발명해보는 등 형식화를 경험을 주는 것이 필요하다.

7 알고리즘화

알고리즘은 절차의 단축화를 강조하면서 간편한 절차를 만들어 가는 과정을 의미한다. 알고리즘은 수학의 핵심적인 부분이지만 알고리즘 자체가 자동적으로 이루어지기 때문에 기계적인 학습이 이루어질 가능성이 높다. 그러므로 알고리즘을 자동화하는 것도 중요하지만 알고리즘의 과정을 아동들의 수준에 맞게 재발명하는 기회를 제공하여 더 높은 수준으로 전이될 수 있도록 해야 한다.

8 국소적 조직화

공리체계로 수학을 조직화하는 것이 전체적인 조직화라면, 공리에서 출발하는 것이 아니라 참이라고 인정되는 사실로부터 시작해서 부분적으로 조직해나가는 것이 국소적 조직화이다. 아동들이 자명해 보이는 사실에 대해 처음부터 엄밀성을 추구하기는 어려울 것이다. 그러므로 학생들 스스로 자명하다고 생각한 것을 의심하는 경험을 통해 공리의 의미를 파악할 수 있고 전체적인 조직화의 필요성도 인식하게 될 것이다.

Freudenthal은 국소적 조직화의 전형적인 예로서 기하학습을 들고 있는데, 수학적으로 조직된 기하학적 지식으로 기하학습을 시작할 것이 아니라 공간적인 현상을 도형으로 조직하는 것으로 출발하며, 형식적인 정의를 제시할 것이 아니라 도형의 성질을 조직화하는 수단으로 도형을 정의하는 재발명 활동을 시키고, 정리를 가르칠 것이 아니라 도형의 성질의 논리적인 국소적 조직화 활동을 시킬 것을 요구한다.

Treffers(1987)은 수학화 과정을 수평적 수학화와 수직적 수학화로 구분하였다. 수평적 수학화는 현실의 문제 장면에서 형식적인 수학을 이끌어 내서 수학적 처리가 가능하도록 변환하는 것을 의미하고, 수직적 수학화는 세련된 수학적 처리가 가능하도록 변환하는 것을 의미한다. Freudenthal은 수평적 수학화를 일상의 세계로부터 기호의 세계로 바뀌는 것으로 설명하였다. 수직적 수학화는 일상 세계 안에서 이전의 경험에서 배우는 것, 또는 기호의 세계에서 추상화되는 것으로 보았다. 학생들에게 의미있는 수학화 경험을 주기 위해서 수평적 수학화와 수직적 수학화가 교대로 이루어져야 한다. 예를 들어, 도형의 넓이를 배울 때, 기하판에서 고무줄로 만든 영역의 넓이를 구하는 것은 수평적 수학화이다. 고무줄을 경계로 만든 영역이라는 현상에서 넓이라는 수학적 개념으로의 연결에 대한 수평적 수학화이다. 여기에서 현상을 이용하여 도형의 성질을 발견하고 이를 수학적으로 조직화하는 과정을 통해 같은 밑변과 같은 높이를 가진 삼각형은 같은 넓이를 가진다는 수평적 수학화된 결과를 삼각형 넓이 공식과 연결시키는 것은 수직적 수학화이다.

수평적 수학화와 수직적 수학화의 구분도 수학이 바탕으로 조직화되어 가는 활동이라는 것과 맥락이 닿아 있다. 현실을 바탕으로 발달해 가는 수학은 내용과 관계가 '풍부한' 구조에서 '빈약한' 구조로 발달해 가게 된다.

03 Freudenthal의 수학 교수-학습 지도원리

Freudenthal은 '현실주의 수학교육'을 주장하며, 만인에게 수학의 본질적인 측면인 수학화 활동을 통해 수학적 태도를 기르는 것을 목표로 삼는다. 또한, 수학 학습 시 수학화의 과정을 경험하여 수학의 유용성을 알도록 하는 것을 강조하였다. 수학화란 현상을 수학자의 필요에 맞게 적절히 손질하여 새로운 것, 즉 본질로 조직해내는 조직화 활동이며, 수학화 과정은 이런 현상과 본질의 교대작용에 의해 수준 상승이 이루어지는 불연속적인 과정이다. 이때 현상이란 현실적인 경험일 수도 있고 수학적인 경험일 수도 있으며, 수학화란 수학적 개념, 아이디어, 구조 등을 포함하는 수학적 수간에 의해 현실의 경험을 조직하거나 수학적 경험을 체계화시켜 나가는 것을 의미한다.

Freudenthal은 교수-학습 과정에서 필수적인 수학화를 학습하기 위한 방법으로 다음과 같은 네 가지의 지도 원리를 제시하였다.

1 안내된 재발명의 원리

인지발달 측면에서 수학의 최초 출현을 Freudenthal은 생물학적 발생과 비교하였다. 닮음이나 범자연수의 출현이 언어활동 속에서 학습자 자신의 원동력에 의해 발달하였고, 수계열이 산술연산으로 확장하는 것도 개인적 특성과 환경에 따라 스스로 산술을 재발명해 나가는 과정으로 볼 수 있다.

수학은 수학화를 통해서 발생해 왔다. 이런 현상학적 사실을 교수학적 관점에서 Freudenthal은 안내된 재발명의 원리로 설명하였다. 과거의 전통적인 교수에서는 수학을 이미 완성된 지식으로 가르쳤다면, 안내된 재발명의 방법은 역사적 학습 과정을 학습자 개인이 반복해 나가는 것으로 지식뿐만이 아니라 행동 패턴이 부과된 지식을 획득하는 방법이다. 그래서 Freudenthal은 교수-학습과정에서 수학화, 추상화, 도식화, 형식화, 알고리즘화, 언어화를 재발명하도록 안내할 것을 요구하였다.

수학자들이 논문을 읽을 때, 그것을 재발명하려고 한다. Freudenthal은 학습자들도 수학자들과 같은 경험을 할 수 있는 특권이 주어져야 한다고 보았다. 이 과정은 인류의 학습 과정을 그대로 반복하는 것이 아니다. 낮은 수준에서 출발하여 과거에 그것이 발생하는 과정을 추적해 보는 것으로 교육자들은 학생들이 학습할 수학을 정해주는 것이 아니라 그들 스스로 발견해 내도록 하는 것이다. 이 과정이 자연스럽게 이루어지기 위해서는 교사들이 수학적 개념에 도달할 수 있도록 자연스럽게 안내해 줄 수 있는 능력이 있어야 한다. 그리고 안내할 때에는 교과내용을 안내하는 것이 아니라 '활동으로' 안내해야 한다. 그래서 안내된 재발명 방법의 목표는 수학적 내용에 있는 것이 아니라 학생이 생각하고 발견하도록 하는데 있다. 학생들이 학습할 내용에 대한 모든 것을 재발명한다면, 지식과 학습 능력이 교사에 의해 부과되는 것보다 더 쉽게 학습되고 파지되고 전이될 수 있다. Freudenthal은 특히 '전이'를 중요하게 생각하였고, 전이를 잘 이룰 수 있는 방법으로 '회상학습'을 제시하였다.

안내한다는 것은 교수의 영향력과 학습의 자유 사이에 미묘한 균형을 맞추는 것을 의미한다. 안내된 재방명의 원리를 분명하게 이해하기 위해서 구상화 방법과 재발명 방법의 비교해 보겠다. 구상화 방법은 개념과 원리를 빠르고 강하게 형상화하는 것을 중요하게 생각한 교육 방법이다. 그래서 먼저 학생들에게 단순한 사례를 제시해 주고 교사가 완성된 개념과 원리를 형식화하여 직접 제시하였다. 이 원리를 이용한 연습 문제를 반복함으로서 숙달시키고 적용 문제를 풀도록 지도하였다. 구상화 방법으로 학습을 하면 불필요한 시행착오를 줄일 수 있는 장점이 있지만 교사가 제시해 주는 방법으로는 학생들의 창의성을 기를 수가 없다. Freudenthal은 이에 대한 대안으로 재발명의 방법을 제시하였다. 재발명 방법은 원리 지도의 출발점을 현실 맥락으로 보았다. 이전의 학습 방법은 형식화된 원리를 먼저 제시하고 이를 반복 연습하여 숙달하는 방식이었다. 하지만 재발명 방법은 현실 맥락 문제를 제시하여 학생들 스스로 그 문제를 해결할 수 있는 비형식적인 전략을 개발하여 문제를 해결하도로 한다. 그리고 이렇게 발견한 전략을 좀 더 다양한 현실 맥락에 적용함으로서 전략을 점진적으로 세련되게 만들어 결국 높은 수준의 개념과 원리에 도달할 수 있다 (강호진, 강흥규, 2008).

Freudenthal의 재발명 방법은 역사발생적 원리의 연장선으로 볼 수 있다. 왜냐하면 수학화라는 것은 가르치고자 하는 내용에 대하여 역사-발생적인 수학화 과정의 분석을 통해 현상의 정리수단, 조직수단으로서 그것이 어떻게 작용하며 어떤 중요성을 갖는지를 알아보고, 그러한 수학화의 소재가 되는 학습자 주변의 현상을 찾아 학습자로 하여금 그러한 현상에 직면하게 하여 이를 재현하는 방법을 택하는 것이다. 따라서 수학자 개인의 발명과 수학적 정의 재현해보는 형식을 취하게 되거나 수학사 곧 인류의 대역적인 학습과정을 단축된 형태로 반복하게 함으로써 수학적 사고경험을 시키려는 역사-발생적 방법이 된다. 그러나 Freudenthal은 개인의 특성에 따른 요인을 고려하지 않고 고정된 교재구조를 주장하는 역사 발생적 원리가 불충분하다고 느끼고 문제점을 지적하였다(강흥규, 2005). 이를 개선하기 위하여 Freudenthal은 선험론적이기 보다는 경험론적인 계열에 속하는 수학화의 재현을 통한 재발명 방법을 제시하였다. 수학의 역사적 발생과정은 패러다임이지만 이를 학습자의 현재 정신구조에 연결시켜 수정해야 하며, 어린 학습자가 재현하는 것은 역사 그대로가 아니라 수정되고 개선된 과정이어야 하는 것이다. 다시말해, 어떤 내용을 역사-발생적으로 지도한다는 것은 수학이 훌륭한 교사의 지도 아래 어떻게 발생되는가를 역사에서 미루어 찾고 그러한 방법에 따라서 지도하고자 하는 것이다.

재발명되는 수학은 학습자에게 수학화를 통한 다양한 측면으로 안내되어야 할 것이고, 학습자는 교사의 안내에 의해 드러나는 학습자 자신의 현실을 수학화하는 것이 이 교수 방법의 실질적인 목표이다.

교수자는 안내할 때, 그 역사적 근원과 현실에서 출발해야 한다. 그래서 앞에서 언급했듯이 재발명 과정을 역사발생적 원리에 따른다고 본다. 다음은 재발명 방법에 대한 5가지 원리이다(Freudenthal, 1991). 첫 번째는 학습자의 현재의 현실 내에서 수평적 수학화에 적절한 학습 상황을 선택하는 것이다. 두 번째는 수직적 수학화를 위한 방법과 도구의 제공해 주는 것이다. 세 번째는 상호작용 수업이다. 상호 작용에서는 전체 학급과 교사의 상호 관련성뿐만 아니라 학습자들 간의 상호 관련성도 중요하다. 네 번째는 학습자 자신의 산물로 여기에는 풀이 결과에 덧붙여서 풀이의 재발명, 그리고 더 나아가 문제의 재발명을 하는 것을 포함한다. 교수는 결국 학습 영역의 연결에 의해 촉진될 수 있다. 다섯 번째는 학습 영역의 연결이다. 이는 장기학습 과정과 연결되는 것을 뜻한다.

재발명의 방법을 아동이 최초로 언어화하는 수학인 '세기'를 통해 이야기해보자. 직접 사물을 세어보는 과정을 통해 아동들은 수에 대한 개념을 형성하게 된다. 셀 수 있는 사물들에 수 계열을 적용하는 것은 수평적 수학화이다. 이런 수 개념에 크고 작음의 관계를 적용하거나, 산술연산을 적용하는 것은 수직적 수학화의 과정이다. 이러한 수학화를 위해서 다방면으로 접근해 나가는 과정이 필요한데, 교사는 학생들에게 덧셈이나 뺄셈을 활동으로 학습하게 하고, 수학을 활용해 보는 기회를 갖게 한다. 많은 경우 수학을 활용하는 과정이 문장제 문제를 통해 이루어지기도 한다.

Freudenthal은 재발명 방법으로 학습한 내용은 다양한 현실세계에서 적용할 수 있다. 개념원리에 대한 심상을 구성하고, 이를 점진적으로 형상화 시키면 완성된 수학적 개념, 원리가 만들어 지는 것이다. 이전의 수학에서는 완성된 수학을 제시하여 이를 숙달하는 방법으로 교육이 이루어져 왔다. Freudenthal은 이를 알고리즘으로 설명하고 있다. 알고리즘은 기성 수학의 진열장으로 많은 사람들이 알고리즘을 습득하는 방식의 수학교육을 공식과 비법이 들어있는 바구니로 생각한다. 알고리즘은 쉽게 가르칠 수 있고 숙달된 사람에게는 자동으로 이루어지는 편리한 도구로서의 매력을 가지고 있다. 하지만 수학이 화석화 되는 것을 방지하고, 수학을 알고리즘과 동일시하는 것을 방지하기 위해서는 알고리즘의 재발명이 이루어져야 한다. '먼저 배우고, 나중에 이해하라'는 자신이 배운 것을 자동으로 할 수 있게 해주지만 언제 배웠는지 기억하지 못하고 알고리즘에 재능없는 사람들까지 알고리즘을 배우고 적용해야 한다. 하지만 도식화 발달 과정을 거친다면 재발명자의 능력과 필요성만큼 표준 알고리즘에 접근할 수 있다. 그리고 알고리즘화는 잘못된 알고리즘의 습득으로 다음 학습으로 발전하는데 방해가 되는 경우를 줄여준다. 알고리즘을 학습할 때, 현실을 교수학적 맥락에 두는 것을 Treffers(1987)는 '통합된 점진적 알고리즘'이라 했다. 통합된 학습으로 진행되어도 거의 대부분의 학생들은 학습 맥락으로부터 알고리즘을 분리하는 수준에 도달하며, 알고리즘 자체를 하나의 실체로 볼 수 있는 수준에 다다르게 된다.

Freudenthal에 따르면 재발명 방법을 이용하여 지도하기 위해서는 교육자들의 '사고 실험'이 선행되어야 한다. 사고 실험은 학습 내용에 대한 학생들의 가능한 반응을 머릿속으로 먼저 생각하고, 그에 대응하면서 가르칠 수 있는 방법을 수업 전에 미리 사고해 보는 것이다. Freudenthal은 재발명시켜야 하는 것은 역사적 발자국이 아니라 개선되고 더 잘 인도된 역사의 과정이어야 한다고 말했다(Freudenthal, 1973). Freudenthal이 이야기한 사고실험은 두 가지 측면에서 고려될 수 있다. 첫째는 수업장면과 관련된 것으로 교사나 교과서 저자가 한 학생 또는 그룹의 학생들의 가능한 반응에 따라 반응하면서 가르치거나 저술하는 태도를 의미한다. 둘째는 수업내용과 관련된 것으로 어떤 것을 발명했거나 어떤 방법을 개선한 개인 수학자의 마음속에 어떤 일이 일어났는지에 대해 추측하는 것이다. 그러므로 Freudenthal은 재발명을 위해서 학생의 입장과 반응을 고려함과 동시에 개인 수학자의 마음에 대해 추측하는 사고실험이 중요함을 강조하고 있다. 이처럼 Freudenthal은 한 개인이 수학을 발달시켜 나가는 가에 대한 관심보다는 교육자로서 교사의 역할을 강조하고 있다. 그래서 Freudenthal은 '재발명 방법' 앞에 '안내된'이라는 용어를 사용했을 것이다.

Freudenthal은 학습자가 자신의 수준에 맞는 적절한 안내에 의해 목표에 이르는 경로를 탐구하는 과정이 학습과정에서 필수적인 이유에 대해 다음과 같은 세 가지를 근거를 제시하였다. 첫째, 학습자 자신의 활동에 의해 획득되는 능력과 지식은 다른 사람이 부과하는 것보다 더 잘 유지되고 더 유용하다. 둘째, 발견은 학습을 즐겁게 해 줄 것이고, 따라서 재발명에 의한 학습은 학습자에게 동기를 줄 것이다. 셋째, 재발명에 의한 학습은 인간 활동으로서의 수학, 즉 수학화를 경험하는 태도를 길러준다(Freudenthal, 1991). 이것이 Freudenthal의 교육이념 및 철학이며 수학교육의 대중화를 뒷받침하는 근거이다.

2 교수학적 현상학

현상학을 현상과 관련시켜 본질을 기술하고, 조직화의 수단으로 현상이 어떻게 작용하며 어떤 힘을 미치는지를 기술하는 것으로 본다면 교수학적 현상학이란, 본질과 현상의 상호관계가 학습 지도 과정에서 어떻게 획득되는지를 논하는 것이다. 구조주의적 관점에서의 수학은 개념이나 원리를 먼저 제시하고 그 예를 보여주는 구체화의 방법에 의해 지도되었다면, 교수학적 현상학에서는 형식적 정의나 설명에 의한 개념 확립보다는 그 개념이 포함된 현상을 제시하고 현상을 해결해 나가는 원리로 개념을 적용하는 것을 통해 심상이 생기고 이것이 형식화 되어 하나의 수학적 개념으로 탄생된다(Freudenthal, 1983). 수학화가 현상과 본질의 교대 작용에 의한 사고 수준 상승의 불연속적 과정이라면, 본질과 현상의 상호작용에 대해 주목하는 것이 본질에 대한 교수학적 현상인 것이다. Freudenthal이 말하는 본질이란 물리적, 사회적, 정신적 세계의 여러 현상을 조직하기 위한 도구로 발명된 수학적 개념이나 구조를 뜻한다. 지금 수준에서의 본질은 다음 수준으로 올라가면 다시 조작해야할 현상이 된다. 이와 같이 현상 → 본질 → 더 높은 차원의 본질 →… 과 같이 현상과 본질의 교대작용 속에서 본질을 찾아 체계화하는 것이 수학화이고, 현상과 본질의 관계를 교수학적 측면에서 다루는 것이 교수학적 현상학이다(정영옥, 1997).

그동안의 구조주의적 관점에서는 연역적인 체계를 제시하거나 단축된 역사적 과정을 보여준 후에, 그 예에 대해 설명하는 방식으로 교수-학습 과정이 이루어져 왔다. 하지만 Freudenthal은 구조주의 관점에서의 교육은 품위를 위해 대상에 나타내는 용어를 '…의 개념'이라는 어휘로 끝내려는 경향이 있고, 개념을 가르친다는 것이 단순히 수학을 가르치는 것보다 더 품위 있는 것으로 생각하며 학습한 것을 학생이 더 잘 이해할 것이라는 오류를 범하고 있다고 보았다. 인지란 개념에서 시작되지 않고, 오히려 개념이 인지 과정이 결과가 되어야 한다. 그러므로 학생들이 인지적 작용을 통해 수학을 자신의 것으로 만들기 위해서는 개념을 가르치기보다는 덜 형식적인 것을 개념보다 앞서서 가르쳐야 한다. 이는 Freudenthal이 수학 교육의 근본적인 목적을 심상(mental objects)으로 본다는 것을 암시한다. 역사적으로 볼 때, 심상은 개념에 앞섰다. 군의 심상은 군의 개념보다 약 반 세기 정도 앞서고 있으며, '베르누이'가 함수라는 말을 단지 심상을 표현한 단어로 사용하였고 후에 오일러 등의 논문에서 문자 기호가 처음 사용된 이후로 함수 개념이 정립되기 시작했다. 그러므로 학생들이 수학을 배울 때에도 심상을 먼저 형성하고, 나중에 개념을 이해하도록 해야 한다.

Freudenthal은 특히 심상이라는 용어를 좋아하였는데, 그 이유는 이 용어가 대상을 다루는 방법이라는 '정신적 조작(mental operations)'을 말하는 용어로 확장될 수 있기 때문이다. 심상에 대해 예를 들어보면, 범자연수, 수직선(그려진 경우도 포함), 도형 등은 시각적으로 심상을 대략적으로 표현한 것을 이해하는 한, 모두 심상이다(Freudenthal, 1991).

Freudenthal은 수학적 개념, 구조, 아이디어인 본질이 물리적, 사회적, 정신적 세계의 여러 형상을 조직화하는 과정에서 수학적 수단으로 발견되었다는 점에 착안하여 수학의 교수-학습 과정에서도 현상을 조직하는 경험을 통해 그 본질을 찾아가도록 해야 한다는 교수학적 현상학을 제시하였다. 이는 '개념 먼저, 응용 나중'이라는 구조주의 관점에서의 교수-학습 과정에 반대하는 것으로, 학습자의 현실에서 출발한다. 그리고 현실 상황에서 추출해 낸 문제 상황을 해결할 수 있는 수학적 수단이 되는 구조를 발견하고 다루어 보면서 수학적 대상에 대한 심상을 구성하는 것이 선행되어야 한다. 이 심상을 점진적인 반성적 사고에 의하여 수학적으로 세련되게 만들어 개념으로 받아들이는 것이 바로 교수학적 현상학의 목적이다.

점진적인 형상화가 이루어지기 위해서는 반성적 사고가 중요하다. 현상들에 질서를 부여하여 본질을 발견하는 과정에서 반성적 사고가 원동력이 되기 때문이다(우정호, 2000). 눈에 비친 것이 의식으로 전이되는 과정은 반성에 의해 가능하고, 반성적 사고를 통해 깊이 탐구하고, 객관적인 관찰을 위해 스스로를 다른 사람의 눈으로 비쳐보는 과정을 거치게 된다. 학교에서 반성적 학습이 이루어 지지 않는다면 배운 것을 어떤 비판도 없이 받아들이고, '왜?'라는 질문을 하지 않는다. 교사가 전달해 준 개념과 용어를 받아들이고 외워서 문제 해결에 사용하는 경우도 생긴다.

교수학적 현상학에서 가장 중요한 것은 본질이 적절한 현상 속에서 발견의 대상으로 내포되어 있어야 한다는 것이다. 교수학적 현상학은 학생들로 하여금 수학의 완성된 구조를 직접 접하는 것이 아니라 학생들의 정신적 현실에 맞으며, 수학적 구조가 조직화의 수단이 되는 현상에 직면해서 학생들 스스로 재발명의 과정을 통해 조직화의 수단인 수학적 대상을 찾아내도록 하고 이러한 수학적 현상 속에서 다루어 보도록 함으로써 수학적 대상에 대한 심상을 구성하게 하여 그것을 반성에 의한 수준상승으로 이끌어가기 위한 틀을 제공한다.

3 학습 수준 이론

Freudenthal의 학습 수준 이론은 각 수준에서의 현상과 본질에 대한 논의이다. 수학적 사고는 경험을 조직하는 활동으로 인해 이루어지며, 한 수준에서 경험을 정리하는 수단이 새롭게 경험의 대상으로 의식되어 그것을 조직화하는 활동이 이루어지게 되면서, 그 다음 수준으로의 비약을 하게 되는 과정을 반복한다. 수학 학습 지도는 이러한 불연속적인 사고 수준을 거치면서 수학적 사고를 재발명해 나가게 해야 한다(이영란, 이경화, 2006). Freudenthal은 수학 학습 과정에서 사고 수준의 비약이 불연속적으로 이루어진다는 것을 중요하게 생각하였다. 학생들이 수학 학습을 통해서 수학적 사고를 재발명해 나간다는 것은 수준의 비약이 가능하도록 적절한 교수학적 조치를 취해나가면서, 점진적으로 안내해 나간다는 것을 의미한다. 이를테면, 완전 귀납법은 '이항정리에 대한 경험 → 그러한 경험이 반성의 대상이 되면서 그 조직수단으로서 완전귀납법의 인식 → 형식화 → Peano의 공리체계로의 대역적인 조직화와 자연수를 규정하는 원리로의 재해석'이란 역사적 발달수준에 따라 재발명되어야 한다. 이와 반대로 현재의 교과서에서와 같이 이항정리를 완전귀납법을 이끌어 내는 연역적 방법은 반교수학적 전도이다. 요구되는 수준에 도달하지 못한 학생들은 그 수준의 사고를 이해할 수 없으며, 지적인 책임감을 갖고 사고 활동을 할 수 없는 것이다.

학습 과정의 불연속성, 즉 비약의 중요성과 학습 과정의 수준과 구조에서 이론과 실제를 결합하기 위한 Freudenthal의 노력은 van Hiele 부부의 수준 이론과 이들과의 공동 연구에 의해 구체화되었다(우정호, 2000). van Hiele부부는 초임 교사 시절에 자신의 교수법에 대해 서로 토론하는 기회를 가졌다. 수업 시간의 행동에 대해 반성하였고, 가르치는 행동을 관찰하고, 자신의 행동을 회상하고 분석해보면서 학생들의 사고 수준을 여러 단계로 볼 수 있음을 깨달았다. 수학적 사고 활동이란 경험의 세계를 조직하는 활동이며, 한 수준에서 경험을 정리하는 수단이 새롭게 경험의 대상으로 의식되어 그것을 조직화하는 활동이 이루어지게 되면서 그 다음 수준으로의 비약을 하게 되는 과정을 반복하는 바, 수학의 학습-지도는 그러한 불연속적인 사고수준을 거치면서 수학적 사고를 재발명해 가도록 구분하고 있다는 것이다.

중등 수준의 기하 학습 과정에서 마름모의 예를 들어 van Hiele 부부의 분석을 좀 더 자세히 살펴보자. 기하라는 교과서 단원 학습하기 이전에 학생들은 이미 마름모에 대한 '이미지'를 가지고 있다. 생활 속에서 관찰 할 수 있는 구체적인 대상들로서의 마름모에는 익숙한 것이다. 여기에서 교사가 학생들에게 마름모라고 이름붙인 도형의 여러 가지 형태를 제시해 주고, 이들 사이에서 관계되는 성질을 찾도록 한다. 학생들은 도형의 성질을 발견하는 과정을 통해 마름모에 대한 상징을 형성하고, 이 상징 속에 그동안 경험해온 마름모의 성질들을 집약시킨다. 이런 과정을 통해 학생들은 상징들을 소유하고 내용을 조직할 수 있게 된다. 그리고 상징에 속한 성질들로부터 마름모를 만들 수 있게 된다. 위의 마름모에 대한 학생들의 학습 과정을 살펴보면 점차 높은 수준으로 발전해 나가고 있음을 알 수 있다. 학생들의 학습 활동을 분석해 가면서 van Hiele 부부는 학생들의 사고는 연속적이지만 다른 학생과 비교해 보았을 때, 여러 수준으로 구분할 수 있음을 확인하였다.

그리고 낮은 수준에서의 행위는 높은 수준에서는 분석의 대상이 되며, 낮은 수준에서의 조작 내용은 다음 수준에서 탐구 내용이 된다는 것도 발견하였다. 그들은 기하학적 사고를 다섯 가지 수준으로 나누어 설명하고 있다. 제 0수준은 주변의 사물이 대상이 되어 기본적인 도형을 시각적인 외관에 의해 판별하고, 제 1수준은 도형의 형이 대상이 되어 도형의 구성요소와 성질에 대한 비형식적인 분석을 통해 도형을 파악하며, 제 2수준은 도형의 성질과 도형사이의 관계가 대상이 되어 명제가 정리수단이 된다. 제 3수준은 명제가 연구의 대상이 되어 명제 사이의 논리적 관계가 정리수단이 되어 전체 기하의 연역 체계를 파악하고 제 4수준은 기하학 자체가 연구의 대상이 되어 여러 가지 공리체계를 비교할 수 있고, 기하의 형식적 엄밀성을 파악한다. 이러한 학습 수준은 몇 가지 특징을 갖는다. 먼저, 전 단계를 거치지 않고 다음 단계로 올라설 수 없으며, 이전 수준에서의 행위와 수학적 수단은 다음 수준에서 분석의 대상이 된다. 다음으로, 새로운 수준에 도달한 학생들은 그 수준에 도달하지 못한 학생들이 이해하지 못하는 언어로 이야기하는 것처럼 보인다. 즉, 서로 다른 수준에서 설명하는 내용은 서로 이해할 수 없다. 그래서 교사가 학생의 수준을 파악하지 못하면 그 학생이 이해할 수 없는 말로 설명하게 되고, 학습에 어려움이 생기게 된다. 마지막으로 다음 수준으로 이행하는 속도는 학생에 따라 다르며, 절절한 혹은 부적절한 지도로 그 속도가 촉진되거나 지연될 수 있다.

van Hiele는 기하 학습 수준 이론을 확대하여 일반적인 수학 학습에 대한 수준을 제시하였다. 제 1수준은 시각적 수준, 제 2 수준은 서술적 수준, 제 3수준은 국소적인 논리적 관계를 파악하는 수준, 제 4수준은 형식적 논리를 파악하는 수준, 제 5수준은 논리적 법칙의 본질을 파악하는 수준이다. van Hiele는 학교 수학에서는 2, 3, 4수준을 다루어야 하지만, 시각적 수준은 수학 교과 학습에 중요하므로 학생들의 학습이 제 1수준에서 시작하여 그 다음 수준으로 이행해 갈 수 있도록 지도해야 한다고 강조하고 있다(정영옥, 1997).

이와 같이 van Hiele는 수학의 학습 과정을 한 수준에서 다음 수준으로의 사고 비약으로 보고 있으며, 이러한 관점은 Freudenthal이 수학화 과정을 한 수준의 현상을 정리하는 수단이 관점의 전환에 의해서 다음 수준에서는 연구의 대상이 되는 불연속성을 특징으로 갖는 것으로 본 것과 일치하는 것이다. Freudenthal은 수학화 과정을 수준이 상승되는 불연속적 과정으로 보고 있으며, 수학의 학습 과정은 이러한 비약의 과정을 재발명하는 것이어야 함을 강조하고 있다.

Freudenthal은 수준의 향상을 위해서는 의식하고 반성하는 사고를 필수적으로 본다. 반성적 사고란 자신의 행동과 사고를 의식화해서 객관적으로 분석하는 과정이고, 학생들은 반성하기를 통하여 눈에 보이는 것을 의식으로 전환할 수 있다. Freudenthal은 '반성'이라는 용어를 거울에 비추어보는 것과 같은 의미로 사용하였다. 반성이라는 용어는 어떤 대상을 관찰할 때, 대상의 겉모습만 보는 것이 아니라 속 안까지 살펴보고, 깊이 탐구해보고, 잘 관찰해보는 과정에서 스스로를 다른 사람에게 비추어보는 것을 의미한다. 그리고 다른 사람을 통해 나 자신에 대해 더 잘 알 수 있고, 결국 자신의 행동에 대해 고찰해 볼 수 있게 될 것이다. 따라서 다른 사람에게 비추어 보는 것으로부터 더 발전하여 자신을 자기 스스로에게 비추어 보는 자기 반성이 이루어지게 된다.

반성이 이루어지기 위해서 교사는 학생들에게 '어떻게 그렇게 생각하니?'라는 질문을 던질 수 있어야 한다. 이런 과정에서 유의할 점은 교사에 의해 의도된 반성적 사고의 틀에서 만들어지는 반성의 과정은 진정한 반성적 사고하고 할 수 없다. 학생들 스스로가 자신의 행동과 생각 중에서 당연하다고 생각되는 부분에 의문을 제기하고, 그것에 대해 확실성을 추구하는 것이 수학에서 반성적 사고를 통해 길러주어야 할 반성적 태도이다. 하지만 학교 수학에서는 이러한 부분의 발달이 제대로 이루어지지 곳한다. 수업은 반성적 사고를 촉진시키기 보다는 알고리즘적인 재능을 키우는데 집중하고 현실과의 연관성이 결여된 수학을 배우기 때문이다. 학생들은 새로 배운 용어는 물론이고, 연산의 절차에서도 '왜 그렇게 될까?'라는 질문에는 관심조차 없다. 이렇게 학습된 학생들은 나중에 반성적 사고가 필요한 상황에서도 그렇게 질문해야 하는지 조차도 알지 못하게 된다. 그래서 암기식, 알고리즘적인 능력을 향상시키는 방향의 학습만이 이루어지게 되는 것이다.

수학 학습 수준 이론에 따르면, 수학 학습은 점진적 수학화 과정 속에서 비약적인 발전을 해나간다. 그리고 한 수준에서 다른 수준으로 넘어갈 때, 반성을 통하여 자연스럽고 자발적으로 이루어지게 해야 한다. 반성적 사고가 학습 수준 이동에 어떻게 작용하고, 어떤 시점에 사용되는 것이 좋은지는 반성의 과정을 좀 더 면밀하게 관찰해보는 것을 통해 파악할 수 있을 것이다. 또한, 반성적 사고는 교사와 학생, 또는 학생들 사이의 상호작용을 통해 발전해 나간다. 교사는 수업을 통해 학생들의 반성적 사고가 발달할 수 있도록 수업에서 사용되는 문제들을 좀 더 현실성 있게 해야 하고, 적절한 발문을 통하여 학생들이 반성적 사고를 연습할 수 있도록 도와주어야 한다. 반성적 사고는 학생들 사이의 의사소통을 통하여도 발달시킬 수 있는데, 그러기 위해서 Freudenthal은 개별적 수업보다는 소집단 학습을 통하여 다른 사람을 관찰하는 것을 배우는 것이 필요하다고 보았다. 다른 사람을 관찰하는 것을 알면, 자신을 관찰하는 방법을 터득할 수 있기 때문이다. 이렇게 반성적 사고를 통해 학생 스스로가 학습 수준을 향상시켜 나갈 수 있는 힘을 기르는 것이 바로 학교 수학의 목표일 것이다.

4 문맥 수학

안내된 재발명의 원리에서 이야기했듯이 수학은 수학화를 통해서 발생했고, 수학화는 현실을 수학화하는 것이다. 이때의 현실은 학습자의 현실이며, 학습자가 안내되어 온 현실이다. Freudenthal가 이야기하는 현실은 교사에 의해 정돈된 현실이 아닌 근원적인 현실을 뜻한다. 기본 능력이나 개념을 가르칠 때면 소음을 피하여 가르치는 것이 교수학적 원리였지만 수학적 개념을 적용해야 할 때에는 소음을 피할 수 없다. 이미 세계는 소음으로 가득

차 있기 때문이다. 그래서 학생들에게 도식과 알고리즘에 주입되기 전에 교사들은 세계를 수학화하여 소음 내의 의미를 파악해내고, 본질을 찾아낼 수 있도록 해야 한다. 이것이 수학을 유사한 현실이 아닌 근원적인 현실에서 시작해야 하는 이유이다. 지금까지의 수학은 학생들에게 개념과 수학적 알고리즘을 전달하기 위해 잘 정리된, 지극히 제한적인 현실을 제공하였다. 이렇게 학습된 학생들은 현실 내에서 자신이 배운 수학을 적절히 사용하지 못하며, 인간의 능동적인 구성 활동을 무시하게 된다.

수학화는 소음이 있는 현상 가운데 그 정리수단인 본질을 찾는 것이다. 따라서 무엇보다도 학습자의 현실상황을 수학화하는 경험으로부터 출발하여 점진적인 수학화 과정을 재발명하고자 풍부한 문맥과 반성적 사고를 강조한다. 수학화를 지향한 교육에서 문제와 문제해결 활동은 당연히 제기된다. 문제는 상황에서 제기되고 발생해야하며 아동은 상황에서 문제를 인식하는 것을 학습해야 한다. 따라서 상황과 문제, 문제해결 활동은 수학화에 없어서는 안 되는 국소적 수단이 된다. 이러한 입장에서 보면 수학을 배우고 현실 세계에 적용하는 방법보다는 현실세계에서 출발해 수학화 과정을 거친 다음에 다시 현실 세계에 적용하는 방법이 더 나을 것이다. 덧셈 연산을 학습하는 과정을 예를 들어보자. 더하기에 대한 알고리즘을 배우고 '농장에 소가 20마리 있었다. 이 중 5마리를 옆 농장으로 보냈을 때, 이 농장에는 몇 마리의 소가 남아있을까?'라는 식의 현실 문제를 해결하는 것이 현재의 수학 학습의 대표적인 모습이다. 이에 대비하여 Freudenthal은 처음 덧셈 연산을 배울 때, '사과 2개 더하기 사과 3개', '책 2권 더하기 책 3권', '연필 2자루 더하기 연필 3자루' 등의 현실적인 문제들을 제시해 주고 학생 스스로 이 문제들을 해결하면서 덧셈 연산에 대한 개념을 이해하게 해야 한다고 보았다. 그리고 덧셈 연산에 대한 수학화가 끝난 후에 위의 소 마리수를 묻는 방식의 문장제 문제를 제시해 주는 것이 학생들에게 현실로부터 수학을 학습하게 하는 방법이다.

문맥이란 어떤 구체적인 학습 과정에서 수학화하도록 학습자에게 제시하는 현실의 영역으로 풍부한 문맥이 되기 위해서는 학습자가 수학화할 수 있도록 제시하는 현실의 영역으로 충분해야 한다. 여러 문맥에 의해 경험을 분류해 보면, 놀이동산, 이야기, 프로젝트, 주제, 발췌의 다섯 가지 부분으로 나눌 수 있다. 첫 번째는 '수중나라'에 나오는 그림으로 디즈니의 섬과 같은 곳으로 여기에서는 여러 가지 일들이 벌어진다. 여기에는 사람들이 타고 내리는 정거장, 큰 탑과 산들, 도로망, 운동장, 풍차 등과 같이 상상을 불러일으킬 수 있는 자극으로 수학을 발견하고 실행할 수 있는 풍부한 상황임을 의미한다. 두 번째는 소인국의 걸리버, 장기판 위의 곡식 등과 같이 예정된 계획된 시간 속에서 풀려나오는 이야기이다. 세 번째는 입체 도형 만들기와 같은 프로젝트이다. 네 번째는 '지수함수'를 성장의 맥락으로 모거나, 추이과정으로서의 '행렬' 등과 같이 현실과 관련된 교과 내용을 의미하는 주제이다. 마지막으로는 책이나 신문, 주간지 등으로부터 수학과 관련된 활동이나 수학을 찾아내는 발췌이다(Freudenthal, 1991).

교사는 학생들에게 풍부한 문맥을 제공함으로써 수학화를 가능하게 한다. 그리고 현실 속에서 의미 풍부한 문맥 찾아내기 위해서는 재발명 방법에서 풍부한 의미구조를 가진 현실 맥락 문제를 제시해 주어야 한다(강호진, 강흥규, 2008). 그리고 문맥은 수학적 개념에 혼란을 주는 소음이 아니라, 맥락 그 자체가 메시지이며 수학은 맥락의 암호를 해독하는 수단이다.

수학이 현실과 밀접한 연관성을 갖게 하려면 수학적인 문제를 해결해 나가는 것 보다 풍부한 문맥을 가진 문제를 학생들에게 제시하여 수평적, 수직적 수학화가 교대로 이루어질 수 있도록 해야 한다. 중요한 것은 학생이 스스로 활동할 기회를 제공하고, 교사는 학생을 관찰하다가 적절한 시기에 발문을 통하여 사고를 촉진시키고 학생들이 자신의 활동을 반성하도록 도와주는 것이다. 교사는 학생이 수학을 학습할 뿐만 아니라 그것을 적용하는 방법을 학습하도록 해야 한다. 수학과 다른 학문의 통합이나 조정이 아닌 수학을 중심으로 한 통합, 즉 다른 학문의 내용을 수학적인 조직화의 분야로서 다루도록 하는 수학을 핵심과목으로 하는 통합을 권장한다. 이는 다른 학문을 소홀히 하지도 평가절하 하지도 않으면서 학생들은 그들이 수학으로서 할 수 있는 것을 학습할 것이다. 이러한 Freudenthal의 생각은 기본적으로 듀이와 같은 입장에 서는 것이며, Olsen이 주장한 바와 같이 '좁은' 수학적 지식이 적용 가능한 사고의 도구로서의 기능을 갖게 하려면 학생들에게 의미 있는 문제 상황을 제공하여 그러한 문맥 가운데에서 기능하게 함으로써 '넓은' 의미를 갖는 지식이 되게 하는 메타 학습의 기회를 제공할 수밖에 없다는 생각과도 일치하는 것으로 생각된다. 관계가 풍부한 문맥의 선택과 교사의 충실한 안내 그리고 무엇보다도 학생들의 자발적인 탐구 활동을 통해 수학적 도구를 발견하도록 하고, 그 개념적 분석과 형식화, 반성적 논의와 응용을 통한 내적 바탕의 인식과 정신적 안목으로의 동화 단계를 거치도록 해야 한다. 수학이 학생 자신과는 관련이 없는 객관적인 지식으로 자신에게 부과되는 것으로 느끼지 않게 하려면, 이러한 현실과의 관련성이 적재된 문맥을 통한 의식적인 수학화 경험을 시켜야 할 것이다.

04 Freudenthal의 학습 방법을 이용한 지도의 예

1 기하 지도

Freudenthal은 기하를 학생이 살아가고 숨 쉬고 움직이는 공간을 이해하는 것으로 보았다. 그래서 기하를 지도할 때, 학생들이 기하를 활동으로 경험하여 재발명할 수 있도록 지도해야 한다고 요구하였다. 학습자의 현실로부터 시작되고 증명이 조직화를 위한 수단으로서 요구되는 현상을 학생들에게 제시함으로써 증명이 자연스럽게 도입되도록 해야 한다는 것이다. 그리고 공간의 여러 현상을 도형으로 조직화하여 도형의 성질들을 발견하도록 한 다음에 그런 성질들을 조직하는 수단으로서 정의를 도입하고 그 성질들을 증명을 통해 국소적 조직화함으로써 학생들 스스로 명제를 만들어보도록 하는 것이다.

학생들은 더 잘 살고 더 잘 움직이기 위해서 공간을 알고 조사하고 지배하는 방식을 배워야 한다. 그러므로 기하지도는 공간 내의 현상을 수학적으로 조직하는 것으로부터 시작되어야 한다. 학생이 공간 내의 현상을 조직하는 것으로부터 시작해서 기하도형을 이해하게 되면 이제 학생은 도형을 조직할 수 있게 되기 때문이다.

(1) 평행사변형을 정의하는 학습-지도 과정의 예

평행사변형의 모형을 이용하여 그 여러 가지 성질을 시각적으로 발견하고, 학급에서 논의를 거쳐 이를 열거 할 수 있다. 학생들은 평행사변형의 여러 가지 모형을 만들어 봄으로써 마름모, 직사각형, 정사각형이 평행사변형인 이유를 분명하게 이해하게 된다. 또 그들 사이의 논리적 연관성을 자연스럽게 알게 되고, 이들은 서로 관련되며 이 가운데 하나는 다른 것이 나오는 근원이 될 수 있으며, 여기서 평행사변형의 정의가 발생된다. Freudenthal은 정의가 아닌 정의하기를 지도해야 한다고 보았다. 교사가 일방적으로 평행사변형에 대해 정의해 주기보다는 학생들 스스로 평행사변형을 정의해나가는 과정을 거치는 것이 더 바람직하다고 본 것이다. 학생들은 스스로 정의해 나가는 과정을 통하여 정의는 기술 이상이며, 대상의 성질을 연역적으로 조직하는 수단임을 경험을 통해 알게 된다. 정의는 미리 생각되는 것이 아니라 조직화 활동의 마무리 작업이며, 이러한 특권을 아동들에게서 빼앗아서는 안 된다.

훌륭한 기하교육이란 내용을 조직하는 것을 배우고 조직화가 무엇인지를 배우는 것이며, 개념화하는 것을 배우고 개념화가 무엇인가를 배우는 것이며, 정의하는 것을 배우고 정의가 무엇인지를 배우는 것이다. 그러므로 교사는 교실에서 전통적인 기하교육에서처럼 내용을 미리 조직된 구조로서 제고하는 대신에 도형의 성질을 발견하는 경험을 시키고 그러한 성질을 조직하는 기회를 제공해야 한다.

(2) 도형의 성질을 논리적인 관계로 조직하는 국소적 조직화의 예

정리 : 삼각형의 세 변의 수직이등분선은 한 점을 통과한다.

- 현행 : 삼각형의 두 변의 수직이등분선의 교점에서 나머지 한 변에 내린 수선이 그 수직이등분선임을 삼각형의 합동을 이용하여 형식적으로 증명

- Fruedenthal의 증명 : $\triangle ABC$ 에서 $\overline{AB}, \overline{BC}$의 수직이등분선을 그리고 그 교점을 M이라고 하자. 점 M은 $\overline{AB}$의 수직이등분선 위에 있으므로 $\overline{MA}=\overline{MB}$이다. 점 M은 $\overline{BC}$의 수직이등분선 위에 있으므로 $\overline{MB}=\overline{MC}$이다.

  그러므로 $\overline{MA}=\overline{MC}$이다. 따라서 점 M은 $\overline{AC}$의 수직이등분선 위에 있다.

  ㉠ '점 M은 수직이등분선 위에 있으므로 같은 거리에 있다'는 성질과 '점 M은 같은 거리에 있으므로 수직이등분선 위에 있다'는 성질, 곧 역과 필요충분조건이란 논리가 처음으로 직관적으로 자명하게 등장한다.

  ㉡ 추이성과 그 생산성을 이해하는 것이 첫 번째 예이다.

  ㉢ 대칭적인 명제를 비대칭적인 방법으로 접근하여 증명하는 고등수학 수준까지 유용한 방법론적 패러다임의 첫 번째 예이다.

  ㉣ 세 직선이 한 점을 지난다는 결합정리는 외접원의 아름다운 작도를 가능하게 한다.

  ㉤ 이 정리의 증명은 아동들이 선분의 수직이등분선이 그 끝점에서 같은 거리에 있는 점의 자취임을 이해하면 곧바로 다룰 수 있다.

2 함수 지도

함수의 개념에 앞서서 '변수'의 개념에 대해 살펴보면, Freudenthal은 변수를 동적인 개념과 정적인 개념으로 구분한다. 동적인 개념의 변수는 물리적, 사회적, 수학적 상황에서 실제로 변하는 것을 의미한다. 기온의 변화, 달리는 자동차, 달의 움직임 등 우리 주변에는 다양한 경우의 변하는 현상들이 있다. 그러므로 이러한 상황을 해석하기 위해서는 변수를 동적인 측면에서 이해해야 한다. 그에 반해 정적인 측면은 여러 대상을 동시에 나타내는 것으로 '대신하는 것'의 의미로 볼 수 있다. 정적인 개념의 변수는 여러 가지 상황을 동시에

고려해야 하거나 일반화 되는 상황에서 사용할 수 있다.

함수는 이러한 변수 사이의 '종속적인 관계'를 조작하기 위한 도구로 사용된다. 종속성은 현상의 변화 속에서 변수 사이의 종속 관계를 의미하고, 함수의 종속 관계는 역사적 발생 근원에 의하여 설명할 수 있다. 하지만 현대적인 개념의 함수는 종속성보다는 '대응 관계'로 함수를 보고 있다. Freudenthal은 함수는 역사적으로 변화하는 세계와 종속성을 나타내기 위한 도구로서 발생된 개념임을 강조하면서 함수가 수학적으로 중요한 이유는 함수의 연산임을 고려한다면, '대응'으로 도입되는 함수는 함수의 변화하는 속성을 파악하는 데 부적절하다고 보았다(정영옥, 1997).

현재 수학 교과서에 제시되어 있는 함수 부분을 살펴보면, 함수는 초등학교에서부터 등장한다. 초등학교 교과서에 함수하는 용어가 등장하지는 않지만 대응 규칙 찾기, 두 수의 관계를 이용한 관계식 나타내기, 주어진 값들을 그래프나 표로 표현해 보기, 비례에 대한 개념이 학습되면서 자연스럽게 함수에 대한 이해가 성립하게 된다. 그리고 본격적으로 함수 단원이 등장하는 것은 중학교부터이다. 또한 함수식과 그래프를 그리기 시작하는 것도 중학교부터이다. 고등학교에서는 역함수와 합성함수와 같은 함수의 연산이 이루어진다. 이와 같이 초, 중, 고등학교에서 이루어지는 함수에 대해 그 수업과 교과서 내용을 들여다보면, 대부분이 현실적인 맥락보다는 수학적인 상황에서 시작된다는 것을 발견할 수 있다. 그래서 함수를 정의하고 이를 이용하여 문제를 해결하는 지도 방법으로 함수를 학습한 학생들은 다양한 수학적 활동을 경험하지 못하고, 함수 개념을 수학화하지 못한다.

이를 극복하기 위해서는 Freudenthal의 교수학적 현상학의 방법을 함수 지도에 도입해야 한다. 함수의 형식적인 정의나 교사의 설명에 의해 개념을 확립하는 것이 아니라 실제로 함수의 개념이 포함된 우리 주변의 현상을 제시해 주고, 그 현상을 변수를 사용해 표현해 보도록 유도해야 할 것이다. 교수학적 현상학 방법을 도입한 함수 지도의 몇 가지 예를 들어보자. 먼저, 가장 쉬운 방법으로 주변에서 증가하거나 감소하는 현상을 찾아볼 수 있다. 학생 개개인의 신체적인 성장(키, 몸무게)에 관한 지표를 조사하여 나이가 늘어감에 따라 성장이 어떤 특징을 가지고 변하고 있는지 확인할 수 있다. 또는 하루 동안 시간에 따른 그림자 길이의 변화를 특정하여 그 특징을 대응표나 그래프로 나타내 보고 그것을 어떻게 해석할 수 있는지 고민해 보는 것을 통해 함수의 개념을 이해할 수 있다. 그림자 길이를 일주일이나 한 달, 길게는 일 년 동안의 변화를 살펴보면 그 변화가 주기적으로 나타난 다는 것도 확인할 수 있다. 주기적으로 변하는 날씨 자료를 분석해 보는 것도 우리 주변 현상의 주기적 특성을 살펴보는 데에 유용하다. 이러한 주기적인 변화의 특징을 관찰한 결과가 일상생활에서 어떻게 활용될 수 있을지를 학생들 스스로 생각해 본다면 함수의 실생활 응용에까지 확장시킬 수 있다.

교수학적 현상학에 의한 함수지도의 순서를 살펴보면 우선, 다양한 현상을 학생들에게 제시하면 학생들은 그러한 현상에서 찾을 수 있는 변화의 규칙성, 주기적 특징, 대응 관계를 인식하게 될 것이다. 그리고 학생들로 하여금 그래프나 표를 이용하여 분석한 결과를 표현하게 해보면서 현상들의 특성을 더 구체적으로 이해하고 더 많은 특징을 찾을 수 있게 된다. 이를 바탕으로 학생들이 각각의 특성에 해당되는 수학적 이름을 알게 한다. 이런 배경 지식을 바탕으로 학생들은 다른 학생들과의 함수에 대한 논의를 통해 함수의 개념을 정의할 수 있게 된다. 이러한 과정을 통하여 학생들은 함수의 특징과 그 활용에 대해 스스로 깨닫고 이해하게 될 것이며, 교사의 설명에 의해 이해하는 것보다 더 확실하고 의미있는 학습을 하게 된다.

참고문헌

강호진, 강홍규 (2008). Freudenthal의 재발명 방법에 기초한 제 7차 초등수학교과서 확률 단원 재구성, 《한국초등수학교육학회지》 12(1), pp.79-100.

강홍규(2005). 「Freudenthal의 재발명 방법에 근거한 초등 수학영재 지도 방안」. 《한국수학교육학회 시리즈 C》 9(1), pp.31-41.

우정호(2000). 『수학 학습-지도 원리와 방법』. 서울 : 서울대학교출판부.

이영란, 이경화(2006). 「Freudenthal의 수학화 학습지도론에 따른 무리수 개념 지도 방법의 적용 사례」. 《대한수학교육학회지 수학교육연구》 16(4). pp.297-312.

정영옥(1997). 「Freudenthal의 수학화 학습-지도론 연구」. 서울대학교 박사학위논문.

교육부(2007). 『2007 개정교육과정-고등학교 교육과정』. 교육인적자원부 고시 제2007-79호.

Treffers(1987). *Three Dimension*. D. Reidel Publishing Company.

Freudenthal, H. (1973). *Mathematics as an educational task*. Dordecht : D. Reidel Publishing Company.

Freudenthal, H. (1983). *Didactical Phenomeology of Mathematical Structures*. Dordecht : D. Reidel Publishing Company.

Freudenthal, H. (1991). *Revisiting Mathematics Education*. Dordecht : Kluwer Academic Publishers.

Chapter 09

생각해 볼 문제

01 Freudenthal이 주장하는 '수학화'의 의미에 대하여 정리해 보자.

02 '수평적 조직화'와 '수직적 조직화'를 예를 들어 설명해 보자.

03 '재발명의 방법'으로 학습한다는 것은 '역사 발생적인 방법'과 어떤 공통점과 차이점이 있는지 생각해 보자.

04 재발명 방법의 다섯 가지 원리에 대해서 설명해 보자.

05 실제 교수 · 학습 상황에서 풍부한 문맥을 통해 학습자가 학습할 수 있는 상황에 대해 구체적으로 예를 들어 설명해 보자.

06 다음은 학교수학에 관한 두 가지 입장을 나타낸 것이다. 이에 대한 설명으로 적절하지 않은 것은? (2009학년도 임용기출)

> (가) 학생들이 수학을 통하여 현상을 이해하는 안목을 기를 수 있게 하기 위해서는 학생들에게 수학의 구조를 가르쳐야 한다. 이때, 수학의 구조를 가르친다는 것은 학생들이 수학자와 본질적으로 동일한 일을 하게 하는 것으로, 어떤 수준의 학생에게도 그 본질은 적절한 형태로 제공될 수 있다.
>
> (나) 수학의 구조를 가르친다는 명분으로 완성된 형식적 수학을 구체적으로 번역하여 학생들에게 제공하려는 하향식 구성은 반교수학적인 전도이며, 학생들 스스로 발전적인 조작의 가능성을 갖지 못하는 지식을 제공하는 데 그칠 우려가 있다.

① '새 수학(New Math)' 운동은 (가)와 같은 관점에서 출발한다.

② (가)에서 어떤 수준의 학생에게도 수학자가 하는 일과 본질적으로 같은 것을 제공할 수 있다는 생각은 브루너(J. Bruner)의 EIS이론으로 뒷받침된다.

③ (가)의 입장을 따른다면 수학사의 대역적인 학습 과정을 단축된 형태로 재현하는 방식의 지도가 바람직하다.

④ (나)의 입장에서 (가)에 대한 대안은 현상을 정리, 조직하는 수단으로서의 수학을 학습하게 해야 한다는 것이다.

⑤ (나)의 입장을 따른다면 알고리즘, 사고패턴, 및 문제해결 전략 등의 수학적 사고를 재발명에 의해 학습하는 것이 바람직하다.

07 Freudenthal의 수학화 교수 · 학습 방법과 미분 개념의 역사발생적 과정을 토대로 미분계수 개념의 교수 · 학습을 위한 내용 요소를 순서를 고려하여 3가지 제시하시오. (2005학년도 임용 기출문제)

08 수학교사 A, B의 다음 대화를 읽고 물음에 답하시오. (2003학년도 임용 기출문제)

> 교사 A : 저는 학생들이 수학의 각 영역의 관련성을 인식하도록 가르치는 것이 바람직하다고 생각합니다. 예를 들면, 추상적인 식을 시각화한 자료는 식을 직관적으로 이해하게 해줄 뿐 아니라 대수와 기하의 연결성을 인식하게 하는 데에도 도움이 될 것입니다.
>
> 교사 B : 참 좋은 말씀입니다. 저는 수학의 역사가 수학을 가르치는 데 도움이 된다고 생각합니다. 예를 들면, '기존의 체계에서 인정된 성질이 그대로 유지되도록 하면서 체계를 확장하는 원리"가 수학의 역사상 수 체계의 확장에 유용하게 활용되었습니다. 이 원리는 학교에서 음수의 연산 법칙을 유도하거나 지수의 확장을 가르칠 때 활용될 수 있습니다.

(1) 교사 A는 부등식 $\sqrt{ab} \leqq \dfrac{a+b}{2}\,(a>0, b>0)$를 가르칠 때 사용하려고 다음 자료를 만들었다. 다음 그림이 어떻게 위의 부등식을 나타내고 있는지 설명하시오. (단, 그림에서 점 O는 원의 중심이다.)

(2) 교사 B는 다음 수학 시간에 지수의 확장을 가르치고자 한다. 교사 B의 진술에 들어있는 원리를 사용하여, 지수의 정의를 지수가 자연수인 경우로부터 '$a^0=1$, $a^{-n}=\dfrac{1}{a}$ (단, $a \neq 0$, n은 자연수)'로 확장해 가는 과정을 서술하시오.

09 김 교사는 〈A〉에 대한 토론 활동 후 〈B〉를 지도하는 수업 계획을 세웠다. 김 교사의 수업 계획과 관련된 의견 중 수학화 교수 · 학습이론의 관점에서 적절한 것은? (2010학년도 임용 기출문제)

〈A〉

- 오늘 최저 기온은 −5℃이고 최고 기온은 6℃였다. 오늘 기온이 0℃인 순간이 있었을까?
- 오늘 보니 우리 딸의 키가 나보다 크다. 나와 우리 딸의 키가 같은 순간이 있었을까?

〈B〉

함수 $f(x)$가 폐구간 $[a, b]$에서 연속이고, $f(a) \neq f(b)$일 때, $f(a)$와 $f(b)$ 사이의 임의의 값 k에 대하여

$$f(c) = k \text{ (단, } a<c<b)$$

인 c가 적어도 하나 존재한다.

① 〈A〉에 대한 토론 활동에 교사가 개입하는 것은 적절하지 못하다.
② 본질로 정리되어야 할 현상이 〈A〉에 먼저 제공되어 반교수학적 전도가 일어날 가능성이 있다.
③ 귀납에 의한 개념 획득을 강조해야 하므로 〈A〉에 가능한 많은 예를 제시하는 것이 중요하다.
④ 〈B〉가 〈A〉에서 주어진 현상을 정리할 수단이므로 〈B〉가 먼저 제시되어야 한다.
⑤ 〈B〉는 더 높은 수준에서는 정리되어야 할 현상으로 다루어질 수 있다.

10 어떤 수학적 개념이 구성되기 위해서는 그림과 같이 구체적인 '행동'이 정신적인 '과정'이 되고, 그 '과정'이 하나의 '대상'으로 인식된 후 구조화되어 '스키마'가 되는 단계를 거치게 된다.

(2009학년도 임용 기출문제)

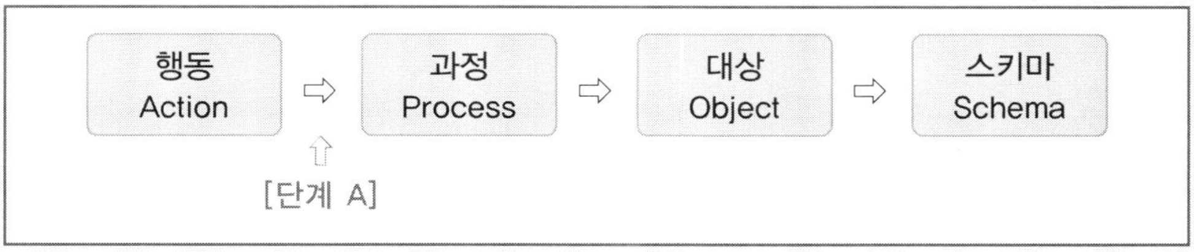

다음 사례 중 그림에서 지시하는 [단계 A]와 가장 거리가 먼 것은?

① 자연수를 끝없이 셀 수 있다는 가능적 무한(potential infinity)의 개념에서 완결된 무한, 즉 현실적 무한(actual infinity)을 인식하는 데 이르게 된다.

② 점화식 $a_{n+1} = 2a_n + 1$로 정의된 수열의 첫 번째 항이 1로 주어진 것으로부터 그 다음의 3개 항이 3, 7, 15임을 알게 되었다.

③ 삼각형과 삼각형이 아닌 것을 구별하던 아동이 삼각형의 성질에 관심을 가지게 되었다.

④ '2+3=5'를 '2와 3을 더한 결과가 5'라고 생각하는 것을 넘어서 '2+3'과 '5'가 동등한 의미를 가지는 것으로 생각하게 되었다.

⑤ 실수의 집합에서 두 실수를 대응시키는 함수를 다루다가 함수를 원소로 하는 새로운 집합을 생각하게 되었다.

MEMO

Chapter

10 van Hiele

다음은 노년의 van Hiele(van Hiele, 1999)가 그의 삶을 되돌아보며 학교수학의 역사적 배경을 진술한 내용이다. 이는 기하교육에서 van Hiele의 입장을 이해하는 데 도움이 될 것으로 보인다.

기하, 산술의 학교 수학교육에는 뿌리깊은 오해가 여전히 존재한다. 오랫동안 중, 고등학교의 기하는 2000년보다 더 오래 전에 창시된, 형식적이고 공리적인 유클리드 기하에 기반을 두어 왔다. 공리, 정의, 정리, 증명으로 구성된 유클리드 기하의 논리적 구조는 그 당시에 매우 훌륭한 과학적 성과였다. 이런 비슷한 공리적 방식으로 전개되는 학교의 기하수업은 학생들이 형식적 연역 사고 수준으로 생각한다고 가정한다. 그러나 대개 이런 경우, 그 가정은 잘못되었으며, 그들은 기하에 대한 전제조건의 이해가 많이 부족하다. 이러한 기하에 대한 이해 부족은 학생들의 사고 수준과 그들이 배워야 할 기하내용에서 요구되는 사고 수준에 차이를 발생시킨다. 초등학교에서 산술을 가르칠 때에도 비슷한 오해가 나타난다. 기하에서 유클리드 기하가 사용된 이래로, 수학자들은 나중에 학교에서 산술을 가르칠 때 필요한 공리적 구조를 개발해왔다. 1950년대, Piaget와 나는 이러한 오해에 대해 확고히 하고 나섰다. 그러나 그 후 바로 수의 기초로써 집합론이 확립되었고, 집합론을 기초로 "새 수학"이라 불리며 광범위하게 시행된 학교의 산술은 도움이 되지 않았다. 몇 년 동안, 이러한 잘못된 생각이 학교수학을 지배했고 그것에 대한 부정적인 결과가 보고되자 결말이 났다. "적절치 못한 교육보다는 교육하지 않는 것이 더 낫다"는 것은 내가 지지했던 Piaget의 관점이었다. 우리는 학생들의 사고수준에 맞는 적절한 교육을 해야 한다(p.310).

네덜란드의 부부교사 Pierre van Hiele와 Dina van Hiele-Geldof는 학생들이 기하학습에 어려움을 느끼고 있다는 것을 알았다. 이로 인해 그들은 학생들이 단지 도형을 인식하는 단계부터 형식적인 기하적 증명을 할 수 있는 단계로 나아감으로써 겪는 기하적 이해 수준에 대한 이론을 정립하였다. 그들의 이론은 왜 많은 학생들이 기하 수업에서, 특히 형식적인 증명에 있어서 어려움을 겪는지 잘 설명해 준다. van Hiele는 증명을 기술해 나가는 것은 비교적 높은 수준의 사고가 요구된다고 믿었고, 많은 학생들이 형식적인 기하 개념을 배우기 전에 낮은 단계에서 사고하는 경험이 더욱 필요하다고 생각하며 다음과 같이 분류하였다.

01 van Hiele의 기하적 사고 수준

1 제 1수준 : 시각화

학생들은 도형을 단지 모양으로써, 자신이 기억하고 있는 원래의 도형과 비교하며 인식한다. 도형의 성질은 인식하지 못한다. 이 수준에서 학생들은 근거가 아닌, 지각에 기초를 두고 결정을 내린다. Hoffer(1981)는 자신의 저널에서 제 1수준에서는 학생들에게 다음과 같은 활동을 줄 수 있다고 말한다.

1. 학생들이 도형을 만든다든지 접는다든지 색칠한다든지 하는 조작 활동을 하도록 마련하기
2. 도형의 모양을 인식하거나 기하학적 관계를 파악하기.
    - 단순한 그림
    - 패턴 블록
    - 다양한 탐구 활동
    - 교실, 집, 사진과 같은 생활 주위 환경의 구체물
    - 기하학적 도형
3. 도형의 창조
    - 모눈종이를 이용하여 도형을 복사하기.
    - 도형 그리기.
    - 도형을 막대기, 실, 패턴 블록으로 만들기.

4. 수학적인 용어가 아닌 말로 도형을 설명해 보기.
   - 정육각형은 "상자처럼 생긴 도형"
   - 각은 "구석"
5. 도형의 조각, 측정 또는 헤아리기를 통해 할 수 있는 문제 풀이.
   - 타일을 깔고 헤아려 전체 넓이를 구하기.
   - 두 개의 삼각형을 사용하여 사각형 만들기.

다음은 van Hiele 제 1수준에 해당하는 우리나라 교과서 내용으로 [그림 10-1]은 초등학교 1학년(교육과학기술부, 2009a), [그림 10-2]는 초등학교 2학년(교육과학기술부, 2009b)에 실려 있다.

[그림 10-1]

[그림 10-2]

Usiskin(1982)이 시카고 대학에서 CDASSG Project를 통해 개발한 van Hiele 기하 수준 검사지는 기하학의 개념이해를 측정하기 위해 고안되었다. 5지 선다형 25개 문항으로 구성된 이 검사지는 각 수준에 따라 각각 5문항[15]으로 구성되어 있다. 여기서 각 수준에 해당하는 문제를 예로 제시해 보고자 한다.

15) 1~5번 : 제 1수준, 6~10번 : 제 2수준, 11~15번 : 제 3수준, 16~20번 : 제 4수준, 21~25번 : 제 5수준

1. 다음 도형 중 정사각형은?

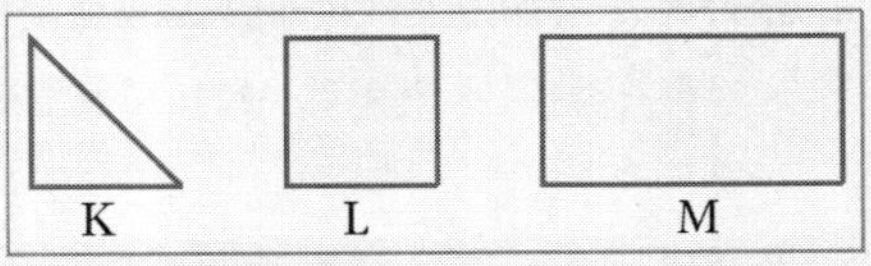

가) K　　　나) L

다) M　　　라) L, M

마) 모두 정사각형이다.

2 제 2수준 : 분석

학생들은 도형을 성질들의 모임으로 안다. 그들은 기하적 도형의 성질에 대하여 알지만, 그 성질들의 관계에 대해서는 알지 못한다. 이 수준에 있는 학생은 도형을 묘사할 때, 아마 자신이 알고 있는 성질들을 모두 열거할 것이다. 그러나 이 도형을 설명하는데 어떤 성질이 필요조건이고 어떤 것이 충분조건인지는 파악하지 못한다. Hoffer(1981)는 자신의 저널에서 제 2수준에서는 학생들에게 다음과 같은 활동을 줄 수 있다고 말한다.

1. 도형의 성질과 기하학적인 관계를 파악하기 위하여 측정해 보고, 접어보고, 자르고, 색칠하기.
   - 사각형을 대각선에 따라 합동이 되는지 알아보기.
2. 주어진 성질에 의하여 도형을 분류하기(차트, 말로 된 것, 성질을 적은 카드)
   - 도형을 본 적이 없는 사람에게 그림 없이 그 도형을 어떻게 설명할수 있을까?
   - 성질 카드

정 사 각 형
변 이 4 개
각 변의 길이가 같다
마주 보는 변은 서로 평행하다
4개의 직각
대각선의 길이가 같다
대칭인 4개의 선분

3. 도형을 주어진 성질에 따라 분류하기.
   - 마름모와 정사각형의 같은 점은 무엇인가?, 각에 대하여 다른 점은?, 변에 대해서는?
4. 하나의 속성에 따라 도형을 모으고 분류하기.
   - 평행인 변의 개수에 따라 사각형을 분류하기.
   - 직각인 각의 개수에 따라 사각형을 분류하기.

5. 말이나 문장으로 쓰여진 성질이 주어질 때 그에 알맞은 도형을 확인하거나 그리기.
   • 교사나 학생이 어떤 도형의 성질을 말한 다음 이 성질에 해당하는 도형을 가능한 많이 제시하라고 한다.
   • "나의 이름은 무엇인가?"
     – 학생이 도형을 정확히 맞출 때까지 하나씩 단서(도형의 성질)를 밝혀 준다.
6. 시각적인 단서로 도형을 확인하기.
   • 도형의 모양을 조금씩 보여 주어 각 단계마다 모양에 대한 도형을 말한다.
7. 많은 예를 공부하여 경험적으로 규칙과 일반화를 유도하기.
   • 타일로 만든 직사각형에서 (밑변의 길이)×(높이)는 타일의 개수(넓이)임을 유도하게 한다.
8. 유사하지 않은 종류의 도형의 성질을 발견하기.
   • 사다리꼴의 예와 예가 아닌 것에서 사다리꼴의 성질을 말하게 한다.
9. 적절한 용어와 기호 사용하기.
10. 기하학적인 관계나 통찰력 있는 접근, 도형의 성질을 이용한 기하학적 문제를 해결하기.
   • 각도기를 사용하지 않고 내각의 합을 구하여라.

다음은 van Hiele 제 2수준에 해당하는 우리나라 교과서 내용으로 [그림 10-3]은 초등학교 4학년(교육과학기술부, 2010), [그림 10-4]는 중학교 1학년(윤재한 외, 2009)에 실려 있다.

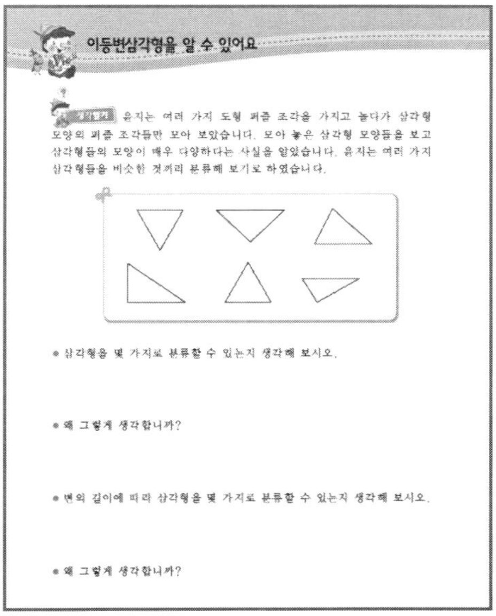

[그림 10-3]

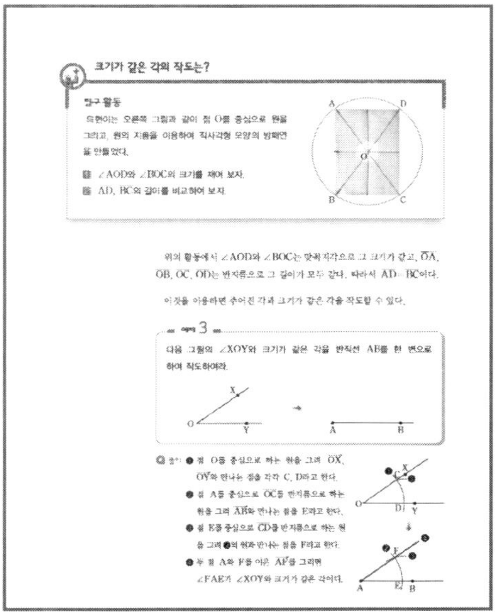

[그림 10-4]

또한, Usiskin(1982)의 van Hiele 기하 수준 검사지에서 제 2수준의 해당하는 문제는 다음과 같다.

9. 이등변삼각형은 두 변의 길이가 같은 삼각형이다. 다음에 3개의 예가 있다.

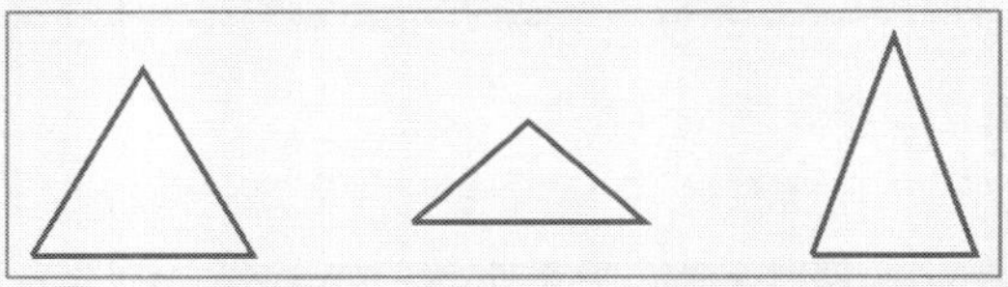

가) 에서 라) 중 모든 이등변삼각형에 대하여 참인 것은?

가) 세 변의 길이가 같아야 한다.

나) 한 변의 길이는 다른 변의 길이의 2배이어야 한다.

다) 적어도 두 개의 각의 크기는 같아야 한다.

라) 세 각의 크기가 모두 같아야 한다.

마) 가)에서 라)는 모든 이등변삼각형에 대하여 거짓이다.

3 제 3수준 : 추상화(비형식적 연역)

학생들은 도형의 성질들 간에, 도형 간에 관계에 대하여 인식한다. 이 단계에서 학생들은 의미 있는 정의를 내리고, 그들의 추리를 뒷받침하기 위해 비형식적인 주장을 한다. 논리적인 함축과 '정사각형은 직사각형이다'와 같은 집합의 포함관계에 대하여 이해한다. 그러나 형식적 연역의 중요성과 역할에 대해서는 이해하지 못한다.

학생은 모양의 종류를 정의하고 다른 성질로부터 하나의 성질을 연역할 수 있다. 예를 들면, 평행사변형에 대하여, 학생은 '마주보는 변이 평행'이라는 성질로부터 '마주보는 변이 합동'이라는 성질을 연역할 수 있다. 이 수준은 학생이 알고 있는 도형들 간의 조작적 관계를 적용할 수 있을 때 성취된다. 그것은 이 수준을 성취한 학생은 부분적으로 합동인 도형이 있는 어떤 도형의 성질을 증명하기 위해 도형의 합동을 적용할 수 있다는 것을 의미한다. 또한 학생이 평행한 직선에서 각이 같다는 것을 말할 수 있는 것을 뜻한다(van Hiele, 1986, p.42).

또한 이 수준의 학생들은 도형의 성질을 정리하여 도형을 위계적으로 분류하고 그것을 정당화하기 위하여 비형식적인 주장을 한다. 예를 들어, 정사각형은 '특별한 특성을 갖는 마름모'로 생각할 수 있기 때문에 마름모로 구별한다. 그리고 비형식적인 연역으로 도형의 특성을 발견한다. 이를테면, 어떠한 사각형도 두 삼각형으로 나누어지고 각각의 내각의 합은 180°이기 때문에 임의의 사각형의 내각의 합이 360°임을 연역한다(Clements & Battista, 1992). 이 수준에서 학생이 추론하는 대상은 학생이 도형의 성질과 결부된 관계에 대해 학습하는 '도형의 성질'이다. 예를 들면 "네 변의 길이가 같은 사각형이라는 정의를 만족하면 그 도형은 마름모"라는 것을 아는 것이다(van Hiele, 1986, p.109). 이 추론의 결과는 도형의 성질과 도형들 성질 간의 상호관계로 획득된 아이디어의 재조직이다.

다시 말해서 부분적인 추론을 할 수 있고 비형식적으로 증명과정을 이해할 수 있는 단계라고 할 수 있다. Hoffer(1981)는 자신의 저널에서 제 3수준에서는 학생들에게 다음과 같은 활동을 줄 수 있다고 말한다.

1. 2수준에서 공부한 포함관계를 발전시키기.
   - 성질을 적은 카드를 사용해라.

직사각형	⬅	정사각형
4개의 변이 있음	⬅	4개의 변이 있음
대변이 서로 평행함	⬅	대변이 서로 평행함
두 대각선은 길이가 같다.	⬅	두 대각선은 길이가 같다.
4개의 직각이 있음	⬅	4개의 직각이 있음
대변의 길이가 같다.	⬅	4변의 길이가 모두 같다.

2. 도형을 설명하기 위한 최소한의 성질을 모으기.
   - 학생들은 이런 식으로 서로 경쟁하고 체크할 수 있다.
3. 정의를 사용하거나 만들어 보기.
   - 정사각형은 (　　　　)이다.
4. 비형식적 논쟁을 하기.
5. 비형식적 논쟁으로 나타내기(다이어그램, 차트를 이용).
6. 연역적 논쟁을 도입하기 위해서 괄호 넣기 증명을 하게 하기.
7. 몇 가지 방법으로 접근하여 설명하기.
   - 평행사변형을 두 가지 방법으로 정의한다.
8. 명제와 그 역을 저명해 보는 상황을 가지고 토론하기.
   - 주어진 명제의 역을 진술하게 한다 : 한 직선이 평행한 두 직선을 지날 때, 이 직선 쪽의 안쪽에 있는 각은 서로 보각 관계이다. 다음 중 역을 나타내는 그림은 어느 것인가?

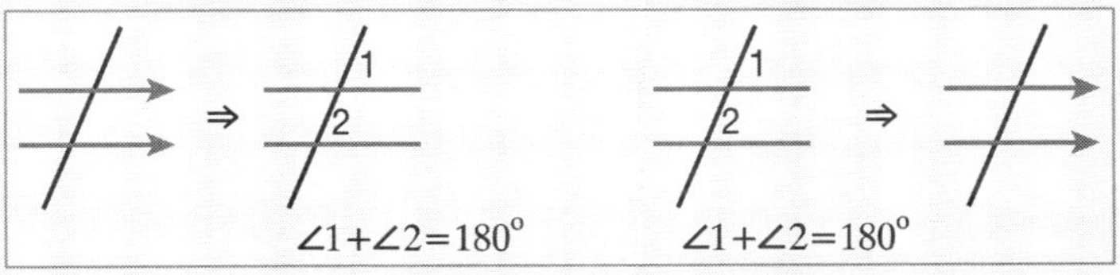

• 다음 명제의 역을 말하고 역의 참, 거짓을 논하라.

"비가 오면 나는 장화를 신을 것이다."

9. 도형의 특징과 기하학적인 관계를 중요시하는 문제 해결을 시도하기.

• 그림은 선분의 이등분선을 작도하기 위해서 반지름이 같은 호를 그린 것이다. 호가 만나는 두 점을 이은 선분이 왜 선분을 수직 이등분하는지 설명해 보아라.

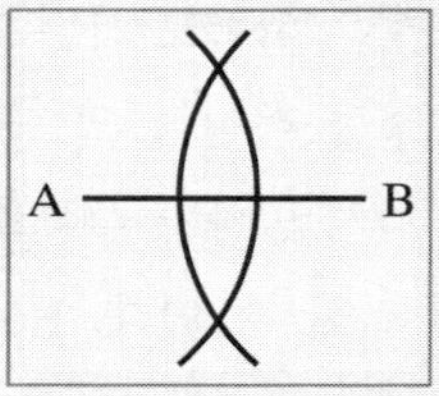

다음은 van Hiele 제 3수준에 해당하는 우리나라 교과서 내용으로 [그림 10-5]는 중학교 1학년(윤재한 외, 2009), [그림 10-6]은 중학교 2학년(윤성식 외, 2010)에 실려 있다.

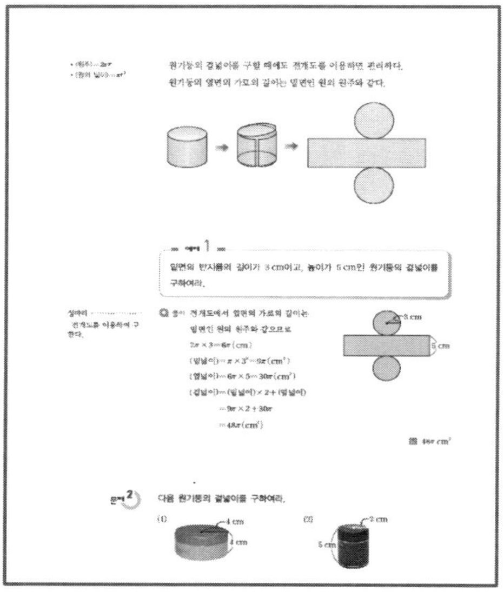

[그림 10-5]

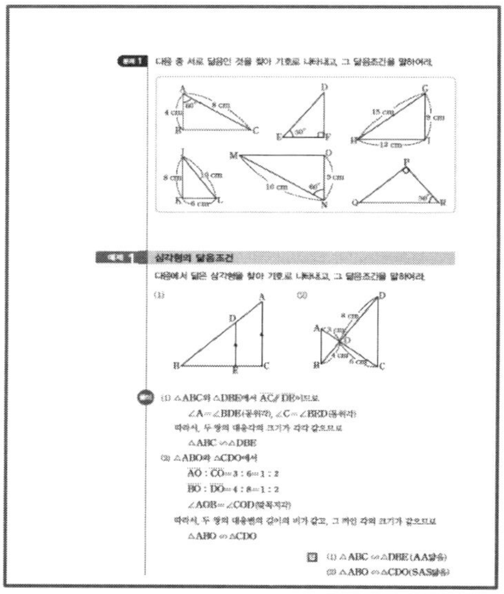

[그림 10-6]

또한, Usiskin(1982)의 van Hiele 기하 수준 검사지에서 제 3수준의 해당하는 문제는 다음과 같다.

14. 다음 중 참인 것은?

가) 모든 정사각형은 직사각형이다. 나) 모든 직사각형은 정사각형이다.

다) 모든 평행사변형은 직사각형이다. 라) 모든 평행사변형은 정사각형이다.

마) 가)에서 라)는 모두 참이 아니다.

4 제 4수준 : 연역

학생들은 증명을 구성할 수 있고, 공리와 정의의 역할과 필요충분조건의 의미에 대해 안다. 이 단계에서 학생들은 고등학교 기하 수업에서 전형적으로 볼 수 있는 증명들을 구성할 수 있어야 한다. 또한 어떤 도형에 대해 추측하고 이 추측을 형식적 증명의 의미에 따라 증명하려고 한다. 이것은 학생이 '기지사실'의 결과로 결론을 논리적으로 정당화하는 일련의 진술을 만들 수 있다는 것이다(Clements & Battista, 1992). 이 수준에서 학생들이 추론하는 대상은 '도형의 성질들 사이의 관계'(Clements & Battista, 1992, p.427)이다.

Hoffer(1981)는 자신의 저널에서 제 4수준에서는 학생들에게 다음과 같은 활동을 줄 수 있다고 말한다.

1. 문제에서 주어진 것과 증명할 것을 구분하기.
   - 문제에서 주어진 것과 알고 있는 것(가정)과 증명할 것(결론)을 구분하기.

     "이등변삼각형의 밑변의 수직 이등분선은 이등변삼각형의 꼭짓점을 지난다."
2. 도형에서 알 수 있는 정보나 주어진 정보가 무엇인지를 알기.
   - 사각형 ABCD는 평행이다. 이 도형에서 알고 있는 것을 말하여라. 이 도형을 "~이면, ~이다." 형태로 문제를 쓰라.
3. 무정의 용어, 공리, 정리, 정의 중 뜻을 이해하기.
   - 다음 진술은 무정의 용어, 공리, 정리, 정의 중 어느 것인가?, 그 이유는?

     1) 두 점은 한 직선을 결정한다.

     2) 모든 선분은 한 직선을 결정한다.

     3) 선분의 중점은 선분을 이등분하는 것을 말한다.
4. 증명에서 필요 조건과 충분 조건을 이해시키기.
   - 정사각형의 정의는 다음과 같이 시작된다.

     1) 정사각형은 사각형이다.

     2) 정사각형은 평행사변형이다.

     3) 정사각형은 직사각형이다.

     4) 정사각형은 마름모이다.
5. 2수준에서 비형식적으로 발달시킨 관계를 엄밀하게 증명하기.
6. 유사하지 않는 관계를 증명하기.
7. 정리에 대한 서로 다른 증명을 비교하기.

8. 증명을 하는데 여러 가지 테크닉을 구사하기.
   - 종합적 증명, 변환 방법, 해석 기하적 방법, 벡터 방법
9. 증명의 일반적인 전략을 사용하기.
10. 기하학적 사고 방법에 대하여 생각하기.
   - 다음은 연역적 사고나 귀납적 사고 방법을 나타내고 있다. 어떤 사고방법인지 구분하라. 그 이유는?
     1) 모든 염소는 수염이 있다. 영희는 염소이다. 따라서 영희는 수염이 있다.
     2) 소연이는 많은 사각형의 각을 측정한 후에 "소연은 내각의 합은 360°이다"라고 말하였다.

다음은 van Hiele 제 4수준에 해당하는 우리나라 교과서 내용으로 [그림 10-7]은 중학교 2학년(윤성식 외, 2010), [그림 10-8]은 고등학교 기하와 벡터(류희찬 외, 2010)에 실려 있다.

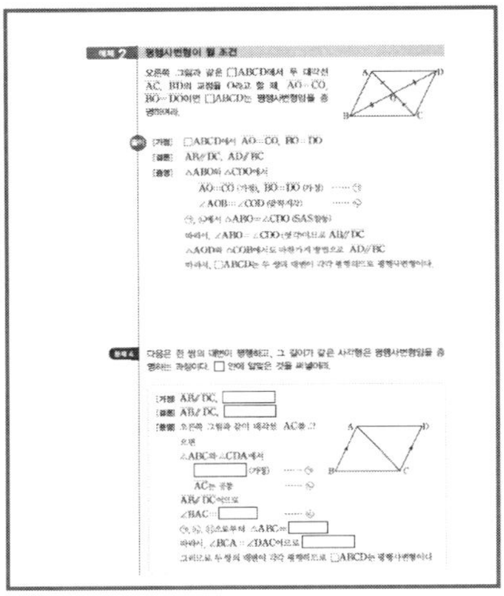

[그림 10-7]

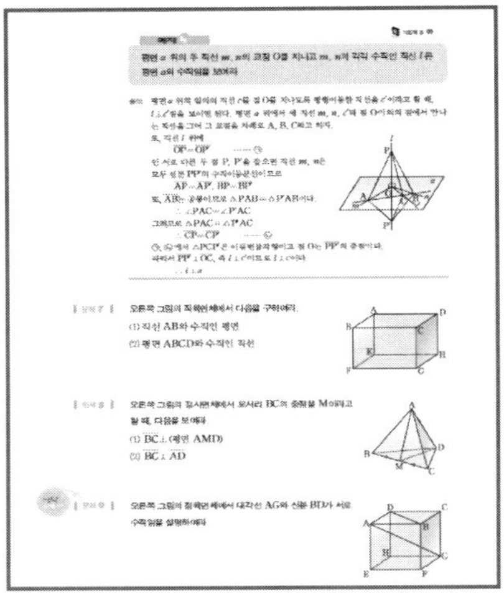

[그림 10-8]

또한, Usiskin(1982)의 van Hiele 기하 수준 검사지에서 제 4수준의 해당하는 문제는 다음과 같다.

17. 다음에 도형에 관한 세 가지 성질이 있다.

- 성질 D : 대각선의 길이가 같다.
- 성질 S : 정사각형이다.
- 성질 R : 직사각형이다.

가) D이면 S이고, 따라서 S이면 R이다.
나) D이면 R이고, 따라서 R이면 S이다.
다) S이면 R이고, 따라서 R이면 D이다.
라) R이면 D이고, 따라서 D이면 S이다.
마) R이면 S이고, 따라서 S이면 D이다.

구체적 기하학적 활동은 학습자들의 주위집중에 유용할 뿐 아니라 학습자의 기하영역 수준에 맞추어서 수준에 알맞은 자료들을 제시함으로 인해 학습의 필요한 흥미와 동기유발에 큰 도움이 되리라 본다.

여기서 우리나라 초, 중, 고 교과서 중 기하영역을 van Hiele 수준으로 살펴보면 각 학년의 단원별 수준이 van Hiele의 이론상 수준과 다소 맞지 않게 구성되어 있음을 알 수 있다. 예를 들어 중학교 2학년 교과서에서부터 van Hiele의 제 4수준에 해당하는 논증의 내용이 많은 부분 차지하고 있다는 사실이다(이중권, 2006; 강순자와 고상숙, 1999, 최현호, 1990). 수학의 특성상 논증은 학생들에게 논리적이고 형식적인 부분만을 강조할 우려가 있다. 이는 자칫 학생들에게 수학적 흥미를 잃게 할 수 있는 원인이 될 수 있다. 또한 중학교 3학년 교과서에는 van Hiele의 제 2수준에 해당하는 내용도 다수 실려 있다. 이에 대한 학습지도의 어려움을 다수의 연구결과에서 드러나고 있다. 따라서 교과서 중 기하영역이라도 단원별 교육과정내용이 van Hiele 수준에 맞게 편성되었으면 한다.

5 제 5수준 : 엄밀성

이 수준의 학생들은 수학적 체계를 설계하고 비교하는 것과 같은 추론의 형식적인 면을 이해한다. 또한 간접증명과 귀류법의 사용, 비유클리드 체계에 관해 이해한다. 이 수준은 이 수준은 고등학교의 수준을 넘은 단계이다. 즉 비유클리드 기하를 연구할 수 있고 기하의 여러 공리들 사이의 차이점을 비교 할 수도 있으며 구체적인 모형도 없이 매우 추상적으로 다양한 학습을 할 수 있는 단계이다. 따라서 Mayberry(1981)는 공리적 체계를 다루는 제 5수준을 측정하기는 어렵다며 Usiskin과는 다르게 이 수준에 해당하는 문항을 개발하지 않았다.

Usiskin(1982)의 van Hiele기하 수준 검사지에서 제 5수준의 해당하는 문제는 다음과 같다.

25. 다음의 명제 (1), (2)가 참 일 때, 보기 중 참인 명제는?

(1) p이면 q이다
(2) s이면 q가 아니다.

① p이면 s이다.
② p가 아니면, q가 아니다.
③ p또는 q이면 s이다.
④ s이면 p가 아니다.
⑤ s가 아니면 p이다.

Clements 와 Battista(1992)는 전 인식 단계라 불리는 0 단계의 존재를 제안했다. 이 단계의 학생은 도형들 간의 분별이 불가능하기 때문에, 단지 도형의 시각적인 특징의 부분만을 안다. 예를 들어, 그들은 삼각형과 사각형은 구별할 수 있지만 마름모와 평행사변형은 구별할 수 없다. 이 기하 사고 수준에 있어 원래 van Hiele는 0부터 4의 수준를 제시했었다. 그러나 미국인들이 1에서 5수준를 사용하기 시작했다. 이것은 시각화 이전의 수준(전 인식 단계)을 0수준으로 분류가 가능하게 된 셈이다. 한편, van Hiele의 최근의 연구는 많은 학생이 제 4수준 또는 제 5수준으로 나가지 못함을 밝히면서 5단계 대신에 3단계(시각화 수준, 기술적/설명적 수준, 비형식적 연역수준)로 설명하고 있다. 이런 변화가 있음에도 van Hiele 이론의 전체를 이해하기 위해선 본 책에서는 수준1-수준5로 설명하기로 한다.

02 van Hiele 단계적 교수법

van Hiele(van Hiele, 1986)에 의하면 학생은 학습의 다섯 단계로 조직된 교수법[16)]의 결과로서, 현재의 사고수준(n)이 다음 수준($n+1$)로 발전해나간다. 아래 van Hiele 다섯 단계 교수법을 설명하면서 예시로써 마름모 기하학습에 필요한 각 단계별 학습요소를 포함하였다.

1 정보(information) 단계

교사는 토론을 통해 학생들이 주제에 대해 이미 알고 있는 것을 확인하고 학생들은 새 주제에 대해 탐구하도록 한다. 즉, 교사는 주제를 명확하게 하는 자료와 그 자료의 활용(배

16) P.M. van Hiele의 아내 Dina van Hiele(1959)가 그녀의 박사학위 논문에서 발표한 것이다.

치)에 대해 토론을 통해 탐구할 분위기를 조성한다. 교사는 학생들이 어떻게 그 언어를 해석하는 가를 확인하고, 이해하도록 도움을 주며, 학생들이 의도적인 행동이나 인식을 할 수 있도록 질문과 관찰을 통해 정보를 제공한다. 학생들은 제시된 자료와 질문을 통해 앞으로 학습할 과제의 방향이 무엇인지 배운다. 예를 들면 교사는 학생에게 "평행사변형은 무엇인가?", "정사각형은 무엇인가?", "마름모는 무엇인가?" 등의 질문을 함으로써 교사는 학생들의 예비지식을 확인하고, 학생들은 공부할 내용에 대한 방향성을 얻게 된다.

예 "마름모는 무엇인가?, 정사각형은?, 평행사변형은 무엇인가?, 그 도형들은 어떤 점이 같고 어떤 점이 다른가?, 정사각형이 마름모가 될 수 있다고 생각 되는가?, 또 마름모가 정사각형이 될 수 있다고 생각되는가?, 그렇게 생각하는 이유는 무엇인가?"

2 안내된 탐구(guided orientation) 단계

학생들은 접기, 측정하기, 그리기와 같은 구조화된 과제를 통해 지도의 목적을 탐구한다. 교사는 반드시 학생이 명확한 개념을 탐구할 수 있게 해야 한다. 학생은 신중하게 계열화된 활동을 통해 새로운 학습 주제의 특징에 익숙해진다. 학생은 교사가 제공하는 자료를 통해 학습 주제를 탐구하면서 그 진행 방향을 감지하고 탐구분야의 구조를 점진적으로 파악한다. 이 단계에서 교사의 목적은 학생들이 제시된 자료를 활동적으로 탐구하여 앞으로 형성될 관계망들의 주요한 연결과 접할 수 있도록 한다. 다시 말해, 학생들은 교사가 제시하는 활동자료는 학생들이 도달하기를 원하는 수준에 알맞게 구성해야 한다. 학생은 학습 방향을 감지하고, 용어, 기호, 도형 성질, 관계에 친숙해진다. 이때 교사는 일부 학생의 매우 특수한 반응을 유도하는 단일단계 과제를 제시한다. 예를 들면 교사는 학생들에게 기하판을 이용하여 대각선의 길이가 다양한 여러 크기의 다름모를 그리게 하는 활동을 들 수 있다.

예 교사는 학생에게 길이가 같은 대각선을 가진 마름모를 만들기 위해— 또 길이가 다른 대각선을 가진 마름모를 만들기 위해 지오보드를 사용 할 것을 요구했다 . 또 다른 활동은 4개의 직각을 가진 마름모를 만들게 하고, 또 3개의 직각, 2개의 직각, 1개의 직각을 가진 마름모를 만들게 했다.

3 발전/명료화(explication) 단계

학생들은 주제에 대해 배운 것을 자신들의 언어로 말한다. 교사는 관련된 수학적 용어로 설명해야 한다. 학생들은 예전의 경험과 교사로부터 최소한의 힌트를 얻어서 그들이 관찰한 주제에 대한 자신의 개념화를 형성한다. 그리고 그것을 자신의 언어로서 묘사하고 탐구 분야의 구조에 대한 자신의 관점을 제시하면서 토론한다. 이때 교사는 학생자신의 언어를 대신하여 이와 관련된 수학적 용어를 소개한다. 교사의 역할은 학습 대상(기하학적인 대상과 아이디어들 관련성, 패턴 등)을 학생들의 토론에 의해 그들의 언어로 엄밀한 수준까지 인식하도록 제시하고 암시한다. 이를 통해 학생들은 그 구조 내에서 관계를 형성하기 시작한다. 예를 들어 학생들이 2단계 활동에서 나타난 도형과 그 도형의 성질에 대해서 토론하는 활동을 한다.

> 예 학생들은 앞의 활동에서 나타난 성질과 모양이 무엇인지에 대해 서로 토의해보고, 또 교사와도 토의하여 나름대로의 생각을 정리한다.

4 자유탐구(free orientation) 단계

학생들은 그들이 배운 풀이법과 관련된 것을 적용하고, 개방형 과제에 대해 조사한다. 학생들은 의도된 탐구 단계에서의 단일 단계과제와는 달리 여러 가지 방식으로 완수 될 수 있는 과제를 접하게 된다. 그리고 학생들은 자신만의 해결 방식을 찾는 경험을 하게 된다. 과제를 탐구하면서 학생들은 그 주제 내에서 가장 중요한 과계를 지각하고 이러한 관계가 어떻게 적용되는지를 인식하게 된다. 과제를 완성한 후에는 탐구대상 사이의 많은 관계들이 학생들에게 더욱 명확해진다. 교사의 역할은 적절한 자료와 기하학적인 문제를 선택하고, 다양한 성취를 하도록 가르치고, 학생들을 그러한 문제와 답을 정교화 하고 반성할 수 있도록 격려하며, 필요한 문제 해결 과정과 관련된 용어나 개념을 소개한다.

> 예 학생들은 다음과 같은 활동을 한다. "종이를 반으로 접고, 여기에 보여진 것처럼 다시 반으로 접어라. 접은 모양에서 모퉁이를 잘라낸다면 어떤 모양이 될지 상상해 보라. 접은 모양에서 모퉁이를 잘라낸다면 어떤 각으로 모퉁이를 자른다면 어떤 모양이 될까?, 45도의 각으로 자른다면 어떻게 될까?, 대각선의 교점의 각을 말해보아라. 교점은 대각선 위에 어떤 점인가?, 마름모의 면적은 두 대각선의 1/2에 의해 나타내지는 이유가 무엇일까?"

4 통합(integration) 단계

학생들은 대상과 관계들에 대해 새로운 연결망을 구축하면서 그들이 배운 것을 발전시키며, 요약하고 통합한다. 학생들은 자신이 관찰한 것을 재검토와 요약함으로써 탐구 활동의 개관을 형성한다. 뿐만 아니라 학생들은 새로운 개념과 관련성을 종합하여 새로운 사고영역으로 통합하고 내면화 한다. 이를 통해 탐구 활동 전체를 조명하게 되면서 사고 수준의 비약에 이르게 된다. 교사는 전혀 새롭거나 부자연스러운 아이디어를 제시하지 않도록 주의 하면서 학생들이 활동을 탐구한 것을 반성하고 명료하게 정리하도록 전체적인 개관을 제시하면서 돕는다.

학생들은 특정 주제에 대해 이 과정을 한번 거치기보다는, 이해가 이루어질 때까지 이 다섯 단계를 반복하여 순환해 나갈 수 있다. 이 다섯 단계로 구성된 수업을 학습기간(learning period)이라 부른다. 이상의 van Hiele 기하사고 수준과 수준향상을 이끌어주는 학습기간에 대해 Choi(1996)는 Mayberry(1981)의 주장[17]대로 제 5수준을 제외한 기하학습의 전체 과정을 다음 [그림 10-9]로 나타내고 삼각형 학습에 필요한 학습 자료를 학습기간별로 구성하여 제시하였다.

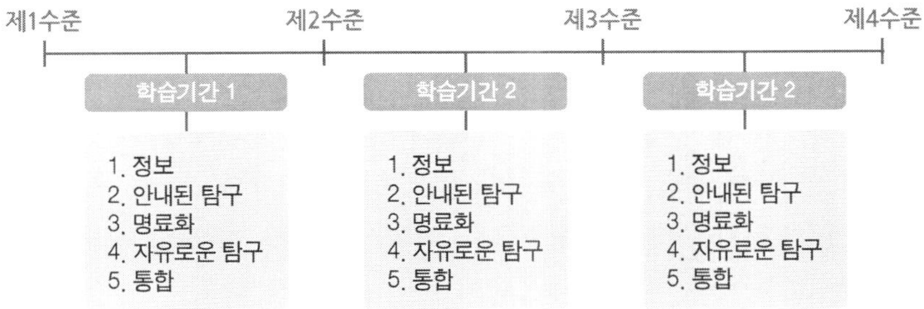

[그림 10-9] van Hiele 기하사고 수준과 교수법의 관계

03 van Hiele 모델의 특성

van Hiele 모델에는 우리가 알아야하는 몇 가지 특성이 있는데 Usiskin(1982)은 van Hiele의 학습 수준 이론의 특징으로 5가지를 다음과 같이 정리하고 있다.

17) 제 5수준, 엄밀성은 수학의 공리체계를 이해하는 것이므로 이를 구체적으로 측정하기는 어렵다하여 그의 검사지에 포함시키지 않았다.

첫째, 학생들은 수학 학습에서 $n-1$ 수준을 통과하지 않고는 n 수준에 도달할 수 없으며, 수학적 사고는 모든 수준을 차례로 거쳐 발달한다. 즉, 수준은 우리가 계단을 올라가는 것처럼 정해진 순서대로 통과하여 나간다. 한 수준의 기능을 성공적으로 하기 위해서 학습자는 앞 수준의 전략을 습득해야만 한다. 즉, 하위수준을 충분히 습득해야만 상위수준에 도달 할 수 있다.

둘째, 모든 학생들이 같은 속도로 각 수준을 통과하는 것은 아니며, 수준의 이행은 적절한 학습 지도에 의해 촉진될 수도 있고 부적절한 지도 때문에 지연될 수도 있다는 것이다. 한 수준에서 다음 수준으로의 발달은 나이나 신체의 성숙보다 교육의 내용이나 방법에 더 많이 의존한다. 한 수준에서 다음 수준을 건너뛰게 하는 교육적 방법은 없다. 어떤 교육 방법들은 수준 이행을 촉진시킬 수 도 있고 지연시킬 수도 있다. 수준은 교육에 의해서 발전한다.

셋째, 각 수준의 사고는 그 자신의 기호와 그를 연결하는 관계망을 가지고 있다. 따라서 수준의 이행은 언어의 확장과 관계된다. 따라서 한 수준에서 "옳은" 관계는 다른 수준에서 변형되어 질 수 있다. 정사각형이 직사각형과 평행사변형으로도 정의될 수 있는 것처럼 하나의 도형은 여러 개의 이름을 동시에 가질 수 있는데 제 2 수준의 학생은 이런 경우를 개념화하지 못하지만 제 3 수준의 학생은 이해할 수 있다.

넷째, 서로 다른 수준에서 추리하는 두 사람은 서로를 이해할 수 없다는 것이다. 이것은 교사와 학생 사이에 자주 발생하는 현상이며 학습 지도를 어렵게 만드는 요인이 되고 있다. 만약 어떤 수준에 있는 학생이 다른 수준으로 교육되어진다면, 학습과 성장은 이루어질 수 없다. 특히, 교사 교수 학습 자료, 내용, 언어 등이 학습자 보다 높은 수준에 있다면 학생은 진행 과정을 따라갈 수 없다. 수준 특성의 언어성과 관련이 있어서 높은 수준의 언어로 교사가 수업을 하면 낮은 수준의 아동은 교사의 언어를 이해할 수 없고 따라서 암기할 수 밖에 없다.

다섯째, 앞의 수준의 사고에서 내재적이었던 것이 그 다음 수준에서 의식화되어 명확히 인식하게 된다. 전 수준에서는 사고의 수단이었던 것이 다음 수준에서는 사고의 대상이 되며, 전 수준에서는 사고의 수단이었던 것이 다음 수준에서는 사고의 대상이 되며, 전 수준에서 암묵적으로 이해된 개념이 그 다음 수준에서는 분명하게 파악된다. 제 1수준은 주변 사물이라는 대상을 도형이라는 수단에 의해 파악하는 단계이며, 제 2 수준은 도형이라는 대상을 도형의 성질이라는 수단에 의해 사고하는 단계이다. 제 3 수준은 도형의 성질이 사고 대상이 되고,

그러한 도형의 성질을 명제라는 수단으로 파악하게 되는 단계이다. 제 4 수준에서는 명제가 사고의 대상이 되고 논리를 수단으로 그러한 명제들을 파악하며, 제 5수준에서는 논리 그 자체가 연구의 대상이 된다고 하였다.

이 다섯 가지 특징을 바탕으로 현장 수업에서 가질 수 있는 의문점을 좀 더 구체화된 질문의 형식으로 만들어 이를 적용해보고자 한다.

Q1. 기하적 수준 중 한 수준을 생략하고 다음 단계로 넘어갈 수 있는가?

van Hiele 모델에 따르면, 학생은 그 전 수준을($n-1$수준) 완전히 익히지 않고서는 그 다음 수준을(n수준) 이해할 수 없다. 이 관점에 대해 미국과 다른 나라에서 이뤄진 연구결과에 의하면 한 가지 예외가 있다. 몇몇 수학적으로 재능 있는 학생들은 단계를 뛰어넘기도 하는데, 아마도 그들은 기하적 방법 외에 다른 방법으로 논리적 추론 방법을 발전시키기 때문일 것이다.

Q2. 만약 교사가 학생의 기하수준과 다른 수준에서 설명한다면 어떻게 되는가?

이 상황은 흔하다. 대부분의 고등학교 기하 선생님들은 제 4, 5 수준에 있다고 가정된다. 대부분의 학생들은 중학교 기하를 시작할 때 수준 1 또는 수준 2에 있다고 연구들은 주장한다. 선생님과 학생은 모두 같은 단어를 사용하지만 학생들은 조금 다르게 해석할 수도 있다는 것을 선생님들은 기억할 필요가 있다. 예를 들어, 수준 1의 학생이 있다고 하자. "정사각형"이란 단어는 적어도 네모난 모양의 어떤 것을 떠올리게 한다. 수준 2의 학생은 정사각형의 성질에 대해 생각할 것이지만, 사각형을 결정짓는 필요충분조건에 대해서는 아마 알지 못할 것이다. 학생은 그것이 정사각형임을 증명하기 위해서는 모든 성질이 증명되면 된다고 생각할 것이다. 더 높은 수준에 있는 교사는 정사각형의 성질 뿐 만 아니라 어떤 성질이 그것이 정사각형이 되는가를 증명하는데 쓰일 수 있는지 알아야 한다. 사실, 교사는 다양한 성질들 사이의 관계에 대해 알고 있고, 어떤 성질이 다른 성질을 만들 수 있는지 결정할 수 있기 때문에 그 모양이 사각형임을 보이는데 여러 방법이 있다고 생각할 것이다. 교사는 효과적으로 의사소통하기 위해 학생이 주제를 어떻게 해석하는지 평가할 수 있어야 한다. 즉, 교사는 학생의 기하사고 수준에 맞추어 수업을 이끌어나가야 한다.

Q3. 선생님이 학생의 수준보다 높은 수준의 내용을 가르치면 어떤 일이 벌어지는가?

보편적으로, 학생들은 배우는 내용을 이해하지 못할 것이다. 보통, 학생들은 내용을 기억하려 노력하고, 또한 그것을 이해한 듯 보일지 몰라도, 학생들은 아마 확실히 이해하진 못할 것이다. 이때 학생들은 암기를 하게 되므로 기억했었던 것도 쉽게 잊거나 익숙하지 않은 상황에 적용하지 못하게 될 것이다.

Q4. 학생은 모든 내용 영역의 기하학적인 사고에 있어 동일한 수준인가?
그렇진 않다. 만약 학생이 사각형보다 삼각형에 대한 공부를 더 많이 했다면 사다리꼴 같은 익숙하지 않은 도형보다 삼각형에 대해 세련된 방법으로 생각할 것이다. 한 학생이 어떤 단계에 있는 한 내용에 대해 알았더라도 그 단계의 다른 방법으로 생각하는 것이 그 학생에게 쉬울 수 있다. 왜냐하면 그 학생은 그 도형들 사이 또는 성질 사이의 관계를 찾아내는데 익숙해져 있기 때문이다.

Q5. 기하를 배우는데 언어의 역할은 무엇인가?
배움에 있어 언어는 중요한 역할을 한다. 위에 명시된 바와 같이 각 사고의 수준는 그 수준만의 언어로 이루어져 있으며 같은 용어라 할지라도 수준마다 각각의 해석이 있다. 개념에 대해 토론하고 말로 표현하는 것은 정보(교수법의 제 1단계), 명료화(교수법의 제 3단계), 학습 단계의 통합적 측면(교수법의 제 5단계)에서 중요하다. 학생들은 그들끼리의 대화를 통해 개념을 명확히 하고 재조직한다.

Q6. 어떻게 학생의 van Hiele 수준을 평가하는가?
van Hiele 수준을 알 수 있는 Usiskin(1982) 또는 Mayberry(1981)가 개발한 테스트를 사용한다. 그러나 교실에서 학생의 van Hiele 기하수준을 평가하기 위해서는 기하과제에 대한 그 학생의 응답을 명확하게 분석함으로써 더 타당성있게 접근할 수 있다. 예를 들어, 삼각형을 분류하는 과제에서 교사는 학생이 기하적 언어를 사용하는 방법을 관찰할 수 있어야 하며, 학생의 반응을 분석하여 삼각형에 대한 학생의 사고수준을 결정한다.

Q7. 교사의 수업에 있어 van Hiele 이론의 시사점은 무엇인가?
학생들이 적절한 상황에서 과제에 대해 활동적으로 경험하고, 토론과 반성을 할 때 효과적인 학습이 일어난다고 van Hiele는 제안하고 있다. 이 이론에 따르면, 교수법으로 설명식 강의와 암기를 주로 사용한다면 효과적인 학습을 이끌 수 없다.
기하에서 탐구와 적용에 의한 활동은 학생들이 도형의 성질을 이해하는 것을 돕는다. 학습과정에서 활동적 경험과 토론의 기회, 반성은 연속적인 이해 수준 향상을 이끈다. 증명이 소개되기 위해서, 학생들은 그 이전에 이와 같은 중요한 경험을 필요로 한다.

Q8. 수학교육을 선도하는 규준집 NCTM(1989)에서 van Hiele 이론이 적용되고 있는가?
NCTM(1989)에서는 다른 이론과 마찬가지로 van Hiele 이론을 명시하여 언급하지는 않았지만, 다음과 같이 진술하고 있다: “증명은 기하학적인 아이디어의 발달 수준의 위계적 구조를 통해 진행하는 것이 좋다. 학생들은 먼저 도형의 전체적인 부분을 보는 것을 배우고 그 후에 도형의 관련된 성질에 대해 분석한다. 그 후에 학생들은 도형들 간의 관계에 대해 알 수 있고 간단한 추론을 할 수 있다. 교육과정 개발과 교수법은 이런 위계적 구조가 고려되어야 한다"(p.48).
또한, 이 규준집은 van Hiele 이론이 주장하는 방법론과 특히 다음과 같은 학습과정 측면에서 일치한다. "본 규준집에는 교실환경에 대한 역동적인 관점이 나타나 있다. 그들은 학생들이 탐구, 토론, 묘사 및 시연을 통해 활동적으로 수학적 지식을 개발할 수 있는 환경을 요구한다. 이러한 사회과정에서 필수요소는 의사소통이다. 말하기, 쓰기, 듣기, 읽기를 통해 아이디어는 토론되고, 발견은 공유되고, 추측은 확인되며, 지식은 얻어진다"(p.214).

04 주요연구에서 나타난 시사점

1960년대에 구 소련의 수학자들과 심리학자들은 van Hiele 이론과 관련된 기하학의 교수방법에 대해 다양한 연구를 통해 van Hiele 이론의 타당성을 검증하였으며, 이 연구를 바탕으로 초등학교 1−8학년의 기하교육 과정을 개발하였다. 소련교육계에 비약적인 발전이 진행되던 중 미국 조지아대학에서 Wirzup(1976)에 의한 발표는 미국수학 교육계에 van Hiele 이론을 처음 소개하는 계기가 되었다. Hoffer(1981)는 증명에 못지않게 중요시되어야 할 기하의 기본적인 기능이 있다고 주장하고 이를 다섯 가지로 구분하고 있다. 이는 시각적, 언어적, 작도, 논리적, 적용기능인데 Hoffer는 van Hiele 이론의 각 수준에서 요구되는 이들 기능의 수준을 설명하고 있다.

Chicago Project(Usiskin, 1982)에서는 van Hiele 이론에 따른 학생들의 기하학적 인지발달과 기하학 성취도 사이의 관계를 조사한 결과 학생들의 van Hiele 수준은 기대보다 훨씬 낮았고, 학생들의 기하학 성취도와 van Hiele 수준과의 상관관계는 대단히 높았으며 과목 이수기간 중 수준이 향상된 학생의 비율은 2/3 이상이었다. 이 연구는 기하학 과정의 성공을 위한 van Hiele 이론의 유용성과 기하과정 이수 전에 행해야 할 체계적인 기하교육의 필요성을 입증하였다.

Mayberry(1983)의 연구는 19명의 대학생을 대상으로 van Hiele 이론 수준 체계의 타당성을 확인하고 있다. 이 연구에 의하면 중, 고등학교의 효과적인 기하교육을 위해서는 기하과정이 시작되기 전에 하위의 수준에 해당하는 개념이 먼저 설정되어야 한다는 것이다. 또한 Usiskin의 연구와 같이 수준이 낮게 나타났으나 학생이 각각 앞선 수준을 갖지 않고는 현 수준에서 적절하게 기능을 할 수 없다. 만약 수업의 언어가 학생의 사고과정보다 더 높은 수준이라면, 학생은 이 교육을 이해할 수 없다 등의 결론으로 다시한번 van Hiele의 존재와 유용성을 입증했다.

Senk(1983)의 연구는 van Hiele 수준과 비증명 기하학 성취도는 증명문항 성취도와 높은 상관관계가 있음을 보여주고 있다. Brooklyn Project(Fuys & Geddes, 1984)는 기하교재를 심도 있게 분석한 결과 사용되고 있는 교재가 학생들의 van Hiele 수준 향상에 별 도움을 주지 못하게 구성되어 있다고 밝히고 학생들의 수준을 향상시키기 위한 지도모델을 제시하였다.

Oregon Project(Shaughnessy & Burger, 1986)는 대부분 중등학교에서 가르쳤던 전통적인 연역기하학은 제 4수준을 지도하고 있고, 대부분의 학생들은 제 2수준에 머물러있음을 밝혀내고, 형식적인 공리체계를 가르치려고 시도하기 전에 우리 학생들을 위한 제 2수준과 제 3수준을 포함하도록 기하학 과정을 변화시켜야 한다고 주장하고 있다.

Choi(1996)는 Mayberry(1981)가 여러 도형을 대상으로 개발한 62문항(수준1-수준4)의 검사지를 바탕으로 Mayberry가 포함하지 않았던 정삼각형에 관한 문항, 7 문항을 보충하여 모든 삼각형에 대해 총 26개로 이루어진 검사지를 재구성하였다. 또한 van Hiele 모델을 바탕으로 학습기간 1-3으로 구성된, GSP를 활용한 수학 학습 자료를 개발하고, 자원하여 참여한 3명의 학생에게 임상적 면담기법으로 연구를 수행한 결과, 중수준의 9학년 학생 역시 제 4수준까지 이르는 양상을 나타냈고, 특히 우수한 7학년 학생이 GSP를 사용한 학습에서 제 4 수준에 이르는 것이 가능하였으며, 제 4수준까지 도달하지 못했지만 저수준의 고등학생이 GSP와 같은 도구에 의한 활동에 의하지 않았다면 수준상승을 기대하기 어려웠다는 연구결과를 통해 교육적 경험의 중요성을 시사했다.

이상의 연구 결과들은 학생들의 기하학적 인지발달 과정을 설명하고 있는 van Hiele 이론이 유용하다는 것을 지지하고 있다. 또한 학생들의 van Hiele 수준과 증명능력은 기대했던 것보다 훨씬 낮고, van Hiele 수준과 증명능력과의 상관관계는 상당히 높게 나타났다. 그러므로 초 중등학교의 기하학습지도는 van Hiele 이론에 바탕을 둔 교수-학습체제가 되어야 한다고 주장하고 있음을 알 수 있다.

05 van Hiele 기하수업

1 기하수업 1 : 놀이로 배우는 기하

놀이로 시작되는 활동 통해 기하수준을 향상시킬 수 있다는 아이디어로 van Hiele(1999)가 미국에서 유일하게 발표한 본 내용은 간간히 van Hiele 주장이 실려 있어 매우 흥미롭다. 아래 수업내용은 수준 1부터 수준 2로 이끄는 내용으로 구성되어 학습기간 1에 해당되는 활동으로써 다섯 단계의 교수법으로 구분하여 서술하고 있지 않지만 학교현장에 활용하기에 유익할 것으로 보여 여기에 소개하고자 한다.

아이들은 기하를 놀이로 시작한다. 블록, 타일 만들기, 퍼즐과 비슷한 탱그램[18] 또는 [그림 10-10]에 나와 있는 특수한 7개의 조각 모자이크 같은 저미있는 활동을 통해 풍부하고 자극적인 기하 교육이 제공될 수 있다. 교사는 학생들이 어떻게 모자이크를 사용할 수 있고 거기에서 어떤 기하를 배우는지에 대해 질문할 것이다.

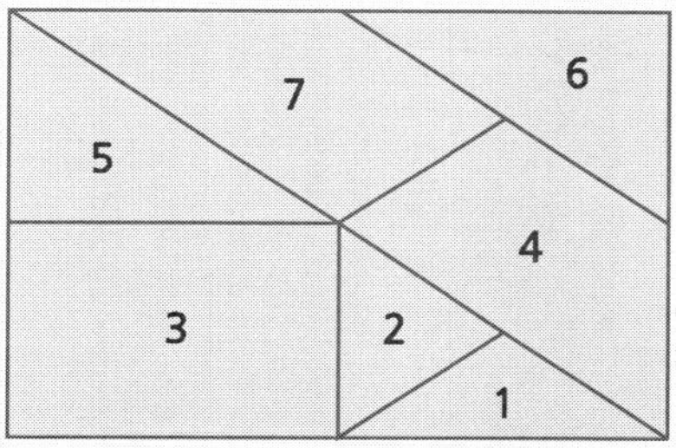

[그림 10-10]

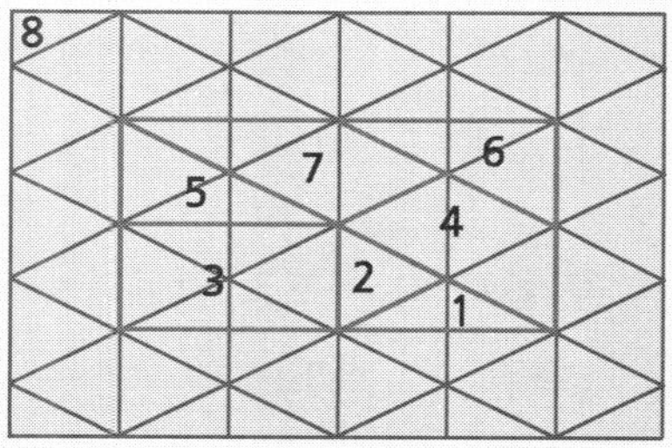

[그림 10-11]

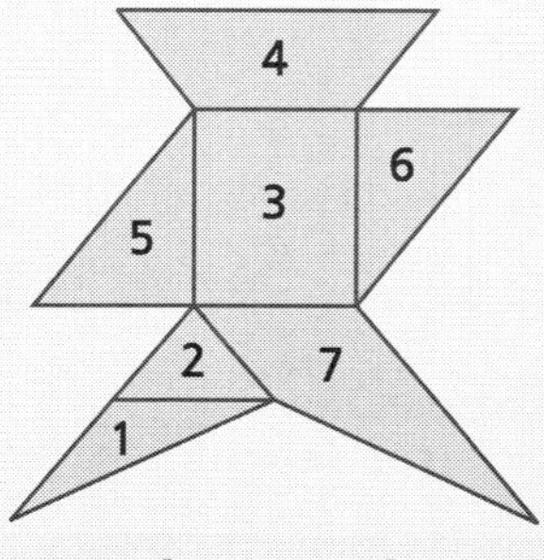

[그림 10-12]

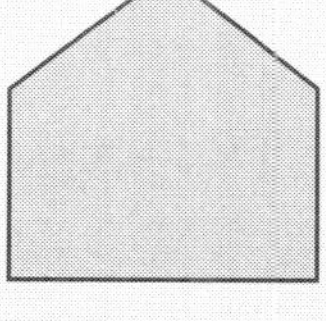
[그림 10-13]

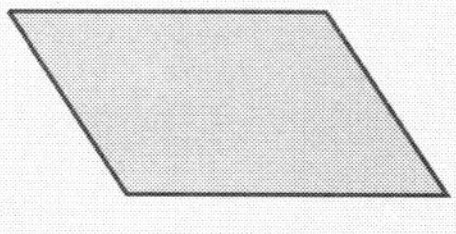
[그림 10-14]

(1) 모자이크로 기하수업 시작

어떤 도형과 그것들의 성질, 대칭성, 유사성, 넓이를 다루는 흥미로운 탐구에 7개의 조각 모자이크를 사용하여보자. 이것을 시작하기 전에, 교사는 아이들의 사전의 기하적 경험에 맞게 그들에게 적용할 수 있는 활동에 사용할 자신의 조각을 만들어보아라. [그림 10-10]은 상황에 따라 내구성 있는 카드로 다시 만들어 질 수 있다.

7개의 조각으로 쪼개진 [그림 10-10]의 직사각형을 보아라: 이등변 삼각형(조각 1), 정삼각형(조각 2), 두 개의 직각 삼각형(조각 5, 6), 직사각형(조각 3), 부등변사각형(조각 7), 등변사다리꼴(조각 4)로 구성되어 있다.

[그림 10-13]은 큰 직사각형과 그것들의 조각이 어떻게 정삼각형의 격자무늬 모양에 맞춰질 수 있는지 보여준다. 우리는 이 조각들을 가지고 무엇을 할 수 있는가? 어린이들은 그들의 상상력을 사용하여 이 조각들로 때때로 사람과 같은 모양([그림 10-12]), 또는 집 모양([그림 10-13]), 추상적인 어떤 도형 등, 그들이 원하는 것을 무엇이든 만들어 보는 놀이를 함으로써 이 개방형 질문에 대답한다.

아이들은 자유로운 놀이와 그들의 창작품의 공유를 통해 풍부한 기회를 제공받아야 한다. 이러한 놀이들은 교사에게 학생들이 어떻게 조각을 사용하는지 관찰할 기회를 제공하고, 그들이 그 모양들에 대해 어떻게 말하고 생각하는지 비형식적으로 평가할 수 있도록 돕는다.

① 조각을 합쳐 다른 조각 만들기

자유로운 놀이에서, 아이들은 조각 5와 조각 6을 합쳐 조각 3을 만드는 것과 같이 어떤 조각을 만들기 위해 두 조각을 합치기도 한다. 우리는 아이들에게 두 조각을 합쳐 다른 한 조각이 될 수 있는 것을 모두 찾아보라고 할 수 있다. 조각 1과 조각 2는 일곱 개의 조각 중 두 조각을 합쳐 만들 수 없다. 이 활동을 해보고, 세 조각을 합쳐 만들 수 있는 조각을 찾아보아라. 아이들은 그들이 만들고 싶은 조각 바로 위에 조각을 놓을 수도 있고, 또한 시각적으로 비교하기 쉽게 옆에 둘 수도 있다. 그들의 해결법을 기록하기 위해 아이들은 조각의 주변을 따라 그려 흔적을 남기고 그들이 만든 조각의 모양을 그리거나, 색이 있는 다른 조각을 이용하여 삼각형 격자판 위에 그들이 만든 방법을 보여주어야 한다.

이 활동은 "두 조각을 결합시키는 것은 때때로 원래 7개의 조각과 다른 모양들을 만든다"는 것을 아이들이 알게 된다. 그들은 한 쌍의 조각의 변을 매치시킴으로써 얼마나 많은 다

18) 사각형을 7개의 조각으로 잘라 놓은 것을 여러 형태로 맞추는 중국식 퍼즐.

른 모양들이 만들어질 수 있는지 알 수 있다. 조각 5와 조각 6으로는 6가지의 모양을 만들 수 있다. 이것들 중 하나는 원래의 조각인 조각 3과 같다. 이러한 결합을 시도해 보고 조각 1과 조각 2로 같은 시도를 해보아라.

두 조각 또는 더 많은 조각을 이용하여 새로운 도형이 만들어졌다. [그림 10-14]의 모양은 2가지 방법으로 만들어질 수 있다. 한 가지는 조각 2와 조각 4를 숫자가 바로 쓰이게 놓아 만드는 것이고, 다른 한 가지 방법은 조각 2와 조각 4를 이용해 숫자가 뒤집혀지게 놓아 만드는 것이다. 2가지 방법을 이용해 [그림 10-14]를 만들어 보아라. 조각 1과 7로도 만들 수 있는가? 조각 1과 조각 7을 뒤집어야 하는가? 다른 어떤 두 개의 조각으로도 [그림 10-14]를 만들 수 있는가? 어떤 도형을 뒤집으면 [그림 10-14]를 만들 수 있는가?

두 조각을 이용해 여러 가지 방법으로 도형을 만드는 것은 아이들이 "세 조각을 가지고도 도형을 만들 수 있는가?"라는 질문을 하게 한다. 조각 1, 2, 5를 이용해 다양한 방법으로 도형을 만들어보아라. 또한 조각 1, 2, 5를 뒤집어보아라.

House Puzzle

1. 두 조각을 이용해 종이 위에 집 모양을 만들어라.
2. 그 집모양의 외곽을 따라 그려라.
3. 다른 두 조각을 이용해 그 집 모양을 만들어보아라.
4. 세 조각으로도 만들어 보아라. 두 가지 방법을 찾을 수 있는가?
5. 네 조각으로도 만들 수 있는가?

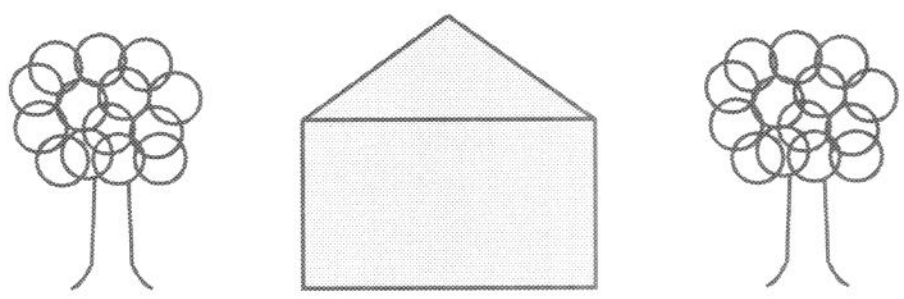

Tall-House Puzzle

1. 두 조각을 사용해 한 조각은 지붕으로, 한 조각은 다른 부분을 만들어보아라.
2. 집의 외곽을 따라 그려라.
3. 조각 5와 조각 7로 그 모양을 만들어 보아라.
4. 세 조각으로도 만들 수 있는가?

퍼즐만들기

1. 두 조각, 세 조각, 네 조각 아무렇게나 사용해도 좋다. 도형을 만들고 외곽을 따라 그린 후 색칠해라.
2. 다른 조각으로도 만들 수 있는가?
3. 이름과 제목을 써라.

[그림 10-15]

아이들은 이런 퍼즐을 해결하기 위해서 눈으로 보기에 맞아 보이는 변과 각을 맞추어본다. 그들은 몇몇의 조각은 아무렇게나 놓아도 들어맞지만, 어떤 것들은 그렇지 않다는 것을 안다. 조각 2, 3은 양쪽이 다 들어맞지만, 조각 7은 그렇지 않다. 왜냐하면 그 조각을 뒤집는 것은 그것의 방향과 그것이 어떻게 보이는지를 변화시키기 때문이다. 조각 1은 뒤집을 수 있는 조각인가? 조각 4, 5, 6은?

② 이미 그려진 도형을 모자이크 조각으로 맞추기

다음으로 더 복잡한 퍼즐로 나갈 수 있다. 지침은 말 또는 [그림 10-15]와 같은 과제를 통해 제시될 수 있다. 읽고 시도해 보아라. 그들은 두 조각으로 이루어진 퍼즐이 어떻게 다른 조각을 이용해 만들어지는지 설명한다. 이 활동에 어떤 기하적 내용이 포함되어 있고 이것을 할 때 아이들이 나눌 수 있는 대화를 생각해 보아라. 학생들은 이 퍼즐을 맞추기 위해 전략을 사용할 것이다. 예를 들면, 조각 3의 직사각형이 조각 5, 6으로 만들어진다는 것을 아는 아이는 이 퍼즐을 해결하기 위해 조각 1 또는 조각2를 위쪽에 놓고 조각 5와 6을 합쳐 밑의 직사각형 공간에 놓음으로써 이 관계를 사용할 것이다. 아이들은 OHP같은 것을 사용하여 보여주고 말하는 방법으로 그들의 접근법을 친구들과 공유하는 것이 중요하다. 또한 교사는 학생들의 문제 만들기를 권장해야 한다. 아이들은 다른 사람이 해결할 퍼즐을 만드는 것을 재밌어한다.

퍼즐은 수학시간에 도형을 자르거나 그려서 만들 수도 있다. 아이들은 그들이 만든 퍼즐에 대한 저작권을 의미하는 "철수의 큰 집 만들기 퍼즐"과 같이 퍼즐의 이름을 붙일 수 있다.

③ 조각의 확대

조각의 확대도 가능하다. 예를 들어, 조각 2와 조각 4를 이용하면 조각 2의 확대모양을 만들 수 있다. 두 조각, 세 조각을 이용해 이런 확대를 시행해 보아라. 이 확대된 정삼각형의 변의 길이는 조각 2의 변의 길이의 2배이다. 이것은 정삼각형 격자무늬판 위에 그리면 쉽게 알 수 있다([그림 10-16]).

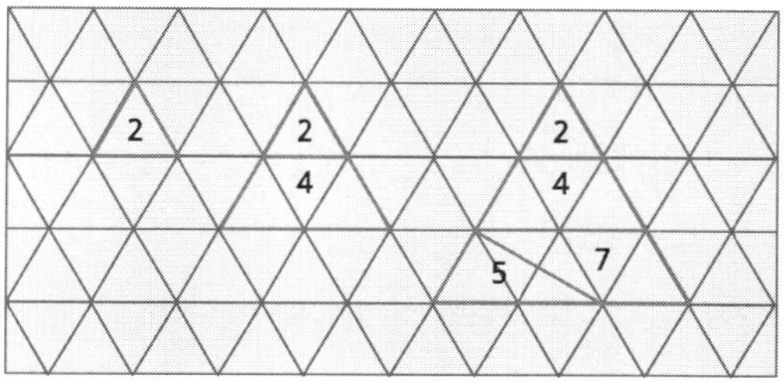

[그림 10-16]

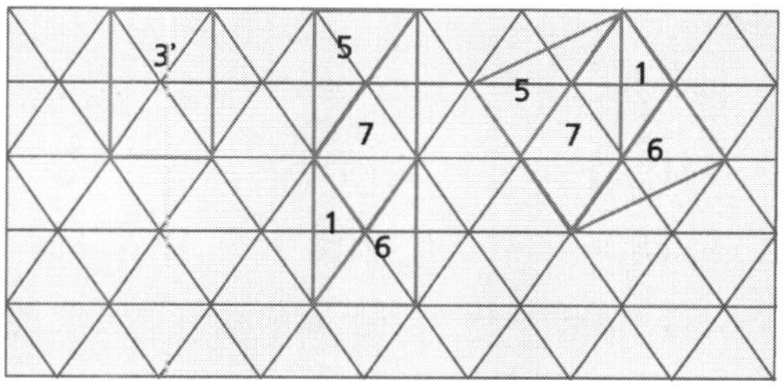

[그림 10-17]

조각 2, 4, 5, 7을 이용하여 조각2보다 세 배 확대된 변을 가진 정삼각형을 만들어보아라. 4개의 다른 조각으로도 만들 수 있는지 알아보아라.

> **도전** : 일곱 개의 조각을 모두 사용하여 조각 2의 확대모양을 만들어보아라. 이 확대된 정삼각형들과 조각 2의 변과 각을 비교해보면 변은 점차적으로 길어지지만 각은 변하지 않는다는 것을 알 수 있다.

④ 기하도형과 각의 탐구

• **도형의 탐구**

아이들은 조각 2의 변의 길이는 모두 같고, 마찬가지로 그것의 확대 도형들 역시 그렇다는 것을 안다. 이 관점에서, 우리는 이 도형에 "정삼각형"이라는 이름을 붙일 수 있고, 학생들에게 왜 이 이름이 적당한지 물을 수 있다. 즉 이 도형은 모두 같은 길이의 변을 가진다. 이렇게 시작하면, 우리는 이러한 접근법이 기하 교육에 있어 가지는 장점에 대해 인식할 수 있다.

첫째, 학생들은 그들이 놀이를 하고 있다고 생각하며 즐기면서 활동에 참여한다. 그들은 퍼즐을 해결하며 무심코 어떤 것들을 배운다. 적절한 시기에 교사가 조각의 이름을 소개할 수 있다. 얼마 후에, 아이들은 조각이 어떻게 놓여 있는지에 상관없이 그 이름을 사용하고 배울 수 있다. 그들은 조각 2의 "모든 변의 길이와 각의 크기는 같다, 뒤집어도 같은 모양이다, 선대칭, 회전대칭이다" 와 같은 도형의 특징을 알기 시작한다. 학생들은 비슷한 방법으로 다른 조각들에 대해서도 학습할 수 있다.

다음으로 조각 3에 직사각형이라는 이름이 주어졌다. 아이들은 [그림 10-17]의 세 도형이 모두 직사각형이라고 듣고 그것들을 만들어 보라고 요구받는다. 아이들은 조각 1, 5, 6, 7을 이용해 "키가 큰" 직사각형을 만들고 조각 1, 7, 5, 6을 이용해 "기울어진" 직사각형을 만든다.

다른 직사각형도 만들 수 있는가? 물론, [그림 10-10]의 가장 큰 직사각형이 있다. 완성된 디자인을 보지 않고 이것을 재구성하는 것은 학생에게 도전적인 문제다. 학생들은 몇몇의 방법으로 조각들을 배열할 수 있고 새로운 방법을 찾는 것을 즐긴다. 다양한 직사각형을 만들어봄으로써, 학생들은 정삼각형의 경우와는 다르게 모든 직사각형이 다른 어떤 직사각형의 확대체가 아니라는 것을 알게 될 것이다. 또한 정삼각형과 대조적으로, 직사각형은 일상생활에서 흔히 찾아볼 수 있으므로 아이들에게 그들의 집이나 학교에서 이 도형의 예들을 찾아서 공유할 수 있게 해야 한다. 직사각형 학습 이후에, 아이들은 조각 3으로부터 조각 5, 6에 대해 알 수 있다. 이 도형들은 직각 삼각형이다. 아이들은 조각 1, 2, 5, 6이나 조각 3, 5, 6 등 다른 조각들을 이용해 또 다른 직각삼각형을 만들어볼 수 있고 이것들이 조각 5의 확대체인지 확인할 수 있다. 아이들은 도형에 대한 관심을 끌 수 있는 놀이를 할 수 있다. 눈을 가리고 보지 않고 조각을 만져보아 매치되는 도형을 찾는 "느끼고 도형 찾기"게임을 할 수 있다. "너 어떻게 알았니?"라는 질문은 조각 7에 대해 "4개의 변과 뾰족한 모퉁이를 가지고 있어요"와 같이 조각을 묘사하는 능력을 향상시켜준다. 퍼즐을 맞추는 것은 학생들이 조각의 변과 각의 성질에 대해 알게 해준다.

어떤 조각은 네모난 모서리를 가지고 있고, 어떤 것은 날카롭고 뾰족한 모퉁이를 가지고 있다. 어떤 것은 두 개의 같은 변을 가지고 있지만, 다른 어떤 것은 모두 같은 변을 가지고 있거나 모두 다른 변을 가지고 있다. 변과 각에 대한 언어가 지금 소개될 것이지만 물론 형식적인 정의는 아니다. 삼각형의 모든 변이 같은지, 두변이 같은지, 모두 다른지, 세 각이 같은지 와 같이 학생들은 삼각형 모양의 조각들을 비교하고 그것들이 어떻게 닮았는지 또는 다른지 비교할 수 있다. 조각 1은 동일한 두 각을 가지고 있다. 다른 어떤 조각이 이러한 성질을 가지고 있는가?

• **각의 탐구**

동일한 두 각을 찾기 위해 각각의 각들을 겹치게 놓아보는 것은 학생들이 각의 크기는 변의 길이에 달려있지 않다는 것을 이해하는 것을 돕는다.

모자이크 조각의 각은 5가지의 크기로 구성되어 있다. 사각형의 모서리각, 직각을 이용해 조각들의 각을 비교해 보는 것은 예각, 둔각, 직각에 대해 비형식적인 학습을 하도록 이끈다. 이러한 각의 종류에 대해 학생이 발명한 언어를 기반으로 하여, 교사는 점차적으로 원래의 용어를 소개할 수 있다. 아이들을 가장 작은 각은 다른 각들과 어떤 관련이 있는지와 같은 조각들의 각 사이의 관계를 찾을 수 있다. ; 각각의 각들은 가장 작은 각(30도)의

2배(60도), 3배(90도), 4배(120도), 5배(150도)와 같다.

이런 활동은 각의 크기에 대한 언급 없이 진행할 수 있고, 후에 학습할 각의 측정과 각의 관계를 위한 기초를 다진다.

각의 측정에 대해 알고 있는 아이에게 흥미로운 활동은 각도기의 사용 없이 7개의 조각의 모든 각의 크기를 알아내는 것이다. 많은 방법이 가능하고, 아이들은 그들의 접근을 비교해야 한다. [그림 10-10]에서 조각을 검토하고 각 조각들의 각의 크기를 찾아보아라. 사용한 각의 관계를 생각하고, 그 이외의 각의 관계를 이용하여 다른 방법으로 각을 측정할 수 있는지 여부를 생각해보아라.

퍼즐의 답을 찾는데 삼각형 격자판을 이용한 아이는 그 격자판에 동일한 각과 평행선이 있음을 알게 될 것이다. 그들은 기차 트랙과 같은 선을 찾을 수도 있고, 3쌍의 평행선을 나타내는 디자인을 만들면서 서로 다른 색으로 색칠을 하거나 흔적을 남길 수 있다.

직선의 평행성은 한 쌍의 평행한 변을 가진 부등변 사각형인 조각 4, 7을 묘사하는데 필요한 성질이고, 직사각형인 조각 3의 대변에 적용된다.

(2) 모자이크 퍼즐에서 다른 활동

퍼즐을 맞추는 것은 공간에 대한 경험을 제공한다. 학생은 비교를 통해 어떤 조각은 다른 것들 보다 공간을 많이 차지 한다는 것을 보여줄 수 있다. 조각 7은 조각 2보다 크다, 또는 조각 5은 조각 3의 반이다 와 같은 관계를 찾을 수도 있다. 삼각형 격자판을 이용한 공간에 대한 활동은 조각 4는 조각 2 보다 2배 큰 넓이를 가졌다는 사실 또는 조각2의 넓이와 그것의 확대형의 넓이를 어떻게 비교하는지와 같은 관계를 보여준다([그림 10-16] 참고).

넓이에 대한 비슷한 탐구가 조각 4와 그것의 확대형을 가지고 이뤄질 수 있다. 넓이에 관한 이런 종류의 경험은 면적의 제곱단위의 학습과 다양한 도형의 넓이를 찾는 방법을 발견하는데 기초를 세운다. 예를 들어, 왜 직각삼각형의 넓이가 직사각형 넓이의 반인지, 변을 2배로 늘리면 확대형의 넓이에 어떤 영향을 미치는지와 같이 확대된 도형은 어떤 성질을 가지는지를 알 수 있다.

아이의 수준 2의 기술적 사고를 더욱 발전시키기 위해서 그들은 조각에 대한 "단서"게임을 할 수 있다. 조각 4에 대한 단서는 "4변, 4각, 한 쌍의 동일한 변, 두 예각, 한 쌍의 평행한 변"이 될 수 있다. 단서는 그 도형이 확인될 때까지 한 번에 하나씩 제시되어야 한다. 각 단서 후에, 아이들은 어떤 조각이 맞고 어떤 조각이 틀린지, 그리고 왜 그런지 설명할 수 있다.

그들은 알지 못하는 도형에 대해 교사에게 맞고 틀린지 묻는 "조각 추측하기"게임을 할 수도 있다. 교사는 칠판에 질문 목록을 적고 아이들은 그 질문들이 도형을 확인하는데 필요한 질문인지 토론한다. "세 변을 가졌다" 는 것은 "세 각을 가진 것이다"를 의미하듯이, 아이들은 어떤 성질이 다른 성질을 의미함을 이야기할 것이다.

이런 종류의 게임은 아이들이 지금까지 배우고 있는 도형의 성질에 대해 연습을 하게 되고 도형과 그것들의 성질에 대한 추론을 위한 수단으로서 묘사적 언어의 사용을 강화하게 된다. 또한, 교사에게는 기술적 수준과 성질이 논리적으로 정리된 다음 수준에 있는 학생들의 사고 수준의 향상을 관찰할 기회를 준다.

이런 모자이크 활동을 하는데 많은 질문이 제기되고 주제가 탐구되는 것이 가능하다는 것을 알 수 있다. 게다가 어떤 것은 도형과 수를 연결하는 좌표평면이나 또는 면적과 같은 주제로 자연스럽게 유도할 수 있는 정사각형의 격자판과 모자이크가 사용될 수 있다.

(3) 교수법 전개와 시사점

모자이크, 종이 접기, 그리기, 블록을 이용한 활동은 시각적 구조의 기억용량의 질을 높일 수 있다. 또한 이 활동들은 도형과 그것의 성질에 대한 지식을 발전시킨다. 한 수준에서 다음 수준으로의 이행을 촉진시키기 위해서, 교육은 다음의 다섯 단계를 순차적으로 따라야 한다. 교육은 학생들이 특정구조를 발견하고 토론할 수 있도록 이끄는 정보 단계에서부터 시작되어야 한다. 두 번째 단계는 안내된 탐구 단계로서 예를 들어, 조각의 대칭성이 나타난 퍼즐이나 "느끼고 도형 찾기"같은 게임을 통해, 과제는 학생들에게 특징적인 구조가 점차적으로 언급되는 방식으로 제시된다. 세 번째 단계는 명료화 단계로서, 교사는 용어를 소개하고 그들의 대화와 기하 과제 수행에서 그 용어들을 사용할 수 있도록 장려해야 한다.

네 번째 단계는 자유로운 탐구 단계로서, 교사는 여러 가지 다른 방법으로 완성될 수 있는 과제를 제시하고 학생들이 그들이 배운 것에 능숙해 질 수 있도록 도와야 한다. 예를 들어, 다양한 조각으로 다른 조각 만들기의 탐구, 단서 게임 등을 통해서.

마지막 단계는 통합 단계로서, 학생들에게는 그들 자신의 단서 활동을 통해 자신들이 배운 내용을 통합할 기회가 주어진다. 이 다섯 단계를 시행 할 때 교사의 역할은 다양하다: 과제를 계획하고, 기하적 도형의 특성에 대한 학생의 관심을 끌고, 용어를 소개하고 이 용어를 사용하여 토론에 참여하도록 하며, 탐구와 도형에 대한 기술적 사고를 사용한 문제해결 접근을 권장해야 한다.

모자이크와 같은 교구를 이용한 이 다섯 단계의 연속적인 순환은 학생의 시각적 측면에서 배경지식과 다양한 도형을 포함해 그것들의 성질을 표현하는 사고를 풍부하도록 해준다.

기하를 배울 때 놀이로 시작한다는 것을 기억하자. 7개의 조각 모자이크 같은 편리한 교구를 준비해라. 학생들을 기하적 사고의 연습이 제공되는 놀이나 활동과 같은 게임에 참여시켜라. 기하적으로 사고하는 학생은 유클리드 기하와 같은 종류의 수학에서 성공적인 학습 성과를 거둘 수 있을 것이다.

2 기하수업 2 : 마름모

대칭의 개념을 이용하여 모눈종이를 이용한 활동 통해 학생들의 기하수준을 향상시키기 위해 학습기간 1에 해당하는 수업으로써 van Hiele(1986)가 소개한 수업내용을 활용해보고자 한다.

(1) 정보 단계

대칭(reflection)과 같은 기본적인 변환을 이용하여 마름모를 설명하고자 한다. 종이를 접거나 또는 거울을 들여다보는 실생활에 관련된 활동으로 시작한다. 아래 그림9과 같이 주어진 직선 l에 대해 점B는 점A의 대칭이라는 것을 알 수 있다. 모눈종이에서 주어진 원래 점을 대칭시킨 점을 어떻게 그릴 수 있는지 알 수 있다.

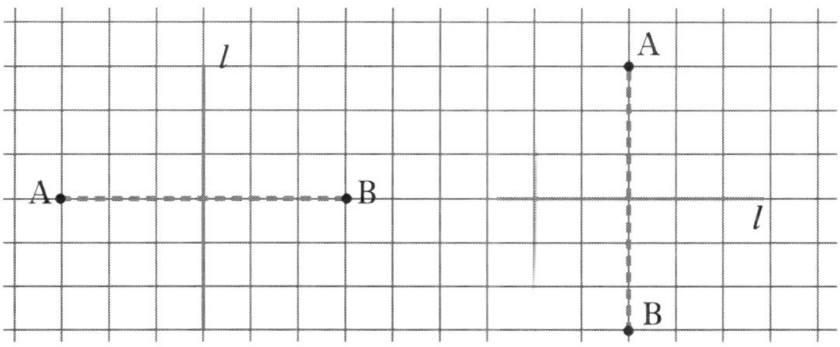

[그림 10-18]

이와 같은 활동을 위해서 학생들은 모눈종이, 격자칠판, 집을 점으로 하는 지도 등과 같은 동기유발에 필요한 자료를 준비하는 것이 필요하다. 여기서 교사는 어떤 도형을 예시하고, 그것을 '마름모'라고 한다. 학생들에게 다른 도형을 보여주고, 그것들도 역시 '마름모'인지 물어볼 수 있다.

(2) 안내된 탐구 단계

학생들에게 많은 도형을 제시해 주고 주어진 직선에 대해 그것들을 대칭시킨 도형을 찾게 한다. 학생들이 모눈종이에서 그렇게 하도록 할 수도 있지만 거울이나 접힌 종이를 사용하는 것도 좋은 대안적인 방법이 될 수 있다. 주어진 도형과 그것을 대칭시킨 도형이 함께 마름모를 만들 수 있다. 수직인 선 2개에 대해 두 번 대칭시킬 수도 있다. 그 결과 역시 마름모이다([그림 10-19]).

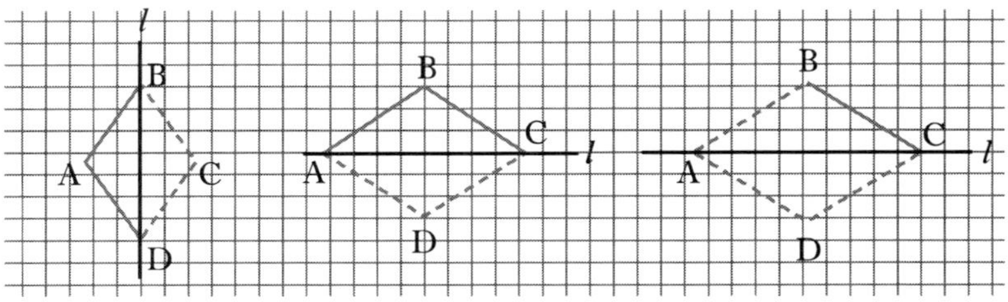

[그림 10-19]

이때에 교사는 의도된 탐구활동을 진행하여야 한다. 또한 보다 현실적인 수업을 하기 위해 단순한 도형적인 소재를 실생활과 관련된 소재로 탐구활동을 하게 하는 것도 중요하다. 위와 같이 '마름모'를 대칭축을 따라 접는 과제를 마치게 되면 마름모의 대각선과 각에 대한 것을 알아낸다.

(3) 발전/명료화 단계

한 도형을 대칭시킨 것으로 다른 도형을 인지하는 다양한 방법에 관해 학급에서 토론할 수 있다. 학생들은 자신들이 본 관계를 표현하는 데 필요한 언어를 이러한 방법을 통해 학습하게 된다. 학생들은 마름모의 성질에 관한 아이디어를 교환한다. 이때 용어와 기호는 이 수준에 맞게 사용하는 것이 중요하다. 예를 들어 마름모에 대한 비형식적 정의나 대칭축에 l 이라는 기호는 붙이는 활동 등이다.

(4) 자유탐구 단계

대칭축을 갖는 도형에 관한 연습문제를 제시한다. 이때 두 번째 단계인 안내된 탐구단계에서 제시된 소재보다는 더 발전된 소재를 주고 개방형(open-ended) 문제를 제시하여 여러 가지 해법을 유도해 낸다면 보다 활기찬 수업이 진행될 것이다. 예를 들어 등변사다리꼴의 세 꼭짓점을 제시하고 나머지 꼭짓점을 찾게 한다. 이 문제를 해결하는 방법이 많이 있기 때문에 이것은 자유탐구단계에 대한 예이다. 마름모에서는 교사가 꼭짓점과 변을 몇 개 제시한다. 그리고 학생들은 마름모 전체를 완성하게 한다.

(5) 통합단계

학생에게 직선에서 대칭을 인지할 수 있는 방법을 묻는다. 대칭축을 갖는 몇몇 도형의 특징을 요약해보는 활동도 좋다. 마지막으로 마름모의 성질을 종합하고 암기한다.

학생들은 통합단계를 마무리하면서 다음 수준인 기하사고 제 2수준에 도달되었다고 볼 수 있다. 또한 이 마지막 단계에서 교사가 학생들이 아직 마름모의 성질을 잘 습득하지않았다고 판단하게 된다면 앞에서 이뤄진 전체 다섯 단계의 모든 교수활동들은 반복되어 재순환시킬 수 있음을 알아야 한다.

참고문헌

강순자·고상숙(1999). 공간능력을 신장하기 위한 기하 학습 자료 개발 : GSP를 이용하여 정다면체 구성. 《수학교육》 38(2), pp.179-187.

교육과학기술부(2009a). 『초등 1-2』. 국정교과서.

교육과학기술부(2009b). 『초등 2-2』. 국정교과서.

교육과학기술부(2010). 『초등 4-2』. 국정교과서.

윤성식 외 5인(2010). 『중학교 수학 2』. 더텍스트.

윤재한 외 7인(2009). 『중학교 수학 1』, 더텍스트.

류희찬 외 12인(2010). 『고등학교 기하와 벡터』. (주)미래엔컬처그룹.

이중권(2006). 「van Hiele의 기하 인지발달이론에 따른 중학교 기하교육과정 및 우리나라 중학생들의 기하수준에 관한 연구」, 《동국대학교 교육연구원 : 한국교육문제연구》 17, pp.55~58.

최현호(1990). 「van Hiele 기하 인지 발달 이론과 증명 능력에 관한 기초연구」. 연세대학교 석사학위논문.

Choi, S. S. (1996). *Students' Geometric Learning Using a Computer : Three Case Studies. Doctoral Dissertation*. University of Georgia.

Clements, D., & Battista, M. (1992). Geometry and Spatial Reasoning. In D. Grouws(Ed.), *Handbook of Research on Mathematics Teaching and Learning*. New York : Macmillan Publishing Co.

Fuys, D., Geddes, D., & Tischer, R. (1988). The van Hiele Model of Thinking in Geometry among Adolescents. *Journal for Research in Mathematics Education Monograph Series*, No.3. Reston, VA : National Council of Teachers of Mathematics.

Hoffer, A. (1981), Geometry is more than proof. *Mathematics Teacher*, 74. pp.11-18.

Hoffer, A. (1983), van Hiele-Based Research. In R. Lesh & M. Landau(Eds.), *Acquisition of Mathematics Concepts and Processes*. New York : Academic Press.

Mayberry, J. (1981). *An investigation of the van Hiele levels of geometric thought in undergraduate preservice teachers*. Doctoral Dissertation. University of Georgia.

Mayberry, J. (1983), The van Hiele levels of geometric thought in undergraduate preservice teachers, *Journal for Research in Mathematics Education*, 14, pp.99-100.

National Council of Teachers of Mathematics. (1989). *Curriculum and Evaluation Standards for School Mathematics*. Reston, VA : National Council of Teachers of Mathematics.

Senk, S. L. (1983), *Proof-writing achievement and van Hiele levels among secondary school geometry students, Doctoral dissertation*, University of Chicago.

Shaughnessy, M. & Burger W. (1986). Characterizing the van Hiele levels of development in geometry. *Journal for Research in Mathematics Education*, 17, pp.31-48.

Usiskin, Z. (1982), van Hiele levels and Achievement in Secondary School geometry, *Final report of the CDASSG*(the Cognitive Development and Achievement in Secondary School Geometry) Project, University of Chicago.

van Hiele, p.M. (1986), *Structure and Insight : A Theory of Mathematics Education*, London, Academic Press, Inc.

van Hiele, p.M. (1997). *Structure*. Zutphen, Netherlands : Thieme.

van Hiele, p.M. (1999). Developing Geometric Thinking through Activities that Begin with Play. *Teaching Children Mathematics*, 6(1), pp.310-316.

Wirszup, I. (1976), Breakthroughs in the psychology of learning and teaching geometry. In J. L. Martin (Ed.), Space and Geometry. *Research Workshop sponsored by the Georgia Center for the study and learning and teaching mathematics and the Department of Mathematics Education*(pp.75-97). Athens, GA : University of Georgia.

Chapter 10

생각해 볼 문제

01 van Hiele의 기하 개념의 이해 발달 단계 중 정사각형임을 처음으로 이해하는 단계는? (1993년)

① 분석 ② 비형식 연역 ③ 형식 연역 ④ 엄밀

해설 van Hiele는 기하의 개념을 이해하는데 5수준이 가능하다는 것을 연구하고 학교에서는 학생들이 현재 어떤 기하 개념 이해 발달 수준에 존재하는지 파악하여 학습-지도하여야 한다고 강조하였다. 그중 정사각형과 직사각형을 그 특징으로 아는 수준은 2수준(분석수준)이고, 정사각형과 직사각형의 성질을 바탕으로 서로의 포함관계까지 아는 수준은 3수준(비형식적 연역 즉, 추상화 수준)이다. 특히 비형식적 연역 즉 추상화 수준은 각 도형의 성질이 어떤 면에서 관계가 있는지를 보이기 위해 명제를 수단으로 사용하는 단계이므로 학생 입장에서는 최초로 증명이라는 것의 의미를 알고 사용하게 된다. 정답 ②

02 van Hiele 모델은 기하 학습에 있어서 위계적인 사고 수준(수준1~수준5)의 존재를 가정하고 있다.

(1) 개념의 정의를 비로소 올바르게 사용할 수 있는 van Hiele 수준(수준1~수준5)을 명시하시오.

(2) van Hiele 수준2와 수준3에서 사고의 특징을 각각 서술하고 수준2에서 사고하는 학습자를 수준3으로 이행하게 하는 데 효과적인 교수 활동을 구체적으로 예시하시오. (2000년)

해설 (1) van Hiele 수준에서 정의를 올바르게 사용할 수 있는 수준은 수준 3이다.

(2) van Hiele 수준 2의 사고 특징은 분석적인 수준으로 도형의 구성요소와 성질에 대한 비형식적인 분석을 통해 도형을 파악한다. 예를 들어 직사각형의 대각선의 길이는 같다든지 마름모의 네 변은 길이가 같다는 등의 성질을 말할 수 있지만 도형이나 그 성질을 명확히 상호 관련지을 수 없다.
van Hiele 수준 3의 특징은 추상적 수준으로 정의를 바르게 사용할 수 있기 때문에 도형의 성질과 도형 사이의 관계가 연구의 대상이 되고 명제가 정리수단이 된다. 도형의 여러 가지 성질 및 도형사이의 포함관계를 파악하고 정의를 이해한다. 예를 들어 모든 정사각형은 직사각형임을 이해한다. 그러나 도형의 성질을 논리적으로 증명하지는 못한다. 즉, 비형식적인 추론만 가능한 수준이다.
한 수준에서 다음수준으로 향상을 위해서 교수활동은 활동과 탐구단계를 거쳐, 결국 개념과 관련 용어를 구축하고 그들이 이미 알고 있는 내용과 배운 내용을 통합하여 활동을 요약하는 순서로 진행되어야 한다.
수준 2의 학생을 수준 3에 도달하게 하는데 효과적인 교수 활동으로는 제 1단계 정보에서는 사각형의 성질을 나열하여 보기와 같은 활동으로 본 수업내용을 암시한다. 제 2단계에서는 각 도형의 정의를 생각해보고 비교하게 한다. 이때는 안내된 탐구단계이므로 도형의 정의를 구성하는 요소를 찾고 도형간의 관계를 파악하기 위하여 도형을 분류하기(성질 간에 충분, 필요조건 찾아보기)와 같은 활동, 예를 들어 여러 사각형 중에서 정의를 바탕으로 평행사변형에 포함되는 사각형을 찾고, 도형간에 포함되는 경우, 포함되지 않은 경우를 조사하기와 같은 활동을 통해 추론능력을 키운다.

제 3단계에서는 명료화를 통해 수준 3에 해당하는 언어로 더욱 구체화할 수 있게 자신의 것을 그려 보고 학생 간에 서로 발표를 통해 비교하게 하고 학생의 사용하는 언어에 주목한다. 제 4단계는 자유로운 탐구이므로 부정형 사각형을 제시하여 이를 정형 사각형으로 재구성하기와 같은 활동을 통해 여러 다른 사각형의 성질을 정의와 구분하여 재분류하게 하여 사각형에 관한 비형식적 연역이 가능하게 돕는다. 마지막으로 통합과정이므로 충분한 이해가 이루어지지 않았다면 반복하여 교수활동의 각 단계를 다시 시도하게하고, 반면 학생 스스로 요약할 수 있다면 자신의 것으로 만들 수 있도록 재인지하게 해서 다음 수준으로 수준향상이 이행되도록 이끈다.

03 이등변 삼각형에 대해 van Hiele(van Hiele) 위계적인 사고 수준(수준1~수준5) 중 수준 1에서 수준 2로 이끌 수 있는 교수활동을 서술하시오.

04 교사가 학생의 기하수준과 다른 수준에서 설명한다면 생길 수 있는 문제점에 대하여 학생의 수준이 van Hiele 기하 사고 수준(수준1~수준5)중 제 2수준이라 가정하여 구체적으로 설명하시오.

05 어느 중학교 한 교실의 학생들의 평균수준이 van Hiele의 기하 사고 수준(수준1~수준5)중 제 3수준이라 가정하자. 이때 이 교실에서 원의 성질 중 원주각에 대하여 수업을 진행하려고 한다. van Hiele의 교수법 다섯 단계에 맞추어 지도안을 제시하시오.

Chapter 11 Piaget

Jean Piaget
(1896~1980)

Piaget는 1896년 8월 9일 스위스의 작은 대학촌에서 태어났다. Piaget는 어려서부터 자연에 관심을 보여, 자연에 서식하는 새, 물고기, 동물 등을 관찰하는 것을 좋아하고, 생물학 공부에 남다른 열정을 쏟았다. 청년기에 이르러 Piaget는 스위스 인문학자인 Samuel Corrut의 영향으로 생물학에 국한되어 있던 그의 관심사를 철학, 종교, 논리학에 관한 주제들로 인도하였고, 학문적 관심이 점차 생물학에서 인식론을 옮겨갔다. 즉, Piaget는 '지식은 무엇인가', '지식은 어떻게 얻어지는가', '외부의 세계에 대한 객관적인 이해는 가능한 것인가, 아니면 개인의 주관적인 요인에 의해 채색되고 변형되는가'에 대한 해답을 찾고자 하였다. 사변적 사고방식의 철학적인 접근법만으로 한계를 느낀 Piaget는 생물학의 과학적인 방법과 철학적 인식론의 차이를 극복하는 방법을 모색하는 과정에서 심리학을 접하게 되고 Freud와 Jung 등의 사상을 접하면서 순수한 철학적 사변이 과학적인 접근 방법에 의해 보완되어야 한다는 생각을 확신하게 되었다.

1920년 파리의 비네(Binet) 연구소에서 영어판 추론 검사를 기초로 한, 표준화된 불어판 지능검사를 개발하였는데, 그는 여기에서 세 가지 중요한 사실을 발견하였다. 첫째, 지능검사는 아동의 정답을 맞추는 능력에 초점을 두지만, 이와 반대로 Piaget는 아동의 오답이 더 흥미롭다고 느꼈다. Piaget는 동일한 오답들이 비슷한 연령대의 아동들에게서 자주 나타난다는 것을 발견하고, 이러한 오류들이 무엇을 말해 주는지에 대해 의문을 갖기 시작하였다. 이를 통해 그는 어린 아동들의 사고방식은 나이가 더 많은 아동들과 질적으로 다르다는 결론을 내리게 되고, 정답의 수에 따라 지능을 평가하는 지능의 양적인 정의를 거부하였다. 그리고 Piaget는 지능 문제의 본질이 연령에 따른 아동들의 서로 다른 사고 방법을 발견하는 것에 있다고 보았다. 둘째, Piaget는 지능의 표준화된 검사 절차가 미리 짜인 대로만 진행되므로 만약 아동이 문항을 제대로 이해하지 못했을 경우 아동에 관한 매우 중요한 정보를 놓칠 수 있다고 보고, 그는 과거 임상심리학의 정신과 면접 기술을 수정하여 아동의 사고를 연구하는 데 사용하고자 하였다. 이 검사 방법은 절차가 미리 계획되어진 대로 진행되는 것이 아니라 아동의 응답에 따라 다음 질문의 내용이 결정된다. 만약 아동이 어떤 흥미로운 것(상담자 혹은 관찰자 입장에서)을 말할 경우 표준화된 절차와 상관없이 그것에 대한 부가 질문들을 할 수 있다. 이러한 임상적 방법(clinical method)의 목적은 구체적인 방향을 제시하지 않은 상태에서 아동의 사고를 따라감으로써 아동이 보이는 반응의 원인을 보다 정확하게 이해하고자 함이다.

Piaget가 국제적으로 관심을 받게 된 이유는 바로 Piaget가 인간의 정신활동이 어떻게 성장하고 발달하는지 밝히려고 노력한 심리학의 선구자이기 때문이다. 애초에 인지적 발달(cognitive development)이라는 개념은 심리학과 거리가 있었다. 즉 소위 말하는 실험심리학(experimental psychology)은 실제로 관찰 불가능하고 측정될 수 없는 것들은 과학의 범주에 포함하지 않았고, 따라서 인간의 정신활동으로서의 지식 발생과정에 대한 연구는 아예 고려대상이 되지 않았다. 1930년대 Skinner에 이르러 이러한 실험심리학이 정점을 이루었는데, 급진적 행동주의에 영향을 받아 심리학이란 바로 '행동의 과학'이라 정의되기에 이르렀다. 그러나 Piaget는 처음부터 발달이라는 측면에 관심을 가지고 있었으며, 생물학에 관한 연구 활동 후 그는 지식의 형성, 발달과정에 관심을 가지기 시작했다. 그는 지능에 대해 어떤 제한적 정의를 내리기 보다는 생물학적 적응, 유기체와 환경 간의 평형, 그리고 평형을 가져오는 일련의 정신적 조작들을 포함한다고 보았다. Piaget에 의하면 출생한 유아는 하나의 생물적인 유기체이고, 그 생물적 유기체는 몇 개의 반사 작용의 기능을 가지고 태어난다고 보고, 인지발달 분야의 발생적 연구를 중시하였다.

Piaget는 또한 지식의 습득이 자극-반응이론에 따른 학습과정에 의존하지 않는 것으로 보았는데, 그 이유로는 외부 세계에 대한 아동의 관념은 성인이 가지고 있는 관념들과는 매우 다르다는 점과, 아동이 형성하는 관념들은 고대인들이 가졌던 관념들과 유사한 점이 있다는 점인데, 이러한 사실은 역사적, 문화적 조건들의 제약을 받지 않는 어떠한 심적 활동 및 구조가 지식 습득을 위해서 필요하다는 것을 시사하고 있기 때문이다. 또한 , 아동은 성인의 관점에서 볼 때 틀린 생각들을 자연 발생적으로 외부 세계에 대하여 갖게 되므로,

이는 지식이 단순한 학습 과정을 거쳐서 습득되지 않는다는 점을 말해 주고 있다. 따라서 지식을 습득하기 위해서는 인식주체의 자율적이고 능동적인 사고 활동이 필요하다고 보았다. Piaget에 따르면 인간의 인지 능력은 환경과 균형을 이루기 위해 본능적으로 작용한다. 이를 균형이론이라고 하는데, 인지능력은 환경과 균형을 이루기 위해 발생, 발달하며 모든 사람의 인지 능력은 태아의 발달과 같이 일정한 단계를 거쳐 발생, 발달한다고 보고 있다. 이 이론에 의하면, 지식의 습득은 교사에 의하여 전달되는 것이 아니라 학생 스스로가 동화와 조절의 인지활동을 통해 구성한다고 보는 조작적 구성주의가 가능해진다. Piaget는 아동의 인지능력은 생물체의 진화 과정과 같이 어떤 단계를 따라서 발달한다고 보고 그 단계를 밝히려 했으며 이 이론은 학교교육, 특히 수학교육에 많은 영향을 주고 있다.

01 Piaget의 인지발달 이론

Piaget는 시간과 공간 같은 범주 개념들이 외부의 현실에 대한 경험을 통해 발견된 것도 아니고 선천적으로 주어진 것도 아니며 지능 지식이 개인 환경간의 상호 작용에 의해 끊임없이 재구성된다고 보았다. Piaget에게 있어 지능이란 인지주체와 환경사이에 일어나는 연속적인 적응과 교환이 도달하고자 하는 평형의 형태이다. 즉 인지주체의 행동을 통해 스스로의 인지 구조와 환경 간의 평형을 이루도록 하는 도구인 것이다. 아동의 신체적, 정신적 발달에 따라 수행할 수 있는 행동 유형이 변화하며 그에 따른 평형상태에 대한 인식도 변화하게 되므로, 따라서 Piaget에게 지능은 하나의 최종적인 개념이 아닌 인지적 단계들의 연속선상에서 이해된다.

Piaget의 실험에서 얻은 결과로서 아동은 연령이 올라감에 따라 단순히 더 많은 지식을 획득하는 것이 아니라, 새롭고 더욱 복잡한 인지 구조를 발달시킨다는 것을 보여주었다. 어떤 주어진 상황에 대하여 더 많은 특징을 고려하고 구조화된 체계의 일부의 변환이 다른 것들에게 어떻게 영향을 미치는가를 인식한다. 수학적 사고와 관련된 발달 단계를 구분하는데 있어서 중요한 것은 조작(operation)의 개념인데, 어떤 조작의 존재 여부로 한 개인이 어느 정도의 발달 단계에 도달했는지를 결정할 수 있다. 또한 그는 발달 단계라는 특징적인 개념을 도입하여 발달의 계열적 순서를 기술하면서, 발달의 단계적 이행을 설명하고 있다. Piaget에 의하면 아동의 인지 발달은 감각운동기, 전조작기, 구체적 조작기, 형식적 조작기의 4단계를 단계적으로 통과하게 되는데, 각 단계는 세계를 인식, 이해하는 서로 다른 방법을 나타낸다. 각 단계가 나타나는 시기는 아동의 문화적, 사회적 환경에 따라 차이가 있을 수 있으나, 단계별로 공통적인 특징을 살펴보면 다음과 같다.

1 감각 운동기(Sensorimotor Period : 0세~2세경)

전 언어시대(출생~2세까지)로 Piaget가 이 시기를 감각 운동기라고 명명한 것은 이 시기의 영아가 자신의 감각이나 손가락을 입에 넣고 빠는 등의 운동을 통해서 자신의 주변 세계를 탐색한다는 사실에 연유한 것이다. 다시 말하면, 이 시기의 영아는 새로운 정보를 얻기 위해 자신의 감각을 사용하고 새로운 경험을 찾기 위해 운동능력을 사용하고자 애쓰는 시기라는 뜻이다. 그 결과 반사활동에서부터 제법 잘 조직된 활동을 할 수 있기까지 간단한 지각능력이나 운동능력이 이 시기에 발달한다. 태어나서부터 대략 2세 정도까지 지속되는 감각운동기의 출발점은 삼키기, 빨리 혀 움직이기, 울기와 같은 타고난 생물학적인 반사 작용과 순환 반응[19]이며, 이 시기의 유아는 자신의 육체적, 정신적 행동을 도식(scheme)이라는 일련의 분명한 행위 단위로 발전, 조직한다. 유아는 자신의 감각과 육체적인 움직임을 조정할 수 있게 되고, 시야에서 사라진 물체가 다시 나타날 수 있음을 알게 되고, 물리적인 대상에 이름을 붙일 수 있게 된다. Piaget는 이 시기를 크게 여섯 개의 하위단계로 구분한다.

1단계 반사기능 단계(출생~1개월) : 출생 직후부터 영아는 단순히 환경의 자극에 대한 자동적 반응으로서 사물을 보고, 잡고, 빠는 행동반응들을 반복한다. 이 시기에 이루어지는 발달적 변화는 극히 적으나 이러한 기능은 다음 단계의 중요한 기반이 된다.

2단계 일차순환반응기(1~4개월) : 단순한 반사기능이 감각운동적 도식으로 발달하는 시기이다. 각 도식은 보다 정교화되어 무조건적으로 잡거나 빨던 반응은 물체의 모양과 크기에 따라 조절하도록 도식화된다. 나아가 도식이 상호 결합되어 큰 단위의 도식으로 발전한다. 예를 들어 물건을 잡고 입으로 가져가서 빠는 행동이 가능해진다.

3단계 이차순환반응기(4~8개월) : 자신의 신체를 움직이는 행동을 벗어나 최초로 환경에 관심을 보인다. 우연히 건드린 사물에서 일어나는 변화에 흥미를 느끼며 환경과의 관계 속에서 단순한 행동을 반복한다.

4단계 이차도식협응기(8~12개월) : 처음에 우연히 획득된 반응을 의도적으로 만들어 낼 수 있는 단계이다. 하나의 목표도식에 도달하기 위해 다른 도식을 수단으로 활용하는 능력이 생긴다.

19) 순환 반응이란 우연히 획득된 어떤 새로운 결과의 능동적인 재생 행위를 말한다.

5단계 삼차순환반응기(12~18개월) : 영아는 수단목적관계를 단순히 반복하는 것이 아니라 수많은 시행착오를 통해 적극적으로 사물을 탐색하고, 새로운 도식들을 형성해 나간다.

6단계 내적 표상단계(18개월~2세) : 드디어 이 단계에서 일련의 행동을 사고로 내면화 할 수 있는 표상 및 상징기능이 출현한다. 따라서 목격한 사태를 직후가 아닌 일정시간이 지난 후에 자발적으로 재현하는 지연모방이 가능하게 된다.

Piaget는 감각 운동기의 발달에 대한 다음과 같이 강조하였다.

a. 단지 세 명의 영아들을 대상으로 하였으므로 제시된 연령은 대략적인 것이다. 따라서 발달의 정확한 연령기준을 정하는 것을 불가능하다.
b. 발달 단계의 순서는 변하지 않는다.
c. 발달은 갑자기 바뀌는 것이 아니라 점진적이며 연속적인 과정이다.
d. 각 단계의 특징적 행동들은 영아가 다음 단계에 도달하여도 사라지지 않는다.

2 전조작기(Pre-operational Period : 2세~7세경)

대략 2세에서 7세까지 지속되는 전조작기는 언어와 상징 기능의 습득과 더불어 시작된다. 이 시기의 아동은 한 가지 측면만 고려하며 두 개 이상의 측면을 동시에 고려하여 통합하는 조작적 사고가 결여되어 있다. 이러한 사고의 중심화(centration)경향은 자기중심성과 직관적 사고에서 나타난다. 자기중심성이란 세상을 자신만의 단일한 관점에서 보는 것을 의미하는 것으로, 여러 가지 시각이나 관점이 존재한다는 것을 알지 못하고, 스스로의 관점에 사로잡혀 있다는 자각조차 없는 상태를 뜻한다. 다른 사람의 생각이 있다는 것 자체를 이해하지 못하기 때문에 다른 사람의 역할과 견해를 고려할 줄 모르는 것을 뜻한다. 이 시기에 아동은 듣는 사람은 고려하지 않고 자신의 생각만을 일방적으로 전달하기만 한다. 때문에 의사소통이 어려워 집단적 독백(collective monologue)현상이 나타난다. Piaget는 이러한 자기중심성이라는 특징을 가역성의 결여로 설명하고 있다. 아동은 마음속으로 한 행동을 거꾸로 하여 출발점에 되돌아오는 데 곤란을 느끼며, 일단 실행된 행동에 집착하고 앞에서 행한 다른 행동이나 가능한 행동과 조정하지 못한다. 내면화된 가역적 행동이 조작이므로, 조작의 결여가 이 시기의 중요한 특징이 된다.

직관적 사고란 한 가지 두드러진 지각적 속성에 의해 대상을 판단하는 사고양상이다. 직관적 사고는 보존성 개념(conservation)과 유목포함(class-inclusion) 개념에서 잘 드러난다. 아동은 보존성 개념이 없기 때문에 어떤 대상의 외양이 바뀌어도 그 양적 속성이나 실체는 바뀌지 않는다는 사실을 이해하지 못한다. 예를 들어, 모양과 크기가 똑같은 컵에 같은 양의 물이 담겨 있을 경우에 아동은 양 쪽의 물의 양이 같다고 판단한다. 그러나 하나를 외양이 바뀐 다른 컵에 부을 경우 아동은 물의 양이 다르다고 답한다. 이는 전조작기 아동이 반환성과 상보성으로 나타나는 가역성(reversibility)이 확립되지 않아, 지각적 특성에 의해서만 양을 판단하기 때문이다.

유목포함개념은 부분과 전체, 상위유목과 하위유목간의 위계적 관계를 이해하는 능력이다. 이 시기의 아동은 사물을 판단할 때에 눈에 보이는 지각적 속성에 의해서 판단한다. 이 시기 아동의 사고는 모순에 대해 인지적 불균형을 느끼지 않는다. Piaget는 두 가지 종류의 모순을 구분하고 있는데, 첫째는 '건망증에 의한 모순'으로, 아동이 한 가지 대상에 대하여 두 가지 모순된 견해를 가지고 주저하고 있을 때, 이 중 한 가지를 언급한 다음 잠시 시간이 지나면 이미 말한 것을 잊어버리고 다른 것을 언급하기도 한다는 것이다. 둘째는 '응축에 의한 모순'으로, 한 가지 동일한 현상에 대하여 두 가지 모순된 설명 사이에서 하나를 선택할 수 없는 아동은, 두 가지 모두에 동의하기도 하며, 그것을 융합하기도 한다는 것이다. 구체적 조작기에 접어들면서, 함의에 대한 자각이 이루어지고, 응축에 의한 모순을 제거하면서 점진적으로 가역적 행동이 가능해지며, 이는 자기중심성의 감소와 연결되어 나타난다. 또한 Piaget는 전조작기를 다시 '전개념적 사고기'와 '직관적 사고기'의 두 소단계로 다시 구분하고 있다.

1단계 : 전개념적 사고기(2세~4세)
전개념적 사고기의 유아는 개념발달을 위해서 다양한 언어 활동과 신체활동에 참여하는 시기이다. 이 시기의 유아들은 자기중심적이며, 흔히들 잘못된 개념, 현실에 위배되는 개념들을 가지고 있다. 이 시기의 유아들의 개념획득에 가장 결정적인 것은 다양한 언어 활동과 신체적 활동을 통한 경험이다. 내재적으로 형성된 표상을 여러 형태의 상징 또는 기호로 표현하는 기능이 인지 발달의 주축을 이룬다. 이 시기에 아동은 언어, 그림, 가상놀이 등을 통해 머릿속에 있는 심상을 표현한다.

전개념적 사고기에 있는 유아들의 특징은 다음과 같다.

a. 자기 중심적이다. 즉, 다른 사람의 관점에서 사물을 이해할 수 없다.
b. 눈에 뚜렷이 보이는 한가지의 사실에만 기초하여 사물을 분류할 수 있다.

c. 하나의 준거에 의해서만 물체를 수집할 수 있다. 예를 들면, 여러 가지 단추들 중에서 동그랗게 생긴 것들만을 가려낼 수는 있지만, 동그랗고 빨간 단추는 가려낼 수 없는 것과 같다.
d. 사물을 단계별로 배열할 수 있다. 그러나 바로 접하지 않는 사물을 추리해서 배열할 수는 없다. 예를 들면, 연필을 길이가 긴 순서로 배열할 수는 있지만, "A는 B보다 길고, B는 C보다 길다. 그러니까 A는 C보다 길다"라는 추리는 할 수 없다.

2단계 : 직관적 사고기(4세~7세)
이 시기 유아의 판단은 언어화되지 않는 모호한 인상이나 지각적인 판단에 의존한다. 상징적 매체, 즉 언어가 개입되지 않은 직관에 의존하기 때문에 이 시기 유아의 사물에 대한 판단은 흔히 잘못된 것이 많다. 예를 들면, 마주하고 있는 선생님이 "오른손을 드세요"하면서 오른손을 들면 유아는 선생님의 말은 무시하고 선생님의 오른손은 자기의 왼손방향에 있으므로 왼손을 들곤 한다. 따라서 이 시기를 직관적 사고기라고 말한다.

직관적 사고기에 있는 유아들의 특징은 다음과 같다.

a. 사물을 분류할 수 있다. 그러나 반드시 그것을 이해하는 것은 아니다.
b. 논리적 관계를 이해하기 시작한다.
c. 수의 개념을 사용하기 시작한다.
d. 보존성[20]의 원리를 어렴풋이 이해하기 시작한다.

전조작기 단계의 어린이들이 보이는 중요한 심리적 특징을 요약하면 다음과 같다.

a. 모방을 잘하며, 모든 사물을 자기 중심적으로 바라본다.
b. 자기의 생각을 다른 사람들도 다 같이 가지고 있다고 믿는다.
c. 무생물도 생명체와 같이 감각을 갖고 있다고 믿는다.
d. 하나와 다수 사이의 구별을 잘 하지 못한다. 예를 들면, 많은 백화점 앞에 산타할아버지가 한명씩 있어도 산타 할아버지는 한 사람이라고 생각하며 이상하게 생각하지 않는다.
e. 가역적으로 사고하기에 어려움을 느끼며, 어떤 행동을 재현하는데 어려움이 있다.
f. 한 대상이나 상황에 대한 두 가지 측면을 동시에 생각할 수 없다.

20) 보존성이란 물체가 모양에 따라 그 양이나 수가 변하지 않음을 말한다.

g. 귀납적 추론(구체에서 일반으로)을 할 수 없으며 연역적 추론(일반에서 구체로)도 할 수 없다. 그러나 변환적 추론(transductive)을 할 수 있다. 즉 구체적 사실에서부터 구체적 사실로 추론을 한다.
h. 사실과 환상을 차별화할 수 없다. 어린이들의 거짓말은 도덕성의 결핍에 의해서가 아니라 현실과 그들의 상상적 세계를 구별하지 못하기 때문에 일어나는 경우가 많다.
i. 자기의 믿음에 대한 이유를 제시할 수 있다.
j. 사물의 집합을 하나의 기준에 의하여 분류할 수 있다.

3 구체적 조작기(Concrete Operational : 7세~11세경)

대략 7세에서 11세까지 지속되는 구체적 조작기는 가역성의 출현과 더불어 시작되며, 가역성은 다음과 같이 상보적인 두 가지 형식 중 하나로 나타난다. 첫째 형식은 전도(inversion)나 부정(negation)에 의한 것으로 이미 수행된 조작을 취소하는 것이며, 이 경우, 조작과 그 역조작의 결과는 영 조작, 곧 항등 조작이다. 둘째 형식은 상반(reciprocity)에 의한 것으로 차이를 보정해 주는 것이며, 이 경우 조작과 상반 조작의 결과는 평형이 된다. 예를 들어, 천칭의 한 쪽에 무게를 가해 평형이 깨어진다면, 가한 무게를 제거함으로써 다시 평형을 회복할 수 있는데 이것이 전도나 부정에 의한 가역성이며, 반대편에 무게를 놓아 평형을 회복할 수 있는데 이것이 상반에 의한 가역성이다.

이 단계의 아동은 사물을 실제적으로 다루지 않고 개념 사이의 관계를 내면적으로 취급할 수 있다. 즉 개념적 표상과 그 관계를 다룰 수 있어 문제를 내면적으로 시행착오를 통하거나 가설의 검증을 통하여 해결할 수 있으며 새로운 아이디어를 이해하고 이미 획득된 개념과 관련지을 수 있다. 그러나 이러한 조작은 당시의, 혹은 전에 행하여진 구체적인 대상의 취급과 직접 관련되며, 구체적 대상 없이 언어적 명제만을 다루는 형식적 수준에는 이르지 못한다는 점에서 형식적 조작기와는 구분된다.

이 시기의 아동들이 보이는 중요한 특성은 다음과 같다.

a. 자기 중심적 행동이 급격히 줄며, 혼자 노는 대신 다른 아이들과 어울려 놀기를 좋아한다.
b. 여러 가지 특성이 있는 대상들을 구체적인 특성에 따라 집합과 부분집합으로 분류할 수 있으며, 한 대상의 여러 가지 특성을 동시에 생각할 수 있다.
c. 농담을 이해하기 시작하지만, 격언의 설명을 이해하는 데 어려움을 느끼며 격언에 숨어 있는 뜻을 잘 이해하지 못한다.

d. 여러 가지 보존 개념(수, 길이, 무게, 부피)을 형성한다.
e. 연산과 절차를 역순으로 할 수 있다. 즉 가역적 사고를 할 수 있다.
f. 다른 사람의 견해를 이해하기 시작하며 이 단계의 말기에서는 구체적인 예를 통하여 귀납적, 연역적 추론을 하기 시작한다.
g. 역연산, 대입, 집합의 합집합과 교집합 구하기, 구체물을 크기 순서로 배열하기 등과 같은 계산을 수행할 수 있다. 그러나 이 연산들을 언어로는 잘 할 수 없다.
h. 판단과 논리적 추론 능력은 잘 발달되지 않는다. 예를 들면, 이 단계의 아이들은 "영희는 순희보다 크다. 영희는 정희보다 작다. 세 사람 중 누가 제일 작은가?" 같은 문제를 잘 해결하지 못한다.
I. 크기가 다른 한 묶음의 막대를 크기의 순서로 배열할 수 있다.
j. 정의를 잘 이해하지 못하며, 몇 개의 구체적 사실로부터 일반화를 할 수 없다. 예를 들면, 2+3=3+2, 8+11=11+8을 이해하면서도 이로부터 일반화된 교환법칙 a+b=b+a를 이끌어내지 못한다.
k. 변수를 포함한 수학적 기호 조작은 이해하기 어려우며, 대수를 의미의 이해를 통해서 보다는 공식의 암기에 의해서 학습할 수 있다. '예를 들면, , ,' 라고 생각하는 경향이 있다.
l. 구체물 자료를 조작하여 여러 가지 모양을 창의적으로 구성할 수 있다.

4 형식적 조작기(Formal Operational Period : 11세 이후)

대략 11-12세 정도의 시기에 시작되는 형식적 조작기는 논리적 사고의 시기로 추상적인 사고가 가능하다. 추상적 사고란 융통성 있는 사고, 효율적인 사고, 복잡한 추리, 가설을 세우고 체계적으로 검증하는 일, 직면한 문제, 사태에서 해결 가능한 모든 방안을 종합적으로 고려해 보는 일 등과 같은 것을 말한다. 또한 이 시기의 아동들은 대상, 성질, 개념 등이 명사로 파악되고, 구체적인 상태나 조작이 명제로 표현되는 수준을 넘어서 정신 활동의 영역이 보다 확대되어 구체적 조작뿐만 아니라 언어적 가설에 근거한 추론을 할 수 있게 된다. Piaget는 형식적 조작기에 접어들면서 새로운 태도가 생겨나는 근원을 구체적 조작으로 해결할 수 있는 방법이 점점 복잡해지는 데서 비롯되는 방향 전환에서 찾고 있다.

형식적 조작의 사고가 가능한지 알아보는 것으로서 Piaget가 고안한 유명한 실험은 고전적 물리학에 관한 실험인데 추의 진동에 관한 것이다. 길이, 무게, 높이, 힘 등의 상대적 효과를 잘 고려해야만 대답할 수 있는 문제인데, 이 실험에서 형식적 조작의 사고가 가능한 청소년들은 효과적인 실험을 설계하고, 이를 관찰하여 타당한 결론을 끌어 낼 수 있다.

그러나 모든 청소년과 모든 성인이 매사에 형식적 조작을 사용하는 것은 아니다. 또 이 시기가 되면 청소년들은 처음으로 도덕적, 정치적, 철학적인 생각과 가치문제 등을 이해하기 시작한다. 타인의 사고과정을 이해하고, 다른 사람들은 문제를 어떻게 보고, 어떻게 생각할까 등의 문제에도 관심을 갖게 된다.

구체적 조작기의 아동들은 어려운 문제에 처했을 때 단순히 의미 있는 어떤 것이 자료에서 저절로 나타나기를 희망하면서 관계를 발견하려고 시도한다. 그러나 구성된 연결 고리가 너무 복잡하다면 언젠가 분석하지 않고서 남겨 둔 변인이 나중에 방해 요소로서 재등장할 것이기 때문에 자신의 사고 단계를 재추적해야 한다. 여기서 형식적 조작기에 독특한 사고의 변화가 일어나 간섭 변인의 방해에서 자유롭게 변인 x를 분석하기 위하여 간섭 변인 y를 배제하는 변인 통제 능력을 갖게 된다. 형식적 조작기에서 찾아볼 수 있는 또 다른 변화는 부정에 의해 배제할 수 없는 변인을 배제하는 방법을 일반화하게 되는 것으로, 변인을 중립화하는 것, 즉 상보에 의해 그 변인을 배제하는 사고를 할 수 있게 된다. 결과적으로 형식적 수준에서 발견되는 변인의 통제는 전도에 의한 가역성과 더불어 상보에 의한 가역성에 의해 가능하게 된다. 그리고 변인의 통제는 필연적으로 아동의 조작을 조합적 체계로 바꾸도록 유도하게 된다.

이 시기의 아동들은 선, 악의 정도를 파악할 수 있으며, 어떤 정의나 규칙, 규범을 적절히 객관적인 입장에서 볼 수 있게 된다. 또한, 귀납적 추론이나 연역적 추론을 할 수 있으며, '~이면 ~이다'라는 가설연역적 사고를 할 수 있다. 또한, 순열이나 조합, 비율, 상관관계, 확률과 같은 복잡한 개념을 이해하고 적용할 수 있게 되며, 무한히 큰 수와 작은 수에 대한 인식이 가능해 진다. 이 시기에서 보이는 중요한 특성은 다음과 같다.

a. 구체적인 조작에 의존하지 않고도 정신적 추상을 표현하거나 설명할 수 있다.
b. 많은 견해를 동시에 생각할 수 있다.
c. 자신의 활동을 객관적으로 볼 수 있으며, 자신의 사고 과정을 반성해 볼 수 있다.
d. 정리를 만들고, 가설을 세우고, 여러 가지 가설을 시험할 수 있다.
e. 적절한 상황에서 정의, 법칙, 공식 등을 이해하고 사용할 수 있다.
f. 귀납적 사고, 연역적 사고, 함의적 사고(만일 …이면 …이다) 등을 할 수 있다.
h. 순열과 조합, 명제, 상관관계, 확률 등의 복잡한 개념을 이해하고 응용할 수 있다.
i. 무한대와 무한소의 개념을 인식할 수 있다.

5 발달의 요인

Piaget에 의하면 발달은 네 가지 요인들에 의해 영향을 받는다. '신체적 구조'는 인지발달의 어떤 측면들을 제한하고, 다른 측면들을 가능하게 하기도 한다. 그러나 인지적 기능에 미치는 문화적 영향 때문에 성숙만으로 인지발달을 설명하기는 어렵다. 두 번째 요인은 '경험'이다. 물리적 경험은 대상을 직접 관찰함으로써 지식을 얻는 것과 관련이 있고, 논리 수학적 경험은 개인의 행동으로부터 얻어질 수 있으며, 개인의 행동의 내적 조절, 통합과 관련이 있다. 이러한 개인의 행동의 내적 조절, 통합은 처음에는 구체적인 대상들을 필요로 하나 나중에는 구체적인 대상없이도 가능해진다. 세 번째 요인인 '사회적 전달'은 읽기 또는 교육과 같은 기술을 통해 습득되는 지식을 가리킨다. 하지만 이 요인만으로 발달을 충분히 설명하기가 어려운데, 이는 사회적 영향의 효과를 결정하는 인지 구조의 역할을 무시하기 때문이다. 네 번째 요인은 '평형화'이다. 이 개념은 더 효과적인 평형상태로 이끄는 아동의 자기 조절 과정과 관련이 있다. 평형의 개념은 아동의 인지활동과 환경과 능동적인 균형을 이루는 체계를 의미한다. 평형의 정도는 체계의 적용 범위, 안정성, 개방성에 따라 달라진다. Piaget는 내적 갈등이 평형화의 중심 역할을 한다고 강조한다. 평형화가 계속됨에 따라 아동은 가능성과 필연성의 역학을 이해하게 된다.

02 Piaget의 조작적 구성주의

Piaget는 플라토니즘과 선험론, 유명론 등의 기존의 수학인식론을 비판하면서, '조작적 구성주의'라고 불리우는 수학인식론을 펴고 있다. 즉, 논리-수학적 개념은 생물학적인 유기체의 구조를 출발점으로 하여 그것이 감각-운동의 구조로 타나나고, 다시 그것에 바탕을 둔 행동의 일반적 조정이 이루어지면서 '반영적 추상화'가 일어나 구성된 '조작'과 그것을 바탕으로 한 보다 고차의 조작이라는 것이다. Piaget는 모든 다른 것들이 기초하고 있는 제한된 몇 가지를 제외하고는 어떤 것도 처음부터 주어진 것이 아니며, 지식의 구조는 인간의 정신에 미리 주어지는 것도 아니고 외부의 세계에 존재하는 것도 아니다 라고 주장하였다. 즉, 모든 지식은 경험하는 주체가 스스로 창조하고 변화하는 경험 속에서도 일정하게 유지해나가는 불변적인 것(invariants)들로 이루어져 있다고 주장하였다.

1 지식의 의미와 생성 과정

Piaget는 정신활동을 적응(adaptation)과정으로 보는데, 생물학에 그 기초를 두고 있는 Piaget는 정신활동에서의 적응 역시 생물이 어떠한 제한된 환경속에서 살아남고자 스스로를 생존가능한 상태로 만들어 나가는 것과 본질적으로 같은 것이라고 보았다. 차이점이라면 물리적 환경에 적응하지 못하는 생물의 경우에는 멸종이라는 극단적 결과로 귀결될 수 있지만(예를 들면 공룡의 멸종과 같은), 매번 일어나는 정신활동에서의 부적응은 멸종이 아니라 그 상황을 피하거나 혹은 다른 대안을 모색하도록 유도한다는 점에서 다르다 할 수 있다. 따라서 Piaget의 적응이라는 개념은 두 가지로 해석 될 수 있을 것이다. 첫번째로 실질적인 생존을 위하여 환경의 변화에 의해 겪게되는 장애물이나 위기감에서 벗어나기 위해 생성된 규칙적 행동을 구성해 나가는 의미에서의 적응과, 둘째로 정신적으로 내부에서 일어나는 모순을 피하여 좀 더 통일성 있는 균형을 이루고자하는 개념적 수준에서의 적응이 있다고 하겠다.

따라서 개념적, 정신적 적응과정에서 지식의 생성이란 어떠한 지식이 실재로 이미 존재한다고 가정하는 것이 아니라, 단지 정신적 적응과정에서 인지주체에 의해 생성되어, 기능적으로 살아남고, 다시 재생산될 수 있는 것이라면 무엇이든 될 수 있음을 뜻한다. 다시 말해 우리가 '지식'이라고 부르는 개념적 구조는 어떤 특정한 인식주체에 의해 인식 · 인지되기 전 이미 존재하는 세계를 인지, 성찰하여 표상(representation)하는 것이 아니라 사고하는 주체가 경험하는 한계상황에 적응하기 위해 스스로의 사고방식을 적극적으로 형성해 나가는 과정에서 만들어진 산물에 다름 아닌 것이다.

인지 구조 형성에서 가장 첫 번째의 원시적이고 상대적인 지속가능함은 '반복'이라는 과정을 통해 나타난다. 경험에 수반되는 행동이 행위자에게 어떤 식으로든 긍정적인 영향, 즉 흥미있거나 만족스러웠을 경우, 그 이후로도 같은 행위가 반복(repetition)되어지게 되며, 이것이 행위와 결과사이를 연결하는 영속성(permanence)의 기초가 되는 것이다. 성공적인 반복행위는 지각에 의한 복합체(perceptual compounds)를 재구성하여 경험적 불변체(invariants)로 바꾸고, 결국 그것이 감각적으로 경험되거나 실제적으로 행위가 일어나지 않더라도 그 자체로 존재하는 것으로 인식되는 하나의 대상(objects)으로서 외면화(externalized)되는 것이다. 이러한 외면화된 객체가 지속적으로 재현될 때 바로 실재(reality)라는 개념이 형성되는 것이다.

두 번째 수준의 실재는 경험적 불변체가 아닌 다른 근원에서 오는 정보들을 통해 형성될 때 구성된다. Piaget는 좀 더 높은 수준의 형성 과정을 '조작적(operational)'이라고 명했다. 이것은 도식(scheme)을 구성하기 위한 도식이라고 할 수 있는데, 이런 구성활동을 위해서는 행위자가 행위자 자신의 도식의 구조에 대한 자각(awareness)이 요구된다. 이러한 자각은 반영적 추상화의 결과인데, 반영적 추상화를 통해 행위자는 실재 행위가 행해지는 실제 경험으로부터 한발 떨어져 행위의 패턴을 구분할 수 있게 되고, 다른 환경으로 이전하여 실행이 가능하며, 그 다른 환경에서 일어나는 것들도 결국 같은 것임을 자각하게 될 뿐만 아니라, 최종적으로는 실제로 행하지 않고도 예상이나 설명이 가능한 조작적 불변체(operational invariants)로서 형성하게 된다. 결론적으로 Piaget의 발생적 인식론에서는 한 주체의 경험을 반복하여 재현되는 대상, 사건, 관계 등으로 구조지어나가는 인지적 불변체(cognitive invariants)에 의해 형성되는 것으로서의 실재를 규정하고 있다. 더 나아가, 이러한 상대적 불변체(relative invariants)가 미래에 일어날 사건이나 행위의 결과에 대한 예측의 가능성을 열고, 동화와 조절이 지속적으로 작용함으로써, 그 주체가 살아가는 경험속에서 평형을 유지하는데 필요한 필수불가결한 것이 되어간다.

2 인지적 평형 상태(cogntive equilibrium)

인식주체의 정신활동으로서의 적응은 기본적으로 인지적 평형상태 달성을 그 목적으로 하는데, 인지적 평형의 상태란 어떤 안정적인 상태이기도 하지만, 동시에 규칙성을 가진 반복과정으로서의 동적인 면도 이해되어 져야 한다. 즉 어떤 불규칙성(irregularity)이 발생하면 이는 곧 인지적 불균형의 상태을 초래하고, 그 불균형의 상태를 제거 하기 위한 행동이 바로 인지적 평형의 상태를 위한 활동으로 나타난다.

Piaget는 물리학과 생물학에서 평형화 개념을 빌려와 사용하였는데, 이것은 이전의 비평형(disequilibrium) 상태에 있던 두 개 이상의 요인들간의 균형 또는 조화의 상태를 의미한다. 그러나 물리적 평형과 인지적 평형은 다르다고 이야기한다. 물리적 평형은 변화없이 체계의 안정성을 유지하려 한다. 즉, 비평형은 원래의 평형 상태를 돌이키는 역방향 운동에 의해 극복된다. 이에 반해, 인지 발달에서는 안정성과 변화가 공존한다. 인지적 체계들은 과거의 지적 성과들을 보존함과 동시에 새로운 행동과 반응을 만들어낸다. 평형은 더 나은 형태의 지식을 추구하는 경향에서 비롯된다. 인지적 평형은 원래의 상태로 돌아가는 것이 아니라 지식의 증가를 가져온다. Piaget는 인지발달에서 평형과 비평형이 연속하여 번갈아 일어난다고 보았다. 평형이 일어날 때마다 새로운 인지적 요인들이 추가되거나 재구성됨으로써 더 나은 형태의 지식에 도달한다. 이러한 양적, 질적 변화들은 새로운 이해를 가져오며 특정 문제를 해결한다. 동시에 이러한 변화들은 새로운 질문과 문제로 안내하므로 새로운 불균형과 비평형이 일어날 가능성이 존재하게 된다.

Piaget는 개인과 환경 사이의 균형을 이루는 데 기여하는 세 종류의 평형에 대해 설명하였는데, 첫째, 개인과 대상 또는 사건 간의 평형이다. 개인은 대상을 접하고 그것을 도식에 동화시키며, 특정 대상에 맞추어 도식을 조절한다. 만약 도식이 적절하면 평형이 이루어진다. 그러나 그렇지 않을 경우 비평형이 된다. 사과와 오렌지에 대한 도식만을 가진 아동이 사과나 오렌지를 접할 때는 아무 문제가 없지만, 파인애플을 처음 접하게 될 때에는 비평형 상태에 놓이게 된다. 이러한 유형의 평형은 사람과 환경 간의 상호작용, 즉 동화와 조절

간의 상호작용에 의존한다.[21] 둘째, 다양한 인지 하위 체계들 간의 평형이다. 아동이 문제를 이해하지 못하는 이유중 하나는 인지 하위 체계들을 습득하는 속도가 달라 발생하는 불균형 때문이라는 것이다. 예를 들면, 수에 관한 하위 체계는 길이에 관한 하위 체계 보다 먼저 습득되므로 이것은 비평형을 낳는다. 두 하위 체계들이 같은 수준에 이르러 평형이 이루어질 때, 아동은 비로소 길이의 보존을 이해할 수 있다. 이러한 유형의 평형에도 동화와 조절이 포함된다. 이 경우 평형은 다양한 인지 하위 체계들 간의 동화와 조절에 의해 일어난다. 셋째, 전체 인지 체계와 그것을 구성하는 하위 체계들 사이의 평형, 즉 전체와 부분들 사이의 평형이다. 전체 체계는 다양한 요소들을 통합함으로써 각각의 하위 체계에는 없는 다양한 속성들을 갖게 된다. 하위 체계들은 전체로 통합되어도 각각의 특성을 보유한다. 한 예로 동물들의 위계적 유목을 들 수 있다. 동물의 범주는 사자, 호랑이, 고양이, 개 등의 다양한 하위 범주들을 통합한 것이다. 하위 범주들 역시 공통으로서의 특성과 개개의 구별적 특성을 동시에 지닌다.

3 도식(scheme)의 동화(assimilation)와 조절(accommodation)

도식은 행동과 조작을 가능하게 하고 그것을 일반화할 수 있게 하는 행동과 조작의 일반적 구조를 말한다. 도식은 경제적인 성격을 갖고 있어 인지적인 소모를 가능한 경감시키려고 한다. 따라서 인간은 구체적인 하나하나의 경우의 특수성과 우연성을 하나의 도식에 종속시키려고 하며, 어떤 도식의 작용영역을 가능한 넓히려고 하고, 필요한 경우에 그 도식을 분화시키거나 다른 도식과 조정하려고 한다. 따라서 인지발달은 상대적으로 볼 때 개괄적이고 미분화된 조정되어 있지 않은 도식으로부터 보다 분화되고 조정된 통합적인 형태의 도식으로 향하는 인지 구조의 부단한 재조직화 과정이라고 말할 수 있다. 인간은 보다 포괄적이고 조정된 인지 도식들의 부단한 재구성과정을 통해 환경과의 보다 나은 균형에 이르고자 한다.

앞서 언급된 바와 같이 인지적 평형의 상태(equilibrium)는 고정되어 변하지 않는 어떤 상태가 아니라 둘 또는 그 이상의 작용들이 서로를 지속적으로 중화(neutralization)하는 가운데서 찾아가는 평형점이라고 할 수 있는데, 인지적 불균형의 상태(perturbation)에서 그러한 인지적 평형의 상태로 가기 위한 인식주체의 활동가운데 두 개의 분리될 수 없는 과정이 바로 동화(assimilation)와 조절(accommodation)이다. 인식주체는 어떤 물리적 혹은 개념적 구조를 이미 가지고 있어서, 어떤 대상을 알아 가거나 혹은 어떤 상황을 인식하는 과정에서 그 인식주

21) 적응과정에서의 '동화'와 '조절', 그리고 '도식'의 이해를 위한 더욱 구체적인 설명은 이후에 제시될 것이다.

체는 입력된 정보를 자신이 가지고 있는 구조의 틀에 맞추려고 어떤 식으로든 입력된 정보를 변형시키게 되는데, 이것이 동화 과정이다. 하지만 입력된 정보와 자신이 가지고 있는 구조의 차가 너무 클 경우, 인식주체는 스스로 가지고 있는 구조의 틀을 변형해야 하는 경우가 발생하는데, 이것을 조절 과정이라고 할 수 있다. 따라서 조절의 과정은 현재 인식주체 가지고 있는 구조를 적용했을때 불규칙성이나 혼란이 발생했을때 일어나는 정신활동이라 할 수 있다.

동화는 기존의 어떤 도식을 고수하면서 가능한 한 넓은 범위의 상황을 그 도식에 종속시키려고 하는 보수적 기능이며, 조절은 문제에 당면하여 자신의 도식을 충분히 음미하고, 문제를 해결하기 위해 조정·분화하는 적응기능이다. 예를 들어 '가', '나', '다'가 어떤 일련의 경험을 구성하는 요소들이라고 하자. '차'라는 새로운 경험이 추가되었을 때 그 경험에 상관없이 '가', '나', '다', '차'로 구성된 일련의 경험이 그 이전의 세 가지로 구성된 요소와 구별되지 않고 그대로 받아들여진다면, 이는 '차'의 동화과정이라 볼 수 있을 것이다. 그렇지 않고, 이전의 '가', '나', '다'의 경험을 근거로 하여 예상되어진 것과는 다르게 어떤 변화가 일어날 경우, 이는 행위주체자로 하여금 인지적 불균형을 야기하고, 이로 인해 행위자는 문제가 되는 다른 그 어떤 (이 경우에는 '차') 요소를 성찰하는 계기가 된다. 이러한 인지적 불균형의 경험은 '차'를 이전의 '가', '나', '다'와 구분지을 수 있게 하는 계기가 되며 '차'를 포함한 새로운 균형상태를 찾기위한 새로운 형태의 인지 구조의 형성이 바로 조절의 과정이라고 볼 수 있는 것이다.

이러한 동화와 조절 모두가 인간의 학습과정에 있어 아주 중요한 역할을 한다고 볼 수 있는데, Piaget는 학습이란 적극적인 동화과정을 통해서 가능하다고 하였고, 그러나 동화과정자체가 학습이라고는 볼 수 없으며, 학습이란 학습자의 기존에 구성되어진 도식이 역할을 하는데 있어 예상되지 못한 불규칙성과 불균형이 발생했을 때, 이를 해결하기 위한 조절 과정을 통해 일어난다고 하였다.

4 반영적 추상화

Piaget 이전에는 수학적 개념은 사물로부터 공통 성질을 추상화해서 얻어지는 것이라는 견해가 일반적이었다. 예를 들어 삼각형이라는 개념은 여러 삼각형들로부터 공통 성질을 뽑아낸 것이라는 견해이다. 그러나 Piaget는 물리적 경험과 논리 수학적 경험을 구분하고 사물로부터의(경험적) 추상화와 행동으로부터의 (반영적) 추상화를 구분하였다. 경험적 추상화는 관찰가능 한 것들이 관여되고, 그 근원이 외부에서 발생하며(exogenous), 반영적 추상화는 조정(coordination) 측면에서 볼 수 있고 그 근원이 내부에서 발생한다(endogenous)고 볼 수 있다. 경험적 추상화는 경험속에서 감각기관을 통해 인지된 성질들을 그 외 다른 감각경험들과 분리시켜 어떤 반복가능한 조합체로서 유지하는 것이다. 예를 들어 여러 종류의 사과들을 경험함으로서 감각기관을 통하여 구성된 정보들을 종합하여 추상적인 사과라는 개념을 형성할 수 있는데, 이러한 추상화된 조합체는 그 인식주체가 앞으로 경험하는 물체에 대해 '사과'라고 인지하는데 필요하게 된다. 경험적 추상화는 그 근원이 직접적으로 관찰가능한 감각정보들로부터 연유하긴 하지만, 그 추상화 과정이 간단한 것은 아니다. 아동이 주변에 있는 수많은 종류의 감각 정보들 중 의도적으로 일부의 감각 신호들에 주의를 기울이고, 이들을 하나로 통합된 감각신호들의 결합체로 조직해 내는 것은 영속성을 가진 물체(permant object) 개념을 형성하는데 아주 중요한 역할을 한다고 할 수 있다. 그러나 어떤 물체에 대해 하나의 개념으로서 추상화해내는 과정은 아동의 감각정보의 의도적 선택(attentional selection)과 조정(co-ordination) 이상의 정신적 활동을 요구한다. 위의 활동에 의해 하나로 조직된 감각 정보의 결합체들은 어떤 식으로든 인식주체(아동)에 의해 직접적인 경험의 장으로부터 한단계에 위의 수준에서 기록되어져야 한다. 그렇지 않다면 그 아동이 나중에 같은 종류의 감각정보들을 접하더라도 그것이 이전과 비교하여 다시 반복되어진다는 사실을 인식할 수 없는 것이다.

한편, 논리 수학적 경험은 예를 들어 돌멩이들을 어떻게 늘어 놓고 세어도 그 개수가 동일하다는 것을 아는 것이다. 이때 수라는 성질은 이전부터 돌멩이 속에 있던 것이 아니라 주체의 행동의 조정에 의해서 도입된 것이다. Piaget는 이러한 '행동으로부터의 추상화'를 '반영적 추상화'라 하고, 수학적 추상화는 본질상 반영적 추상화라고 보고 있다. 거의 모든 수학적 개념이나 지식의 이해는 단순한 물리적 추상화로서는 가능하지 않으며 반영적 추상화의 과정을 거쳐야만 한다. 반영적 추상화는 두 가지 국면으로 이루어진다. 첫째는 상황을 높은 수준으로 투사하는 것이며 둘째, 높은 수준으로 투사된 것을 재조직하는 것이다. 반영적 추상화의 과정을 통해 획득된 논리수학적 지식은 완성된 형태로 외부로부터 인지주체에게 주어지거나 전달되는 것이 아니라 외부로부터의 대상을 새로운 차원에서 재조직하여 주체 스스로 구성함으로써 얻어지는 것이다. 즉 주체 자신이 이전에 한 행동 또는 조작의 존재를 인식하여 보다 추상적인 조직화 수준에 반영함으로써 새로운 구조로 통합되는 과정이나 그 결과를 말한다. Piaget의 조작적 구성주의는 학습자가 지식을 수동적으로 수용하는 것이라는 종래의 통념을 부정하고, 학습자는 스스로의 능동적인 구성 활동을 통해 자신에게 의미 있는 지식을 구성해 나간다고 본다.

반영적 추상화의 결과 나타나는 것이 바로 자각(awareness)인데, 이는 인식주체가 인지적인 활동이 행해지는 조작의 대상을 인식하고 있을 뿐 아니라, 그 주체가 수행하고 있는 조작자체에 대해 인식하고 있는 것을 말한다. 인지적으로 활동하는 것은 그 자체로 지식의 형성에 커다란 역할을 하지만, 그것은 단지 어떻게 하는지 아는 것에 불과하다. 개념이 정립된 이해의 측면에서, 형성된 지식 그 자체를 대상으로 인식하는 단계는 대부분 훨씬 이후에 이루어지게 되는데, 이는 반영적 추상화의 결과로 나타나게 된다. 이렇게 하위 단계에서 사고의 도구였던 것이 사고의 대상이 되는 것을 Piaget는 주제화라고 설명하였는데, 그럼에도 불구하고 단지 어떻게 하는지 아는 것도 활동에 대한 만족할 만한 결과를 효과적으로 얻어낼 수 있다는 측면에서 초기의 지식형성에 아주 중요하다고 할 수 있다.

03 수학학습모델로서의 도식(scheme) 이론

Piaget의 균형이론을 이해하기 위해서는 '도식'의 개념을 빠뜨릴 수가 없다. 도식이란 행동과 조작을 반복적으로 가능하게 하고, 그것을 일반화 할 수 있게 하는 것, 즉 행동과 조작의 일반적인 양식을 말한다. 즉, 개인의 현존하는 지식과 행동이 통합된 정신구조를 말하며, 동화와 조절을 가능하게 하고, 조종하는 인지적 양식을 말한다. 도식이 내면화되고 동화와 조절의 과정을 통해 가역성을 획득할 때, 그 도식을 조작적 도식이라고 부른다. Piaget에게 있어 사고한다는 것은 조작하는 것이며, 지식은 조작체계라고 할 수 있다. 이와 같은 맥락에서 아동이 어떤 개념을 이해했다고 할 때, 그것은 그 개념을 이루고 있는 조작이 아동에게 형성되었다는 의미가 된다. 여기서 조작이란 내면화되고 조정되어 있는 가역적 행동체계이며, 이전의 행동양식이나 조정양식으로부터 출발하여 그것이 내면화되거나 분화, 조정되어 구성된다.

관찰자의 입장에서 수학적으로 관련되어져 있다고 생각하는 여러 가지 상황들 속에서(학생의 입장에서는 그렇지 않을 수도 있음에 유의해야 한다.) 지속, 반복적으로 일어나는 학생들의 목표지향적 (goal-direncted) 행위들을 관찰함으로써 학생들의 수학학습과정에서 쓰이는 도식을 관찰하고, 기술할 수 있다. 예를 들어 Kieren(1993)은 7살인 세 여학생들이 [그림 11-1]의 상황(일곱명의 막대사람들이 네개의 둥근 모양의 피자들을 똑같이 나누려 할 때)에서 그 답으로서 '반개와 한입'(a half and a bite)라고 묘사하였음을 보고하였다. 세 학습자가 한 사람의 몫을 반개와 한입이라고 표현하였을 때, 단순히 그 상황을 정확하게 모사하는 것 뿐만 아니라, 그 학생들이 사용했을 법한 수학-논리적 개념 조작들을 이해하고 체계적으로 기술해 내는 것이 수학

교육 연구자로서의 임무라 할 수 있겠다. '한사람이 얼마만큼의 피자를 몫으로 받을 수 있는가?'라는 질문과 일곱 막대사람들과 네 개의 둥근 피자그림들이 세 여학생들에게 보여짐으로써 형성된 위의 세 여학생들에 의한 동화된 상황(assimilated situation)을 공유상황(sharing situation)이라고 추론할 수 있는데, 이 추론은 그 세 여학생들의 활동의 결과(반개와 한입)에 근거한 것이다. 즉, 그 활동의 결과를 통해 세 명의 여학생들이 '네 개의 피자들을 일곱 사람이 나누는 공평한 배당'을 목표로 설정하고, 그에 따른 활동을 수행한 점에서 공유상황이 그 여학생에 의해 구성되었다고 추론할 수 있는 것이다.

도식이란 새로운 대상에 대한 적용을 통해 반복가능하고, 일반화 되어지는 행동이라는 Piaget의 정의에 근거하여 볼 때, 만일 그 세 명의 여학생들이 다른 상황에서 비슷한 공유활동을 하는 것이 관찰될 수 있다면(즉 공유활동이 반복되어 질 수 있고, 다른 상황에서도 적용될 수 있다면), 위의 공유상황에 수반되는 정신적 조작활동에 대한 직관적인 이해는 Piaget가 이야기하는 도식으로서의 공유활동(sharing activity)으로 해석되고 주장될 수 있을 것이다. 하지만, 그럼에도 불구하고, 관찰되어지는 '공유하는 행동'이라는 행위에만 주목하여 제한한다면 세 여학생들이 구성하고 있는 공유상황에 대한 도식의 개념에 대해 충분히 설명할 수 없을 것이다. 즉 도식이란 실제 관찰되는 행동이전 일어날 수 있는 것(정신적 활동)까지 주목하여 설명되어질 필요가 있으며, 실제 활동 역시 단순한 감각·운동 활동(sensory-motor action)이 아니라 최소의 감각·운동으로 드러나는 내면화 되어진 활동으로 설명되어져야 하며, 그 도식의 활동의 결과로 하여금 그 도식의 사용이 어떻게 마무리되는 지도 주목할 필요가 있다.

[그림 11-1] **공유 상황**

von Glasersfeld(1980)에 의하면 도식은 세 부분으로 이루어져 있다. 첫 번째, 학생에 의해 감각되고 인지되는 경험된 상황(experiential situation)과 둘째, 그 상황과 연결되는 그 학생의 특수한 활동 과정(activity), 셋째로 그 활동에 따라 발생하는 결과(result)이다. 첫 번째 부분인 '도식의 상황'은 상황에 대한 인식 즉, 동화 조작(assimilatiing operation)을 수반한다. 그러나 여기서 유의해야 할 점은 자극-반응 이론(stimulus-response theory)과 달리 여기서의 경험상황은 관찰자에 의해서가 아니라 바로 그 학생 당자사 자신들에 의해서 구성된다는 점이고, 또한 경험상황이 그 학생의 머릿속 어딘가에 그 형태로 그대로 존재하여 그대로 가져오는 것이 아니라, 과거 활동에 쓰여졌던 여러 가지 조작의 기록들이 현재 상황에 대한 동화과정 속에서 활성화되어 작용하는 것으로 본다. 또한 활성화된 과거 조작들은 인식틀(recognition template)을 구성하고 결국 형성된 인식틀에 근거하여 경험상황을 인식함으로서 동화 구조(assimilating structure)가 구성되는 것이다. 예를 들어 어떤 학생이 주어진 막대기의 오분의 일을 측정하려고 하는 경우, 정신적인 등분할 조작(mental partitioning operation)이 그 학생의 등분할 도식의 활동 과정을 구성할 수 있고, 그 활동에 따라 새로이 형성된 분할된 양(오분의 일)이 그 도식의 결과라 할 수 있을 것이다. 중요한 것은 도식에 따른 활동과 그에 따른 결과를 그 도식과 동떨어진 어떤 것이 아니라 그 도식을 구성하는 하나의 구성요소로서 생각해야 한다는 것이다.

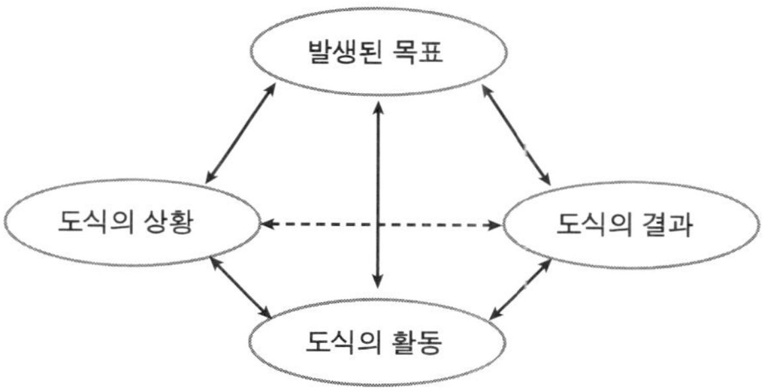

[그림 11-2] **도식의 구조**(Steffe, 2010)

[그림 11-2]는 도식의 구조를 도식화한 것이다. '발생된 목표'는 4면체 도형 맨 위의 정점이라 할 수 있는데, '발생된 목표'가 있다는 바로 이 점이 행동주의자들의 자극과 반응(stimulus- response)으로 표현되는 인지활동과 구별되는 점이다. 그리고 밑면을 이루는 나머지 세 꼭짓점들이 도식의 세 요소를 구성한다. 세 구성요소들 사이의 양방향 화살표는 세 구성요소들 중 어떤 한 요소도 나머지 요소들과 연관, 서로 비교되어 질 수 있음을 의미한다. '상황'과 '결과'사이의 점선으로 이어지 화살표는 결과가 예상되어 질 수 있음을 의미하며, 그 반대의 경우는 '결과'가 거꾸로 작동된 도식의 '상황'을 변경하기도 한다는 것을 의미한다고 볼 수 있다. 즉, '발생된 목표'는 반드시 '도식의 상황'과 연관되어져야 하고, 그 '도식의 활동'은 '발생된 목표'을 향해 이루어 져야 하고, '도식의 결과'는 다시 '발생된 목표'와 비교되어 져야 한다. 만일 '결과'가 '발생된 목표'를 만족시킨다면 그 도식은 활동은 완료된다.

예를 들어 [그림 11-1]의 문제에서 목표가 네 개의 피자들을 똑같이 나눌 때 일곱명 중

한사람이 가지는 몫을 찾는 것이라면, 결과는 '반개와 한입'이 되는 것이고, 만일 이 결과가 발생된 목표를 만족시킨다면, 그 세 명의 여학생들의 소위 공유(sharing) 도식의 활동은 완료된다고 할 수 있다. (물론 교사의 입장에서 보면, '반개와 한입'은 수학적으로 부정확하다는 이유로 '발생된 목표'를 만족시키지 못했다고 판단될 수 있다.) 중요한 것은 일곱 막대모양의 사람들 중 한사람의 몫을 찾으려는 목표의 발생은 어떤 식으로든 공유하려는 활동(sharing activity)을 유도한다. 이러한 의미에서 '목표'가 '활동'을 규정한다고 할 수 있는 것이다. 부분적 결과(예를 들어 반개씩 우선적으로 각각의 일곱사람들에게 나누어 준 상황)는 환원되어 처음에 '발생된 목표'와 비교된다. '발생된 목표'와 '결과'사이의 양방향 화살표가 바로 이러한 환원 체계(feedback system)를 의미하는 것이다.

만일 도식의 활동이 가역적(reversible)이라면, '발생된 목표'와 '상황'대신 '결과'가 주어졌을 때, 역으로 그 도식의 상황을 구성해 낼 수도 있다. 예를 들어 학생에게 한 개의 끈을 주고 그 끈의 1/2을 잘라내고 다시 그 1/2의 1/4을 잘라내라고 할 때, 그 학생은 자신이 가지고 있는 분수에 관련된 도식을 이용하여 교사의 요구에 맞게 결과물을 얻을 수 있었다고 하자. 이 상황에서 교사가 다시 그 학생이 구성한 결과물이 원래 끈의 얼마만큼에 해당하냐고 질문한다면, 그 학생은 이전에 쓰였던 도식의 결과를 이용하여 새 목표와 새로운 상황을 구성해야 한다. 1/8이라는 답을 찾는 과정은 우선 머릿속에서 답으로 얻은 네 조각의 1/8을 모아 1/2로 다시 만들어내야 하고 (즉 1/2을 등분할 된 네 조각의 1/8들의 모음으로 볼 수 있어야 하고), 다시 다른 1/2과 결합하여 원래 전체에 해당하는 끈을 구성할 수 있어야 한다. 이러한 과정에서 여전히 그 학생은 구성된 전체에 해당하는 끈을 각각 네 조각으로 이루어진 두 개의 등분할된 끈으로 볼 수 있어야 함은 물론이다. 이때 우리는 그 학생의 도식이 가역적이라고 할 수 있다. 왜냐하면, 그 학생은 역조작(inverse operation)을 통해 도식의 결과(끈의 1/8)로부터 도식의 상황(전체가 되는 하나의 끈)을 구성해 낼 수 있었기 때문이다. 따라서 어떤 도식이 가역적인 경우에는 그 도식의 결과가 도식의 가역적 활동을 통해 그 도식의 상황을 구성해 낼 수 있다.

'도식의 활동'과 '도식의 결과'사이의 화살표는 결과가 도식의 활동을 수정할 수도(결론적으로 결과 자체도 다시 변경되어지게 되는) 있음을 의미한다. 마찬가지로, '도식의 활동'이나 '도식의 결과'의 변경은 경험상황에서 형성되는 인식틀(recognition template)을 변경시킬 수도 있다. 따라서 도식은 본질적으로 매우 동적이며 언제나 주어진 상황에 따라 항상 변화하는 것으로 보아야 한다. [그림 11-2]는 또한 '도식의 목표'가 동화(assimilation)과정에서 발생할 수 있음을 보여준다. 예를 들어 [그림 11-1]의 상황에서 학습자는 막대기 모양의 사람 모습을 보더라도 즉시 특정 활동을 위한 목표를 설정하지 않을 수도 있다. 그 학습자에겐 그 막대그림은 단지 사람을 의미하는 것 그 이상이 아닐 수도 있는 것이다. 또는 학습자는 막대 모양의 사람이 하나가 아닌 여러 명이 있음을 인지하고, 몇 명인지 세는 것을 [그림 11-1]에 대한 동화과정 속에서 목표로 설정할 수도 있다. 이는 결국 세기활동(counting activity)으로 이어질 수 있는 것이다. '도식의 상황'과 '발생된 목표'사이, 그리고 '도식의 활동'과 '발생된 목표'사이의 화살표가 이러한 가능성을 나타내고 의미하고 있는 것이다. 그러나 한편으로 다른 사람(교사)이 그 학습자에게 동그란 원모양의 피자들을 막대모양의 사람들이 공평하게 나눌 경우 한 사람이 얼마만큼의 피자를 가질 수 있는 지를 질문한다면, 원래 동화된 도식의 상황에 대한 재해적이 이루어 질 수 있고, 그 학습자는 공평한 몫배당을 위한 조작(sharing operations)을 수행할 수 있을 것이다. 결론적으로 일곱명의 막대사람들 중 한사람의 몫을 찾고자하는 목표설정이 그러한 공유 활동을 일으킨 것으로 볼 수 있다.

04 Piaget 이론에 의거한 학습 · 지도원리

1 학습 원리

Piaget 이론에서 도출되는 학습 원리를 정리하면 다음과 같다.

1) 아동의 언어와 사고가 성인의 것과 다르다는 것이다. 교사는 이것을 인식하고 아동의 독특한 관점을 발견하기 위해 면밀히 관찰해야 한다. 예를 들면, 아동은 구체적 형태에서 논리적 조작을 할 수 있게 된 후에야 추상적 사고를 할 수 있으므로 학습의 초기에 언어나 상징적인 부호로 이루어진 문제와 지식을 도입해서는 안 된다. 즉, 형식적 수준에 도달하지 못한 단계에서는 구체물의 직접적인 활동만이 새로운 조작을 가능하게 한다. 따라서 처음에는 구체물을 다루는 실제적 행동으로, 그 다음은 그림을 이용하여, 그리고 마지막으로 순수한 기호만을 이용하여 문제를 취급하도록 해야 한다.

2) 아동은 대상에게 행동을 수행함으로써 학습하므로, 행동은 지식의 중요한 요소이다. 학습은 단순한 관찰로 얻을 수 있는 것이 아니며, 활동의 내적 구성과정 즉 반영적 추상화가 내재되어 있어야 하는데, 이는 외부에 대한 능동적인 반응을 통하여 획득되기 때문에 교사의 설명이나 시범에 의존할 수 없고 학생 스스로 자신의 인지 구조를 재구성해야 한다. 또한 학습은 갑작스런 통찰로 이루어지는 것이 아니기 때문에 행동하는 순간 저절로 학습이 이루어지지 않으며, 행동을 의식화 해야 한다. 즉, 수학학습을 위해서는 활동

과정을 점진적으로 조직하는 의식화의 과정이 필요하며 그 의식화의 정도만큼 학습이 이루어진다.

3) 지식의 성장은 의문, 모순 등에 의해 비평형된 상태를 평형화를 시도함으로서 이루어진다. 따라서 아동은 적절한 수준의 새로운 경험이 제시되었을 때 흥미를 느끼며 효과적으로 학습한다. 동일한 연령대의 아동들이라도 인지 구조들은 각기 다르므로 모든 아동들이 같은 사건을 흥미롭게 생각하거나 그것을 학습하는 것은 아니다. 이것은 아동들이 각자 자유롭게 자신이 선택한 과제들을 수행해야 한다는 의미이며, 성공적인 집단 수업이 결코 쉽지 않다는 것을 의미한다. Piaget는 또한 자기 조절이 학습의 중요한 측면임을 발견하였다.

4) 지식성장의 근원이 되는 의문, 모순, 사고 등의 재조직은 사회적 상호작용에 의해 촉진된다. 따라서 아동들은 학교에서 논쟁하고 토론하는 기회를 가져야 한다. 사회적 상호작용은 인지 성장을 촉진시킨다.

2 지도 원리

Piaget에 따르면 수학적 지식은 인간의 조작 활동에 그 근원을 두고 있으므로, 수학 수업에서 그러한 수학적 지식의 발생적 근원이 되는 조작을 강조해야 한다는 시사를 얻을 수 있다. 또 수학적 지식 구성의 과정은 반사와 반성으로 이루어지는 반영적 추상화의 과정이므로, 자신의 조작 활동을 사고의 대상으로 삼아 반성하는 활동을 수학 수업에서 강조해야 한다. Piaget가 교육에 크게 기여한 것들 중 하나는 아동의 수학적, 논리적, 과학적 개념의 발달에 대해 광범위한 자료들을 제공하였다는 것이다. 이러한 정보들은 아동의 학습 능력의 한계를 측정하고 교과 과정을 평가하는 데 사용될 수 있다. 또한 새로운 학습 경험을 발달시키고 직관과 의식 간의 격차를 없애기 위해 사용될 수도 있다. 또한, Piaget의 임상적 방법은 진단과 평가의 유용한 도구이며, 교실에서 교사들이 학습을 촉진시키는 기술을 습득하는 데 도움을 줄 수 있다.

Piaget 이론의 초점은 인지발달에 기반을 두기 때문에 교수 내용을 조직화하기 위한 몇 가지의 교수 · 학습이론이 이 이론으로부터 발전될 수 있다.

인지적 갈등 경험-갈등 유발 교수 전략

학생들이 가지고 있는 지식(도식)은 동화를 통하여 더욱 강화되지만, 조절이라는 변화의 과정을 겪을 때 주요한 학습이 이루어진다고 할 수 있다. 자신의 인지 구조(Schema)에 맞는 과제를 접하여 동화만 일어났을 때, 아동은 새로운 학습을 했다고 보기 어렵다. 따라서 과제는 학습자의 지적구조와 관련되면서도 인지적 불균형을 일으키도록 적절히 도전적이고 긍정과 모순이 되는 다양한 대안을 탐구할 수 있는 수준이어야 한다. 여기서 '적절한' 불균형이란 너무 간단해서 지루해 하거나, 반대로 아예 이해할 수 없는 수준의 과제제시가 아닌 도전의식을 불러 일으켜, 성장을 고무시키는 수준을 말하는데, 이에 도움이 되는 것은 그 학생의 수학적 사고 수준을 정확히 판단하여, 사고를 촉진하는 질문을 하고, 오류로 이끄는 상황을 설정하는 것이다. 즉 학생이 생각하기에 일어나야 하는 상태와 실제로 일어나는 상태 사이의 모순을 경험할 때, 그들은 자신의 이해를 다시 생각해 볼 것이고 새로운 지식이 발달한다는 것이다.

예를 들어, 자연수의 나눗셈 문제의 경우 어떤 학생이 자연수의 곱셈과 나눗셈에 대한 도식이 형성되어 있으면, 나머지가 없는 나눗셈 문제(예를 들어, 20개의 사탕을 봉지 하나에 4개씩 나누어 담으면 몇 개의 사탕봉지를 만들수 있을까요?)에 대해서는 아무런 갈등을 느끼지 않고, 형성되어 있는 자연수의 나눗셈 도식에 동화시켜 문제를 풀 수 있다. 그러나 나머지가 발생하는 자연수 나눗셈 문제의 경우(예를 들어 19개의 사탕을 4개씩 묶는 경우), 그 학생이 분수개념에 관한 도식이 전혀 형성되어 있지 않다면, 두 가지의 반응을 예상할 수 있다. 첫째, 19개의 사탕을 4개씩 묶어 4 봉지를 만든 후, 나머지 3개 사탕은 무시하고 단지 완성된 4개의 봉지만 고려하여 답을 4봉지라고 답할 수 있다. 이런 경우에는 그 학생의 자연수 나눗셈 도식이 현재 문제 상황을 동화하는데 아무런 갈등없이 활용되었다고 할 수 있겠다(물론, 교사의 입장에서 보면, 만족스럽지 않을 수 있다). 두 번째 예상할 수 있는 반응은 그 학생이 사탕 4개씩 4봉지를 만든 후, 나머지 3개의 사탕에 주목하여 완성된 1봉지로 만들 수 없음을 인지하고 갈등을 겪는 경우이다. 만일 이러한 갈등을 겪을 때 그 학생이 분수에 대한 도식이 전혀 형성되어 있지 않다면, 이 문제 상황은 그 학생의 입장에서는 불가능한 상황으로 인식되어 해결되지 않는 갈등상태로 남을 수도 있다.

위의 두 가지 예시된 상황은 Piaget가 주장하는 '적절한' 갈등과는 거리가 있다고 할 수 있다. 왜냐하면, 첫 번째 반응은 교사입장에서 만족스럽지 않은 해결을 했음에도 불구하고, 전혀 인지적 불균형을 일으키지 못한 경우이고, 두번째의 반응은 그 학생이 감당할 수 없는 불균형의 상태로 유도한 셈이 되기 때문이다. 따라서 이는 나머지가 남는 자연수의 나눗셈 문제를 분수에 관한 개념도식이 형성되어 있지 않은 학생에게 제시하는 것은 '적절한' 갈등을 일으키는데 적절하지 않을 수 있음을 시사하는 것이며, 실제로 Shin(2010)은 이미 분수 개념도식이 형성되어 있는 중학교 학생들과의 교수실험에서 나머지가 남는 나눗셈 문제에서 나머지를 처리하기 위해 분수 개념도식을 활용하는 것이 아무런 갈등을 일으키지 않는 자연스러운 동화과정이 아니라, 어느 정도의 인지적 갈등을 일으키며, 그 학생들의 자연수 나눗셈 도식과 분수도식이 통합되는 조절과정이 필요함을 보여주었다.

능동적인 발견학습-활동중심 교수 전략

Piaget는 교육을 '지식의 언어적 전달보다 아동의 자발적 학습을 도와주는 방식'이라고 보았다. 따라서 그는 학생들이 학습한 진리를 재발견하고, 재구조화할 수 있도록 능동적 방법을 사용하도록 권유했다. 교사의 백 마디 말보다 아동 스스로의 한 번의 실행이 머리에 더 오래 남고, 인지 발달을 촉진시킬 수 있다. 학생들은 스스로 외부세계를 단순히 탐색하는 것만으로도 상당한 지적향상을 가져온다. Piaget가 말했듯이 우리가 아동에게 어떤 것을 가르칠 때마다 우리는 그 아동이 자신의 관점에서 그것을 발견해 내는 것을 방해할 것이다. 따라서 교사는 지식을 주입시키려고 하기보다는 아동의 흥미와 관심을 일으키는 자료를 제공하고, 유용한 문제를 제시함으로써 학생들이 자발적으로 조직하고 창조할 수 있는 상황을 만들어 주어야 한다.

중요한 점은 아이들이 편안한 마음으로 동일한 과제에 대해 다른 방식으로 문제해결을 시도하거나 실수를 하게 하는 그런 자유로운 활동환경을 만들어 주어야 한다는 것이다. 위협적이고 강압적인 분위기에서는 아동들의 활발한 인지갈등이 이루어지지 않는다. 따라서 답답하다고 해서 윽박지르지 않도록 한다. 교사는 아동이 스스로의 탐구나 발견 활동을 통해서 만족스러운 해답을 얻을 때까지 인내심을 가지고 기다려야 한다. 교사의 과도한 직접적 개입은 지양되고, 교사는 아동의 인지 발달 수준이나 혹은 그 장애를 진단하고, 적절한 시기를 포착하여 아동이 인지 갈등을 경험하도록 하는 역할을 갖는다. 교사가 직접 제시하거나, 답을 알려주면 아이들의 인지 발달은 절대 이루어지지 않는다.

학생들이 자발적인 활동을 통해 문제를 해결해가는 과정에서 새로운 다른 방식으로 문제해결을 시도하거나 실수하도록 유도해야 한다. 그러기 위해서는 다양한 학습기회를 제공하여 다양한 방법으로 문제를 해결하도록 하되, 새로운 시도에 대한 학습자의 실수에 대해 긍정적인 피드백을 주어 자신감과 도전감을 고취시켜 줄 수 있어야 한다. 또한 성급히 결론을 내려버리는 학생에게는 반대의 예를 제공하여 또 다른 시도를 장려한다. 지식은 항상 학습자에 의해 구성되며 현실의 표면적인 모방이 아니라 조작적 사고 과정을 포함하고 있다. 즉 사물에 대한 활동의 기회를 주는 상황이 지적인 진보를 낳는다.

예를 들어 분수의 덧셈문제를 생각해 보자. 분수에 관한 기본 개념 도식[22]이 있는 학생이라 할 지라도 1/2과 1/3을 더하는 것은 결코 쉬운 문제가 아니다. 즉, 어떤 학생이 자연수의 덧셈도식을 그대로 활용하여 이 문제상황을 동화시킨다면, 아마 분자들의 합과 분모들의 합을 구하여 2/5라는 답을 얻을 수 있을 것이다. 다시 말해 분수의 덧셈을 위한 도식은 자연수의 덧셈도식이 동화과정을 통해 자연스럽게 확장되거나, 혹은 약간의 조절과정을 통하여 해결될 수 있는 상황이라고 보기 어렵다고 할 수 있다. 이런 경우 문제해결을 위한 학생들의 자발적 활동을 유도하려는 시도나 이에 따른 학생들의 능동적 탐구과정없이 바로 교사가 직접적으로 개입하여 통분의 개념을 소개하고 5/6라는 답을 구할수 있음을 보여준다면, Piaget가 주장하는 능동적 발견학습, 활동적 교수전략과 배치되는 교수방법이라고 할 수 있다.

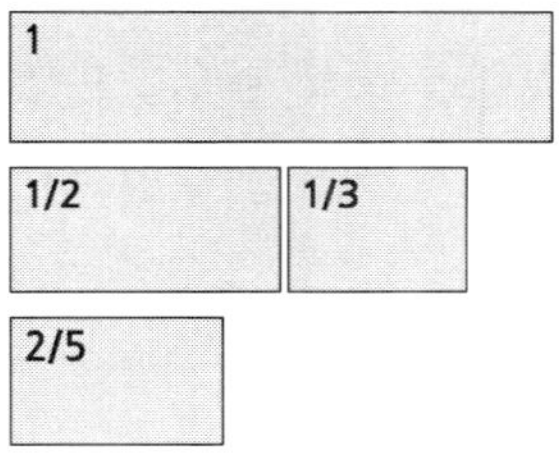

[그림 11-3] JavaBars를 이용한 분수량의 구성

[그림 11-3]은 JavaBars[23] 프로그램을 이용하여 1이 되는 단위량을 정하고 그에 따른 분수량을 구성한 것이다. 우선 학생들이 직접 프로그램을 통하여 분수량을 구성해봄으로써 (1/2을 구성하기 위해서는 단위량을 둘로 등분할하여, 그 중 하나를 복사하고, 1/3을 구성하기 위해서는 단위량을 셋으로 등분할하여 그 중 하나를 복사하고, 2/5를 구성하기 위해서는 단위량을 다섯으로 등분할하여 그 중 두개을 선택 복사하여 서로 연결할 수 있다), 비교를 통해 1/2과 1/3의 합은 2/5와 같지 않다는 것을 발견할 수 있다. 이는 학생들은 자신들의 자연수 덧셈에 대한 도식의 동화과정을 통해서는 분수의 덧셈 문제상황을 해결할 수 없음을 깨닫는 계기가 되고, 갈등상황이 유도되어 여러가지 활동을 통해 다른 대안을 모색해 보는 동기가 유발된다. 따라서 그 다음 단계로 1/2과 1/3의 합을 구하기 위해 두 분수량을 연결하여 하나의 양으로 만들었을 때 새롭게 생성되는 분수량이 얼마인지를 알아내는 것이 학생들에게 새로운 문제상황이 될 수 있다 ([그림 11-4] 참조).

---

22) Steffe(2002)는 이를 partitive fraction scheme이라고 보고하였다.

23) JavaBars는 분수학습을 위한여 고안된 컴퓨터 프로그램으로, 학습자는 이 프로그램을 이용하여 임의의 단위량을 구성하고, 등분할(partitioning), 복사(copy), 반복(repeat),PULLOUT 등의 조작을 통하여 분수량을 구성하고 덧셈 등의 연산을 위하여 재조작할 수 있다. (참고. http://math.coe.uga.edu/olive/welcome.html)

[그림 11-4] **단위량(1)과 1/2과 1/3의 합의 비교**

만일 학생들이 새로 생성된 1/2과 1/3의 합을 (단위량을 기준으로) 얼마만큼인지 알아내는 것에 어려움을 겪는다면, 학생들의 보다 생산적인 탐구활동을 위해 교사는 적절할 문제상황으로 안내할 수 있다. 예를 들어 현재의 문제상황에서 학생들이 어려움을 겪을 경우 다음과 같은 질문이 가능할 것이다. '1/2과 1/3을 한 번의 등분할로 단위량에서 동시에 얻으려고 합니다. 몇 개로 나누어야 단 한 번의 등분할로 1/2과 1/3을 얻을 수 있을까요?' 1/2과 1/3을 각각 두 개, 세 개의 등분할을 통해 단위량으로부터 따로따로 구성한 학생들에게 위의 문제는 갈등을 일으키는 새로운 문제상황이 될 수 있고, 여러 번의 시행착오를 거치면서 가능한 숫자들을 찾게 되고 그 공통점을 찾아가는 과정에서 공배수의 개념과 더 나아가 통분의 개념이 의미있게 구성될 수 있다 (물론, 이러한 과정들이 짧은 시간 안에 이루어지는 것은 아니므로, 교사는 인내를 가지고, 학생들이 자유롭게 활동할 수 있도록 도와주어야 할 것이다.)

학습자간의 상호작용 촉진-협동학습 장려

교육에서는 학습자의 사회적 활동을 강조해야 한다. 사회적 경험, 즉 다른 학생들과의 자유롭고 긴밀한 의사소통을 통해 학습이 일어나도록 해야 한다. 어떤 지식 내용은 다른 학생들과의 상호작용으로 더욱 학습이 잘 이루어질 수 있다. 자신의 생각을 이해시키거나 또는 다른 학생들의 생각을 이해하기 위해 의사소통을 하는 과정에서, 인지적 갈등상황에 많이 노출되어 서로의 인지적 발달을 촉진시킬 수 있다. 따라서 집단 구성원 간에 상호작용을 통해 서로의 대안을 공유하고 상호질문을 통하여 탐구를 촉진시키는 협동학습을 장려해야 할 필요성이 있다. 학생 상호간의 협동과 상호 작용으로 교실은 공동으로 수행하는 진정한 경험적 활동이 중심이 되어야 하며, 그것을 통해 학생들은 논리적 사고가 정교화될 수 있다.

진정한 논리적 사고는 구체적 조작기로 설명되는 구체적 조작 구조의 구성으로 시작된다. 다른 내면화된 행동들과는 달리 구체적 조작은 가역적이며, 지각적 단서들에 대해 독립적이다. 구체적 조작기 아동의 사고는 자기중심적이 아니다. 그래서 아동은 다른 사람이 자기와 다른 결론을 내릴 수 있다는 것을 알게 되며 결과적으로 자신의 사고에 대한 타당성을 추구하게 된다. Piaget에 따르면 자기중심으로부터 해방은 근본적으로 또래 집단과의 사회적 상호 작용을 통해서 일어난다. 이러한 또래 집단은 서로 사회적 상호 작용을 통해 자기 생각을 입증하려는 의지를 갖게 된다. 이러한 사회적 상호작용을 통해 자신이 가진 도식을 조절하는 과정 중 하나를 Steffe와 Wiegel(1994)은 회고적 조절(retrospective accommodation)이라고 하였는데, 회고적 조절이란 학습자의 입장에서는 볼 때 직면한 갈등상황을 해결하기 위해 자신 스스로가 자신이 가지고 있는 개념적 도식을 선택하고 사용한다는 점에서 조절이라고 볼 수 있지만, 관찰자의 입장에서 볼 때에는 그러한 개념적 요소들이 다른 학생 또는 교사와의 상호작용의 결과 이루어졌다고 판단되기 때문에 단순한 조절과는 구분된다.

발달수준 고려-인지발달단계에 맞는 교육

아동은 성인과는 질적으로 다르게 정보를 해석하고 조작하기 때문에 아동 각각의 발달단계 특성에 맞추어 학습 과제를 조직, 해석, 제시해야 한다. 그러므로 학습계열을 결정하여 순차적으로 가르치고, 교과과정은 아동의 인지수준에 기초하여 구성되도록 하며, 발달수준에 맞도록 지도한다. 처음부터 너무 어려운 것을 하지 말고, 쉬운 것에서 어려운 것으로 나아가야 한다는 것이다. Piaget의 이론은 학습의 도달 목표를 선택하는 단서를 제공할 뿐만 아니라 목표와 연관된 학습 과제를 교육과정에 나타내는 계열을 시사한다. 예를 들면 아동이 물질 보존을 이해하는 데 있어서 처음에는 양의 보존을 이해하고 다음으로 무게의 보존, 그리고 부피의 보존을 이해한다는 사실은 학습 과제의 순서를 시사한다. 또, 감각 운동기에 있는 아동들에게 교사는 가지고 놀 수 있는 많은 물체가 있는 환경을 제공해야 한다. 반면에, 구체적 조작기에 있는 아동은 구체적인 물체를 사용하여 위치를 정하고, 분류하며, 순서를 정하는 문제들을 포함한 학습 활동을 필요로 한다. 교사는 아동의 개념발달 수준과 과제의 복잡성을 언제나 연결시켜야 하며 아동들에게 무엇을 어떻게 가르치는가에 항상 주의를 하여야 한다. Piaget는 이상적인 학습상황은 아동의 인지수준과 과제의 복잡성의 수준이 부합될 때라고 하였다. 교사가 잘 구성된 교과서로 흥미진진한 수업계획을 가지고 있다고 하여도 대부분의 아이들이 자료의 내용을 이해하는데 필요한 인지 구조나 조작능력을 가지고 있지 못하다면 수업의 효과를 보지 못할 것이다. 따라서 발달 수준을 고려한 수업 진행을 위해, 다양한 질문과 과제제시로 학습자의 사고수준을 알아보는 것이 우선적으로 필요하다. 교사는 제시한 문제를 학생이 어떻게 해결하려고 노력하는 가를 조심스럽게 관찰해야 한다. 학생이 어떤 종류의 논리를 사용하는지, 상황의 한 가지 측면에만 집중하지는 않는지, 겉모습에 현혹되지 않는지, 해결책을 체계적으로 제시하는지, 아니면 추측으로만 하는지, 이미 시도했던 것을 잊어버리지는 않는지, 또 학생이 어떻게 문제를 해결하려고 노력했는지를 직접 물어보아야 한다.

또한 불필요하게 아동의 지적발달을 가속화시키려고 해서는 안 된다. 인지발달이란 타고난 내적인 어떤 것에 의해 이루어지는 것이기 때문에 인지발달을 가속화시키려는 노력은 성공하기 힘들며, 설혹 성공한다 하더라도 인간의 전체적인 발달의 관점에서 그 가치가 의심스러운 것이다. 다시 말하면 교육자는 인간의 인지발달의 가속화에 관심을 두기 보다는 정상적으로 발달해야 할 인지가 환경적 영향으로 인해 지체현상을 보일 때 그 원인을 규명하여 장애요인을 제거해 주는 일에 심혈을 기울여야 한다는 점에서 수업에 시사하는 바가 크다. 발달은 자발적으로 이루어져야 하므로 교육은 개인을 가르치는 것이 아니고 잘 발달하도록 도와주는 것이다. 연령에 따른 발달단계와 Piaget의 인지발달 단계 연령은 개인에 따라 다를 수 있으며, 동일 단계의 학습자들도 과제에 따라 다른 인지능력을 보일 수 있다.

반복과 연습의 기회제공-적용능력 강조

Piaget의 인지적 동기 이론이 제시해 주는 또 하나의 교육적 의의는 반복 연습이라고 할 수 있다. 아동에게는 일단 하나의 새로운 인지 구조를 획득하게 되면 그것이 완숙되거나 공고화될 때까지 반복해서 사용해 보고 싶어하는 성향이 있다. 이것은 단순한(구구단과 같은) 반복연습을 의미하는 것이 아니라 경험적, 반영적 추상화에 의해 형성된 도식을 반복, 확장하려는 인지주체의 자연스러운 성향을 이야기하는 것이다. 이는 주로 새로운 문제 상황에 대처하기 위한 인지주체에 의해 이미 형성된 도식을 이용한 동화과정에 연관되는 것이며, 따라서 반복이나 연습은 지식의 형성과 구성에 필수적인 요소라고 하겠다. 그러므로 교사는 한 가지 상황에서 학습한 원리를 새로운 상황으로 적용하는 능력을 강조하여야 하며, 더 나아가 어떤 상황들이 현재 학생들이 가지고 있는 도식을 반복사용함으로써 해결가능한지 지속적으로 고민해야 한다.

예를 들어, 한 학생이 앞선 예와 같은 자연수 나눗셈에 대한 도식을 가지고 있는 경우, 이를 단위분할 도식(unit-segmenting scheme)[24]을 형성하였다고 할 수 있는데, 단위 분할 도식의 강화를 위한 다양한 자연수 나눗셈 문제를 제시하는 것은 Piaget의 반복과 연습의 기회

24) 단위분할 도식이란 어떤 주어진 양을 주어진 또 다른 양을 단위로 하여 분할 또는 측정해야 할 경우, 분할이나 측정 활동을 수행하는데 단위량이 몇 번이나 쓰였는지를 아는 것이다. 이러한 상황을 우리는 나눗셈상황이라고 부를 수 있으며, 따라서 단위분할 도식은 자연수 나눗셈 지식의 핵심 도식이라 할 수 있는 것이다 이러한 종류의 자연수 나눗셈을 '포함제' 나눗셈으로 분류하기도 한다.

제공의 원리에 부합한다고 할 수 있겠다. 더 나아가, 만일 학생이 기본 분수 도식을 이미 가지고 있다고 교사가 판단할 수 있는 경우에는 반복연습 기회제공의 연장선상으로서 분할하는데 쓰이는 단위량을 분수량으로(예를 들면, 6÷3/4과 같은) 제시할 수도 있을 것이다. 실제로 Shin(2010)은 앞선 두 중학생과의 교수실험에서 그들이 가진 단위분할도식의 상황이 자연스럽게 분수량을 포함한 상황으로 확장될 수 있음을 보여주었고, 이를 일반화의 동화(generalizing assimilation)[25]라고 하였다.

참고문헌

강옥기(2000). 『수학과 학습지도와 평가론』. 서울 : 경문사.

김양희(2006). 『교사를 위한 수학교육론 특강』 서울 : 10101.

김억환(1989). 「Piaget 理論의 教育的 適用」. 《건국대학교 교육대학원 教育論叢》 11.

김억환·조성일. 「삐아제의 概念에 基礎한 社會的 授業戰略」. 《論文集》 6.

김응태·박한식·우정호(2007). 『수학교육학개론』 (3rd ed.). 서울 : 서울대학교출판부.

김제한(1990). 『발달심리학』. 서울 : 학문사.

김 진(2000). 「교사임용고사대비 수학교육론」《열린교육》.

김홍회·이방자(2002). 「認知發達 水準에 따라 實科 問題解決 授業이 學習者의 創意性 伸張에 미치는 效果」. 《초등교육연논총》 18(1).

문수백·양경수(1997). 「Piaget의 인지발달 단계별 계열적-동시적 처리과정 프로파일 분석」. 《대구효성가톨릭대학교 교육연구소 교육연구논집》 5.

박성택(2006). 『수학학습심리학과 교수-학습 전략』. 서울 : 경문사.

성현란(2003). 『인지발달』. 서울 : 학지사.

송명자(2005). 『발달심리학』. 서울 : 학지사.

신현성(2004). 『새 이론에 근거한 수학교육론』. 서울 : 경문사.

우정호(2000). 『수학 학습 지도 원리와 방법』. 서울대학교출판부.

우정호·홍진곤(1999). 「반영적 추상화와 조작적 수학 학습-지도」. 《수학교육학연구》 9(2), pp.383-404.

이경우(1987). 『피아제 이론의 교육적 적용』. 서울 : 교문사.

임규혁(2005). 『교육심리학』. 서울 : 학지사.

임재훈·홍진곤(1998). 「조작적 구성주의와 사회적 구성주의에서 구성의 의미와 과정」. 《수학교육학연구》 8(1), pp.299-312.

25) 동화과정에서 사용된 도식이 현재 도식에 포함되어 있지 않은 새로운 감각정보나 개념요소들이 관여된 상황에서 쓰이지만, 도식을 사용하는 인지주체는 아무런 인지갈등을 느끼지 않을 때, 동화과정이 일반화된다고 이야기할 수 있다.

황혜정 · 나귀수 · 최승현 · 박경미 · 임재훈(2007). 『수학교육학신론』. 서울 : 문음사.

Boden, M. A.(1999). *Piaget.* 서창렬 옮김. 서울 : 시공사.

Ginsburg, H. P., & Opper, S.(2006). 『피아제의 인지발달이론』 김정민 옮김. 서울 : 학지사.

Kieren, T. E. (1993). Rational and fractional numbers : From quotient fields to recursive reasoning. In T. Carpenter, E. Fennema & T. Romberg (Eds.), *Rational numbers : An integration of research* (pp.49-84). Hillsdale, NJ : Erlbaum.

Olive, J., & Steffe, L. p.(2002). Schemes, schemas and director systems- an integration of Piagetian scheme theory with Skemp's model of intelligent learning. In D. Tall & M. Thomas (Eds.), *Intelligence, learning and understanding in mathematics.* Flaxton, Australia.

Piaget, J. (1950). *Psychology of intelligence.* London : Routledge and Kegan Paul.

Piaget, J. (1980a). *Adaptation and Intelligence, organic selection and phenocopy.* University of Chicago Press.

Piaget, J. (1980b). Opening the debate. In M. Piattelli-Palmarini (Ed.), *Language and learning : The debate between Jean Piaget and Noam Chomsky* (pp.23-34). Cambridge : Harvard University Press.

Shin, J. (2010). *Students' construction of fractional knowledge through modification of their generalized number sequence*(GNS). Unpublished Dissertation. University of Georgia.

Steffe, L. p.(2010). Perspectives on children's fraction knowledge In L. p.Steffe & J. Olive (Eds.), *Children's fractional knowledge* (pp.13-25). New York : Springer.

Steffe, L. P., & Olive, J. (2010). *Children's fractional knowledge.* New York : Springer.

Steffe, L. P., & Wiegel, H. G. (1994). Cognitive play and mathematical learning in computer microworlds. *Journal of Research in Childhood Education*, 8(2), pp.117-131.

von Glasersfeld, E. (1980). The concept of equilibration in a constructivist theory of knowledge. In F. Benseler, p.M. Hejl & W. K. Kock (Eds.), *Autopoiesis, communication, and society* (pp.75-85). Frankfurt, Germany : Campus.

von Glasersfeld, E. (1982). An interpretation of Piaget's constructivism. *Revue Internationale de Philosophie*, 36(4), pp.612-635.

von Glasersfeld, E. (1984). An introduction to radical constructivism. In p.Watzlawick (Ed.), *The invented reality* (pp.17-40). New York : Norton.

von Glasersfeld, E. (1991). Abstraction, re-presentation, and reflection : An interpretation of experience and Piaget's approach. In L. p.Steffe (Ed.), *Epistemological foundations of mathematical experience* (pp.45-67). New York : Springer-Verlag.

von Glasersfeld, E. (1997). Homage to Jean Paiget (1896-1982). *Irish Journal of Psychology*, 18(2), pp.293-306.

Chapter 11

생각해 볼 문제

01 Polya는 수학적 문제해결 과정을, Piaget는 수학적 사고 과정을 각각 연구하였다. (총4점)

[1998년 기출]

(1) Polya의 이론에 따를 때, 문제해결 과정의 네 번째 단계에서 하는 활동은 구체적으로 어떤 것인지 세 가지 예를 제시하시오. (2점)

(2) Piaget의 이론에 따를 때, (1)의 활동은 반영적 추상화(reflective abstraction)와 어떻게 관련되는지 설명하시오. (2점)

02 다음에 주어진 상황을 읽고, Piaget의 균형 (평형)이론에 비추어 밑줄 친 (a)와 (b)의 장면에서 학생의 상태를 해석하시오. [3점]

[2005년 기출]

김 교사는 학생들에게 확률 개념을 지도하였다. 이 수업 후에 A학생에게 주사위를 한 번 던져서 1의 눈이 나올 확률은 얼마인지 물었을 때 (a)학생은 1/6이라고 답하였다. 다음에 교사는 똑같은 2개의 동전을 던질 때 모두 앞면이 나올 확률이 얼마인지 물어보았고, 이 학생은 전체 경우의 수가 3이므로 확률이 1/3이라고 답하였다. 이에 대하여, (b)교사는 전체 경우의 수가 4이므로 정답은 1/4이라고 말하였다.

03 Piaget의 수학 인식론에서 수학적 개념이 발생되는 메커니즘을 설명하는 핵심적인 이론이 '반영적 추상화'에 대한 이론이다. 이러한 반영적 추상화와 반영적 추상화가 일어나는 과정을 설명하시오.

MEMO

Chapter 12 수학적 문제해결

George Pólya
(1887~1985)

An Agenda for Action(NCTM, 1980)의 '문제해결이 학교 수학의 초점이 되어야 한다.'는 첫 번째 권고를 언급하지 않더라도 문제해결은 학교 수학의 전통적인 목표였고 현재도 마찬가지이다. 그러나 수학 교실에서 교사가 어떤 문제를 해결하고 학생은 유사한 문제를 교사가 제시한 방법으로 해결하는 형식적이고 기계적인 방법으로 문제해결이 지도된다면 학생들의 수학에 대한 흥미를 떨어뜨리고, 그들의 지적 발달을 해치는 결과를 초래하게 될 것이다.

Polya(1957)는 수학교사가 학생들에게 그들의 지식으로 풀 수 있는 적절한 문제를 제공함으로써 호기심을 불러일으키고, 자극적인 질문을 통해 문제를 해결할 수 있도록 도움으로써 학생들이 자기 자신의 사고에 대한 의미와 방법을 알 수 있도록 도와야 한다고 주장했다.

NCTM(1989, 2000)의 교육과정 관련 문헌과 우리나라 2007년 개정 수학과 교육과정(교육인적자원부, 2007)에서는 학생들의 탐구적인 활동에 기반을 둔 문제 해결력 신장을 강조하고 있다. 이 문헌들에서 문제해결은 탐구와 응용에 핵심적인 것으로서, 문제설정 활동과 함께 수학적인 아이디어를 학습하고 아이디어를 적용할 기회를 제공하기 위하여 수학 교육과정 전체에 걸쳐 다루어져야함을 역설하고 있다.

본 장에서는 문제와 문제해결의 의미 및 전략, 문제해결과 문제제기의 관계, 문제해결의 교수·학습 방법에 대하여 주로 다룬다.

01 문제와 문제해결의 의미

1 문제해결의 의미

수학교육의 목표일뿐만 아니라 주요한 수단(NCTM, 2000)인 문제해결은 즉시 적용할 수 있는 방법이 알려져 있지 않은 경우 적절한 수단을 통해 방법을 찾는 것이며, 어려움을 이기고 방법을 찾는 것이며, 장애를 극복하는 방법을 찾는 것이며, 쉽게 얻을 수 없는 원하는 목표에 도달하는 것이다(NCTM, 1989, p.75).

문제해결 분야의 연구에 두드러진 영향을 끼치고 있는 Polya(1962)는 지식을 정보와 방법적 지식(know-how)으로 구분하고, 방법적 지식의 중요성을 강조했다. 여기에서 방법적 지식은 즉각적으로 해결되지 않는 문제, 즉 자주성, 판단력, 독창성, 창조성을 필요로 하는 문제를 해결하는 능력을 의미한다. 정동권 외(2009)는 많은 학생들이 문제를 해결하는데 필요한 수학적 지식을 가지고 있으면서도 문제를 해결하지 못하는 것이 지식의 내용적 측면 이외의 요인이 문제해결에 작용하고 있음을 보여주는 예이며 지식의 방법적인 측면은 지식의 구성적인 측면과도 연결된다고 강조했다. Polya(1971)는 학교 수학에서 실험적이고 귀납적인 수학보다 엄밀하게 제시된 연역적인 수학이 강조됨으로써 발생 상태 그대로의 수학, 즉 수학의 구성 과정을 주목하지 않게 되었다고 비판했다. 실제로 수학의 구성 과정은 수학자들이 문제를 해결하는 데 사용해 온 실제적인 방법인 발견술을 터득할 수 있는 중요한 학습의 장이라고 할 수 있다. Schoenfeld(1985)는 문제해결의 성패와 관련된 지식과 행위 요인으로 Polya(1971)가 제시한 자원(resource), 발견술(heuristics) 이외에도 통제력(control), 신념체계(belief system)와 같은 정의적 요인을 추가하였다(<표 12-1>).

〈표 12-1〉 **수학적 문제해결 수행의 적절한 묘사에 필요한 지식과 행위**

자원(resource)	주어진 문제를 해결하는데 필요한 개인의 수학적 지식 • 해당 영역에 관련된 직관과 비형식적 지식 • 사실 • 알고리즘 절차 • 기계적인 비알고리즘적 절차 • 해당 영역의 탐구를 위해 합의된 규칙에 대한 이해(명제적 지식)
발견술(heuristics)	비표준적인 문제에서 진전을 이루기 위한 전략과 기술 • 효과적인 문제해결을 위한 어림규칙 • 그림 그리기 • 적절한 기호 도입 • 관련 문제 활용 • 문제의 재형식화 • 거꾸로 풀기 • 절차의 시험과 검증

통제(control)	자원과 전략의 선별과 채택에 관한 전체적인 결정 • 계획 • 모니터링과 평가 • 의사결정 • 의식적인 메타인지적 행위
신념체계 (belief system)	개인의 수학관, 개인적 행위를 결정하는 요인 • 자신에 대한 신념 • 환경에 대한 신념 • 주제에 대한 신념 • 수학에 대한 신념

출처: Schoenfeld, 1985, p.15

Charles & Lester(1982)는 성공적인 문제해결을 위해 필요한 정신과정을 크게 경험적 요인, 정서적 요인, 인지적 요인으로 구분하고, 학생들을 성공적인 문제해결자로 지도하기 위해서는 이러한 과정에 더욱 주의를 기울여야 한다고 주장하였다.

경험적인 요인은 나이, 수학 학습 배경, 이전에 문제해결 전략이나 문제 상황을 접해 본 경험 등과 같이 개인적이고 환경적인 요인과 관련되고, 정서적 요인은 흥미, 동기, 압박감, 불안 등과 같은 감정적 요인과 관련된다. 인지적 요인은 독해력, 추론 능력, 계산 능력 등과 같은 사고 능력과 관련 된다. 그런데 이 세 요인은 문제해결 과정에서 독립적으로 작용하는 것이 아니라 유기적으로 상호작용한다.

English & Halford(1995)는 수학적 문제해결에서 작용하는 인지적 요소들로 문제 모델(문제표현과 문제해결의 발견술을 구성하는 정신 모델들), 전략적 과정(문제의 답을 촉진하기 위한 목표 지향적인 작용들), 메타 과정(유비 추론, 고등사고 기술, 메타인지 과정들을 구성하는 과정), 정의적 모델(신념, 태도, 감정)이라는 4가지 요소를 추출하였다([그림 12-1]).

문제 모델은 Polya(1957)의 문제해결 4단계와 관련성이 깊은 인지적 요소이다. 이 요소에서 문제표현은 이해 단계와 관련된다. 일반적으로 학생들은 문제를 보다 잘 이해하기 위해 문제 상황을 언어나 그림, 구체물, 상징 등의 양식을 이용해서 나타낸다. 이때, 성공적인 문제해결자는 문제의 표면적 특징에 초점을 두기 보다는 원리나 구조에 초점을 두는 정신 모델을 구축한다. Polya의 모델에서 계획의 수립과 실행 단계에서 찾아야 하는 발견술은 답으로 이끄는 유용한 방향을 제안하므로 중요한 인지적 요소라고 할 수 있다.

전략적 과정은 목표 지향적인 작용을 통하여 행동과 목표 사이의 연결성에 대한 의식을 증진시킴으로써 목표를 향한 진보를 좀 더 잘 모니터 하게 된다. 이는 결과적으로 행동에 대한 의식을 고양시키고 전략의 효과성을 증대시키는 결과를 낳는다.

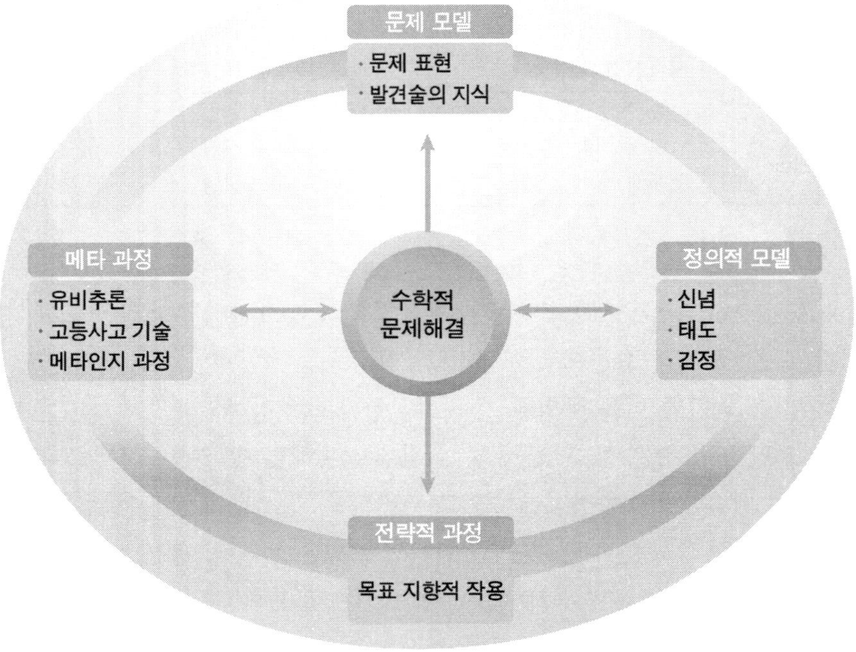

[그림 12-1] **수학적 문제해결에서 인지적 요소**
(출처: English & Halford, 1995)

메타 과정에서 유비추론은 새로운 문제에 대한 해결 방법이 떠오르지 않을 때 그 문제와 구조적으로 유사한 문제의 해결 방법을 떠올려 문제의 해법에 대한 아이디어를 얻는 사고 과정을 말한다. 고등사고 기술은 복잡한 상황에서 다양한 기준에 따른 섬세한 판단과 분석을 가능하게 하는 일련의 정신 활동이다(Resnick, 1987). 고등사고 능력의 보기로는 추론하기 등의 여러 영역을 통합하기, 질문을 만들고 능동적으로 듣기, 가정을 규명하고 결과를 예측하기, 인과관계를 이해하기, 가정과 기준을 구성하기, 유비추론을 이용하기, 문제와 수수께끼를 풀기, 가치 판단의 성질을 이해하기, 대안과 가능성을 제안하기, 창의적이고 상상력이 풍부하게 사고하기 등 여러 가지 사고 능력이 이에 해당된다(Splitter, 1988).

메타인지 과정은 일반적으로 인지 상태나 과정에 대한 지식적 측면과 통제와 실행과 같은 기능적 측면을 통합하는 개념으로 인식된다.

2 문제의 의미

정동권 외(2009)는 여러 학자들이 제시한 수학 문제의 유형을 다음과 같이 정리했다.

Polya(1957)는 수학 문제를 크게 결정 문제와 증명 문제로 구분하고, 각 문제 유형별로 다른 발문 전략을 제시하였다. Krulick & Rudnick(1984)은 단순회상형 문제(question), 정착을 위한 연습문제(exercise), 사고 활동을 필요로 하는 문제(problem)로 구분하였으며, Butt(1980)는 기억확인 문제(recognition exercise), 알고리즘 연습 문제(algorithmic exercise), 응용 문제(application problem), 개방형 문제(open-research problem) 등으로 구분하였다. 강옥기 등(1985)은 정형 문제와 비정형 문제, 실생활 문제로 구분하였으며, Charles & Lester(1982)는 연습 문제(drill exercise), 간단한 적용 문제(simple situation problem), 복잡한 적용 문제(complex translation problem), 과정 문제(process problem), 응용문제(applied prɔblem), 퍼즐 문제(puzzle problem) 등 여섯 가지 유형으로 구분하였다.

문제해결에서 문제는 개인이나 집단이 해를 얻기 위한 구체적이고 확실한 수단 또는 길을 쉽게 얻을 수 없는 상황을 의미한다(Lester, 1978). Krulick & Rudnick(1987)은 학생이 처음 수학을 배울 때는 문제(problem)였는데, 이것이 나중에 연습문제(exercise)가 되고, 결국에는 단순한 질문(question)이 된다고 강조하면서 질문, 연습문제, 문제를 다음과 같이 구별하였다.

- 질문 : 과거에 학습한 내용의 단순한 회상만으로 풀 수 있는 문제
- 연습문제 : 이전에 학습한 개념이나 원리를 정착시키기 위해 반복적으로 훈련하거나 연습하기 위한 문제
- 문제 : 이전에 학습한 내용을 바탕으로 새로운 해결 방법을 적용해야 풀 수 있는 문제

즉, 그들이 생각하는 문제란 단순한 암기나 반복적인 습관에 의해 해결될 수 없는 것으로, 해결에 이르는 데 어느 정도의 장애를 가지고 있는 것을 의미한다(정동권 외, 2009). Charles & Lester(1982)는 학습자의 흥미나 동기를 강조한 문제의 조건을 제시했다.

- 수용(acceptance) : 학생이 해결하고자하는 의욕을 가져야 한다.
- 장애(blockage) : 습관적인 대답과 풀이 방법으로는 해결되지 않아야 한다.
- 탐구(exploration) : 새로운 해결 방법을 탐구하도록 자극해야 한다.

Polya(1957)는 학생들에게 제시되는 문제는 너무 어려워도 너무 쉬워도 안 되며 자연스럽고 흥미로워야 하고, 어느 정도 시간을 들여 자연스럽고 재미있게 표현되도록 노력해야 한

다고 말하면서 문제 선정의 중요성을 역설했다.

실제로 문제다운 문제, 가치있는 문제의 기준은 문제해결자가 가지고 있는 지식, 경험, 능력, 선호도 등의 여러 요인에 따라 변할 수 있는 매우 상대적인 것이다(정동권 외, 2009). Krulik & Rudnick(1987)은 좋은 문제의 특징으로 문제 자체가 일반화 될 수 있거나 다양한 상황으로 확장이 가능하고, 문제가 다양한 풀이를 가지며, 문제의 풀이가 다양한 수학적 개념의 이해나 수학적 능력의 활용을 포함해야 한다고 했다(한인기·Kolyagin 재인용, 2006). 좋은 문제의 제시와 함께 문제해결을 경험함으로써 학생들은 새로운 수학적 지식을 구성할 수 있고, 수학과 다른 교과에서 일어나는 문제를 해결할 수 있고, 문제를 해결하기 위해 적절한 전략을 다양하게 적용하고 채택할 수 있고, 수학적 문제해결 과정을 관찰하고 반성할 있어야 한다. 이를 통하여 학생들은 수학 교실 밖의 익숙하지 않은 상황에서도 필요한 사고 방법, 인내와 호기심을 갖는 습관, 자신감을 획득해야 한다. 일상생활과 직업세계에서 좋은 문제해결자가 된다는 것은 많은 이점이 있다(NCTM, 2000).

02 문제해결 전략

Polya(1957)는 문제해결 전략으로 문제의 이해, 계획의 수립, 계획의 실행, 반성이라는 사고의 네 가지 단계를 제시했다. Schoenfeld(1985)는 Polya의 문제해결 네 단계에 탐구의 단계를 추가하여 분석 및 이해, 계획, 어려운 문제에 대한 탐구, 실행, 검증이라는 문제해결 모델을, Burton(1985)은 Polya의 문제해결 네 단계 중 반성의 단계를 중시하여 도입(문제의 이해), 공략(문제의 풀이), 검토(풀이의 검토), 확장(문제의 일반화)이라는 문제해결 모델을 제시했다(황혜정 외, 2008).

〈표 12-2〉 **문제해결 모델**

Polya(1957)	Schoenfeld(1985)	Burton(1985)
• 이해	• 분석 및 이해	• 도입
• 계획	• 계획	• 공략
• 실행	• 탐구	
	• 실행	
• 반성	• 검증	• 검토
		• 확장

이 절에서는 다양한 예시들과 함께 대부분의 문제해결 모델의 뿌리하고 할 수 있는 Polya의 문제해결 모델의 각 단계를 분석한다. 이를 통하여 학생들이 다양한 문제 상황에서 적절한 전략을 채택하고 적용함으로써 보다 더 세련되고 융통성 있는 전략을 사용할 수 있는 문제해결자가 되도록 하는데 초점을 맞춘다.

1 문제해결 과정

Polya가 제시한 사고 단계별 교사의 발문과 권고를 소개한다.

(1) 문제의 이해(Understanding the problem) 단계

학생들이 문제를 이해하고 해결하려는 의욕을 가지도록 하는 단계이다.

- 미지인 것은 무엇인가?
- 자료는 무엇인가?
- 조건은 무엇인가?
- 조건은 만족될 수 있는가?
- 미지의 것을 결정하기에 조건이 충분한가, 불충분한가, 불필요한 것이 있는가, 또는 모순되는가?
- 그림을 그려 보아라.
- 적절한 기호를 붙여라.
- 조건을 여러 부분으로 분해해라.

〈예시 13.2.1-1〉 가로, 세로, 높이가 주어진 직육면체의 대각선의 길이를 구하는 문제에서 교사는 다음과 같은 대화를 통하여 학생들이 문제를 이해하도록 도울 수 있다.

교사: 미지인 것은 무엇인가?
학생: 직육면체의 대각선의 길이입니다.
교사: 자료는 무엇인가?
학생: 직육면체의 가로, 세로, 높이입니다.
교사: 적절한 기호를 붙여라. 미지인 것을 어떤 문자로 나타낼 것인가?
학생: x 입니다.

교사: 가로, 세로, 높이는 어떤 문자로 나타낼까?
학생: a, b, c로 나타냅니다.
교사: a, b, c와 x를 연결하는 조건은 무엇인가?
학생: x는 가로, 세로 높이가 각각 a, b, c인 직육면체의 대각선입니다.
교사: 이 문제는 바른 문제인가? 즉, 조건은 미지인 것을 결정하기에 충분한가?
학생: 예, 그렇습니다. a, b, c를 알면 직육면체를 아는 것입니다. 직육면체가 결정되면, 대각선이 결정됩니다.

(2) 계획의 수립(Devising a plan) 단계

과거의 경험과 이전에 얻은 지식을 바탕으로 주어진 자료와 미지인 것 사이에 관계를 발견하는 단계이다. 이 단계는 문제해결에서 가장 중요한 단계로써 Polya는 여러 가지 발견술(huristic)을 제시하고 있다. 이 발견술은 다음 절에서 자세히 다룬다.

- 전에 그 문제를 본 적이 있는가?
- 약간 다른 형태로 된 같은 문제를 본 적이 있는가?
- 관련된 문제를 알고 있는가?
- 유용한 정리를 알고 있는가?
- 미지인 것을 살펴보아라. 그리고 미지인 것이 같거나 유사한 친숙한 문제를 생각해 보아라.
- 관련된 문제로 전에 풀어본 적이 있는 문제가 있다. 그것을 활용할 수 있을까? 그 결과를 활용할 수 있을까? 그 방법을 활용할 수 있을까?
- 문제를 다르게 표현할 수 있을까? 좀 더 다르게 표현할 수 있을까? 정의로 되돌아가 보자.
- 만일 제시된 문제를 풀 수 없다면 먼저 어떤 관련된 문제를 풀어 보아라. 보다 접근하기 쉬운 관련된 문제를 생각해 낼 수 있는가? 보다 일반적인 문제는? 보다 특수한 문제는? 유사한 문제는? 그 문제의 일부분을 풀 수 있는가? 조건 가운데 일부분만 남기고 다른 것을 버려보아라. 그랬을 때 미지인 것은 어느 정도까지 정해지는가?
  자료로부터 유용한 것을 이끌어 낼 수 있을까? 미지인 것을 결정하는데 적절한 다른 자료를 생각해 볼 수 있을까? 새로운 미지인 것과 새로운 자료가 서로 보다 더 가깝게 되도록 하기 위해서 미지인 것이나 자료 또는 필요하다면 두 가지 다 변형할 수 있을까?
- 자료는 모두 사용했는가? 조건을 모두 사용했는가? 문제에 포함된 핵심적인 개념을 모두 고려했는가?

〈예시 13.2.1-2〉 예시 13.2.1-1의 문제에서 교사는 다음과 같은 대화를 통하여 학생들이 계획을 수립하도록 도울 수 있다.

교사: 관련된 문제를 알고 있는가?
학생: ……
교사: 미지인 것을 살펴보아라.
미지인 것이 같은 다른 문제를 알고 있는가?
학생: ……
교사: 자, 미지인 것은 무엇인가?
학생: 직육면체의 대각선입니다.
교사: 미지인 것이 같은 다른 문제를 알고 있는가?
학생: 아니오. 우리는 아직 직육면체의 대각선에 관한 문제는 어느 것도 풀어 본적이 없습니다.
교사: 미지인 것이 유사한 다른 문제를 알고 있는가?
학생: ……
교사: 대각선은 선분, 즉 직선의 일부분이라는 것을 알고 있겠지. 미지인 것이 선분의 길이인 문제를 풀어 본 적이 없는가?
학생: 물론, 그와 같은 문제는 풀어 보았습니다. 예를 들면, 직각삼각형의 빗변을 구하는 문제 등입니다.
교사: 좋아! 이 문제와 관련된 문제로 전에 풀어 본 적이 있는 문제가 있다. 그것을 이용할 수 있을까?
학생: ……
교사: 다행히 여러분은 주어진 문제와 관련된 전에 풀어 본 적이 있는 문제를 기억해 냈다. 그것을 어떻게 활용할 수 있을까? 어떤 보조 요소를 도입하면 그것을 활용할 수 있을까?
학생: ……
교사: 여기([그림 12-2])를 보아라. 여러분이 기억해 낸 문제는 삼각형에 관한 것이다. 이 그림에 삼각형이 있는가?
학생: ……
교사: 그림에서 삼각형을 찾아보아라. 어떤 종류의 삼각형을 찾아야 하는가? 여러분은 대각선은 아직 구할 수 없지만 삼각형의 변은 구할 수 있다고 말했다. 이제 여러분은 어떻게 할 것인가? 대각선이 삼각형의 한 변이라면 그것을 구할 수 있을까?

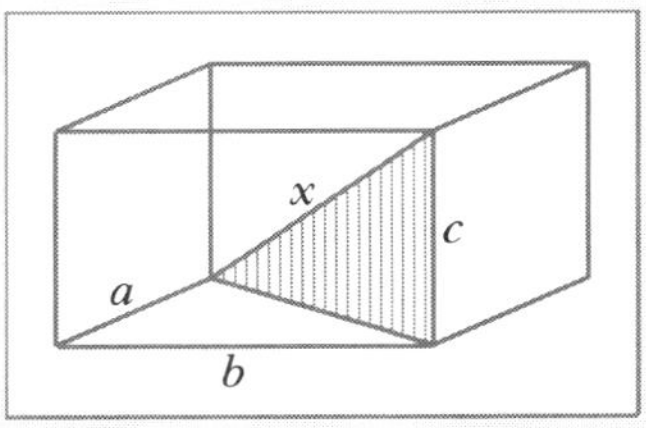

[그림 12-2]

학생: ([그림 12-2]에서 구하고자 하는 대각선이 빗변인 직각삼각형을 표시했다.)
교사: 그 직각삼각형을 그린 것은 좋은 생각이다. 이제 직각삼각형을 찾았다. 미지인 것은 무엇인가?
학생: 미지인 것은 직각삼각형의 빗변입니다. 피타고라스의 정리를 사용하면 그것을 계산할 수 있습니다.
교사: 그것은 다른 두 변의 길이를 알면 구할 수 있다. 그것들을 알고 있는가?
학생: 한 변은 주어져 있는데, 그것은 c입니다. 그리고 다른 한 변은, 제 생각에, 쉽게 찾을 수 있습니다. 네 다른 한 변은 다른 직각삼각형의 빗변입니다.
교사: 매우 훌륭하다. 여러분은 계획을 수립했다.

(3) 계획의 실행(Carrying out the plan) 단계

문제가 풀릴 때까지 수립된 계획을 실행하는 단계이다.

- 풀이 계획을 실행하고, 각 단계를 점검하여라.
- 각 단계가 옳은지 명확하게 알 수 있는가?
- 그것이 옳다는 것을 증명할 수 있는가?

〈예시 13.2.1-3〉 예시 13.2.1-1의 문제에서 학생들은 두 직각삼각형으로부터 차례로

$$x^2 = y^2 + c^2,\ y^2 = a^2 + b^2$$

을 얻게 되고, 보조적인 미지수 y를 소거함으로써

$$x^2 = a^2 + b^2 + c^2,\ \text{즉 } x = \sqrt{a^2 + b^2 + c^2}$$

을 얻게 된다. 교사는 학생들이 계획을 실행하면서 각 단계가 정확한지를 점검하도록 조언하고 필요한 경우 다음과 같은 질문을 할 수도 있다.

교사: 각 변이 x, y, c인 삼각형은 직각삼각형임이 명확한가?
학생: 예.
교사: 이 삼각형이 직각삼각형임을 증명할 수 있는가?
학생: ……

(4) 반성(Looking back) 단계

학생들이 완성된 풀이를 검토하고 그 결과와 그 결과에 이르게 된 과정을 재고하고 재검사함으로써, 그들이 획득한 지식을 견고하게 하고 문제를 해결할 수 있는 능력을 향상시키는 단계이다.

- 결과를 점검할 수 있는가? 논증과정을 점검할 수 있는가?
- 그 결과를 다른 방법으로 이끌어낼 수 있는가? 그것을 한 눈에 알 수 있는가?
- 결과나 방법을 어떤 다른 문제에 활용할 수 있는가?

Silver(1982)는 문제해결에서 메타인지의 역할에 주목했다. 메타인지는 자신의 사고 과정에 대한 인지로서, 자신의 사고 과정을 모니터하고, 조절하고, 평가하고, 방향을 설정하는 정신적 활동을 말한다(Silver, 1982). Lester & Garofalo(1985, 정동권 외 재인용, 2009)는 문제해결 과정을 방향설정, 조직, 실행, 확인의 네 단계로 구분하고, 각 단계에서 발생하는 의사결정 가운데 메타인지와 관련된 것을 메타인지적 결정이라 하였고, 문제해결 과정에서 자신의 사고 과정을 점검하고 통제하기 위해서는 풍부하고 객관적인 메타인지적 지식을 가지고 있어야 함을 역설했다.

2 수학적 발견술(heuristics)

발견술은 학생이 제시된 문제를 해결하는데 있어서 어려움을 극복하기 위해 사용해야하는 일련의 방법들이다(Krulik & Rudnick, 1987). 발견술의 목표는 발견 및 발명의 방법과 규칙을 연구하는 것이다(Polya, 1957). 여기에서는 Polya(1957)가 제시한 발견술 중 유추, 일반화, 특수화, 보조 요소, 보조 문제, 귀납과 수학적 귀납법, 대칭, 특수화, 거꾸로 풀기를 예와 함께 살펴봄으로써 구체적인 문제해결 과정에서 학생들 스스로 발견술을 적용해보도록 하고, 학교수학에서의 문제해결이 학교 안에서 머무르지 않고 학교 밖에서의 문제해결로 이어질 수 있는 방법을 찾아보자.

(1) 유추(Analogy)

유추란 닮음의 일종이다. 닮은 대상이란 어떤 점에서 서로 일치하는 것이고, 유사한 대상이란 서로 대응하는 부분에 대한 어떤 관계가 일치하는 것이다(Polya, 1957). 대부분의 수학적인 발견에서 유추는 핵심적인 역할을 한다. 학교수학의 많은 내용들이 유추로 연결되어 있다. 삼각형과 사면체, 직사각형과 직육면체는 학교수학에서 빈번하게 사용되어지는 유추의 소재이다. 여기에서는 삼각형과 사면체 사이의 유추와 무한급수와 관련된 유추에 대하여 알아본다.

삼각형과 사면체 사이의 유추

① 직각삼각형과 직각사면체(황혜정 외, 2008)

직각삼각형에서 직각을 낀 두 변의 길이 b, c와 다른 한 변의 길이 a 사이에

$$a^2 = b^2 + c^2$$

이라는 관계가 성립한다. 이것은 직각삼각형의 각 변을 한 변으로 가지는 세 정사각형의 넓이 사이의 관계를 나타낸 것이다. 따라서 직각사면체에서 직각을 낀 세 면의 넓이 A, B, C와 다른 한 면의 넓이 D사이에

$$D^2 = A^2 + B^2 + C^2$$

이라는 관계가 성립할 것이라고 추측할 수 있고, 이것이 유추이다.

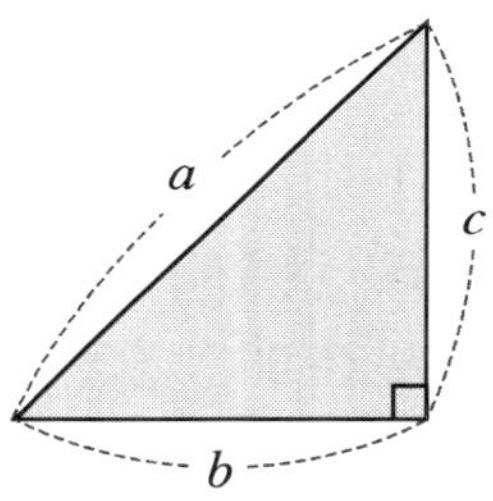

[그림 12-3] 직각삼각형

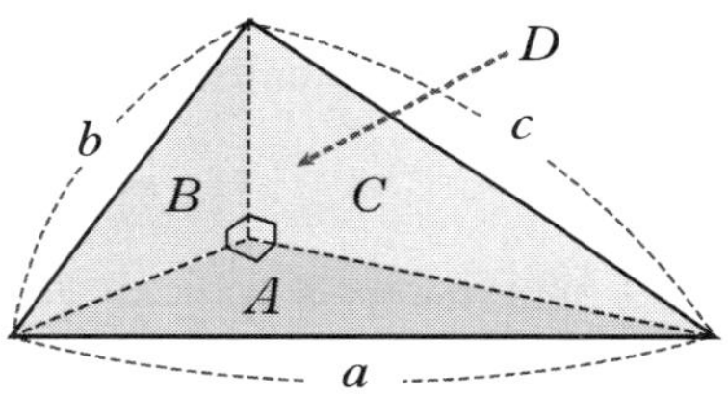

[그림 12-4] 직각사면체

〈표 12-3〉 직각삼각형과 직각사면체 사이의 유추

	도형	요소	결론
유추	직각삼각형	직각을 낀 두 변의 길이 b, c와 다른 한 변의 길이 a	$a^2 = b^2 + c^2$
	직각사면체	직각을 낀 세 면의 넓이 A, B, C와 다른 한 면의 넓이 D	$D^2 = A^2 + B^2 + C^2$

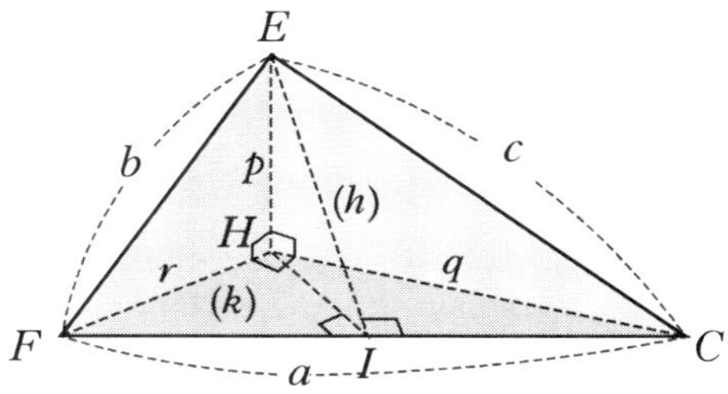

[그림 12-5] **직각사면체**

유추는 항상 참은 아닌 개연적인 추측이다. 따라서 유추에 의한 추측은 경험이나 보다 더 엄밀한 추론 또는 증명에 의하여 확증될 수도 있고, 그렇지 않을 수도 있다는 사실을 학생들에게 주지시키는 일은 중요하다(Polya, 1957).

앞에서 제시한 직각삼각형과 직각사면체 사이의 유추는 증명에 의하여 확증되어지는 내용이다.

직각사면체의 꼭짓점 H에서 모서리 FG에 내린 수선의 발을 I라고 하면 삼수선의 정리에 의하여 EI⊥FG가 성립한다.

따라서 직각을 낀 세 면의 넓이 A, B, C와 다른 한 면의 넓이 D 사이에는 다음과 같은 관계식이 성립한다.

$$\begin{aligned} D^2 = \left(\frac{ah}{2}\right)^2 &= \frac{a^2(k^2+p^2)}{4} \\ &= \frac{a^2k^2 + a^2p^2}{4} \\ &= \frac{a^2k^2}{4} + \frac{(r^2+q^2)p^2}{4} \\ &= \frac{a^2k^2}{4} + \frac{r^2p^2}{4} + \frac{q^2p^2}{4} = A^2 + B^2 + C^2 \end{aligned}$$

② 삼각형의 넓이와 사면체의 부피 사이의 유추(한인기, Kolyagin, 2006)

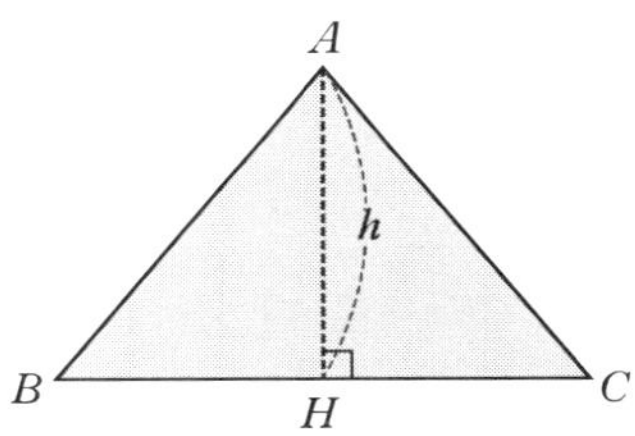

[그림 12-6] **삼각형 ABC**

[정리 1] 삼각형 ABC에서 $\mathrm{AB} = c, \mathrm{BC} = a$라고 하면,

삼각형 ABC의 넓이는 $\frac{1}{2}ac\sin\mathrm{B}$이다.

[증명] 오른쪽 삼각형 ABC의 꼭짓점 A에서 변 BC에 내린 수선의 발을 H라고 하고 $\mathrm{AH} = h$라고 두자.
삼각형 ABC의 넓이 $\mathrm{S_{ABC}}$는 $\frac{1}{2}ah$이고
$h = c\sin\mathrm{B}$이다. 따라서
$\mathrm{S_{ABC}} = \frac{1}{2}ac\sin\mathrm{B}$가 성립한다. ■

[정리 1]의 내용을 유추를 통하여 사면체에 대한 내용으로 바꾸어 보자.

[단계 1] 삼각형의 넓이가 두 변의 길이와 끼인각의 크기로 표현됨.

[단계 2] 사면체의 부피를 이면각의 크기와 이면각의 면의 넓이로 표현할 수 있을까?,
즉 $V_{DABC} = kS_{ABC}S_{DBC}\sin\alpha$ (k는 상수)의 형태로!

[단계 3] 사면체 DABC [그림 12-7]의 꼭짓점 D에서 밑면에 내린 수선의 발을 H라고 하면 부피는
$V_{DABC} = \frac{1}{3}S_{ABC}DH$이므로 DH를 S_{DBC}, $\sin\alpha$로 나타내면 목표 달성됨.

[단계 4] 사면체의 꼭짓점 D에서 모서리 BC에 내린 수선의 발을 M, BC$= a$, 면 ABC와 DBC가
이루는 이면각의 크기를 α라고 하면
$DH = DM\sin\alpha,\ S_{DBC} = \frac{1}{2}DM\,a$
이므로 DH$= \frac{2}{a}S_{DBC}\sin\alpha$가 성립한다.

[단계 5] $V_{DABC}= \frac{2}{3a}S_{ABC}S_{DBC}\sin\alpha$를 얻는다.

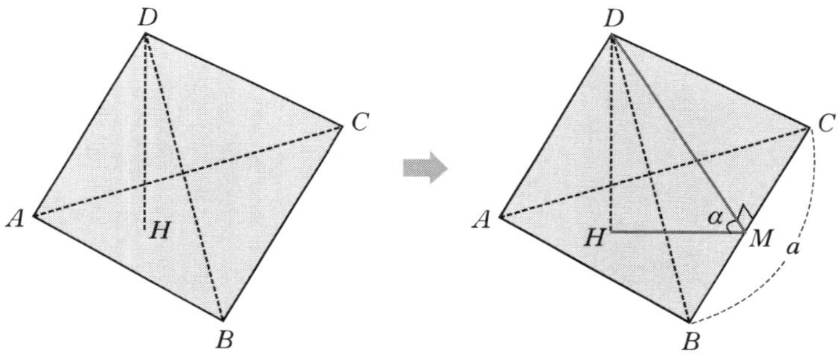

[그림 12-7] **사면체 DABC**

마지막으로 단계2에서 단계4까지의 내용을 정리하면 쉽게 증명을 얻을 수 있다.

무한급수의 합과 관련된 유추

일반적으로 무한급수의 합을 구하는 것은 특별한 경우를 제외하고는 쉽지 않기 때문에 주로 수렴, 발산을 판정하는 것으로 시작한다. 이를테면, 무한급수

$$\sum_{n=1}^{\infty}\frac{1}{n^2}=1+\frac{1}{4}+\frac{1}{9}+\cdots+\frac{1}{n^2}+\cdots$$

는 이상적분 $\int_1^\infty \frac{1}{x^2}dx = 1$이므로 수렴한다는 것을 쉽게 알 수 있지만, 그 합을 구하는 것은 쉽지 않다. 그 합에 대한 Euler의 발견은 유추의 위력을 실감할 수 좋은 예이다(Polya, 1954).

n차 방정식 $a_0 + a_1x + a_2x^2 + \cdots + a_nx^n = 0$이 서로 다른 n개의 근 $\alpha_1, \alpha_2, \ldots, \alpha_n$을 가진다면 방정식의 좌변은 다음과 같은 n개의 일차식의 곱으로 나타내어진다.

$$a_n(x-\alpha_1)(x-\alpha_2)\cdots(x-\alpha_n)$$

n개의 근이 0이 아니라면,

$$a_0 + a_1x + a_2x^2 + \cdots + a_nx^n = a_0\left(1-\frac{x}{\alpha_1}\right)\left(1-\frac{x}{\alpha_2}\right)\cdots\left(1-\frac{x}{\alpha_n}\right)$$

이 성립한다. 이제 차수가 $2n$인 방정식 $b_0 - b_1x^2 + b_2x^4 - \cdots + (-1)^n b_nx^{2n} = 0$의 0이 아닌 서로 다른 $2n$개의 근을 $\beta_1, -\beta_1, \beta_2, -\beta_2, \ldots, \beta_n, -\beta_n$이라고 하면

$$b_0 - b_1x^2 + b_2x^4 - \cdots + (-1)^n b_nx^{2n} = b_0\left(1-\frac{x^2}{\beta_1^2}\right)\left(1-\frac{x^2}{\beta_2^2}\right)\cdots\left(1-\frac{x^2}{\beta_n^2}\right)$$

이 성립한다.

Euler는 이 사실로부터 유추를 통하여 무한급수 $\sum_{n=1}^{\infty}\frac{1}{n^2} = 1 + \frac{1}{4} + \frac{1}{9} + \cdots + \frac{1}{n^2} + \cdots$의 값을 다음과 같이 계산할 수 있었다.

방정식 $\sin x = 0$은 $\sin x$의 Taylor 급수 전개로부터

$$\frac{x}{1} - \frac{x^3}{3!} + \frac{x^5}{5!} - \frac{x^7}{7!} + \cdots = 0$$

으로 나타낼 수 있고, 이 방정식의 근은 $0, \pi, -\pi, 2\pi, -2\pi, 3\pi, -3\pi, \cdots$이다. 그런데 방정식 $\frac{x}{1} - \frac{x^3}{3!} + \frac{x^5}{5!} - \frac{x^7}{7!} + \cdots = 0$의 양변을 x로 나누면 $1 - \frac{x^2}{3!} + \frac{x^4}{5!} - \frac{x^6}{7!} + \cdots = 0$이고, 이 방정식의 해는 $\pi, -\pi, 2\pi, -2\pi, 3\pi, -3\pi, \cdots$이다. 그러므로

$$\frac{\sin x}{x} = 1 - \frac{x^2}{3!} + \frac{x^4}{5!} - \frac{x^6}{7!} + \cdots = \left(1-\frac{x^2}{\pi^2}\right)\left(1-\frac{x^2}{4\pi^2}\right)\left(1-\frac{x^2}{9\pi^2}\right)\cdots$$

이 성립한다. 이 부분이 Euler가 유추를 통해 얻은 결과이다. 따라서 x^2항의 계수를 비교하면

$$\frac{1}{3!}=\frac{1}{\pi^2}+\frac{1}{4\pi^2}+\frac{1}{9\pi^2}+\cdots$$

이므로

$$\sum_{n=1}^{\infty}\frac{1}{n^2}=1+\frac{1}{4}+\frac{1}{9}+\cdots+\frac{1}{n^2}+\cdots=\frac{\pi^2}{6}$$

을 얻는다.

앞의 예들을 통해서 알 수 있는 것은 수학 교실에서 다루는 많은 내용들이 유추에 기반을 둔 추측을 통하여 제시되고 확장된다면 학생들이 수학적 추론, 의사소통 및 문제해결과 같은 수학적인 활동이 가능한 수학적 발견을 경험할 수 있는 탐구의 장으로 학교 수학을 만들 수 있을 것이다.

(2) 일반화(Generalization)

일반화는 주어진 대상이 속한 집합에 대한 고찰에서 그 대상을 포함하는 좀 더 광범위한 집합에 대한 고찰로 나아가는 것이다. 일반화는 관찰로부터 일반적인 법칙을 이끌어내도록 하는 원동력이다. 일반화를 통해서 많은 법칙들이 발견되었고, 발견되어질 것이다. Polya(1957)에 의하여 제시된 일반화의 간단한 예와 파스칼의 삼각형과 관련된 일반화의 예를 소개한다. 특히, 이항정리와 관련된 개념으로 고등학교 수학교과서 적분과 통계과목에 소개된 파스칼의 삼각형은 지금까지도 수학자들에 의하여 다양한 일반화를 주제로 연구되어지고 있다.

Polya(1957)가 제시한 일반화의 예

$1+8+27+64=100$에서 우연히 $1^3+2^3+3^3+4^3=10^2$이라는 결과의 관찰로부터 우변의 10이 좌변의 $1+2+3+4$와 같다는 사실을 이끌어냈을 때, 임의의 자연수 n에 대하여

$$1^3+2^3+3^3+\cdots+n^3=(1+2+3+\cdots+n)^2=\left(\frac{n(n+1)}{2}\right)^2$$

을 추측한 다음, 이 추측을 증명함으로써 일반화가 완성된다. 증명 방법 중의 하나가 다음과 같은 수학적 귀납법이다.

$1^3 = \left(\frac{1\cdot 2}{2}\right)^2$ 이므로 $n=1$일 때, 위의 사실이 성립한다. $n \geq 2$라고 가정하고 n보다 작은 수에 대해서는 위의 사실이 성립한다고 가정하자. 귀납법 가정으로부터

$$1^3+2^3+3^3+\cdots+(n-1)^3 = \left(\frac{(n-1)n}{2}\right)^2$$

이 성립한다. 따라서 양변에 n^3을 더하면

$$\begin{aligned} 1^3+2^3+3^3+\cdots+(n-1)^3+n^3 &= \left(\frac{(n-1)n}{2}\right)^2+n^3 \\ &= \frac{n^4-2n^3+n^2}{4}+\frac{4n^3}{4} \\ &= \frac{n^2(n+1)^2}{4} = \left(\frac{n(n+1)}{2}\right)^2 \end{aligned}$$

이 성립한다.

파스칼의 삼각형과 관련된 일반화의 예

일반적으로 파스칼의 삼각형을 [그림 12-8]과 같이 이등변 삼각형으로 표현하고 있다.

1
1 1
1 2 1
1 3 3 1
1 4 6 4 1
1 5 10 10 5 1

[그림 12-8] **파스칼의 삼각형**

여기에서는 편의상 이항계수 ${}_nC_r$을 $\binom{n}{r}$로 쓰기로 한다.

n \ k	0	1	2	3	4	5	$\cdots$
0	1	0	0	0	0	0	$\cdots$
1	1	1	0	0	0	0	$\cdots$
2	1	2	1	0	0	0	$\cdots$
3	1	3	3	1	0	0	$\cdots$
4	1	4	6	4	1	0	$\cdots$
5	1	5	10	10	1	1	$\cdots$
$\vdots$	$\vdots$	$\vdots$	$\vdots$	$\vdots$	$\vdots$	$\vdots$	$\ddots$

[그림 12-9] **파스칼 행렬**

$r>n$일 때는 $\binom{n}{r}=0$으로 약속한다. 일반적으로 이항계수를 [그림 12-9]과 같이 배열하여 이를 파스칼 행렬이라고 부르며, $P=\left[\binom{i}{j}\right], (i, j=0, 1, 2, \ldots)$로 나타낸다. 파스칼의 삼각형은 이 행렬의 0이 아닌 수 부분이다. 여기서 유의할 것은 행 번호, 열 번호가 모두 $0, 1, 2, \ldots$와 같이 0부터 시작한다는 점이다.

파스칼 행렬의 $(n+1)\times(n+1)$ 부분행렬

$$\begin{bmatrix} 1 & 0 & 0 & 0 & 0 & \cdots & 0 \\ 1 & 1 & 0 & 0 & 0 & \cdots & 0 \\ 1 & 2 & 1 & 0 & 0 & \cdots & 0 \\ 1 & 3 & 3 & 1 & 0 & \cdots & 0 \\ 1 & 4 & 6 & 4 & 1 & \cdots & 0 \\ \vdots & \vdots & \vdots & \vdots & \vdots & \ddots & \vdots \\ \binom{n}{0} & \binom{n}{1} & \binom{n}{2} & \binom{n}{3} & \binom{n}{4} & \cdots & \binom{n}{n} \end{bmatrix}$$

을 P_n으로 나타내고 $(n+1)\times(n+1)$ 파스칼 행렬이라고 부르자. 지금부터 P_n에 대한 다양한 일반화를 소개한다.

① $P_n[x]=\left[x^{i-j}\binom{i}{j}\right]$, $Q_n[x]=\left[x^{i+j}\binom{i}{j}\right]$, $R_n[x]=\left[x^{i+j}\binom{i+j}{j}\right]$ (Zhang, 1997)

Zhang(1997)은 파스칼 행렬의 각 성분을 미지수 x의 거듭제곱을 포함하는 단항식으로 바꾼 새로운 파스칼 행렬 $P_n[x]$, $Q_n[x]$, $R_n[x]$를 구성하였다. 예를 들면

$$P_3[x]=\begin{bmatrix} 1 & 0 & 0 & 0 \\ x & 1 & 0 & 0 \\ x^2 & 2x & 1 & 0 \\ x^3 & 3x^2 & 3x & 1 \end{bmatrix}, \quad Q_3[x]=\begin{bmatrix} 1 & 0 & 0 & 0 \\ x & x^2 & 0 & 0 \\ x^2 & 2x^3 & x^4 & 0 \\ x^3 & 3x^4 & 3x^5 & x^6 \end{bmatrix}, \quad R_3[x]=\begin{bmatrix} 1 & x & x^2 & x^3 \\ x & 2x^2 & 3x^3 & 4x^4 \\ x^2 & 3x^3 & 6x^4 & 10x^5 \\ x^3 & 4x^4 & 10x^5 & 20x^6 \end{bmatrix}$$

이다. Zhang은 그의 논문에서 $P_n[x]$, $Q_n[x]$, $R_n[x]$ 사이의 관련성에 대하여 여러 가지 탐구결과들을 도출하였다.

② $\Phi_n[x, y]=\left[x^{i-j}y^{i+j}\binom{i}{j}\right]$, $\Psi_n[x, y]=\left[x^{i-j}y^{i+j}\binom{i+j}{j}\right]$ (Zhang & Liu, 1998)

Zhang & Liu(1998)는 Zhang의 결과를 확장한 새로운 파스칼 행렬을 정의하였다. 예를 들면

$$\Phi_3[x, y] = \begin{bmatrix} 1 & 0 & 0 & 0 \\ xy & y^2 & 0 & 0 \\ x^2y^2 & 2xy^3 & y^4 & 0 \\ x^3y^3 & 3x^2y^4 & 3xy^5 & y^6 \end{bmatrix}, \Psi_3[x, y] = \begin{bmatrix} 1 & \frac{y}{x} & \frac{y^2}{x^2} & \frac{y^3}{x^3} \\ xy & 2y^2 & 3\frac{y^3}{x} & 4\frac{y^4}{x^2} \\ x^2y^2 & 3xy^3 & 6y^4 & 10\frac{y^5}{x} \\ x^3y^3 & 4x^2y^4 & 10xy^5 & 20y^6 \end{bmatrix}$$

이다. Zhang & Liu는 그들의 논문에서 $\Phi_n[x, y]$, $\Psi_n[x, y]$와 관련된 여러 가지 성질들과 $P_n[x]$, $Q_n[x]$, $R_n[x]$와의 관련성을 탐구하였다.

③ 7-행렬(Gi-Sang Cheon et al., 2003)

파스칼 행렬 $P=[p_{ij}]$에서 임의의 ㄱ자로 인접한 세 성분 $p_{i-1,j-1}+p_{i-1,j}=p_{ij}$ 사이에 등식 $P_n=[p_{ij}]$이 성립한다. 즉 $\binom{i-1}{j-1}+\binom{i-1}{j}=\binom{i}{j}$로 잘 알려져 있는 파스칼의 공식(Brualdi, 2004)이 성립한다. Cheon 외(2003)는 임의의 ㄱ자로 인접한 파스칼 행렬의 세 성분들 사이에 성립하는 파스칼의 공식을 일반화한 새로운 공식을 만족하는 행렬을 구성하고, 그 행렬을 7-행렬이라고 불렀다.

> [정의] 임의의 두 실수 α, β와 행렬 $A=[a_{ij}]$에 대하여, 점화식
>
> $$\alpha a_{i-1,j-1}+\beta a_{i-1,j}=a_{ij}$$
>
> 를 만족하는 행렬을 7-행렬이라고 한다.

파스칼 행렬은 $\alpha=\beta=1$인 7-행렬이다. 행렬의 첫 번째 행과 열 및 α, β가 주어지면 7-행렬이 하나로 결정된다. Cheon 외(2003)는

$$P_n[\alpha, \beta]=\left[\alpha^j\beta^{i-j}\binom{i}{j}\right], (i, j=0, 1, 2, \cdots, n)$$

을 이용하여 7-행렬의 성질과 구조 및 임의의 행렬이 7-행렬이 될 필요충분조건을 밝혔다.

파스칼 행렬에 대해서는 앞에서 제시한 일반화 이외에도 다양한 일반화가 나타나고 있다. 고등학교 수학 교과서에 등장하는 개념인 파스칼의 삼각형의 일반화가 전문적인 수학

자들 사이에 연구되어지고 있으며 많은 수학 관련 논문들이 이 주제로 발표되고 있다는 사실은 관찰로부터 일반적인 법칙을 이끌어내도록 하는 원동력 중의 하나가 일반화임을 학생들에게 충분히 인지시킬 수 있는 좋은 소재라고 할 수 있다.

이와 같이 학생들이 학교 수학에서 제시되는 문제 또는 개념의 일반화를 통하여 수학적 발견을 경험할 기회를 가지도록 하는 것은 교사의 중요한 역할이다.

3 특수화(Specialization)

특수화는 주어진 대상들의 집합에 대한 고려에서 더 작은 집합 또는 오직 하나의 대상으로 옮겨서 고려하는 문제해결 방법이다. Polya(1957)는 특수화를 문제 풀이에 도움을 주는 발견술의 하나로 보았고, 이것을 설명하기 위해 Erdös(1943)가 제안한 다음 문제를 예를 들어 설명하였다.

[문제] 임의의 삼각형 ABC의 내접원의 반지름을 ρ, 외접원의 반지름을 r, 가장 긴 높이를 m이라고 하자. $\rho + r \le m$이 성립함을 보여라.

제시된 문제가 친숙하지 않고, 주어진 문제의 해결에 대한 어떠한 실마리도 찾지 못한 경우 특수한 삼각형을 택하여 제시된 주장이 성립하는가를 체크해 보는 것이 문제해결에 도움이 된다.

실제로 삼각형 ABC가 정삼각형인 경우 $\rho = \frac{m}{3} + \frac{2m}{3} = m \rightarrow \rho + r = \frac{m}{3} + \frac{2m}{3} = m$이 성립한다. 따라서 제시된 주장은 성립한다. 여기에서도 문제 해결의 실마리가 떠오르지 않으면 정삼각형의 좀 더 확장된 형태인 이등변삼각형을 고려해 보는 것이 도움이 될 것이다. 이등변삼각형의 형태는 꼭지각의 크기와 함께 변하며 극단적인 두 가지 경우가 꼭지각이 $0°$에 가까워지는 경우와 $180°$에 가까워지는 경우이다.

꼭지각이 $0°$에 한없이 가까워지는 경우 $\rho \rightarrow 0,\ r \rightarrow \frac{m}{2}$이므로 $\rho + r \rightarrow \frac{m}{2} < m$, 즉 제시된 주장이 성립한다. 그러나 꼭지각이 $180°$에 한없이 가까워지는 경우

$$\rho \rightarrow 0,\ r \rightarrow \infty,\ m \rightarrow 0$$

이므로 $\rho + r \rightarrow \infty > m$, 즉 제시된 주장이 성립하지 않는다. 따라서 제시된 가설이 거짓임

이 증명되었다. 제시된 주장에 대한 반례로 이 주장의 가치를 평가하는 것은 옳지 못하다. Lakatos(1976)의 준경험주의 관점에서 제시된 주장을 가설로 보고 반례의 등장을 통해 가설을 수정하는 것이 필요하다. 앞의 극단적인 예들을 통하여 학생들은 예각삼각형에 대해서 제시된 가설의 증명을 시도하고자 하는 의욕을 보여야 한다. 또 둔각삼각형에 대해서는 가설의 결론이 어떻게 수정되는지에 대해서도 생각해 볼 수 있다. 실제로 Santalo(1944)는 위의 가설이 예각삼각형에 대해서는 성립함을 증명하였고, 둔각삼각형의 특수한 경우에 대해서 ρ, r, m의 관계를 밝혔다.

다음은 특수화를 통해서 문제를 해결할 수 있는 예제이다(황혜정 외, 2008).

[예제] 한 변의 길이가 10cm로 합동인 두 정사각형이 있다. 한 정사각형의 한 꼭짓점이 다른 정사각형의 중심에 있을 때, 겹쳐진 부분의 넓이를 구하여라.

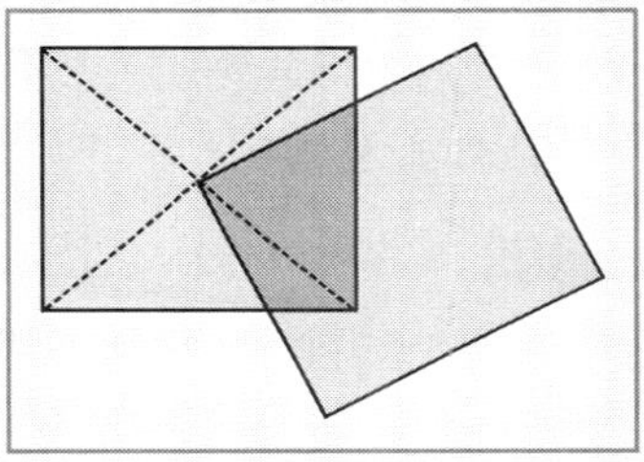

[그림 12-10]

풀이 주어진 두 정사각형 중 오른쪽 정사각형을 시계 반대 방향으로 회전시켜 [그림 12-11]와 같이 놓았을 때, [그림 12-10]의 두 정사각형의 겹쳐진 부분의 넓이와 [그림 12-11]와 같이 회전시킨 후 두 정사각형의 겹쳐진 부분의 넓이는 같다.

따라서 구하는 답은 $10 \times 10 \times \frac{1}{4} = 25(cm^2)$이다.

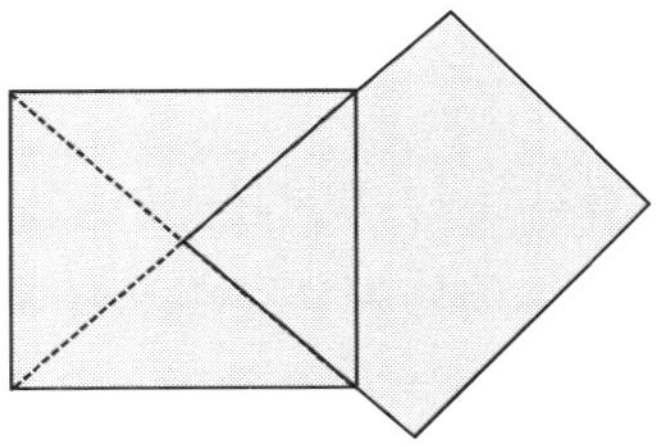

[그림 12-11]

[그림 12-10]은 예제에서 주어진 조건을 만족하는 일반적인 경우이다. 이 경우를 [그림 12-11]와 같이 특수한 경우로 바꿈으로써 문제를 쉽게 해결할 수 있다.

4 보조 요소(Auxiliary elements)

문제해결의 진전을 기대하면서 도입하는 요소를 보조요소라고 한다. 기하 문제에서는 보조선이, 대수문제에서는 미지수가 보조요소이고, 정리의 증명에서는 이용되는 정리가 보조요소이다. 보조요소를 도입하는 다양한 이유들이 존재하는데, 그 중 몇 가지를 예로 들면 다음과 같다.

풀려고 시도하는 문제가 기하문제이고 전에 해결한 적이 있는 관련된 문제가 삼각형에 관한 문제라고 하자. 그런데 아직 그림에는 삼각형이 없는 경우 우리는 그림에 적절한 보조선을 추가하여 삼각형을 도입해야 한다. 일반적으로 전에 해결한 문제를 회상해 냈고 현재 문제에 그것을 이용하기를 바란다면 우리는 그것을 활용하기 위해 어떤 보조요소를 도입해야 하는지에 대하여 종종 질문하면서 보조요소 도입을 생각해야 한다.

알려진 결과를 이용하는 것과 정의로 되돌아가보는 것은, 보조요소를 도입하는 가장 좋은 이유들 중 하나이지 유일한 이유는 아니다. 우리가 보조요소를 어떻게 이용할 수 있을지 확실히 모르더라도 문제를 충분히 파악하고, 좀 더 많은 것을 생각나게 하고, 문제에 더 많이 친숙해지도록 하기 위하여 문제에 보조요소를 추가할 수도 있다. 우리는 그와 같은 보조요소를 추가하여 문제를 생각하는 것이 뛰어난 아이디어라고 느낄 수도 있다.

보조선과 관련된 다음 문제를 살펴보자(한인기·Kolyagin, 2006).

> [문제] 삼각형 ABC의 중선 AM에 대해, $2\text{AM} < \text{AB} + \text{AC}$임을 증명하여라.

[그림 12-12]에서 주어진 문제의 해결을 위한 보조선은 $\text{AM} = \text{MD}$를 만족하는 MD이다. 보조선 MD의 작도는 보조요소 △BMD, △CMA, △ABD의 도입을 자연스럽게 유도할 수 있는 중요한 보조요소이다.

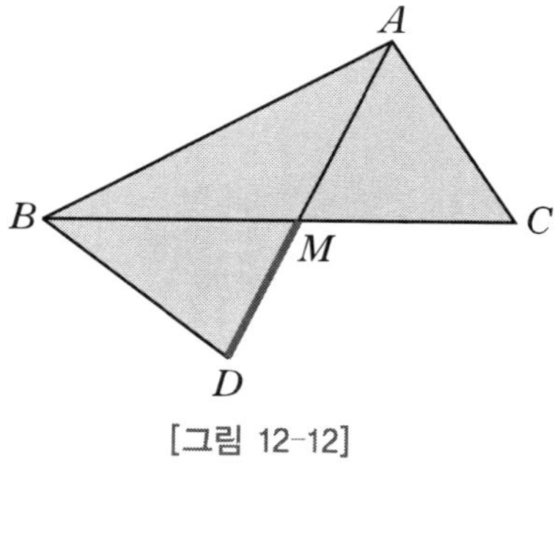

[그림 12-12]

△ABC에서 AM은 존재하지만 2AM이 존재하지 않는데, 증명해야 할 식은 2AM을 포함하는 부등식이므로 AM을 연장하여 MD를 작도함으로써 2AM을 얻을 수 있다는 생각이 문제해결을 위한 결정적인 역할을 할 것이다.

5 보조 문제(Auxiliary problem)

보조 문제는 본래의 문제해결에 도움을 줄 것을 기대하고 다루는 문제이다. 본래의 문제는 우리가 도달하고자 하는 목표이고, 보조 문제는 우리의 목표를 달성하기 위한 수단이다. 보조 문제를 고안하는 것은 중요한 정신 작용이다. 다른 문제의 해결에 도움이 되는 명쾌한 새로운 문제를 제기하거나, 무엇이 다른 목표에 대한 수단이 되는지를 하나의 목표로서 분명하게 인식하는 것은 세련된 지적 성취이다. 보조 문제를 현명하게 다루는 것을 배우는 것은 중요한 과제이다.

보조 문제의 예를 설명하기 위해 다음 문제를 생각해 보자(한인기·Kolyagin, 2006).

[문제] 삼각형 ABC에서 BC= a, AC= b, AB= c라 하고, 꼭짓점 A에서 변 BC에 그은 높이와 각의 이등분선의 길이를 각각 h_a, b_a, 꼭짓점 C에서 변 AB에 그은 높이와 각의 이등분선의 길이를 각각 h_c, b_c라 하자. 이때, 다음을 증명하여라.
(1) $h_a + h_b + h_c < a + b + c$
(2) $b_a + b_b + b_c < a + b + c$

우리는 삼각형의 중선의 길이의 두 배는 중선의 한 끝점을 공유하는 두 변의 합보다 작다는 사실을 알고 있다. 주어진 문제의 해결을 위하여 한 꼭짓점으로부터 대변에 그은 중선, 높이, 각의 이등분선의 길이에 대한 다음 문제가 보조 문제가 된다.

[보조문제] (한인기·Kolyagin, 2006) 삼각형 ABC의 꼭짓점 A로부터 그은 높이, 각의 이등분선, 중선의 길이를 각각 h_a, b_b라 하면, 부등식 $h_c \le b_a \le m_a$가 성립함을 증명하여라.

증명 [그림 12-13]에서 AM, AN, AH를 각각, 꼭짓점 A에서 변 BC에 그은 중선, 각의 이등분선, 높이라 하자. 삼각형 ABC에 대하여 다음의 두 가지 경우로 나누어 생각한다.

[경우 1] AB = AC

삼각형 ABC가 AB = AC인 이등변삼각형이면, 세 점 M, N, H가 일치하므로 $h_a \le b_a \le m_a$가 증명된다.

[경우 2] AB ≠ AC

일반성을 잃지 않고 AB > AC라고 가정할 수 있다. AN이 각의 이등분선이므로 AB : BN = AC : CN, 즉 $\frac{\text{AB}}{\text{BN}} = \frac{\text{AC}}{\text{CN}}$이 성립한다. 가정에 의해 AB > AC이므로 BN > CN이 성립한다. 한편, AM이 중선이므로, BM = CM이다.
따라서 BM < BN이 성립한다.

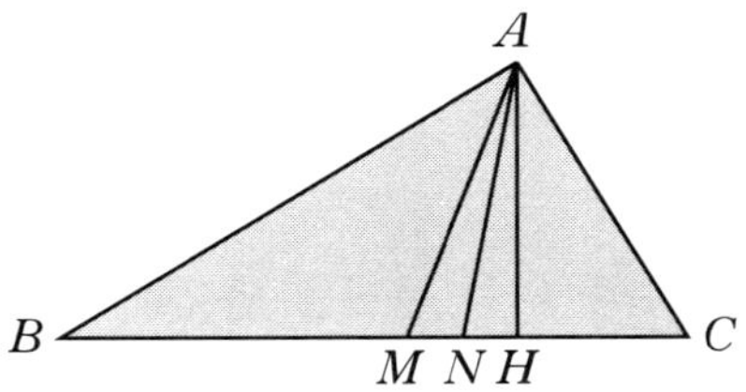

[그림 12-13]

이 보조 문제를 이용하면 본래의 문제를 쉽게 해결할 수 있다.

6 귀납과 수학적 귀납법(Induction and mathematical induction)

귀납은 특수한 경우들에 대한 관찰과 실험에 의해 일반적인 법칙을 발견하는 과정이고 수학적 귀납법은 어떤 종류의 정리를 증명하기 위해 수학에서 사용되어지는 증명 방법이다. 특히 수학적 귀납법은 조합론과 컴퓨터 공학에서 가장 강력한 문제 해결 방법들 중 하나이며, 일반적으로 다음의 단계에 따라 진행한다.

> 수학적 귀납법
> 1단계 : 관찰과 실험을 통해 자료를 수집한다.
> 2단계 : 수집한 자료의 패턴을 발견한다.
> 3단계 : 패턴을 설명할 수 있는 추측을 구성한다.
> 4단계 : $P(k)$가 참임을 증명한다.(k는 고정된 정수로서 보통 1을 사용한다.)
> 5단계 : 귀납법 가정($n \ge k$를 만족하는 어떤 n에 대하여 $P(n)$이 참임을 가정한다.)
> 6단계 : 귀납법 가정을 사용하여 $P(n+1)$이 참임을 보인다.

다음은 귀납에 의한 추측에 대하여 Polya(1957)가 제시한 예이다. 앞에서 제시한 수학적 귀납법 6단계 중 1단계에서 3단계까지의 과정에 해당된다.

우연히 $1+8+27+64=100$이라는 사실을 접한 뒤, 좌변의 각 수가 어떤 수의 세제곱이고 우변의 수가 어떤 수의 제곱이라는 사실을 알았을 때, 우리가 접했던 사실로부터 보다 더 흥미로운 다음 형식을 생각할 수 있다.

$$1^3+2^3+3^3+4^3=10^2$$

이 경우로부터 다음과 같은 일반적인 질문에 이르게 된다.

$1^3+2^3+3^3+\cdots+n^3$이 어떤 수의 제곱이 되겠는가?

이 질문에 대한 답을 위해 특별한 경우에 대하여 확인해 보면 다음을 얻을 수 있다.

$$1=1=1^2,\ 1^3+2^3=9=3^2,\ 1^3+2^3+3^3=36=6^2,\ 1^3+2^3+3^3+4^3=100=10^2,$$
$$1^3+2^3+3^3+4^3+5^3=225=15^2$$

이 경우들로부터 처음 n개의 자연수의 세제곱의 합은 어떤 수의 제곱이라는 사실을 추측할 수 있다. 그 다음 제곱수에 대해서 주목하면 제곱수의 밑 1, 3, 6, 10, 15 사이에 다음과 같은 규칙성을 발견하게 된다.

$$1=1,\ 3=1+2,\ 6=1+2+3,\ 10=1+2+3+4,\ 15=1+2+3+4+5$$

따라서 귀납에 의해 다음과 같은 가설을 세울 수 있다.

$n=1,2,3,\cdots$에 대하여 $1^3+2^3+3^3+\cdots+n^3=(1+2+3+\cdots+n)^2$이 성립한다.

귀납은 관찰을 통하여 규칙성과 일관성을 찾고자 하는 것이다. 그것의 가장 중요한 도구는 일반화, 특수화, 유추이다. 불확실한 일반화는 관찰된 사실을 이해하기 위한 노력으로부터 시작하고, 유추에 바탕을 두고, 그 이상의 특수한 경우에 의하여 검사된다. 엄밀하게 제시된 수학은 체계적인 연역적 과학이지만 만드는 과정의 수학은 실험적인 귀납적 과학이다. 앞에서 제시된 가설은 수학적 귀납법에 의하여 증명된다(p.286 일반화 참고).

7 대칭(symmetry)

대칭은 일반적인 의미에서 발견술의 중요한 주제이다. 어떤 문제가 여러 가지 점에서 대칭이면 그 교환 가능한 부분을 주목함으로써 문제해결의 실마리를 얻을 수도 있으며 같은 형태에서 같은 역할을 하는 부분을 다룸으로써 종종 도움을 받을 수 있다. 대칭을 이용해서 해결하는 다음 문제를 살펴보자.

[문제] 좌표평면 위에 점 $\mathrm{P}(5, 5)$가 있다. 직선 $y = 2x$ 위의 점 Q와 x축 위의 점 R을 잡아 $\mathrm{PQ} + \mathrm{QR} + \mathrm{RP}$가 최소가 되게 하려고 한다.
이때, 최솟값 및 점 Q, R의 좌표를 구하여라.

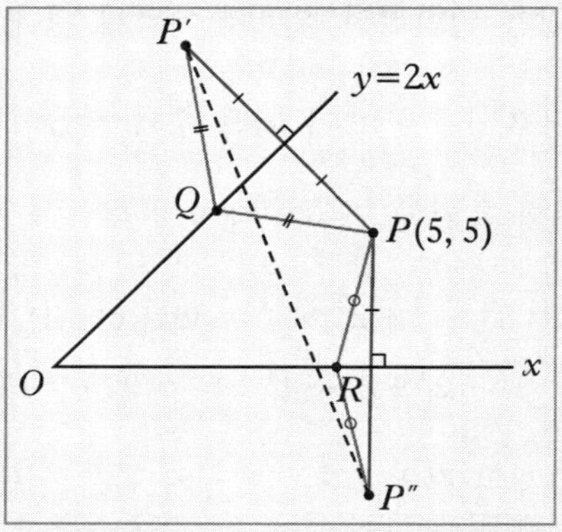

이 문제에서 점 P의 직선 $y = 2x$에 대한 대칭점을 P′, x축에 대한 대칭점을 P″이라고 할 때, 두 점 P′, P″을 지나는 직선(점선)이 직선 $y = 2x$와 x축과 만나는 점이 우리가 구하고자 하는 점 Q, R이고 선분 P′P″의 길이가 $\mathrm{PQ} + \mathrm{QR} + \mathrm{RP}$의 최솟값이다. 직선 $y = 2x$ 위의 임의의 점에서 점 P까지의 거리와 점 P′까지의 거리가 같고, x축 위의 임의의 점에서 점 P까지의 거리와 점 P″까지의 거리가 같다는 사실과 두 점 사이의 최단거리는 직선이라는 사실로부터 점 P의 두 직선 $y = 2x$와 x축에 대한 대칭점을 생각할 수 있다.

8 거꾸로 풀기

NIM게임이라는 다음 문제를 살펴보자. 거꾸로 풀기의 전형적인 예이다.

[문제] (NIM 게임). 16개의 동전이 탁자 위에 놓여 있고 갑과 을이 게임을 하는데, 갑부터 시작해서 차례로 한 번에 4개 이하의 동전을 가지고 갈 수 있다. 맨 마지막 동전을 가지고 가는 사람이 이긴다고 했을 때 갑이 이기기 위한 전략이 있는가?

풀이 이 게임의 풀이는 마지막 상황에서 시작해서 거꾸로 상황을 전개시킴으로써 해결 방법을 찾는 거꾸로 풀기이다.

갑이 이기기 위해서는 마지막 직전 을의 차례에 5개의 동전이 남아 있다면 을이 1, 2, 3, 4개 중 어느 수 만큼의 동전을 가져가더라도 갑은 그 남는 수 만큼의 동전을 가져옴으로써 이길 수 있다. 그 앞 단계의 을의 차례에 10개가 남아 있다면 을이 1, 2, 3, 4개 중 어느 수 만큼의 동전을 가져가더라도 갑은 5－(그 수)만큼의 동전을 가져옴으로써 5개의 동전을 남길 수 있다. 이와 같이 생각하면 갑은 각 단계에 5의 배수 만큼의 동전을 을에게 남겨주면 이길 수 있다. 따라서 갑이 먼저 1개를 가져오고 그 다음부터는 5－(을이 가져간 동전의 개수)만큼의 동전을 가져오면 이긴다.

03 문제해결과 문제설정

문제설정과 문제해결은 밀접한 관련성을 가지고 있다. 특히, Silver(1997)는 문제설정이 문제해결과 함께 창의성의 신장을 촉진시킨다고 주장했다. NCTM(2000)은 문제해결 수업에서 문제의 탐구를 통해 중요한 내용을 학습하고, 다양한 발견 전략을 학습하며 연습할 기회를 학생들에게 제공할 문제를 계획하는 것이 교사의 중요한 책임 중의 하나라고 역설했다. 학생 스스로 계획한 문제설정은 NCTM이 앞에서 주장한 문제해결 수업에서의 학생 활동에 대한 자연스러운 동기 유발이 될 것은 자명하다.

문제설정은 여러 가지 용어로 사용되고 있다. 예를 들면 외국에서는 Problem posing (Brown & Walter, 1990), problem generation(Silver, 1993), problem formulation(Kilpatrick, 1987) 등으로, 국내에서는 문제설정, 문제 만들기, 문제생성, 문제제기, 문제형식화 등으로 사용되어진다(정동권 외, 2009). 본 절에서는 문제설정과 문제해결과의 관련성에 대하여 살펴본다.

1 문제설정 활동의 의미

문제해결의 신장을 위하여 문제를 만들어 보는 활동도 중시해야 한다(교육인적자원부, 2007). 해결할 수 있는 재미있는 문제를 학생 스스로 설정하는 것은 문제해결의 다양하고 적절한 전략의 사용에 중요한 영향을 미칠 것이다. 실제로 문제해결 능력의 신장에 도움을 주는 방법으로 소개되어진 것이 문제설정이다. 이를테면 Polya(1957)의 문제해결 과정의 두 번째 단계인 계획에서 다음과 같은 발문은 문제해결을 위한 실제적인 아이디어를 구상하는 계획

단계에서 주어진 문제와 관련이 있는 문제를 생각해 내고, 그에 대한 해법을 구상하는 것은 주어진 문제를 해결하는데 도움이 된다는 것이 Polya의 생각이다(정동권 외, 2009).

- 보다 접근하기 쉬운 관련된 문제를 생각해 낼 수 있는가?
- 미지인 것이 같거나 유사한 문제를 생각해 보아라?
- 보다 특수한 또는 일반적인 문제는 없는가?
- 유사한 문제는 없는가?

Schoenfeld(1980)에 의하여 제안된 다음과 같은 문제해결 전략들은 문제설정과 밀접하게 관련되어 있다.

- 일반성을 잃지 않으면서 대칭성을 이용하여 문제를 단순화하여라.
- 조건 중에서 변수를 차례로 바꾸어 보고 귀납적 패턴을 찾아보아라.
- 구조가 변하지 않도록 조건의 일부만 바꾸어라.
- 어떤 조건을 완화시켜 그 문제를 새롭게 손질해 보아라.
- 문제를 경우별로 나누고 각각의 경우에 대하여 조사하여라.
- 보다 간단한 닮은 문제를 조사해 보아라.
- 나머지를 고정하고 한 개의 변수나 조건의 역할을 조사해 보아라.
- 문제의 형식이나 조건, 결과가 닮은 문제를 조사하여라.

위에 제시된 권고들은 모두 주어진 문제에 포함된 조건이나 자료를 변형함으로써, 새로운 문제를 창출해 내는 활동을 강조하고 있다. Schoenfeld도 Polya와 마찬가지로 주어진 문제의 변형을 통해 해법에 대한 아이디어를 얻을 수 있다고 생각했다(정동권 외, 2009).

Silver(1993) 역시 문제설정의 여러 관점들 중 하나로 문제해결력의 신장을 위한 수단을 제시했다. Connor & Hawkins(1936)는 학생들 스스로 문제를 설정하는 활동은 문제해결에서 산술적인 개념과 기술을 적용하는 그들의 능력을 향상시킨다고 주장했다. 또 Koenker(1958)는 문제설정을 학생들의 문제해결력의 신장을 돕는 20가지 방법들 중의 하나로 규정했다. 1960년대 이전에는 문제설정 활동이 일반적으로 수업에 도입되지 않은 시기임에도 불구하고 학생들의 문제해결력을 향상시키기 위한 수단으로 문제설정 활동이 강조된 것은 주목할 만한 일이다.

일본에서는 문제를 보다 더 완벽하게 분석하도록 학생들을 도움으로써 그들의 문제해결력을 향상시키는 수단으로 문제설정이 실험적으로 수업에 도입되었다. 이 수업의 형태를 open approach 수업 또는 open-ended 또는 open-ended problems 수업이라고 불렀다 (Shimada, 1977; Hashimoto & Swada, 1984; Nohda, 1986).

지금까지 소개한 문제설정과 관련된 학자들의 주장을 종합하면 문제설정은 문제해결력의 신장 및 수학에 대한 이해도 향상, 수학에 대한 긍정적 태도 형성에 기여하는 등 수학교육을 위한 수단이나 도구적 성격을 가지고 있다(정동권 외, 2009). 뿐만 아니라 구성주의적 관점에서 학생 스스로 문제를 설정하는 것은 학교수학의 목표에 도달하기 위한 활동의 시작이라고도 볼 수 있다.

2 문제설정의 실제

학교수학에서 학생이 스스로 자신의 문제를 설정하고, 설정한 문제를 해결하도록 지도하는 수업의 도입은 쉬운 일은 아닐 것이다. 여기에서는 기존문제, 개념, 여러 가지 수학적 이론 등을 바탕으로 문제를 설정하는 구체적인 방법을 다룬다.

(1) 기존문제 및 개념의 변형

기존의 문제 및 개념 속에 존재하는 여러 가지 조건 및 특성들을 변형함으로써 새로운 문제설정이 가능하다.

① 피보나치 수열

피보나치 수열 1, 1, 2, 3, 5, 8, 13, 21, ...은 직전 두 항의 합이 그 다음 항이 되는 수열이다. 이 피보나치 수열이 가지고 있는 특성들을 변형하여 만든 몇 가지 탐구문제들을 소개하면 다음과 같다.

[문제설정 1] (황석근, 2004).

피보나치 수열의 인접한 두 항의 비는 항 번호가 커짐에 따라 황금비 $\frac{1+\sqrt{5}}{2}=1.6180339887...$ 에 접근한다. 동전을 던져서 앞면(H)이 나오면 $a_n = a_{n-2} + a_{n-1}$로 뒷면이 나오면 $a_n = a_{n-2} - a_{n-1}$로 한다. 예를 들어

		H	T	T	T	H	H	
1	1	2	−1	3	−4	−1	−5	···
		T	H	T	T	H		
1	1	0	1	−1	2	−3	−1	···

이러한 랜덤수열의 인접한 두 항의 비도 역시 일정한 값에 가까이 갈까?
이 문제에 대해서는 1960년에 그 비가 어떤 일정한 수에 수렴한다는 사실이 발견되었지만, 임의의 랜덤수열을 잡았을 때 그 비가 1.13198824에 가까이 갈 확률이 1이라는 사실은 1999년에야 밝혀지게 되었다.

[문제설정 2]
피보나치 수열에서 시작하는 두 수를 바꾸어 새로운 수열을 구성할 수 있다. 이를테면 2, 1로 시작하고 직전 두 항을 더해서 다음 항이 되는 수열을 구성하면 2, 1, 3, 4, 7, 11, 18, 29, ... 을 얻을 수 있다. 이 수열의 항들 사이에는 어떤 관계가 있을까?

실제로 이 수열은 루카스(Lucas) 수열로 잘 알려져 있다. 이 수열의 항들 사이의 관계뿐만 아니라 피보나치 수열과의 관련성도 탐구문제가 될 수 있다. 탐구문제 1, 2이외에도 피보나치 수열이 가지는 여러 특성들을 변형해서 새로운 수열을 구성함으로써 다양한 문제설정이 가능하다. 다음은 직전 항을 3개 이상 합하여 새로운 피보나치 수열과 루카스 수열을 구성하는 것과 관련된 탐구문제이다.

[문제설정 3] (G.Y. Lee & J.S. Kim, 2003).
임의의 양의 정수 $k \geq 2$에 대하여 $g(k)_1 = \cdots = g(k)_{k-2} = 0$, $g(k)_{k-1} = g(k)_k = 1$이고 $n > k \geq 2$인 n에 대하여 $g(k)_n = g(k)_{n-1} + g(k)_{n-2} + \cdots + g(k)_{n-k}$를 만족하는 수열 $\{g(k)_n\}$을 $k-$피보나치 수열이라고 정의하고,
임의의 양의 정수 $k \geq 2$에 대하여 $n \times n$ 행렬 $F(k)_n = [f(k)_{ij}]_n$의 (i, j)-성분이

$$f(k)_{ij} = \begin{cases} g_{i-j+1}, & i-j+1 \geq 0 \\ 0, & i-j+1 < 0 \end{cases} \quad (g_n = g(k)_{n-k+2})$$

로 정의되어지는 행렬을 $n \times n$ $k-$피보나치 행렬이라고 정의하자.
$n \times n$ $k-$대칭 피보나치 행렬 $D(k)_n = [q(k)_{ij}]_n$의 (i, j)-성분은

$$q(k)_{ij} = q(k)_{ji} = \begin{cases} \sum_{l=1}^{k} q(k)_{i,j-l}, & i+1 \leq j \\ \sum_{l=1}^{k} q(k)_{i,i-l} + g_1, & i = j \end{cases} \quad (q(k)_{ij} = 0, j \leq 0)$$

로 정의된다. 이를테면

$$F(3)_6 = \begin{bmatrix} 1 & 0 & 0 & 0 & 0 & 0 \\ 1 & 1 & 0 & 0 & 0 & 0 \\ 2 & 1 & 1 & 0 & 0 & 0 \\ 4 & 2 & 1 & 1 & 0 & 0 \\ 7 & 4 & 2 & 1 & 1 & 0 \\ 13 & 7 & 4 & 2 & 1 & 1 \end{bmatrix}, \ D(3)_6 = \begin{bmatrix} 1 & 1 & 2 & 4 & 7 & 13 \\ 1 & 2 & 3 & 6 & 11 & 20 \\ 2 & 3 & 6 & 11 & 20 & 37 \\ 4 & 6 & 11 & 22 & 39 & 72 \\ 7 & 11 & 20 & 39 & 71 & 130 \\ 13 & 20 & 37 & 72 & 130 & 240 \end{bmatrix}$$

이다. 두 행렬 $F(k)_n$과 $D(k)_n$에서 성립하는 성질들을 탐구하시오.

이 문제는 피보나치 수열에서 더하는 직전 항의 개수를 변형하여 새로운 피보나치 수열 및 행렬을 구성함으로써 자연스럽게 나타날 수 있는 탐구문제이다.

이와 같이 피보나치 수열이 가지고 있는 특성을 변화시킴으로써 다양한 탐구문제들을 설정할 수 있음을 알 수 있다.

② NIM 게임

1개의 통에 동전이 들어 있고 갑, 을 두 사람이 다음 규칙에 따라서 동전을 가져간다.

[규칙 1] 갑부터 시작하여 갑, 을 차례로 1개 이상 원하는 만큼의 동전을 가져간다.
[규칙 2] 맨 마지막 동전을 가져가는 사람이 이긴다.

갑, 을 중 누군가가 반드시 이기는 전략이 있는가?

이 문제에서는 먼저 하는 사람이 항상 이기도록 규칙이 주어져 있다. 주어진 규칙과 조건을 변형함으로써 다양한 새로운 문제를 설정할 수 있다.

[문제설정 1]
동전이 들어 있는 통의 개수 및 가져가는 동전의 개수를 변형
2개(→n개)의 통에 동전이 들어 있다. 갑, 을 두 사람이 다음 규칙에 따라서 동전을 가져간다.

[규칙 1] 갑부터 시작하여 갑, 을 차례로 1개 이상(→1개 이상 d개 이하) 원하는 만큼의 동전을 가져간다.
[규칙 2] 맨 마지막 동전을 가져가는 사람이 이긴다.
[규칙 3] 한 통에서만 동전을 가져간다.

갑, 을 중 누군가가 반드시 이기는 전략이 있는가?

③ 타일 문제(NCTM, 2000)

mn개의 같은 크기의 정사각형 모양의 타일을 붙여 $m \times n$ 직사각형을 만들었다. 이 직사각형의 한 대각선이 지나는 타일의 개수를 구하시오.

2차원 평면의 문제를 3차원 공간으로 확장하여 다음과 같은 문제를 설정할 수 있다.

[문제설정 1] (제 13회 한국수학올림피아드 고등부, 1999)
한 모서리의 길이가 1인 정육면체를 단위정육면체라고 한다. 자연수 l, m, n에 대하여, lmn개의 단위정육면체를 쌓아서 세 모서리의 길이가 각각 l, m, n인 직육면체를 만들었다고 할 때, 이 직육면체의 한 대각선이 내부를 통과하는 단위정육면체의 개수를 구하시오.

④ 문제

좌표평면 위에 점 $\mathrm{P}(5,5)$가 있다. 직선 $y=2x$ 위의 점 Q와 x축 위의 점 R을 잡아 $\mathrm{PQ}+\mathrm{QR}+\mathrm{RP}$가 최소가 되게 하려고 한다. 이때, 최솟값 및 점 Q, R의 좌표를 구하여라.

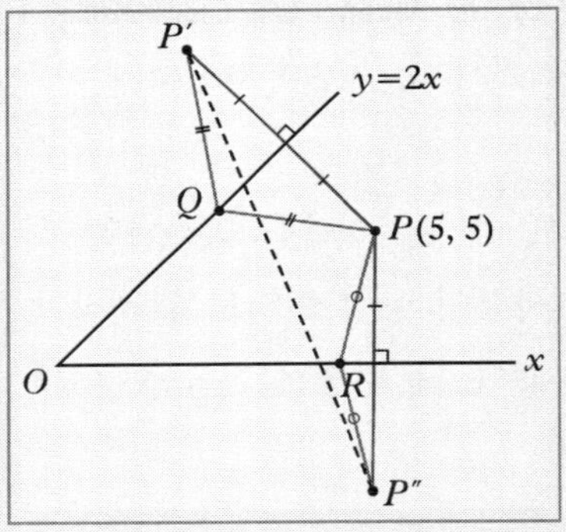

이 문제는 각의 내부의 점에서 각의 변에 대한 대칭이동과 관련된 문제이다. 각을 삼각형 또는 사각형으로 변형함으로써 다음과 같은 문제를 설정할 수 있다.

[문제설정 1] (김익표, 2010)
모든 변이 거울로 이루어진 정삼각형 ABC의 한 꼭짓점에서 빛을 쏘았을 때 빛이 변에 반사되면서 다른 꼭짓점에 도달할 수 있는 θ의 조건을 구하시오. (단, $0 < \theta < 60°$)

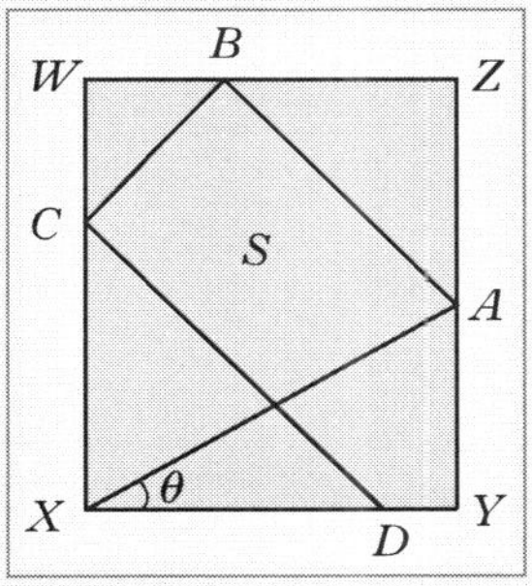

[그림 12-14]

[문제설정 2] (김익표, 2010)
〔그림 12-14〕와 같이 한 변의 길이가
a인 정사각형 XYZW의 꼭짓점 X에서 빛을 쏘았을 때, 그 빛이 $\overline{YZ}$, $\overline{ZW}$, $\overline{WX}$에 차례로 반사되어 만들어지는 자취에 의하여 생성되는 사각형의 넓이 S의 최댓값을 구하여라.

(2) 정리 또는 사실의 활용

알려진 정리와 사실들을 활용하여 문제를 설정할 수 있다.

[정리 1] 비둘기집의 원리
$n+1$마리의 비둘기를 n개의 비둘기 집에 넣으면, 2마리 이상 들어간 집이 존재한다.

[사실 1] 6명 중에는 서로 아는 사람이 3명 있거나 서로 모르는 사람이 3명 있다.

[사실 1]은 비둘기 집의 원리를 이용하여 증명할 수 있다. 정리1과 사실1을 이용하여 다음 문제의 설정이 가능하다.

[문제설정 1]
10명의 사람들 가운데 서로 아는 사람이 4명이 있거나 서로 모르는 사람이 3명 있음을 증명하시오.

이 문제는 사람을 꼭짓점으로 생각하고 아는 사람끼리는 청색 변으로, 모르는 사람끼리는 적색 변으로 연결했을 때, 한 꼭짓점에서 다른 4개의 꼭짓점을 연결하는 적색 변이 있는 경우와 한 꼭짓점에서 다른 6개의 꼭짓점을 연결하는 청색 변이 있는 경우로 나눈 다음 사실1을 이용하면 풀 수 있는 문제이다.

[문제설정 2] ([정리 1]을 반복해서 사용하는 문제)
8×8 체스보드에 25개의 루크를 놓았을 때, 서로 공격할 수 없는 5개의 루크가 존재함을 증명하시오.

[정리 2] **파스칼의 정리**
음이 아닌 정수 n, k에 대하여 $\binom{n}{k}=\binom{n-1}{k-1}+\binom{n-1}{k}$가 성립한다.
[정리 2]를 이용하여 다음 [사실 2]를 증명할 수 있다.

[사실 2] 다음이 성립한다.

(2-1) $\binom{0}{k}+\binom{1}{k}+\binom{2}{k}+\cdots+\binom{n}{k}=\binom{n+1}{k+1}$

(2-2) $\binom{n+0}{0}+\binom{n+1}{1}+\binom{n+2}{2}+\cdots+\binom{n+k}{k}=\binom{n+k+1}{k}$

[사실 2]를 활용하여 다음 문제를 설정할 수 있다.

[문제설정 1] ([사실 2-1]을 반복해서 사용하는 문제)
$\sum_{i=0}^{8}\sum_{j=0}^{3}\binom{i}{j}$의 값을 구하시오.

[문제설정 2] ([사실 2-2]를 반복해서 사용하는 문제)
n, k 가 양의 정수일 때,

$$k\binom{n}{0}+(k-1)\binom{n+1}{1}+(k-2)\binom{n+2}{2}+\cdots+2\binom{n+k-2}{k-2}+1\binom{n+k-1}{k-1}$$

을 이항계수를 이용하여 간단히 나타내시오.

04 문제해결 지도

발견술 및 문제해결 전략들의 개발이 학생들의 문제해결력의 촉진으로 연결되지는 않는다. 중요한 것은 학생들이 발견술을 배우고, 자신들에게 질문할 잘 조직된 일련의 질문을 개발하고, 문제 상황에 직면했을 때, 끊임없이 자신들이 개발한 질문을 언급하면서 당면한 문제 상황에 적절한 발견술을 적용하는 것이다(Krulik & Rudnick, 1980). 그렇다면 학생들의 문제해결력의 촉진을 위한 교사의 역할은 무엇일까? 이 절에서는 학생들의 문제해결력의 촉진을 돕기 위해 학교 수학에서 교사가 할 수 있는 역할에 대하여 살펴본다.

1 교사의 역할

Krulik & Rudnick(1980)은 수학교실에서 학생들의 문제해결력을 촉진시키기 위하여 할 수 있는 교사의 역할로 다음을 제시했다.

- 성공적인 분위기를 조성함으로써 학생들이 문제해결 활동에 흥미를 가지도록 한다.
- 학생들에게 흥미 있는 문제를 제시하고, 제시된 문지를 풀 수 있도록 격려한다.
- 문제를 읽는 방법을 지도함으로써 학생들이 문제의 문맥 속에 포함된 본질적인 아이디어와 의미를 파악할 수 있도록 한다.
- 문제 속에 학생들의 이름이 나타나게 하거나 또는 문제해결 과정 속에 학생 활동을 포함시킴으로써 적극적으로 문제해결 활동에 참여할 수 있도록 한다.
- 학생 스스로 문제를 설정하게 함으로써 다양한 형태의 문제해결 활동을 경험하게 한다.
- 소집단 활동을 통하여 학생들 개개인의 아이디어를 공유하는 방법을 알게 한다.
- 문제 상황을 도구를 사용하지 않고 손으로 그림을 그려보게 함으로써 학생들의 문제해결 활동을 돕는다.
- 적절하지 못한 풀이 방법을 고수하는 학생들에게 대안을 제시함으로써 다른 접근 방법을 사용할 수 있도록 돕는다.
- 주어진 문제해결에 대한 접근 방법을 찾지 못하는 학생들에게 창의적이고 건설적인 질문을 함으로써 학생들을 안내한다.
- 사고와 상상력에 있어서 창의성을 강조함으로써 학생들이 자유롭게 사고할 수 있도록 한다.
- 계산기의 사용을 격려함으로써 문제해결의 계산보다는 전략과 과정이 중시될 수 있도록 한다.
- 컴퓨터 프로그램을 만들어 보도록 함으로써 문제해결 방법들을 습득하도록 한다.
- 학생 자신의 문제해결 과정에 대한 순서도를 그려보기 함으로써 자신이 가지고 있는 발견술 또는 문제해결 방법들이 발전하고 있다는 것을 깨닫게 한다.

- 교실에서 전략게임을 사용함으로써 학생들의 문제해결 능력을 향상시킨다.
- 여러 단계의 해결과정을 가진 문제를 제시함으로써 다른 문제 속에 숨어 있는 문제를 풀 수 있도록 한다.
- 수학적인 지식보다는 아이디어에 의한 문제해결을 지도함으로써 문제해결의 진정한 의미를 찾을 수 있도록 한다.

Krulik & Rudnick이 제안한 교실 환경을 만들고 유지하는 것은 학생들의 문제해결 성향을 개발하기 위한 교사의 중요한 역할이다. 이와 같은 환경에서 학생들은 자신의 능력에 자신감을 가지게 되어, 문제해결에 참여하고 탐구하려고 더욱 더 노력할 것이다. 나아가 도전적인 문제를 설정하고 끈기 있게 풀려고 노력할 것이다(NCTM, 2000, p.53).

참고문헌

강옥기 외(1985). 『수학과 문제해결력 신장을 위한 수업 방법 개선 연구』. 서울 : 한국교육개발원.

교육인적자원부(2007) 〈http:/www.moe.go.kr〉. 개정 수학과 교육과정.

김익표(2010). 「안내된 재발명을 포함한 탐구-중심 수업이 학생들의 수학적 활동에 미치는 영향에 관한 사례연구」, 한국수학교육학회 시리즈 A 《수학교육》 49(2), pp.223-246.

정동권 외(2009). 『수학문제해결 지도의 실제』. 서울 : 학지사.

한인기 · Kolyagin(2006). 『문제해결의 이론과 실제』. 서울 : 승산.

황석근(2004). 『문제 제작의 기법과 실제』. 경북대학교 · 대구광역시교육청 공동주관 제1회 영재교육담당 교사 직무연수(기초과정).

황석근 · 이재돈 · 김익표(2001). 『ENV 이산수학』. 서울 : 블랙박스.

황혜정 외(2008). 『수학교육학 신론』. 서울 : 문음사.

Brown, S.I. & Walter, M.I. (1990). *The art of problem posing* 2nd ed., Hillsdale NJ : Lawrence Erlbaum Associates.

R.A. Brualdi, *Introductory Combinatorics*, North-Holland, Amsterdam, 1977.

Burton, D. (1985). *The history of mathematics : An Introduction*. Boston : Allyn & Bacon.

Butt, T. (1980). Posing problems properly. In S. Krulik & R. E. Reys (Eds.), *Problem solving in school mathematics* (pp.23-33). Reston, VA : National Council of Teachers of Mathematics.

Charles, R. & Lester, F. (1982). *Teaching problem solving : what, why & how*. CA : Dale Seymour Publication.

Connor, W. L., & Hawkins, G. (1936). What materials are most useful to children in learning to solve problems? *Educational Method*, 16, pp.21-29.

English, L. D., & Halford, G. S. (1995). *Mathematics Education : Models and Processes*. Lawrence Erlbaum Associates, Inc.

Hashimoto, Y., & Sawada, T. (1984). Research on the mathematics teaching by developmental treatment of mathematical problems. In T. Kawaguchi (Ed.), *Proceedings of the ICMI-JSME regional conference on mathematical education* (pp.309-313). Japan : Japan Society of Mathematical Education.

p.Erdos, L. A. Santalo, Alfred Brauer, I. S. Cohen, Problems and solutions, Amer. *Math. Monthly 51* (1944) pp.234-236.

Kilpatrick, J. (1987). Problem formulating : Where do good problems come from? In A. H. Schoenfeld (Ed.), *Cognitive science and mathematics education* (pp.123-147). Hillsdale. NJ : Lawrence Erlbaum Associates.

Koenker, R. H. (1958). Twenty methods of improving problem solving. *Arithmetic Teacher*, 5, pp.74-78.

Krulik, S. & Rudnick, J.A.(1980). *Problem solving : A handbook for teachers* 2nd ed., Boston : Allyn and Bacon.

Krulik, S. & Rudnick, J.A.(1984). *A Sourcebook for teaching problem solving*. Boston : Allyn and Bacon, Inc.

Krulik, S. & Rudnick, J.A.(1987). *Problem solving : A handbook for teachers*. Boston : Allyn and Bacon, Inc.

Lakatos, I. (1976). *Proofs and Refutation-The logic of Mathematical Discovery*. (우정호 역(1991). 수학적 발견의 논리, 서울 : 민음사.)

G.S. Cheon, S.G. Hwang, S.H. Lim, S.Z. Song, Matrices determined by a linear recurrence relation among entries, *Linear Algebra Appl.* 373 (2003) 89-99.

G.Y. Lee, J.S. Kim, *The linear algebra of the k−Fibonacci matrix, Linear Algebra Appl.* 373 (2003) 75-87.

Lester, F. K. (1978). Mathematical problem solving in the elementary school : Some educational and psychology consideration. In L. L. Hatifield & O. A. Bradbard (Eds.), *Mathematical Problem Solving : Papers form a Research Workshop* (pp.53-86). Columbus Ohio, ERIC/SMEAC.

National Council of Teachers of Mathematics. (1980). *An agenda for action recommendation for school mathematics of the 1980's. Reston*, VA : Author.

National Council of Teachers of Mathematics. (1989). *Curriculum and evaluation standards for school mathematics*. Reston, VA : Author.

National Council of Teachers of Mathematics. (2000). *Principles and standards for school mathematics.* Reston, VA : Author.

Nohda, N. (1986). A study of open-approach method in school mathematics. *Tsukuba Journal of Educational Study in Mathematics*, 5, 119-131.

Polya, G. (1954). *Mathematics and plausible reasoning* : vol. Ⅰ. induction and analogy in mathematics. Princeton : Princeton University Press.

Polya, G. (1957). *How to solve it : a new aspect of mathematical method* (2nd ed.). Garden City : Doubleday. (우정호 역(1986). 어떻게 풀 것인가. 서울 : 천재교육.)

Polya, G. (1962). *Mathematical discovery*. Vol. Ⅰ. New York : John Wiley &Sons, Inc.

Polya, G. (1971). *How to solve it : a new aspect of mathematical method* (2nd ed.). Princeton : Princeton University Press. (우정호 역(2002). 어떻게 문제를 풀 것인가. 서울 : 교우사.)

Resnick, L. B. (1987). *Education and learning to think*. Washington, DC : National Academy Press.

Schoenfeld, A.H. (1980). Heuristics in the classroom. In Krulik & R. Reys (Eds.), *Problem solving in school mathematics* (pp.9-22). Reston, VA : National Council of Teachers of Mathematics.

Schoenfeld, A.H. (1985). *Mathematical problem solving*. Orlando : Academic Press.

Shimada, S. (Ed.) (1977). *On Lessons using open-ended problems in mathematics teaching*. Tokyo : Mizuumishobo.

Silver, E.A. (1982). *Teaching and Learning Mathematical Problem Solving : Multiple Research Perspectives*. Hillsdale, NJ : Lawrence Erlbaum Associates.

Silver, E.A. (1993). On mathematical problem posing. *Proceedings of 17th International Conference for Psychology of Mathematics Education* (Vol. Ⅰ., pp.66-85). Tsukuba, Japan.

Silver, E.A. (1997). Fostering creativity through instruction rich in mathematical problem solving and problem posing. *International Reviews on Mathematical Education*, 29, 75-80.

Splitter, L. (1988). On teaching children to be better thinkers. *Unicom*, 14(1), 40-47.

Z. Zhang, The linear algebra of the generalized Pascal matrices, *Linear Algebra Appl.* 250 (1997) 51-60.

Z. Zhang, M. Liu, An extension of the generalized Pascal matrix and its algebraic properties, *Linear Algebra Appl.* 270(1998) 169-177.

Chapter 12
생각해 볼 문제

01 문제해결과 문제의 의미를 설명하고, 문제가 문제해결 활동에 미치는 영향에 대하여 말하시오.

02 2007년 개정 수학과 교육과정에는 학생들의 문제해결력을 신장시키기 위한 교수 · 학습 방법을 제안하고 있다. 이 방법들을 구체적인 지도사례와 함께 설명하시오.

03 Polya, Burton, Schoenfeld가 제안한 문제해결 모델을 비교하여 설명하시오.

04 Polya가 제안한 4단계 문제해결 과정을 이용하여 지도하는 구체적인 예를 제시하시오.

05 유추에 의한 추측이 참이 아닌 예를 제시하고, 이 경우 취할 수 있는 지도 방법과 그 방법이 유추적 사고의 어떤 측면을 보완할 수 있는지 설명하시오.

06 문제해결 활동 가운데 문제설정 활동이 필요한 경우를 구체적인 예를 들어 설명하시오.

07 학생들의 문제해결력을 촉진시키기 위하여 조성해야 할 교실문화를 설명하시오.

08 파스칼 행렬의 $(n+1)\times(n+1)$ 부분행렬

$$P_n = \begin{bmatrix} 1 & 0 & 0 & 0 & 0 & \cdots & 0 \\ 1 & 1 & 0 & 0 & 0 & \cdots & 0 \\ 1 & 2 & 1 & 0 & 0 & \cdots & 0 \\ 1 & 3 & 3 & 1 & 0 & \cdots & 0 \\ 1 & 4 & 6 & 4 & 1 & \cdots & 0 \\ \vdots & \vdots & \vdots & \vdots & \vdots & \ddots & \vdots \\ \binom{n}{0} & \binom{n}{1} & \binom{n}{2} & \binom{n}{3} & \binom{n}{4} & \cdots & \binom{n}{n} \end{bmatrix}$$

의 성분들을, 원점에서 오른쪽 아래로 한 칸, 아래로 한 칸 가는 방법으로 점 (n, n) 까지 이동하는 방법 수와 연결시켜 설명하고, 이 연결성을 바탕으로 새로운 행렬을 구성함으로써 새로운 문제설정이 가능함을 보이시오.

Chapter 13 구성주의 학습지도원리

01 구성주의의 개념

구성주의의 개념에 대해서는 학자들마다 약간씩 다른 견해를 나타내고 있어서 이를 정의 내린다는 것은 쉽지가 않다. 그러나 일반적으로 학습자 개개인이 어떤 실재에 대해서 주관적인 의미와 이해를 구성할 수 있도록 자신의 인지 구조를 변형 또는 형성시키는 것으로 정의되고 있다. 이는 학습자가 어떤 특정한 지식을 획득함에 있어서 사건이나 대상에 대한 지각적·감각적 경험을 인지적 중개과정을 통해 개인의 지적 개념마이나 구조 또는 상징적 해석체로 내면화하는 것을 뜻한다.

이러한 구성주의가 전제로 하고 있는 기본가정은 다음과 같다.

① 지식은 감각적·지각적 경험으로부터 구성되는 것이므로 학습은 본질적으로 구성적인 과정으로서, 이 과정을 통해 지식에 대한 내적 표상을 형성시켜 나가는 것이다.
② 이렇게 하여 형성된 지식은 기본적으로 외부세계(환경)에 대한 경험의 개인적 해석을 통하여 이해된다.
③ 학습자의 내부에서 표상화 된 지식은 또 다른 지식의 구조와 연계되어 새로운 인지 구조를 형성하는 데 기초로서 작용한다.

④ 학습은 학습자 개인의 경험을 기초로 하여 그 의미가 발달해 나가는 적극적 과정으로 볼 수 있다. 즉, 실제 세계에 대한 의미 이해를 인식의 주체자인 학습자가 자신이 알 수 있는 개념으로 계속적으로 확장, 변형해 나감으로써 학습발달이 이루어지는 것으로 본다.
⑤ 이때 학습자에게 생성되는 의미 이해는 다양한 시각에서 이루어질 수 있다는 사실을 전제로 한다. 즉, 학습자 자신의 경험세계에 대한 개인적 해석은 모든 가능한 인간적 해석의 범주 속에서 다양한 관점을 공유하려는 가운데 인지 구조의 개념적 성장과 변화를 이룩해 나갈 수 있는 것으로 본다.
⑥ 학습은 실제 세계의 상황적 맥락 속에서 발생한다. 즉, 모든 학습은 학습이 실제로 이루어지는 실제 세계(환경)을 반영하는 가운데 전개되어야 하는 것으로 본다.

이상과 같은 구성주의의 학습에 대한 여섯 가지 이론적 기본가정은 지식은 학습자 자신의 경험에 기초하여 내적인 표상이 개인적인 의미 이해로써 구성된 지식을 의미하며, 이때 구성이란 학습자와 외적 세계(환경)와의 상호 작용적 중개과정이라고 요약할 수 있다.

02 구성주의의 이론적 배경과 발달과정

1 구성주의의 등장과 형성

구성주의의 형성 배경과 그 근원에 대해서는 많은 논란이 있을 수 있다. 지식의 본질에 관한 구성주의 논의는 18세기 Vico와 Berkely에 의해서 시작되었다고 볼 수 있으나, 교육에 있어서 구성주의는 행동주의나 인지주의 등의 객관주의에 대비된 하나의 인식론으로서 제시된 1960년대와 1970년대를 그 출발로 볼 수 도 있을 것이다. 구성주의는 구성주의의 철학적 토대인 상대주의적 인식론으로서 Piaget와 Vygotsky 등의 이론을 중심으로 한 심리학적 이론으로서, 또는 심리학과 철학의 영역을 벗어난 사회적 영역에서 세계 이해를 위한 새로운 대안적 담론으로도 이해되고 있다.

인간의지식이 형성되고 습득되는 과정에 대한 인식론적 이론이 구성주의의 논의인 것이다. 즉, 전통적인 인식론으로 볼 때 인간의 지식은 학습자의 외적 세계에 존재하며, 그러한 지식에 관한 정보는 외적 세계를 지각하고 표상하는 과정을 통하여 이루어진다. 이에 반하여 구성주의의 인식론은 지식을 의사소통에 의한 수동적인 방법으로 받아들이는 것이 아니라 인식주체가 적극적으로 형성한다는 하나의 대안적 관점이다.

구성주의는 산업사회의 패러다임인 객관주의 인식론에 대한 대안적 인식론이다. 지식이란 고정되어 있고 확인 할 수 있는 대상이라는 객관주의의 가정에 대한 의문을 제기하고 객관주의의 여러 문제점을 극복하려는 것에서부터 시작한다. 구성주의라는 용어는 인간의 인지 구조를 구성하는 본질에 관한 Piaget의 인지 발달적 개념이 교육자들에게 전달된 것으로 출발하였고, 구체적인 논의가 시작되고 널리 퍼지게 된 것은 1980년대 후반 Von Glaserfeld의 구성주의에 관한 논문과 '근접발달 영역'이라는 개념을 도입한 러시아의 심리학자 Vygotsky의 논문을 재조명하면서부터라고 볼 수 있다. Glaserfeld는 구성주의의 인식론적 근거를 회의주의에서 찾고 있다. 그는 구성주의의 바탕을 이루고 있는 여러 가지 개념의 기원을 인식론의 역사에서 찾고 있는데, 그에 의하면 구성주의의 형성에 기여한 인식론자로는 소트라테스 이전의 초기 회의주의자로부터 합리론자, 경험론자, 비판론자, 그리고 프래그머티즘사상가들까지 생각할 수 있다.

하지만 구성주의가 20세기에 들어 새롭게 창출된 패러다임은 아니다. 철학사를 거슬러 올라가 보면 소크라테스 이전의 회의론자들이나 소크라테스, 플라톤의 사유로부터 구성주의의 이론적 근거를 찾아볼 수 도 있다.

회의론자인 Xenophanes는 "어떤 사람이 진짜 세계가 어떤지 정확히 기술할 수 있다 하더라도 그는 진짜의 모습이라는 것을 알 수 있는 방법을 가지고 있지 않다"고 보았다. 이것은 우리가 가진 생각이나 지식은 느낌, 행동, 사고를 포함하는 우리의 경험에서 기인한 것이라는 뜻으로, 이러한 경험계에 의심을 갖고 기본적인 사실들을 부인했다.

프로타고라스는 인간 척도론을 제시하여 "모든 것의 척도는 인간이다. 있는 것에 대해서는 그것이 있다고 하는, 없는 것에 대해서는 그것이 없다고 하는 척도이다"라고 선언하였다. 여기서 인간은 인간일반이라는 의미가 아니고 개개의 인간을 의미한다. 따라서 그의 척도론이 의미하는 바는 모든 것은 그것이 각 사람에게 보이는 대로 있는 것이고 따라서 진리의 척도는 사물에 있지 않고 인간에 있다고 하는 것이다. 여기에, 모든 사람에 공통된 보편적 진리의 존재를 부정하고 동일한 사물도 그것을 보는 사람에 의해 달라진다고 주장하는 상대주의가 나타나는 것이다. 이러한 전통을 이어받은 것이 바로 합리론이다. 합리론은 인간의 경험과는 별도로 이성으로부터 보편적이고 필연적인 지식을 획득할 수 있다고 보았다. 즉, 합리론은 경험론과 대립하여 인식의 기원, 근거 및 타당성을 이성에서 찾는다. 이러한 경향의 합리론은 근대의 데카르트로부터 독일 관념론의 헤겔까지 이어간다. 경험론은 경험적으로 주어진 것에서 인식의 기원과 근거를 찾고자 했으나 이와 반대로 합리론은 이성 안에서 인식의 기원과 근거를 찾고자 했다. 합리론은 인식의 원천을 이성으로 여기며, 이성으로 파악한 보편 원리를 특수사실이나 개별법칙에 적용하는 연역법을 방법론으로

택한다. 데카르트는 필연적 보편적 인식을 얻으려면 모든 편견을 버리고 가능한 모든 회의를 미리 제거하여야 한다고 주장하였다. 그리하여 그는 꿈, 감각, 수학 등 일체를 의심하여야 한다고 주장하였다. 그가 말한 의심은 명석 판명한 관념, 곧 제 1원리를 찾기 위한 방법으로서의 의심이므로 그러한 의심은 방법적 회의라고 일컬어진다. 또 이러한 제 1원리로부터 "명석판명한 인식은 진리이다."하는 제 2원리를 이끌어 낸다. 이러한 방법적 회의에 의해서 데카르트는 신, 정신, 물체라는 세 가지 실체의 인식에 도달하였다.

경험론과 합리론은 인식의 원천에 대하여 대립된 견해를 가지고 서로 분리되었다. 경험론자들은 경험을 전체 지식의 유일한 원천이라고 주장하였고 합리론자들은 이성에 의한 본유적, 보편적으로 불변하는 개념과 법칙으로부터 확실한 대상 인식에 도달할 수 있다고 믿었다. 경험론과 합리론의 잘못은 경험이나 이성을 인식의 유일한 원천으로 여기는 일면성에 자리잡고 있다는 것이다. 그래서 칸트는 철학적 인식의 확고한 기초를 마련하기 위하여 경험론과 합리론의 전제들을 상세히 검토하고, 양자의 정당한 주장을 현실과 인식에 대한 하나의 새로운 통일적 파악방식으로 종합하고자 하였다. 칸트는 우리의 인식 능력 안에 선천적인 요소 내지 형식이 존재한다고 하였다. 칸트에 의하면, '만일 우리의 인식이 모두 경험적 즉 후천적 성격을 가지는 것이라고 한다면, 우리는 보편적, 필연적 인식에 도달할 수 없을 것이다'고 하였고, 따라서 만일 우리의 인식이 필연성과 보편성을 가질 수 있다고 한다면, 이것은 우리 자신 속에 선천적인 인식형식이 존재하지 않으면 안 된다는 것을 증명해 주는 것임을 안다.

칸트는 이처럼 우리의 인식능력 자체 속에 선천적 형식이 존재함을 발견함에 의해, 우리의 인식의 확실성을 보증할 수 있다고 생각하였다. 그러면 우리의 인식이 주관 속에 있는 선천적 형식에 의해 성립한다면 우리의 인식이 어떻게 객관성을 가질 수 있을까? 여기서 칸트는 대상이라는 것이 결코 우리의 주관으로부터 독립해서 그 자체로서 존재하는 것이 아니고, 우리 주관의 선천적 형식에 의해 구성된 것이라고 생각하게 되었다. 종래에는 합리론이건 경험론이건 할 것 없이 인식의 문제를 고찰함에 있어서 항상 대상을 중심으로 생각해 왔고 또 인식은 대상을 그 자체에 있어서 있는 그대로의 모습을 파악함에 의해 성립하는 것으로 생각하였다. 그런데 칸트의 새로운 사고방식에 있어서는 인식의 대상은 주관의 선천적 형식에 의해 질서 지워짐으로써 비로소 성립하는 것을 알 수 있다. 우리가 대상이라고 생각하는 것은, 실은 주관이 자신의 형식에 의해 구성한 것에 불과하다. 중심은 이제 대상 쪽에 있는 것이 아니라 주관 쪽에 있는 것이다. 대상은 오히려 주관에 의해 구성되는 것임을 안다.

프래그머티즘의 근본 사상은 경험을 중시하여, 지식을 본래 경험·삶에 봉사하는 것으로 생각하는 점에 있다. 즉 우리의 삶은 환경에 대한 적응인데, 지식은 환경에 대한 이러한 적응을 가능케 하기 위하여 작용하는 도구인 것이다. 따라서 지식은 이성주의적 철학이 생각하는 것처럼, 진리를 위한 진리를 추구함을 목적으로 하는 것이 아니라 삶에 대한 유용성이란 것을 목적으로 한다. 진리란 대상과 개념의 일치라는 있는 것이 아니라 삶에 대한 유용성에 있다는 것이다. 어떤 개념이 진리인가 아닌가 하는 판단은, 그 개념이 삶에 대해 유익한가 어떠한가에 의해서 결정되지 않으면 안 된다. 이리하여 프래그머티즘에 있어서는 당연히 절대적인 진리라는 것은 존재하지 않고 일체의 진리는 상대적인 것으로 된다. 이처럼 구성주의는 회의론에서 프래그머티즘에 이르기까지 다양한 인식론에 토대를 두고 있다. 근세 이후 직접 구성주의의 계보를 논의하는 연구자들은 18세기초반의 Vico를 최초의 구성주의 이론가로 평가하고 그의 이론에서 구성주의의 아이디어를 찾기도 한다.

그리고 Nodding(1990)에 의하면 행동주의에서 여러 가지 형태의 구조주의와 인지주의로의 철학적 변화 속에서, 인지주의의 한 형태로 구성주의가 알려지게 되었다고 보고 있다. 구성주의자 이론의 철학적 근거는 인식론적인 측면과 존재론적인 측면에서 설명한다.

첫째 인식론적 측면에서 보면 구성주의는 경험주의적 인식론의 변형이다. 즉, 과학적 지식은 절대적인 것이 아니다 라고 보는 것이다. 따라서 과학적 지식은 객관적인 것이 아니라 과학 하는 사람들의 주관적인 구성활동의 결과로 개인 외부에서 전달되거나 언어적 의사소통에 의해서 전파되는 것이 아니다. 라고 주장한다. 과학적 지식의 한계성을 지적하고 있다(Von Glaserfeld, 1984). 또한 과학적 지식의 오 개념의 근거를 제시하고 있다.

Von Glaserfeld의 핵심적 인식론적 명제를 보면, 지식이란 인식하는 주체가 능동적으로 구성하는 것이지 외부환경으로부터 수동적으로 받아들이는 것이 아닌 것으로 간주한다. 그러므로 아는 일이란 한 인간이 자기의 경험적 세계를 조직하는 적응과정인 것이다. 따라서 인식자의 정신외부에 존재하는 독립적이고 이미 존재하고 있는 세계를 발견하지 못한다. 과학에 있어서 관찰을 통한 지식의 발견은 존재하고 있는 세계를 발견하지는 못한다. 과학에서 관찰을 통한 지식의 발견이란 존재하는 것이 아니고 특정 이론 체계에 의존한 명제적 지각에 불과하다고 말하고 있다. 그러므로 과학적 이론이란 개인의 경험적 근거에 의해서 결정된 것일 뿐이다라는 주장이다.

둘째, 존재론적 측면에서 보면 구성주의는 이상주의적 존재론의 변형에 불과하다. 이상주의의 존재론은 세계는 인간 사고에 의해서 창조되었기 때문에 그 존재도 인간 사고에 의존하고 있다는 가정이다. 이러한 존재론적 가정은 구성주의자들의 주장하는 것과 공통점을 가지고 있다. 구성주의자들이 말하는 지식이란 인간이 창안한 것이며 역사적이고 문화적 성격을 띠고 있다는 결론과 일치한다. 한편 구성주의자들은 실재론적 우주관과 차이를 보여 주고 있다. 실재론자들은 지금까지 과학적 지식의 존재론적 근거를 제시해 주고 있다. 즉, 실재론자들은 존재의 구조에 독립되어 반영하거나 반추를 통하여 지식을 구성한다고 믿고 있는 반면에, 구성주의자들은 반영과 반추에서 경험자들의 역할이 모든 존재구조의 기원이 된다고 인식하고 있다. 예컨대, 조각 그림 맞추기에서처럼 개별적 조각들을 구성자가 짜 맞추어 가지 않는 한 하나의 개별적 존재로 남아있게 된다는 것이다. 따라서 짜 맞추어진 구성체는 구성한 사람의 경험적 사고의 결과로서 그 그림이 다시 해체될 때까지 존재하고 있을 뿐이다라는 가정이다.

이러한 철학적 논의의 근거에 따라 유추 할 수 있는 구성주의의 심리학적 배경과 그 근거는 무엇인가 논의해 본 내용은 다음과 같다.

객관주의적 심리학의 이론들과는 달리 구성주의 이론에서는 지식이란 학습자들이 그들의 경험들을 의미 있게 하기 위해서 그들 스스로 구성하는 것이라는 가정에 따르고 있다. 그러므로 학습자들은 채워지기를 기다리는 비어 있는 그릇이라기보다는 어떤 의미를 추구하는 능동적 유기체이다. 따라서 학습자들은 무엇이 학습되어지든 간에 구성적 과정을 진행해 가면서 만족할 만한 학습이 이루어 질 때까지 그들의 정신구조를 형성하고 정교화시키고 검증한다(Perkins, 1991).

이와 같은 학습과정이 이루어지기 위해서 학습자들에게는 새롭고 상충되는 경험들이 기존의 인지 구조에 동요를 일으키게 해서 그 새로운 정보에 의미를 부여하기 위하여 새로운 구성이 이루어 져야 한다. 이러한 정신구조의 발달과 수정과정을 Piaget는 스키마의 조절이라고 말했고 다른 심리학자들은 재구성과정이라고 불렀다(김종석, 1999).

구성주의에 대한 심리학적 근거를 제시한 사람은 Piaget이다. 아울러 Bruner와 Vygotsky의 문화적 상호 작용이론 또한 학습의 상황적 성격을 강조한 점에서 구성주의이론의 근거를 제시하고 있다.

구성주의이론은 어떤 한 가지 수업이론이 될 수 없다. 왜냐하면 구성주의는 과학교육에 관한 연구에서 시작되어 구성주의이론의 다양한 측면들을 명료화하는 교육심리학과 수업공학에 이르기 까지 그 연구 범위가 매우 다양하다. 최근에는 '구성주의자'라는 명칭과 함께 다양한 심리학적 이론들이 나타나고 있다. 예컨대, 생성적 학습(CTGV:1991: Wittrock, 1985)이라고 불리기도 하고 인지적 유연성이론(Spiro, Feltovich, jacobson&Coulson, 1991), 상황적 학습과 실제적 수업(Brown, collins & Duguid, 1989: CTGA, 1990). 포스터모던 교육과정(Hlynka, 1991: culler, 1990), 교육기호학(Cunningham, 1992) 등 다양하다.

구성주의는 데카르트 이후 20세기에 이르기까지 우리의 인식과 실천의 세계전반을 지배해 온 객관적이고 과학적인 지식에 대해 상당한 도전을 하고 있으므로 이에 대한 반발과 거부감 또한 일고 있는 것이 사실이다. 또한 구성주의에 대한 부분적 이해나 극단적 이해로 적용에 혼란을 겪기도 한다.

따라서 교수-학습에 적용하기 앞서 우선 사람이 지식을 습득하고 형성해 가는 방법에 관한 구성주의적 인식론에 대한 이해가 필요하다. 구성주의가 인식론으로부터 출발해야 함은 구성주의가 바로 '앎의 이론(theory of knowing)'이기 때문이다. knowing의 '-ing' 진행형이 의미하듯이 이것은 '지식 이론(theory of knowledge)'의 knowledge라는 단어와 구분하여 어떤 완료된 형태로서가 아니고 지속적으로 진행해 나간다는 의미를 강조하고 있다. 또 구성주의를 '의미 만들기(how to make meaning)' 혹은 '알아가기(how to come to know)'이론이라고 부르기도 하는데 이들 용어가 공통적으로 지니고 있는 의미는 '진행형'이라는 것도 역시 구성주의에서의 지식은 완결된 형태가 아닌 계속적인 진행의 의미가 크다.

2 구성주의의 기본논리(객관주의 인식론과의 비교를 통해)

지금까지 교수-학습 분야에 가장 영향력을 미친 인식론으로 객관주의 인식론을 들 수 있는데 이것은 영국의 경험론으로부터 발달한 인식론이다. 객관주의는 인식의 주체와 세계를 분리시킨다. 즉, 지식은 인간의 주체 외부에 객관적으로 존재하며 그 의미 또한 인식 주체의 경험과는 분리, 독립되어 객관적 세계 속에 존재한다고 본다. 세계를 완벽하게 조직화되어 있는 것으로 보기 때문에 개인의 경험은 세계를 구조화하는데 별다른 역할을 하지 못한다. 따라서 무엇인가를 이해하고 학습한다는 것은 외부에 존재하는 '의미'의 실체, 특성, 관계를 파악하는 것으로 여겨진다.

물론 객관주의도 서로 다른 경험에 기초한 주관적 이해가 있을 수 있음을 인정한다. 그러나 개인의 주관적 이해는 객관적으로 존재하는 것을 알아보는 정도의 미미한 역할을 하며 부분적이고 편협한 이해를 유발시킬 수 있는 것으로 간주한다. 객관주의 인식론에서는 완전하고 정확한 이해를 추구한다. 따라서 인식 주체와 분리되어 독립적으로 존재하는 지식이 실재 정확히 반영할 때만이 그 지식은 참으로 간주된다.

이러한 객관주의 인식론은 교수-학습 과정에 대해 체계적으로 접근하여 처방적 모델을 제시한 점에서 그 공로가 인정되지만, 과연 인간이 지식을 정확하게 표상할 수 있는가, 인간의 경험과 정신작용의 역동성이 무시되어도 좋은가, 지식을 객관적으로 측정할 수 있는가에 대한 의문이 제기되고 있다.

이와 같은 객관주의 인식론의 문제인식을 바탕으로 구성주의가 제안되고 있다고 할 수 있다. 구성주의는 지식이란 인간주체와 분리되어 있으며 일방적으로 수용되는 것이 아니라 인식주체가 능동적으로 구성한다는 가정을 통해 의미를 만들어 나간다고 보고 있다. 구성주의자들은 객관적 실재란 존재하지 않거나 존재하더라도 인간이 완벽히 이해할 수 없다고 보고, 인간의 삶 속에서 실재를 찾고 있다. 삶 속에서 개인이 구성한 경험을 통하여 새로운 환경에 적응하고 자신이 구성한 세계를 내면화함으로 인해 성장하게 된다는 것이다. 즉, 인간은 자신의 삶 속에서 문제를 해결하고 적응해 가는 과정의 산물로 지식을 구성하게 되며, 그 지식은 유용성과 타당성을 가짐으로서 진화된다는 것이다.

따라서 구성주의는 '진리(truth)'의 개념보다는 개인이 현실을 살아가는데 얼마나 어울리고 적합한가에 대한 '타당성(validity)'이란 개념, 그리고 현실을 진리에 맞추어 가는 '일치(correspondence)'보다는 '어울림(fit)'이라는 개념으로 그 특성을 설명하는 것이 더 적합하다. 구성주의는 개인이 현실을 살아가고 이해하는데 의미 있고 적합하고 타당한 지식과 진리를 구성해 가는 과정 그 자체를 중요시한다.

구성주의 인식론은 상대주의적인 인식론이다. 구성주의는 인간이 각기 인지적 구조를 지니게 되기 때문에 같은 지식일지라도 서로 다른 개인의 인지 구조를 통해 나름대로 흡수되고 여과되어 자신에게 의미 있는 형태로서 받아들여지게 된다고 본다. 따라서 영원불변하고 시, 공을 초월하는 진리의 존재는 없다고 본다. 절대적인 형태와 가치를 지닌 '진리'대신에 전달된 내용을 자신에게 의미 있게 소화시켜 사회의 한 구성원으로서의 역할을 하고 다른 사회구성원들과 상호의사소통이 이루어 질 수 있으면 그 자체로 가치 있다고 여기는 것이다. 이와 같이 서로 다른 인식론에서 출발한 구성주의와 객관주의의 차이점을 비교하여 제시해보면 다음 표와 같다.

<table>
<tr><th></th><th colspan="2">객관주의</th><th colspan="2">구성주의</th></tr>
<tr><td>학습자의 역할</td><td>정보의
수용적 수용자,
청취자, 추종자</td><td>정보의 능동적
처리자</td><td>의미의 능동적
구성자, 산출자,
설명자, 해석자</td><td>의미의 능동적 공동 구성자, 산출자, 설명자, 해석자
적극적이고 자율적이고 책임감있는 학습의 주체</td></tr>
<tr><td>핵심 개념</td><td>자극, 반응, 강화</td><td>정보처리, 정교화</td><td>개인의 구성적 과정</td><td>사회 문화적 동화</td></tr>
<tr><td>학습 환경</td><td colspan="2">개별적 학습환경:
개인과제, 개인활동, 개인성취의
중요성 강조
지식의 암기와 축적</td><td colspan="2">협동학습환경 : 다양한 견해에 대한
인식과 견해를 습득
문제해결력, 사고력, 인지적 전략의
습득, 지식의 전이성 강조</td></tr>
</table>

	객관주의		구성주의	
주요 수업 전략	연습과 피드백	정보처리전략	유의미한 아이디어와 자료 등과 상호작용할 수 있는 풍부한 학습기회제공	유의미한 아이디어와 자료 등과 상호작용할 수 있는 풍부한 학습 기회를 학습자와 공동으로 구성
수업 설계와 분석	수업설계자/교사가 수업전에 제분화, 순서화, 구조화, 연계화		전체적으로 학습목표만 설정해 놓고 수업 과정 중에 지속적으로 이루어짐 학생들이 참여	
평가	양적평가, 객관식 평가, 총괄평가 강조		학생자신, 동료학생, 교사가 다양한 형태로 평가. 수업중에 지속적으로 이루어짐 (객관식, 주관식, 관찰, 포트폴리오, 저널 등), 질적평가, 형성평가	
주요 매체	다양한 전통적 매체와 CAI	컴퓨터에 기초한 수업	internet, microworld, 구성도구	
주요 이론가	Skinner, Thorndike	Bruner, Ausubel	Piaget, Von Glasersfield	Vygotsky, Rogoff
지식	인식주체와 독립되어 외부에 존재 고정적이고 확인 가능한 형상, 개체		마음의 산물로 인식주체에 의해 결정 개인의 사회적 경험을 바탕으로 하여 개인의 인지적 작용에 의해 지속적으로 구성, 재구성 됨	
지식의 특징	초역사적, 초공간적, 범우주적		특정사회, 문화, 역사, 상황적 성격의 반영과 구현	
의식	상징의 처리자, 자연의 거울		상징의 구성자, 자연의 해석자	
사고	외부 실재를 반영, 외부 식재에 의해 통제		지각과 구성에 근거하며 신체적, 사회적 경험을 통해 성장	
의미	인식주체와 독립		인식주체에 의해 결정	
상징	실재를 표상, 외부 실재의 내적 표상		실재를 구성하는 도구, 내부 실재의 표상	
현실	규칙으로 규명 가능, 통제와 예측 가능		불확실하며 복잡, 독특함을 지님 예측 불가능	
최종 목표	보편 타당한 절대적 진리와 지식 추구(truth)		맥락에 적합한 의미 구성, 개인에게 의미있고 타당하고 적합한 것이면 모두 진리이고 지식임(viability)	
주요 용어	발견(discovery/find) 일치(correspondence)		창조(creation) 구성(constuction)	

<table>
<tr><th></th><th colspan="2">객관주의</th><th colspan="2">구성주의</th></tr>
<tr><td>대표유형</td><td>행동주의</td><td>인지주의</td><td>개인적 구성주의</td><td>사회적 구성주의</td></tr>
<tr><td>교육 목표</td><td colspan="2">진리와 일치되는 지식 습득</td><td colspan="2">개인에 의한 개별적 의미형성의 사회적 적합성과 융화성</td></tr>
<tr><td>학습</td><td>외현적 행동의 변화</td><td>인지 구조의 변화</td><td>개인의 주관적 경험에 근거한 의미구성</td><td>사회적 상호작용을 통한 의미구성</td></tr>
<tr><td>학습 자관</td><td>외부자극에 반응하는 수동적 학습 자관</td><td>내적으로 정보를 처리하는 능동적 학습 자관</td><td colspan="2">환경과 상호작용하며 의미를 구성하는 능동적 학습 자관</td></tr>
<tr><td>교육 과정</td><td colspan="2">교과수 중심의 기본기능 강조</td><td colspan="2">다양한 자료에 근거한 구성 활동 강조</td></tr>
<tr><td>교육</td><td>지식 정보의 전달</td><td>지식 정보의 전달 및 발견</td><td>개인적 이해를 위한 사고 안내</td><td>지식의 공동구성</td></tr>
<tr><td>교사의 역할</td><td>관리 감독자</td><td>정보처리 활성자, 지식의 전달자</td><td>촉진자, 안내자, 조언자</td><td>촉진자, 안내자, 공동참여자</td></tr>
</table>

3 구성주의의 유형

(1) 조작적 구성주의

구성주의의 발생을 단계별로 구별할 때, 가장 먼저 나타나는 입장이 조작적 구성주의이다. 이 입장은 Piaget의 인식론을 원형으로 하고 있다. Piaget는 시간과 공간 같은 범주 개념들이 외부의 현실에 대한 경험을 통해 발견된 것도 아니고 선천적으로 주어진 것도 아니며 지능 지식이 개인 환경간의 상호 작용에 의해 끊임없이 재구성된다고 보았다. Piaget는 수학적 지식 및 사고의 본질을 '조작(Operation)'으로 보고, 그 발생과정을 분석하였다. 그의 연구의 주된 목적은 지식의 발생과정을 분석하는 것이었다. 그는 지능의 발달을 개인의 고정된 특징이 아니라, 보다 지적인 행동양식, 사고 양식의 구성을 위해 발달에 따라 변화하는 것으로 보았다. 그래서 그는 발달 단계라는 특징적인 개념을 도입하여 발달의 계열적 순서를 기술하면서, 발달의 단계적 이행을 설명하고 있다. Piaget의 이론을 보다 정확히 파악하려면 도식, 동화와 조절이라는 개념의 이해가 필요하다.

도식
한 개인이 가진 지식과 행동이 통합된 정신구조를 뜻하는 것으로, 동화와 조절을 가능하게 하는 일반적인 인지 양식이다. 도식의 사용은 아동이 성장함에 따라 감각 운동적 차원을 넘어 개념적 차원까지 확대되어 간다. Piaget는 이러한 도식의 발달이 인지 발달을 가능하게 한다고 보았는데, 상대적으로 대략적, 미분화된, 정리되어 있지 않은 도식으로부터 보다 분화되고 조정된 통합적인 과정이 바로 인지 발달 과정이라고 했다.

동화와 조절
인간의 인지 체계의 주체인 아동은 어떤 방식으로 외부 세계와 상호 작용을 하는가에 대한 물음에 대한 답을 Piaget는 외부세계와의 상호 작용에서 구하고 있다. 이러한 상호작용의 과정에 동화와 조절이라는 개념이 나타난다.

예를 들면, $2+4=6$이라는 자연수의 덧셈에 관한 도식을 가진 학생이 $2x+4x$를 계산할 때, 기존의 숫자의 계산과는 다른 형태이기 때문에 인지적 갈등을 겪게 된다. 이때, 주어진 식 $2x+4x$를 계산할 때, $2x$와 $4x$의 의미를 그대로 해석하여 $2x+4x=(x+x)+(x+x+x+x)=6x$라는 답을 구할 수 있다. 이 경우, 수의 덧셈이나 문자의 덧셈은 같은 알고리즘을 가진 것으로 '동화'시켜 문자의 계산이라는 새로운 도식을 만들어 낸 것이라고 볼 수 있다.

그러나 때로는 새로 받아들이는 대상물이나 자극이 이미 가지고 있는 도식이나 구조로서는 해석하거나 받아들이기 불가능한 상태가 되는 경우도 있다. 이런 경우에는 도식이나 인지 구조를 새로운 대상에 알맞게 수정해 나가야 하는데, 이러한 인지적 과정을 '조절'이라고 한다. $(ab)^2=a^2b^2$이라는 도식을 가진 학습자는 $(a+b)^2$을 계산하기 위해, 학습자 자신이 가진 기존의 도식을 그대로 적용시켜 $(a+b)^2=a^2+b^2$으로 계산하려고 한다. 하지만, 실제로 이 식은 $(a+b)^2=a^2+b^2$가 아니라 $(a+b)^2=(a+b)(a+b)=a^2+ab+ab+b^2=a^2+2ab+b^2$이라는 새로운 식이 되므로, 기존의 도식을 새로이 수정해야 할 필요가 생긴다. 이렇게 수정하여 만들어 내는 과정이 바로 조절인 것이다.

이때, 동화와 조절은 동전의 양면과 같아서 짧은 시간에 서로 반복하여 일어나게 되고, 이 과정은 균형을 이루게 되는데 이러한 균형의 상태를 평형상태라고 한다. Piaget는 평형상태는 고정 불변의 것이 아니라, 어떤 자극이나 정보로 인해서 깨어질 수 있다고 본다. 이 경우 아동들은 기존의 도식을 수정하거나 변형하거나 하여 다시 평형화시키는 노력을 하게 되며, 이러한 과정은 반복적으로 계속 일어나게 된다.

한편, Piaget는 인지 발달 과정 동안인지 주체가 논리 수학적 지식을 어떻게 구성하는지를 설명하기 위하여 반영적 추상화라는 개념을 도입하였다. Piaget에 의하면, 논리 수학적 지식은 '행동과 조작의 일반적 조정으로부터 반영적 추상화를 통해 형성된 조작적 도식(scheme)이다. 도식은 행동과 조작을 가능하게 하고 그것을 일반화할 수 있게 하는 행동과 조작의 일반적 구조를 말한다. Piaget이전에는 수학적 개념은 사물로부터 공통 성질을 추상화해서 얻어지는 것이라는 견해가 일반적이었다. 예를 들어 삼각형이라는 개념은 여러 삼각형들로부터 공통 성질을 뽑아낸 것이라는 견해이다.

Piaget는 지식을 역동적인 것으로 보고, 물리적 지식과 논리 수학적 지식으로 구분했다. 물리적 지식은 일반적으로 경험에 근거를 둔 지식으로 구체적이다. 예를 들어 큰 돌멩이가 작은 돌멩이보다 무겁다는 것을 경험하는 것이다. 이때 무게라는 성질은 아동이 돌멩이를 들어 보기 전부터 돌멩이가 갖고 있던 성질이다. 이러한 물리적 경험을 통해 얻어지는 것이다. 논리 수학적 지식은 대상들에 대한 활동, 조작, 그것의 통합으로부터 오는 지식으로 추상적이다. 예를 들어 돌멩이들을 어떻게 늘어놓고 세어도 그 개수가 동일하다는 것을 아는 것이다. 이때 수라는 성질은 이전부터 돌멩이 속에 있던 것이 아니라 주체의 행동의 조정에 의해서 도입된 것이다. 이러한 논리 수학적 경험을 통해 얻어지는 것이다. 새로운 지식이란 재조직하는 것이기는 하지만 앞에서의 어떤 사실들로부터 요소들을 끌어오기 때문에 추상화를 전제로 한다.

반영적 추상화에는 두 가지 의미가 있다. 하나는 물리적 의미에서의 투사로 더 낮은 수준의 것을 더 높은 수준으로 바꾸는 것이다. 둘째는 투사된 것을 재조직 또는 재구성하는 것을 의미한다. 모든 수준에서의 지식의 발달은 투사와 재조직이 반복되면서 나선형 모양으로 발달해 간다. 모든 새로운 수학적 지식은 반영적 추상화에 의해 발달해 가고, 모든 논리 수학적 지식은 반영적 추상화에 의해 구성된다. 반영적 추상화는 '반사와 반성'의 두 요소로 이루어진다. 이 두 요소는 앞에서 언급했던 동화와 조절의 개념과 같은 의미로 이해될 수 있다. 반사와 반성의 순환으로써 내용(새로운 형식)과 같은 끊임없는 교대가 이루어져 개념 영역이 확장되어간다.

박영배(1996)에 의하면, Piaget의 발달과 학습에 논의를 두 가지로 요약한다. 첫째, 구조의 학습은 이들 구조의 자연스러운 발달과 같은 법칙을 따르는 것처럼 보인다. 둘째, 모든 발달과 모든 학습에 관련되어지는 기본적 관계는 결합의 관계가 아니다. 즉, 자극-반응의 도식에서는, 반응과 자극 사이의 관계가 결합의 하나로 이해되어진다. 반성에 의해 생긴 새로운 것은 동화와 조절 사이의 평형화 과정에서 나타나는데 이런 평형을 Piaget는 인지적 평형이라고도 부른다(박영배,1996).

조작적 구성주의에 따르면, 수학적 지식은 인간의 조작 활동에 그 근원을 두고 있다. 이로부터 수학 수업에서 그러한 수학적 지식의 발생적 근원이 되는 조작을 강조해야 한다는 시사를 얻을 수 있다. 또 수학적 지식구성의 과정은 반사와 반성으로 이루어지는 반영적 추상화의 과정이므로, 자신의 조작 활동을 사고의 대상으로 삼아 반성하는 활동을 수학 수업에서 강조해야 한다.

(2) 급진적 구성주의

급진적 구성주의의 원초적인 생각은 18세기 이탈리아의 G.Vico에 의해 제기되어, 그 후 S. Secato에 의해 연구되었으며, 오늘날에는 Piaget의 이론을 바탕으로 한 Von Glasersfield의 연구에 의해 토대가 굳어졌다고 할 수 있다. 오늘날, 이러한 구성주의자들을 급진적 구성주의자라고 하는 이유는 그들의 이론 모두가 '안다'는 것에 대한 기존의 입장에 반대하고 있다는 점이다. 즉, 급진적 구성주의자에게 있어서 어떤 사람의 이론이 참이라고 주장하는 것은 우리의 경험계 내에서 경험자와는 독립적으로 존재하는 진리를 표현할 수 없기 때문에 억지라는 것이다. '급진적'이라는 말에 해당되는 radical이란 말은 변화를 추구하는 속도가 급속하다는 의미도 포함되어 있지만 근본적이란 의미도 포함되어 있다. 즉 급진적 구성주의는 객관적 실체를 인정하고, 이에 대한 객관적 표상을 지식이라고 보는 표상주의 혹은 객관주의의 가정을 근본적으로 부정하는 새로운 인식론을 추구하고 있다. 이러한 급진적 구성주의는 표상주의에 대해 반대에 충실하기 때문에 주로 인식의 문제를 주요 탐구 주제로 설정하고 있다. 그래서 조종 급진적 구성주의는 인식론적 구성주의라고 일컬어지며, 지식의 표상을 극복하고자 지식의 구성적 특성을 드러내는데 열중하게 되었다.

이 이론의 중요한 점 가운데 하나는 이러한 진리를 인간의 이성으로는 절대로 만들어 낼 수 없다는 것이다. 따라서 급진적 구성주의에서는 우리가 만든 지적 구조와 실재세계와의 관계를 국한시키는 것이 앞서 언급한 난점을 극복하는 길이다. 지식을 표현하는 공상적인 관계 대신에, 지식과 실제의 관련방법을 일치나 조화가 아닌 방법으로 찾아야 한다.

Glasersfield는 지식과 앎에 대한 전통적인 방법과는 다른 새로운 접근 방법으로 급진적 구성주의를 정의하고 있는데 다시 말하면, 급진적 구성주의는 객관적 실체를 인정하고, 이에 대한 객관적 표상을 지식이라고 보는 객관주의의 가정을 근본적으로 부정하는 새로운 인식론을 추구하고 있다. 급진적 구성주의는 지식이라는 것이 어떻게 정의되든 간에 사람의 머릿속에 있다는 것이고, 또 사고의 주체가 자신의 고유한 경험에 기반을 두고 지식을 구성할 수밖에 없다는 가정에서 출발한다. 객관주의에서는 외부 세계라고 일컬어질 수 있는 독립적으로 존재하는 실재가 있다고 보는 반면에 급진적 구성주의에서는 삶의 맥락 속에서 개인이 구성한 경험을 실재라고 보고있다. 개인은 삶의 맥락이라는 특수성 속에서 자신의 삶을 구성하며 그 결과가 지식이 된다. 객관주의에서의 지식의 타당성은 지식이 객관적 실재를 얼마나 정확히 표상하는가로 평가한다. 그러나 급진적 구성주의에서 지식의 타당성은 현존 세계에 대한 명제의 대응에 근거를 두는 것이 아니라, 명제의 의미에 대한 이해에 근거를 둔다. 이와 같은 지식은 삶에 대한 유용성이란 의미에서 진화를 하며 이런 종류의 지식을 지닌 개체는 환경에 대해 적응적이게 된다. Glasersfield는 생물학자들의 용어인 '존속가능성'을 채택했다. 만일 행위, 개념, 개념적 조작이 우리가 그것들을 활용하고 있는 의도적이거나 서술적인 문맥에 꼭 맞는다면 그것은 존속 가능하다. 그래서 구성주의자들의 사고방식에서 경험의 영역 내에 있는 조속 가능의 개념이 전통적인 철학자의 진리-실재에 부합되기 때문에 진리가 되는 것이 아니라 인식 주체의 사고와 행위를 규제하는 경험적 제한성 속에서 적합하다는 의미에서 존립 가능하다. 급진적 구성주의에서는 표상주의나 객관주의와는 달리 진리성의 검증기준으로 지식과 실재 사이의 관계를 포기하고 대신 '적합성'을 검증 기준으로 대체했다.

Glasersfield는 Piaget의 발생적 인식론에 영향을 받아 급진적 구성주의의 기초원리를 만들었는데 다음과 같다.

> 첫째, 지식은 감각을 통하거나 의사소통에 의해 수동적으로 받아들여지는 것이 아니다. 지식은 인식하는 주체에 의해서 능동적으로 구성된다.
> 둘째, 인식의 기능은 적응적이며, 생물학적인 용어로 적합성 또는 생장성을 지향하는 경향을 지닌다.
> 셋째, 인식은 주체가 경험세계를 조직하는데 도움을 주는 것이지 결코 객관적인 존재론적 실재를 발견하는 것을 돕는 것이 아니다. 이 세 가지는 각각 자주적 구성의 원리, 생장 지향성의 원리, 비 객관성의 원리라고 불린다. 이 중 세 번째 비 객관성의 원리가 급진적 구성주의를 '급진적'인 것으로 특징짓는다.

하지만 급진적 구성주의가 Piaget의 조작적 구성주의, 그 자체는 아니다. 급진적 구성주의가 Piaget의 조작적 구성주의와 다른 점을 열거해 보면,

> 첫째, 조작적 구성주의에서는 학습을 본질적으로 내용과 상황에 의존하지 않는 것으로 보는 반면, 급진적 구성주의에서는 의존하는 것으로 본다.

둘째, 조작적 구성주의에서는 학습을 보편적인 현상으로 학생이 성숙함에 따라 어떤 예정된 방향으로 발달되는 것으로 보는 반면, 급진적 구성주의에서는 학습을 작은 영역에 한정된 현상으로 또한 어떤 예정된 방향으로 발달되는 것이 아니며 연령과도 별로 관계가 없는 것으로 본다.

셋째, 조작적 구성주의에서는 발달 단계를 일반적인 논리적 능력의 발달을 중심으로 생각하지만, 급진적 구성주의에서는 발달 단계를 어떤 현상에 대한 개인의 개념 발달로써 본다.

넷째, 조작적 구성주의에서는 인식의 주체와 주위의 대상과의 상호 작용에 의한 지식의 주관적인 구성을 강조하나, 급진적 구성주의에서는 개인의 지식구성에 있어서 사회적 과정 또한 중시한다.

다섯째, 조작적 구성주의는 합리주의적 철학관에 보다 가까운 것으로 객관성에 대하여 완전히 배제하고 있지 않지만, 급진적 구성주의는 상대주의적 철학관에 입각하여 객관성을 배제한다(박영배, 1996).

급진적 구성주의에 따르면, 각각의 주체는 그들 자신의 방식으로 그들 자신을 둘러싼 환경에 적응하기 위해 그들 자신의 경험을 조직한다. 각각의 주체는 개별적이고 주관적인 자신의 이해의 세계의 중심인 것이다. 각 사람의 경험 세계는 그 사람에게 고유한 것으로 그 본질은 다른 사람이 접근할 수 없다. 그러므로 각 개인이 구성한 지식은 필연적으로 고유함을 안다. 급진적 구성주의는 지식이나 의미가 언어를 통해 말하는 사람에서 듣는 사람에게로 그대로 전달될 수 있다는 관점을 부정하였다. 언어는 의미를 그대로 수송하지 못하며, 듣는 사람은 자신이 들은 것에 자신의 주관적 의미를 부여할 수밖에 없다. 언어의 의미는 개인적 경험으로부터 구성되므로 주관적인 것임에도 불구하고 우리는 언어의 의미가 마치 사물로부터 순수하게 도출된 것처럼 착각한다는 것이다.

이러한 급진적 구성주의의 입장은 지식의 주관적 측면을 강조하고, 학생 개개인이 고유한 방식으로 그들 자신의 지식을 구성하도록 하는 교육을 지지하는 것으로 해석될 수 있다.

구성주의에서는 인간은 객관적 세계 속에서 삶을 영위하는 것이 아니라 개인의 경험 현실 속에 삶을 영위하고 있다는 것을 가정하고 있다. 즉 개인이 삶 속에서 가지게 되는 경험은 개별적 성격을 지니고 있기 때문에 이를 일반화 할 경우 그 경험이 지니는 개별적 의미가 상실되고, 개인에게 있어서 일반화된 경험보다는 개별적 경험이 삶에 있어 보다 중요한 의미를 지닌다. 따라서 개인이 지니고 있는 지식은 그가 삶을 사는 동안에 개별적으로 경험한 것이고 또한 구성의 산물인 것이다. 급진적 구성주의에서의 지식은 객관적 실재에 대한 표상이 아니라 구성물이며, 인식은 세계에 대해 의미를 부여하고 세계를 해석하려는 행위를 나타내고 있다. 앞서 지적한 바와 같이 인간은 보편성에 대한 순응을 거부하고 그 스스로가 행위자임을 요구하고 있다. 즉 인간은 자연의 개별적 경험을 개인적 의미를 지니도록 통제하려고 하여 스스로 주체가 되려고 한다. 즉 인간은 합리적이고 인간의 사고로 이해 가능한 법칙들에 의해 규제되는 세계를 창조하려고 한다. 이와 같은 세계는 유기체로서 인간이 환경에 대한 부단한 동화와 조절을 통해서 구성된다. 세계의 창조과정으로서 삶은 세계를 해석하는 인식의 행위이며 세계의 재구성 과정인 것이다.

급진적 구성주의는 주로 개인적 경험 맥락에서 지식의 구성문제를 다루고 있다. 이미 존재 구속성이란 의미로 지식의 사회적 의미가 주장되어 왔음에도 불구하고 급진적 구성주의는 이 점에 대해서 외면하고 있다. 급진적 구성주의는 표상주의의 오류를 지적하는데 주력했기 때문에 지식의 사회적 구성에 대해서 상대적으로 관심이 적어 지식의 사회적 구성에 대한 논의가 부족하다. 한편으로 지식이 사회적 구성에 대한 논의의 부족은 급진적 구성주의를 형성한 Glasersfield가 Piaget의 발생론적 인식론에 많이 의존하고 있기 때문일 것이다. Piaget는 인간의 인지발달의 보편성을 추구하고 있었기 때문에 인지 내용보다는 인지의 형성에 관심이 많았다. 즉 인간 인지가 어떻게 발달하고, 무엇에 의해 발달하게 되는 가라는 의문에 관심이 많았기 때문에 지식의 구성적 성격도 인지 구조의 발달을 이해하는 방법으로 이해했다.

(3) 사회적 구성주의

급진적 구성주의가 표상주의나 객관주의에 대한 비판으로 인간 자신의 경험을 지나치게 강조하게 되면서 지식 구성의 토대를 개인의 경험세계를 중심으로 보려는 흐름은 그 후 지식을 사회적 맥락 속에서 파악하는 지식사회학적 입장의 반발을 초래하게 되었다. 이러한 지식사회학적 영향은 Vygotsky 등에 의해 인간 개별체보다 인간의 상호작용 자체가 지식을 만드는 출발점으로 파악하는 사회적 구성주의를 낳게 하였다. Vygotsky는 그의 저서에서 '사고와 언어', '사회 속의 정신'을 사회적 구성주의의 이론적 토대로 보았다.

인간의 행동이 다른 사람과 단절된 상태에서의 혼자만의 몸짓, 태도, 생각으로 끝난다면 그것은 아무런 의미를 가질 수 없을 것이다. 인간의 행동은 다른 사람들의 행동에 실질적인 영향을 끼침으로써 비로소 의미를 갖게 된다. 이런 의미에서 인간 행동을 '상호 작용'이라 부르며, 또한 상호작용을 개인들간의 행동을 주고받음에서 이루어지는 관계라 정의 내릴 수 있다. 인간 개인이 갖는 경험은 처음에 개인적이고 그 다음에 사회적인 것으로 되는 것이 아니다. 각 개인은 처음부터 상징을 수단으로 하여 다른 사람과 더불어 일련의 공동의 일에 참가하며, 이것이 각 개인의 마음을 형성하게 된다. 따라서 인간에게서의 지식은 인간 개체에 의해 형성된 것이라기보다는 한 인간의 삶의 과정에서 타인과 더불어 발생하는 것이라 할 수 있으며, 그 삶의 과정이란 곧 인간이 상징을 통한 상호작용 과정이라 할 수 있다. 그러므로 한 인간 개체의 삶 속에서 구성되는 지식조차도 상호작용을 통한 협동적 구성이라 할 수 있다. Vygotsky가 발생론적 방법론을 통한 연구에서 제기하는 인간의 질적 전환은 '초등정신 기능'과 '고등정신 기능'간의 구분이다. Vygotsky의 일반적인 전략은 어떻게 기억, 주의, 지각, 그리고 사고와 같은 정신기능들이 먼저 초등형태로 나타나고 후에 고등형태로 변화되는가를 연구하는 것이다. Vygotsky는 발달을 자연적노선과 사회적 또는 문화적노선으로 구분하고 자연적 발달은 초등형태에서 가능하게 하는 반면, 문화적 발달은 초등정신 과정을 고등정신 과정으로 변화시킨다고 하였다. 그는 초등정신 기능과 고등정신 기능을 구분해주는 준거를 다음과 같이 제시하였다.

① 환경의 통제로부터 개인의 통제로의 이동, 즉 자발적인 규제의 출현을 말하는데 이는 초등정신 기능이 환경의 통제에 지배되는 반면, 고등정신 기능은 자기 규제에 의해 지배된다는 의미이다.
② 고등심리 기능의 기본적이고 뚜렷한 특징은 지성화와 숙달, 즉 의식적 실현과 자발성이다.
③ 고등정신 기능의 사회적 기원과 본질이다.
④ 고등정신기능을 매개하는 기호의 사용이다.

Vygotsky는 고등정신기능의 사회적 기원을 주로 '발생학적 문화 발달원리'에서 개인 내 심리적 기능보다 개인 간 심리적 기능에 훨씬 우위성을 두었다. 또 Vygotsky는 인간이 다른 동물보다 고등한 사고를 가능케 하는 이유를 고등정신 기능의 내면화를 통해 설명하고 있다. Vygotsky는 고등정신 기능의 내면화 과정을 동물로부터 인간이 질적 도약을 하는 기초로 사용하고 있다. 그는 내면화를 '외적 작용의 내적 재구성'이라 정의하면서 고등 정신 기능의 내면화 과정을 다음과 같이 설명하고 있다.

① 외적 활동을 처음으로 나타내는 작용을 내적으로 재구성되어지고 내적으로 발생하기 시작한다. 고등 정신 과정의 발달에서 특히 중요한 것은 기호 사용 활동의 변형, 실천지능, 자발적 주의 그리고 기억의 발달에 의해 설명되어지는 역사와 특징이다.
② 개인 상호간의 과정은 개인 내 과정으로 변형된다. 아동의 문화적 발달에서 모든 기능은 두 번 즉 사회적 수준으로 사람 간에 그 다음으로 개인적 수준으로 아동의 내부에서 나타난다. 이것은 자발적 수준, 논리적 기억, 그리고 개념 형성에 동일하게 적용된다. 모든 고등 정신 기능들은 개인 상호간의 실제적 관계에서 비롯된다.

> ③ 개인 간 과정에서 개인 내 과정으로의 변형은 긴 발달적 사건의 결과이다. 변형 과정은 명백히 내적으로 변형되기 전에 오랜 시간 동안 외적 형태로 지속적으로 존재하고 변화한다.

이처럼 그는 인간이 새로운 지식 구성을 구성함에서 처음에는 언어(상징)들이 개인 상호 간에 나타나고, 그 다음으로 그것이 개인 내로 변형되어 문제를 해결해 가는 과정을 설명하고 있다. Vygotsky는 인간이 다른 동물 보다 고등한 행동을 할 수 있는 것은 일차적으로 인간이 형성하는 지식의 고등함 즉 지식의 사회적 구성에 있고, 이차적으로 인간들이 구성한 고등정신 기능을 자신의 문제 해결 과정에서 내면화 할 수 있기 때문이라고 본다. 인간의 고등 정신 기능은 상호작용을 통해 전달되며, 그 다음으로 개인의 문제해결 과정에서 고등정신 기능은 자기의 것으로 내면화된다. 이 전환 과정에서 개인 주위에 있는 상황 곧 부모와의 대화, 어른들과의 대화, 교사나 동료와의 대화 등의 상호작용은 개인에게 사회적임을 의미한다. 이는 개인의 고등정신 기능 형성 과정에서 사회적 면을 개인적인 면보다 우선시 하는 Vygotsky 이론의 핵심을 이루고 있다. 즉 그는 학습과 발달 사이의 관계에 대한 이론을 아동의 발달 과정은 학습과정과 독립적이며 우선한다고 보았고 또 학습이 곧 발달이라는 입장에 있었으며 학습과 발달을 서로 다른 것으로 보면서 아동 발달의 일정 시기에 서로 부단히 결합함을 지적하였다. 하지만 그는 학습과 발달이 서로 상이하게 진행되는 것으로 보면서도, 동시에 학습에 의해 발달이 촉진될 수 있다는 독특한 주장을 하고 있다. 이 점에서 그는 Piaget의 발달 범위 내에서만 학습이 가능하다는 주장을 비판하고, 학습에 의해 발달이 오히려 촉진될 수 있음을 주장하였다. 이는 바로 교수-학습 과정에서 교사와 아동간 혹은 아동과 아동 사이의 사회적 상호작용의 필요성을 요구하는 구체적 근거로 사용되고 있다. Vygotsky는 아동들이 남의 도움 없이 혼자서 문제를 해결할 수 있는 영역과 그럴 수 없는 영역으로 구분하고 전자를 실제적 발달 수준이라 하였다. 그리고 후자를 다시 다른 사람의 도움을 받아 해결할 수 있는 영역과 해결할 수 없는 영역으로 구분하고, 성인의 안내나 보다 능력 있는 또래들과 협동하여 문제를 해결할 수 있는 능력을 잠재적 발달수준이라 하였다. 그리고 이 수준에서 실제 학습 수준 사이의 거리를 근접발달 영역이라 하였다. 그는 아동이 독립적으로 문제를 해결할 수는 없으나 도움을 받으면 해결할 수 있는 범위 곧 근접발달 영역의 범위 내에서 사회적 상호작용을 통한 효과적인 협동학습이 가능함을 주장하고 있다. 다른 사람의 도움을 받아 문제를 해결할 수 있는 근접발달 영역을 사회적 상호작용을 통한 효과적인 학습 범위를 설정하고 있다. Vygotsky에 있어서 협동학습은 근접발달 영역 범위 내에서 이루어질 수 있고 이 학습이 이루어지면 인간에 있어서 실질적인 문제해결능력인 발달이 이루어진다는 것이다.

사회적 구성주의자들에 의하면 인간은 어느 특정 사회에서 태어나 자라면서 그들 사회만이 지니고 있는 독특한 문화적, 행동적 양식을 습득하는 사회적 동물이라고 주장한다. 따라서 한 개인이 성장한다는 것은 그 사회의 구성원들과의 상호작용을 반드시 전제로 하고 있다는 것이다. Russell은 "사회적 환경이라는 것은 단지 이미 태어날 때무터 인간 내부에 존재하고 있는 생물학적 기능을 작동시키고 발전시키는 자극으로서 뿐만 아니라 인간을 인간답게 만드는 수단이기도 하다."라고 말하고 있다. 즉, 사회적 구성주의는 인지적 구성주의(급진적 구성주의)와 마찬가지로 객관주의적 인식론을 부정하지만 이에 더 나아가서 Piaget의 인지적 발달이론을 "결정론적 인지적 발달이론-모든 사람들은 생물학적으로 이미 결정되어져 있는 인지적 발달단계를 거친다-이다"라고 ㅂ판하고 있다.

물론 사회적 요인을 강조한다고 하여 사회적 구성주의에서 개인의 개별성을 부정하는 것은 아니다. 사회적 구성주의에서는 개인의 개별성, 개인의 인지적 작용과 사회 문화적 관계를 서로 분리시켜 생각할 수 없다고 본다. 개인의 개별성은 생물학적 기본체제를 바탕으로 사회적 구성주의의 핵심원칙인 '지식은 사회적 집단의 발전을 이끄는 원동력'이 되는 것이다.

(4) 구성주의의 교육학적 의미

학습과 지도의 양쪽 측면에서 구성주의의 교육적 의미를 살펴보도록 하자. 먼저 학습의 관점에서 본 구성주의에 대한 지식의 습득이란 학습자의 내면세계에서 적절한 경험을 통해 내적 인지 구조를 재 구조함으로써 자주적으로 구성되어지는 것이며, 지도의 관점에서 본 구성주의에 대한 지도의 목표는 학생들이 수학적 지식을 효과적으로 받아들일 수 있도록 하는 전략의 수립이 아니라 학생들에게 적절한 갈등을 가져올 수 있거나 반영적 추상화를 가능하게 해주는 상황과 대상들을 제공해 주는 것과 같이 학생들의 구성활동을 안내하고 조정하는 것이다(Noddings, 1990 : 박경미, 1995).

① 학습의 관점에서 본 구성주의

발견학습이란 학습자의 자발적이고 독자적인 학습행위를 강조한 Bittinger(1968)의 발견학습에 대한 정의에서처럼 교사중심의 설명식 학습과 대조되는 학습으로 여러 가지 수학적 문제에 대한 예를 통하여 학생 스스로 능동적으로 일반성을 발견하는 방법으로써 구성주의와는 〈표 13-1〉과 같은 공통점과 차이점을 갖고 있으며, 문제풀이를 이용하는 것으로 Piaget의 인지적 평형 개념을 기초로 하는 구성주의의 문제풀이에 대한 시각과는 〈표 13-2〉와 같은 공통점과 차이점을 갖고 있다.

〈표 13-1〉 구성주의와 발견학습

	구성주의	발견학습
공통점	* 학생들의 능동적 참여 * 앎의 과정중시	
차이점	1. 수학적 지식에 대한 관점	
	* 인식주체에 의하여 능동적으로 구성되어지는 것	* 현실 세계에 이미 존재하는 진리
	2. 교수 학습에 대한 관점	
	* 의식화, 조작화, 반성화, 협정화라는 관점에서 인지적 갈등을 중시	* 발견을 쉽게 할 수 있도록 유도하는 것을 중시
	3. 학습형태	
	* 소그룹으로 나눈 후 전체 협의	* 소그룹 없이 학습 전체회의

〈표 13-2〉 구성주의와 문제 풀이학습

	구성주의	문제풀이학습
공통점	* 문제를 달성하기 어려운 목표를 향한 수단으로 봄 * 문제를 풀기에 앞서 문제에 대한 이해가 선행됨 * 반성을 강조	
차이점	문제의 성격에 대하여	
	* 문제는 문제풀이자와의 관계속에서 정의 * 구조는 문제풀이자가 문제를 해석해 나가는 사회적 맥락에 따라 다양하게 결정	* 문제 자체가 고유의 잘 정의된 구조를 가지고 있는 독립적인 존재

② 지도의 관점에서 본 구성주의

구성주의적 관점에서의 지도, 인지적 관점에 의한 지도, 사회적 인식론적 관점에서의 지도에 대하여 각각의 기본 입장, 공통점 및 차이점을 정리하면,

	구성주의적 관점	인지적 지침	사회적 인식론적 입장
기본 입장	• 교사는 학생 스스로의 구성활동과 학생간의 상호작용이 원활히 이루어지도록 여건을 조성해주는 기능을 한다.(협상을 통한 지도)	• 교사는 학생들의 선수 학습에 대한 정도나 학습과정에 대한 인지심리학적 지식을 바탕으로 가르쳐야 한다.	• 교사는 학생 스스로가 세운 수학 추측을 확인할 수 있도록 적절한 문제를 제시하고 수학적 의견 개진을 촉진시키는 것이 필요하다.
공통점	• 교사는 반성적인 결정권자의 역할을 한다.		
차이점	지식 습득에 대하여		
	• 학습자의 내면세계에서 적절한 경험을 통해 자주적으로 구성한다.	• 개개인의 인지단계라는 특이성을 인정한다.	• 수학의 역사 발달과 비슷한 과정을 거친다고 하여 일반화된 학습과정을 인지한다.

03 구성주의 교수 - 학습 원리

1 구성주의 교수 - 학습관

교수-학습과 관련하여 구성주의가 갖고 있는 의미를 크게 두 가지 측면에서 살펴보면 다음과 같다.

첫째는 지식의 구성적 측면이다. 구성주의는 주관주의 인식론에 근거하여 학습자들이 자신이 위치한 맥락에서의 능동적인 경험을 통하여 자신에게 적합한 지식을 구성한다는 점을 강조한다. 실재는 구성된 것이며, 실재의 구성은 문화와 전통을 통해 형성된 의미 구성의 산물이다. 이런 의미에서 교육은 학습자들로 하여금 맥락에 적합한 의미를 구성하고 실재를 구성하는 방법을 학습하도록 도와서, 자신이 살고 있는 세상에 보다 잘 적응하고, 필요에 따라 세상을 의도한대로 변화시킬 수 있어야 한다. 구성주의의 관점에서 보았을 때 학습은 학습자들이 자신이 위치한 물리적, 사회적 세계와 능동적으로 상호 작용하는 해석적, 순환적, 구성적인 의미 만들기의 과정이다.

학습은 지식의 단순한 획득과 재생산 과정이 아니라, 능동적인 구성적 과정이며, 인지적 과정일 뿐만 아니라 사회적, 문화적 과정이다.

요컨대, 주어진 상황에서의 개인의 주관적 경험과 사회적 상호작용을 통한 의미 구성이 학습이다.

이것은 모든 지식은 학습자의 인식 속에서 구성된다는 것이다. 따라서 객관주의 교육에서처럼 교육받은 사람은 모두 동일한 지식을 알게 된다는 전제를 버리고, 학습되는 것은 학습자의 구성 맥락에 따라 상이하다는 것을 전제로 하고 있다. 이와 같은 전제 위에서 구성주의적 교수-학습에서 지식의 구성적 측면이란 학습자로 하여금 어떤 학습대상을 이해하고, 해석함에 있어 자신의 맥락에 따라 구성하도륵 하는 것과, 어떤 대상의 저변에 있는 맥락을 고려하야 구성하도록 하는 것이라 할 수 있다.

두 번째로 지식의 적합성과 유용성의 측면이다. 이것은 맥락적으로 구성된 지식이 학습자의 맥락에 있어 얼마나 유용하고, 적합하냐는 것이다. 이때 유용성과 적합성은 지식의 도구적 성격이 아닌 삶의 의미에 있어서 얼마나 유용하냐는 것이다.

구성주의에서는 지식의 구성이 반드시 외부 세계와 대응되는 것이 아니라, 학습자가 직접 외부 세계에 대한 의미를 구성한다는 점에서 능동적이고 적극적인 학습자관을 택하고 있다. 학습자들은 마치 빈 그릇과 같아서 그 속에 무언가를 담아 채우기만 하면 되는 것이 아니라, 맥락에 적합한 의미를 탐색, 추구하는 능동적인 유기체이다. 따라서 교수-학습의 중심은 당연히 구성의 주체인 학습자에게 있다. 무게 중심만 학습자에게 있는 것이 아니라, 자신의 세계를 직접 구성할 수 있는 재량이 학습자에게 주어진다. 공부 내지 학습하는 삶의 주체가 바로 학습자들인 것이다. 무엇을 학습할 것인지를 결정하는 것은 교사가 아니라, 학생 자신의 목적과 기대에 달려 있다. 자신에게 의미 있는 삶을 살 수 있도록 도와주어야 한다. 교사가 설정한 목적이나 목표도 나름대로 도움이 되긴 하지만, 그것만으로는 바라는 학습이 이루어지리라는 것을 보증할 수 없다. 학습자가 수업 목적을 자신의 것으로 이해하고 받아들이지 않는다면, 학습에 큰 영향을 미치지 못하기 때문이다. 그렇다고 해서 교사의 역할이 퇴색되거나 주요하지 않다는 것은 결코 아니다. 교사는 학생들이 학습 자료를 유의미하고 적합하게 잘 다룰 수 있도록 도와주는 훨씬 더 중요한 역할을 수행하게 된다. 단지 전통적으로 수행하던 역할이 바뀌어 질 따름이다.

교사는 학습 환경의 조성자이자 안내자, 동료 학습자로 풍부하고 다양한 학습 환경을 조성하고, 상황적 맥락에 따라 참 과제를 제시함으로써 의미 구성을 촉진시키는 역할을 한다.

전통적인 교육에서 교사의 가장 큰 역할은 학습자 전체를 대상으로 한 지식의 전달이었지만 학습자 개개인의 흥미와 요구에 관심을 두는 구성주의 교육에서는 교사가 지식의 전달뿐만 아니라 각 학습자들의 흥미와 요구를 고려하여 학습자 개인의 정서면까지 파악하여서 적당한 학습 환경을 제공하여야 한다. 즉, 교사가 구성주의적 학습 환경을 조성하여야 한다.

구성주의적 학습 환경이란 학습자들에게 다양한 도구와 정보 자원을 활용하여서 서로 도우며 함께 학습할 수 있도록 하는 환경을 제공해 줌으로써 자신이 의도한 학습목표를 성취하고 문제를 해결할 수 있도록 뒷받침 해 주는 것을 말한다.

구성주의적 교육환경을 조성하기 위해서는 교사가 우선 구성주의의 개념에 대해서 올바르게 이해하고 인식하여야 한다.

2 교수 - 학습에 있어서 구성주의의 기본 전제조건

그 다음으로 교수-학습에 있어서 구성주의의 기본 전제조건과 주요 교수-학습 원리를 이용하여, 적절한 수업을 전개하여야 한다.

구성주의자들이 강조하는 기본 전제조건과 교수-학습에의 시사점을 종합하면 다음과 같다.

① **지식은 사람들의 마음속에서만 존재한다.**
이는 지식은 교사나 학습자의 외부 환경에 존재하는 것이 아니라, 교사와 학습자의 내부에 존재한다는 것을 의미한다.

② **사람들이 사물에 부여하는 의미나 해석은 자신의 지식에 근거한다.**
이는 동일한 학습내용이더라도 교사와 학습자 자신이 기존 지식과 신념에 따라서 다르게 이해하고, 의미를 부여함을 말한다.

③ **지식은 환경과의 상호작용을 통해 구성된다.**
모든 지식은 구성되며 학습은 구성의 과정이다. 학생들이 교실 밖 세계와의 상호관계에서 활용하는 구성의 과정은 교실 수업이나 동료 학생들과의 상호관계에서도 동일하게 적용된다. 교실 안팎을 막론하고 학습은 의미를 구성하는 것이다.

④ **지식은 결코 완벽할 수 없으며, 이해의 적합성과 사회적 협상을 통해 진전된다.**
교사와 학습자의 지식을 포함하여, 모든 지식은 결코 완벽할 수 없다. 단지 약간의 더 또는 덜 유용하다거나 적합할 따름이다.

⑤ **일상적인 지식은 일상적인 두뇌와 신체로부터 도출된다.**
교사나 학습자들은 나름대로 특정 지식을 공유하고 있다. 학생들이 지니고 있는 개념도 자신의 일상적인 경험에 비추어 구성한 것이다. 따라서 자신의 관점에서는 합리적이거나 유용할 수 있으므로 이를 긍정적으로 수용해 주어야 한다.

⑥ **지식은 지각과 행위를 통해 구성된다.**
학습자들은 교사나 동료 학습자들과의 상호작용에 의한 지각과 행위를 통해 새로운 지식을 구성한다. 따라서 교사는 교실환경을 풍요롭게 하고 학생들이 아이디어를 자유롭게 표현할 수 있도록 해 주어야 한다.

⑦ **지식의 구성은 시간과 정열을 요구한다.**
지식을 구성하는 데는 많은 노력이 필요한 반면, 그에 따른 즐거움과 만족감이 수반된다. 학생들의 구성적 노력을 촉진하기 위하여 교사는 학생들을 존중하고 따뜻하게 잘 보살펴 주어야 할 뿐만 아니라, 비 위협적이고 우호적인 학습 환경을 마련해 주어야 한다.

⑧ **지식은 맥락 지향적이다.**
학습이 진정한 의미를 지니기 위해서는 기계적인 암기가 아니라, 이해와 문제 해결 그리고 개념적 변화에 초점을 두고 관련된 맥락 속에서 이루어져야 한다.

이상과 같이 교수-학습과 관련한 구성주의의 기본 가정은 지식은 경험을 통해 구성되며, 학습은 구성적 과정으로 학습자가 지식을 내적으로 표상하고, 경험을 개인적으로 해석하는 것이다. 또한 학습은 능동적 과정으로 자신의 경험에 근거하여 의미를 개발한다. 이러한 지식관은 필연적으로 실제 세계의 존재를 부정하는 것이 아니라, 우리가 세계에 대해 아는 것은 모두가 세계에 대한 우리의 경험을 해석한 것임을 주장한다. 이러한 지식관에 비추어 학습은 구성적 과정을 촉진하고 전이가 잘 일어날 수 있도록 풍부하고 다양한 실제 세계의 맥락 속에서 이루어져야 한다.

3 구성주의의 주요 교수 - 학습원리

구성주의적 관점에서 볼 때 학습은 단순한 자극-반응 현상이 아니라, 자기조절과 반성과 추상을 통해 맥락에 적합한 지식을 구성하는 것이다. 학습자들이 반드시 알아야 할 지식과 기능 및 태도 등을 사전에 선정하여 목표로 삼는 객관주의적 접근과는 달리, 구성주의자들이 강조하는 교수-학습의 주된 목적은 주어진 맥락 속에서 사고 활동을 촉진함으로써 지식의 능동적 활용, 추론, 창의적, 비판적, 반성적 사고, 문제해결, 인지적 유연성 등을 함양하는데 있다. 이러한 목적들이 성취되기 위해서는 다양한 교수-학습 원리들이 뒷받침되어야 한다.

(1) 구성주의 학습원리

먼저, 구성주의에서 강조하는 주요 학습원리는 다음과 같이 요약할 수 있다.

① **학습은 발달의 결과가 아니라, 학습이 곧 발달이다.**
학습은 학습자 스스로의 자기 조직을 요한다. 따라서 교사는 학생들이 스스로 자신이 해결해야 할 문제를 생성하고, 이에 대한 대안으로써 자신의 가설과 모형을 산출하고 이들이 적합성 여부를 검증할 수 있도록 뒷받침해 주어야 한다.

② **불균형이 학습을 촉진한다.**
인지적 갈등과 혼란은 학습을 위한 자극이며 이것이 학습될 내용의 조직과 본질을 결정한다. 오류도 학습자가 이해한 결과로 보아야 하기 때문에 이를 의도적으로 최소화 하거나 회피하고자 해서는 안 된다. 장시간에 걸친 사회적 상호작용을 통해서 실질적인 학습이 일어난다는 사실을 깨달아야 한다. 따라서 실제적이고 유의미한 맥락에서의 도전감 있고 개방적인 탐구가 강조되어야 하며, 긍정과 모순이 되는 다양한 대안을 탐구, 산출하도록 해야 한다. 특히, 모순되는 점을 분명히 하고 이를 탐구, 토의할 수 있도록 해 주어야 한다.

③ **반성적 추상이 학습의 원동력이다.**
인간은 의미의 구성자로서, 다양한 경험을 표상적인 방식으로 조직, 일반화하고자 한다. 반성적인 글쓰기를 통한 반성의 시간을 줌으로써, 광범위한 경험을 다양한 상징적인 방식으로 표상하고, 이들 간의 관계를 논의함으로써 반성적 추상을 촉진할 수 있다.

④ **학습은 원래 사회적, 대화적 활동이다.**
공동체 구성원들 간의 대화가 깊이 있는 사고를 촉진시킨다. 교실은 다양한 활동과 반성적 사고, 대화가 이루어지는 대화 공동체로 보아야 한다. 교사가 아니라 학습자들 스스로가 자신의 아이디어를 교실의 구성원들에게 전달하고 정당화하는 책임을 지녀야 한다. 지식은 개인적 이해의 적합성에 대한 평가와 사회적 협상을 통해 진전된다. 따라서 구성원들에게 공유되는 아이디어만이 유용한 것으로 받아들일 수 있다.

⑤ **학습은 구조의 발전을 지향한다.**
학습자들이 의미 구성을 위해 노력할 때, 관점에 점진적인 구조적 변화가 이루어져 보다 큰 아이디어를 구성하게 되며, 이는 곧 다양한 경험에 일반화 될 수 있는 핵심 조직 원리가 된다. 이러한 과정은 발달의 과정 동안 지속적으로 이루어진다.

⑥ **학습은 상황에 기초하여 일어난다.**
학습이 진정한 의미를 갖기 위해서는 풍부한 맥락, 실세계 상황이 반영된 실제 상황에서 진행되어야 한다.

⑦ **학습은 구성적, 능동적 과정이다.**
지식은 경험으로부터 구성되면 학습은 학습자가 지식을 내적으로 표상하는 구성적 과정이자 경험에 기초하여 의미를 개발하는 능동적인 과정이다.

⑧ **학습은 도구와 상징을 통해 촉진된다.**
학습은 의미를 구성하는 것으로 의미의 구성은 도구와 상징의 활용을 통해 촉진된다.

⑨ **인간의 궁극적인 성취는 삶의 방법을 아는 것이다.**
반성적 사고야 말로 인간이 지녀야 할 중요한 능력이다. 반성적 사고는 우리가 더불어 살고 있는 세상을 새롭게 이해하고 창조할 수 있는 핵심 요인이다.

구성주의적 학습환경은 학습자들에게 다양한 도구와 정보 자원을 활용하여 서로 도우며 함께 학습할 수 있도록 하는 환경을 제공해 줌으로써, 자신이 의도한 학습목표를 성취하고 문제를 해결할 수 있도록 뒷받침해 주는 것을 말한다. 구성적인 학습을 촉진하기 위해서는 이상과 같은 학습 원리에 따라 가능한 한 풍부하고 다양한 환경을 제공해야 한다는 것이 구성주의자들이 공통된 주장이다.

(2) 구성주의 수업원리

구성을 촉진하는 학습 환경을 조성하기 위하여 다양한 수업(교수) 원리들이 제안되고 있다. 구성주의에서 도출된 주요 수업원리를 종합하면 다음과 같다.

① **학습에 대한 책무성과 주인의식 및 자율성을 강화하라.**

학습은 지속적인 자기구성의 과정이다. 자신의 학습에 대한 주인의식과 학습 과정과 결과에 대한 책임을 스스로 질 수 있도록 해 주어야 한다. 따라서 무엇을 언제, 어떻게 학습할 것인지를 스스로 결정할 수 있는 능력을 배양하는 것이 무엇보다 중요하다. 또한 자신의 학습활동을 스스로 관리할 수 있는 메타인지 기능을 개발할 수 있도록 도와주어야 한다. 이를 위해서는 지식을 구성하는 과정을 직접 경험 할 수 있는 기회를 제공해 주어야 한다. 교육과정 역시 학생들의 주장을 반영하여 조절할 수 있어야 한다.

② **참과제를 설계하여, 유의미한 맥락 속에서 학습이 이루어질 수 있도록 하라.**

학생들이 배우고 있는 내용에 대해 '쓸모 없고 도움이 안될 것 같은데, 이런 내용을 왜 배울까?'라는 의문을 없애고 학습에 대한 공감대를 형성해 주어야 한다. 대부분 구성주의자들은 실제로 그렇게 해 볼 기회를 갖지 못한 한, 학생들이 복잡한 과제를 해결하는 방법을 제대로 학습하리라고 기대할 수 없다는 주장에 견해를 같이한다. 학생들에게 학습을 의미 있는 것으로 받아들이도록 하기 위해서는 학습의 필요성과 이유를 명료하게 밝혀주고, 학습한 내용이 실제 상황에서 효율적으로 적용할 수 있도록 해 주어야 한다. 이를 위해서는 선행 지식을 최대한 활용하도록 권장하고, 수업을 실제 상황과 관련시킴으로써 내용의 유의미성을 증진하며, 다양한 방법을 활용하여 내용을 학습할 수 있는 기회를 제공해 주어야 한다. 또한, 학습 과제를 단순화해서는 실생활에서 당면하게 될 복합적인 문제를 해결할 수 없다. 문제해결 기능을 최대한 촉진하기 위해서는 복잡한 상황을 직접 다루지 않으면 안 된다. 최근 인터넷의 급속한 활용과 더불어 교수-학습 매체로서 Web의 활용에 대한 관심이 증대되고 있다. Web을 활용한 수업(Web-based instruction: WBI)은 WWW(World Wide Web)의 속성과 자원을 활용하여 학습을 촉진하고 지원하는 유의미한 학습환경을 창출하는 일종의 하이퍼미디어에 기초한 수업 프로그램으로, 잘 설계된 학습환경과 자원을 창출해 줌으로써 구성주의에 기초한 교수-학습원리를 구현할 수 있는 최적의 환경을 제공해 줄 수 있을 것으로 기대된다.

③ **고등 수준의 지식 구성에 역동적으로 참여하도록 하라.**

지식과 기능을 단순히 전달하기 보다는 학습자 스스로 자신에게 의미 있는 고등 지식을 능동적, 역동적으로 구성할 수 있는 학습환경을 마련해 주어야 한다. 특정 상황에 대한 예측과 해석 및 가설을 설정하도록 하고 스스로 탐구, 실험하도록 하는 등 고등 수준의 사고를 촉진하는 다양한 활동의 기회를 제공해 주어야 한다. 또한 상이한 조건들이 다양하게 주어졌을 때, 내용과 문제를 서로 다른 관점에서 재조명하도록 격려하고, 자신의 아이디어, 전망, 방략과 기법, 절차와 접근 그리고 해결안 등을 스스로 명확히 표현하여 제시할 수 있도록 뒷받침해 주어야 한다.

④ **협동학습을 통해 사회적 상호작용을 촉진하라. 학습은 원래가 대화적, 사회적 과정이다.**

구성주의 교수-학습에서는 특히 협동적인 학습환경을 강조한다. 그 이유는 대화를 통한 상호교류와 반성적 사고를 촉진하는데 있다. 그러나 협동학습이 전통적 설명식 수업의 목적을 그대로 수용하면서 단순히 대안적 수업방략으로 성별, 능력별 등의 집단을 활용하는 것은 구성주의의 기본 원리에 배치된다. 이는 곧 단순한 수업활동의 변화와 역할분담, 동료교수를 촉진할 목적으로 집단을 활용할 따름이다. 구성주의 관점에서의 협동학습은 집단 구성원들갈의 상호작용을 통해 사회적 기능을 배우고 대안적인 견해를 공유하고 이를 개발하거나 이에 도전하는데 목적이 있다.

⑤ **비위협적이고 안전한 학습환경을 제공하라.**

너는 그것도 몰라! 무슨 뚱딴지 같은 소리를 하고 있어! 어디다 정신을 팔고 있는 거야! 틀렸잖아! 등은 지금까지 우리의 교실현장에서 흔히 경험할 수 있는 표현이다. 이렇게 되면 학습자는 의기소침 주눅이 들고 위축이 되며 후속 학습에 대한 자신감을 상실하게 된다. 새로운 시도를 하다보면 항상 잘못과 실수가 뒤따를 수 있다는 점을 인식시키고, 긍정적이고 구성적인 피드백과 격려를 통해 도전감과 자신감을 고취시켜주어야 한다.

⑥ **학습내용과 학습의 과정 및 성과에 대해 스스로 반성하도록 고무하라.**

자신의 학습에 대하여 그리고 자신의 학습으로부터 무언가를 얻기 위해서는, 학습한 내용과 학습활동의 과정 및 성과에 대해 반성적으로 사고해 보도록 해야 한다. 반성은 자기평가를 통해 고차적인 사고 기능을 정련하고 강화하는데 도움을 준다. 또한, 반성은 의사결정과 문제 해결 방법 예컨대, 어떠한 방법이 성공적이거나 성공적이지 못했는지, 다음번에는 어떠한 문제를 기억해야 할 지, 앞으로는 어떻게 달리 수행해야 할 지 등에 대해 사고할 기회를 준다.

⑦ **다양한 관점들을 경험하고 평가할 수 있는 기회를 제공하라.**

실세계의 문제들은 한 가지 접근이나 해결안으로 풀어지지 않는다. 자신의 이해를 검증하고 강화하기 위한 수단으로 다양한 대안들을 평가할 수 있어야 한다. 학생들의 행위는 그들 자신에게는 합리적이다. 교사는 자신의 관점에서는 잘못되고 혼란스러워 보이는 것들이 학생들의 입장에서는 자신이 이해한 바를 표현한 것이라는 것을 인지해야 한다. 따라서 교사는 학생들의 아이디어를 그들 자신의 관점에서 조망하고 그 가치를 인정해 주어야 한다.

⑧ **다양한 표현 양식을 활용하도록 고무하라.**

교수-학습 현장에서 가장 보편적인 지식 전달 방식은 구두와 서면을 통한 의사전달이다. 그러나 이러한 양식에만 집착하게 되면 학습자들이 세상을 조망하는 방식을 제한하게 된다. 보다 풍부한 경험을 제공하기 위해서는 비디오, 컴퓨터, 사진, 음향 등의 다양한 매체를 활용해야 한다.

⑨ **실제 수업의 맥락에서 학생들의 학습을 평가하라.**

전통적인 수업에서는 평가를 목표의 성취 여부를 판정하는 과정으로 규정하고, 지식의 단순한 파지와 시험이라는 제한된 맥락에서의 적용에 초점을 두었다. 구성주의에서는 창의적, 비판적 사고와 문제해결 능력 등의 고차적인 고육 목적의 성취와 복잡하고 실제적인 맥락에서의 능동적인 활용 여부에 초점을 두고, 참평가, 수행평가, 포트폴리오 등의 새로운 접근을 요구하고 있다.

지금까지 논의한 교수-학습과 관련된 구성주의의 기본 가정과 학습원리, 그리고 이에 따른 수업원리와 교사의 역할은 구성을 촉진하는 학습환경 조성을 위해 선행되어야 할 필수적인 내용들이다.

4 구성주의 교수 - 학습이론

(1) 인지적 도제이론

인지적 도제 이론은 전통적인 도제이론을 본 뜬 이론이라 할 수 있다. 전통적인 도제제도에서는 전문가가 초심자에게 먼저 시범을 보여준다. 이 초심자는 전문가가 하는 일을 보고 따라 배우게 된다. 예를 들어 전문적인 기능을 가진 목수가 선반을 다루는 법을 도제에게 먼저 시범을 보여주고(modeling), 도제 혼자서도 다룰 수 있는 선반의 공정을 쉬운 것부터(쉽게 익힌 것부터) 확인해 준다(scaffolding). 도제 혼자서도 선반을 다룰 수 있게 되면 전문가는 점차적으로 도제에게 일을 맡긴다(fading). 바로 인지적인 영역에 적용시킨 것이 인지적 도제 이론이다. 즉, 교사의 사고활동 과정을 교사와 학생 모두가 직접 눈으로 볼 수 있게 만드는 것이 인지적 도제이론의 목적이다.

인지적 도제이론은 전통적인 의미의 도제 형태에서 보여지는 기본원리를 활용하고 있으므로 특정한 사회에서 필요한 실제적인 과제 수행 과정을 시범보이고(modeling), 문제해결을 위한 인지적 구조를 제시하고(scaffolding), 학습자 스스로 문제를 해결해 볼 수 있도록 점차 도움을 줄여 가는(fading) 과정을 도입하고 있다. 인지적 '도제'란 용어자체에서 나타내듯이 학습자가 전문가의 과제 수행과정을 관찰한 후 자신이 직접 활동, 체험해 봄으로써 자신의 지식 습득 과정과 변화를 경험하는 것이다. 인지적 도제이론은 전통적인 도제이론의 기본원리를 도입하고 있으나 의미상 약간의 차이점을 갖는다. 전통적 도제모델이 물리적 지식, 기술의 습득을 목표로 했다면 인지적 도제이론은 과제관련지식의 습득과 함께 사고력, 문제해결력과 같은 고차원적인 인지기능의 신장을 도모한다는 것이다.

특히, 수학과 영역은 인지적 도제이론이 가장 잘 적용된다고 본다.

수학적 문제해결과 같은 복합적이고 인지적인 기능을 요하는 것들은 인지적 도제이론에 근거하야 수업했을 때 많은 도움을 받을 수 있다. 인지적 도제이론에 의한 수업은 학생들로 하여금 주어진 자료를 이해하는 데 도움을 줄 뿐만 아니라 학생들이 직면한 새로운 상황에서 그들의 갖고 있는 비활성화된 지식과 기능을 적용할 수 있도록 해준다.

(2) 인지적 유연성 이론

인지적 유연성이론은 복잡하고 비정형화된 학습의 특성에 초점을 맞춘 이론이다. 인지적 유연성이라 함은 즉흥적으로 자신의 지식을 재구성 할 수 있는 능력을 의미한다. 급진적으로 변화하는 상황의 요구에 따라 여러 가지 방법으로 적절하게 대처하는 것을 말한다.

인지적 유연성 이론의 원리는 네 가지로 요약할 수 있다.

> ① 학습활동은 다양한 내용의 제시가 있어야 한다.
> ② 학습 자료는 너무 단순한 내용은 피하는 것이 좋고 정황에 따른 지식을 얻을 수 있는 것이어야 한다.
> ③ 수업은 반드시 사례에 근거를 두어야 하며 정보의 전달보다는 지식의 구성을 강조하여야 한다.
> ④ 지식 요소들은 단편적이지 않고 고도로 통합적이어야 한다.

인지적 유연성 이론은 주로 학습 이전의 상황에 있는 지식과 기능의 전환에 관련되어 있다. 따라서 다양한 관점에서 주어진 정보의 제공과 주어진 여러 가지 예에서 관련된 다양한 연구들을 활용하는 것을 중시한다. 인지적 유연성 이론은 효율적인 학습이 일어나기 위해서는 실생활과 관련되어야 하고, 수업 역시 매우 구체적일 것을 주장한다. 더 나아가 인지적 유연성 이론은 이미 구성된 지식을 중요성을 강조하고, 좋은 교육이 일어나기 위해서는 학습자가 주어진 정보를 가지고 자기 자신을 새롭게 계발할 수 있는 기회를 가져야 한다고 주장한다.

인지적 유연성 이론은 특히 최근 발달된 전자 기술(비디오디스크, 하이퍼텍스트)의 활용을 바탕으로 발전되어 왔다. 주로 언어, 역사, 생물, 의학 분야에서 많은 발전을 하여 왔다.

(3) 상황적 학습이론

상황수업은 반데르빌트 대학교의 인지공학 연구팀의 John Bransford에 의해 개발된 현대 기술 문명의 장점을 살린 하나의 수업의 틀이라고 할 수 있다. 상황 수업은 호환성 비디오 디스크의 발달과 더불어 성장했는데, 교사와 학생들로 하여금 복합적이고 실제적인 문제들을 설정하고 해결하는 것을 북돋우는 것이라 할 수 있다. 상황 수업 이론의 원리는 두 가지로 압축된다. 첫째, 교수-학습 활동은 사례나 문제 상황과 같은 상황을 중심으로 설계되어야 한다. 둘째, 교육과정 자료는 학습자에 의해 탐구될 수 있어야 한다(예 호환성 비디오

디스크 프로그램). 비디오 자료들이 이어지는 교수-학습을 위한 하나의 거대한 상황(micro-contexts)으로 주어진다. 이 비디오 자료들은 일반적인 비디오와는 달리 학생들로 하여금 새로운 지식을 구성할 수 있도록 고안된다. 따라서 단순한 어떤 강의 형식이 아니라 하나의 이야기로 주어진다. 또한, 그 이야기를 학생들이 비디오를 통해 탐험할 수 있도록 하는 것이다. 최근의 발달된 호환적인 비디오 디스크 기술은 이를 가능하게 만들고 있다.

상황적 학습이론은 학생들의 직관, 경험적 지식과 관점에 더 많은 가치를 부여하고 그들은 이미 충분히 독립적으로 사고할 수 있다는 점을 학생들 스스로 인식할 수 있도록 하는 학생 주도적인 문제형성과 해결학습이라 할 수 있으며, 상황 수업은 참여 학습(situated learning)과 밀접한 관련이 있고, 공학에 기초한 학습방법이라는 점에서 인지적 유연성 이론(cognitive flexibility theory)과 유사하다고 할 수 있다.

(4) 참여 학습이론

참여 학습이론을 발달시킨 Lave는 일반적으로 일어나는 학습은 하나의 활동, 생활의 맥락 및 문화의 기능이라고 주장한다. 이는 추상적이거나 실생활과 동떨어진 지식을 다루는 대부분의 전통적인 교실의 학습활동과는 대조를 이룬다. 참여 학습에서는 사회적인 교류가 학습의 중요한 요소를 이룬다. 학습자들은 특정한 신념과 행동이 습득되어 질 수 있도록 하는 "실천 사회"(community of practice)에 참여하게 된다. 그리하여 전문가가 되거나 고참이 된다. 더 나아가 참여 학습은 보통 계획적이기 보다는 무의도적으로 일어난다. 이러한 것을 Lave와 Wenger는 "정당한 주변적 참여"의 과정이라고 불렀다.

참여 학습이론의 원리는 지식은 실제적인 생활 맥락에서 제시 되어야 한다는 점이다. 즉, 지식의 배경과 이의 응용은 실생활과 밀접한 관련이 있어야 한다는 것이다. 또한 참여 학습이론은 인지적 도제이론의 아이디어를 강조하여 더 발전되었다.

04 구성주의에 입각한 수학교육 교수-학습의 원리와 형태

1 구성주의와 수학교육

수학교육을 구성주의적으로 변환하고자하는 연구자들은 수학기초론에서 수학자들이 수학의 확실성을 입증하지 못한 것에 주목하고 있다(이경화, 1999). 수학의 확실성을 보장하려

했던 수학기초론의 연구가 시작되는 배경에서부터 수학의 확실성을 보장하려 했던 논리주의, 직관주의, 형식주의를 간단히 살펴보고 수학의 객관성과 확실성을 입증하지 못한 수학 내부의 발달에 의해 생성된 오류주의 관점을 바탕으로 수학교육학적 구성주의의 토대를 마련한 Ernest입장을 살펴보기로 한다.

수학의 확실성에 대한 주장은 오랜 역사를 가지고 있다. 전통적으로 수학은 확실한 지식의 전형으로 간주되었다. 약 2500년전, Euclid는 그의 원론에서 훌륭한 논리적 구조를 세웠는데 그것은 19세기말까지 진리와 확실성을 확립하는 전형으로 받아들여졌다. 즉 수학은 오랫동안 인간에게 알려진 가장 확실한 지식의 원천인 것이다.

Euclid는 수리철학을 본격적으로 주장한 사람은 아니지만 Euclid가 그의 원론에서 기하학을 공리적으로 체계화한 방식은 수학 지식의 본질에 대한 관점에 매우 큰 영향을 미쳤다. 기하학을 공리화하는 Euclid적 방법의 특징은 기하학의 법칙을 보편적 형식으로 수립하고 기하학의 법칙은 항상 엄밀하고 절대적인 것으로 표현하는 것이다. 그리고 기하학의 법칙을 실험이나 관찰에 의존하지 않고 연역적으로 증명하는 것이다(Baker,1983).

Euclid는 자명한 소수의 공준, 공리, 정의와 자명한 논리적 법칙으로부터 기하학의 지식을 연역적으로 이끌어내고 있다. 연역적 체계는 참을 보존하므로 출발점의 공준이나 공리가 참이라면 그 연역된 결과로서의 정리는 참이다. '삼각형의 두 밑각은 같다'와 같은 정리들은 그것이 삼각형이나 각의 정의와 선과 각에 대한 공준으로부터 연역적 체계에 의해 증명되었기 때문에 따라서 참인 확실한 수학의 지식으로 간주되었다. Euclid적 방법은 확실한 수학적 지식을 보증하는 방법으로 여겨졌고 Euclid 기하학 뿐 아니라 다른 수학적 지식을 수립하는 근거가 되었다.

그런데 Euclid의 방식으로는 수학의 확실성을 주장하는데 있어 불확실한 부분이 있다. 그것은 연역적 체계의 출발점인 공준, 공리, 정의의 성격과 관련된 것이다. 공준과 공리의 참과 정의의 분명함이 보장되지 않는다면 그로부터 연역된 정리의 참을 주장할 수 없다. Euclid 주의는 공준에서부터 결과인 정리에 이르는 연역적인 흐름에서 감각적인 경험은 아무런 역할을 하지 않으므로 수학 지식을 선험적 지식으로 본다. 그리고 선험적 지식은 완전한 참을 주장할 수 없는 경험적 지식에 대하여 우월하게 취급된다. 그러나 수학 지식의 선험성은 그 지식이 최초로 출발한 공준이나 공리의 선험적 참이 보장될 때에만 주장될 수 있다.

그러나 19세기에 들어와 비 Euclid기하의 등장으로 Euclid적인 진리는 타격을 입었다. 비 Euclid기하학의 등장 초기에 많은 보수적인 수학자들은 비 Euclid기하학이 필연적으로 거짓일 수밖에 없으며 그 체계도 모순될 수밖에 없을 것이라고 생각하고 그 체계 내에서 모순된 정리들을 찾으려고 애를 썼다. 그러나 수학자들은 결국 비 Euclid기하의 논리적 일관성을 Euclid기하 못지 않음을 알게 되었다(Baker, 1983).

비 Euclid기하의 출현은 단순히 수학 내부에서의 정화를 뜻하는 것이 아니고 인간의 사고의 역사에 전환기를 가져온 일이었다. 즉 절대 진리만을 취급해야 한다는 강박관념에서 해방되어 공리를 인간 스스로가 자유롭게 택해서 자연세계에 직접 적용될 수 없는 것처럼 보이는 체계들도 연구했다. 비 Euclid기하학을 체계화하기 위해서는 Euclid기하학의 결함을 극복하기 위한 어떠한 연역체계를 만들어야 할 것인가에 문제를 두고 심각하게 논의가 되었다. 즉 이 연구의 목표가 논리적 형식만으로 엄밀한 증명을 대신 할 수 있게 해주는 연역체계를 구성하는 일이었다. 그러기 위해서는 우리의 직관을 버리고 추상적인 체계를 구성할 수 있는 방법이었다.

이처럼 비 Euclid기하학의 등장은 수학의 기초에 관한 문제를 심각하게 제기하여 수학 확실성을 보장하려는 수학 기초론의 연구가 시작되는 계기가 되었다.

논리주의는 가장 기본적인 순수 수학의 모든 개념을 순수 논리학 안에서 정의하려고 하였고 순수한 논리학적인 성질을 가지고 있는 증명 방법과 논리학의 기본적인 원리만으로 모든 순수 수학의 정의를 증명하려고 노력했다. 이와 같은 입장에서 Russell은 수학을 구성함에 있어 다의적이며 부정확한 일상언어의 사용대신 기호의 사용에 의존해야 한다고 주장하였다. 그러나 논리적으로는 받아들이기 힘든 여러 가지 공리들을 덧붙이게 됨으로써 논리라는 단순하고 명확한 진리만으로 수학의 진리성을 설명하려는 논리주의의 목적과는 점점 멀어지게 되었다. 결국 논리주의의 의도는 실패한 것이다.

Brower를 중심으로 한 직관주의는 수학의 궁극적인 근거는 논리의 법칙에 따라 추리되는 것이 아니라 수학적 직관에 의해 이루어지는 것으로 보고 논리 법칙은 마땅히 수학적 추리로부터 귀납되어야 한다고 주장하였다. 직관주의의 수학적 진리는 유한번의 단계로 구성되는 증명에 의해 확인될 수 있다는 입장을 택하고 있으며 직관주의자는 정의란 정의된 실체를 '구성해내는' 작업으로 보고 있다. 그러나 집합의 경우에는 그 원소가 어떤 것인지를 결정함으로써 미리 그것을 '구성해'놓지 않는 한 존재하는 것으로 볼 수 없다는 것이다. 따라서 비 술어적 정의로는 어떤 대상도 구성해 낼 수 없다고 생각한다(Baker, 1983). 그러나 비 구성적 논증 및 비 술어적 정의들을 배격하는 직관주의의 수학적 실천의 원리들은 고전 수학의 많은 부분을 포기해야만 한다.

Hilbert를 중심으로 한 형식주의는 수학을 형식화된 체계에 불과한 것으로 파악하였다. 일련의 부호들이 어떤 방식으로 결합하여 그 체계의 정리를 만들어 내는가에 주목하지 그 부호들이 가지는 의미와 표현하는 내용에는 관심이 없었다. 형식주의자들에게 있어서는 수학의 체계는 모순이 없는 하나의 체계인 것이다(정다현, 1990).

이와 같이 기초주의자들이 수학의 확실성을 보장하려고 한 시도는 그러한 시도가 필연적으로 실패 할 수밖에 없다는 사실만을 강력한 방식으로 드러낸 결과가 되었다. 게다가 해설적인 수학적 지식보다 더 큰 확실성을 가진 것으로 생각되던 연역적 논리와 형식적 체계마저 그 불완전성이 드러났다. 따라서 이런 시대적 발달에 의하여 수학적 지식의 객관성과 확실성을 부정하는 것은 수리철학의 오류주의적 관점이 나타나게 된 배경이 되고 이를 바탕으로 수학교육을 구성주의적으로 변환시키는 토대를 마련하게 된다.

오류주의는 Popper의 과학철학에서 유래한 용어로서 수학의 확실한 기초를 찾으려는 무의미한 타구를 멈추고 수학 지식의 잠정적 성격을 인정하는 수학관이다. Lakatos, Wittgenwtein, Hersh, Tymoczko와 Ernest에 이르는 현대의 많은 수리철학들이 오류주의적 입장을 취하고 있다. 오류주의적 입장에서 있는 수리 철학은 기초론적 주제 뿐 아니라 수학의 변화와 발생, 수학의 학습, 수학의 응용과 같은 영역들을 널리 포함하게 된다. 수학기초론이 수학으로 수학의 기초를 증명하려던 시도였다고 하여 오류주의 수리철학은 수학의 의미를 인간, 사회, 도덕, 과학과 같은 여러 가지 주제들과 함께 통합적으로 탐구하려는 시도이다(유연주, 1999).

Ernest는 수학에 대한 견해를 크게 절대주의와 오류주의로 구분하는데 Ernest가 말하는 절대주의는 공준에서부터 결과인 정리에 이르는 연역적인 흐름에서 감각적인 경험은 아무런 역할을 하지 않으므로 수학 지식을 선험적 지식으로 보고 선험적 지식은 완전한 참을 주장할 수 없는 경험적 지식에 대하여 우월하게 취급되는 Euclid주의에 뿌리를 두고, 즉 Euclid적 공리기하를 수학지식의 확실성을 보장하는 방법론으로 여기고 그 공준과 공리가 선험적으로 참임을 주장함으로써 결과로써의 수학지식의 확실성을 주장하는 수리철학으로 볼 수 있다. 이러한 수리철학의 학파들은 확실성에 대한 주장의 가장 핵심적인 부분인 공준과 공리의 선험적 참을 좀 더 세련된 형태로 증명하려는 것을 그 목적으로 하였으며 현재는 공식적으로 실패한 것으로 인정되고 있다. 이러한 실패에 그 대안적인 관점으로 오류주의가 나타나게 된다. 오류주의는 어떤 확실한 출발점을 세울 수 있다는 절대주의의 전제를 거부하고 수학지식을 본질적으로 언제나 수정되고 개정되는 지식이라고 여기는 수리철학으로 볼 수 있다. 또한 오류주의에서는 공준이나 공리 뿐 아니라 연역적 논리나 정의에 있어서의 확실성도 의심한다. 왜냐하면 사실 연역적 논리 역시 하나의 공리로 간주될 수 있기 때문이다.

Ernest는 절대주의에서 주장하는 확실하고 객관적인 지식을 나타내는 것으로 여겨지던 결과로서의 수학지식을 거부하고 오류의 정정과 개선과정에 있는 발달하는 수학지식을 중요시 여기는 오류주의입장에서 수학을 사회적으로 구성된 지식으로 보고 객관성을 사회적인 것으로 이해하는 점에서 수학 교육적 구성주의의 토대를 마련하였다.

구성주의에서 수학은 독립적으로 존재하는 확실하고 객관적인 지식이 아니라 개인이 환경과의 상호 작용에 의하여 주관적으로 구성하거나 사회적 합의를 얻어낸 역사적 문화적 성격의 지식에 불과하다. 그러므로 구성주의자들은 수학적 지식의 구성과정에서 개인과 사회의 작용에 관하여 관심을 두고 있다.

만약 수학적 지식을 진리라 간주하게 되면 의문과 협상의 여지가 없는 반드시 알아야 할 지식이 된다. 그러므로 학생을 교사가 안내해 주는 방식에 따라 지식을 습득하고 이해해야만 한다. 그러나 수학적 지식이 오류 가능하고 수정 가능한 지식으로 받아들이게 되면 수학적 지식의 습득과정이 달라지게 된다. 즉 학생들에게 탐구할 수 있도록 하는 환경을 조성해 주고 자료를 제공해 주어야 할 것이다.

수학교육에 있어서 구성주의란 말은 '학생들이 스스로 수학적 지식을 구성하도록 수업환경을 만들자'는 의미이다. 학생들이 스스로 수학적 지식을 구성하려면 어떻게 하여야 할 것인가? 지식의 구성은 교사의 설명을 통해서 형성될 수도 있고 학생들 간의 상호 작용에 의해서 형성될 수도 있다. 구성주의 수업에서는 이 두 가지가 학습내용이나 학생의 실태, 자료 등에 의해서 적절히 섞어서 수업이 이루어져야 하는 것이다. 수학교육에서의 구성주의는 어디까지나 학생 스스로 새로운 갈등국면에 대처하여 문제를 해결하기 위한 끊임없는 구성활동을 통해서 해결의 실마리를 밖에서 구하지 않고 자신 속에서 찾아 스스로 학습해 나가도록 환경을 설정해 나가는 것이다. 이렇게 볼 때 구성주의를 수학교육의 교수-학습 상황에 도입하는 것은 의미있는 활동이 된다. 구성주의에서 지식구성은 외부에서 전달되는 것이 아니라 개인에 의하여 자주적으로 구성되어지므로 교사는 교수-학습의 과정을 교사 혼자서 책임지는 것보다 학생들 사이의 의사소통 소집단 협력학습을 중심으로 하면서 교사는 학생들의 활동을 장려할 수 있도록 수업을 조직하여야 한다.

(1) 수학교육에서 구성주의의 배경

지금까지의 수학교육은 플라톤적 수학관에 입각하여 이미 발견된 수학적 진리는 개인의 경험에 의존하지 않는 절대적이고 불변인 까닭에 일방적으로 전수할 수 있는 근거가 된다. 따라서 교사는 학생의 다양한 의견이나 경험을 무시하고 일방적 수업으로 진행할 수 있었다.

플라톤적 수학관을 다음과 같이 정리하고 있다.

- 수학은 인간과 현실세계를 초월한 절대적 위치에 있다.
- 수학적 진리는 영구성을 가진 절대적이고 보편적 진리이다.
- 수학적 사고 또는 수학적 연구는 현실 세계에서 사용한다고 하여도 그것은 수학의 본성과는 거리가 있으므로 수학 학습에서는 이성이 관여하고 감성이 배제되어야 한다.

그러나 이러한 수학교육으로는 정보화 사회가 요구하는 학습자의 능력을 기를 수가 없다는 평가가 나오고 있다. 이에 정보화 사회의 필요에 따라 새로운 수학관인 구성주의적 수학관이 대두하게 되었다. 구성주의 수학관의 핵심은 다음과 같다.

- 수학적 사고의 대상은 인간을 떠난 객관적인 실재가 아닌 구체적 세계이다.
- 수학적 진리는 개인적 활동 및 경험으로부터 구성되므로 수학의 진리는 절대적인 것이 아닌 상대적인 것이다.
- 학습은 구체적인 세계에 대한 개인적인 해석이므로 객체(교사나 환경)로부터 수동적으로 받아드려지는 것이 아닌 학습자 스스로 경험의 세계를 자신의 인지 구조에 근거하여 능동적으로 의미를 구성해가야 한다.
- 지식의 획득은 학습자의 인지 구조에 근거하여 학습자의 이성과 감성이 서로 상호보완적인 관계를 유지하면서 스스로의 경험의 세계를 조직해 가는 적응 과정이다.

구성주의적 수학관의 기원은 고대 그리스 시대로 거슬러 올라갈 수가 있다. 고대 그리스 시대의 철학자 소크라테스는 “교사의 역할은 가르치는 일을 하는 것이 아니라, 학생들의 내면에 내재되어 있는 참 지식을 학생들이 회상할 수 있게끔 도와주는 산파역을 하는 것”이라 하였다. 그의 생각은 수학교육에서 구성주의자들의 가정인 ‘학습은 인식 주체에 의해 능동적으로 구성되는 것이지 환경으로부터 수동적으로 받아들여지는 것이 아니다’는 의미와 같다고 볼 수 있다.

이러한 생각은 르네상스 정신과 더불어 일어나기 시작하여, 그 이론화는 페스탈로찌와 코메니우스, 루소의 시대를 거치면서 완성되어 듀이의 교육 철학의 바탕을 이루었고, 오늘날까지 수학 교육에서의 근본적인 교수-학습 원리로 받아들여지고 있다.

Romgerg(1990) 등은 현재의 사회는 정보화의 사회임에도 불구하고 수학교육은 지난 세기의 산업화 사회에 근거하여 이루어지고 있음을 지적하는 것은 지금까지 수학 교육의 근간을 이루고 있는 행동주의 및 인지주의에 기반을 두고 있는 객관주의적 수학관에 대한 반성의 필요성을 제기하고 있다.

지금까지 수학 교육의 주류를 이루고 있는 수학교육에서의 행동주의적 접근은 구체적인 행동 용어를 사용한 학습 목표의 진술, 학습 과제의 위계적 분석을 통한 논리적인 계열화와 이에 근거한 학습 평가 및 교수 학습의 효율성 향상을 위한 다양한 교수 기법 및 전략의 선정, 학습 활동과 학습 경험을 촉진시키기 위한 다양한 교수 매체의 개발과 활용, feed-back을 통한 수업 과정 및 결과의 수정 · 보완 등 외현적이고 관찰가능한 행동변화에 관심을 둠으로써 학습 및 훈련 과정을 보다 효율적이고 체계적인 접근을 가능하게 했으며, 학습자들에게 성취 의욕과 흥미를 진작시킨 점이나 교육공학의 발전 등에 상당한 기여를 해왔다.

그러나 이와 같은 긍정적인 면에서의 평가와 함께 수학 교육에서의 행동주의적 접근에는 다음과 같은 몇 가지 점에서 한계와 모순을 내포함으로써 새로운 학습관인 구성주의적 접근의 필요성을 대두하게 하고 있다.

① 수학관에서의 변화가 요구되고 있다. 수학은 인간과 현실 세계를 초월하여 존재하며, 수학적 진리는 영구성, 절대성, 보편성을 지닌 것으로 간주하고 있는 Platon적 수학관은 학습은 변화하는 환경에 능동적으로 대처할 수 있는 능력과 창조성을 길러야 하며, 학습에 대한 의욕, 관심, 태도 등 내면적 조건에 눈을 돌리게 함과 동시에 인간의 창조성, 고차적인 사고력, 자주적 학습 능력 등 주체적 능력으로써 학력의 내실화와 그의 형성에 관심을 갖게 하는 새로운 수학관의 형성을 자극하게 되었다. Platon적 수학관에 입각한 수업은 교사가 수업의 목표 및 내용 모두를 결정하고 그것에 알맞은 교재를 선택하여 학생들을 가르쳐야 한다고 생각하는 학습관을 낳았으며, 또 학습자의 인지 능력의 한계를 설정하고 모든 학습자는 동일한 인지 구조를 가지고 있으며, 동일한 방법에 의해 학습이 가능하다고 보는 오류를 범하게 하였다.

② 행동주의 입장은 모든 개인은 동일한 인지 구조를 가졌으므로 동일한 학습 과제나 교수 매체를 통한 교수-학습은 동일한 성과를 산출 할 수 있다는 가정이다. 그러나 실제 학습 과정에서 보면 개개인의 학습 경험은 다양하며, 학습 능력이나 속도도 다양하게 나타나고 있다. 이것은 새로운 관점에서의 수업 설계를 요구하는 한 가지 요인이 되고 있다.

③ 학습 목표의 행동적 용어로의 진술은 수학 학습을 통찰력 있는 구성과정보다는 기계적인 방법에 의존하도록 유도하고 있다. 즉, 학습 목표의 진술을 조작적으로 입증할 수 있는 행동 용어로 진술함으로 해서 학습을 그 용어에 국한하여 학생들에게 가르치는 것이 효과적인 것으로 인식하게 됨으로써 학습자 개인에 따른 발산적 사고 및 창의적 사고를 제한하며, 또한 학습 행위를 자극-반응의 기계적 논리에 근거하여 선험자의 전달에 의존케 함으로써 학습자 개인의 능동적, 주체적 사고 활동을 제한하고 있다. 또, 학습자에게 주어진 외적 자극이나 조건에 대한 외현적 반응은 관찰 가능하지만 자극과 반응 사이에서 일어나는 인지

과정이나 감각 과정에 대해서는 외적 행동에 근거하야 추론함으로써 학습자 내면의 인지 구조에 실제로 어떠한 영향을 미치는지는 파악하기 어렵다.

④ 학습 과제의 위계적 분석과 논리적 계열화 및 목표의 세분화는 학습의 그물망식 통합적 방식이 아닌 선형적이고 국소 지향적 접근을 유도함으로써 부분적인 학습결손의 누적으로 인해 학습 부빈을 초래할 수 있으며, 지식의 실용성 및 연결성을 방해하고 있다.
지식의 위계적 분석 및 논리적 계열화는 학습자의 인지 구조나 개별적 특성을 고려하지 않고 인식 주체의 외부에서 인위적으로 분석 · 조정하여 학습자에 투입함으로써 지식의 구성 과정에서 내적 갈등을 유발시키며, 학습자의 정의적 측면에 부정적인 영향을 미치게 되며, 새로운 사건이나 현상 및 문제 상황에서 능동적으로 대처할 수 있는 능력에 결손을 가져오고 있다. 이러한 행동주의적 접근은 학습은 세계에 대한 개인적 해석이며, 수학적 지식은 통합적으로 다루어질 수 있고, 개별적인 인지 작용에 의해 능동적으로 구성되는 것이 바람직하다는 새로운 견해를 불러 일으켰다.

⑤ 성취도를 학습의 증거로 삼고 그에 따라 수업 방법의 효과를 분석하려는 행동주의적 평가관은 '평가는 한 가지 성취도가 아니고, 과제의 수행 과정에서 연속적으로 이루어져야 한다.'는 새로운 관점에서의 평가관을 요구하고 있다.

학습의 증거는 성취도라는 외형적인 관점에서만 나타나는 것이 아니라, 학습자의 인지 구조, 학습 전이력, 학습 동기 유발 등 다양한 분야에서도 일어날 수 있다. 지식의 형성과정은 학습자에게 주어진 반응이나 조건, 학습자 개개인의 인지 구조(선천적+후험적)에 따라 독특한 중개과정을 거쳐서 개별적으로 형성된다. 따라서 학습의 증거는 양적인 측면뿐만 아니라 질적인 측면에서도 나타난다.

행동주의적 관점에서 성취여부는 "교사가 생각했던 학습 목표가 달성되었는가?" 하는 단편적인 평가 개념에서 벗어나 교사가 제시한 학습 목표 이외의 가변적인 학습도 가능한 것임을 인정해야 한다. 따라서 학습 평가는 학습 과정 안에서 연속적인 평가 개념의 도입이 학습자에게 학습의 의미를 부여할 수 있고, 지식의 생존 가능성을 증진시킬 수 있을 것이다.

급변하는 미래 사회는 다양성과 창조성을 요구하는 평생교육형 사회이고 각 개인은 자신의 능력과 개성을 충분히 표현하며 사회적 변화에 주체적으로 대응해 가야 하는 사회이다. 따라서 수학교육의 기본목적은 앞으로 변화하는 사회에 대응할 수 있는 능력과 창조성의 기초를 기르는 것으로 볼 수 있다.

구성주의는 인지론적 입장과 방법론적 관점의 두 가지 측면에서 볼 수 있는데, 인지적인 입장으로서 구성주의는 모든 지식은 구성되어지며 구성의 도구는 타고난 혹은 그들 스스로 발달의 산물로 생기는 것이라고 주장한다. 후자의 설명이 인지적인 입장으로서 볼 때 구성주의의 더 큰 특성이며 수학교육에서 대부분의 구성주의자들이 주장하는 것이다. 학습에 대한 구성주의적 입장은 수학교육학에 관한 최근의 많은 경험적 이론적 연구에 핵심이 되어 왔으며, 수학개혁 노력에 공헌을 해 왔다. 구성주의가 사실상 수학교육상의 용어로 등장한 것은 1985년 네덜란드에서의 PME(수학교육심리학 국제연구그룹)부터 이었으며 그 이후 1987년 캐나다의 PME에서는 미국의 Kilpatrick의 강연을 비롯한 여러 학자들의 발표 내용들이 구성주의를 중심으로 한 논의들이었다.

비록 구성주의가 수학교육자들이 학습과 학습자를 이해하는 좋은 도구가 되었지만, 구성주의적 학습의 관점에 뿌리를 두고 수학교육학을 개혁하는 일은 수학교육계를 들끓게 하는 엄청난 도전으로 받아들여지고 있다. 구성주의가 교실에서의 수학학습을 체계적으로 생각하는 토대를 제공해주고 교실에의 수학지도의 개혁에 중요한 역할을 할 수 있다고 하더라도 그것이 우리가 수학을 어떻게 지도해야 하는지를 알려주는 것은 아니다. 즉, 그것이 특별한 모델을 규정하는 것은 아니다.

(2) 수학교육에서 구성주의의 기본 입장

구성주의의 주된 관심은 '인식의 대상은 무엇인가(What is know)?'와 '인식은 어떻게 해서 성립하는가(how it is known)?'의 두 물음을 설명하려는 존재론과 인식론적 철학에 근거를 둔 학문으로, 즉 지식의 본질은 무엇이며, 지식은 어떻게 구성되며, 지식이 구성되었다는 판단 기준은 무엇인가? 에 초점을 두고 있다.

Kilpatrick에 의하면 구성주의의 기본 가정은 다음 3가지로 정리할 수 있다.

- 지식은 환경으로부터 수동적으로 받아드려지는 것이 아니라 인식 주체에 의해 능동적으로 구성되는 것이다.
- '알게 된다.'는 것은 인식 주체가 자신의 경험 세계를 스스로 조직화해 가는 적응과정이다.
- '알게 된다.'는 것은 인식 주체의 정신세계와는 독립적으로 이미 존재하고 있는 세계를 발견하는 것이 아니다.

우리는 일반적으로 학습자가 주체가 되어 학습자 스스로 발견하고 만들어 가는 학습을 '발견학습'이라고 불러왔다. 그러나 이러한 구성주의의 기본가정을 인정하지 않는 구성주의자들도 있다. 그들은 '발견'이라는 낱말은 「콜롬부스가 아메리카를 발견했다」든가, 「어떤 새로운 행성이 발견되었다.」처럼 어떤 시점까지 인간에게 미지었던 사실이었지만 이미 존재하고 있던 어떤 것을 처음 알게 되거나 찾아냈을 때 사용되는 낱말이라고 생각하고, 위 세 번째에 명시된 것과 같이 인식 주체에 의해 능동적으로 구성된 지식 이외에 독립적으로 존재하는 지식은 인정하지 않는다. 따라서 그들은 수학적 지식은 발견되는 것이 아니라 학습자 스스로가 수학적 지식을 구성 또는 발명한다고 보고 있다.

인간이 경험하는 실재의 세계의 존재성에 대해서는 근본적으로 구성주의자들의 입장은 객관주의자들의 입장과 동일하다. 다만 구성주의자들은 그 세계는 인식 주체와 독립된 것이 아니라 인식 주체가 부여한 의미에 의해서만 성립한다는 개별성에 그 초점을 두고 있으므로 동질의 어떠한 대상에 대해서도 개인적인 관점에 따라 해석을 달리 할 수 있다고 보고 있다. 따라서 그들은 지식의 절대성을 부정하며 지식의 의미를 실용성에 관심을 두고 있다. 그러면, 수학 학습에서 절대적 진리를 부정한다면 학습자는 어떻게 해서 수학적 지식의 정당성을 인정받을 수 있으며, 수학적 지식을 획득했다고 볼 수 있을까? 그들은 어떠한 수학적 지식이 권위 있는 수학자에 의해 입증되었을 때, 그것을 잠정적으로 받아들일 뿐이다. 또, 수학적 지식이 구성되었다는 판단은 그 지식의 원천이 무엇이던 간에, 환경 속에서 어떻게 쓰이는지를 설명할 수 있을 때, 일시적으로 지식이 구성되었다고 가정할 뿐이다.

지식의 객관적 절대성의 부정과 실용성이라는 두 가지 입장은 동전의 양면관계에 있다. 사실 지식의 절대성이 받아들여지면, 교사가 지식 자체의 획득을 교육목표로 하여, 현재 학교 교실에서 주로 이루어지는 같은 교사 위주의 설명식 방법으로 지도하는 것이 정당화된다. 인간 활동의 산물인 지식 자체를 교육목표로 하는 경우 그 지식은 불변이며, 교사는 그 지식을 아동용으로 번역하여 설명해 나가는 수밖에 달리 방법이 없기 때문이다. 그러나 그렇게 해서 획득된 지식은 실용적인 측면에서 의미가 없다는 것은 많은 경험을 통해서 입증되고 있다. 교사 주도에 의한 수업의 결과 얻어진 지식은 실생활이나 다른 학문을 하는데 전이가 일어나지 않을 가능성이 많기 때문에 실용성이 없게 되어 버린다.

그러면 어떤 지식이 실용적인 지식인가? 이와 관련하여 두 가지 점이 지적될 수 있다. 하나는 학교 교육의 내용을 단편적인 지식이 아닌 실행이나 수학내의 다른 영역과 관련이 되도록 조직해야만 한다는 것이고, 둘째는 다양한 지식을 역동적으로 이해해서 획득된 지식을 실제로 적용해 가는 과정이 강조되어야 한다는 점이다. 이때 "역동적 이해"와 "적용"은 역동적으로 이해된 지식만이 적용 가능하며 적용해 본 지식만이 이해 가능하다는 점에서 불가분의 관계가 있다. 결국 구성주의는 지식의 통합성과 그 지식을 획득하는 방법에서의 역동성을 강조하는 입장으로 해석될 수 있다.

(3) 구성주의적 수학 학습의 지도와 목표

구성주의에서 지식은 학습자의 내면세계에서 구성되어지는 것이지만 이것은 저절로 생겨나는 것을 의미하지 않는다. 이것은 적절한 환경에서 교사의 도움과 안내로 구성되는 것이다. 즉, 구성주의에서 교사의 역할은 다양하고 중요한 위치를 차지하는데 Steffe(1991)는 구성주의를 선택하는 수학교육자를 위하여 그들의 연구 활동에 지침이 될만한 10개의 중요한 목표를 다음과 같이 제시하고 있다.

- 학생들과 수학적으로 의사소통 하는 방법을 배우기
- 목표 지향적 수학활동에 학생을 참여시키는 방법을 배우기
- 그들이 가르치는 학생의 수학을 배우기
- 가능한 수학적 환경을 조작하는 방법을 배우기
- 다양한 경험적인 장(학생들의 수학적 경험)의 내용을 배우기
- 그들이 가르치는 학생들을 위한 수학을 배우기
- 목표 지향적인 수학 활동의 내용에 있어서 반성과 추상성을 기르는 방법을 배우기
- 학생들 사이에 수학적으로 대화하도록 학생을 격려하는 법을 배우기
- 오랜 기간 동안 학습을 지속시키는 방법과 학생들의 동기를 촉진시키는 방법을 배우기
- 다른 수학교육자들과 수학적으로 뿐만 아니라 교육적으로 의사소통 하는 방법을 배우기

2 구성주의적 수학 교수-학습 방법과 원리

학습자가 학습과정에서 능동적이고 적극적인 학습 활동을 수행하기 위해서는 교사들은 학습의 역동성을 이해하고 존중해 주어야 한다. 또한 학교 교육이 학습자들에게 탐구활동의 시간이 될 수 있도록 교실 환경을 구성해 주어야 학습자중심의 교육이 이루어질 수 있다. 성인의 모델과 환경조건들은 학습자의 자기 주도적 문제 구성과 문제 해결에 중요한 기초가 된다. 학습자들이 해결하지 못한 과제에 대해 질문하고 학습자와 학습자간에 상호작용이 이루어지고 협동적 학습이 인정되면 학습자들의 아이디어가 충분히 발휘될 수 있기 때문에 학습자 중심의 교육이 이루어 질 수 있다(곽병선, 1999).

학습 교수 과정에서 학습자에 대한 인정과 존중해 주는 학습 풍토에서는 단순 암기식 학습활동이 아니라 그들의 흥미에 따라 행동하고, 관계짓고, 아이디어를 재구성하고, 독특한 결론에 도달하는 탐구중심의 학습활동이 이루어질 것이며, 또한 학습자는 이 세계는 다양한 관점이 존재하고 지식은 학습자 자신이 어떤 관점에서 구성하느냐에 따라 다양하게 해석될 수 있음을 알게 된다. 학습자와 교사간의 상호존중에 기초하여 교수-학습활동이 역동

적이 되기 위한 구성주의적 수업의 원리는 다음과 같다(ASCD, 1993).

원리 1. 학습 과제는 학습자들에게 점차적으로 적절하게 제시한다.

학습 과제를 학습자에게 점차적으로 적절하게 제시한다에서 '적절성'이란 학생들에게 기존의 지식과 일치하게 한다는 뜻은 아니다. 모든 학습자들이 학교교육에서 다루어지고 있는 학습 주제에 대한 학습흥미를 가지고 학습에 임하는 것은 아니다. 대부분의 학습자들은 이와 같은 학습 주제의 중요성을 이해할 수 있도록 받기를 원한다.

학습자들로 하여금 학습주제에 대해 적절한 사고와 흥미를 유발하기 위해서는 학습 주제는 가능하다면 학생들이 검증할 수 있는 것으로 학습자가 예측이 가능한 학습 과제가 제시되어야 하고, 학습자가 다양한 문제 해결 방안을 모색할 정도의 복잡성이 있는 과제가 제시되어야 한다. 이때, 학습 과제 해결에 있어 협동학습으로 해결할 수 있도록 협동 학습으로 인하여 개인 학습자의 학습활동에 지장을 초래하지 않는 것이면 충분하며, 사용되는 교구들은 손쉽게 구할 수 있는 것이라면 더욱 바람직하다.

원리 2. 학습활동은 기본적 개념 중심으로 구성되어야 한다.

교육과정을 구상할 때 구성주의 교사들은 학습정보를 문제의 개념적 묶음, 질문, 그리고 구별되는 상황 중심으로 조직한다. 학생들은 문제와 아이디어들이 분리되어 제시되기 보다는 전체적으로 제시될 때에 더 열심히 참여한다. 대부분의 전통적 교육에서는 전체를 부분으로 분리시켜 각 부분들을 별개로 분리시켜 거기에 초점을 맞추었다. 예를 들어 조선시대의 역사를 개별적 시대로 나누거나 특정한 전쟁에 대해서 연구하도록 했다. 그러나 많은 학생들은 부분에서 전체로, 예컨대 조선시대의 사회와 경제에 대한 전쟁의 역할과 같은 개념이 무엇이며 그 기능에 대해 올바르게 이해하지 못한다. 이와 같은 학생들은 모든 부분들이 다 그들에게 제시되기 전에는 전체를 보려고 노력하지 않고 임진왜란 가운데 관련된 넓은 단원들 가운데 지엽적이고 부분적인 면에 초점을 맞추어 학습하기 때문에 전체적인 그림을 그리지 못하게 된다.

하지만 이와는 반대로 개념들이 전체적으로 제시되면 학생들은 전체를 부분으로 나누어 그들이 볼 수 있고 이해할 수 있다. 광범위한 개념들 중심으로 교육과정 활동이 구성되면 학생들은 그들 자신의 독특한 문제 해결 방법을 선택할 수 있으며 새로운 이해의 구성을 위하여 그 문제를 해결하기 위한 다양한 접근 방법을 활용한다.

원리 3. 학습자의 관점을 이해하고 존중한다.

학습자의 아이디어와 의견들은 그들의 사고를 이해하는 지름길이 된다. 학습자의 관점을 이해함으로써 교사는 학생들로 하여금 보다 적극적이 되게 해서 학교에서의 경험을 맥락적으로 의미 있게 하여 준다. 각 학습자의 관점은 수업 출발점이 된다. 학습자의 관점을 모른 상태에서 수업을 실시하고 있는 교사는 흔히 학생들에게 무의미하고 적절치 못한 경험을 하게 함으로써 학습에 부정적인 결과를 초래하게 만들 수 있는 오류를 범하기 쉽다. 따라서 학습자의 관점을 존중해 주게 되면 그들을 이해할 수 있을 뿐 아니라 그들의 생각을 설명해 줄 수 있다. 따라서 교사는 학습자에게 학습 정보를 소개하고 전달하는 사람으로서의 역할 뿐만 아니라 학습자의 학습과정을 이해하고, 학습자들의 이야기를 경청해주는 역할을 수행하여야 한다. 그렇게 함으로서 학습자의 학습과정을 이해할 수 있는 논리와 추리를 발견하게 된다. 교사가 학습자로 하여금 자기의 의견을 표현할 기회를 제공하여 그들의 개념을 다시 생각해서 그들이 지적으로 성장하도록 사회를 극대화하는 방법은 학습자에게 좋은 질문과 문제를 던지는 것이다.

예를 들자면 학습자에게 선다형 문제에 답하도록 하는 방법은 학습자에게 질문을 제시해서 답을 요구하는 것이 되며 이러한 방법은 보다 전통적 방법인 것이다. 하지만 만약 학습자의 이해가 교육의 목표라면 교사는 보다 심도 있는 질문과 문제를 학습자에게 제시해 주어 그들이 이해하고 있는 것이 무엇인가를 평가해 보고 그들의 학습활동이 이루어지도록 구조화시킬 필요가 있는 것이다.

구성주의 교실에서 학습자는 교사로부터 현재 수행하고 있는 학습 과제를 정교화시켜 보라는 요구를 받게 되면 학습자는 자기가 생각하고 있는 것이 무엇이며 왜 그렇게 생각하고 있는가에 대하여 알아보려는 관심을 갖게 되고 이러한 활동을 통하여 수행 중인 학습 과제를 더욱 잘 이해하게 될 것이다.

원리 4. 교육과정 내용은 학습자가 진술한 가정에 적합하게 조절해 나가야 한다.

학습자는 교사가 제시하는 지식을 새겨 넣도록 준비된 백지판이 아니다. 이미 교육과정을 진행하기 전에 그들 자신의 세계에 대한 관점을 가지고 있기 때문에 교육과정에서 인지적, 사회적, 정서적 요구가 학습자들에게 적용될 수 있을 때 학습효과는 증대된다. 그러므로 교육과정에서 요구하고 있는 것과 각 학생들이 학습 과제를 해결할 때 나타나는 가정 간에는 일치성이 있어야 한다. 일치성이 없을 때는 대부분의 학습자들은 아무리 훌륭한 교사와 함께 학습-교수활동을 수행하거나 학습 자료가 매력적이라 할지라도 그 수업은 무의미하다는 것을 발견하게 된다.

구성주의 교사들은 수업 설계를 할 때 학습자의 가정을 진술한 수업 안을 작성한다. 예컨대, 나눗셈 계산 수업을 할 경우 학습자에게 부분과 전체와의 관계를 그가 어떻게 이해하고 있는가에 대해 묻게 되면 각자의 사고 체계에 따라 답하게 될 것이며 이와 같은 수업이 학습자 각자의 아이디어로 고려하는 수업이 되는 것이다. 교사들은 학습자가 무슨 생각을 하고 있는지 사전에 정확히 알 수 없다. 따라서 적절성이 있는 문제를 제시하고 학습과정을 구성할 때 기본 개념 중심으로 하고 학습자 관점을 추구하고 인정하는 것이 중요한 것이다. 이러한 것들이 곧 교사들로 하여금 교육과정을 학습자의 가정에 맞게 하도록 하는 이유가 되는 것이다.

원리 5. 학습자의 학습에 대한 평가는 학습 교수과정에서 이루어진다.

전통적 질의응답 식 수업에서는 학습자는 너무나도 자주 '아니다'라는 말을 듣게 된다. 이와 같이 '아니다'라는 말은 학습자에게 그들의 독특한 사고를 인정해 주지 않는다는 의미로 전달된다. 그러기 때문에 그는 그와 같은 부정적인 학습 경험을 하게 만들어 어떤 문제에 대한 사고와 탐구심을 제한하게 된다는 점이다. 즉, 교사가 원하고 있는 질문에 대한 답을 생각해낼 수 있는 가치 있는 활동을 제한하게 되는 것이다. 따라서 교사와 학습자의 관계는 상호작용적인 관계가 형성되어야 하며, 교사는 학습자의 관점을 이해하고 격려해 주며 지지해 주는 관계가 되어야 한다.

교사는 학습자가 어떤 것에 관심이 있고 여러 교과에 대해서 그들이 무엇을 알고 있는가를 알고 있어야 한다. 교사들은 학습자에 대한 평가 결과를 학업성취도로만 사용하기보다 교사와 학습자간의 관계선상에서 평가해 보고 그 결과를 학습의 안내 자료로 활용하여야 한다. 따라서 학습자에게 주어진 학습문제에 대하여 학습자가 '맞았다'거나 '틀렸다'로 파악하기보다는 학습자가 갖고 있는 개념을 교사가 학습자 이해의 출발점이 되게 하여야 한다. 즉, 학습 활동이 시작점이 되어 학습자들의 새로운 이해와 새로운 기술습득을 구성하도록 하는 통로가 되도록 해야 한다. 따라서 평가는 성취도를 나타내는 도구도 아니며 수업효과성을 나타내는 표시도 아니다. 학습활동은 평가가 이루어지고 있는 동안 계속된다. 즉 평가는 학습자가 알고 있는 것은 무엇이며 무엇을 내면화하고 있는가를 알 수 있게 해주며 학습 과제 해결을 위한 다양한 방안을 찾는 실마리이어야 한다.

(1) 구성주의적 수학 교수-학습 방법

김연식과 박영배는 급진적 구성주의의 수학교육학적 의미에서 Steffe의 말을 인용 수학의 교수-학습에 대한 구성주의자로서의 제안을 다음과 같이 아홉 개의 기본 주제로 분류해 내고 각 주제별로 전통적인 수학 교수-학습 방법과 구성주의적 수학 교수-학습 방법을 비교해 가면서 구성주의적 수학 교수-학습 방법을 다음과 같이 설명하고 있다.

① 수학 교육자로서 수학을 가르치는 기초로서 아동의 수학을 사용할 것인지, 전통적인 학교 수학을 사용해야 할 것인지 사이에 선택하는 것이 수학교육에 있어서 구성주의의 기본적인 요구이다.

② 수학 교육자로서 아동들을 위한 수학을 상호 작용적인 의사교환을 통하여 할지, 아니면 '받아내림', '묶어서 나누기'혹은 '배분법칙'과 같은 용어의 관습적인 의미를 통하여 할지를 결정하는 선택을 한다면 전자를 택하는 것이 수학교육에 대한 구성주의의 두 번째 필요 조건이다.

③ 수학 교육자로서, 학습 환경에서 아동의 수학적 활동을 해석하는데, 상호 작용적인 의사교환이나 질적인 분별로 할 것인지 또는 그들의 활동의 결과나 산물에 초점을 맞출 것인지를 선택한다면 전자를 선택하는 것이 수학교육을 위한 구성주의의 세 번째 필요조건이다.

④ 수학 교육자로서, 우리는 학습을 포괄하는 기본적인 관계로서 동화 그리고 scheme(개념도식)의 수정으로서의 학습을 택하는 것과 혹은 그 대신에, 학습을 포괄하는 기본적인 관계로서 연합 그리고 하나의 체계로 결합을 조직하는 것으로 구성된 학습을 택하는 것 사이의 선택을 한다면 전자를 택하는 것이 학교 교육을 위한 구성주의의 네 번째 조건이다.

⑤ 수학 교육자로서, 다음 두 가지 측면 중 하나로 조작적인 수학적 개념을 다루어야 한다. 학습 환경 내에서 목표 지향적 활동의 결과로 아동에 의해 구성된 것으로서, 또는 수학학습에 선행되고 학습으로부터 분리된 것, 즉 아동이 그것을 배울 수 있는지, 혹은 어떻게 배워야 할지에 상관없이 아동이 이번 학년, 이번 주, 아니면 오늘 배워야 하는 것으로서, 전자를 택하는 것이 수학교육을 위한 구성주의의 다섯 번째 요건이다.

⑥ 수학 교육자로서, 우리는 아동의 수학적 지식을 학습할 책임을 느낄 수도 있으며 또는 우리는 아동의 수학적 지식을 우리 자신의 수학적 지식의 다른 부분과 유사한 것으로 생각할 수도 있다. 전자를 택하는 것이 수학교육에 대한 구성주의의 여섯 번째 요건이다.

⑦ 수학 교육자는 상호 의사교환과 아동의 수학적 활동에 유사한 방법으로 목표 지향화 된 활동이 중심이 되는 관점으로 수학의 교수-학습을 보거나 혹은 지식의 전이로 보아야 한다. 전자를 택하는 것이 수학 교육에 대한 구성주의의 일곱 번째 요건이다.

⑧ 수학 교육자로서, 학습 환경은 그것에 참여하는 아동들에 의하여 내용이 유별 되는 가변적인 경험의 장으로 학습 환경을 보는 것, 또는 아동이 사용해 나가는 과정에서 선험적이고 불변하는 것으로 학습 상황을 간주하는 것 사이에 하나를 선택한다면 전자를 택하는 것이 수학 교육을 위한 구성주의의 여덟 번째 요구이다.

⑨ 모든 수준에서 수학 교육자는 아동의 발생적인 수학적 능력을 유별하는데 참가하는 사람이 되는 것 또는 미리 정해진 커리큘럼에 의해 이미 유별 되어진 것으로서 아동이 배울 수 있다고 보는 사람이 되는 것 사이에 전자를 선택하는 것이 구성주의의 아홉 번째 요구 조건이 된다.

위의 내용들을 요약하면 학습자들이 받아들이는 모든 지식은 교사의 주입에 의한 수동적 학습이 아니라, 학습자 스스로 능동적인 구성 활동에 의해 형성된다는 것이다. 따라서 구성주의에 입각하여 볼 때 교사의 가장 중요한 역할은 학습자들이 개념을 탐색하고 개념사이의 상관관계를 스스로 구성활동을 통하여 잘 이해할 수 있도록 학습 환경을 만들어 주는 것이 가장 중요하다고 생각되며 교사들은 수학 각 단원별로 학습자들이 스스로 탐구, 구성활동을 할 수 있도록 하는 가장 효율적인 지도안을 제작할 수 있도록 연구하는 것이 중요하다.

진정한 학습은 일상 학습 상황에서 다양한 정보 같은 인지적 도구 혹은 다른 사람들의 도움을 받아 아동들이 확실하게 어떤 문제 상황을 파악할 수 있을 때 일어난다.

학습자는 문제해결을 하면서 개개인이 현장에서 직접 이미 알고 있는 지식을 사용하여 새로운 지식을 만들어 내난 연구를 통하여 자신들의 아이디어를 이와 비슷한 방법으로 적용하고 또 의미를 새겨 봄으로써 그와 관련된 내용을 이해하게 된다. 그리하여 구성주의에 입각한 수학 수업의 접근 방법은 수학 개념을 학습하는데 있어서 교사의 일방적인 지식의 전달이 아닌 학습자 스스로가 활동적으로 참여하여 자신에게 유용하고 필요한 지식을 받아들이는 것을 강조한다.

(2) 구성주의적 수학 교수-학습 원리와 예

① 학생 중심적 개별화 원리

구성주의는, 지식의 자주적 구성을 그 기본 원리로 하고 있다. 그리고 교수-학습 차원에서 그 지식은 주관독립적인 의미에서의 객관적 지식이 아니라, 규약과 협정 등의 수단을 통한 공통 주관적인 의미에서 객관성을 가지게 된다. 그리고 객관적 지식에 대해 이러한 입장을 취하고 있는 것이 바로 수학교육학적 구성주의라는 것도 또한 보았다. 수학교육학적 구성주의에서 취하고자 하는 관점은, 바로 공통 주관적인 의미에서의 객관적 지식은 학생 자신에 의해 자주적으로 구성되어야 한다는 것이라 할 수 있다. 이러한 관점은, 바로 학생 자신에 의한 지식의 능동적인 재 발명을 목표로 하는 오늘날의 수학교육에서 요구하고 있는 관점과 일치하고 있다고 보여 진다. 한편, 지식의 자주적 구성은 학생 개개인의 개인차를 반드시 고려하고 있다고 보여 진다. 이런 이유에서 이러한 관점을, 구성주의적 수학 교수 학습의 첫째 원리로 택하는 것은 무리가 없다고 할 수 있다. 이러한 원리를 '학생 중심적 개별화의 원리'라고 한다(박영배, 1996).

② 발문 중심적 상호작용 원리

학생에 의한 수학 지식의 자주적 구성을 도모하고, 공통 주관적인 의미에서의 지식의 객관성으로 확보하기 위해, 수학교육학적 구성주의에서는 교사와 학생 및 학생과 학생 사이의 상호작용을 매우 중요시한다. 그리고 이러한 이유에서 수학교육학적 구성주의는 교사가 적절한 반물을 통해 학생의 응답을 유도해 냄으로써, 학생들로 하여금 일련의 추측 및 논박 활동을 통해 수학지식을 구성할 수 있도록, 교수-학습 환경을 설정할 것을 요구하고 있다. 이러한 발문의 중요성이 물론, 수학 교육적 구성주의에서만 강조되고 있는 것이 아니다. 전통적인 수학교육에서도 발문의 중요성이 강조되어 왔다. 그러나 전통적 수학교육에서의 발문은 사실상 지식의 자주적 구성을 목표로 한 것이라고는 볼 수 없다. 전통적인 수학교육에서는 학생 자신에 의한 지식의 재 발명보다는, 연역적 체계로서의 수학 지식의 수용에 더 비중을 두어 왔기 때문이다. 그러나 구성주의적 수학교육에서는 학생자신에 의한 지금의 재 발명을 더 비중을 두고 있으므로, 수학교육학적 구성주의가 이러한 사실을 뒷받침한다는 점에서 발문을 중심으로 교사와 학생 사이의 상호작용을 하나의 원리로 택할 수 있다. 이러한 원리를 '발문 중심적 상호작용적 원리'라고 한다(박영배, 1996).

실제적 수업 상황(예)

❖ 사실 확인적 발문

학생들로 하여금 하나의 특수한 현상을 분별해 내게는 하지만 학생들로 하여금 어떤 생각을 하게 할 필요를 느끼게 하지는 못하는 발문을 의미.

예 * 그림에서 도형 O의 이름은 무엇인가?
* 그림에서 도형 A와 B, 그리고 D를 무엇이라고 부르는가?
* 그림에서 변이 네 개인 도형은 어느 것인가?

❖ **논리 추구적 발문**

학생들이 논리적으로 조직된 정보(이것은 이미 기억되어 있는 정보이다)로부터 새로운 어떤 것을 구성하거나 또는 재구성할 것을 요구하는 발문이다.

- **폐 논리적 계열 회상형 발문** : 이미 배운 지식을 바탕으로 하여 논리적으로 조직되는 대답을 요구하고 있는 발문을 의미한다.
  - 예 그림에서 측정의 단위로 도형 F와 같은 카펫을 사용한다면 도형 O와 같은 크기의 방 마룻바닥을 덮을 때 얼마나 많은 카펫이 필요한가?
- **폐논리적 비 회상형 발문** : 단 하나의 정확한 대답을 요구하고 있는 발문을 의미한다.
  - 예 다섯 개의 도형으로, 각각 한 변에는 다른 도형의 한 변만을 맞대어 나가는 방법으로 서로 변을 맞대어, 그림에서 도형 O와 같은 크기와 모양을 갖는 도형을 만들고자 한다면 어떤 도형이 필요하겠는가?
- **발전적 논리형 발문** : 학생들로 하여금 다양한 대답을 요구하는 발문을 의미한다.
  - 예 그림에서 왜 도형 C, H는 삼각형이라고 할 수 없는가?
- **관찰형 발문** : 학생들로 하여금 자신들이 주어진 자료로부터 알게 된 것을 설명하도록 요구하는 발문을 의미한다.
  - 예 그림에서 그림 B와 E중에서 어느 것이 더 큰가? 그러한 사실을 어떻게 알게 되었는가?

❖ **자유 발전적 발문**

학생들로 하여금 자신들이 처음으로 관찰한 것을 자신의 생각대로 묘사할 수 있는 기회를 제공하는 발문을 의미한다.

- 예 여러 가지 도형을 보고 무엇을 알게 되었나?

③ 의미 지향적 활동 중심의 원리

수학 지식이 자주적으로 구성된다고 볼 때, 우리는 왜 그러한 수학 지식을 구성하는가? 이러한 질문은 수학교육에서 가장 먼저 대답해야 할 질문이라고 할 수 있다. 왜냐하면, 아무런 가치도 없는 것을 배워야 할 그 어떤 이유도 없기 때문이다. 사실상 지금까지의 수학교육에서 이러한 가치의 문제는 학생이 생각해야 할 문제는 아니었다. 다시 말해, 학생들에게는 수학이 의미 있는 것으로 다가설 수 없었던 것이다. 이러한 것이 결국은 수학교육에 대한 장애가 되어 왔다는 것은 주지의 사실이다. 유효한 수학교육이 이루어지기 위해서는 학생들이 배워야 할 수학 즉, 학교수학이 학생들에게 의미 있는 것이 되어야 한다는 것은 분명하다. 그리고 이것은 동시에 학생들이 수학 교수-학습 활동에 참여하고자 하는 의지가 수반되어야 함을 의미한다는 것도 분명하다. 이제 수학교육학적 구성주의가 유효한 수학 교수-학습을 위해서는 의미 있는 학교수학이 되도록 해야 한다는 관점을 표방하고 있다는 점에서, 학생의 교수-학습 활동에의 참여 의지를 하나의 원리로 택할 수 있다. 이제 이러한 원리를 '의미 지향적 활동의 원리'라고 한다.

④ 반영적 추상화의 원리

수학 지식의 자주적인 구성이 교수-학습에서의 학생의 의미 지향적 활동만으로, 또 교사의 적절한 발문만으로 가능한 것이 아님은 분명하다. 학생에 의한 지식의 자주적 구성은 지식 구성을 하는 학생 자신에 의해 내면적으로 이루어지는 자주적 활동을 요구하는데 그러한 과정 없이는 구성이 결코 가능하지 않다. 다시 말해, 효율적인 수학 교수-학습을 위해서는 내면화된 자주적 활동이 학생의 교수-학습 활동에의 참여와 교사의 적절한 발문과 더불어 반드시 필요하다. 이때 이 내면화 된 자주적 활동의 메커니즘을 수학교육학적 구성주의가 설명해 주고 있으며, 그것이 바로 반영적 추상화이다. 다시 말하자면, 수학교육학적 구성주의에서 학생에 의해 수학지식이 자주적으로 구성된다고 할 때, 그 구성의 메커니즘이 바로 반영적 추상화인 것이다. 이와 같이 반영적 추상화가 지식의 구성에 필수적인 역할을 한다는 점에서 그것을 하나의 원리로 택할 수 있다. 이제 이러한 원리를 '반영적 추상화의 원리'라고 한다.

3 구성주의에 입각한 수학교육의 교사의 역할과 실제

(1) 구성주의에 입각한 수학교사의 역할

구성주의적 관점에서 수업에서 교사의 역할은 학생들이 스스로의 구성활동과 학생들 사이의 상호작용이 원활히 이루어지도록 여건을 조성해 주는 것이므로 인지적 구성주의와 사회적 구성주의의 절충을 통한 지도라고 할 수 있다. 즉 개개인의 구성적 활동에 초점을 둔 인지적 구성주의적 접근과 공동체의 구성원으로서의 개인은 교사 및 동료 학생들과의 상호작용에서 지식을 획득한다는 사회·문화적 접근 모두에 가치를 두고 있다.

수학교육의 흐름을 살펴볼 때, 수학교육의 중심 생각은 다양한 교수-학습 방법의 개발을 통하여 학생이 구체적인 조작활동을 해볼 수 있는 기회와 환경을 마련해 주는 것이다. 그러기 위해서 교사는 학생 스스로 그러한 환경을 만들어보도록 고무해야 하고, 또 한 사람 한 사람의 사고 과정을 면밀히 분석하여 학생 스스로 자신의 사고 과정에서 발생하는 오류를 반성하고 재구성할 수 있도록 도와주어야 한다. 그리고 더 나아가 어디까지나 학생 스스로가 자주적으로 문제를 의식하고 능동적으로 해결할 수 있도록 해줌으로써 수학을 하는 참 맛을 맛볼 수 있게 해야 한다.

또한 학생들을 잘 가르치기 위해서 교사는 학생들이 무엇을 생각하고, 그들이 무엇을 알고 있으며, 그들에게 제시되는 학습 내용을 어떻게 해결하고 있는지를 알아야 한다. 교사들은 학생들의 체계적 오류의 유형을 파악하여 그 오류를 교정할 수 있다는 확신을 주고 오류를 교정할 기회를 제공하여 그들에게 훌륭한 가르침의 안내만을 지시해야 한다. 이렇게 함으로써 학생들은 능동적으로 수학적 환경을 창조할 수 있을 것이다.

학생들에게 지나치게 많은 훈련과 연습보다는 중요한 개념과 원리를 구성하는데 필요한 몇 가지의 기술을 가르칠 필요가 있다. 수학적 대상과 관계를 구성하려고 한다면 논제, 도구, 유형 및 학습 습관을 안내할 필요가 있으며 이러한 안내는 학생들이 스스로 강한 구성 행동을 창조할 수 있을 것이다.

구성주의 관점에서 수업의 설계는 행동주의에서와 같은 어떤 일정한 형식이나 규준이 정해진 것이 아니라 학생들의 학습 상황에 따라 설계를 변경, 또는 보완해 주어야 한다. 그러기 위해서 교사는 교육적인 기술뿐만 아니라 상당한 수학적 지식이 요구된다.

교사 주도의 언어적인 설명식 방법으로 정보를 제시하게 되면 그 정보는 학생들이 갖고 있는 수학적 지식과 연결되지 않는 의미 없는 수업이 될 가능성이 많다. 교사가 구성하고 있는 수학적 지식과 학생이 구성하는 지식과는 차이가 날 가능성이 크기 때문이다. 학습자가 가지고 있는 지식은 자신에게 주어진 정보나 혹은 자신이 선택한 정보에 의해 새로운 지식이 변형되어 가기 때문에 교사가 전달하고자 하는 지식과는 다른 지식을 구성할 가능성이 있다.

교사는 학생들이 자신들에게 의미 있는 수학적 지식을 구성한다는 입장에서 수업환경을 구성하기 위해서는 다음의 사항들을 염두에 두어야 할 것이다.

① 학생들이 수업 목표를 달성할 수 있도록 교사는 노력하지만 그러한 과정을 소화해 내지 못하거나 또는 교사의 의도대로 성취하지 못하는 학생들이 있을 수 있다. 학생들은 자기 나름대로 수학적 지식과 이해를 구성하며, 교사의 의모에 맞지 않는 이미지를 형성하고 있거나 잘못된 수학적 성질에 주목하고 있는 경우가 있다. 그러나 그 때 학생이 보여주고 있는 것은 학생 나름대로의 이해이며, 교사는 그 학생의 이해를 바탕으로 수업을 진행할 필요가 있다. 이는 교사가 개별 학생뿐만 아니라 전체 학생의 입장에서 수업 환경을 계속적으로 수정해 가야 함을 의미한다.

② 학생들이 오류를 수정할 수 있는 기회를 제공할 때, 수학적 지식을 구성하는 방법이 다양함을 인식해야 한다. 따라서 다양한 활동, 다양한 접근 방법이 가능하도록 수업 환경을 조성해야 한다.

③ 학생들마다 수학적 지식을 다르게 이해하고 있을 수도 있음을 알아야 한다. 교사나 수학자의 생각, 교과서에 설명되어 있는 그대로 학생이 이해하고 있으리라고 짐작해서는 안 된다.

④ 한 가지 수학적 개념에 대해서 여러 가지 이해의 수준이 있으며, 이러한 것들이 한꺼번에 구성될 수 없음을 알아야 한다. 수학적 이해란 역동적이며 계속 발전해 가는 하나의 과정으로 보아야 하며, 그 과정이 수업에 반영되어야 한다.

⑤ 수학적으로 옳고 그름의 여부를 학생 스스로 판단할 수 있도록 도와주어야 한다. 또한 학습 중 발표를 통해 나타나는 학습자의 사고방식은 그 진위 자체만을 평가할 것이 아니라 얼마나 많은 다른 학습자를 설득시킬 수 있느냐에 따라 평가되어야 한다. 흔히 기존의 지식의 틀에 묶여서 사고의 유연성을 잃게 해서는 안 된다. 수학적 지식은 상대적인 것이며, 앞으로 끊임없이 변할 수 있다는 것을 알게 해야 한다. 자신이 알고 있는 수학적 지식을 표현하고 실제로 적용해 보는 기회를 갖게 해야 한다.

⑥ 가르칠 때의 교사의 역할은 달라진다. 교사는 "모든 답을 갖고 있는 사람"이라기보다는 아동들에게 그들 스스로 하고, 서로 도울 수 있는 기회를 제공하는 사람이다. 아동들에게 어떤 책임을 지우는 것은 수업 시간에 그들이 필요하고 중요함을 느끼게 해주며, 학생들은 그들이 배우는 상황에서 주체 의식을 갖는다.

⑦ 학생들에게 지나치게 많은 훈련과 연습보다는 중요한 개념과 원리를 구성하는데 필요한 몇 가지의 기술을 가르칠 필요가 있고, 수학적 대상과 관계를 구성하려고 한다면 논제, 도구, 유형 및 학습 습관을 안내할 필요가 있으며, 이러한 안내를 통해 학생들은 스스로 강한 구성 행동을 창조할 수 있을 것이다.

구성주의자들의 가정은 '가장 좋은 해나 교수로 가는 길이 많이 있다'는 것을 함축하고 있다. 교사들은 보다 폭넓은 사고와 기본적인 전제(지식은 인식의 주체에 의해 능동적으로 구성된다)를 마음에 품고 학생들이 자신의 계획을 실행하도록 격려하고, 갈등과 반영적 추상화를 일으킬 수 있는 상황과 대상을 제공하는 안내자로서 또 보조자로서 역할을 한다는 개방적인 생각을 가져야 한다.

위와 같은 교사의 역할에 대한 재조명은 학생들의 자율성의 증가와 보조를 맞추고 있다. 교사의 역할은 학생의 자율성의 확대에 맞추어지고 자율성의 확대에 초점을 두면 교사의 역할을 재조명할 필요가 있었으며, 그 과정에서 수학수업은 눈에 띄게 달라질 것이다. 이러한 것 때문에 교사는 자신의 수업 개발에 전력 투구할 것이다.

[1] 교사와 학생의 상호작용

수업 환경과 교사의 역할을 교사와 학생, 학생과 학생 사이의 상호작용의 측면에서 살펴보면 다음과 같다.

교사와 학생의 상호작용에서 교사는 학생에게 질문을 함으로써 논의되고 있는 주제에 학생들이 참여할 수 있도록 유도한다. 지난 25년간 실행된 교사의 질문 기술에 관한 연구를 보면 현재 가르치고 있는 패턴과는 많이 달라졌음을 알 수 있다. 단순히 답을 요구하는 질문보다는 학생들이 생각할 수 있게 하는 질문이 요구된다. 예컨대 "이 문제를 다른 방법으로 풀 사람은?"과 같은 문제는 학생들에게 또 다른 문제 해결 전략을 생각하도록 유도한다. 또, "$\sin(-\theta)=-\sin\theta$인 이유는 무엇인가?"와 같은 유형의 질문은 학생들의 사고를 유발하는 질문이다.

질문을 할 때, 학생들의 반응을 기다리는 여유가 있어야 하며, 학생들의 인지수준을 고려해야 한다. Rowe는 교사들이 질문에 대답할 수 있도록 3초 또는 그 이상을 기다리면 학생들은 더욱 사려 깊은 반응이 나오고 수업에서 토론이 증가될 수 있음을 밝히고 있다. 그녀는 대답을 기다리는 시간이 증가할 때 나타나는 효과를 다음 8가지로 요약하고 있다.

- 학생들의 반응 시간이 길어진다.
- 요구하지 않은 적절한 반응이 늘어난다.
- 반응을 보이지 못하는 경우가 줄어든다.
- 자기의 답변에 대한 자신감이 늘어난다.
- 학생들이 좀 더 깊이 생각하게 된다.
- 학생들 또한 더 많은 질문을 하게 된다.
- 성적이 낮은 학생들의 참여가 늘어난다.
- 훈계를 해야 할 경우가 줄어든다.

이러한 Rowe의 연구 결과로 볼 때, 교사가 질문을 하고 곧바로 교사가 대답해 버려서는 안된다는 것을 알 수 있다. 질문을 하고 기다리는 시간이 길수록 많은 학생들이 수업에 적극 참여하게 되고 반성활동이 촉진될 것이다. 따라서 설명하는 능력 못지 않게 학생들의 주장을 경청하는 자세가 교사들에게 요구된다. 질문을 할 때 또 하나 고려해야 할 사항은 학생들의 수준에 맞는 질문을 해야 한다. 학생들에게 너무 어렵거나 쉬운 질문은 학생들의 사고를 유발하기에 적절하지 못한다.

NCTM의 'Professianal Standards for teaching Mathematics'에서도 교사들은 학생들에게 생각을 명료화하고 분명히 하도록 요구하여 학생들의 사고를 자극할 수 있는 문제나 과제를 가지고 토론을 조정해야 함을 강조하고 있다.

[2] 학생과 학생 사이의 상호작용

학생과 학생 사이의 상호작용은 소그룹 활동 수업에서 뿐만 아니라 일대일식 수업에서도 가능하다. 교사의 적절한 개입을 통해 학생들 간의 토론을 유도함으로써 자신의 아이디어를 정당화하고 다른 학생과의 갈등을 조정할 수 있는 기회를 제공한다. Piaget는 인지발달의 중요한 요인 중의 하나로 동료간의 상호작용을 들고 있다. 그는 동료간의 상호작용은 다른 사람의 견해와 자신의 개념을 평가하는 과정에서 인지적 갈등을 자연스럽게 자극하는 효과적인 수단이라고 주장한다.

Gallagno는 학생들의 의사소통 과정은 가르쳐 주는 학생이나 배우는 학생 모두에게 도움이 된다고 보고, 가르치는 학생은 자신의 생각을 명료화하는 것을 배우고, 배우는 학생은 동료 학생의 의견에 의해 갈등을 경험한다고 주장하고 있다.

구성주의 관점에서의 학습 환경은 교사가 자신의 의도대로만 수업을 이끌어가서는 곤란하다. 교사는 학생들이 수학적 지식을 이해하는 과정을 파악해서 학생들이 자신들의 사고를 구성해 나아가도록 도와주는 역할을 강조하고 있다. 따라서 이러한 수업에서는 학생 중심도 교사 중심도 아닌 교사와 학생의 역할이 모두 중요하다고 볼 수 있다.

(2) 구성주의 수학 교수-학습 수업 모델

구성주의는 학습과 지도의 양쪽 측면에서 해석할 수 있는데 먼저 학습의 관점에서 본 구성주의는 지식의 습득은 전수에 의한 것이 아니라 내적 인지 구조를 구조화함으로써 학생 스스로 구성해 간다는 것을 기본으로 하고 있다. 또한 지도의 관점에서 보면 구성주의는 지도의 목표는 학생들이 수학적 지식을 효과적으로 받아들일 수 있도록 하는 전략의 수립이 아니라 학생들의 구성활동을 모니터하고 조정하는 것이라는 것을 강조하고 있다.

그런데 구성주의자들은 교사들을 위한 어떤 특정한 모형이나 특별한 교수 기술 또는 과정을 제시하는 것을 꺼린다. 그 이유는 학습자, 교사, 주위 환경이 모두 다르기 때문에 수업의 형태도 모두 달라야 한다. 구성주의자들이 생각하는 이상적인 구성주의적 교수 방법은 바로 교사가 가장 자신 있게 전개할 수 있는 자기 학습 방법에다가 학습자의 구성주의적 특성을 살리는 수업이라고 할 수 있다. 따라서 구성주의적 수학 교수-학습의 구체적인 유형을 모두 제시한다는 것은 매우 어려운 일이다. 하지만 교사가 다양한 교수 모형을 많이 알면 알수록 변화 무쌍한 교육환경에 적절히 효과적으로 대처할 수 있을 것이기 때문에 구성주의적 교수-학습 모델을 몇 가지 찾아보고자 한다.

구성주의적 수학교수-학습을 실현하기 위해서 구성주의적 교수-학습을 위한 수업 모델이 필요하다. Wheatley가 제시한 구성주의적 교수-학습의 특성을 정리하면

- 자율성과 열성을 촉진시킨다.
- 학생의 수학 학습에 대한 이론적 모델에 바탕을 두고 있다.
- 의미는 협의되어야만 한다는 것을 가정한다.
- 이해하는 것을 그 목적으로 한다.
- 사회적 규준의 협의를 포함한다.
- 반성을 격려하고 촉진한다.

또 구성주의 수업 모델을 살펴보기에 앞서 구성주의적 수학 교수-학습의 구현을 위해서는 교사의 역할이 무엇보다도 중요하므로 Pirie와 kieren이 말하는 교사의 특성을 살펴본다.

① 비록 어떤 교사가 특별한 수학학습 목표를 향해 학생들을 움직일 의도를 가지고 있을지라도 그 교사는 그러한 진행이 어쩌면 몇몇 학생들에 의해 달성되지 않을 것이라는 것과 다른 사람이 기대하는 것처럼 달성되지 않을지도 모른다는 것을 잘 알고 있을 것이다.

② 학생에게 그들의 수학적 이해를 수정하도록 환경을 창조하고 기회를 제공하는데 있어서 교사는 유사한 수학적 이해에 이르는 서로 다른 경로가 있다는 신념에 따라 행동할 것이다.

③ 교사는 학생들이 각각 서로 다른 수학적 이해를 할 것이라는 것을 알고 있을 것이다.

④ 교사는 어떤 주제든지 이해의 수준이 여러 단계라는 것을 알게 된다. 그리고 이것은 결코 한번에 모두 성취되지 않는다는 것도 알게 된다. 다시 말해, 교사는 학생이 서로 다른 다양한 방법으로 이해하게 될 것이라는 것을 알아야 할 뿐만 아니라 학생들이 같은 수학문제에 직면해서 서로 다른 종류의 이해를 보여줄 것이라는 것도 알아야 한다.

Yager(1991)는 구성주의적 과학 교수학습에 대한 연구를 바탕으로 하여 구성주의적 교수-학습 모델이 갖추어야 할 모습을 다음과 같이 열거했다.

- 수업 내용을 소개하기 위하여 학생의 질문을 찾아내어 이용한다.
- 학생의 발상을 수용하고 격려한다.
- 학생의 선도력, 협동, 정보의 처리 행동을 증진하도록 한다.
- 수업으로 이끌어가기 위해서 학생의 사고, 경험, 그리고 흥미를 이용한다.

- 책이나 잘하는 사람으로부터 정보를 찾아내어 이용하는 것을 격려한다.
- 발전적인 질문을 이용하여 학생들이 스스로 자신들의 질문과 대답을 다듬어 가도록 격려한다.
- 학생들이 사건과 상황의 이유를 설명하도록 격려하고 그들의 결과를 예상하게 한다.
- 학생들이 그들 자신의 아이디어를 평가해보도록 격려한다.
- 교과서의 아이디어를 학습하기 전이나 교사의 아이디어를 제시하기 전에 학생들의 아이디어를 찾아내 본다.
- 학생들이 상호간에 생각이나 개념화를 도전해 보도록 격려한다.
- 협동을 강조하고 개성을 존중하는 협동 학습을 활용한다.
- 반성과 분석을 위한 적절한 시간을 갖도록 격려한다. 즉 학생들이 생각한 모든 아이디어를 존중해서 활용한다.
- 새로운 경험과 증거를 설명하기 위해 그 생각들 뒷받침하는 실제적인 증거의 수집과 생각을 재형식화해 보면서 스스로 분석해 보도록 격려한다.

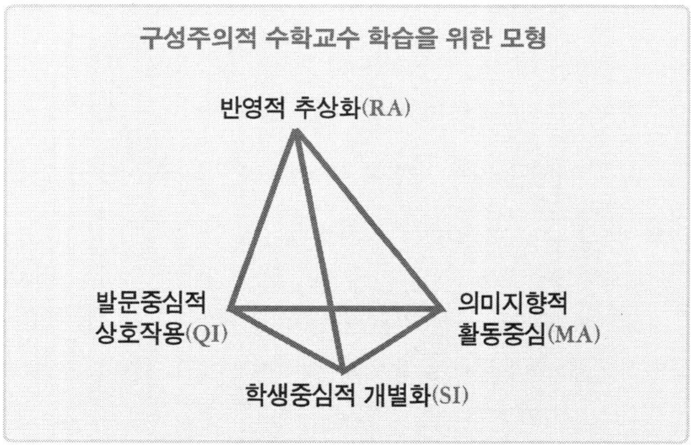

[그림 13-1] **구성주의적 수학 교수 학습**

이 그림은 구성주의의 교수-학습의 기본원리가 상호 보완하면서 유기적이고 생동적인 수업이 되어야 함을 나타낸 것이다. 그러나 수업 내용에 따라서는 네 가지 기본 원리가 모두 작용할 필요가 있을 수도 있고, 또 상황에 따라서는 그렇게 할 수 없을 경우도 있다. 위의 구성주의적 수학 교수-학습의 네 가지 기본 요소 중 어느 한 가지를 강조한 수업을 그림으로 나타내면 [그림 13-2]와 같다.

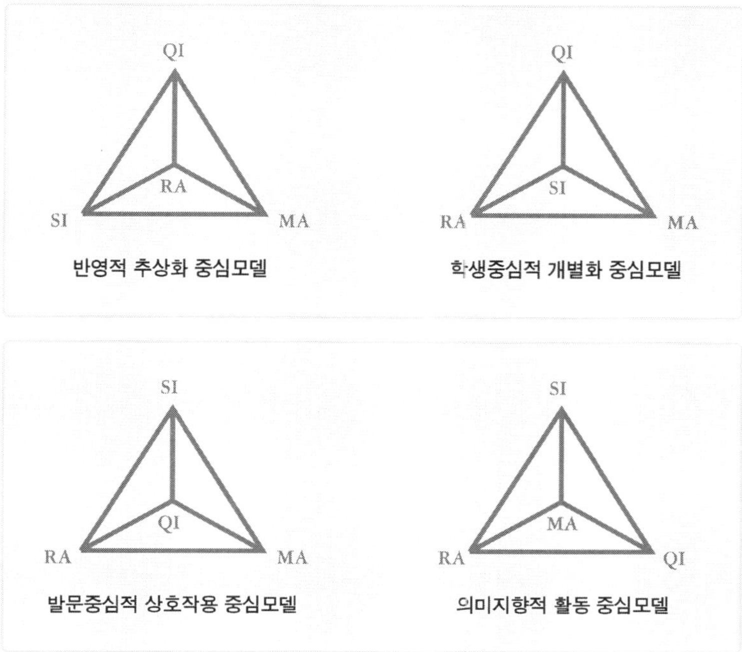

[그림 13-2]

또 교수-학습의 상황에 따라서는 네 가지의 기본 요소 중 어느 한 가지를 약화 내지는 무시하고 나머지 세 가지 기본 원리만 가지고 수업을 구성하는 경우를 생각해 본다면 다음과 같이 단순화하여 나타낼 수 있다. [그림 13-3]

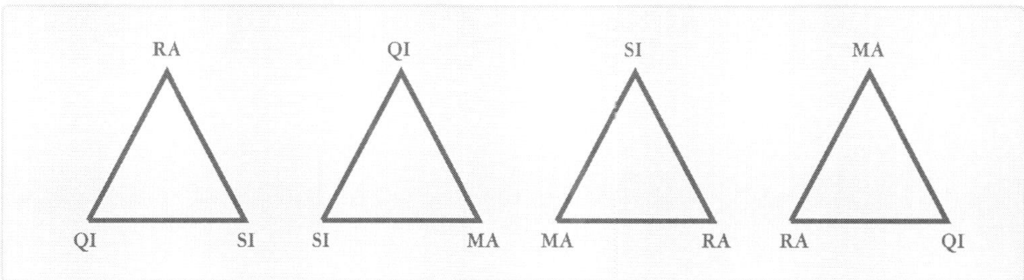

[그림 13-3] **축약된 구성주의적 수학 교수 학습**

위의 모형들은 상황과 목적에 따라 변화될 수 있는 다양한 가능성을 가진 모형이다. 이상에서 알 수 있는 것은 구성주의적 수학 교수-학습의 환경은 구성주의적 수학교수 학습자 활동에 대한 일련의 구성주의자적 신념에 철저한 교사에 의해서 만들어진다는 것이다. 학생들은 그들 자신의 고유하고 독특한 이해를 개발하기 위해 활동하는 만큼 교사는 학생들이 이해에 이르는 경로가 다양하며 서로 다른 학생들은 서로 다른 수준에서 이해한다는 사실을 먼저 분명히 알아야만 학생이 어떻게 이해하는 지를 관찰하고 형식화 해보고 이해를 돕기 위한 기회를 만들어 볼 수 있다.

참고문헌

강진만(2002). 「구성주의적 수학 교수학습에 대한 연구」. 아주대학교 교육대학원 석사학위 논문.

권재철(2003). 「구성주의에 입각한 수학 교수법 연구」. 대구카톨릭대학교 교육대학원 석사학위논문.

김상배(2006). 「수학적 문제해결에 관하여」. 한남대학교 교육대학원 석사학위논문.

김양희(2007). 『교사를 위한 수학교육론 특강』. 경문사.

김연희(2002). 「구성주의 학습이론을 활용한 수학과 교수·학습연구」. 숙명여자대학교 교육대학원 석사학위 논문.

김판수 외(2003), 『구성주의와 교과교육』. 학지사.

이중권 외(2006), 『수학교육철학』. 경문사.

우정호(2000), 『수학 학습－지도 원리와 방법』. 서울대학교출판부.

Chapter 13

생각해 볼 문제

01 수학적 지식 형성의 특성을 von Glasersfeld가 주장한 구성주의(constructivism) 학습관에 입각하여 설명하시오. [6점] (2001년 기출)

02 다음은 8－가 단계 수학에 있는 '유리수와 소수' 단원의 수업 계획을 교사의 관점에서 제시한 것이다.

> 학습목표 : 유한소수로 나타내어지는 분수의 특징을 알 수 있다.
>
> 수업계획
>
> ① 칠판에 학습 목표를 쓴다.
>
> ② 여러 가지 분수를 제시하고 그것을 소수로 나타내 보게 한 후, 유한소수와 무한소수의 뜻을 설명한다.
>
> ③ 위의 분수 중에서 유한소수로 나타내어지는 분수와 무한소수로 나타내어지는 분수를 각각 기약분수로 나타내었을 때, 분모의 소인수가 어떤 특징을 가지는지 알아보도록 한다.

위의 수업 계획 중에서 ③을 사회적 구성주의의 지식관을 반영하여 진행하고자 한다. 이때, 학생들이 객관화된 수학적 지식을 얻기까지 거쳐야 할 활동 과정을 쓰고, 그 결과 얻어져야 할 지식을 학습 목표와 관련하여 쓰시오. [5점] (2006년 기출)

• 활동 과정 :

• 지식 :

03 인식론에서 출발한 구성주의와 객관주의의 차이점을 비교하여 제시하시오.

04 조작적 구성주의, 급진적 구성주의, 사회적 구성주의의 차이점을 기술하시오.

05 구성주의자들이 강조하는 기본 전제조건과 교수-학습에의 시사점을 연결하여 기술하시오.

06 Steffe(1991)가 제시한 구성주의를 선택하는 수학교육자들이 유의해야할 10개의 중요한 목표를 설명하시오.

07 구성주의의 학습 원리를 기술하시오.

08 구성주의의 수업 원리를 기술하시오.

09 구성주의에 입각한 수업에서 수학교사의 역할은 무엇인지 예를 들어 설명하시오.

10 구성주의 수학 교수-학습 수업 모델에 대하여 기술하시오.

Chapter 14 테크놀로지를 활용한 수학교육

01 수학과 교육과정과 테크놀로지의 활용

테크놀로지의 발달과 더불어 수학교육에서 테크놀로지의 활용은 대세가 되었다. 우리나라에서도 최근 20년간 계산기, 컴퓨터, 그래픽 계산기, 소프트웨어, 인터넷 등의 테크놀로지가 혁신적으로 발달해왔을 뿐 아니라 이들은 이제 수학을 가르치고 배우는데 필수적인 도구가 되었다. 테크놀로지는 기하, 통계, 대수, 측정, 산술 등 수학의 거의 모든 분야에서 학생의 탐구활동에 도움을 줄 수 있다. 이러한 도움은 전통적으로 수학에서 중시되어오던 정확하고 빠른 계산을 위한 연습을 더 이상 불필요하게 만들었으며, 지금까지는 학교에서 다루기 힘들었던 내용을 가능하게 하는 등 학교수학의 내용 영역을 바꾸어 놓았다. 하지만 테크놀로지가 만병통치약은 아니며 수학교실에서 테크놀로지의 효율적인 사용은 교사에게 달려있다. 또한 테크놀로지를 수학교육에서 활용하는 방법에도 여러 가지가 있다. 따라서 우리나라 교육과정과 미국의 수학교사협의회(NCTM)의 규준집에서 제시하는 테크놀로지의 활용의 방법과 방향성을 살펴보자.

1 우리나라 교육과정과 테크놀로지의 활용

우리나라에서 교육과정에서 테크놀로지의 활용에 대한 인식이 나타난 것은 6차 교육과정(1992-1997)으로 볼 수 있다. 6차 교육과정은 이전의 교육과정의 기본 구조를 가능한 한 유지하면서 문제점을 보완하고 외국의 수학교육 동향을 반영하여 개정의 기본 방향을 설정하였는데 그 중의 하나가 '계산기나 컴퓨터를 수학적 도구로 활용하는 수학교육'이었다. 대통령 자문기구인 교육개혁위원회에서 정보화·세계화 시대에 대비하여 신교육 체제 수립을 위한 교육 개혁 방안을 발표(1995년)하였는데, 교육 개혁 과제의 하나로 「초·중등학교 교육과정 개혁」을 제시하였고(1996년 2월 9일), 그 세부지침 중 하나가 '교과교육에서의 컴퓨터를 활용한 교육 강화'였다. 이에 따라 제 7차 교육과정(1997-2007)에서는 계산기와 컴퓨터 및 구체적 조작물을 학습도구로 활용하는 수학교육을 권장하였다(교육과학기술부, 2008). 이러한 흐름은 제 7차 교육과정 수정안에도 그대로 이어지고 있다. 제 7차 교육과정 수정안의 '교수·학습 방법'에는 교육기자재의 활용에 대해 다음과 같이 명시하고 있다(교육인적자원부, 2006).

> 카. 수학 교수·학습 과정에서 교육기자재의 활용은 다음 사항에 유의한다.
> (1) 교수·학습의 전 과정을 통하여 적절하고 다양한 교육 기자재를 수단으로 활용하여 수학학습의 효과를 높이도록 한다.
> (2) 계산 능력 배양을 목표로 하지 않는 경우의 복잡한 계산 수행, 수학적 개념·원리·법칙의 이해, 문제해결력 향상 등을 위하여 계산기, 컴퓨터, 교육용 소프트웨어 등의 공학적 도구와 다양한 교구를 확보하여 활용할 수 있다.

중·고등학교 교육과정 해설서를 통하여 제 7차 교육과정 수정안의 교육기자재 활용에 대해 구체적으로 살펴볼 수 있다. 중·고등학교 학생의 인지발달은 초등학생과는 달리 구체적 조작물을 활용한 활동보다는 반구체물이나 상징적 도구를 활용한 활동을 통하여 이루어진다는 점을 감안하여 새로운 내용이나 개념의 학습·지도 과정에서 활용 가능하거나 학습자 스스로 실험해 볼 수 있는 도구를 활용하는 것이 바람직하다. 따라서 기존의 시청각 기자재뿐만 아니라 수학 활동이나 수학적 사고 실험을 구체적으로 해 볼 수 있도록 고안된 교육 기자재의 활용을 적극 권장할 필요가 있다(교육과학기술부, 2008).

수학의 학습과 지도에 활용할 수 있는 교육 기자재의 예를 들면, 다양한 도형, 직접 조립할 수 있는 구체물 뿐만 아니라 계산기, 컴퓨터 등과 이를 활용할 수 있는 다양한 소프트웨어의 활용을 생각할 수 있다. 특히 필요한 최소한의 계산 기능과 그 원리를 습득한 후 계산기를 문제해결 과정에 적절하게 활용함으로써 실생활에서 흔히 접하게 되는 복잡한 숫자 다루기 등의 학습효과를 배가 시킬 수 있다. 그리고 그림이나 도형을 그리고 이동·변환시킬 수 있게 설계된 컴퓨터 프로그램의 활용은 학생들로 하여금 실생활에서 이해하기 어려운 부분에 대한 직관적이고 용이한 이해를 가능하게 한다. 그러나 교육기자재의 활용을 강조한다고 하더라도 실제 수업할 때 필요한 소프트웨어 등이 준비되어 있지 않다면 수업에서 이들의 사용은 불가능하다. 이를 위해서 개정 교육과정에서는 교육용 소프트웨어 등의 공학적 도구와 다양한 교구를 확보할 것을 강조하고 있으며, 확보된 소프트웨어를 활용하여 교육 기자재를 보다 효과적으로 수업에 활용할 수 있다(교육과학기술부, 2008).

한편, 교육과정은 평가와 관련해서 '수학학습의 평가에서는 평가하는 학습내용에 따라 학생들에게 계산기, 컴퓨터와 같은 공학적 도구와 다양한 교구를 이용할 수 있는 기회를 제공할 수 있다'라고 명시함으로써 평가에서 공학적 도구를 활용하게 하였다. 이는 학교수학에서 계산의 어려움 때문에 해결과정이나 답이 간단한 수치가 되도록 실제현상과 관련이 적은 인위적 문제를 다루는 모순에서 벗어나게 해 줄 것이다.

2 미국 NCTM Standards와 테크놀로지의 활용

계산기, 컴퓨터 등과 같은 테크놀로지의 발달은 수학교육에서 테크놀로지의 이용을 자연스럽게 이끌었다. 1970년 대 중반부터 수학교육에서 전자계산기의 사용에 대한 논란이 일었다. 1980년 미국의 수학교사협의회의 〈Agenda for Action: Recommendation for School Mathematics of the 1980s〉은 '수학 프로그램은 모든 학년에서 계산기의 이점을 최대한 활용해야 한다.'라고 제안하면서 문제해결과 더불어 컴퓨터, 계산기와 같은 테크놀로지의 활용을 강조하였다. 또한, 미국의 수학교사협의회(1989)는 〈수학교육과정과 평가의 새로운 동향(Curriculum and Evaluation Standards for School Mathematics)〉에서 기술공학의 변화와 수학의 응용영역의 확장은 수학 자체의 성장과 변화를 가져오기 때문에 다음과 같은 기술공학적 지원의 필요성을 요구하였다.

① 모든 학생은 언제든지 적절한 계산기를 사용할 수 있어야 한다.
② 시범을 목적으로 모든 교실에서 컴퓨터가 사용가능해야 한다.
③ 모든 학생은 개인 또는 그룹별 학습을 위해 컴퓨터 사용이 가능해야 한다.
④ 학생들은 문제를 탐구하고 해결하기 위해, 정보를 처리하고 계산을 수행하는 도구로서 컴퓨터를 사용할 수 있어야 한다.

이러한 기술공학적 접근이 모든 학생들이 수학적 소양을 갖추는 것을 보장하지 않을 뿐 아니라 지필 계산의 알고리즘을 배워야 할 필요성을 감소시키지 않음도 강조하였다. 또한 유치원에서 초중등학교 수학프로그램에 계산기와 컴퓨터를 통합할 것을 주장하였다.

미국수학교사협의회는 1989년 규준집(Standards)에 이어 2000년에 발행된 규준집 〈학교 수학을 위한 원리와 규준(Principles and Standards for School Mathematics)〉에서 수학교육에서 강조해야 할 원리 6가지(기회균등의 원리, 수학교육과정의 원리, 교수의 원리, 학습의 원리, 평가의 원리, 테크놀로지의 원리)를 제시하였는데, 그 여섯 번째 원리가 테크놀로지의 원리(The Technology Principle)이다.

테크놀로지의 원리(The Technology Principle)
테크놀로지는 수학을 가르치고 배우는데 필수적인 요소이다. 테크놀로지는 수학지도 내용에 영향을 미치며 학생들의 학습능력을 높여준다.

테크놀로지는 수학적 사고를 시각적으로 표현하고, 자료의 정리·표현·분석을 용이하게 하고, 효율적이고 정확한 계산을 가능하게 하기 때문에 모든 수학분야에서 학생들의 탐구 활동을 지원할 수 있고, 이러한 테크놀로지를 이용할 수 있을 때 학생들은 의사결정, 반성, 추론, 문제해결에 초점을 둘 수 있다. 그러나 테크놀로지는 기본적인 이해와 직관에 대한 대체물로 사용해서는 안 되며 오히려 이해와 직관을 기르는데 사용되어야 한다. 테크놀로지는 만병통치약이 아니므로, 테크놀로지의 효율적인 사용을 위해 교사가 테크놀로지의 장점을 살릴 수 있는 수학과제를 선택하고 수업을 구상할 것을 규준집은 권고하고 있다(류희찬 외, 2007).

규준집에는 수와 연산, 대수, 기하, 측정, 자료분석과 확률의 영역에서 구체적으로 테크놀로지를 활용하는 예들이 실려 있다. 예를 들어, 6-8학년 기하영역에서 동적기하 소프트웨어를 이용해서 반사와 회전의 특징을 살펴보고([그림 14-1], [그림 14-2]), 학생의 변환과 합동에 대한 이해를 발전시키기 위해 조금 더 어려운 내용을 도입할 수 있는데, [그림 14-3]처럼 세 쌍의 합동인 도형을 제시하고 한 도형을 다른 도형으로 변환하기 위해 어떤 변환을 사용했는지를 확인하도록 하는 것이다.

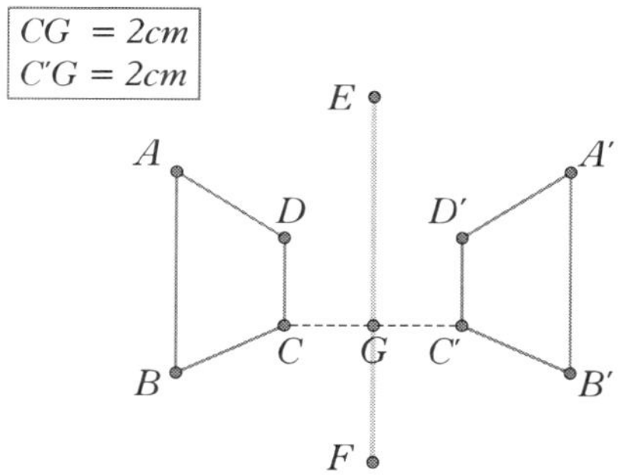

[그림 14-1] **역동적 기하소프트웨어를 이용한 반사결과 탐구**

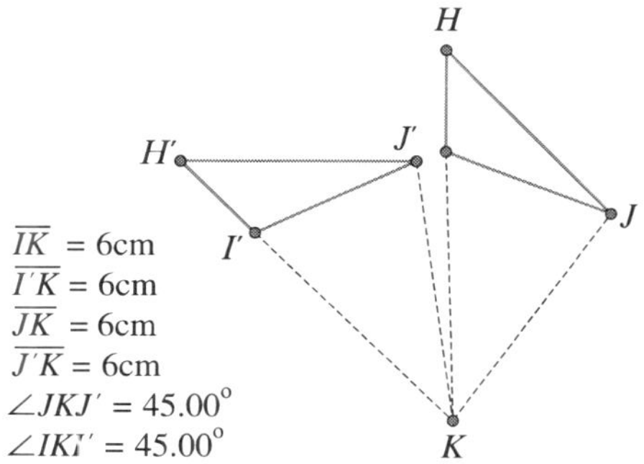

[그림 14-2] **역동적 기하소프트웨어를 이용한 회전결과 탐구**

또한 컴퓨터 시뮬레이션을 이용해서 잘못된 확률적 사고를 피하거나 극복하도록 도울 수 있는 사례, 그래픽 계산기와 컴퓨터 소프트웨어를 사용해서 $y = kx$ 식으로 모델링 할 수 있는 상황뿐 아니라 산포도와 적합선으로 자료의 경향을 모델링하거나, 복리이자문제, 원의 반지름과 넓이 사이의 관계와 같은 비선형관계의 파악하는 사례, 그리고 매개변수 값이 함수족 내에서 함수의 그래프에 어떤 영향을 알아야하는 9-12학년 학생들을 대상으로 컴퓨터 대수 체계를 이용해서 컴퓨터로 그린 $y = a \cdot b^x + c \ (a > 0, b > 1)$의 그래프의 탐구를 통해 학생들이 이러한 형태의 함수의 공통 성질을 파악하는 사례 등이 구체적으로 제시되었다.

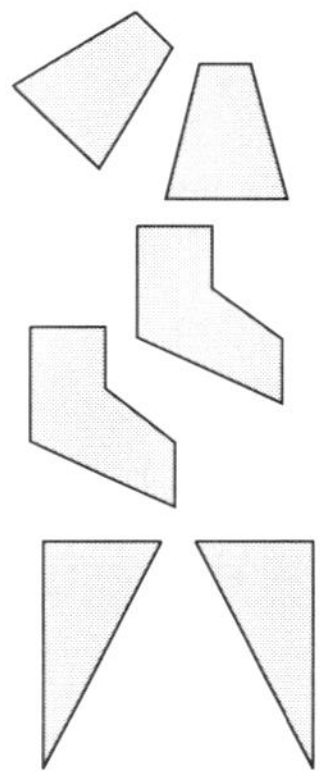

[그림 14-3]
세 쌍의 합동인 도형들

02 수학 교수방법론과 테크놀로지의 활용

수학교육에서 테크놀로지의 활용은 단순히 도구의 이용이 아니라, 도구의 이용을 통해 어떻게 수학적 이해를 유발하고 증진시킬 것인가에 관심의 초점이 맞추어져 있다. 계산기를 큰 수나 복잡한 계산을 빠르고 정확하게 계산하는데 사용할 수 도 있지만, 수열이나 비등과 같은 수학적 개념을 지도하는데도 활용할 수 있기 때문에, 테크놀로지를 활용할 때 수학적 이해를 유발하고 증진시키기 위해 어떻게 이용할 것인가 하는 수학교육 방법론의 측면을 살펴 볼 필요가 있다. 테크놀로지를 수학교육에 활용할 때, 수학교육의 방법뿐 아니라 내용의 변화를 가져올 것이다. 여기서는 테크놀로지의 도입이 수학교육의 방법론에 기여할 수 있는 측면을 '실세계와 수학의 연결', '수학적 대상과 관계의 구체화', '수학의 다양한 표현 체계의 연결', '사고력 중심의 수학교수-학습 활동'이라는 네 가지 측면에서 살펴본다.

1 실세계와 수학의 연결

컴퓨터는 학생들의 일상적이고 물리적인 경험에 바탕을 둔 실제 자료와 시뮬레이션을 혼합하여 제시하므로 다양한 모델과 시뮬레이션을 통해 학생들의 광범한 경험과 형식적인 수학을 연결한다(Balacheff, 1996). [그림 14-4]의 몬티홀 문제는 세 문 중 한 문 뒤에 상금이 있고 한 문을 선택하면 상금이 없는 문이 열리고 나서 처음 선택한 문을 계속 선택할 것인가 다른 문을 선택할 것인가 하는 것으로 TV 쇼에서 행해진 유명한 문제이다. 그림(우)에서 보는 바와 같이 시뮬레이션을 해보면 선택을 바꾸는 것이 현명하다는 것을 알 수 있다. 이 문제는 조건부 확률을 이용해서 수학적으로 계산할 수도 있다. 실세계 사진을 이용해서 사진에 담긴 수학적 현상을 탐구하는 도구로 컴퓨터를 이용할 수 있다. 이처럼 컴퓨터는 학생의 개인적 경험과 수학적 경험을 연결하여 수학의 세계를 친밀하게 느끼게 할 뿐 아니라, 학생들이 일상적인 경험과 형식적인 수학의 세계를 의미 있게 연결하는데 도움을 준다. 또한 컴퓨터가 보다 이상적이고 개략적이고 추상적인 시뮬레이션을 제공할 수 있기 때문에, 학생들은 구체적인 현실세계와 추상적인 수학의 중간 정도에 위치하는 추상성을 가진 모델들을 컴퓨터를 통해 경험할 수 있다. 학생들이 직접 경험하는 다양한 것들은 컴퓨터를 통해서 예들 들어, 자동차, 엘리베이터, 걷고 있는 사람, 축구 선수 등 이동과 관련된 다양한 시뮬레이션으로 만들어지고, 수학에서 모두 점으로 표현되고 통제될 수 있다.

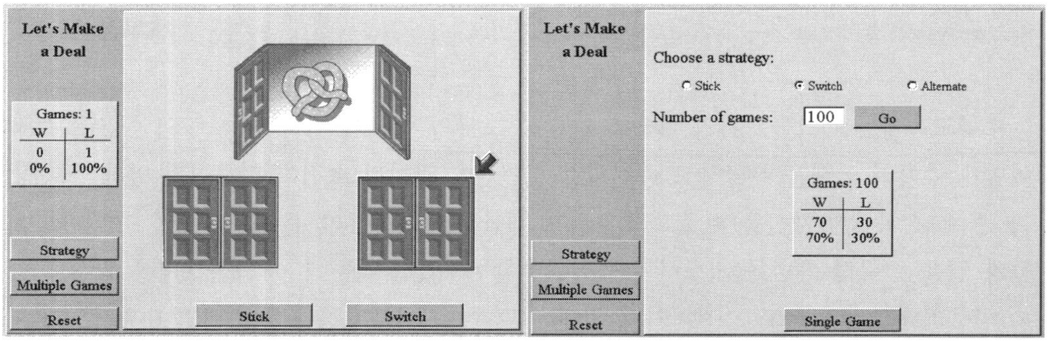

[그림 14-4] 몬티홀 문제의 시뮬레이션(http://nlvm.usu.edu/)

또한, 컴퓨터를 이용한 무작위 실험[그림 14-5]을 통하여 많은 자료와 경험을 얻을 수 있고 수학 이론과 실험 결과를 결합할 수 있다. 실제로 학생들이 수업 중에 실행하기에는 물리적 또는 시간적 제약으로 인해 거의 불가능했던 실험을 컴퓨터 모의실험을 통하여 직접 학생들이 참여하는 것이 가능하고, 이를 통해 확률에 대한 주관적인 관념을 조정하고 도수적 관점을 이해시킬 수 있다. 이것은 지필 계산의 복잡함을 염려하여 학교수학에서 해결과정이 간단하거나 그 답이 비교적 간단한 수치로 나오는 문제를 다루면서 학생들에게 수학이 현실과 유리된 '가짜 수학'을 다룬다는 인상을 주었던 수학교육 현실을 개선하는데 도움이 된다. 계산기나 컴퓨터의 이용을 전제로 한다면 문제의 영역을 확대할 수 있을 뿐 아니라 학생이 주위의 여러 가지 현상을 수학적으로 해석하는 안목을 기르는데도 도움을 줄 것이다.

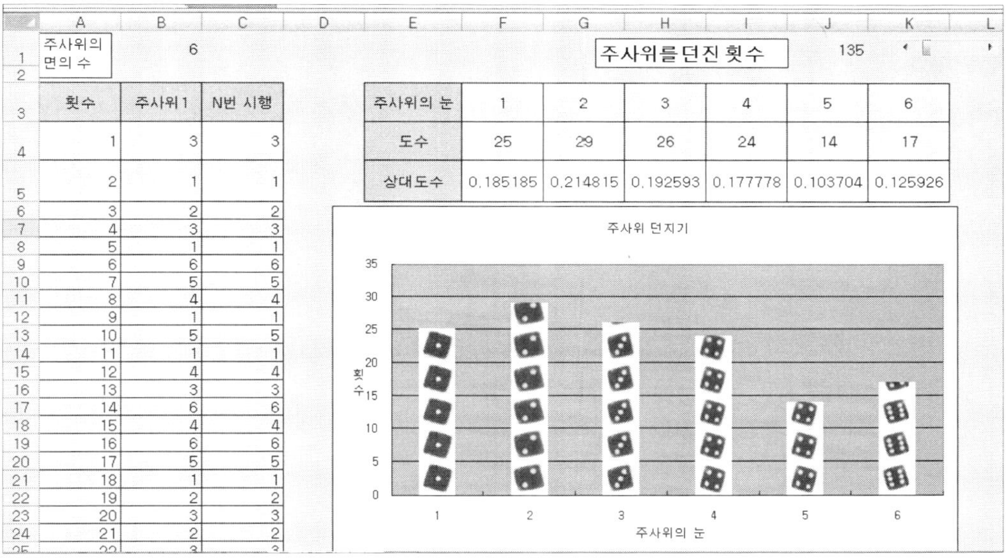

[그림 14-5] Excel을 이용한 주사위 던지기 모의실험

2 수학적 대상과 관계의 구체화

컴퓨터는 수학적 대상과 수학적 관계를 구체화하여 그것을 직접적으로 다룰 수 있는 교수-학습 환경을 제공한다. Balacheff는 이를 '새로운 경험적 수학 현실주의'라고 명명하였다. 컴퓨터 기반 학습 환경은 수학적 대상과 관계의 형식적 표현을 다룰 수 있다는 점에서 다른 유형의 학습 자료와 구별된다. 예를 들어, 세기 학습과 초기 산술 학습을 위한 블록과

같은 구체적 자료나 기계적인 그리기 시스템 등은 수학적 대상과 관계의 형식적 표현을 다루지는 못한다. 한편 컴퓨터 기반 환경에서 학습자와 컴퓨터의 상호작용은 학습자의 입력에 대한 상징적 해석과 컴퓨터 조작에 바탕을 두고 있으며, 컴퓨터 기반 환경에서의 피드백은 해석 가능한 하나의 수학적 현상으로서 적절한 기록으로 제공된다(Balacheff, 1996).

컴퓨터의 탐구학습 환경의 가장 큰 특징 중의 하나는 '구체적-추상적 대상'의 구현이다. 구체적-추상적 대상은 컴퓨터 화면에서 실제로 존재하는 것처럼 볼 수 있고 다룰 수 있다는 의미에서 구체적이며 수학적 구성물이라는 의미에서 추상적이라고 할 수 있다. 수학적 대상과 관계를 구체화하여 직접적인 조작을 활성화시킬 수 있는 컴퓨터 기반 학습 환경의 특징은 특히 기하 교수-학습 방법에 많은 영향을 미친다. Cabri-Geometry와 Geometer's SketchPad(GSP)와 같은 탐구형 기하 소프트웨어에서는 기하 그림을 직접적으로 다룰 수 있는 새로운 접근 방법을 채택하고 있다. 기하의 개념화는 컴퓨터 화면에 나타나는 그림의 기본요소를 드래그 할 때 그림에서 변하지 않는 성질에 대한 연구가 되며, 기하적 성질에 대한 명제는 새로운 실험의 영역에서 관찰 가능한 기하적 현상을 기술한 것이 된다. 예를 들어, [그림 14-6]에서 점 A가 선분 위를 움직이면 삼각형이 둔각사각형, 직각삼각형, 예각삼각형으로 계속해서 변하지만 삼각형의 외심(O)로부터 꼭지점에 이르는 길이는 항상 같다. 여기에서 컴퓨터 화면에 나타나는 그림의 기본요소를 드래그 하는 과정은 바로 Dienes가 주장하는 '수학적 다양성의 원리'와 부합한다고 할 수 있다.

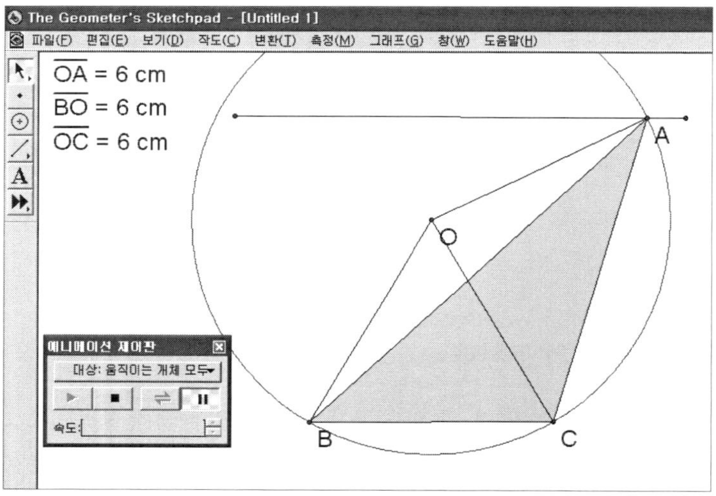

[그림 14-6] **GSP를 이용한 삼각형의 외심 탐구**

3 다양한 표현 체계의 연결

수학적 개념 형성에 있어서 다양한 표현을 학생들에게 제공하는 것이 교수효과를 높일 수 있다는 것이 일반적으로 받아들여지고 있다. Dienes는 이를 '지각적 다양성의 원리'라는 용어로 표현하고 있는데, 이는 개념 형성에 있어서 될 수 있는 한 다양한 개인차를 따르기 위해서, 그리고 추상화란 수학의 본질을 아동들에게 파악시키기 위해서 같은 개념을 지각적으로는 다르지만 구조적으로는 동치인 될 수 있는 한 많은 구체적 형태로 제시해야 한다는 것이다. 한편, Bruner가 학습자의 지적 수준에 맞는 표현방법(EIS 이론)을 사용한 학습지도를 강조하였지만, 상호작용을 고려하지 않았던 것에 반해, Lesh는 여러 표현들 간의 상호작용을 중시하였다. 그는 수학 학습과 문제해결에서 사용되는 표현체계를 정적인 그림, 문어적 기호, 구어, 조작적 모델, 실제 상황의 다섯 가지로 구분하고, 이들 표현 자체의 중요성 뿐 아니라, 표현들 간의 번역과 그 자체 내에서의 변형 또한 중요하다는 것을 보여준다. 이와 같은 다중 표현의 중요성은 NCTM의 규준집(1989)에서도 강조된다. 규준집에 따르면 수학적 아이디어를 조직하고, 기록하고 의사소통하기 위해서 표현을 창조하고 사용할 수 있어야 하며, 문제 해결을 위해 수학적 표현을 선택하고, 적용하고, 번역할 수 있어야 한다.

컴퓨터 기반 학습 환경은 수학의 다양한 표현을 한 화면에 동시에 제공하여 학생들이 다양한 표현을 서로 연결짓고 표현들이 갖는 내재적 공통성에 주목하게 함으로써 그 표현에 내재되어 있는 의미를 보다 충실하게 이해할 수 있도록 한다. GSP, Excel, Mathematica, 그래픽 소프트웨어 등 많은 소프트웨어에서 이것이 가능하다. 예를 들어, GSP에서 그래프를 그리고 그래프 위의 동점을 이용해서 그래프 위의 점의 순서쌍에 대한 표를 같은 화면에 나타낼 수 있다[그림 14-7].

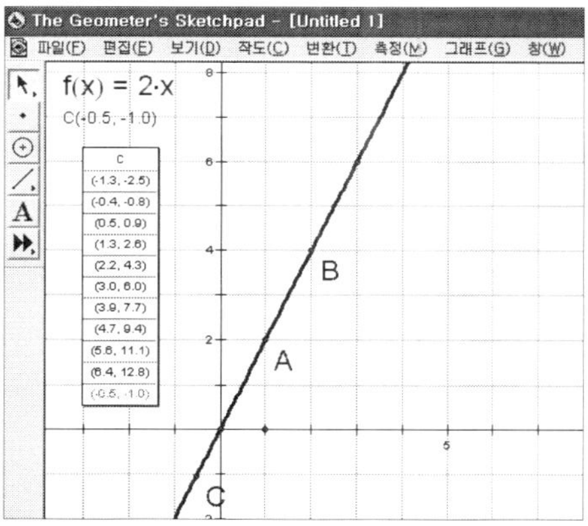

[그림 14-7] GSP를 이용한 그래표와 표

또한, Excel에서도 셀과 공식과 그래프를 연결한 스프레드시트를 가지고 활동하면서 의미 있는 개념 구성은 물론이고, 학생들이 고차적 비평적 사고를 하도록 기대할 수 있다. 웹 상의 가상 학습교구(virtual manipulatives) 중에도 다양한 표현체계의 연결을 고려하여 설계된 자료들을 볼 수 있다. 그 한 예로, 동치분수의 개념을 지도하기 위해 미국수학교사협의회(NCTM)에서 제공한 웹 자료[그림 14-8]에서 학생들은 바탕도형으로 원과 정사각형을 바꾸어가면서 실험할 수 있다. 학생들은 도형을 등 분할하는 활동을 통하여 도형을 분할할 때 외형적으로는 다르게 보이지만 [그림 14-8]의 좌 우 두 활동에서 공통성을 탐구할 것이고 그것이 학생들이 파악하기로 기대되는 수학적 개념이다.

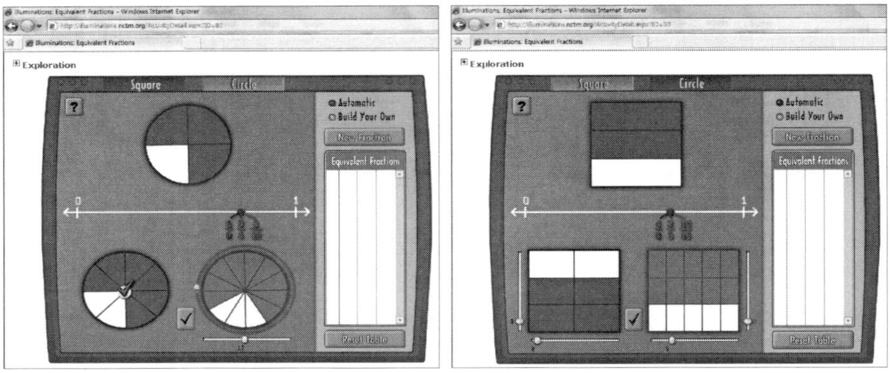

[그림 14-8] **동치분수 탐구 가상 교구**(http://illuminations.nctm.org)

4 사고력 중심의 수학교수-학습 활동

수학 프로그램을 적절히 활용하면 학교수학 교육의 주요 목적인 수학적 사고력을 신장시키는데 기여할 수 있다. 컴퓨터는 사고력 향상을 목적으로 하는 교수-학습 활동에서 복잡한 계산이나 대수적인 문자식의 처리가 문제해결의 본질적인 부분이 아닐 경우 계산기나 컴퓨터를 활용하여 산술적인 계산과 대수적인 문자식의 처리를 신속하게 수행해 줌으로써 본질적인 사고력 중심의 교수-학습 활동에 전념할 수 있게 해 준다. 예를 들어, 분수식의 적분을 학습할 때, 분수의 나눗셈, 분수를 부분 분수로 분해하기에 곤란을 겪는 학생은 분수식의 적분에 집중할 수 없게 된다. 이때 Mathematics 또는 Maple같은 컴퓨터 대수 시스템(CAS; Computer Algebra System)을 이용하여 나눗셈과 부분분수로 분해하기의 결과를 이용한다면, 분수의 적분에 집중할 수 있다. 물론, 컴퓨터의 도움을 받았던 부분은 나중에 다시 보충을 해야 한다. 만일 이 학생이 선수학습 결손 부분과 새로 배우는 개념 모두에 초점을 맞춘다면 제대로 배우기 힘들 것이다. 통계에서 평균과 분산의 개념을 지도하는 상황에서도 Excel이나 전문 통계프로그램을 이용하면 빠르고 정확하게 계산 결과를 구할 수 있으므로 그 결과를 해석하여 평균과 분산의 개념을 명확히 해 나갈 수 있다. 이처럼 컴퓨터는 지필환경을 보완하여 사고력을 도모하기 위한 환경을 조성하는데 도움을 줄 수 있다.

컴퓨터 프로그래밍 활동이 학생들의 수학적 사고력을 신장시키는데 활용될 수 있다. 컴퓨터 프로그래밍 활동은 학생이 가지고 있는 수학 지식을 절차적 지식 형태로 변환 하는 과정으로서, 학생 자신의 수학적 사고를 구체적으로 적용하여 어떤 결과를 산출하는 의미 있는 활동이다. LOGO와 같은 프로그래밍 환경에서는 학생들의 생각은 명령어 형태로 입력되고, 입력된 명령어에 따라 거북이가 움직인다. 학생들은 거북의 움직임을 관찰하여 자신의 생각이 올바른지, 틀린지를 판단하고, 자신이 틀렸다고 판단되는 경우 오류를 수정하여 다시 시행한다. 예를 들어, 정육각형을 그릴 때, 정육각형의 한 내각의 크기가 120° 라는 점을 생각하고 FD 100 RT 120 FD 100 RT 120...라고 명령어를 입력하면 화면의 거북의 자취가 학생이 생각한 것과는 다른 모양이 된다. 오류를 수정하기 위해 거북의 움직임을 관찰하여 학생은 정육각형의 한 외각만큼 거북이 회전을 해야 한다는 사실을 깨닫고 FD 100 RT 60 FD 100 RT 60...으로 명령어를 수정한다. 이러한 오류수정활동은 수학적 사고력 향상에 좋은 기회를 제공한다. 학생들은 오류를 통해, 오류 제거를 위해 프로그램을 수정하면서 자신의 사고를 되돌아보고 수정 발전시키는 기회를 얻는다. 특히 컴퓨터에서는 자신의 수행결과를 즉시 컴퓨터 화면상에서 확인할 수 있으므로 오류를 발견하면 즉각적인 수정 보완하는 학습의 기회를 갖게 된다.

GSP와 Cabri와 같은 동적 기하 환경도 마인드 툴로서 사고활동 향상에 도움을 줄 수 있다. 학습자에게 도형을 제시하고 도형의 기본요소를 움직여 보면서 제시된 도형과 동일한 것을 작도하도록 요구하면 학습자는 자신의 기준에 자라 수학적 대상을 정리하는 경험을 한다. 각이나 길이, 대칭성, 또는 도형의 분해 및 확장에 따라 다양한 접근을 할 수 있으며, 이러한 다양한 접근법은 통합을 통해 대상에 대한 풍부한 관점을 인식하도록 도와준다.

03 컴퓨터를 이용한 수학 교수·학습 양식

수학교육에서 컴퓨터를 활용하는 유형에는 여러 가지가 있다. Taylor(1980)는 컴퓨터 교수·학습 양식을 교수의 방향을 미리 정해 놓았는 지와 학생의 학습 주도권의 허용 정도에 따라 개인교사형(tutor), 학생주도형(tutee), 보조도구형(tool) 세 가지로 분류하였고, 이 분류가 가장 널리 이용되어 왔다. 최근에는 타일러가 구분한 세 가지 교수 학습 양식 중 학생주도형과 보조도구형이 결합된 '탐구학습형' 소프트웨어가 널리 사용되고 있으므로 컴퓨터 교수ㆍ학습 양식을 개인교사형(tutor), 학생주도형(tutee), 보조도구형(tool), 탐구학습형으로 분류하기도 한다. 이 네 가지 양식의 특징과 문제점에 대해 살펴보자.

1 개인교사형

개인교사형은 전통적인 교사의 역할을 컴퓨터가 대신하는 양식으로 여기에서 컴퓨터는 교사처럼 직접 학생들을 가르치는 역할을 수행할 수 있다. 이처럼 컴퓨터가 학생들을 직접 가르치는 교수 기계로 사용되는 수업을 컴퓨터 보조 수업(CAI: Computer Assistant Instruction) 또는 컴퓨터 기반 수업(CBI: Computer Based Instruction)이라고 하며, 컴퓨터 보조 수업에 사용되는 프로그램을 코스웨어(또는 교육용소프트웨어, CAI 프로그램, CD 타이틀)라고 부른다. 대부분의 컴퓨터 보조 수업 코스웨어는 개인교사형에 해당된다. 그것은 교수 전략에 따라 반복 학습유형, 개인지도 유형, 시뮬레이션 유형, 교수 게임 유형, 시범유형 등으로 분류할 수 있다. 컴퓨터 보조 수업은 다음과 같은 몇 가지 점에서 전통적인 강의식 수업과는 차별화된다. 첫째, 개별화된 수업을 제공한다. 학습자의 능력을 감지하여 수준에 맞춘 학습 경험을 제공하므로, 학습자는 자신의 수준과 진도에 맞추어 시공을 초월하여 학습할 수 있어 생산적이고 효율적이다. 둘째, 컴퓨터와 학습자의 상호작용을 촉진하여, 능동적으로 정보를 주고받으며, 다른 매체가 제공할 수 없는 즉각적인 피드백을 제공할 수 있다. 셋째, 다양한 멀티미디어 기능으로 학습동기를 유발 할 수 있다. 동기를 적절하게 부여받은 학생은 컴퓨터가 제공할 수 있는 끊임없는 연습과 피드백을 통해서 절차적인 기능을 어느 정도 자동화할 수 있다. 넷째, 프로그램에 많은 시간과 비용이 들긴 하지만, 한 번 개발된 프로그램을 계속 반복해서 사용할 수 있고 교사의 수업준비 시간을 절감시켜주므로 효과적이다.

한편, 컴퓨터 보조 수업은 교실수업과 같은 인간적인 측면의 교육효과를 기대할 수 없고, 학생과 시스템의 밀접한 상호작용이 학생이 지식의 이면에 포함된 지식의 본질을 이해하는 것을 보장하지는 못하는 한계성을 지닌다. 왜냐하면, 개인교사형 시스템은 그 속에 포함된 지식에 대해 학생들이 견해를 표현할 수 없고 학생들이 선택할 수 있는 조작의 수가 한정되어 있어서 다루어지는 수학적 개념에 대한 분명한 이해 없이도 학습이 진행될 수 있기 때문이다. 또한, 학습자는 과제가 의도하는 지식을 얻는 대신 피드백의 사용을 효율적으로 이용하는 방법을 학습할 수 있다(이종영, 2001).

최근에는 컴퓨터가 학생들의 반응 패턴에 입각해 각 상황에서 학생들이 가장 필요로 하는 정보를 제공하고, 교수 가능한 시점을 판단함으로써 유능한 교사의 역할을 대신하게 하기 위해서, 인공지능에 대한 연구 결과를 토대로 전문 교사의 특성을 소프트웨어에 통합하는 방향으로 연구 개발이 이루어지고 있다.

2 학생주도형

학생주도형은 학생이 프로그래밍을 통하여 컴퓨터에 자신이 원하는 일을 시키는 것으로, 개인교사형의 경우와는 반대로 학생이 컴퓨터를 지도하는 역할을 한다. 학생은 자신이 구성하여 입력한 일련의 논리적인 단계를 통해 컴퓨터가 행동을 수행하도록 컴퓨터를 프로그램(지도)하고, 그 결과를 살펴봄으로써 자신의 사고 과정을 반성하게 되고, 나중의 수학 학습에 도움을 얻게 된다. 따라서 학생들은 프로그래밍의 오류를 수정해 가는 경험을 통해 지식에 대한 비판적 안목과 사고하는 능력을 배양시킬 수 있다고 주장되고 있다. BASIC과 같은 짧은 시간의 학습으로 간단한 프로그래밍이 가능한 언어를 이용하여 프로그램을 작성하고 수학적 아이디어를 검증한다면, 그 과제가 의도하는 수학적 개념과 작성된 컴퓨터 절차 사이의 연관성이 쉽게 드러나기 때문에 프로그래밍 학습에 대한 정당성을 부여할 수도 있지만, 프로그래밍 언어가 급속도로 높은 수준으로 발달하고 강력해지는 상황에서 학교에서 한 교과로 프로그래밍을 지도하는 것에 문제를 제기하기도 한다. 즉, 학교에서 프로그래밍의 지도에 대해서는 찬성론과 반대론이 공존한다(이종영, 2001; 우정호, 2000). 수학교육에서 프로그래밍 지도를 찬성하는 입장은 다음과 같다.

첫째, 프로그래밍 지도는 컴퓨터에 대한 최상의 교육방법이다.
둘째, 프로그래밍 지도는 수학을 가르치는 좋은 방법이다.
셋째, 프로그래밍 지도를 통해 학생들의 직업 준비교육이 이루어 질 수 있다.
넷째, 프로그래밍 지도는 지능의 발달을 촉진시킨다.

반면, 수학교육에서 프로그래밍 지도를 반대하는 입장은 다음과 같다.

첫째, 프로그래밍의 학습이 아동들의 장래의 직업에 대한 준비를 해주지는 못할 것이다.
둘째, 컴퓨터 소양이 컴퓨터 프로그래밍을 필요로 하는 것이 아니다.
셋째, 프로그래밍 지도가 지능을 발달시킨다는 명확한 증거가 없다.

프로그래밍 과정에서 학생들이 '서로 다른 변수는 항상 다른 값을 가진다' 또는 '변수는 항상 양의 값을 가진다' 등과 같은 변수에 대한 오개념을 수정할 수 있다는 연구결과가 있는 반면, 프로그래밍 환경에서도 학생들이 보이는 오류를 그대로 보여 줄 수 있으며 오히려 심화시킬 수 있다는 연구 결과도 있다.

3 보조도구형

보조도구형은 컴퓨터를 보조도구로서 사용하여 학습자가 과제를 더 빨리, 더 효과적으로, 더 효율적으로 성취하도록 돕는 도구적 기능을 제공하는 교수ㆍ학습 양식이다. 즉, 그래프를 그릴 수 있고, 문자 연산이 가능하며, 데이터를 분석하고 수학적인 절차를 수행하는 소프트웨어를 사용하는 상황을 말한다. Maple이나 Mathematica와 같은 수학관련 소프트웨어 뿐 아니라, 스프레드시트, 워드프로세서, 데이터베이스, 그래픽 패키지 등 일반적인 소프트웨어를 보조도구로 이용할 수 있다.

Maple이나 Mathematica와 같은 소프트웨어는 계산기의 기능, 대수적인 기능, 그래픽 기능, 애니메이션 기능 등 강력한 기능을 갖고 있다. 특히, 지수, 제곱근, 부정적분, 정적분, 시그마, 행렬 등 여러 가지 수학 계산을 도와주는 빠레트 기능을 활용하여 지루하고 반복적이고 복잡한 계산을 보조도구에 맡기면, 수학적 개념 이해를 목적으로 하는 수업에서 학생들이 이론적 전개와 개념 이해에 몰두할 수 있어 효과적으로 개념학습에 집중할 수 있다. 또한, 함수의 그래프를 그릴 수 있는 소프트웨어를 이용하면 짧은 시간에 많은 그래프를 쉽게 그려볼 수 있으므로 Dienes의 수학적 다양성의 원리를 적용하여 다양한 그래프를 그려보고 그 그래프들의 성질을 일반화하는 것이 가능하다. 그러나 이러한 보조도구를 사용해본 학생은 힘들여 계산기능을 숙달하거나, 미분을 하고 복잡한 계산과정을 거쳐 그래프를 그리는 과정을 배우는 수업에서 목적을 상실하기 쉽기 때문에, 수학의 기초적인 지식이나 기능을 학습하는 학생에게는 오히려 방해가 될 소지가 있다. 따라서 수업의 목적을 고려하여 적절한 시기에 신중하게 보조도구를 사용해야 할 것이다.

일반적인 소프트웨어를 수학 교수·학습에 이용할 수 있는데, 이는 소프트웨어에 손쉽게 접근할 수 있을 뿐 만 아니라 학생들이 졸업 후에 사용할 가능성이 높다는 장점이 있다. 워드프로세서의 수식작성 과정을 통해 학생들은 수식에서 연산순서와 괄호의 중요성을 깨달을 수 있다. 또한, 스프레드시트를 수학교육에 활용할 때 다음과 같은 장점이 여러 학자들에 의해 강조되었다. 첫째, 표의 작성이 쉽고 이를 이용해서 문제해결을 쉽게 할 수 있다. 둘째, 수학적 모델링을 통한 문제해결 능력이 있다. 셋째, 계산에서 자유롭게 하여 문제 자체에 대한 집중도를 높인다. 넷째, 변수의 변화에 따른 전체 패턴의 변화를 쉽게 볼 수 있다. 다섯째, 수량으로 나타난 여러 변수들의 관계를 다양한 그래프로 표현할 수 있게 한다. 여섯째, 자료를 도수분포표나 그래프로 정리할 수 있게 해줌으로써 수학적 활동을 실생활에서 얻을 수 있는 복잡한 수량적 자료들을 표현하는 데까지 확장할 수 있다. 더구나 Excel에서는 스크롤바의 삽입으로 동적인 그래프 표현과 시뮬레이션이 가능해져서, 수학교육의 다양한 영역에 도구로 활용되고 있다.

4 탐구학습형

탐구학습형은 학생주도형과 보조도구형이 결합된 양식이라고 할 수 있다. 탐구학습형은 학생이 컴퓨터 없이 수행하기에는 시간이 너무 걸리거나 행하는 것이 거의 불가능한 과제를 수행하는 동안 학생들의 사고를 돕는 기능을 하는 측면에서는 보조도구형으로, 학생이 컴퓨터가 어떤 일을 수행하도록 컴퓨터를 조작한 후 자신의 행동 결과에 대한 피이드백을 얻을 수 있다는 측면에서는 학생주도형으로 볼 수 있다. 이 유형은 단순히 컴퓨터로부터 학습자로의 일방적인 지식전달에서 탈피하여 학습자와 컴퓨터와의 상호작용을 강조한다. 탐구학습형의 가장 큰 특징은 학생들이 대상들 간의 관계를 탐구할 수 있도록 해준다는 것이다. 탐구는 학생의 완전한 통제 하에서 이루어지기 때문에, 학생은 컴퓨터를 자신이 잘 다룰 수 있는 기계로 인식하고 자신이 대상을 시각화하고 탐구하기 위한 전략을 직접 수립해야 한다.

LOGO는 대표적인 탐구학습형 소프트웨어로 볼 수 있다. LOGO는 몇 가지 기본 명령어를 사용해서 대상을 구성해 나가는데, 화면상의 화살표(거북이)의 움직임을 학습자가 자신의 신체의 움직임과 동일시(신체동조적)하면 생각하기 쉽다. 또, 학습자가 프로그램을 작성하여 하나의 절차로 만들어 놓고 기본 명령어와 동일하게 사용할 수 있기 때문에, 긴 프로그램의 작성이 필요한 경우 프로그램을 적당한 단위로 나누어 프로그램한 후 그들을 불러 사용하면 프로그램의 작성이 쉽고 오류를 줄일 수도 있다(절차적). LOGO는 어떤 절차가 그 절차 내의 부분이 될 수 있다(재귀적). 이러한 LOGO의 특징에 따라 학습자의 지식이 증가함에 따라 탐구환경도 발전하게 된다.

Cabri Geometry와 GSP는 기본적인 명령어로부터 출발하여 매크로 작성을 통하여 학습자가 새로운 대상과 도구를 구성할 수 있게 해주는 컴퓨터 기반 기하 탐구학습 환경이다. 이들 프로그램은 기본도형(점, 선, 직선, 원 등)으로부터 여러 가지 도형의 작도가 가능하게 하며, 메뉴를 사용하여 학습자가 지시하는 기하학적 관계(중점, 교점, 평행선, 수선, 각의 이등분선 등의 작도와 평행이동, 회전이동, 닮음변환, 선대칭이동 같은 변환)를 구성할 수 있게 한다. 도형을 그리고 난 후, 점을 움직여 도형이 어떻게 변하는 가를 관찰할 수 있다. 점을 움직여도 사용자가 입력한 명령은 보존되므로, 이것은 화면상의 도형들 간의 기하학적 관계에 대한 타당성을 검토하는 도구로 사용될 수 있다. 예를 들어, [그림 14-9]에서 화면상에서 원이 주어진 삼각형에 내접하는 것으로 보이지만 점을 이동한 [그림 14-9](우)를 보면 삼각형과 원이 내접원 관계가 아니므로 작도 상에 문제가 있었음을 알 수 있다.

컴퓨터 기반 탐구 학습 환경에서의 자유로운 탐구를 통해 학습자는 풍부한 경험을 갖게 되지만, 교사가 원하는 특정지식의 학습이 일어났다는 것을 보장하기는 어렵다. 따라서 컴퓨터 기반 환경은 교사에 의해 조직된 환경 속으로 통합되어야 한다.

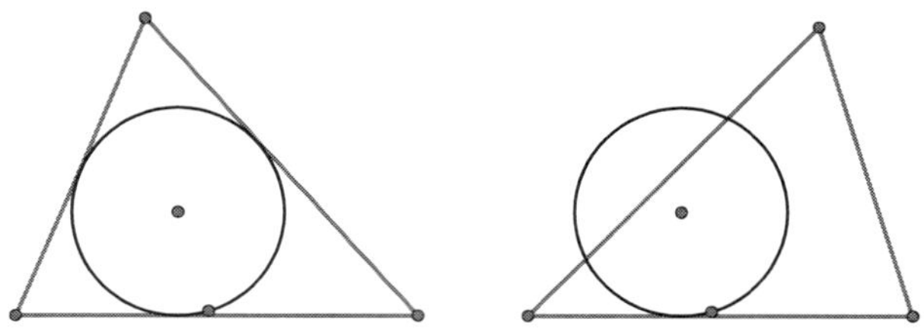

[그림 14-9] **점의 이동을 통한 작도의 타당성 검증 사례**

04 테크놀로지 활용 수학 교수-학습의 유의점

1 컴퓨터 활용과 극단적 교수 현상

Brousseau는 지식을 이해하고 전달하는 과정을 개인화/배경화, 탈개인화/탈배경화의 과정으로 설명하였다. 수학지식을 접한 개인이 자기 나름대로 자신의 특정한 배경 속에서 개인적인 방법으로 지식을 이해하는 것을 개인화/배경화라고 하고, 반대로 자신이 지식을 이해하는데 기여한 개인적인 사고과정이나 배경을 숨기고 자신이 인식한 지식을 형식적으로 표현하는 과정을 탈개인화/탈배경화라고 한다. 이러한 개인화/배경화, 탈개인화/탈배경화의 과정을 지나치게 강조하거나 간과함으로써 발생한 극단적인 교수현상은 토파즈 효과(Topaze effect), 죠르단 효과(Jourdain effect), 메타인지적 이동(meta-cognative shift), 형식적 고착(formal avoidance)으로 구분될 수 있다.

수학교육용 컴퓨터 소프트웨어를 개발할 때나 개발된 프로그램을 실제로 활용할 때 가르치고자하는 지식의 성격이 변할 수 있으며 그 본질이 왜곡될 위험성을 내포하고 있다. 컴퓨터에 의한 수학적 지식의 교수학적 변환은 브루소가 제시한 네 가지 극단적 교수현상을 보여준다(우정호, 2000; 이종영, 2001).

첫째, **토파즈 효과**는 교사는 가르치고 학생은 배워야 한다는 교수학적 계약(didactical contract)에 의한 압박에서 일어나는 전형적인 현상으로 교사가 명백한 힌트를 제공하거나 교재에 문제와 함께 답이 제공되어 있는 경우 학생은 문제의 의미를 잘 알지 못한 채 교사가 원하는 답을 말할 수 있다. 결국 교사의 행동이 학생이 학습할 수 있는 환경을 일소하는 것이다. 웹기반 환경에서 문제 옆에 힌트 버튼이나 정답 버튼이 주어지는 경우 학생들은 버튼을 이용해서 손쉽게 답을 구할 수 있기 때문에 과제에 대해 깊이 생각하기 보다는 버튼을 이용함으로써, 진정한 의미의 문제 해결 학습을 하지 못하게 된다. 이것은 탈개인화/탈배경화를 지나치게 강조할 때 나타나는 현상이다.

둘째, **죠르단 효과**는 교사가 학생들이 보이는 사소한 반응이나 행동을 마치 특정한 학문적인(수학적인) 지식을 알고 있는 것처럼 해석하는 것이다. 예를 들어, 요구르트 병이나 색칠한 그림으로 약간 기이한 조작을 해낸 아동에게, "너는 방금 클라인 병을 발견했어"라고 말하는 것이다. 가령, 학생이 GSP 소프트웨어로 매뉴얼에 나와 있는 순서대로 특정조작을 하여 포물선을 그렸을 때, 포물선과 특정 조작 사이의 관계를 이해하지 못한 경우에도 학생은 목표를 달성하였으므로 교사는 학생이 포물선의 개념을 안다고 파악할 수 있기 때문에 컴퓨터 환경에서 이러한 극단적 현상이 나타나기 쉽다. 이것은 탈개인화/탈배경화를 간과할 때 나타나는 현상이다.

셋째, **메타인지적 이동**은 진정한 수학적 지식을 가르치기 어려운 경우 교수학적 고안물이나 발견적 수단을 지도의 목적으로 삼는 것을 말하는데, 이 경우 교사의 교수학적 초점이 수학적 지식에서 수단으로 이동하게 된다. 컴퓨터 기반 환경에서 컴퓨터를 매개로 하는 교수는 수학적 지식을 지나치게 배경화/개인화 할 가능성이 크기 때문에 메타인지적 이동이 발생하기 쉽다. 예를 들어, 개인교수형 컴퓨터 소프트웨어를 이용한 학습상황에서 학생들의 사고가 주어진 과제의 해결이나 수학적 지식의 습득에 집중하기 보다는 주어진 과제를 해결하기 위한 힌트를 컴퓨터에서 얻는 방법을 찾는데 집중할 경우, 또는 함수의 그래프를 지도할 때, 교수의 초점이 함수의 그래프의 특징을 살펴보기보다는 소프트웨어의 기능을 익히고 함수의 그래프를 그리는 절차로 이동되는 것 등을 말한다.

넷째, **형식적 고착**은 '메타인지적 이동'과는 반대로 배경화/개인화의 중요성을 과소평가하여 이를 간과하고 논리적 · 형식적으로 표현된 수학적 지식을 곧바로 제시하는 것이다. Mathematica 또는 Maple과 같은 기호조작 소프트웨어에서는 사용되는 문자나 식의 의미에 대한 이해 없이도 몇 번의 클릭만으로 미분, 적분, 극한의 값, 인수분해, 행렬식의 계산 등이 가능하기 때문에 이런 조작을 컴퓨터에서 수행한다면 형식적 고착이 일어나기 쉽다.

2 학습지도 유의점

수학교사가 컴퓨터를 수학학습지도에 도입할 때 그 목적을 분명히 하지 않으면 앞서 논의한 극단적 교수현상에 빠질 수 있다. 보다 효과적이고 의미 있는 수업을 위해서는 컴퓨터를 수학학습지도에 도입할 때 그 목적을 분명히 해야 한다. 수학 학습 지도 과정에서 컴퓨터의 계산속도와 능력을 주로 이용할 것인지, 학생들의 개념학습에 초점을 두기 위해 컴퓨터의 빠른 계산속도와 능력을 보조도구로 이용할 것인지, 컴퓨터의 그래픽 기능과 시각화기능도 단지 빠르게 그림을 그리기 위한 것인지 아니면 그래프를 그리는 과정 속에서 수학적 개념을 깨닫고 더욱 확실히 하기 위한 것인지, 실생활의 상황을 모의실험하기 위한 것인지 등의 목적을 분명히 해야 한다.

도입 목적이 분명해지면 교사는 실제 수업에서 테크놀로지를 어떤 단계에서 어떤 내용에 어떤 방법으로 사용하고 차단할 것인지를 판단해야 한다. 예를 들어, GSP에서는 중심과 원주 위의 한 점이 주어진 원 또는 중심과 반지름이 주어진 원을 작도할 수 있다. 두 경우 모두 실제 작도와 유사하고 '한 점에서 일정한 거리에 있는 점들의 자취'라는 원의 정의에도 거의 일치하므로 원의 도입 단계에서 GSP를 이용하여 지도하는 것은 적절하다고 볼 수 있다. LOGO의 경우 변이 매우 많은 정다각형의 아이디어로 원을 그리므로 원의 수학적 개념이 익숙하지 않은 학생들에게 LOGO를 이용해서 원을 지도하는 것은 혼란을 줄 수 있다. 그러나 LOGO를 극한이나 무한 개념을 도입하는 소재로 이용하는 것은 유익하다.

컴퓨터를 수학교육에 이용할 때는 컴퓨터와 사용하는 소프트웨어의 한계를 인식하고 적절히 사용해야 한다. 수학적 대상이 컴퓨터 모니터의 가로세로의 비율로 인하여 실제와는 다르게 표현되는 경우가 있다. 사선은 지그재그 모양으로 나타날 수도 있고, 정사각형이 직사각형으로 혹은 그 반대로 나타날 수도 있다. 또한 테크놀로지 도구의 기능을 맹신해서는 안 된다.

예를 들어, 프로그래머가 적분이 가능한 소프트웨어를 개발할 때, 이상적분을 고려하지 않았다면 $\int_{-1}^{1} \frac{1}{x^2}dx$를 계산하도록 명령하였을 때 틀린 답을 제시할 수 있다. 이때, 우리가 어림셈을 통해 계산기를 사용한 계산 결과가 틀렸음을 알아내듯이, 그래프의 개형을 고려할 때 컴퓨터의 답이 적절하지 않은 것으로 판단되면 직접 적분 계산을 해서 컴퓨터의 결과가 틀렸다는 것을 찾아낼 수 있다.

05 수학학습지도에 테크놀로지의 활용 사례

1 함수의 그래프

함수의 그래프는 일차함수, 이차함수, 삼차함수, 고차함수, 지수 로그함수, 삼각함수 등 중·고등학교 함수영역에서 큰 비중을 차지한다. 실제로 함수의 그래프를 손으로 그리려면 많은 시간이 들기 때문에 수업 중에 함수의 그래프를 그리고 해석하는 활동은 조급하게 이루어지는 경우가 많다. 단지 몇 가지 사례만을 살펴보고 함수의 경향을 조급하게 일반화하는 것이다. 그러나 그래픽 계산기나 GrapEq에서 함수식을 입력하면 즉시 입력된 함수의 그래프를 그려주기 때문에 이들을 이용하면 함수의 그래프는 쉽게 그려진다. 그밖에 GSP, Excel, Mathematica 등에서도 약간 더 복잡한 방법으로 함스의 그래프를 그릴 수 있다. 한편, 여러 개의 그래프를 그리기 위해서 그래픽계산기나 GrapEq에서는 매번 함수식을 입력하여 그려야 하지만, GSP의 끌기 기능과 Excel의 스크롤바 기능을 이용하면 여러 함수를 연속적으로 볼 수 있고 일일이 따로 작도 할 필요도 없다. 이제 이들 소프트웨어를 이차함수의 그래프의 지도에 어떻게 활용할지 살펴보자.

(1) GrapEq.를 이용한 이차함수의 그래프

$y = ax^2$에서 a값을 1, 2, 3으로 바꾸어 그래프를 그려보면[그림 14-10] 학생들은 귀납적 관찰을 통하여 a값의 변화에 따른 $y = ax^2$의 그래프의 특징을 유추할 수 있다. 마찬가지로 b, c의 값을 바꾸어 가면서 그래프를 그려보면 학생들은 이차함수 $y = ax^2 + bx + c$, ($a \neq 0$, a, b, c실수)에서 a, b, c의 역할을 유추해 낼 수 있다.

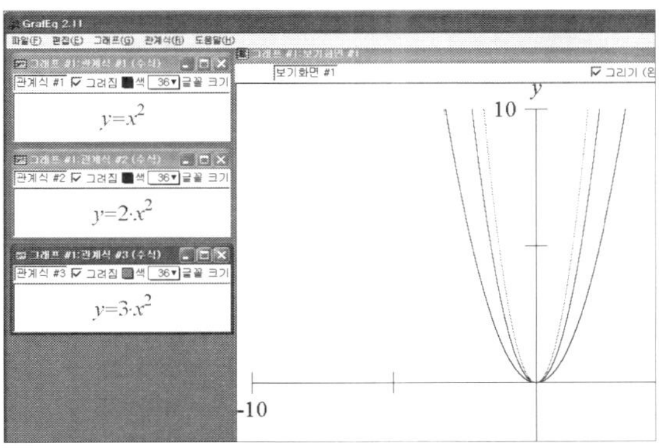

[그림 14-10] GrapEq를 이용한 이차함수의 그래프

(2) GSP를 이용한 이차함수의 그래프

GSP의 화면 왼쪽 사용자 도구 아이콘에서 ⏩-슬라이더-기본수평을 선택하면, 마우스를 누를 때마다 매개변수와 매개변수의 값을 조절 할 수 있는 슬라이더가 생성되므로 이것을 이용해서 이차함수의 상수 a, b, c를 정한다. 상수의 값은 빨간 점을 기준으로 파란 점까지의 선분의 길이이고 파란 점이 빨간 점의 우측에 있을 때는 양수이고 좌측에 있을 때는 음수이다. [그림 14-11]처럼 a, b, c의 값을 동시에 선택하고, 메뉴에서 그래프-새함수의 그래프[26]를 차례로 선택하면 함수식 입력창이 나온다. 이때 '값' 버튼을 누르면 상수값들이 있으므로 계산기를 사용하듯이 'a*x^2+b*x+c'을 입력창에 입력하면 [그림 14-12]의 그래프가 그려진다. 그림의 좌측 부분의 세 슬라이더 위의 점 a를 클릭하고 편집-동작버튼-애니메이션을 차례로 선택하면 [그림 14-12] 화면에 보이는 애니메이션 동작버튼이 만들어진다. 같은 방법으로 점b, 점c의 애니메이션 동작 버튼을 만든다. 이 버튼을 누르면 점a, 점b, 점c가 각각 슬라이더 위를 움직이는 동안 이차함수의 모양이 바뀌게 된다. 보기-애니메이션 제어판 보이기를 선택하면 [그림 14-12]의 애니메이션 제어판이 생성되고 이것을 이용하면 애니메이션을 조절하기 쉽다. 애니메이션 동작버튼을 이용해서 a, b, c를 움직이면 이차함수의 상수 a, b, c의 값이 변하므로 일부 변수는 고정하고 하나씩 변화시켜 가면서 상수의 역할을 추론할 수 있다.

[그림 14-11] **함수식 입력창**

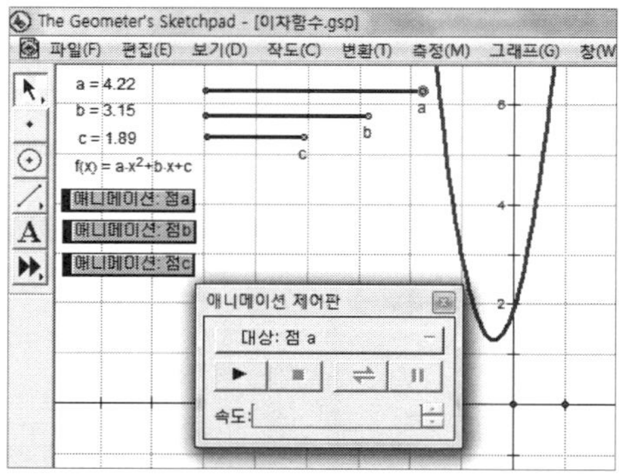

[그림 14-12] **GSP를 이용한 이차함수의 그래프**

---

26) GSP에서는 자취를 이용해서 함수의 그래프를 그릴 수도 있다. x축 위에 점을 찍고 a,b,c,와 x축 위의 점의 좌표를 이용해서 y값을 계산 한 후, x값과 y값을 차례로 선택하고 그래프-(x, y)좌표가 주어진 점을 선택하여 좌표평면 위에 점을 찍고, x축 위의 점과 새로 만든 점을 차례로 선택한 후 작도-자취를 선택하면 이차함수의 그래프가 화면에 그려진다. 이렇게 작도할 경우 이차함수 위에 동점이 표시되는 장점이 있다.

2 기하

역동적 기하 소프트웨어를 사용하면 도형의 작도 뿐 아니라 여러 가지 성질을 관찰하고 탐구하기 쉽다. GSP와 Cabri를 이용해서 중、고등학교 기하영역의 닮음 도형, 삼각형의 오심, 피타고라스 정리, 원과 다각형의 성질, 이차곡선(원, 포물선, 타원, 쌍곡선) 등의 탐구가 가능하다. GSP와 Cabri가 주로 2차원의 평면기하를 다루는데 비하여, Cabri 3D는 3차원 공간 구성 능력이 있다. Cabri 3D를 이용하면 중、고등학교 기하영역에서 다루는 입체도형의 구성이 가능해지므로, 이들을 탐구할 수 있는 장을 제공할 수 있다. 이제 GSP를 이용해서 삼각형의 내각의 합과 삼각형의 무게 중심을 탐구해보자.

(1) 삼각형의 내각의 합

명제 '삼각형의 내각의 합은 180° 이다'를 확인하기 위해 초등수준에서 종이로 만든 삼각형의 세 귀퉁이를 찍어다가 직선 위에 모아 보면 일직선이 됨을 보였고, 중등수준[그림 14-13]에서는 삼각형의 한 변의 연장선 위에 밑변에 대한 평행선을 그리고 두 직선이 평행하면 동위각과 엇각의 크기가 같다는 성질을 이용해서 세 각을 한 꼭지점 주변에 일직선이 되도록 모을 수 있으므로 명제가 성립한다고 증명했다. 같은 명제에 대한 초등과 중등에서의 증명의 수준의 격차가 너무 크고, 중학교 수준에서도 형식적 연역적 증명을 받아들이기 힘든 학생들이 다수 존재한다.

예제 1

다음 명제가 참임을 증명하여라.
"삼각형의 세 내각의 크기의 합은 180°이다."

증명

[가정] 삼각형의 세 꼭지점이 A, B, C

[결론] $\angle A + \angle B + \angle C = 180^\circ$

[증명] 오른쪽 그림과 같이 ABC의 꼭지점 C를 지나며 변 AB에 평행한 반직선 CD를 긋고, 변 BC의 연장선 위에 점 E를 잡는다.
그러면 평행선의 성질에 의하여
$\angle A = \angle BAC = \angle ACD$ (엇각), $\angle B = \angle ABC = \angle DCE$ (동위각)
그런데 $\angle C = \angle BCA$이므로
$\angle A + \angle B + \angle C = \angle ACD + \angle DCE + \angle BCA = 180^\circ$

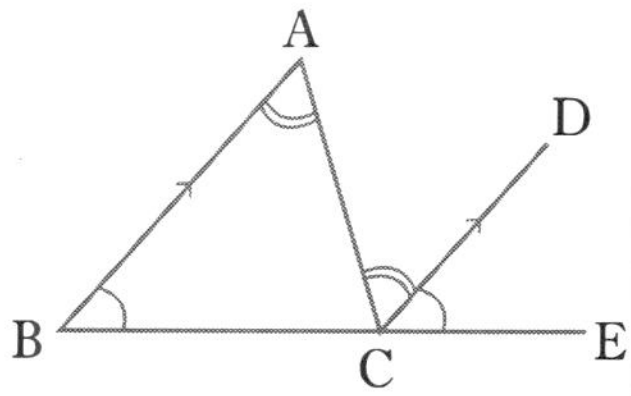

[그림 14-13] **중학교 수학 8-나 교과서**(양승갑 외 6인, 2001)

이에 대한 대안으로, 역동적 기하소프트웨어를 사용해서 실제 세 각의 크기를 재어서 합해 보는 활동[그림 14-14]을 생각해 보자. GSP의 꼭지점을 움직이면 삼각형 모양이 바뀌면서 세 내각의 크기도 바뀌지만 세 내각의 합은 180도 임을 확인할 수 있다. 이것은 초등 수준에서 세 각을 찢어서 한 곳에 모아보는 활동과 유사하긴 하지만, 실제수업에서 단지 몇 가지 삼각형에 대한 활동 후 일반화 시키는데서 오는 불만을 해소할 수 있을 것이다.

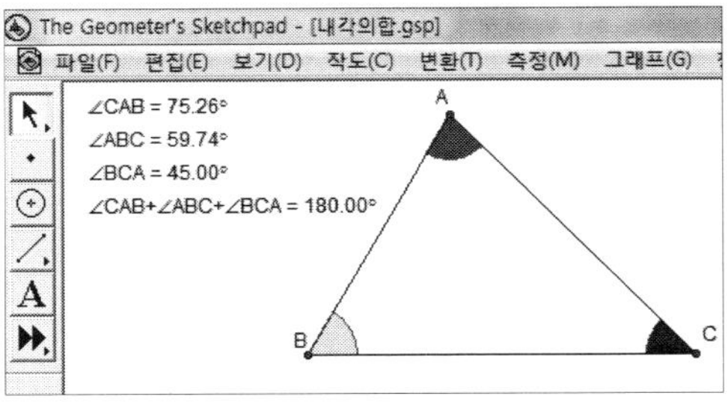

[그림 14-14] **삼각형의 내각의 합**

다른 방법으로는 역사발생적 근원을 고려하여 집필된 Clairaut의 〈기하학원론〉에서 다루고 있는 삼각형의 내각의 합에 대한 내용을 GSP를 이용해서 구현해보는 것이다[그림 14-15]. $\triangle ABC$의 변 $\overline{AC}$의 연장선 위의 점 C를 연장선 위를 따라 움직이는 활동을 하다보면 $\angle BCA$가 줄어들고 $\angle ABC$가 늘어나므로 전체 내각의 합이 변하지 않게 된다는 것을 학생들은 직관적으로 받아들일 수 있다. 또한 극단적으로 $\overline{AC}//\overline{BC}$인 경우 세 내각의 합이 $\angle B$ 주변에서 평각과 같으므로 $180°$ 임을 알 수 있다. 이러한 활동 이후에 교과서에 나오는 연역적 증명을 도입한다.

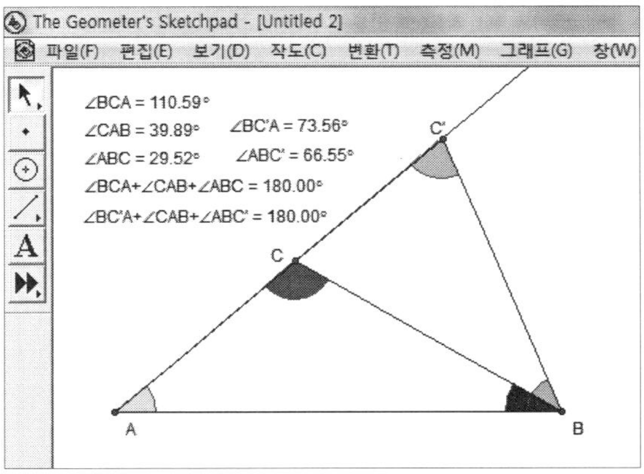

[그림 14-15] **삼각형의 내각의 합 2**

(2) 삼각형의 무게 중심

삼각형의 무게중심은 무엇인가?

활동해 봅시다

1 종이 위에 △ABC를 그린 후 꼭짓점 A와 $\overline{BC}$의 중점 D를 잇는다.
2 꼭짓점 B와 $\overline{AC}$의 중점 E를 잇고, 1에서 그은 선분과의 교점을 G라고 하자.

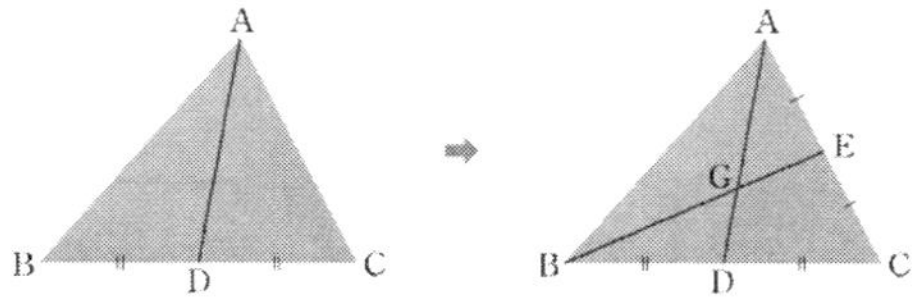

(1) 꼭짓점 C와 $\overline{AB}$의 중점을 이은 선분은 점 G를 지나는가?
(2) $\overline{AG}$: $\overline{GD}$를 추측하여 보자.

[그림 14-16] **중학교 2학년 수학교과서**(우정호 외 9인, 2008)

삼각형의 무게중심은 중학교 2학년 닮음의 활용에서 다루는 내용이다. 삼각형의 세 중선의 교점을 그 삼각형의 무게중심이라고 한다. 삼각형의 두 중선의 교점을 그린 후 세 번째 중선을 그릴 때 교점을 지나는지에 의문을 가질 수 있다[그림 14-16]. 실제로 이것에 대한 형식적 증명이 중학교 2학년 수학책에 제시되어 있다. 하지만 삼각형의 중점연결 정리와 삼각형의 닮음의 성질을 이용한 이 형식적 증명은 학생들이 이해하기 쉽지 않다. 이때 컴퓨터에서는 '두 중선의 교점을 나머지 한 중선이 반드시 지난다'는 것을 여러 삼각형에 대해 확인 할 수 있다[그림 14-17].

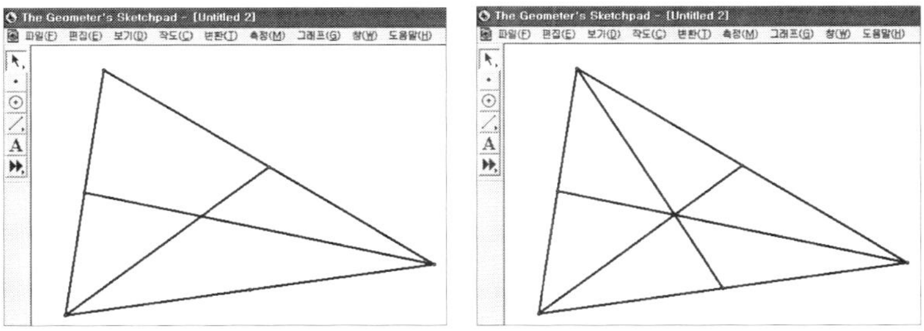

[그림 14-17] **GSP를 이용하여 두 중선의 교점을 다른 중선이 지남을 확인**

삼각형의 무게 중심을 작도한 후 무게 중심과 삼각형의 구성요소와의 관계(무게 중심으로부터 꼭지점 또는 선분까지의 거리[그림 14-18], 중선에 의한 삼각형의 분할된 면적들 사이의 관계[그림 14-19] 등)를 탐구한다. 또한, GSP에서는 기본요소인 점을 움직이면 처음 주어졌던 삼각형의 모양이 바뀌지만 작도된 요소들 간의 관계는 그대로 유지되어 바뀐 삼각형에 대한 중선과 무게중심을 화면에 보여준다. 학생들은 다양한 형태의 삼각형에 대해 무게중심을 보게 되고 그로부터 귀납추론을 할 수 있다.

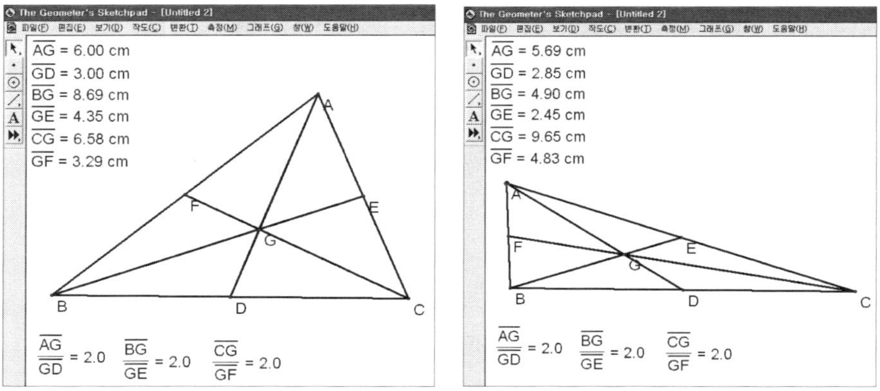

[그림 14-18] **다양한 삼각형에 대해 중선과 무게중심의 관계 탐구**

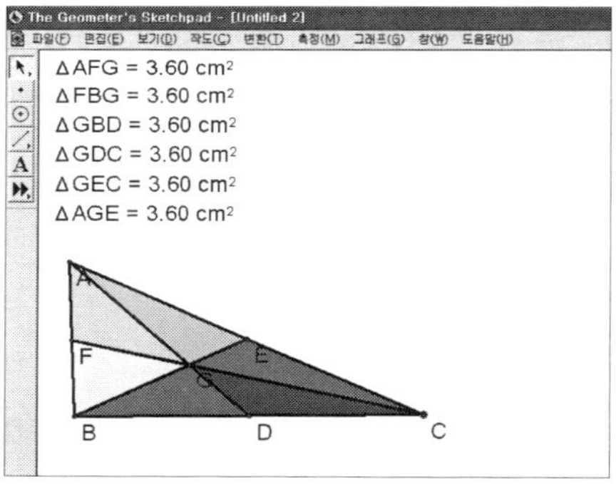

[그림 14-19] **중선에 의해 분할된 삼각형의 면적**

참고문헌

교육과학기술부(2008). 『고등학교 교육과정해설』. 서울 : (주)미래엔 컬처그룹.

교육과학기술부(2008). 『중학교 교육과정해설』. 서울 : 대한교과서.

교육인적자원부(1997). 『수학과 교육과정』. 교육부.

교육인적자원부(2007). 『수학과 교육과정』. 교육부.

권성룡외 3인(2006). 『테크놀로지와 함께 하는 수학교육』. 서울 : 경문사.

김남희·박경미(2008). 『수학교육에서의 컴퓨터 활용』. 서울 : 경문사.

김남희외 5인(2006). 『수학교육과정과 교재연구』. 서울 : 경문사.

김화경(2006). 『'컴퓨터와 수학교육' 학습-지도 환경에 관한 연구』. 서울대학교박사학위논문.

나귀수(2000). 「수학교육에서 컴퓨터 활용에 대한 소고」. 《학교수학》 2(1), pp.97-110.

신동선·류희찬(1998). 『수학교육과 컴퓨터』, 서울 : 경문사.

양승갑 외 6인(2001). 『중학교 수학 8-나』. 금성출판사.

우정호(2000). 『수학 학습-지도 원리와 방법』. 서울대학교출판부.

우정호외 7인(2009). 『미적분과 통계 기본』, 두산동아(주).

우정호외 9인(2008). 『중학교 수학 2』. 두산동아(주).

이종영(2001). 「컴퓨터 환경에서 극단적인 교수 현상의 가능성과 수학 교수·학습 양식에 관한 고찰」. 《수학교육학연구》 11(1), pp.51-66.

최동근·양용칠·박인우(1998). 『교육방법의 공학적 접근』. 교육과학사.

허혜자·Jenifer Suh·Paticia S. Moyer(2004). 「수학에 대한 자신감 증진 : 가상학습교구를 통한 분수 개념 이해의 결과」. 《수학교육학연구》 14(2), pp.207-219.

허혜자(2005). 「스프레드시트가 수학교육에서 발휘할 수 있는 역량에 대한 고찰」. 《관동대학교 교육과학연구소 논문집》 11(1), pp.47-66.

황혜정 외 4인(2001). 『수학교육학 신론』. 서울 : 문음사.

Balacheff, N and Kaput, J.(1996). Computer-based learning environments in mathematics. In A. J. Bishop (Eds), *Handbook of mathematics education* (pp.469-504). Dordrecht : Kluwer Academic Publishers.

Kathleen, M. & Baylor, T.(1993), Computing Technology In Wilson, P.S., *Research Ideas for the Classroom : High School Mathematics*, NCTM.

NCTM (1989). *Curriculum and Evaluation Standards for Schocl Mathematics*. Reston, VA : The National Council of Teacher of Mathematics. 구광조 외 2인 역 (1992). 『수학교육과정과 평가의 새로운 방향』. 서울 : 경문사.

NCTM (2000). *Principles and Standards for School Mathematics*. Reston, VA : The National Council of Teacher of Mathematics. 류희찬 외 5인 역 (2007). 『학교수학을 위한 원리와 규준』. 서울 : 경문사.

Papert, S. (1980) *Mindstoms : Children computer and powerful ideas*. 백영균, 류희찬 (역) (1990). 『로고 : 아동과 컴퓨터』. 양서원.

Chapter 14

생각해 볼 문제

01 수학 수업에 테크놀로지의 활용이 강조되는 이유는 무엇인지, 테크놀로지를 활용한다면 수업 방법은 어떻게 달라져야 하는지, 수업 내용에는 어떤 변화가 일어나게 되는지에 대해 설명하시오.

02 컴퓨터를 이용한 수학 교수-학습 양식(개인교사형, 학생주도형, 보조도구형, 탐구학습형)의 특징을 설명하시오.

03 수학수업에서 테크놀로지를 사용할 때 학생들의 학습에 미치는 장점과 단점에 대해 서술하시오.

04 교사가 계산기, 컴퓨터, 교육용 소프트웨어, 가상학습교구 등 공학적 도구를 수학 수업에 사용하려고 할 때 고려할 점을 설명하시오.

05 컴퓨터를 활용한 수학 교육에서 일어날 수 있는 교수학적 변환의 가능성을 극단적인 교수현상(토파즈 효과, 죠르단 효과, 메타인지적 이동, 형식적 고착)과 관련지어 설명하시오.

06 테크놀로지를 이용한 수업에 Dienes의 지각적 다양성의 원리, 수학적 다양성의 원리, 활동의 원리, 구성의 원리를 적용한 가상 수업의 예를 들어 보시오.

07 2007년 개정 수학교육과정에서는 생활주변 현상, 사회 현상, 자연 현상 등의 여러 가지 현상을 학습 소재로 하여 수학적 개념·원리·법칙을 도입하고, 계산 능력 배양을 목표로 하지 않는 경우의 복잡한 계산 수행, 수학적 개념·원리·법칙의 이해 등을 위하여 계산기, 컴퓨터, 교육용 소프트웨어 등의 공학적 도구를 활용하여 수학 학습의 효과를 높이도록 권고하고 있다. 박교사가 이러한 권고사항에 따라 밑줄 친 ①을 위해 시도할 것으로 예상되는 지도 방안 한 가지를 그 근거와 함께 제시하시오.

2010년 중등임용고사 2차 시험

> 박교사 : 네 맞습니다. 그렇지만, 고등학교 학생들이 김 선생님과 정 선생님의 증명 과정을 이해하기는 어렵다고 생각합니다. 저는 ① $\lim_{n\to\infty}\left(1+\frac{1}{n}\right)^n = 2.7182\cdots = e$ 임을 직관적으로 이해시킨 후, 학생들이 여러 극한값을 능숙하게 구하도록 하는 데에 시간을 할애합니다. 그리고 e가 무리수 임이 알려져 있음을 간략히 언급하는 정도로만 다룹니다. 한편, 표준정규분포의 확률밀도함수에 대한 것도 관련된 사실을 간략하게 소개하고 이를 활용해 여러 통계 문제를 해결하는 데에 초점을 맞추어 지도합니다.

08 다음 수업 상황에 관한 설명으로 가장 적절한 것은?

2009년 임용고사 1차 시험

> 교사 : 이번 시간에는 유리함수 $f(x)=\frac{x^2+x+2}{x-1}$의 그래프를 그려보겠습니다. 먼저 이 그래프의 특징에 대해 알 수 있는 것을 자유롭게 이야기해 봅시다.
>
> 학생 A : $f(x)=\frac{x^2+x+2}{x-1}=x+2+\frac{4}{x-1}$이므로, 이 그래프는 직선 $y=x+2$와 쌍곡선 $y=\frac{4}{x-1}$를 각각 그린 후 y값을 더해서 그릴 수 있지 않을까요?
>
> 학생 B : $f(x)=\frac{x^2+x+2}{x-1}=x+2+\frac{4}{x-1}$이므로 이 그래프는 $x\to\pm\infty$일 때 직선 $y=x+2$와 비슷해질 것 같습니다.
>
> 교사 : 그러면 그래프 계산기로 직선 $y=x+2$와 쌍곡선 $y=\frac{4}{x-1}$를 각각 그린 후 두 함수를 더해 보면서 여러분이 생각했던 것을 확인해 봅시다.
>
> 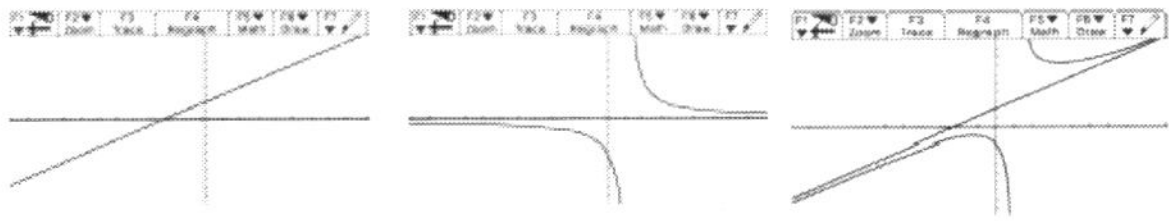
>
> $y=x+2$의 그래프 $y=\frac{4}{x-1}$의 그래프 $y=\frac{x^2+x+2}{x-1}$의 그래프
>
> 교사 : 다음 시간에는 도함수를 이용해서 이 그래프의 개형을 그려보겠습니다.

① 한 점의 근방에서 그래프의 변화를 관찰하는 국소적 접근과 함수의 정의역 전체에서 그래프를 해석하는 전체적 접근을 통합하여 함수의 그래프를 지도하고 있다.
② 그래프 표현과 대수적 표현 사이의 번역 활동을 통하여 이와 유사한 문제의 해결에서 유리함수의 개념을 유연하게 활용할 수 있도록 지도하고 있다.
③ 그래프 계산기를 사용하여 직선, 쌍곡선을 비롯한 여러 가지 그래프를 구체적으로 그려 보고 있으므로 이 수업은 '수학적 다양성의 원리'를 적용한 것이다.
④ 대수식의 시각화를 통하여 유리함수와 관련된 추측이 참임을 확인하는 경험적 정당화 활동을 하고 있다.
⑤ 그래프 표현과 대수식 표현 사이의 연계성을 통하여 학생들에게 대수식 조작의 의미를 반성하도록 하고 있다.

09 최 교사는 "기울기가 같은 두 일차함수의 그래프는 서로 평행하거나 일치한다."는 학습 내용을 지도하려고 한다. 다음은 최 교사가 수업에 사용하기 위해 만든 학습 자료와 그 학습 자료를 활용한 학습 활동에 대한 계획이다.

〈 학습 자료 〉

탐구형 소프트웨어를 이용하여 컴퓨터 화면에 함수 $f(x)=2x+1$의 그래프를 그린다. 매개변수 입력창에 a, b 의 값을 입력하면 그 값에 따라 새로운 함수 $g(x)=ax+b$ 의 그래프가 동일한 화면에 그려지도록 한다.

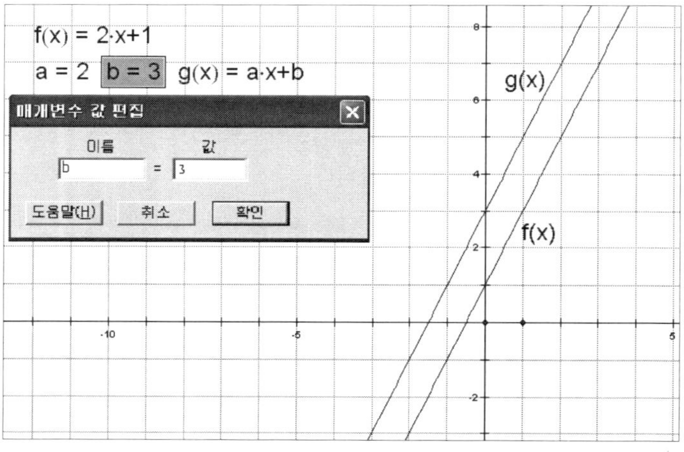

〈학습 활동〉

활동 ① : 위 학습 자료에서 a 의 값을 2 로 입력하여 고정한다.

활동 ② : b 의 값에 3 을 입력하여 $g(x)$의 그래프를 그리고, $f(x)$와 $g(x)$의 두 그래프 사이의 관계를 관찰한다.

활동 ③ : b 의 값을 바꾸어 입력하여 $g(x)$의 그래프를 그리고, $f(x)$와 $g(x)$의 두 그래프 사이의 관계를 관찰한다.

활동 ④ : 활동 ③의 과정을 여러 번 반복해서 실행한다.

Dienes가 제시하는 수학 학습 원리 중 '수학적 다양성의 원리'를 쓰고, 지도하려는 학습 내용에 대한 최 교사의 수업 계획을 수학적 다양성의 원리의 관점에서 평가하시오.

2006년 임용고사 1차 시험 문제

10 다음은 컴퓨터를 활용한 수학 수업에 대하여 김 교사가 갖고 있는 신념이다.

수학적 개념, 원리, 법칙에 대한 귀납적 발견을 위하여 컴퓨터를 활용하는 활동은 그 목적을 분명히 해야 한다. 컴퓨터의 시각적·조작적 기능은 학생이 수학에 보다 쉽게 접근할 수 있게 해 주지만, 이것만으로는 부족하고 조작에 대한 반성이 반드시 요구된다.

김 교사는 로고(LOGO)와 비슷한 소프트웨어를 활용하여 '정n 각형의 외각의 합은 $360°$이다'라는 명제를 지도 하고자 한다. 김 교사가 시범을 보인 한 변의 길이가 50인 정삼각형을 그리는 활동과 기본 명령어는 다음과 같다.

〈정삼각형을 그리는 활동〉

'반복 3 {가자 50; 돌자 120}'이라고 입력한 후 화면의 '실행' 버튼을 누른다.

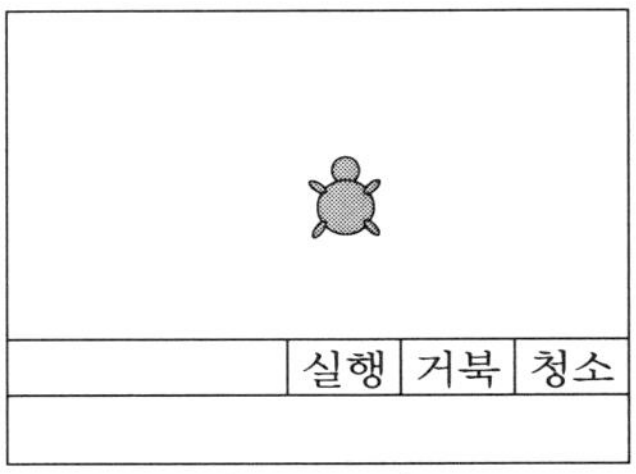

〈초기화면〉

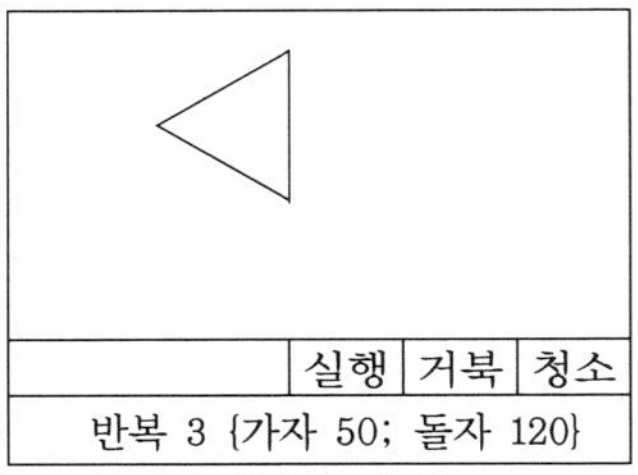

〈완성된 화면〉

〈기본 명령어〉

가자 x : 거북이 이동하면서 길이가 x인 선분을 그린다.

돌자 y : 거북의 진행 방향을 y° 만큼 시계반대방향으로 바꾼다.

반복 n { … } : 괄호 안에 있는 명령어를 n번 반복하여 실행한다.

거북 : 화면의 거북을 사라지게 하거나 다시 나타나게 한다.

김 교사는 이후에 학생들에게 위의 소프트웨어를 활용하여 정사각형과 정오각형을 그려보게 하였다. 학생들이 주어진 명제를 발견하기 위해 자신의 탐구 활동을 반성하여 반드시 알아내야 하는 사실을 2가지 제시하시오.

2005년 임용고사 1차 시험 문제

Chapter 15 수학과 평가

01 수학과 평가의 원리 및 동향

평가는 교수 학습의 주요 요소 중 하나로, 교수 학습의 결과로서 학생의 성취도 수준, 지도 효과 검증, 진학 기준 등으로 사용될 수 있기도 하지만 교수 학습의 과정으로서 학생들의 이해 정도, 어려움 등을 파악하고 차후 수업 계획 및 교수 방법 등을 수정, 보완하여 학생들의 학습을 도울 수 있는 중요한 역할을 한다. 따라서 단순히 퀴즈나 정기 고사와 같은 시험으로서만 평가를 이해한다면 평가를 극히 단편적으로만 이해하는 것이다. Mokros, Russell, & Economopoulos(1995)는 평가는 교수 학습의 도우미로서 학생의 능력, 수학적 이해, 개인적 성향 등등 학생에 대한 정보를 알지 못하고는 교사로서 제대로 지도할 수 없기에 매우 중요하다고 거듭 강조하였다. 그러므로 평가의 역할과 필요에 따른 이에 맞는 다양한 평가 방법의 개발과 교사들의 평가에 대한 지식 함양 역시 매우 중요하다. 이 장에서는 평가의 의미와 중요성, 최근 동향뿐만 아니라 다양한 평가 방법과 그 제작과정, 그리고 평가의 여러 유형들을 살펴봄으로써 평가에 대한 기본적인 개념과 그 의의를 찾아보자.

평가는 교사가 현명한 교육적 결정을 내릴 수 있도록 정확한 정보를 제공하고 학생의 학습에 대한 공정한 판단을 하는 데 사용된다. 좀 더 엄밀히 말하면, 전자는 assessment에 해당하고, 후자는 evaluation에 가깝다. 즉, assessment는 교수학적 결정을 내리기 위해 학생들에 대한 정보를 수집하는 과정을 의미하며, 이는 관찰, 대화, 토론과 같은 비형식적인 방법으로도, 시험, 과제와 같은 형식적인 방법을 통해서도 가능하다. 반면, evaluation은 결정을 내리고, 가치를 부여하고, 가치 있는 것이 무엇인지 결정하는 과정을 의미하는 것으로, 시험을 보는 것은 assessment라고 하더라도 이에 대해 성적을 부여하여 이 학생의 성취도 수준을 결정하는 것은 evaluation에 해당한다. 일반적으로, '평가'라고 하는 말은 이 두 가지 의미에 대해 공히 사용되고 있는데, Alberta Education(2006)은 학교 교육에서의 평가(assessment)란 "교사가 학생들의 학습 및 발달의 과정에 대한 평가(evaluation)를 도울 수 있도록 학습자에 대한 정보를 수집하는 일"(p.3)이라 정의하여 이 둘의 관계를 명확히 설명하고 있다. 더 나아가 OECD(2005)는 아래 [그림 15-1]과 같이 assessment와 evaluation이 각각 다른 역할을 하지만 서로 상호 보완하고 있다고 보고 있다(p.4).

[그림 15-1] assessment와 evaluation의 상호 관계(OECD, 2005, p.4)

NCTM(1995)의 Assessment Standards for School Mathematics에서도 평가를 "학생들의 수학 지식, 수학을 사용하는 능력, 수학에 대한 성향, 다양한 목적을 위한 증거를 찾고 추론을 이끌어 낼 수 있는 능력 등에 대한 증거를 모으는 과정"(p.3)이라고 정의하면서 평가를 시행하여 얻고자 하는 목적과 그 효과를 아래 [그림 15-2]와 같이 제시하였다.

평가는 수학 교수 학습의 중요한 한 요소로서 '학교수학을 무엇으로 보는가', '학습을 어떻게 정의하는가'와도 긴밀하게 연결되어 있다. 기존에는 수학을 교사가 이미 존재하는 자료와 내용을 잘 정리해서 전달하는 임의의 규칙의 배열로 보았으나, 이제는 "패턴과 질서의 과학"(p.13)으로 수학을 하는 것(doing mathematics)은 이해하고 탐구하고 찾아내는 것이라고 보는 것으로 그 의미가 변화하고 있다(Van de Walle, 2007). 따라서 학습에 대한 개념도 잘 정리된 내용을 전달하는 것에서 학생이 스스로 탐구하고 발견하며 함께 논의하면서 지식을 구성해 나가는 개념으로 변화하고 있다. 이러한 변화에 따라 평가 역시 수학적 지식의 내

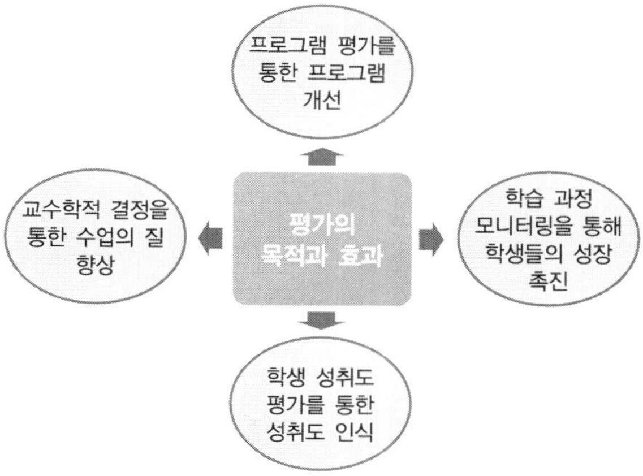

[그림 15-2] **평가의 목적과 효과**(NCTM, 1995, p.25)

용에 대한 평가 이상으로 과정에 대한 평가를 중시하고 있으며, 기존의 전통적인 평가는 학생들이 무엇을 모르는지에 초점을 맞추었지만, 이제는 과제를 해결할 때 어떤 아이디어를 가져와 어떻게 사용하는지, 그 과정에서 어떻게 사고하는 지 등 학생들이 무엇을 아는지에 중점을 두어야 함을 강조하고 있다(NCTM, 1995). 따라서 평가는 점차 수학적 문제해결 능력, 의사소통 능력, 추론 능력, 수학적 연결성 등을 강조하는 방향으로 변화하고 있다. 2000년에 발표된 NCTM의 Principles and Standards for School Mathematics에서도 이러한 과정 중심의 평가를 강조하고 있는데, 학생의 수학적 이해와 수학적 성향을 중심으로 하여 수학적 힘, 문제해결, 의사소통, 추론, 수학적 개념, 수학적 절차, 수학적 성향의 7가지 규준을 제시하면서, 이 규준들이 서로 분리된 것이 아니라 하나의 평가에 뒤섞이면서 적어도 1개 이상의 규준이 평가에 들어가도록 하고 있다.

〈표 15-1〉 **평가 관점의 변화**(NCTM, 1989)

관심이 증가하는 영역	관심이 감소하는 영역
• 학생들이 수학에 대하여 무엇을 알고 있고 어떻게 생각하는지에 대하여 평가함.	• 학생들이 무엇을 모르는가를 평가함.
• 평가를 교수(teaching)의 통합된 부분으로 간주함.	• 평가를 단지 등급을 결정하기 위한 목적에서 정답의 개수를 세는 것으로 간주함.
• 수학 과제를 광범위하게 설정하고 수학에 대하여 총괄적인(holistic) 관점을 취함.	• 내용–행동의 이원분류에 의해 조직된 독립된 기능에 초점을 둠.
• 다양한 수학적 아이디어를 적용할 수 있는 문제 상황을 개발함.	• 한두 가지 기능만을 요구하는 연습문제나 문장제를 활용함.

다음은 Assessment Standards에서 제시한 여섯 가지 평가 규준과 이러한 평가에 대한 관점의 변화에 따른 각 규준에 대한 설명이다(NCTM, 1995).

1 **수학 규준** : 평가는 모든 학생이 알아야 할 것과 할 수 있는 수학을 반영해야 한다.

측정 가능한 수학 내용을 평가하려다 보면, 자칫 낮은 수준의 단순한 계산 기능만 평가하게 되기 쉽다. 이보다는 학생들이 반드시 알아야 할 중요한 수학 개념을 반영해야 한다. 즉, 수학의 "주요 아이디어(Big ideas)"(관련된 기본적인 수학적 개념의 묶음)에 초점을 두어 좀 더 넓은 수학적 아이디어와 과정을 평가하고자 노력해야 한다.

2 **학습 규준** : 평가는 수학 학습을 향상시켜야 한다.

평가는 교육의 필수적이고 중요한 요소로서, 오히려 방해가 되거나 혹은 결국 하나의 이벤트로 끝나서는 안 된다. 평가는 교사가 수업을 계획하는데 직접적으로 도움을 주기 때문에 궁극적으로 학생들의 학습에도 도움이 된다. 따라서 교사는 다양한 방식으로 다양한 상황 아래에서 학생들이 과제를 수행하는 것을 면밀히 관찰할 수 있도록 다각적인 평가 기회를 만들어 학생들의 학습에 적절한 피드백을 주고 학생들의 학습을 더더욱 향상 시킬 수 있는 방안을 찾아 나가야 한다.

3 **공정성 규준** : 평가는 공정성(equity)을 향상시켜야 한다.

평가는 모든 학생의 개개인의 경험, 장점, 특성을 존중해야 한다. 학생들 개개인이 무엇을 필요로 하는지 인식하고 그에 맞게 모든 학생들에게 적합한 기대를 설정해야 한다. 기존의 전통적인 방식의 평가는 때로는 학생의 배경, 사회경제적 지위, 성별 등과 같은 요소들에 의해 왜곡될 수 있다(Pullin, 1993). 특히, 평가 결과가 진학, 취업 등에 사용되거나 등급을 매기는데 사용될 때 공정성 문제는 더 중요해 진다. 따라서 이러한 사회적 맥락의 역할을 좀 더 자세히 살펴보고 다양한 표현 방식이나 평가 방법을 사용하여 공정성을 확보할 수 있는 노력이 필요하다.

4 **개방성(openness) 규준** : 평가는 개방적인 과정이여야 한다.

학생들에게 무엇을 기대하는지 그들이 아는 것을 어떻게 표현할 수 있는지를 미리 알려줘야 한다. 답이 아니라 과정을 더 중시하게 됨으로써 미리 학생들에게 무엇을 기대하고 있으며 어떤 과정과 기준에 의해 평가가 이루어지는지, 기대되는 좋은 결과는 어떤 형태인지 등을 미리 학생들이 알도록 해야 한다.

5 추론(inferences) 규준 : 평가를 통해 학생들의 수학 학습에 대한 타당한 추론을 도출해 낼 수 있어야 한다.

결과보다 과정에 초점을 맞추어 평가하게 되면 기존의 평가에서처럼 단순히 답이 틀렸거나 계산이 잘못 되었다는 식으로 쉽게 결론을 내리기 어렵다. 따라서 기존 평가에서의 타당성과 신뢰성도 재고찰해 볼 필요가 있다. 즉, 평가 그 자체의 타당성을 보기보다는 평가로부터 추론해 냄으로써 그 타당성을 판단하는 것이 더 필요한 것이다. 그래서 좀 더 중요해 지는 것이 과제의 진정성(authenticity)이다. 여기서 "Authentic"은 가치가 있고, 실세계와 연관되어 있으면서, 비정형적인 문제들로, 명확한 기준과 관련하여 학생들이 구성할 수 있는 가능성이 있고, 전략에 대해 설명 할 수 있고, 성과에 대해 논의할 수 있는 기회가 주어지는 것이다. 이렇게 보면 비슷한 문제를 다른 시점에 주어도 학생의 답에 일관성이 있을지와 같은 기존 평가에서의 신뢰성의 개념을 벗어나, 교수 학습 과정에서의 학생의 생각을 따라가고 그에 대한 이유와 근거를 설명하게 하고 결국은 그들의 성공과 실패를 모두 봄으로써 학생의 학습에 대한 정확하고 유의미한 추론을 이끌어 낼 수 있는 것이 더욱 중요하게 된다.

6 일관성(Coherence) 규준 : 평가는 일관적인 과정이어야 한다.

일관성은 각각의 평가가 평가 목적에 맞게 적절하게 사용되었는지를 의미하는 것이다. 평가는 학습 과정을 모니터링하고 교수학적 결정을 내리는 자료로 사용되기도 하며 학업성취도를 측정하기 위해 사용되기도 한다. 따라서 각각의 평가 목적에 따라 그 형태나 방식도 다르게 적용되어야 한다. 특히 학교 현장에서의 평가는 즉, 학습 목표와 학습 방법 모두를 반영하여 수업에서 사용된 방법, 소재, 방식을 사용해서 평가해야 한다. 이를 위해서 교사는 학생들과의 교수학적 계약에 맞는 평가 시스템을 만들 수 있는 폭넓은 기술과 수단이 필요하다. 또한, 동료 교사와도 함께 평가에 대해 논의하고 구성해 나감으로써 동일한 기준을 수립하여 학교 내에서의 평가의 일관성을 구현해 내는 것도 필요하다.

우리나라에서도 학교 교육의 목표가 단순한 지식과 정보의 전달에서 학생의 창의력과 문제해결능력을 길러주는 사고력 중심으로 전환됨에 따라 학생평가에서도 관점을 전환하여 고등정신능력을 배양함으로써 학력을 신장하고 교수-학습 방법을 개선하는데 중점을 둔 방안이 모색되고 있다. 특히 평가가 수학 교수-학습과정의 중요한 부분으로 시행되고 평가의 결과가 다시 수학 학습의 개선을 위한 자료로 활용되어야 한다는 주장이 대두되고 있다. 또한 다양한 평가방법을 활용하여 창의력, 문제해결력, 수학적 사고력 자체뿐만 아니라 그 과정도 평가해야 하며 수학적 개념이나 정보의 활용 능력과 수학적인 언어를 사용하여 얼마나 잘 표현할 수 있는지도 평가해야 한다고 주장하면서 수학과에서 평가가 바르게 이루어지기 위해서 갖추어야 할 기본 원리를 다음과 같이 제시하였다(한미란, 2006).

일관성의 원리
평가가 수학과목을 통해 달성하기를 기대하는 능력이 함양되었는가를 측정하는데 초점이 맞춰져야 한다. 학습내용에 일치하고 지도목표에 부합하는 평가가 이루어져야 한다.

균형성의 원리
학습자들의 교육 목표 성취도를 파악하기 위해서는 수학 학습 내용에 대한 지식과 문제해결력 등 인지적인 영역과 창의력이나 가치관, 태도 등 정의적인 영역이 종합적으로 평가되어야 한다.

다양성의 원리
지금까지 수학과에서의 평가는 대부분 지필고사를 통해 이루어져왔다. 학생의 수학적인 능력을 평가하기보다는 단순히 학습 내용에 대한 지식을 측정하고 수준 판정 및 선발을 목적으로 평가가 행해져왔으나 학습자의 수학적인 능력을 바르게 평가하기 위해서는 다양한 평가 방식을 적용해야 한다. 따라서 평가 내용의 성격과 목표에 따라 평가 방법을 다양하게 하고 타당도와 신뢰도를 갖춘 다양한 평가방법을 개발할 필요가 있다.

유용성의 원리
평가 활동을 통해 학습자의 능력이나 학습상태를 파악하고 동시에 교사의 학습 지도 활동에 대한 평가도 함께 이루어져 앞으로의 교수 학습 방법의 개선을 위한 자료로 활용될 수 있어야 한다.

객관성의 원리
평가결과가 객관적으로 처리되지 못한다면 그 평가는 신뢰성을 잃게 된다. 어떤 형태의 평가가 실시된다 하여도 각 평가의 단계를 구체적으로 세분화시키고, 각 평가 단계에서의 성취 기준과 평가 기준을 정확하게 기술하며 이에 따라 채점 기준을 미리 정하는 등 세부적인 계획을 세워 평가의 결과에 대한 신뢰성을 높일 수 있도록 해야 한다는 것이다.

교육과정의 변화와 더불어 진행되고 있는 평가의 변화에 대한 세계적 추세는 우리나라 수학과 교육과정에도 직접적인 영향을 주고 있다. 1997년 고시된 수학과 교육과정은 '문제해결력에 대한 평가에서 결과뿐만 아니라 문제의 이해능력과 문제 해결과정을 파악할 수 있어야 하고, 객관식 선다형 위주의 평가를 지양하며, 주관식 지필 검사, 관찰, 면담 등 다양한 평가 방법을 활용하여 종합적인 수학 학습 평가가 이루어질 수 있게 한다'고 규정하고 있다(교육부, 1997).

또한 이는 2007년 개정된 교육과정에도 영향을 주어, 개정된 교육과정에서는 평가를 '학생의 인지적 영역과 정의적 영역에 대한 유용한 정보를 제공하여 학생 개개인의 수학 학습과 전인적인 성장을 돕고 교사의 교수 활동과 수업 방법을 개선하는 데 활용'해야 한다고 명시하고 있던 제7차 교육과정 개정의 내용과 더불어 획일적인 방법을 지양하고 다양한 평가 방법을 사용할 것을 강조하고 있다(교육인적자원부, 2007).

즉, 각기 다른 정신 능력을 가지고 있는 학습자의 다양한 능력을 확인하기 위해서 수학교육의 평가는 지식을 알고 활용하는 과정과 창의적인 문제 해결력을 강조하는 방향으로 변화되어 가는 것이다. 학교 교육은 학생들의 적성과 소질을 발견하고 이를 계발시킬 수 있도록 도와주어야 하며, 이러한 교육관에 따라 수학과에서의 평가는 지필에 의한 한두 가지 기능 중심에서 계산기, 컴퓨터 등의 구체적인 조작물을 수반하는 다양한 평가 기법이 도입되어야 하는 것이다(김선덕, 2004).

이로써 문제를 접근하는 방법, 정보를 활용하는 방식, 답을 구성하는 방식 등에서 좀 더 적게 제한을 둠으로써 문항에 대한 학생 반응의 자유도가 높고 학생들에 대한 정보를 다양하게 제공하는 평가 방식으로의 변화에 대한 요구가 더욱 커져가게 되었다. 한편 평가에 대한 변화의 요구에 의해 만들어진 새로운 평가 체제에서의 진리관, 철학적 근거, 평가목적, 교사의 역할 등을 전통적 평가체제와 비교하면 다음과 같다.

〈표 15-2〉 **평가 체제의 변화**(한기란, 2006)

구분	전통적 평가체제	새로운 평가체제
진리관	절대주의	상대주의
철학적 근거	합리론, 경험론 등	구성주의, 현상학, 해석학, 인류학 등
시대적 상황	산업화 시대	정보화 시대
학습관	직선적, 위계적, 연속적 과정 추상적, 객관적 상황 중시 학습자의 기억, 재생산 중시	인지구조의 계속적 변화 구체적, 주관적 상황 중시 학습자의 이해, 성장 중시
평가체제	상대평가 양적평가	절대평가 질적평가
평가목적	선발, 분류 배치	지도, 조언, 개선

구분	전통적 평가체제	새로운 평가체제
평가내용	명제(내용)적 지식 학습의 결과 중시 학문적 지능의 구성요소	절차(방법)적 지식 학습의 과정 중시 실천적 지능의 구성요소
평가방법	선택형 평가 위주 표준화 검사 중시 대규모 평가 중시 일회적, 부분적인 평가 객관성, 일관성, 공정성 강조	관찰자 판단 위주 개별 교사에 의한 평가 중시 소규모 평가 중시 지속적, 종합적인 평가 전문성, 타당도, 적합성 강조
평가시기	학습활동이 종료되는 시점 교수 학습과 평가활동 분리	학습활동의 모든 과정 교수 학습과 평가활동 통합
교사의 역할	지식의 전달자	학습의 안내자, 촉진자
학생의 역할	수동적인 학습자 지식의 재생산자	능동적인 학습자 지식의 창조자
교과서 역할	교수, 학습, 평가의 핵심 내용	교수, 학습, 평가의 보조자료
교수학습활동	교사중심 인지적 영역 중심 암기위주 기본 학습능력 강조	학생중심 지・정・체 모두 강조 탐구위주 창의성 등 고등 사고기능 강조

이러한 변화의 흐름은 최근 발표된 2009 개정 교육과정에서도 나타나고 있다. 2009 개정 초·중등학교 교육과정 총론에서 밝힌 평가 활동에 관한 내용을 보면(교육과학기술부, 2011, p.21),

> (1) 학교는 학교 교육과정 편성과 운영의 적합성, 타당성, 효과성을 자체 평가하여 문제점과 개선점을 추출하고, 다음 학년도의 교육과정 편성・운영에 그 결과를 반영한다.
>
> (2) 학교에서 실시하는 평가 활동은 다음과 같은 사항을 고려해서 이루어지도록 한다.
>
> ㈎ 평가는 모든 학생들이 교육 목표를 성공적으로 달성하기 위한 교육의 과정으로 실시한다.
>
> ㈏ 학교는 다양한 평가 도구와 방법으로 성취도를 평가하여 학생의 목표 도달도를 확인하고, 수업의 질 개선을 위한 자료로 활용한다.

(다) 교과의 평가는 선택형 평가보다는, 서술형이나 논술형 평가 그리고 수행평가의 비중을 늘려서 교과별 특성에 적합한 평가를 실시하도록 한다.

(라) 실험 · 실습의 평가는 교과목의 성격을 고려하여 합리적인 세부 평가 기준을 마련하여 실시한다.

(마) 정의적, 기능적, 창의적인 면이 특히 중시되는 교과의 평가는 타당한 평정 기준과 척도에 의거하여 실시한다.

(바) 학교와 교사는 학교에서 가르친 내용과 기능을 평가하도록 한다. 학생이 학교에서 배울 기회를 마련해 주지 않고, 학교 밖의 교육 수단을 통해서 익힐 수밖에 없는 내용과 기능은 평가하지 않도록 유의한다.

(사) 창의적 체험활동에 대한 평가는 창의적 체험활동의 내용과 특성을 감안하여 평가의 주안점을 학교에서 작성, 활용한다.

최근 이루어지고 있는 평가에 관한 외국의 연구와 정책도 교수 학습 과정에 초점을 맞추어 기존의 지필평가나 성적을 매기기 위한 평가 개념을 넘어서 수업 자체를 향상시키고 학생들의 학습을 좀 더 잘 이해하여 교수법 역시 향상시키는 것을 목적으로 하는 교실 평가(classroom assessment)에 주목하고 있다. 이는 학생들이 무엇을 어떻게 학습하는지를 알면 알수록 좀 더 효과적으로 학습 활동을 구성하고 계획할 수 있다는 것을 기본 방향으로, 교수 학습 과정에서 교사와 학생 모두에게 유용한 피드백을 제공해 줄 수 있는 수업 활동들을 말하는 것이다. 따라서 교실 평가는 교사의 비형식적인 관찰부터 총괄 평가까지, 학생들의 개인적인 성찰(reflection)에서부터 동료 평가에 기반한 조별 활동까지 이러한 일련의 활동들을 포괄할 수 있다(Mohamad, 2009). Stiggins(2008)는 평가의 질을 결정하는 네 가지 주요 요소를 아래 [그림 15-3]과 같이 제시하였다(p.20).

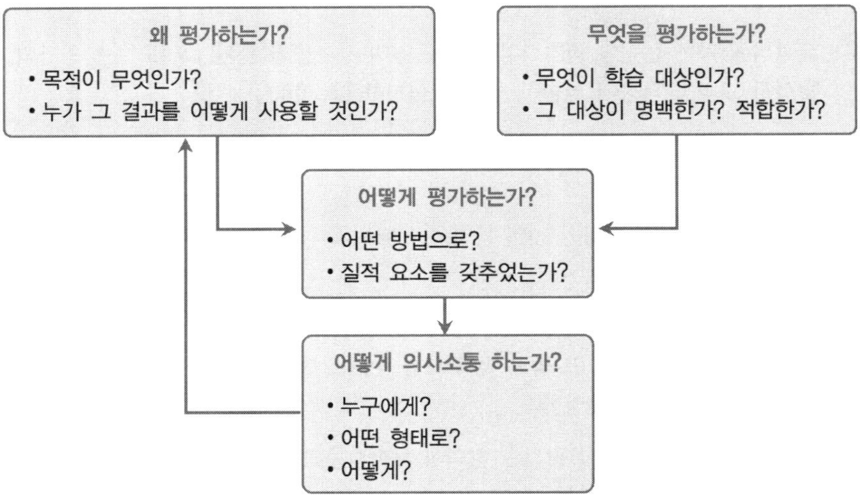

[그림 15-3] **평가의 질을 결정하는 네 가지 주요 요소**

[그림 15-3]의 요소들은 평가를 계획하고 실행하고 이에 대한 반성을 할 때도 그 기준이 되는 중요한 요소들이다. de Lange(1999)는 타당하고 신뢰성 있는 교실평가를 위한 원칙을 기존 연구들을 바탕으로 아래와 같이 제시했다.

1. 교실 평가의 주된 목적은 학습을 증진시키는 것이다.
2. 수학이 가치 있는 문제, 즉 학생들이 참여할 수 있고, 교육적이며 학생들의 생활의 한 부분인 실제적인 문제 속에 담겨 있어야 한다.
3. 평가 방법은 학생들이 자신이 무엇을 모르는지 보다는 자신이 무엇을 알고 있는지를 알 수 있도록 하는 것이어야 한다.
4. 균형 잡힌 평가 계획은 학생들이 자신이 배운 것을 표현하고 기록할 수 있는 다양한 기회와 형태를 포함하고 있어야 한다.
5. 과제는 교육과정의 모든 목표를 성취할 수 있는 것이어야 한다. 이를 위해서는 여러 수준의 수학적 사고를 알 수 있는 수행 규준이 있어야 한다.
6. 채점 기준은 공개되어야 하며 일관성 있게 적용되어야 한다. 또한, 채점을 시작하면서 볼 수 있는 좋은 사례와 부족한 사례를 포함해야 한다.
7. 채점을 포함한 모든 평가 과정은 학생들에게 공개되어야 한다.
8. 학생들이 평가 결과에 대한 진정한 피드백을 받을 수 있는 기회가 있어야 한다.
9. 과제의 질은 전통적인 관점에서 보는 객관적인 채점, 신뢰도, 타당도에 접근했는가로 판단되는 것이 아니라 진정성, 공정성, 위의 원칙들에 적합한 정도에 의해 판단되어야 한다.

구체적으로 어떤 평가 방법과 유형이 있고, 어떻게 구성하고 실행해야 하는지에 관한 내용을 다음 2절에서 살펴보자.

02 수학과 평가 설계 및 절차

Alberta Education(2006)은 학교 교육에서 활용할 수 있는 평가 방법(assessment method)으로 관찰, 일지 작성, 형성 평가, 지필시험, 컴퓨터 활용 시험, 구두시험, 자료 수집 평가, 인터뷰, 동료/자기평가, 규준 중심 평가, 수행평가(쓰기 과제, 전시, 포트폴리오, 프로젝트, 기타 산출물 평가 등)를 포함한다고 정의하였다. 이들 평가방법의 일부는 직접평가, 수행평가, 대안 평가 등의 이름으로 불리기도 하는데 시대적 평가관의 변화에 따라 대두된 이와 같은 평가 체제와 관련하여 성태제·권오남(1999)는 표준화된 형태의 선다형 문항을 전통적 평가 방법으로, 이에 대응하는 평가방법을 대안적 평가 방법으로 규정하면서 이들을 다음과 같이 비교하였다.

〈표 15-3〉 **전통적 평가 방법과 대안적 평가 방법의 비교**(성태제·권오남,1999)

	전통적인 선다형 평가 방법	대안적인 평가 방법
학습관	학습결과에 관심	학습과정과 결과에 관심
학습자관	수동적 존재	능동적 존재
평가관	분리된 지식과 기술을 평가	통합된 지식과 기술을 평가
평가내용	단일 속성	다원적 속성(여러 측면)

평가의 목적과 쓰임에 따라 다양한 유형과 방법이 있으며 그 제작 절차도 그에 맞게 다르게 적용될 수 있기 때문에 하나로 규정하기는 어렵다. 하지만, 공통적으로는 평가 계획 – 평가 설계 – 평가 시행 – 평가 결과 분석 – 결과 보고 및 활용과 같은 절차로 이루어진다.

평가 계획 단계에서는 우선 평가의 목적 설정 및 평가 영역과 목표 선정을 하게 되고 이에 알맞은 평가 방법과 틀을 고안하게 된다.

우선, 평가의 목적을 설정하게 되는데, 이는 '어떤 목적으로 평가를 사용할 것인가'를 생각하는 것이다. 평가의 시기와 목적에 따라, 진단평가(diagnostic assessment), 형성평가(formative assessment), 총괄평가(summative assessment)로 나누어 볼 수 있다. 진단평가는 학생들의 선행학습을 확인하여 학생들 수준에 맞는 수업 계획을 세우기 위해서 실시하는 평가로서 학생들이 가지고 있는 지식(prior knowledge)를 파악하여 본 수업의 수준과 내용을 결정하게 된다. 형성평가는 학생들의 학습 과정에서 무엇을 알고 무엇을 더 알아야 하는지를 파악하여 교수학습의 방향과 방법을 수정, 보완할 수 있는 정보를 제공해 주는 평가이다. 이 평가의 결과는 진행 중인 수업의 방향을 전환하기도 하고, 학생 개인차에 따른 학습 장애와 결손도 파악하고, 학습 내용에 대한 보완과 새로운 수업 자료 및 활동을 보충하는 등 수업 목표를 효과적으로 성취할 수 있도록 하는 중요한 역할을 한다.

또한, 학생들도 자신의 학습 과정에 대한 피드백을 그 때 그 때 받을 수 있어 학습 동기도 높아질 수 있고 자신의 학습 방법의 문제점도 파악하여 좀 더 효과적인 학습을 하는데 도움을 얻을 수 있다. 최근 이러한 형성 평가에 대한 다양한 연구와 시행의 테크닉들이 활발히 개발되고 있다. 총괄 평가는 학습자의 성취 수준을 종합적으로 확인하기 위해 일정 수업이 끝난 후 학생들의 성취 수준을 파악하고 학습 목표에 도달한 정도를 측정하는 평가이다. 보통은 학습 과제, 단원, 학기가 끝나고 나서 교육목표의 달성 정도를 평가하는 것이다. 위의 세 가지 평가들은 모두 지필평가 뿐만 아니라, 질의·응답, 관찰 평가 등 다양한 방법으로 이루어질 수 있다.

또 다른 평가 목적에 따른 유형 분류로는 규준참조평가(norm-referenced assessment)과 준거참조평가(criterion-referenced assessment), 능력참조평가, 성장참조평가로도 나누어 볼 수 있다. 규준참조평가는 흔히 상대평가로 알려져 있으며 학생이 다른 학생들과 비교하여 어느 위치에 있는가에 관심을 두는 것이다. 즉, 평가 결과를 상대적 서열로 변환하여 이 학생이 동료 학생들과 비교했을 때 어느 정도 성취하였는지를 보는 것이다. 이에 반해 준거참조평가는 절대평가라고도 하며 동료 학생들 사이의 서열과 상관없이 평가목표를 얼마만큼 성취했는지, 즉 얼마만큼 알고 있는지를 측정하는 것이다. 능력참조평가는 학생이 자신의 능력을 얼마나 발휘하였는지를 측정하는 것이며 성장참조평가는 전에 비해 얼마나 성장하였는지에 초점을 맞추는 것이다. 최근에는 성장참조평가에 대한 관심이 증대되고 있다.

평가 목적이 설정되고 나면 평가 영역과 목표를 선정한다. 즉, 평가하고자 하는 영역을 설정하고, 해당 영역의 교육 목표가 무엇인지를 선정한다. 교사가 명확한 목표를 설정하여 목표 지향적인 수업을 실시하려면 학습과제 분석을 통하여 내용요소를 확인하고, 내용요소에 부합되는 행동요소를 추출하여 구체적인 교수목표를 설정하여야 한다. 교수목표가 진술되면 이 목표에 준해서 수업설계를 하고, 수업을 진행한 후에는 수업목표가 어느 정도 달성되었는지를 파악하기 위한 평가가 이루어져야 한다. 이를 위해 보편적으로 사용되는 것이 Bloom의 교육목표 분류학(Taxonomy of educational objectives)이다(Bloom, 1956). Bloom은 목표를 운동 기능의 영역, 인지적 영역, 정의적 영역으로 분류하고 있다. 운동 기능 학습은 감각과 육체적 활동의 통합적인 조정을 수반하는 학습으로 수학 학습에서는 자와 컴퍼스를 사용하여 도형을 그리거나 측정을 할 때와 같은 제한된 범위에서 이루어지며 대부분의 학습은 인지적이다. 인지적 영역은 지식의 회상 또는 인지, 지적인 능력과 기능의 개발을 취급하는 목표를 포함하며, 정의적 영역은 흥미, 태도, 가치의 변화와 감상력의 개발, 적절한 반응 등을 묘사하는 목표들을 포함한다고 정의하고 있다. Bloom은 인지적 영역의 위계를 지식, 이해, 적용, 분석, 종합, 평가로 분류하였고 정의적 영역은 감수, 반응, 가치화, 조직화, 가치 또는 가치 복합에 의한 인격화의 범주로 나누었다. 하지만, 최근 Bloom과 함께 최초의 교육목표 분류학을 개발했던 Anderson(2001)이 Bloom의 교육목표 분류를 최신 교육의 변화에 맞춰 교육목표를 지식 차원과 인지 과정 차원으로 나누어 수정, 보완하였다. 지식 차원은 사실적 지식, 개념적 지식, 절차적 지식, 메타인지 지식으로 분류하였으며, 인지 과정 차원은 '기억하다', '이해하다', '적용하다', '분석하다', '평가하다', '창안하다'로 분류하고 각각의 하위 유목을 두었다.

평가 설계 단계는 평가 목적에 맞는 평가 방법을 선정하고 그에 맞는 평가 도구를 개발하는 것이다. 이때 성취 목표와 평가 방법 간의 일관성이 중요한데 평가 목적에 따라 아래와 같은 평가 방법을 사용해 볼 수 있다.

〈표 15-4〉 **평가 목적에 따른 평가 방법의 예시**

평가 목적	평가 문항 유형	기록 방법
진단 평가	(학생 개인별 · 집단별) 관찰	관찰기록지, 체크리스트, 평정척도법
	구술 평가	질문지
	간단한 지필 검사	단답형, 진위형, 완성형 등
형성 평가 (수업의 피드백)	(학생 개인별 · 집단별) 관찰	관찰기록지, 체크리스트, 평정척도법
	구술 평가	질문지
	간단한 지필 검사	단답형, 진위형, 완성형 등
	서술형 지필검사	서술형, 논술형 등
	학급 발표	미리 준비한 주제 발표
	과제 제시	숙저
	수학 학습 일지 작성	개인별, 조별 작성
	소집단 활동/프로젝트	미리 준비된 과제 제시
총괄 평가	표준화된 성취도 검사	선택형, 서답형 지필 검사 등
	포트폴리오	모든 평가 기록 모음

지필 평가 문항의 경우 크게 선택형과 서답형으로 분류된다. 선택형은 평가 문항에서 제시된 여러 답안 중에서 가장 알맞은 답을 선택하는 형태를 말하며, 진위형(true and false), 선

다형(multiple-choice), 연결형(matching), 배열형 등이 있다.

지금까지 학교 현장에서 가장 일반적으로 사용되는 것이 선다형 문항을 이용한 평가이다. 선다형 평가는 채점의 객관성을 보장해 주고 광범위한 영역의 교수·학습 목표의 성취도를 경제적(적은 비용, 짧은 시간)으로 파악할 수 있게 해 주며 대단위 검사에서도 쉽게 사용할 수 있다는 장점이 있다. 또한 선다형 문항은 '정답'이 있다는 전제하에 객관적이면서도 타당한 지식이나 정보를 가능한 많이 아는 것이 중요하여 학생들이 그러한 지식이나 정보를 얼마나 많이 기억하고 있는지를 평가하는 경우에 적절하다(노영순, 류춘식, 2001). 그러나 선다형 문항은 평가자가 의도한 답안의 내용과 형태가 제시되기 때문에 학습자의 창의적이고 능동적인 수행 능력을 함양하도록 유도하는데 한계가 있다는 점에서 많은 비판을 받기도 한다. 따라서 수행이나 시연 등의 방법을 통해 학습자의 능력을 좀 더 직접적으로 평가하려는 평가방식이 필요하게 되었고 그것이 바로 수행평가이다(노국향, 박정, 2001).

한편, 서답형은 답지가 주어진 것이 아니라 직접 자신이 써 넣는 형태로 단답형, 완성형, 서술형, 논술형 등이 해당된다. 단답형은 주어진 문항에 대한 정확한 단어나 사실적 정보를 묻는 지필 평가의 유형이며, 완성형은 제시된 문항의 빈 칸을 채우는 형태로 단답형과 그 속성상 유사한 평가 유형이다. 이에 비해 서술형과 논술형 문항은 단순히 답만 적는 것이 아니라 사고 과정을 상세히 기술한다는 점에서 다른 유형과 구별된다. 결과보다는 과정에 초점을 두는 평가의 변화에 따라, 최근 우리나라에서도 서술형, 논술형 평가를 권장하고 있다. 예를 들면, 경기도 교육청은 현재 국어, 사회, 수학, 과학, 영어 등 5개 교과 교내 지필고사 배점의 20%가 서술형 평가인데, 2013년까지 서술형 평가 비율을 40%까지 늘리겠다고 하였고, 2011년에는 처음으로 경기도 창의서술형 평가를 희망하는 학교에서 실시하였다. 이처럼 교육청의 권고에 따라 정기고사에서 적극적으로 활용되기 시작된 수학과 서술형 평가는 2007년 이후에는 많은 중학교에서 전 학년을 대상으로 40% 이상 실시하고 있다(한귀원, 2007). 이와 같은 서술형 평가에서는 출제자가 제시한 답을 학생들이 '선택'하는 것이 아니라, 학생이 답이라고 생각하는 지식이나 의견 등을 직접 '서술'하도록 하는 평가 방식을 확대함으로써, 학생이 자신의 생각이나 의견을 직접 서술하고 이를 통해 창의력, 문제해결력, 비판력, 판단력, 통합력, 정보수집력 및 분석력 등 고등 사고기능을 평가하게 된다. 이러한 평가 방법은 학생들이 문제를 접근하는 방법, 정보를 활용하는 방식, 답을 구성하는 방식 등에서 크게 제한을 하지 않아, 학생의 분석력, 비판력, 조직력, 종합력, 문제해결력, 창의력 등의 측정에 유용한 것으로 간주되고 있다(양길석, 2005).

최근 지필평가의 단점을 보완하여 대두되고 있는 평가로 수행평가가 있다. 수행평가의 일반적인 유형으로는 프로젝트, 관찰법, 포트폴리오법, 연구보고서법, 면접법, 실기실험법, 실험실습법, 자지평가 및 동료평가 보고서법, 찬·반 토론법, 구술시험법 등이 있다(전수철, 2007; 한미란, 2006; 유현주, 2002; 이대현, 2001). 각 유형별 구체적인 설계 방법 및 특징과 과정은 3절에서 더 자세히 다루겠다.

각 유형과 목적에 맞게 개발된 평가는 평가 상황을 고려하여 실시하고, 평가를 실시하고 난 후에는 가채점을 통하여 사전에 준비한 채점 기준 및 예상 답안의 적절성을 검토하여 이를 수정·보완한 후, 이를 참고로 하여 실제적인 채점에 임하도록 한다. 끝으로, 평가 목적에 따라 적절한 방법으로 기록하여 그 결과를 보고하도록 한다.

이때 평가의 결과는 설정된 목표가 어느 정도 달성되었는지를 파악하여 미달된 학습목표가 무엇인지를 확인하고, 어떤 방법으로 보충해 주어야 하는지를 밝혀 교수-학습 과정을 개선하는 데에 활용한다. 일반적으로 학생이나 학급의 성적을 판정할 때에는 개인별 총점에 의한 해석이나 총점에 의한 집단 해석 방법이 유용하고, 학습자 각 개인의 학습결손을 파악하여 처치하는 데에는 개인별·목표별 해석이 유용하다. 교사의 수업방법을 개선하는 데에는 목표별·집단 해석이나 총점에 의한 집단해석 방법이 유용하고, 집단간을 서로 비교할 때에는 총점에 의한 집단해석 방법이 사용될 수 있다.

03 수학과 평가 유형 및 예시

이 절에서는 최근 대두되고 있는 과정 중심 평가에 입각하여, 서술형 평가와 수행평가의 각 유형별 특징과 개발 과정을 예시와 함께 살펴보자.

1 서술형 평가[27)]

Bell & Isaacs(2007)이 제시한 교육과정 설계, 교수, 학습, 평가에 대한 기본 방향인 교육과정 개발의 원리(development principles)에 기초하여 개발된 서술형 평가문항 개발의 기본방향은 다음과 같다.

- 수학적 개념과 그것을 적용하는 방법을 통해 문제해결과정을 평가한다.
- 문제해결과정에서 수학적으로 표현하고 의사소통하는 과정을 평가한다.

---

27) 2007년 시행된 "초중등학교에서 문제해결력 신장을 위한 수학과 서술형 평가 자료 개발 연구"(과제번호 KRF-2007-721-B00059)의 결과와 현재 진행 중인 "창의 인성교육 구현 및 미래 인재 육성을 위한 학교수학의 서술 논술형 평가체제 구축 연구"(과제번호 KRF-2011-721-B00216)의 내용 중 일부입니다.

- 하나의 정답을 갖지만 문제해결방법은 다양할 수 있다.
- 가능한 실제 생활과 밀접한 관련이 있는 문제 상황을 제시하며,
- 이를 통해 수학적으로 해석하고 해결하는 능력을 평가한다.

이에 따라 기존 연구들을 바탕으로 평가틀을 다음과 같이 구상해 볼 수 있다. 평가틀은 무엇을 평가할 것인가를 제시한 기본틀로 문항 제작부터 결과 분석까지 모든 과정에 적용되는 것이다.

〈표 15-5〉 **일반적인 평가틀**

평가 영역	문제이해	문제해결과정	의사소통
의미	• 문제 속에 내포된 수학적 개념을 이해하는 정도 • 문제를 해결하기 위해 문제에 제시된 정보를 이해하고 활용하는 정도	• 문제해결 전략을 세워 실행하는 정도의 정확성 • 전략 수행 후, 문제 상황에 맞게 답을 기술하거나 해석하는 정도	• 풀이과정에 드러난 수학적 내용과 아이디어, 기호 등의 표현이 정확 혹은 명확하거나 세련된 정도 • 문제해결과정의 설명이 충분한가의 정도

첫째 영역인 문제이해 영역은 문제 속에 포함되어 있는 수학적 개념을 어느 정도 이해하고 있는지와 함께 문제를 해결하기 위해 문제에 제시된 정보를 이해하고 활용하는 정도를 의미한다. 둘째 영역인 문제해결과정 영역은 학생들이 주어진 문제를 해결하기 위하여 문제해결전략을 세워 실행하는 정도의 정확성 및 자신이 세운 전략을 수행한 후, 문제 상황에 알맞은 형태로 답을 기술하거나 해석하는 정도를 의미한다. 셋째 영역인 의사소통 영역은 학생들의 풀이과정에 드러난 수학적 내용과 아이디어 및 기호 등에 대한 표현이 정확, 혹은 명확하거나 세련된 정도와 함께 문제해결과정을 어느 정도로 충분히 설명하고 있는가를 의미한다.

첫째, Polya(1945)가 문제이해는 문제해결의 첫 단계로 주어진 문제 상황을 그림이나 기호로 표현한 후 그 속에 내포된 자료나 조건이 무엇인지를 찾아내고 그것으로 문제를 충분하게 해결할 수 있는지를 생각하는 과정으로 이해하였듯이, 본 연구에서는 문제이해 영역을 문제 속에 내포된 수학적 개념을 이해하는 정도와 문제를 해결하기 위해 문제에 제시된 정보를 이해하고 활용하는 정도의 두 가지 부분으로 나누어 구성하였다.

둘째, Polya(1945)의 문제해결과정 중 풀이에 대한 계획을 세우고 그 계획을 실행하는 부분, 풀이를 반성하는 부분이 포함되는 것으로 정하여, 풀이에 대한 계획 부분은 문제해결 전

략을 세워 실행하는 정도로, 계획 실행은 세운 전략을 얼마큼 정확하게 표현했는지의 정도로, 반성은 문제 상황에 맞게 답을 기술하거나 해석하는 정도로 구성하였다. 이에 기초하여 본 연구에서는 문제해결과정 영역을 문제해결 전략을 세워 실행하는 정도의 정확성과 전략 수행 후, 문제 상황에 맞게 답을 기술하거나 해석하는 정도를 의미하는 것으로서 정답에 이르기까지의 문제해결과정이 유기적으로 연결된 정도를 나타내는지를 평가하고자 하였다.

셋째, 의사소통의 사전적 의미는 '가지고 있는 생각이나 뜻이 서로 통함'인데, 이에 기초하여 본 연구에서는 수학적 의사소통을 풀이과정에 드러난 수학적 내용과 아이디어, 기호 등의 표현이 정확 혹은 명확하거나 세련된 정도와 문제해결과정의 설명이 충분한가의 정도로서 평가하였다. 문제해결과정을 채점자로 하여금 이해하기 쉽도록 정확하게, 단계별로 제시하였는지를 평가하여 의사소통 영역의 점수를 부여하였다.

이렇게 개발된 평가틀을 기준으로 아래와 같이 평가 기준표를 작성한다. 각 문항을 10점으로 설정하였다. 그리고 각 평가영역별 배점은 문제해결과정의 초기작업의 의미로 문제이해 영역에 2점, 문제이해에 기초하여 어떤 방법과 전략을 선택하여 어떻게 문제를 해결하는가와 관련된 문제해결과정 영역에 6점, 그리고 그것을 얼마나 명확하게 설명하는가와 관련된 의사소통 영역에 2점을 배점하여 1개의 문항마다 총점을 10점으로 설정하였다. 그리고 각 척도별로 아래와 같이 구체적인 평가기준을 완성하였다. 위에서 제시한 일반적인 평가틀에 기초하여 아래와 같이 각 영역별·점수별로 상세한 평가기준을 포함하여 아래와 같은 구체적인 평가틀을 완성하였다.

평가문항 개발의 실례로 초등학교 6학년 나단계의 연비 문항을 제시하였다. 초등학교의 경우, 6학년 나단계의 수학 교과서, 수학익힘책, 수학 교사용 지도서에서 '7. 연비' 단원의 각 차시별 내용과 문항을 검토하고, 이 중에서 앞서 제시한 서술형 평가문항의 개발 방향에 따라 수학적 개념과 그것을 적용하는 방법을 통해 문제해결과정을 평가할 수 있는 내용으로 적절한 내용을 선택하여 문항을 개발한 후, 문항 출제의도와 문항을 이용하여 평가하고자 하는 성취기준을 포함하여 아래와 같이 문항 개발표를 작성한다.

〈문항 개발표 – 6학년 나단계 '7. 연비'〉

<table>
<tr><td>단계</td><td>6–나</td><td>단원명</td><td>7. 연비</td><td>내용영역</td><td>수와 연산</td></tr>
<tr><td colspan="2">교육과정 중영역</td><td colspan="4">연비로 비례배분 하기</td></tr>
<tr><td colspan="2">성취기준</td><td colspan="4">생활속에서 두 양이 대응하여 변하는 관계를 관계식으로 나타낼 수 있다.</td></tr>
<tr><td colspan="2">출제의도</td><td colspan="4">생활속에서 두 양이 대응하여 변하는 관계를 관계식으로 나타내고
이를 활용하여 문제를 해결하도록 한다.</td></tr>
</table>

〈표 15-6〉 **서술형 평가문항의 평가기준 기본 구성**(초등의 경우)

<table>
<tr><th>평가준거 영역</th><th>문제이해</th><th>문제해결과정</th><th>의사소통</th></tr>
<tr><td>의미</td><td>- 문제 속에 내포된 수학적 개념을 이해하는 정도
- 문제를 해결하기 위해 문제에 제시된 정보를 이해하고 활용하는 정도</td><td>- 문제해결 전략을 세워 실행하는 정도의 정확성
- 전략 수행 후, 문제 상황에 맞게 답을 기술하거나 해석하는 정도</td><td>- 풀이과정에 드러난 수학적 내용과 아이디어, 기호 등의 표현이 정확 혹은 명확하거나 세련된 정도
- 문제해결과정의 설명이 충분한가의 정도</td></tr>
<tr><th colspan="4">척도별 구체적인 특징</th></tr>
<tr><td colspan="2">2</td><td>6</td><td>2</td></tr>
<tr><td colspan="2" rowspan="3">- 문제와 관련된 수학적 개념을 완전하게 이해하고 문제해결을 위하여 그 개념을 활용
- 문제에 제시된 정보들 중에서 문제해결에 필요한 정보들을 취사선택하여 활용</td><td>- 전략 수행과정이나 문제 해결 과정에서 계산상의 오차나 옮겨 쓰기 과정에서의 오류가 없음
- 문제 상황에 맞게 답을 정확하게 표현함</td><td rowspan="3">- 문제해결의 모든 단계나 과정을 추측(추론)할 필요가 없을 정도로 문제해결과정을 명확하게 논리적으로 충분하게 설명
- 문제해결과정에 사용된 수학적 용어, 기호 등의 표현이 정확함</td></tr>
<tr><td>4</td></tr>
<tr><td>- 적절한 전략을 이용하였으나, 답이 부정확함
a) 계산상의 오차나 옮겨 쓰기 과정에 오류가 있을 때
b) 답의 숫자 부분은 바르게 썼지만, (문제의 지시와는 다르게) 단위가 없거나 잘못 썼을 때
c) 답이 없을 때</td></tr>
<tr><td colspan="2">1</td><td>2</td><td>1</td></tr>
<tr><td colspan="2">- 문제와 관련된 수학적 개념을 부분적으로 이해하는데 그침
- 문제에 제시된 정보들을 부분적으로 활용하여 완전한 문제해결로 이어지지 않음</td><td>- 적절한 전략을 이용하였으나 답을 구할 만큼 충분히 수행하지 않아서 (예를 들어, 표를 만들어 2개 정도만 기입했을 때) 답에 이르지 못했거나 오답을 도출함
- 정답을 제시하였지만
a) 풀이 과정을 이해할 수 없게 썼거나 과정을 나타내지 않음
b) 전략이 적절하지 못했거나 전략의 이행이 명확하지 않음</td><td>- 문제해결과정에 대한 설명에 부분적으로 논리적인 비약이 있음
- 문제해결과정에 사용된 수학적 용어, 기호 등의 표현이 이해하기에 불분명함</td></tr>
<tr><td colspan="2">0</td><td>0</td><td>0</td></tr>
<tr><td colspan="2">- 문제에 제시된 정보를 옮겨 쓰는 수준은 넘었지만, 문제를 제대로 이해하지 못함
- 문제를 제대로 이해하지 못하여 부적절한 개념을 활용함
- 문제에 제시된 정보가 부적절하게 활용되거나 문제해결과 상관없음
- 백지 또는 오답 이외에 아무 것도 없는 경우</td><td>- 하위 목표 달성을 위한 시도는 하였으나, 정답을 유도할 만한 접근 방법을 택하지 못하여 답이 틀림
- 백지 또는 오답 이외에 아무 것도 없는 경우
- 문제해결을 전혀 시도하지 못함</td><td>- 문제해결에 중요한 부분을 빠뜨려서 문제해결과정에 대한 설명이 불완전하거나 명료하지 않아, 문제해결과정을 이해하기 어려움
- 문제해결과정에 사용된 수학적 용어, 기호 등의 표현이 부정확하여 문제해결과정을 이해하기 어려움
- 문제해결과정에 대한 설명이 전혀 없거나, 문제해결과 관련되지 않음</td></tr>
</table>

〈표 15-7〉 서술형 평가문항의 평가기준기본 구성(고등의 경우)

평가 준거	문제이해	문제해결과정	의사소통/표현
의미	- 문제 속에 내포된 수학적 개념의 이해 정도 - 문제에 제시된 조건의 이해 및 활용 정도	- 문제해결 전략 선택의 적절성 - 문제풀이과정의 적절성 및 정확성 - 전략 수행 후, 문제 상황에 맞게 답을 기술하거나 해석하는 정도	- 문제해결과정에서의 논리성 및 정확성 - 문제해결과정에서 사용된 연산, 식, 기호 등의 정확성
척도별 구체적인 특징			
	2 - 문제와 관련된 수학적 개념을 완전하게 이해하고 문제해결을 위하여 그 개념을 적절히 활용함 - 문제에 제시된 정보들 중에서 문제해결에 필요한 정보들을 취사선택하여 적절히 활용함	6 - 문제해결을 위한 모든 단계를 성공적으로 수행함 - 전략 수행과정이나 문제 해결 과정에서 계산상의 오차나 오류가 없음 - 문제 상황에 맞게 답을 정확하게 표현함	2 - 문제해결의 모든 단계나 과정에 대한 설명이 충분함 - 문제해결과정에 사용된 수학적 용어, 기호 등의 표현이 정확함
	1 - 문제와 관련된 수학적 개념을 부분적으로 이해하는데 그침 - 문제에 제시된 정보들을 부분적으로 활용하여 완전한 문제해결로 이어지지 않음	4 - 문제해결을 위한 두 번째 단계까지 성공적으로 수행하였으나, 이후 단계를 충분히 수행하지 않아서 답에 이르지 못했거나 오답을 제시함 - 두 번째 단계까지는 성공적으로 수행하고 정답을 제시하였지만 a) 이후 단계의 풀이 과정을 이해할 수 없게 썼거나 과정을 나타내지 않음 b) 이후 단계의 전략이 적절하지 못했거나 전략의 이행이 명확하지 않음 c) 계산과정에서 오류가 나타남	1 - 문제해결과정에 대한 설명에서 논리적인 비약이 부분적으로 나타남 - 문제해결과정에 사용된 수학적 용어, 연산, 기호 등이 정확하지 않음
		2 -문제해결을 위한 첫 번째 단계를 성공적으로 수행하였으나, 이후 단계를 충분히 수행하지 않아서 답에 이르지 못했거나 오답을 제시함 -첫 번째 단계까지는 성공적으로 수행하고 정답을 제시하였지만 a) 이후 단계의 풀이 과정을 이해할 수 없게 썼거나 과정을 나타내지 않음 b) 이후 단계의 전략이 적절하지 못했거나 전략의 이행이 명확하지 않음 c) 계산과정에서 오류가 나타남	
	0 - 문제에 제시된 정보를 옮겨 쓰는 수준은 넘었지만, 문제를 제대로 이해하지 못함 - 문제를 제대로 이해하지 못하여 부적절한 개념을 활용함 - 문제에 제시된 정보가 부적절하게 활용되거나 문제해결과 상관없음 - 백지 또는 오답 이외에 아무 것도 없음	0 - 문제해결을 위한 시도는 하였으나, 정답을 제시할 만큼 전략을 실행하지 못함 - 적절한 전략을 선택하지 못함 - 오답 이외에 아무런 풀이과정도 제시하지 않음 - 문제해결을 전혀 시도하지 않음	0 - 문제해결과정에 대한 설명이 불완전하거나 명료하지 않아, 이해하기 어려움 - 문제해결과정에 대한 설명이 전혀 없음 - 주어진 문제와 아무런 관련이 없는 문제해결과정을 제시함

이러한 과정을 거쳐 개발된 문항은 초등수학교육 전문가 2인, 교육경력 7년 이상의 6학년 담임교사 2인으로 구성된 전문가 집단이 문항의 내용타당도, 수준, 사용된 용어의 적절성, 현장에의 적용 가능성 여부 등을 검토하였다. 검토를 거쳐 완성된 문항은 실제 6학년 학생들을 대상으로 예비검사를 실시하여 문항의 현장 적용 가능성을 검토하고, 문항의 수준을 결정하였다. 이와 같은 과정을 거쳐 아래와 같은 문항이 완성되는데, 아래의 문항은 6학년 2학기 '7. 연비' 단원의 평가문항으로 개발된 것이다.

3. 황금비는 아름다움과 조화를 나타내는 비율로, 약 5:8의 비를 말합니다. 황금비는 여러 상품들에 적용하여 사용하고 있습니다. 예를 들어, 다음 그림과 같이 바이올린, 옷, 전화카드 등의 가로와 세로의 비율에 황금비가 쓰입니다.

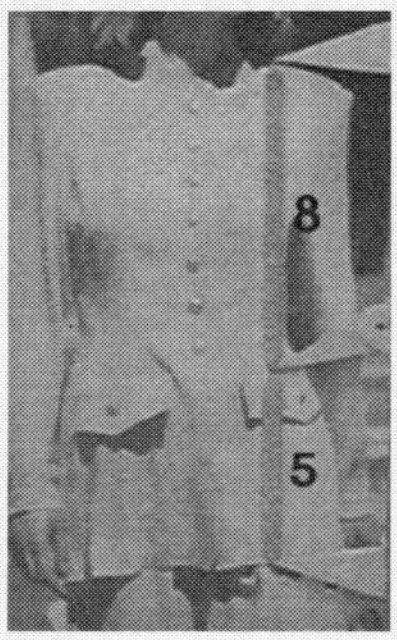

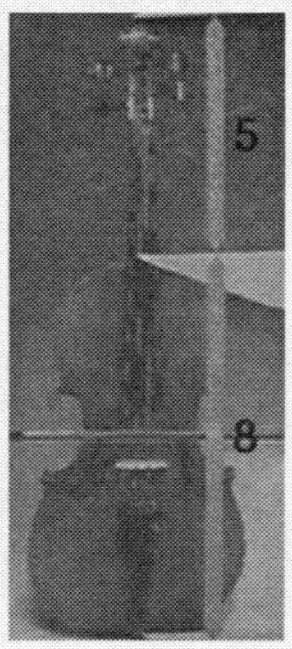

재훈이는 황금비에 대해 배우고 나서 엽서의 가로와 세로의 길이의 비가 황금비가 되도록 만들었습니다. 즉, (가로) : (세로) = 8 : 5였습니다. 이 엽서의 둘레의 길이가 52㎝일 때, 엽서의 가로와 세로의 길이를 구하고 그 풀이 과정을 쓰시오.

[문항 예시 – 6학년 나단계 '7. 연비']

2 수행 평가

학습 일지

지필 고사를 보완하는 수행평가의 유형 중의 하나는 학생들로 하여금 수학 학습 일지를 작성하게 하는 것이다. 교사가 특정 주제 혹은 문제를 제시하면 학생들은 주어진 주제와 문제에 대하여 자신의 의견을 제시하고 어떻게 그 문제 상황을 해결할 것인지에 대한 사고 과정을 학생들 스스로 기술한다. 이러한 학습 일지 작성을 통해 특정 주제나 이슈 그리고 수학 문제에 대한 학생들의 반응과 태도 등을 이해할 수 있게 되고, 지필 고사에서 파악할 수 없는 학생들의 사고 과정을 구체적으로 파악할 수 있게 된다. 학습 일지 작성을 위해서 교사가 특정 수학 문제나 주제를 제시하여 학생들의 학습 일지를 쓸 수 있는 주제나 단초를 제공하는 것이 필요하다. 학생들은 제시된 주제나 단초를 출발점으로 하여 단순히 교사의 설명을 수동적으로 듣고 이해하는 것을 넘어서서 학생들 스스로 사고하고 성찰하며 자신의 수학적 의견을 주장하고 그 주장을 정당화해야 한다. 학생들이 작성한 학습 일지를 통해 교사는 학생들의 사고 과정을 구체적으로 파악할 수 있게 된다.

학습 일지 작성을 함으로써 학생들은 자신들이 이해한 것을 자신들의 방식으로 설명할 수 있으며 무엇보다도 다른 학생들의 풀이 과정이나 답에 따라 흔들리지 않게 된다. 특히 학업성취도가 높은 학생들의 반응의 영향에서 벗어나게 된다. 더 나아가 학생들은 주어진 문제를 해결하기 위한 접근 방법과 풀이 방식을 말과 글로 표현할 수 있게 되고, 나아가 자신의 방법과 풀이를 동료 학생들과 자연스럽게 공유하게 된다. 이것은 결국 수업 시간에 학생들이 활발하고 적극적으로 자신의 의견을 표현하고 소통하는 데 있어 중요한 역할을 한다.

수학 학습 일지 작성은 모든 학년에서 시행할 수 있는 수행평가 유형으로, 매일, 일주일에 한 번, 혹은 격주로 시행할 수 있다. 학생들의 학습 일지 작성을 촉진하기 위해 교사가 프롬프트를 제안할 수 있다. 여기에서 프롬프트는 학습 일지 작성을 위한 매우 구체적인 질문이나 문제 또는 학생들 스스로 응답 방식을 결정할 수 있는 개방형 문제를 의미한다. 아래에 열거된 질문들은 학습 일지 작성을 위한 프롬프트들의 예이다.

- 이번주에 다루었던 주제들 중에서 가장 어려웠던 것은 무엇인가? 어렵게 느끼는 이유는 무엇인가?
- 지난주의 시험/중간고사/퀴즈를 어떻게 보았는가? 가장 쉬웠던/어려웠던 문제는 무엇인가? 왜 쉽다고/어렵다고 생각하는가?
- 지난 학기와 비교했을 때, 최근의 수학 학업성취도는 어떠한가?
- 오늘 수학 수업에서 배운 개념은 무엇인가? 그 개념이 실생활에서 어떻게 활용되고 적용되는 지 실례를 들어 설명하시오.
- 이번주 수학 수업에서 수업 방법에 대한 의견을 적으시오. 그 수업 방법이 도움이 되었는지 그렇지 아닌지 기술하시오.

프로젝트

학생들이 가지고 있는 수학 지식과 사고 과정을 평가할 수 있는 방법으로 프로젝트 활동이 있다. 프로젝트 활동은 개인 별로 또는 팀 별로 조직할 수 있으며 프로젝트의 주제 또한 매우 다양하게 구성할 수 있다. 프로젝트 수행으로 인해 실생활에서 수학이 활용되는 구체적인 상황과 맥락에 대한 이해하고 발견하며 수학 토픽 간에 혹은 다른 과목과의 연관성을 발견하게 된다. 다양한 수학적 아이디어나 개념에 대하여 단기 혹은 장기 계획으로 프로젝트를 수행할 수 있다. 이 과정을 통하여 학생들은 수학적 아이디어나 주제에 대하여 보다 깊은 이해와 탐구를 할 수 있을 뿐만 아니라 학생들의 수학적 엄밀성과 창의성 등을 발전시키게 된다. 학생들의 프로젝트 수행을 통해 교사는 특정 수학적 주제와 아이디어에 대한 학생들의 이해 정도를 보다 정확하게 파악할 수 있게 된다.

프로젝트 활동을 계획하고 조직하는 데 있어서 중요한 점은 교사가 구체적인 수학 과제를 제공함과 동시에 현실적이고 가능한 프로젝트 수행 일정 등에 대한 가이드라인과 평가 기준(채점표)을 기술하여 함께 제시하여야 한다는 것이다. 프로젝트 수행 가이드라인에는 다음과 같은 요소들을 포함하여야 한다.

- **프로젝트의 목적**: 학생의 관점에서 프로젝트 수행의 목적과 목표를 기술한다.
- **수학과제 서술**: 프로젝트 활동을 통해 달성하고자 하는 수학과제에 대하여 상세하고 명확한 설명을 단계적으로 서술한다.
- **타임라인 제시**: 구체적인 타임라인을 제시하여 프로젝트 수행이 계속적이고 지속적으로 수행될 수 있도록 중간 점검 등이 이루어지도록 촉진하고, 학생들이 스스로의 프로젝트 수행의 진도를 점검할 수 있게 한다.
- **좋은 사례 예시**
- **평가 기준 제시**: 프로젝트 활동의 점수와 전체 수학 점수에서 차지하는 비중을 기술하고, 구체적인 평가 기준을 제시한다. 프로젝트 수행의 결과물은 보고서 형태로 제출되어야 할 뿐만 아니라 간략한 주제 발표를 통해 이루어짐을 밝힌다.

교사에게 적절하고 중요한 프로젝트 과제를 찾아내어 학생들이 수행할 수 있도록 조직하는 프로젝트를 설계하는 일은 많은 시간과 노력을 필요로 하는 작업이다. 따라서 프로젝트를 설계하는 데 있어서 고려해야 할 중요한 점은 교사 자신이 설계한 장, 단기 프로젝트 활동이 지필고사를 통해 얻을 수 있는 학생들에 대한 정보 이상을 제공하는가의 여부이다. 프로젝트 수행을 통해 학생들이 단순히 문제를 푸는 연습을 하는 것인지 아니면 구체적인 경험과 탐구를 통해 수학적 과정을 체득할 수 있는지를 심사숙고해야 한다.

면담(인터뷰)

학생들이 무엇을 어떻게 생각하는지를 이해하기 위한 가장 좋은 방법 중의 하나는 교사가 학생들을 일대일로 인터뷰하는 것이다. 학생들과의 일대일 인터뷰를 통해 교사는 학생들이 왜 특정 방법으로 문제를 푸는지, 그 특정 풀이 방법에 대하여 어떻게 정당화하는 지 등 학생들의 사고 과정에 대하여 깊이 있게 통찰하고 관찰할 수 있다. 특히, 교사와 학생 간의 일대일 인터뷰의 장점 중의 하나는 학생들이 드러내 보이는 특정 관점과 의견, 반응에 대하여 학생들에게 추후 질문을 할 수 있다는 것이다. 예를 들어, 학생들이 이차방정식의 그래프를 배울 때, 여러 가지 다른 형태의 이차방정식의 그래프들의 패턴을 찾을 수 있는지, 비슷한 형태의 이차방정식들의 그래프들의 공통점과 차이점이 무엇인지 설명할 수 있는지 등을 질문을 통하여 알아낼 수 있다. 지필고사를 통해서는 학생들이 여러 유형의 이차방정식 그래프들을 구별해 낼 수 있는지의 여부만을 알 수 있지만, 인터뷰를 통해서는 학생들이 무엇을 어려워하는지, 다양한 이차방정식의 그래프들이 다르다는 것을 눈으로 인식하지만, 그 차이점들을 설명할 수 있도록 교사가 일대일 인터뷰를 통해 도와주고 나아가 학생들이 설명할 수 있도록 장려할 수 있다. 대체로 학생들은 수학적 아이디어에 대한 자신들의 사고 과정을 설명하는 것에 익숙하지 않다. 따라서 교사의 질문과 프롬프트를 통해 학생들이 수학적 개념과 아이디어에 대해 수학적으로 설명하고 소통하는 연습을 하게 되고, 이것은 학생들의 수학적 사고를 더욱 촉진하는 결과를 낳는다.

학생들과의 일대일 인터뷰는 학습 일지 작성과 와 다음 섹션에서 살펴볼 관찰 평가의 추후 활동으로써도 매우 효과적인 수행평가 방법이다. 다시 말해, 학습일지나 관찰을 통해 교사가 학생들이 가지고 있는 수학적 오개념이나 어려움, 혼동 등을 발견하고, 추후 인터뷰는 학생들이 가진 오개념 등을 바로 잡을 수 있는 중요한 수단이자 통로가 된다.

인터뷰는 수업 중에 이루어지는 간단한 질문과 응답으로 구성될 수도 있으며 공식적인 시간을 정해 놓고 심층 인터뷰로 구성될 수도 있다. 교육 현장의 현실적인 시간의 제약을 고려한다면 모든 학생들과 심층 인터뷰를 진행하기는 어려울 수 있다. 그럴 경우 학생들을 대표할 수 있는 소수의 그룹을 선정하여 인터뷰를 실시하여 전체 학생들의 수학적 사고 과정에 대한 아이디어를 얻을 수 있다.

학생과 일대일로 심층 인터뷰를 시행할 경우에는 인터뷰 질문지를 미리 구성하는 것이 바람직하다. 특히 학기 초나 학년 초에 학생들의 수학적 지식의 정도와 사고 과정의 발달 단계에 대한 깊이 있는 이해를 하고자 할 때 이러한 방식의 인터뷰는 보다 조직적이고 체계적으로 준비되고 시행되어야 한다. 그러면 학생의 수학적 능력과 사고에 대한 보다 정확하고 유용한 정보를 얻게 된다.

관찰

학생들의 수학적 이해에 대한 평가 중 가장 강력한 방법은 수업 중에 학생들이 무엇을 하는지 관찰을 통해 평가하는 것이다. 학생들의 수학적 이해와 발달에 대한 가치 판단을 하는 데 있어 학생들의 활동을 관찰하고 학생들을 인터뷰하는 것이 가장 직접적이고 효과적인 방법일 것이다. 학생들의 수학적 활동을 명확하고 구체적으로 관찰하기 위해서 교사는 몇 가지 기술적 방법들을 숙지해야 한다. 첫째, 교사는 수업 중에 칠판에 써진 학생들의 문제 풀이를 관찰하거나 특정 이슈나 의견에 대하여 학생들이 의사를 표명하는 상황들 속에서 학생들을 자연스럽게 관찰할 수 있다. 둘째, 교사는 학생들이 수업 중에 이루어지는 반 전체 혹은 소그룹 토론에 어떻게 참여하고 기여하는지 일상적으로 관찰할 수 있다. 셋째, 클립보드를 이용하는 방법으로 교사가 클립보드에 날짜 별로 표시한 서식을 이용하여 학생 개개인에 대하여 그 이름과 날짜 그리고 무슨 행동을 어떻게 하는지 기록하며 관찰한다. 수업 후에는 기록된 서식을 그 학생의 이름으로 된 파일로 이동하여 저장하도록 한다. 이렇게 축적된 학생들에 대한 수학 학습에 대한 정보는 학부모에게 제공될 수 있고 무엇보다도 매우 중요하고 신뢰할 수 있는 자료가 된다.

〈표 15-8〉 **수학적 과정에 수반되는 기능에 대한 체크리스트**(Brahier, 2009, p.283)

문제 해결	• 다양한 문제 해결 전략을 이용한다. • 고차원적 사고를 한다. • 문제 해결을 위해 포기하지 않고 시도한다. • 주어진 문제를 분석하고 이해할 수 있다.
추론 및 증명	• 자신의 사고/추론을 정당화할 수 있다. • 적절할 풀이 방법을 안다. • 왜, 만약에, 어떻게 될까, 할 순 없을까 등의 질문을 한다.
의사소통	• 주의 깊게 듣는다. • 학급 친구들을 도우려고 한다. • 타인이 이해할 수 있게 자신의 생각 및 결과를 설명한다. • 분명하고 명확하게 기술한다.
연결성	• 필요한 개념을 알아낸다. • 관련된 과제를 생각해낸다. • 선수지식을 적절히 활용한다. • "이것은 어떻게 다를까?" 질문한다. • 오늘 수업과 이전 수업 사이가(혹은 다른 과목과) 어떻게 연관되어 있는지 안다.
표상	• 실생활 데이터를 모형화하기 위한 표상이 가능하다. • 같은 문제를 여러 가지로 다르게 표상할 수 있다. • 적절한 표상을 통해 수학적 의사소통을 효과적으로 할 수 있다.

관찰을 통한 평가를 하기 위해서 예상되는 학생들의 행동이나 구체적인 기능(skills)들에 대한 체크리스트를 활용하는 것도 매우 유용한 방법이다. 체크리스트를 활용하여 관찰 평가를 하는 경우에 교사는 체크리스트에 포함된 기준들에 도달했는지의 여부만을 결정하게 된다. 다음 표는 수학적 과정(mathematical process)에 수반되는 기능적 행동에 대한 체크리스트의 하나의 예시이다(표 15-8). 표에서 볼 수 있듯이, National Council of Teachers of Mathematics [NCTM]에서 제안한 수학을 어떻게 배우는 가 즉, 수학적 과정(문제 해결, 추론 및 증명, 의사소통, 연결성, 표상)에 수반되는 기능들이 구체적으로 나열되어 있다.

자기 평가 및 동료 평가

학생들의 수학적 지식과 사고 과정에 대한 평가를 질적으로 할 수 있는 또 다른 방법은 학생들 자신이 스스로를 평가하게 하는 자기 평가이다. 자신에 대한 평가를 학생들이 직접 함으로써 자신들의 장점과 약점을 파악할 수 있을 뿐만 아니라 자신들이 수학 학습을 하는 데 있어서의 어려움이나 질문 등을 구체적으로 규명할 수 있게 된다. 자기 평가 및 동료 평가는 앞에서 언급한 여러 수행평가의 유형들과 결합하여 시행될 수 있다. 예를 들면, 수학 학습 일지 작성을 통해 학생들이 이해하는 수학적 개념과 지식의 수준과 정도가 드러나고 이 과정에서 학생들 스스로도 장점뿐 만 아니라 부족한 점이나 개선점 등을 깨닫게 된다. 이러한 과정을 통해 교사들은 학생들의 입장과 관점을 파악하고 성찰하는 계기를 마련하게 된다. 또한 프로젝트 활동이나 포트폴리오 제작 말미에 자기 평가 및 동료 평가를 포함할 수 있고 인터뷰나 설문 조사를 통한 자기 평가 및 동료 평가를 시행할 수 있다. 인터뷰를 시행할 때 교사는 학생들에게 직접적으로 학생들의 공부 스타일이나 선호하는 공부 방법에 대하여 질문할 수 있으며, 설문 조사 등을 활용하는 경우엔 학생들이 주어진 상황들에 대하여 그렇다 아니다 등의 척도를 체크하게 할 수 있다.

포트폴리오

포트폴리오는 학생 개인이 한 학기 또는 한 학년 동안 어떻게 발전하고 성장했는지에 대한 실제적이고 세밀한 증거 자료를 의도적으로 수집하여 바인더 혹은 폴더 안에 체계적으로 조직한 하나의 작품이다. 포트폴리오 작업을 통해 학생들은 자신들이 겪어 온 단선적이고 단편적일 수 있는 학습 과정을 하나의 체계 안에 구성하고 조직함으로써 정해진 기간 동안의 자신의 성장과 발전에 대해 반성하고 성찰할 기회를 가지게 된다. 따라서 한 학생의 포트폴리오는 그 학생의 수학에 대한 인식 및 수학적 능력에 대한 실질적이고 구체적인 정보를 제공한다. 포트폴리오 제작은 모든 학년에 적용할 수 있는 평가 방법이다.

포트폴리오 제작에서 강조되어야 할 점은 학생들이 자신의 숙제나 문제 풀이 등을 단순히 묶어내는 것이 아니라는 것이다. 포트폴리오 구성의 제일 원칙은 학생들이 한 학기 또한 한 학년 동안에 수행한 여러 가지 활동 및 숙제를 통해 배운 수학적 아이디어 및 개념들이 무엇인지 그리고 그 내용을 어떻게 내재화하였는지에 대한 실질적이고 구체적인 증거를 제시하여야 한다는 것이다. 그러므로 포트폴리오에는 학생들이 주어진 학습 기간에 수학 문제를 어떻게 해결했는지 어떻게 발전했는지 무엇이 개선되었는지 등의 이슈에 대한 세밀하고 명확한 사례들이 포함되어야 한다. 학생들은 포트폴리오 구성을 통해 반성적 사고를 하고 자신들의 학업 성취 및 학습 과정에 대한 책임감을 느끼는 경험을 하게 된다. 일반적으로 포트폴리오는 다음과 같은 항목들로 구성할 수 있다.

- 포트폴리오 목차 및 타임라인
- 각종 채점된 시험지와 틀린 문제에 대한 정확한 답과 풀이
- 숙제 모음
- 개인 별 또는 팀 별 프로젝트 수행 과정에서 만들어진 모든 자료 및 결과물
- 학습 일지
- 교사가 작성한 인터뷰 일지
- 학생이 수행한 활동 장면을 찍은 사진 및 영상물
- 발표 자료
- 교사가 작성한 관찰 체크리스트
- 자기 평가 및 동료 평가 보고서
- 전체 과정에 대한 성찰(reflection) 노트

포트폴리오 평가를 위한 채점표의 예는 다음과 같다.

〈표 15-9〉 **포트폴리오 평가**(NCTM, 1999, p.84)

목차	• 이름, 날짜 등을 기록한 커버 페이지 • 간략한 소개 글 • 목차 • 필수 항목의 개수 • 성찰 노트 포함 여부
의사소통 능력	• 각 항목이 목적에 맞게 조직되어 있다. • 읽기 쉽다. • 표, 그림, 차트, 그래프가 포함되어 이해하기 쉽다. • 수학 용어를 정확하게 사용하고 있다.

테크놀로지 능력	• 테크놀로지를 적절하게 활용한다. • 테크놀로지에 대한 전문성이 나타나있다.
문제 해결 및 추론 능력	• 논리적으로 문제 해결을 한다. • 다양한 문제 해결 전략을 활용한다. • 수학을 실생활에 적용한다.

〈표 15-10〉 **수학 포트폴리오 채점표**(Stenmark, 1991, p.44)

Level 4	매우 흥미진진하다. 개인 및 그룹 활동들이 언어 및 그래픽을 활용하여 다양하게 표현하고 있다. 프로젝트, 조사, 다이어그램, 그라프, 차트, 사진, 음성파일, 동영상물 등의 구성물들이 제작자의 폭넓고 창의적인 생각을 잘 보여준다. 계산기, 컴퓨터, 참고 도서관, 타인과의 대화 등 여러 가지 자원을 활용한 증거가 드러나 있다. 각 문서들은 정보의 체계적인 정리, 분석을 통해 작성되어 있으며 의사전달이 분명하고 명확하다. 초안의 수정 작업을 통한 자기 평가, 특정 보고서 선택에 대한 교사의 설명, 학생이 만든 평가 목록 또는 보고서가 포함되어 있다. 의사소통 능력이 계속 발전하고 있음을 보여주는 초반, 중반, 종반의 각 샘플들이 제시되어 있다. 수학에 대한 열정이 반영되어 있다.
Level 3	탄탄한 수학 프로그램으로 볼 수 있다. 수준 4에서와 마찬가지로 다양한 구성물들이 포함되어 있다. 문제 해결 과정 및 전략을 매우 잘 설명하고 있다. 몇 가지의 자원을 활용하고 그룹 활동의 흔적이 제시되어 있고 수학의 기초 개념을 잘 이해하고 있음이 나타나있다. 주어진 기간 동안에 수행한 활동들이 포함되어 있다. 열정, 자기 평가, 광범위한 조사, 정보 분석 등에 대한 부분은 제시되지 않았다.
Level 2	최소 요건은 갖춘 적절한 수준의 수학 프로그램이다. 프로젝트, 조사, 다이어그램 등에 자신의 독창적인 생각을 드러내주는 증거자료가 제시되어 있지 않다. 어떻게 문제를 풀었는지 그 과정에 대한 설명이 거의 없다. 단순 계산이나 알고리즘 관련 주제들에 지나치게 집중되어 있다.
Level 1	거의 같은 내용을 포함하고 있는 과제들이나 교과서 복사물들을 나열하고 있는 수준이다. 사고에 대한 증거 자료가 제시되어 있지 않다. 선다형 혹은 단답형처럼 구성되어 있고 수학적 아이디어에 대한 논의는 포함되어 있지 않다. 수학적 아이디어에 대한 사고 과정을 설명하는 어떠한 시도도 나타나있지 않다.

참고문헌

김선덕(2004). 「수학 수행평가에서 듣기 평가의 도입에 관한 연구」. 한국교원대학교 석사학위청구논문.

교육과학기술부(2011). 『초·중등학교 교육과정 총론』. 서울 : 교육과학기술부.

교육부(1997). 『수학과 교육과정』. 서울 : 교육부.

교육인적자원부(2007). 『수학과 교육과정』. 서울 : 교육인적자원부.

노국향·박정(2001). 「문항의 형태와 배점에 따른 검사 정보의 비교」. 《교육평가연구》 14(2), pp.173-191.

노영순·류춘식(2001). 「수행평가방법 중 서술형 평가를 적용한 학습이 학력신장에 미치는 영향: 고등학교 공통 수학을 중심으로」. 《한국학교수학회논문집》 4(1), pp.125-136.

성태제·권오남(1999). 「수학과 학업성취도 평가를 위한 수행평가의 과제와 전망」. 《대한수학교육학회지》 1(1), pp.217-234.

양길석(2005). 「서술형·논술형 평가 문항의 제작 원리」. 『서술형·논술형 평가 예시 문항 자료집-고1 수학』. 서울 : 서울특별시교육청.

유현주(2002). 「수학적 힘의 신장을 위한 수행평가 과제개발 및 적용에 관한 연구」. 《대한수학교육학회지》 4(3), pp.513-537.

이대현(2001). 「수학과 수행평가의 이론적 기저에 관한 연구」. 《수학교육》 94, pp.67-75.

전수철(2007). 「수행평가에서의 서술형 문항과 선다형 문항의 효율성 비교: 중학교 수학과 학업성취도 검사를 중심으로」. 성균관대학교 석사학위청구논문.

최승현(1999). 「수학과 수행평가의 개관」. 《대한수학교육학회지》 1(1), pp.331-349.

한귀원(2007). 「서술형 평가에 대한 중·고등학교 수학교사의 인식」. 이화여자대학교 석사학위청구논문.

한미란(2006). 「수학과 수행평가 문항 개발에 관한 연구: 중학교 교육과정을 중심으로」. 중앙대학교 석사학위청구논문.

Alberta Education. (2006). *Effective student assessment and evaluation in the classroom*. Edmonton, AB: Author.

Anderson, L. W., & Krathwohl, D. R. (2001). *A taxonomy for learning, teaching, and assessment: A revision of Bloom's taxonomy of educational objectives*. New York, NY: Longman.

Bell, M., & Isaacs, A. (2007). The case of Every Mathematics. In C. R. Hirsch (Ed.), *Perspectives on the design and development of school mathematics curricula* (pp.9-22). Reston, VA: NCTM.

Bloom, B. S. (1956). *Taxonomy of educational objectives: The classification of educational goals: Handbook 1*, Cognitive domain. New York, NY: David McKay.

Brahier, D. J. (2009). *Teaching secondary and middle school mathematics* (3rd ed.). Boston, MA: Pearson.

de Lange, J. (1999). *Framework for classroom assessment in mathematics*. Utrecht, the Netherlands: Freudenthal Institute & National Center for Improving Student Learning and Achievement in Mathematics and Science. Retrieved from http://www.fi.uu.nl/catch/products/framework/de_lange_frameworkfinal.pdf.

Mokros, J., Russell, S. J., & Economopoulos, K. (1995). *Beyond arithmetic: Changing mathematics in the elementary classroom*. Palo Alto, CA: Dale Seymour.

Mohamad, R. (2009). Evolving mathematics classroom assessment cultures. In R. Hunter, B. Bicknell, & T. Burgess (Eds.), Crossing divides: *Proceedings of the 32nd annual conference of the Mathematics Education Research Group of Australasia* (Vol. 2). Palmerston North, NZ: MERGA.

National Council of Teachers of Mathematics. (1989). *Curriculum and evaluation standards for school mathematics*. Reston, VA: Author.

National Council of Teachers of Mathematics. (1995). *Assessment standards for school mathematics*. Reston, VA: Author.

National Council of Teachers of Mathematics. (1999). *Mathematics assessment: A practical handbook for grades 9-12*. Reston, VA: Author.

National Council of Teachers of Mathematics. (2000). *Principles and Standards for School Mathematics*. Reston, VA: Author.

OECD(2005, November). Formative assessment: Improving learning in secondary classrooms. *Policy Brief*. Retrieved from http://www.oecd.org/dataoecd/19/31/35661078.pdf

Polya, G. (1945). *How to solve it*. Princeton, NJ: Princeton University Press.

Pullin, D. C. (1993). Legal and ethical issues in mathematics assessment. In Mathematical Sciences Education Board & National Research Council, *Measuring what counts: A conceptual guide for mathematics assessment* (pp.201-223). Washington, DC: National Academy Press.

Stenmark, J. K. (1991). *Mathematics assessment: Myths, models, good questions and practical suggestions*. Reston, VA: NCTM.

Stiggins, R. (2008). *An introduction to student-involved assessment for learning* (5th ed.). Upper Saddle River, NJ: Pearson Education.

Van de Walle, J. A. (2007). *Elementary and middle school mathematics, teaching developmentally* (6th ed.). Boston, MA: Pearson Education.

Chapter 15

생각해 볼 문제

01 규준참조평가(norm-referenced evaluation)에 관한 진술로 가장 거리가 먼 것은?

(임용고사 기출문제)

① 규준이란 교과에서 설정한 학습목표이다.
② 학생 상호간의 점수 경쟁을 조장할 수 있다.
③ 개인의 집단 내 상대적 위치에 대한 정보 파악이 용이하다.
④ '수·우·미·양·가'의 평어를 부여할 때는 미리 정해 놓은 각 등급의 배당비율을 따른다.

02 다음은 제7차 수학과 교육과정의 '평가' 항목에서 제시하고 있는 내용의 일부이다. (임용고사 기출문제)

> ① 객관식 선다형 위주의 평가를 지양하고, ② 주관식 지필 검사, 관찰, 면담 등 다양한 평가 방법을 활용하여 종합적인 수학 학습 평가가 이루어질 수 있게 한다.

제 7차 수학과 교육과정에서 제시하고 있는 수학 학습 평가의 목적을 학생과 교사의 측면에서 각각 쓰고, 수학학습 평가에서 ①에 비해 ②가 갖는 장점을 인지적 영역과 정의적 영역의 측면에서 각각 쓰시오.

03 다음과 같은 [문제]와 [학생 A의 풀이]에 대하여 주어진 [채점기준]으로 평가하려고 한다. [학생 A의 풀이]에 타당한 점수를 [채점기준]에 근거하여 쓰고, 그 점수를 부여한 이유를 학생이 사용한 추론 양식과 관련하여 30자 이내로 서술하시오. (임용고사 기출문제)

> [채점기준]
>
> • 1점－문제이해 부족, 부정확한 수학적 표현
> • 2점－그럴듯한 추론, 관찰을 수반한 풀이
> • 3점－명확한 추론, 풀이과정의 경미한 실수
> • 4점－명확한 추론, 바른 답
>
> [문제]
>
> 성숙한 토끼 한 싸이은 한 달이 지나면 한 쌍의 토끼를 낳으며, 새로 태어난 토끼 한 쌍은 2개월 후부터 매달 한 쌍의 토끼를 낳기 시작한다고 한다. 1월 1일에 성숙한 토끼 한 쌍을 사서 기르기 시작하면, n개월 후에는 몇 쌍의 토끼가 있게 되는가? (단, 토끼들은 죽지 않는다고 가정한다.)
>
> [학생 A의 풀이]
>
> 1개월 후부터 4개월 후까지 토끼의 쌍의 수를 세어보았더니 다음과 같다.
>
> 2, 3, 5, 8
>
> 이 수열은 제1계차가 1, 2, 3, … 인 등차수열이므로 n번째 항은
>
> $$a_n = 2 + \{1+2+3+\cdots+(n-1)\} = \frac{n^2-n+4}{2}$$
>
> 따라서 n개월 후의 토끼의 쌍의 수는 $\frac{n^2-n+4}{2}$이다.

04 다음은 수행평가의 한 유형인 〈프로젝트〉에서 사용할 수 있는 가상적인 소재이다.
A교사는 학생들에게 학교의 부지, 건물 등이 배치되어 있는 설계도를 가져와서 학생들을 소집단으로 구성하고 각 소집단별로 다음 과제를 해결하게 한다.

> 다음 주에는 건물이 배치되어 있는 장소를 제외하고 나머지 땅에 잔디를 깔려고 한다. 가능한 한 최소 비용으로 이 작업을 마치려면 어느 정도의 예산이 필요한가?

제7차 수학과 교육과정의 세 가지 일반 목표 중에서, A교사가 위와 같은 수행평가를 실시했을 때 달성하고자 하는 목표와 가장 가까운 것 한 가지를 쓰시오. (임용고사 기출문제)

MEMO

Chapter

16 수학과 수업모형

학습지도를 함에 있어서 지도의 전개 과정을 일정한 형식으로 일반화한 것을 수업모형이라고 한다. 수업모형은 교사가 수업을 진행하는 과정을 안내해 줌으로써 체계화된 수업을 할 수 있게 할 뿐만 아니라 효율적인 수업을 가능하게 한다. 수업모형은 학습지도의 경험이 적은 교사에게 수업 방법을 안내해 주며 경험이 많은 교사에게도 여러 가지 수업 모형에 따른 수업의 전개 과정을 생각해 보게 함으로서 수업의 질을 높일 수 있게 하는 역할을 한다. 즉 수업모형은 학습지도의 이론을 실제로 적용할 수 있게 하며 수업의 질을 개선하게 하는 촉매역할을 한다. 학습지도 이론에 대한 전문적인 연구가 없었든 전통적인 교육에서는 교사가 자기의 지도 경험에서 체득한 방법으로 수업을 지도하였기 때문에 동일한 내용을 동일한 수준의 학생들에게 지도하여도 교사에 따라서 그 방법이 다를 수 있으며 학생들에게 미치는 영향도 매우 다를 수 있었다. 최근에는 교수법에 관한 연구로 인하여 학습지도의 내용과 대상에 따라 사용할 수 있는 다양한 수업모형이 제시되고 있다. 여기서는 수학과 교실에서 흔히 사용되는 수업모형에 대하여 알아보기로 한다.

01 설명식 수업모형

전통적인 수업의 형태는 교사가 그 반의 모든 학생들을 대상으로 지도할 내용을 설명하고 학생들로 하여금 설명을 기록하고 시범을 따라 익히게 하며, 이를 적용하여 문제를 해결하는 능력을 학습하게 하는 것이다. 이러한 유형의 수업을 설명식 수업, 수용 학습 수업, 일제학습 수업, 또는 교사중심 수업이라고 부르기도 하는데 본 장에서는 설명식 수업이라고 부르기로 한다. 설명식 수업은 교사가 전체 학생들을 대상으로 지도할 개념이나 원리를 설명하거나 시범을 보이면 학생들은 그것을 이해하고 익혀서 연습문제에 적용하는 학습을 하는 수업 형태로서, 모든 학생들이 동일한 내용을 동일한 방식으로 학습하게 하는 특징을 가지고 있다. 그러므로 이 수업모형은 능력 수준이 비슷한 다수의 학생들이 어떤 내용을 짧은 시간에 학습하여 적용할 수 있게 하는 데 효과적이다. 교사중심 수업은 교사의 설명만으로 학생들이 학습할 내용을 바르게 이해할 수 있는 높은 수준의 인지능력을 요구하므로 저학년 보다는 고학년 학생들에게 적절한 수업이다. 교수중심 수업에는 교사의 설명만 있는 것은 아니다. 수업의 과정에서 교사는 학생의 준비 정도를 파악하기 위하여 적절한 질문을 할 수 있으며, 새로운 개념을 설명하는 과정에서도 학생들의 사고활동을 촉진하고, 교사의 설명을 바르게 이해하고 있는지를 파악하기 위하여 적절한 질문을 할 수 있다. 학생도 교사의 설명이 이해되지 않으면 질문을 하여 새로운 설명을 요구할 수 있다.

설명식 수업이 의미 있는 수업이 될 수 있음을 강조한 학자로서 Ausubel이 있다. 그는 유의미 설명식 수업이론을 제시하고 있다. 이 이론은 교사의 설명이 학생의 이해에 의미 있게 되려면 선행조직자를 활용하여야 하며, 점진적 분화와 통합조정에 의하여 수업이 진행되어야 한다고 주장하고 있다. 설명식 수업은 많은 학생을 동시에 지도할 수는 있지만, 학습의 결과가 교사의 수준을 넘기 어렵다는 단점이 있다.

설명식 수업은 일반적으로 다음과 같은 순서로 진행된다. 수업의 시작은, 여느 수업모델과 같이, 전 시간에 제시한 과제 검토에 이어 본시학습 주제에 대한 동기유발을 하고 본 차시의 학습목표를 제시한다. 다음으로는 본시 학습 주제에 대해 교사가 설명을 하면서 핵심 내용을 흑판에 기록하거나 멀티미디어를 이용하여 프레젠테이션(presentation) 한다. 이때 교사는 학생의 설명 이해를 돕기 위하여 적절한 교구나 보조 자료를 활용할 수 있다. 교사는 지도하고자 하는 개념이나 원리에 대한 설명에 이어 이를 응용하는 예제 문제를 풀어주고, 학생들은 예제에 이어서 나오는 연습문제를 푼다. 학생은 문제풀이 과정에서 어려운 부분이 있으면 교사의 도움을 요청한다. 본시 학습 내용을 간단히 정리한 다음 과제제시와 차시예고를 하고 수업을 종료한다.

이상의 수업 절차를 모형화 하면 [그림 16-1]과 같다.

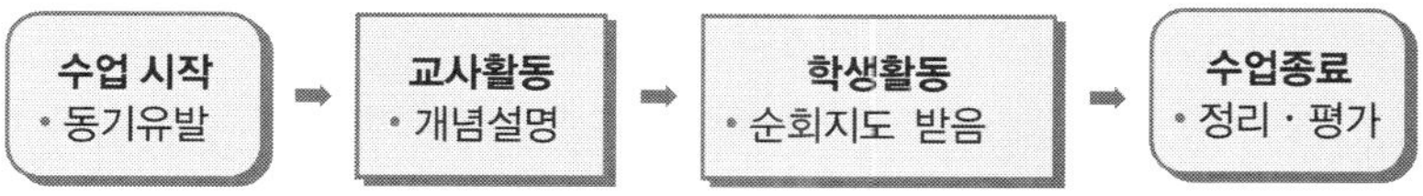

[그림 16-1] **설명식 수업모형**

이 수업모형을 사용할 경우 교사가 유의해야 할 사항은 다음과 같다.

- 수업에 참가한 모든 학생들이 교사의 설명을 이해하고 지시에 따라할 수 있는 수준에 있는지를 확인하여야 한다. 교사의 지도 수준과 학생의 인지 수준에 차이가 있으면 학습의 효과가 없음을 주장하는 여러 이론들이 있다.
- 교사의 설명이나 시범을 학생들이 바르게 이해하고 있는지를 지속적으로 확인하여야 한다. 즉, 교사는 설명식 수업을 진행하면서 학생의 이해 여부를 지속적으로 파악하여야 하며, 필요한 경우 적절한 피드백을 주어야 한다.
- 이해를 돕기 위한 적절한 보조 자료를 사용하거나 보조활동을 하여야 한다. 설명식 수업이 교사의 설명을 중심으로 진행되기는 하지만 학생들의 이해를 돕기 위해서는 구체물이나 반구체물, 영상자료, 컴퓨터자료 등을 효과적으로 활용할 수 있어야 한다.
- 교사의 설명이나 시범에 이어서 개별적으로 이를 익히고 적용하는 연습을 충분히 할 수 있게 하여야 한다. 학생들이 활동하는 동안 교사는 학생들 사이를 순회하면서 모든 학생들이 의미 있는 활동을 하고 있는지를 확인하고 필요하면 개별적으로, 또는 학급 전체를 대상으로 보충지도를 하여야 한다.
- 적절한 과제를 제시하고, 과제 검사를 통하여 학생들의 성취 정도를 파악하고 필요한 경우 적절한 보충 · 심화 학습을 하게 한다.

02 협력학습 수업모형

협력학습은 1990년대부터 미국의 대학 수학교육 개혁을 통해 많은 주목을 받기 시작하였으며, 초등 및 중등학교에서는 1940년대부터 사용되기 시작하였다(MAA, 1997). 협력학습은 Dewey, Piaget, Vygotsky 등의 인지발달과 학습 방법에 관한 연구의 결과, 교육은 학습자 중심으로 이루어져야 하며, 특히 학습은 본질적으로 사회적인 것이라고 밝힌 것을 이론적 배경으로 하고 있다. Kurt Lewin, Martin Deutsch 는 1940년대에 처음으로 소집단으로 구성된 팀을 직장과 사회 단체에 적용하였다. 이것을 시발점으로 하여 University of Minesota, Johns Hopkins University에서 협력학습에 관한 연구를 하기 시작하였으며, 이때부터 협력학습이 학교 교육에 적용되기 시작하였다(MAA, 1997).

협력학습 수업모형을 소집단 학습 수업모형이라고도 한다. 협력학습 수업은 한 교실의 학생들이 소집단을 만들어 각 집단의 학생들이 서로 논의하고 도와가면서 학습하는 수업이다. 소집단의 규모는 2명에서 8명까지 다양할 수 있지만 보편적으로 3명 또는 4명이 적절하다.

협력학습 수업을 하는 근본적인 이유는 다음과 같이 몇 가지로 생각해 볼 수 있다. 첫째, 오늘날 교육 철학은 사회적 구성주의에 근거를 두고 있다. 지식은 학습자에 의하여 주관적으로 형성되기 시작하지만 이것에 대하여 다른 사람들에게 발표하고 토론하여 인정을 받음으로서 객관적 지식으로 형성되는 것이다. 따라서 학습 활동은 자연스럽게 자기의 아이디어를 다른 사람과 교류하고 의논하는 과정에서 이루어지는 것이 바람직하다. 둘째, 혼자서 문제를 해결하는 것보다는 여러 사람이 함께 협력하면 문제를 더욱 잘 해결할 수 있으며, 협력학습을 통하여 다른 사람의 장점을 활용할 수 있으며, 집단 구성원간에 서로의 장점을 배울 수 있다. 실제로 우리가 사회에서 어려운 문제에 직면하면 다른 사람들과 의논하고 그들의 도움을 받아 문제를 해결하며, 과학이나 산업의 첨단 분야에서 새로운 것을 연구하고 창조하는 사람들도 팀을 구성하여 업무를 수행하며 수시로 회의와 세미나를 통하여 그들의 지식과 정보를 교환하면서 협력하여 과제를 수행한다. 셋째, 협력학습 활동은 학생들이 다른 사람들과 협력하는 능력과 태도를 길러준다. 협력학습을 통하여 학생들은 다른 사람과 아이디어를 교환하는 능력과 태도를 배우며, 상대방의 아이디어를 이해하고, 존중하며, 비판하는 능력을 기를 수 있으며, 자기의 아이디어를 분명하며 효과적으로 전달하는 능력을 기를 수 있다. 사회는 다양한 사람들이 어떤 규정에 의해 단체를 결성하여 서로 협력하면서 각자의 일을 처리하여 가고 있다. 학교 교육은 학생들에게 사회생활에 잘 적응할 수 있게 하기 위해 필요한 지식과 태도를 길러 주어야 한다고 볼 때에 가능하면 협력학습 수업으로 학생들을 지도하는 것이 바람직하다. 협력학습 활동은 집단 구성원들 간에 충분한 의사소통을 필요로 함으로서 의사소통능력을 길러준다. 정보화 사회에서는 의사소통 능력을 더욱 필요로 하고 있음으로, 수학교육은 의사소통능력을 중요한 교육목표 중의 하나로 정하고 있다.

협력학습에서는 소집단 활동이 수업의 흐름을 주도한다. 따라서 각 소집단의 능동적 학습활동은 매우 중요하다. 교사는 소집단의 구성을 계획적으로 하여야 하며, 모든 구성원들이 학습활동에 적극적으로 참여할 수 있도록 세심한 주의를 기우려야 한다.

소집단의 구성은 일반적으로 두 가지 유형으로 조직할 수 있다. 하나는 각 구성원의 능력을 비슷하게 한 동질집단(homogeneous group)의 구성이고, 다른 하나는 구성원의 능력을 다양하게 한 이질집단(heterogeneous group)의 구성이다. 동질집단의 구성이 바람직한 경우는 학급 구성원들 사이의 능력 차이가 매우 심해서 모든 학생들이 동일한 수학적 내용을 학습할 수 없을 경우이다. 학습자의 능력차이가 심한 학급에서 동질집단으로 소집단을 구성하였을 경우 한 소집단 내에서의 능력 차이는 비슷하지만 집단 간에는 능력 차이가 심하므로, 일반적으로 집단간의 능력 차이를 3단계 또는 4단계의 수준으로 나누고 집단 간에 학습내용이나 방법을 달리 함으로서 개별 학생들이 자기 수준에 맞는 학습을 하게 할 수 있다. 동질집단으로 나누었을 경우, 수준이 우수한 집단에는 사고활동을 중시하는 문제해결 학습을 하게 하는 것이 바람직하며, 수준이 낮은 학생들에게는 알고리즘 문제나 기능에 관한 문제를 학습하게 하는 것이 바람직하다.

한 학급에서 개인의 학습 능력차이가 다양하긴 하지만 동일한 주제를 학습할 수 없을 만큼 심각하지 않다면, 개인의 능력차이가 다양한 학생들로 소집단을 구성하는 것이 바람직하다. 이 경우 집단간의 능력은 비슷함으로, 모든 집단은 동일한 수준의 수학적 주제를 학습할 수 있다. 모든 학생들이 다 알아야 할 기본적인 개념을 학습하게 할 때에 효과적인 소집단 구성이라고 할 수 있다. 소집단의 구성은 교사의 치밀한 계획에 의하여 구성되어야 하며 적절한 시기에 재구성(학습 주제별로 또는 단원별로 재구성할 수 있음)하는 것이 바람직하다.

협력학습 지도를 실시할 경우의 학생과 교사의 역할은 교사중심의 학습지도 활동에 비하여 많은 차이가 있다. 교사중심의 학습지도에서는 교사가 학습 내용을 잘 구성하여 설명하면 학생들은 이를 경청하며 노트에 기록하고 교사의 지시에 의하여 연습문제를 익히며, 이해가 어려운 것이 있으면 질문하고 교사는 이에 대하여 다시 설명하는 것이 일반적인 역할이다. 그러나 협력학습 수업에서는 학생들이 수업활동의 주체이며 학생과 교사의 역할은 다음과 같이 달라진다(J. MacGregor, 1997).

〈학생의 역할〉

- 경청하는 사람, 주목하는 사람, 기록하는 사람으로부터 문제를 해결하는 사람, 문제해결에 공헌하는 사람, 토론하는 사람으로 된다.
- 수업 준비에 대한 낮은 기대에서 높은 기대로 바뀌어 수업 전에 학습할 자료를 읽고 문제나 과제를 준비한다.
- 교실에 개인적 입장에서 출석하는 것으로부터 공적인 입장에서 출석한다.
- 동료와 경쟁하는 입장에서 그들과 협력하는 입장이 된다.
- 학습을 독자적으로 하고 혼자서 책임지는 것에서부터 협동으로 학습하고 그 결과에 대하여 구성원이 함께 책임을 진다.
- 교사와 교과서를 권위와 지식에 대한 유일한 출처로 생각하던 것을 동료, 자기자신, 단체에 의한 사고를 권위와 지식의 중요한 소제로 확대한다.

〈교사의 역할〉

- 협력학습을 위해서 교과서를 그대로 사용하기에는 적합하지 않다. 교사는 집단별로 사고하고 탐구할 활동과제의 리스트를 개발하여 각 집단에 제공하여야 한다.
- 모든 학생들이 적극적으로 과제해결에 참여하도록 유도하여야 하며, 학생들이 어려움에 부딪칠 경우 적절한 해결 방법을 안내해 준다. 한 두 학생이 집단활동을 독점하여서는 안되며, 한 사람이라도 소외되어서는 안 된다.
- 각 집단의 활동 과정과 결과를 평가하여 등급을 제시한다. 소집단 활동에 대하여 평가를 할 경우는 활동 결과뿐만 아니라 구성원들의 적극적인 참여 정도도 반영한다. 이러한 평가를 하기 위해서는 세심하게 계획된 평가 기준을 마련하고 이를 학생들에게 공개하여 타당성을 인정받도록 한다. 평가기준을 학생들과 함께 토론하면서 개발하는 것도 좋은 방법이다.
- 적절한 연습문제와 가정학습 과제를 제시하고 그 결과를 평가한다.

협력학습의 수업은 일반적으로 다음과 같은 순서로 전개된다.

첫째, 도입 단계에서 교사는 전체 학생들을 상대로 학습 목표를 제시하며 학습 동기를 유발하게 한다.

둘째, 학생들은 소집단을 구성하고 교사가 제공하는 문제를 협력하여 해결한다. 각 집단이 해결하는 과제는 학습목표에 따라 같을 수도 있고 다를 수도 있다. 소집단을 구성하는 모든 학생들이 과제 해결에 적극적으로 참여하여야 한다. 각 집단은 과제를 해결하는 동안 어려움에 부딪치면 교사의 도움을 요청할 수 있다. 교사는 직접적인 방법을 가르쳐주기보다는 해결의 실마리를 생각할 수 있도록 안내하는 것이 바람직하다.

셋째, 각 소집단은 해결한 결과를 전체 학급에 발표하고 토론한다. 각 집단이 해결한 결과를 정확하게 발표하고 집단간의 차이점과 그 이유에 대하여 토론한다.

넷째, 교사는 각 집단의 활동 결과에 대하여 평가하고 정리하며, 적절한 과제를 제시한다.

이상의 학습활동 과정을 형식화하면 [그림 16-2]와 같은 모형을 얻을 수 있다.

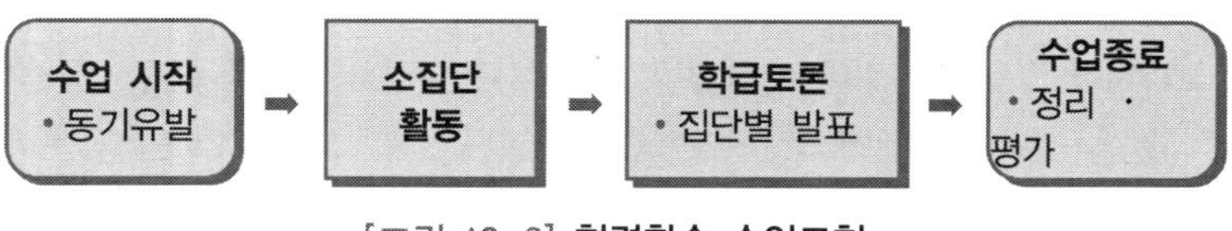

[그림 16-2] **협력학습 수업모형**

협력학습 수업에서 교사가 특히 유의하여야 할 사항은 소집단의 구성원들 모두가 함께 학습활동에 참여하게 하여야 하는 것이다. 한 소집단이 한 과제를 해결하였을 경우 구성원 모두가 다 같이 이해하고 있어야 한다. 소집단학습 수업에서 구성원 중 한 두 사람이 학습 활동을 독점하며 일부 학생들이 수업활동을 외면하는 일이 없도록 해야 한다. 교사는 각 집단을 순회하면서 각 집단의 활동을 파악하며 모든 학생들의 참여를 독려하고 적절한 힌트를 제공하여야 한다.

협력학습 수업을 실시하였을 경우, 평가도 소집단 활동의 결과와 개인별 능력을 각각 반영하여야 한다. 즉, 집단별로 해결한 결과에 대하여 모든 구성원에게 동일한 점수를 부여함으로서 모든 구성원이 협력하여 학습활동을 하게 하며, 또한 각 구성원의 능력을 개별적으로 평가함으로서 각 구성원의 적극적인 학습 활동을 유도할 수 있다. 그러므로, 협력학습 수업을 실시하였을 경우 평가는 집단별 평가와 개별 평가를 각각 실시하여 그 결과를 함께 반영하는 것이 바람직하다.

03 개별학습 수업모형

개별학습 수업은 학습자 개개인에게 최적의 학습 환경을 제공하기 위한 수업방법으로서 학습자 개개인이 자기의 속도에 맞게 학습 과제를 해결하게 하고, 필요한 경우 개별적으로 지도하는 것이다. 그러나 현실적으로 모든 학생을 교사가 개별적으로 직접 지도하기는 쉽지 않다. 따라서 개별학습의 수업은 교사의 도움이나 안내를 비교적 적게 필요로 하는 수학적 기능의 연습이나 학습한 내용을 복습하게 하는 데 적절한 수업방법이라고 할 수 있다. 개별학습을 위한 자료로서 1960년대에 프로그램 학습 자료와 티칭머신이 만들어 졌으며, 오늘날은 컴퓨터를 이용하는 CAI(computer assisted instruction)자료들이 개발되어 사용되고 있다. 이 자료들의 특징은 다음과 같다.

프로그램 학습 자료란 학습목표를 상세화 하여 개발한 계열화된 학습 자료로서, 학생들은 개별적으로 프로그램에 표시된 번호를 따라 자기의 속도에 맞게 학습해 간다. 프로그램의 순서를 따라 한 문제에 대하여 반응을 한 다음에는 그 반응에 대한 정답이 무엇인가를 즉시 확인할 수 있다. 이때, 학생의 반응이 옳으면 다음과제로 넘어가고, 틀렸으면 교정을 받기 위한 설명자료로 돌아가게 된다. 즉, 학습활동에 대한 즉각적인 피드백을 받을 수 있는 장점을 지니고 있다. 프로그램 학습 원리는 자극에 대한 바른 반응을 유도하고 강화하는 것이 학습이라는 스키너의 학습 원리에 의하여 개발된 것이다.

프로그램 학습의 원리는 스키너에 의하여 개발되었다. 프로그램 학습에서 학습 과제를 계열화하는 방법에는 직선형과 분지형이 있다. 직선형이란, 학습 과제를 일렬로 배열하고 모든 학생들이 이 순서를 따라 각자의 속도에 맞게 학습해 가는 하는 형식이다. 직선형 프로그램 학습 자료는 학습자의 능력 차이를 인정하지 않고 모든 학생이 동일한 학습 과제를 각자의 속도에 맞게 개발한 것이다. 직선형을 사용하면서 이해되지 않는 과제가 발견되면 그 과제에 대한 설명으로 돌아가서 공부한 후 다음 번호로 되돌아간다. 그러나 학습자에 따라서 또는 학습내용에 따라서는 상세화된 모든 단계를 다 학습할 필요가 없이 몇 단계를 건너뛰어 학습할 수도 있으며, 학습 자료의 단계 수준이 지나치게 비약되어 있어서 그 프로그램을 따라 학습할 수 없을 수도 있다. 직선형의 이와 같은 문제점을 보완한 것이 분지형 프로그램 학습 자료이다.

분지형 프로그램 학습 자료는 프로그램이 진행되는 과정에서 어떤 단계의 과제를 해결할 수 없으면 그 과정에서 벗어나 더욱 상세화된 단계로 돌아가 학습하는 방법이다. 이 방법은 학습자의 학습 속도와 학습 능력을 고려한 특성을 가지고 있다. 프로그램 학습 자료는 1960년대에서 70년대에 많이 사용되었지만 지금은 컴퓨터의 발달로 거의 사용되지 않고 있다.

티칭 머신(teaching machine)이란 프로그램 학습 자료를 기계에 입력하여 학생들이 쉽고 흥미 있게 학습할 수 있게 고안한 것으로서 1960년대 말에 개발되어 일시적으로 사용되었으나, 지금은 컴퓨터의 발달도 사용되지 않고 있다.

컴퓨터가 급속히 발달하기 시작한 1960년대부터 컴퓨터를 학습의 보조자료로 활용하는 연구가 미국에서 활발히 진행되었으며, 오늘날은 대부분의 국가에서 수학교육을 위해 컴퓨터와 계산기가 다양하게 활용되고 있다. 우리나라도 1990년대부터 일선학교에 컴퓨터 실습실이 만들어지고 수업에 컴퓨터를 이용하는 교사가 늘어나기 시작하였으며, 학생들은 가정에서 또는 학교에서 컴퓨터를 활용한 개별학습을 하기 시작하였다.

컴퓨터를 개별학습으로 활용하기에 적합하도록 개발한 자료로서 CAI가 있다. CAI는 교과서의 내용을 복습하거나 수학적 기능을 익히기에 적합하도록 개발한 소프트웨어로서 그 종류에는 개인교수용(tutoring) 또는 기능연습용(drill and exercise)이 주를 이루고 있다. CAI를 활용하면, 학생들은 자기가 필요로 하는 학습 과제와 수준을 선택하여 학습할 수 있고, 학생의 반응에 대한 즉각적인 피드백을 받을 수 있어서 프로그램 학습 자료나 티칭머신보다 훨씬 효과적으로 학습할 수 있다.

개별학습 수업은 일반적으로 다음과 같이 진행된다.

첫째, 도입활동을 통하여 동기유발을 한 다음, 학습주제에 대한 기본적인 내용을 설명한다.

둘째, 각 학생은 자기의 속도에 맞게 개별적으로 학습 자료를 공부하게 한다.

셋째, 학생들이 개별학습 활동을 하는 동안 교사는 순회지도를 통하여 학습 활동을 관리하며 학생들을 돕는다.

넷째, 학생들이 공부한 내용을 정리하게 하고 전체적인 질문을 받는다. 가정학습 과제를 제시하고 차시예고를 한다.

이 과정을 그림으로 나타내면 다음과 같다.

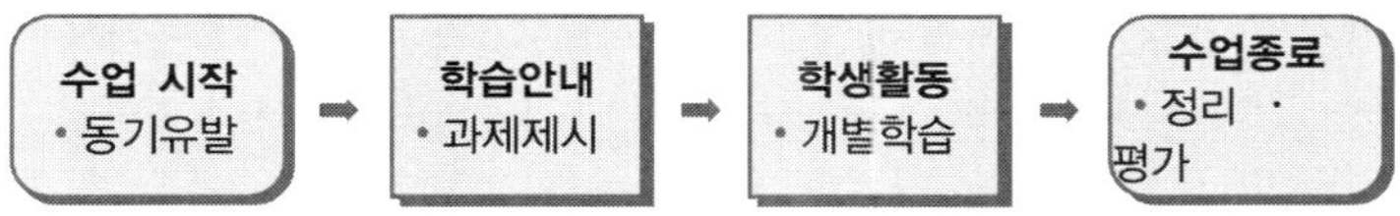

[그림 16-3] **개별학습 수업모형**

이 수업모형을 적용할 경우 다음의 사항을 유의하여야 한다.

- 개별학습이 필요하고 효과적인 경우에만 이 수업 방법을 적용하도록 한다. 예를 들면, 계산 기능을 익히거나 이미 학습한 개념들을 복습하게 하는데 적절하다.
- 학생 각자가 자기 수준에 맞는 속도로 과제를 해결하게 한다.
- 모든 학생들에게 고르게 관심을 갖고 순회지도 함으로서 일부 학생에게 방임형 학습이 되지 않도록 유의한다.
- 학생들이 학습 자료를 올바르게 사용하고 있는지를 확인하고 필요한 경우 도움을 주어야 한다. 컴퓨터 소프트웨어를 사용할 경우 그 자료의 특성을 학생들이 충분히 이해하고 활용할 수 있도록 지도한다.

04 수준별 학습 수업모형

수준별 학습지도란 한 학급에서 함께 공부하는 학생들의 학습능력 차이가 심하여 같은 주제를 같은 방법으로 학습하기가 어려운 경우에, 학습능력을 중심으로 학생들을 몇 단계의 수준으로 구분한 다음, 각 수준에 따라서 학습 내용과 방법을 달리하는 학습 지도 방법을 뜻한다. 평준화 정책에 의하여 학생이 선발된 학교는 학생들의 학력 차이가 매우 커서 수준별 학습지도를 하지 않을 수 없는 상황이 될 수도 있다. 그 결과 우리나라의 경우 제7차 교육과정부터 수준별 교육이 실시되고 있다.

수준별 학습지도의 중요한 특성은 다음과 같다.

- 학생들을 몇 단계의 수준으로 나누어 학습지도를 한다. 학생들을 능력 집단으로 나누는 데에는 두 가지 방법이 있다. 하나는 전 학년의 학생들을 몇 단계 수준으로 나누어 능력별 반 편성을 하는 것이고, 다른 하나는 한 학급에서 교과목별로 학생들의 수준을 구분하는 방법이다. 능력별 반 편성을 하면, 한 학급에 속하는 학생들의 능력은 동일한 수준에 속함으로 교사는 그 학급의 학생들에게 동일한 내용을 동일한 방법으로 지도할 수 있다. 따라서 교사의 수업 준비와 지도가 비교적 용이하다. 그러나 전 학년의 학생들을 교과목마다 능력별 반 편성을 하는 것은 사실상 어려우므로 대다수의 학교에서는 학생들의 전체 성적으로 수준을 구분하거나 아니면, 주지교과목인 국어, 수학, 영어 과목의 성적을 중심으로 하여 수준을 구분한다. 이 경우, 어떤 학생은 전체 성적은 우수하지만 수학 성적은 저조할 수도 있다. 그러나 이 학생은 우수 반에서 수학을 학습하여야 함으로 수준별 학습지도를 실시하는 의미가 없어진다. 또, 열등반에 속하는 학생들은 학교 내에서 열등의식을 가질 수 있기 때문에 교육적으로 바람직하지 않은 문제점을 야기할 수 있다. 한 학급에서 교과별로 학생들의 능력을 몇 단계로 구분하는 경우는 그 교과의 성적만을 기준으로 함으로, 같은 수준에 속하는 학생들의 능력은 같은 수준에 있다고 가정할 수 있다. 그러나 이 경우 학습지도를 운영하기 위해서 교사는 각 수준에 맞는 내용과 지도 방법을 준비하여 실시하여야 함으로 많은 준비와 지도상의 노력이 필요하다.
- 수준별 학습지도를 할 경우, 각 수준에 적합한 내용과 방법을 준비하여야 한다. 우리나라에서는 한 교육과정의 내용을 몇 단계의 수준에 따라 지도할 수 있는 교과서나 교육용 자료가 개발되어 있지 않다. 따라서 수준별 교육을 실시하려면, 학교 단위로 수준별 자료를 개발하여 사용하여야 하는 실정이다. 어떤 시·도에서는 그 지방의 교육위원회에서 수준별 학습지도 자료를 개발하여 각 학교에 보급하는 경우도 있다.

- 수준별 교육을 실시할 경우, 각 수준에 대한 지도 내용과 방법이 다르므로 평가도 달리하여야 한다. 평가의 목표는 지도 목표와 일관성을 가져야 하기 때문이다. 학습 진행에 필요한 성취도 평가는 수준 집단에 따라 다르게 실시하여 학생들에게 피드백을 주는 것이 바람직하며, 총괄평가는 교육과정이 요구하는 기본 과정을 중심으로 하여 절대평가를 실시하는 것이 바람직하다.

국가 교육과정으로서 수준별 교육과정을 처음으로 실시하는 나라는 영국이다. 영국은 1989년부터 국가교육과정을 실시하면서 수준별 교육과정을 적용하고 있다. 영국의 국가교육과정은 수학의 각 영역을 9개의 수준으로 나누어 한 수준을 학습 한 다음에 다른 수준을 학습하게 하고 있다. 각 수준의 통과 여부는 교사가 판정하지만 교사는 국가차원에서 실시하는 GCSE시험을 참고로 한다. 영국에 이어 호주(Australia)에서도 영국과 유사한 수준별 교육과정을 실시하고 있다.

미국은 NCTM이 수학교육을 개혁하기 위해 Curriculum and Evaluation Standards for School Mathematics(1989), Professional Standards for Teaching Mathematics(1991), Assesment Standards for School Mathematics(1995), Principles and Standards for School Mathematics(2000)를 공표 하였으며, 여러 대학에서 국가의 지원(NSF)을 받으며 이 Standards를 실행하기 위한 구체적인 교육과정과 교재용 자료를 개발하여 사용하는 중에 있다. Standards를 중심으로 하는 미국의 수학교육 개혁운동은 모든 학생들에게 수학을 학습하게 하며, 실생활과 관련한 수학을 이해하게 하며, 협력하여 학습하는 능력을 기르게 하며, 창의적인 방법으로 사고하게 하며, 9학년 이상부터는 개인의 능력 수준에 맞게 학습할 수 있게 하는 핵심교육과정(core curriculum)을 적용하게 하고 있다. 핵심교육과정의 특성은 고등학교 2학년까지 모든 학생들이 동일한 주제의 수학을 학습하되, 개인의 수준에 따라서 학습 방법을 달리하게 하고 있다. 예를 들면, 부피가 일정한 원통 모양의 캔을 만들 때, 캔의 재료가 최소가 되는 경우를 찾는 문제에는 표 만들기, 프로그램 작성, 계산기나 컴퓨터의 그래프 기능 활용, 컴퓨터나 계산기를 활용한 관계성 찾기, 대수적 성질을 이용한 형식적 추론 등의 방법을 수준에 맞게 선택하여 학습하게 하고 있다.

우리나라에서 수준별 교육과정을 처음으로 사용한 것은 7차 교육과정(1997년에 고시)이며, 수학과는 단계형 수준별 교육과정을 채택하였다. 이 교육과정은 한 학기를 한 단계로 하는 20개의 단계를 설정하여 매학기 수준능력을 평가하여 미달하는 경우는 학부모의 동의를 얻어 유급할 수 있게 하거나 방과후 또는 방학을 이용한 보충지도를 통하여 그 단계를 통과하고 다음 단계로 진급하게 하는 것인데, 그 특징이 잘 지켜지지 않았으므로 7차 개정교육과정(2007개정)은 단계형이 아닌 수준별 교육과정을 채택하였다. 그 후에 개발된 2009년 개정 수학과 교육과정은 학년군 내에서 수준별 학습을 할 수 있게 하였다.

수준별 학습수업은 일반적으로 다음과 같은 순서로 진행된다. 수업의 시작으로서 학습목표를 제시하고 적절한 동기유발을 한 다음, 전 학생들을 대상으로 교육과정의 기본과정을 지도한다. 이때의 수업은 설명식 수업모형 또는 협력학습 수업모형이 적절하다. 기본 학습 지도가 끝난 뒤 형성평가를 실시한 결과나 다른 근거에 의하여 학생들을 보충학습 수준, 기본학습 수준, 심화학습수준으로 나눈다. 그리고는 학생들이 소집단으로 또는 개별로 자기 수준의 과제를 학습하게 한다. 수업이 종료될 무렵, 그 시간에 학습한 내용에 대하여 교사가 요약하여 정리하고, 학생들의 능력에 따라 과제학습을 제시한다. 이와 같은 수업의 전개 과정을 모형화 하면 [그림 16-4]와 같다.

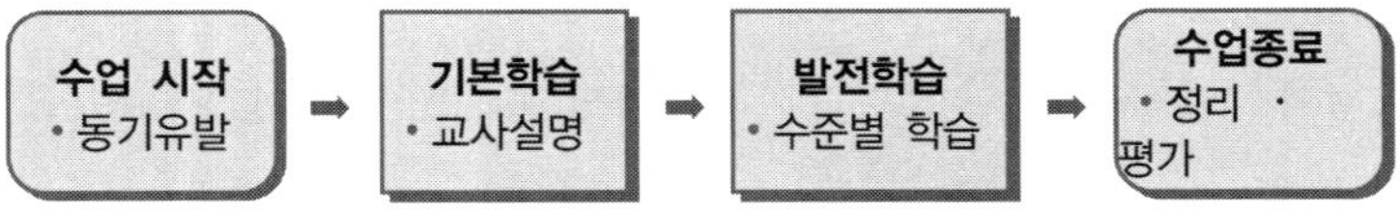

[그림 16-4] **수준별 학습 수업모형**

수준별 학습지도들 할 경우 교사는 다음 사항에 유의하여야 한다.

- 기본 학습 내용, 보충학습 내용, 심화학습 내용을 미리 파악하여 준비하고 있어야 한다.
- 기본내용을 모든 학생들에게 지도할 때는 교사중심 학습지도나 협력학습을 하게 하며, 협력학습을 하게 할 때는 이질 집단과 동질집단 중 어느 것이 교육상 효과적인지를 판단한 후 소집단을 구성하여야 한다. 일반적으로 이질집단으로 구성하는 것이 효과적인 경우가 많다.
- 발전학습을 하게 하기 위한 학생들의 능력수준을 구분할 때 객관적인 근거에 의하도록 한다. 학생들의 능력을 수시로 평가하여 학생들은 자기의 수준에 맞는 발전학습을 할 수 있게 하여야 한다.
- 과제를 제시할 때 획일적인 방법을 지양하고, 수준을 고려하여 개발한 자료를 활용하여야 한다. 교과서의 연습문제도 수준의 차이가 있음으로 이를 활용할 수 있다.
- 발전학습을 할 경우는 수준별로 동질 집단을 형성하여 학습하게 하는 것이 바람직하다. 이때, 보충집단 학생들이 열등의식을 갖지 않도록 하기 위한 교사의 세심한 관심이 필요하다.
- 수업의 전 과정을 통하여 학생들이 홍미를 갖고 주도적인 학습활동을 하게 한다. 이를 위해서는 충분한 동기유발, 적절한 학습 자료 제공, 적절한 학생수준 구분 등이 필요하다.

05 지도 내용과 수업모형

1 개념 지도와 수업모형

(1) 개념의 뜻

일반적으로 수학을 지도할 때 먼저 수학적 개념을 지도한다. 이를테면 평면도형에 대하여 지도할 때, 평면도형에 대한 개념을 먼저 지도한 다음 평면도형의 성질을 지도하고 그 활용에 대하여 지도한다. 본 절에서는 개념의 뜻과 지도 방안에 대하여 알아보기로 한다.

개념이 형성되는 과정을 분석해 보면, 경험에 의하여 형성되는 경우와 구체적인 설명에 의하여 형성되는 경우가 있다. 어린이가 컴퍼스를 가지고 원을 그려보는 경험을 함으로서 컴퍼스의 용도를 알게 되며 다른 학습도구와의 차이점을 인식하게 된다. 즉, 컴퍼스가 무엇인가에 대한 명확한 설명 없이 컴퍼스의 개념을 형성하게 된다. 이와 같이 설명에 의해서가 아니라 예들에 대한 경험을 추상하여 개념을 갖게 되는 것을 Ausubel은 개념 형성(concept formation)이라고 한다. 개념을 인식하는 다른 한 방법은 다른 개념들을 이용하여 새로운 개념을 인식하는 것이다. 즉, 다른 개념을 사용한 설명에 의하여 새로운 개념을 나타내는 용어의 뜻을 알게 되는 것이다. 이것을 Ausubel은 개념동화(concept assimilation)라고 한다. Henderson(1970)은 개념 형성에 의하여 얻어진 개념을 비언어적 개념이라고 하고, 개념동화에 의하여 형성된 개념을 언어적 개념이라고 하였다.

언어적 개념의 입장에서 개념을 정의한 예로는 다음과 같은 것들이 있다. Hunt 등에 의하면, 개념이란, 어떤 대상을 서술하고자 할 때, 어떤 이름이 적용될 수 있는지 없는지를 구체적으로 나타내주는 결정 규칙이다. Geach에 의하면, 개념 p를 획득했다는 것은 용어 p를 어떻게 사용하는지를 안다는 것이다. 예를 들면, 원의 개념을 안다는 것은 원의 정의를 알고 있으며, 여러 도형 중에서 원을 식별할 수 있으며, 원이 갖는 성질을 알 수 있는 것을 뜻한다.

학교 교육은 언어적 개념의 지도에 중점을 두고 있으므로, 앞으로 사용하는 개념의 의미는 언어적 개념을 뜻하는 것으로 약속한다.

(2) 개념의 지도 방안

개념을 지도하기 위한 전략들에는 정의하기, 충분조건 제시, 예 들기, 비교·대조하기, 반례 들기, 필요조건 제시, 필요조건과 충분조건 제시, 거짓 예 들기, 필요하지도 충분하지도 않은 특성 제시 등이 있다(Cooney et al, 1975). 이들이 필요한 경우와 그 활용 방법은 다음과 같다.

① 정의하기

정의는 어떤 개념을 나타내는 용어를 최대한 명확하면서도 간결하게 진술한 문장이다. 예를 들면, 이항식의 개념을 다음과 같이 정의할 수 있다.

이항식은 단 두 개의 항을 가진 다항식이다.

정의는 매우 간결하게 표현되어 있기 때문에 학생들에 따라서는 그 정의를 이루는 필요조건들의 합성을 이해하지 못하며 정의의 로직을 이해하지 못할 수 있다. 예를 들면, 위의 이항식의 정의에서 다항식의 개념을 알지 못한다면 이항식의 개념을 알지 못하며, 정의의 로직을 알지 못하면 위의 정의로부터 다음과 같은 네 개의 결론이 나옴을 알지 못한다.

1. 만약 어떤 것이 이항식이면, 그것은 단 두 개의 항을 가진 다항식이다. **(정의의 평행한 진술)**
2. 어떤 것이 단 두 개의 항만 가진 다항식이면, 그것은 이항식이다. **(정의의 역)**
3. 어떤 것이 이항식이 아니면, 그것은 다항식이 아니거나, 그것이 다항식이면 단 두 개의 항을 갖고 있지 않다. **(정의의 이)**
4. 어떤 것이 단 두 개의 항을 갖는 다항식이 아니면, 그것은 이항식이 아니다. **(정의의 대우)**

정의의 형식을 분석해보면, 다음과 같다.

(용어) ___ 란 조건 ____를 만족하는 _____이다.
조건 _____를 만족하는 _____를 (용어) _____ 라고 한다.

어떤 개념에 대한 정의가 있으면, 그 정의의 평행한 진술, 역, 이, 대우가 모두 성립하는 특성을 가지고 있다.

② 충분조건 제시

개념을 지도하기 위해서 정의를 하지 않고 충분조건을 제시하는 경우도 있다. 예를 들면, 꼬인 위치에 있는 두 직선의 개념을 지도한다고 하자. 대부분의 교사들은 실제로 꼬인 위치에 있는 두 직선의 예를 들어 보인 후, 이 두 직선은 한 평면 위에 있지 않음을 인식하게 하고는, '한 평면 위에 있지 않은 두 직선을 꼬인 위치에 있다.'고 설명함으로서 꼬인 위치의 개념을 지도할 것이다. 한 평면 위에 있지 않은 두 직선은 꼬인 위치에 있기 위한 충분조건이지만 정의는 아니다.

'꼬인 위치에 있는 두 직선'의 정의는 '한 공간에서 서로 만나지도 않으며 평행하지도 않는 두 직선'이다.

③ 예를 들기

개념을 정의한 후 또는 그 개념에 대한 충분조건을 제시하고 설명한 후 그 개념을 더욱 분명하게 이해하도록 돕기 위해서 교사는 몇 개의 예를 제시한다. 이때의 예는 가능한 한 단순하고 간결하여 학생들이 쉽게 이해할 수 있는 것이 좋다. 교사가 지도하고자 하는 새로운 개념을 학생들이 잘 이해하고 있는지를 파악하기 위하여 교사는 학생들에게 그 개념에 대한 예를 제시하도록 요구할 수 있다. 학생들이 제시한 예에 대한 이유를 말해 보게 함으로서 이해의 정도를 파악할 수도 있다.

모든 개념들이 예를 가지고 있는 것은 아니다. 예를 들면, 가장 큰 실수, 2보다 큰 짝수인 소수 등은 예가 있을 수 없다. 따라서 예를 사용하려할 때는 적절한 예가 있는지를 미리 파악해 두어야 한다.

④ 비교 · 대조하기

어떤 개념의 이해를 돕기 위하여 예를 제시하였으면, 그 예들의 공통점을 비교하고 차이점을 대조해 봄으로서 그 개념을 구성하고 있는 조건들과 로직을 더욱 분명하게 이해하게 하는데 도움을 줄 수 있다.

⑤ 반례 들기

어떤 개념에 대한 학생의 진술이나 대답에 모순이 있음을 발견하고 그것을 교정해 주려고 할 경우, 학생의 진술에 모순이 있음을 보여주는 예를 보여 줌으로서 학생의 진술에서 잘못된 부분을 구체적으로 지적해 줄 수 있다. 이와 같이 어떤 명제가 성립하지 못함(거짓임)을 보여주는 예를 반례라고 한다.

예를 들면, 각의 정의를 두 개의 반직선으로 이루어진 도형이라고 대답한 학생에게 학생의 대답을 만족하면서도 각이 되지 못하는 다음 그림의 도형은 학생의 대답에 대한 반례이다.

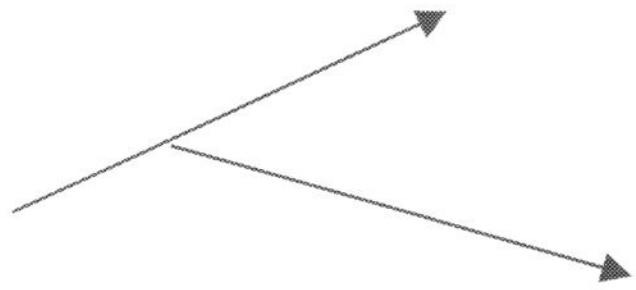

[그림 16-5]

⑥ **필요조건 제시**

학생의 진술이 어떤 개념을 만족하지 못할 경우, 그 진술은 개념을 만족하기 위한 조건들의 일부만 만족한 것일 수 있다. 이때 교사는 학생들에게 그 개념을 성립하게 하는 남은 조건들 즉, 그 개념의 모든 필요조건들을 찾아보게 함으로서 그 개념을 완전하게 이해하도록 도울 수 있다. 예를 들면, 평행사변형이 무엇인가라는 교사의 질문에 대하여 학생이 두 변이 평행한 사각형이라고 대답하였다면, 교사는 반례를 들어 학생의 대답이 충분하지 못함을 지적해 줄 수 있다. 여기서 교사는 학생들에게 남은 필요조건들(다른 한 쌍의 대변이 평행함)을 더 찾게 하여 평행사변형의 개념을 지도할 수 있다.

⑦ **필요충분조건 제시**

많은 개념들의 정의는 필요충분조건을 사용하여 진술되고 있다. 또, 대부분의 개념들은 필요충분조건을 사용하여 여러 가지로 진술될 수 있다. 따라서 필요충분조건은 개념을 학습하는 데 중요한 요소들이다. 어떤 개념을 지도한 후 그 개념을 나타내는 다른 필요충분조건들을 제시하게 하고 정의와 관련을 생각해 보게 하는 것은 새로운 수학을 학습하게 하는 계기가 될 수도 있다. 예를 들면, 이등변삼각형의 정의는 두 변의 길이가 같은 삼각형이다. 이때, 두 각의 크기가 같은 삼각형은 이등변삼각형이 되기 위한 필요충분조건이다.

⑧ **거짓 예 들기**

개념을 지도하기 위해 정의를 하고 그 예를 제시할 때, 예가 될 수 없는 것 즉, 그 개념을 만족하지 못하는 거짓 예(비정례라고도 함)를 함께 제시하는 것은 그 개념의 이해에 도움이 된다. 특히, 거짓 예를 제시할 때는 정의를 구성하는 조건들 중 일부만 만족하는 예를 만들어 거짓 예로 사용하는 것이 개념의 구성을 이해하는데 더욱 도움이 된다.

(3) 지도상의 유의점

개념 지도를 계획할 때 다음과 같은 사항을 고려해 보는 것은 도움이 된다.

- 학생들의 지적 능력과 개념적 배경을 고려한다. 만일 학생들의 지적 능력이 충분하다면, 정의만으로도 개념을 지도할 수 있다. 그러나 지적 능력이 부족하다면 예와 거짓 예를 충분히 활용하는 것이 좋다.
- 이 개념을 교사자신이 배울 때 또는 다른 반에서 지도할 때의 경험은 어떠하였는지를 고려한다. 자기가 학습한 경험이나 다른 반에서 지도한 경험을 반성하여 개념 지도를 위한 절차를 수정하고 보다 적절하고 충분한 예나 거짓 예를 고안하여 사용하는 것이 바람직하다.
- 이 개념은 얼마나 중요한가를 고려한다. 지도하고자 하는 개념의 중요성에 따라 그 개념을 이해하게 하는 데 필요한 활동과 부수적인 활동 및 자료의 활용에 비중을 달리하는 것이 바람직하다.

(4) 개념 지도를 위한 수업모형

개념 지도를 위해 적절한 수업모형으로서 다음 모형들을 생각할 수 있다.

- **개념의 뜻 이해** : 개념의 뜻을 지도하기 위해서는 개념의 정의를 알아야 하며, 그 개념에 해당하는 예와 예가 아닌 것을 변별할 수 있고, 그 개념이 사용되는 상황을 이해할 수 있어야 한다. 이러한 수업은 교사의 정확한 개념 정의와 그 개념의 특성 설명 및 적절한 예와 예가 아닌 것의 제시 등이 필요하므로, 설명식 수업 모형이 적절하다고 볼 수 있다.
- **개념의 적용 사례 탐구**: 교사의 설명에 의한 개념 이해를 바탕으로 그 개념이 적용될 수 있는 다양한 사례를 찾아보는 것은 그 개념의 이해를 더욱 깊게 한다. 이와 같은 학습을 지도하기 위해서는 협력학습 수업모형이 적절하다고 볼 수 있다.

2 수학적 일반성의 지도와 수업모형

수학적 개념들 사이에 성립하는 특수한 관계가 일반화되고 증명된 것으로서 수학의 학습과 활용에 중요한 역할을 하는 것을 수학적 원리(mathematical principle)라고 하고, 수학적 원리의 알고리즘적 성격을 강조한 것으로서 활용에 중점을 둔 것을 수학적 법칙(mathematical law or rule)이라고 한다. 수학적 원리와 수학적 법칙을 통틀어 수학적 일반성(mathematical generalization)이라고 한다. 수학적 원리의 한 예를 들면, 집합의 연산에 관한 성질로서 ∪과 ∩, 공집합 Φ와 전체집합 U를 포함한 집합의 항등식이 있을 때, 그 항등식에서 ∪과 ∩, Φ와 U를 교환하여 만들어진 식도 항등식이 되는 성질이 있다. 이 일반화된 성질을 우리는 쌍대의 원리라고 부른다. 수학적 법칙의 한 예를 들면, 집합의 연산에 유용하게 사용되는 De Morgan의 법칙이 있다. De Morgan의 법칙 $(A\cup B)\cap C=(A\cup C)\cap(B\cup C)$, $(A\cap B)\cup C=$

$(A\cup C)\cap(B\cup C)$ 중 한 식이 성립함을 알면 다른 한 식은 쌍대의 원리에 의하여 성립함을 알 수 있다.

수학적 일반성을 지도하는 방법은 크게 두 가지로 나누어 생각할 수 있다. 하나는 교사의 설명(exposition)을 위주로 하는 '설명에 의한 수학적 일반성의 지도'이고 다른 하나는 발견술(heuristics)을 위주로 하는 '안내된 발견학습에 의한 수학적 일반성의 지도'이다.

(1) 설명에 의한 수학적 일반성의 지도

교사의 설명에 의하여 수학적 일반성을 지도하고자 할 때에는 일반적으로 도입, 원리·법칙 제시, 예 들기, 적용하기, 설명하기, 비정례 들기, 타당성 확인 등과 같은 활동을 통하여 지도할 수 있다. 각 활동의 중요한 내용은 다음과 같다.

① 도입

도입 활동은 지도하고자 할 내용에 학생의 관심을 집중하게 하기 위한 한 방편이다. 많이 사용되는 도입 활동으로 다음과 같은 것들이 있다.

- 학습 주제를 제시한다.
- 학습 목표를 제시한다.
- 지도하고자 하는 주제를 잘 알고 있는 내용과 연계시킨다.
- 역사적인 자료를 사용한다.
- 선수학습요소를 복습시키면서 지도할 내용과 연계시킨다.
- 학습할 원리나 법칙으로 해결될 수 있는 문제상황을 제시한다.

도입활동을 위해 위의 모든 활동들을 다 사용할 필요는 없다. 일반적으로 학습의 주제인 법칙의 이름과 학습 목표를 제시한 후, 상황에 맞는 도입활동을 선별하여 사용하는 것이 바람직하다. 도입활동 시간이 길어지면 학습주제에 대한 학습활동 시간이 부족해지며 학습의 초점이 흐트러질 가능성이 있다. 일반적으로 도입에 필요한 시간은 5분 정도가 알맞다.

② 원리·법칙의 제시

학습 동기 유발을 위한 도입 활동이 끝나면, 지도하고자 하는 수학적 일반성 즉 수학적 원리나 법칙을 제시한다. 이 원리나 법칙은 흑판, OHP, 멀티미디어 시스템 등을 사용하여 제시하되 학생들이 잘 볼 수 있도록 표현한다.

③ 예 들기

제시된 원리나 법칙의 이해를 돕기 위하여 적절하고 구체적인 예를 제시한다. 학생들은 교사가 제시한 예를 통하여 그 원리나 법칙의 타당함과 유익함을 분명하게 인식할 수 있어야 한다.

④ 적용하기

제시된 원리나 법칙을 적용할 수 있는 간단한 문제를 제시하고 그것을 실제로 적용해 보게 함으로서 그 법칙의 유용성과 활용법을 이해하게 한다.

⑤ 설명하기

지도하고자 하는 원리나 법칙의 의미를 설명한다. 이때 학생들이 충분히 이해하지 못한다고 판단될 경우, 그 원리나 법칙을 분석적으로 설명하거나 달리 진술함으로서 그 의미를 분명하게 인식하게 한다.

⑥ 비정례 들기

지도하고자 하는 원리나 법칙을 분명하게 이해하도록 돕기 위한 한 방법으로 그 법칙이 성립하지 않는 예 즉 비정례를 생각해 보게 할 수 있다. 적절한 예(정례)와 비정례를 생각해 보게 하고 그들을 비교 · 대조해 보게 하는 것은 그 원리나 법칙의 특성을 인식하게 하는데 도움이 된다.

⑦ 정당화하기

제시된 원리나 법칙이 옳음을 추론하는 활동이다. 이 정당화 활동은 학생의 수준에 따라서 구체물 조작이나 충분한 예시를 통한 귀납적 추론으로 할 수도 있고, 수학적 논리에 의한 연역적 추론으로 할 수도 있다.

(2) 안내된 발견에 의한 수학적 일반성의 지도

발견에 의한 지도는 형식화된 교육만큼이나 오래된 것 같다. 발견술에 의한 수학 지도로서 최초이며 가장 많은 칭찬을 받은 방법은 플라톤이 우리에게 예시한 소크라테스와 노예소년(Manon의 종)과의 대화에 있다고 하겠다. 소크라테스는 노예 소년에게 적절한 발문을 계속하여 그 소년 스스로 넓이가 두 배인 정사각형을 만들 수 있게 하였다. 이 방법을 소크라테스의 방법(산파법이라 부르기도 함)이라고 한다. 소크라테스의 방법과 같이 교사의 잘 계획된 일연의 질문에 따라 학생들이 학습 활동을 진행함으로서, 학생 스스로 수학적 원리나 법칙을 발견하는 학습 방법을 안내된 발견학습이라고 한다.

발견학습의 관점에는 두 가지가 있다. 하나는 발견의 과정을 학습하게 하는 데 중점을 두는 것이고, 다른 하나는 발견의 결과를 학습하게 하는 데 중점을 두는 것이다.

발견의 과정에 중점을 둔 학습은 발견의 방법 즉 발견을 위한 전략의 학습에 중점을 둔다. 그림 그리기, 예상과 확인, 거꾸로 풀기, 단순화, 특수화 등과 같은 문제해결을 위한 전략의 학습은 이에 속한다. Bruner는 수학적 내용이나 원리를 더욱 잘 이해하고 활용할 수 있게 하기 위하여 발견학습을 강조한 것이 아니라, 일반적인 발견능력과 발견 방법을 지도하는 데 그 강조점을 두고 있다. Bruner는 발견학습의 예로서 한 변의 길이가 x인 정사각형, 두 변의 길이가 각각 x, 1인 직사각형, 한 변의 길이가 1인 정사각형을 각각 여러 개 가지고 더 큰 직사각형을 만드는 활동을 통하여 곱셈의 법칙을 발견하게 하였다. Bruner의 이 지도 방법은 구체물이나 시각적 자료의 조작을 통하여 형식화된 성질을 이해하고 발견하는 데 도움이 된다. 데이비스(Robert Davis)도 발견의 진정한 본질은 발견의 결과가 아니라 발견하는 과정이라고 믿고, 학습자에게 문제나 "위기 딜레마"를 제시하고 그것의 해결을 통해 새로운 수학을 발견하게 하였다. Davis가 제시한 위기 딜레마의 예는 2차 행렬의 연산에서 수의 곱셈에서의 1의 역할에 해당하는 행렬을 찾게 하는 것이다. 학생들은 직관으로 단위행렬을 예측해 본 후 단위행렬의 정의를 사용하여 그 단위행렬을 구하여 예측한 것과 비교해보게 한다. Davis는 이 예를 통하여 단위 행렬을 발견하게 함과 동시에 예상과 확인 전략도 지도하고 있다.

발견학습의 다른 한 관점은, 지도하고자 하는 수학적 원리나 법칙을 학생이 어떻게 활동함으로서 그것을 발견할 수 있게 하는가, 즉, 발견의 결과에 중점을 두는 것이다. 수학적 원리나 법칙을 발견하게 하는 안내된 발견 학습은 여기에 속한다. 다음의 예를 보자.

교사 : 0이 아닌 수를 같은 수로 나누면 그 결과는 무엇인가?
학생 : 1입니다.
교사 : 그러면, a가 0이 아닐 때, $a^n \div a^n$는 어떻게 되는가?
학생 : 그것도 1입니다.
교사 : 우리가 알고 있는 지수법칙 ($a^n \div a^m = a^{n-m}$)을 $a^n \div a^n$에 적용하면 그 결과는 어떻게 될 것 같은가?
학생 : a^{n-n} 또는 a^0이 됩니다.

교사 : 좋아, 그렇다면, a^0은 무엇이라고 정의하면 좋을까?
학생 : a^0은 1이라고 정의하여야 되겠습니다.

위의 대화에서는 교사의 의도적인 질문에 따라 학생은 최종적으로 a0=1이라는 수학적 원리를 발견하게 되었다. 이 학습은 발견술의 일반적인 전략보다는 구체적인 수학적 개념, 원리, 법칙의 지도에 목적을 둔 것이며, 발견하고자 하는 개념이나, 원리, 법칙이 먼저 제시되는 것이 아니라 발견학습의 결과 발견된다. 이와 같이 교사의 의도된 질문에 따라 학생이 학습한 결과 최종적으로 수학적 개념이나 원리, 법칙을 발견하고 진술하게 하는 방법을 Coony는 안내된 발견 전략(guided-discovery strategy)이라고 한다.

여기서는 안내된 발견 전략을 사용하여 수학적 개념이나 일반성을 지도하는 방법에 대하여 알아보기로 한다.

수학자들이 새로운 수학적 원리나 법칙을 발견하는 과정을 분석해 보면 기본적으로 귀납적 발견 전략과 연역적 발견 전략을 사용함을 알 수 있다.

귀납적 발견 전략

귀납적 주장은 두 부분으로 구성된다. 한 부분은 결론을 예측할 수 있게 하는 예시자료이다. 귀납적 주장의 결론은 예시자료로부터 필연적으로 따라나오는 것은 아니다. 예시자료는 그 결론에 대해 믿음이 가게 할 수는 있지만 그것을 증명할 수는 없다. 예를 들면, 3, 5, 7, 13은 모두 소수이고 홀수이므로 모든 소수는 홀수라는 주장을 할 법도 하지만 이 주장은 틀린 것이다. 귀납적 주장의 결론은 다른 예에 의하여 부정될 위험성을 항상 가지고 있다. 따라서 귀납적 방법에 의하여 얻어진 결론은 반드시 "타당한 것 같다", "그런 것 같다", 또는 "아마도 그럴 것이다"와 같이 진술되어야 한다. 귀납에 의한 추론의 특성은 검색한 것으로부터 검색하지 않은 것으로의 추론이라고 말할 수 있다. 다음의 예는 유명한 Goldbach의 예측에 관한 것이다.

교사 : 다음의 식들을 생각하여 보자.

20 = 17 + 3　　22 = 19 + 3　　24 = 17 + 7
26 = 13 + 13　　28 = 17 + 11

이 식들에서 어떤 규칙성을 찾은 학생 있는가?

학생 1 : 좌변의 모든 수는 20단위의 짝수들입니다.

교사 : 맞다. 우변에 더해진 수들은?

학생 2 : 모두 홀수입니다.

교사 : 맞다. 홀수라는 성질 외에 다른 성질을 발견한 사람은?

학생 2 : 모두 소수입니다.

교사 : 매우 잘 했다. 학생 1과 학생 2의 대답을 종합해 볼 사람은?

학생 3 : 20단위의 모든 짝수는 홀수인 두 소수의 합과 같습니다.

교사 : 여러분은 이 사실이 다른 짝수에 대하여도 성립할 것이라고 생각하는가? 학생 4?

학생 4 : 잘 모르겠는데요.

교사 : 몇 가지 예를 생각해 보자. 30, 10, 52는 어떤가?

학생 : 30은 17과 13의 합임으로 성립합니다.

(학생들은 10과 52에 대하여도 이 성질이 성립하는 예를 제시한다.)

교사 : 여러분 각자 짝수를 3개 택하여 이 성질이 성립하는지 확인하여 보아라.

교사 : 이 성질이 성립하지 않는 예를 발견한 학생 있는가?

교사 : 4는 어떤가? 6은?

(학생들이 4는 짝수인 두 소수의 합으로 나타낼 수 있고,
6은 홀수인 두 소수의 합으로 나타낼 수 있음을 말한다.)

교사 : 이 사실들로부터, 짝수와 홀수인 소수 사이의 관계를 예측해 볼 사람?

학생 10 : 4보다 큰 모든 짝수는 두 홀수인 소수의 합으로 나타낼 수 있습니다.

교사 : 잘했다. 이것이 유명한 Goldbach의 예측이라고 하는 것인데, 아직도 참인지, 거짓인지 가 증명되지 않았다. 그래서 우리는 이것이 참인 것으로 믿고 있다.

귀납적 발견 활동에는 두 가지 과정이 있다. 하나는 추상화이고, 다른 하나는 일반화이다. 귀납적 발견 학습에서는 먼저 주어진 집합의 원소들 사이에서 공통성을 찾아 이를 추상화한다. 다음에는 처음 탐색된 집합을 포함하는 더 넓은 집합에서도 학생이 발견한 추상화가 성립하도록 일반화를 한다.

귀납에 의하여 발견된 원리나 법칙이 성립하는가를 확신하기 위하여 그것을 적용하는 적절한 예를 생각해 볼 수 있다. Wills는 이 예를 판정과제(criterion task)라고 부른다. 판정과제는 학생이 발견한 규칙성을 확실히 이해하지 못했다면 매우 어려워서 빨리, 옳게 처리하기가 곤란하다. 예를 들면,

$$|x|+|y|=a, a>0$$

의 그래프에 대한 규칙성을 이해하지 못했다면

$$|x|+|y|=7\frac{4}{9}$$

의 그래프를 그리는 데는 많은 어려움을 느끼게 된다. 이와 같은 판정과제는 교사가 학생들이 발견한 규칙성을 얼마나 잘 이해하였는가를 파악하는 데 사용될 수 있다.

연역적 발견 전략

연역적 발견의 본질은 학생들에게 여러 가지 수학적 개념과 원리들을 제시하고 이미 알고 있는 지식으로부터 논리적 연역을 하여 이전에는 알려지지 않았던 새로운 수학적 지식을 유도해 내게 하는 것이다. 연역적 발견 학습법으로 수학적 원리나 법칙을 발견하게 하려면, 귀납적인 방법에서와 마찬가지로 교사의 적절한 질문과 권고에 의한 안내가 뒷받침되어야 한다.

연역적 발견 전략을 사용하여 수학적 일반성을 발견하게 하려고 할 때에 교사는 학생으로 하여금 그 일반성으로 접근할 수 있도록 적절한 질문과 권고를 제시하여야 한다. 학생의 진전 상황을 관찰해 보고 잘 못된 것을 유도하거나 진전이 없을 때에는 적절한 질문, 권고, 또는 힌트를 제시하여 바른 방향으로 나아가게 하여야 한다. 이 절의 앞부분에서 안내된 발견전략의 예로 제시한 $a^0=1$을 이끌어내게 지도한 과정은 연역적 발견 전략을 사용한 한 예이다. 발견전략으로 수학적 일반성을 발견하게 하는 명쾌한 일연의 질문을 할 수 있는 능력은 연습에 의하여 얻어질 수 있다. 다음의 예는 연역적으로 발견하게 하는 학습지도에서 교사가 할 수 있는 발문들이다.

〔문제상황〕
좌표평면에서 원점을 지나는 한 반 직선이 단위원과 1사분면에서 만나 중심각 θ를 이루고 있는 그림을 제시한다. 이 그림에 단위원과 반직선이 만나는 점의 좌표($\cos\theta$, $\sin\theta$)가 표시되어 있다.

〔교사가 할 수 있는 발문〕
이 그림에서 $\cos\theta$와 $\sin\theta$의 관계를 찾을 수 있는가?
찾을 수 없다면, θ를 한 각으로 하는 직각삼각형을 볼 수 있는가?
이 관계는 임의의 각 θ에 대하여도 성립하는가?

귀납적 발견 전략과 연역적 발견 전략의 혼용

발견학습 지도에 대하여 논할 때, 발견의 형식을 귀납적 발견과 연역적 발견으로 구분하지만, 실제 수업 현장에서는 이 두 발견 활동을 적절히 포함하는 전략을 사용하는 경우가 많다.

발견학습법으로 수학적 원리나 법칙을 지도할 것을 계획할 경우, 교사는 두 가지 요인을 생각하여야 한다. 첫째, 학생의 인지 능력 수준이 귀납적 발견 활동과 연역적 발견 활동을 어느 정도 수행할 수 있는지를 확인하고 그 수준에 맞는 방법을 택하여야 한다. 연역적 발견은 논리적 추론 능력을 요구하고, 귀납적 발견은 규칙성을 유도하고 일반화하는 능력을 필요로 한다. 둘째, 지도하려고 하는 과제는 귀납적 방법과 연역적 방법 중 어느 것이 적절한가를 판단하여야 한다. 과제에 따라서는 둘 중의 하나만 사용하여야 하는 경우도 있으며 두 가지 모두 사용하여야 하는 경우도 있다. 또, 교사에 따라서 어느 하나를 더 잘 활용하는 경우도 이다. 이와 같은 요인들을 사전에 충분히 검토한 후 적절한 전략을 사용하여야 한다.

발견 전략을 사용하여 수학적 일반성을 지도할 때에 교사는 다음과 같은 점들에 대하여 유의하여야 한다.

- 학생들이 발견하여야 할 일반성을 명확히 의식하고 있어야 한다. 지도할 일반성을 명확히 의식하지 못할 경우 학생들의 활동이 피상적인 것으로 될 가능성이 있다.
- 귀납적 전략이나 연역적 전략 또는 이들을 조합하여 사용할 것을 결정하기 전에 적절한 요소들을 충분히 고려하여야 한다. 학생들의 인지 능력, 과제의 성격, 교사의 취향 등에 따라서 적절한 전략이 선택되어야 한다.
- 귀납적 발견전략을 사용할 경우, 일반성을 적용할 수 있는 대표적인 예들을 선택해 두어야 한다. 이 예들에 대한 학생들의 반응을 통하여 학생들이 그 일반성을 분명하게 인식하고 있는지를 판단할 수 있다.
- 여러 가지 예들을 순서를 가지고 배열하는 것이 효과적이라면, 그 배열 순서를 계획하여야 한다. 같은 개수의 예를 들더라도 그 배열 순서에 따라 효과가 다를 수 있다. 발을 씻은 후 양말을 신을 수는 있지만 양말을 신은 후 발을 씻을 수는 없다.
- 학생들에게 그들의 발견을 증명하게 한다. 증명은 연역적이어야 한다. 증명의 엄밀성은 학생의 인지수준에 따라 결정될 수 있다. 귀납적인 발견은 적절한 판정과제를 사용하여 확인할 수 있다.
- 발견한 일반성을 응용하게 함으로서 그 발견을 강화한다. 발견술을 지도함으로서 얻어지는 이점에는 두 가지가 있다. 하나는 발견하는 능력의 전이이고, 다른 하나는 발견한 지식의 보유이다. 발견한 일반성의 활용은 이들 두 가지 이점을 모두 높여준다.

(4) 수학적 일반성 지도를 위한 수업모형

수학적 일반성을 교사의 설명에 의하여 지도할 경우 적절한 수업모형은 설명학습 수업모형이라고 할 수 있고, 안내된 발견에 의한 수학적 일반성의 지도 수업은 교사의 안내에 의한 학생활동이 위주가 되어야 하므로 협력학습 수업 모형이 적절하다고 할 수 있다.

3 수학적 기능의 지도와 수업모형

(1) 수학적 기능

수학적 능력을 크게 보아 개념적 지식과 절차적 지식으로 나눌 수 있다. 개념적 지식의 중요한 내용은 수학적 개념과 수학적 일반성이며, 절차적 지식의 중요한 내용은 수학적 기능과 문제해결력이다. 학교 교육에서는 수학적 개념뿐만 아니라 수학적 과제를 처리하는 능력도 지도한다. 예를 들면 이차방정식의 근을 구하는 공식을 가르치며 선분의 수직이등분선을 빠르고 정확하게 작도하는 순서를 가르친다. 이와 같이 수학적 과제를 정확하고 빠르게 처리하는 능력을 수학적 기능이라고 한다.

수학적 기능의 지도는 수학과 학습지도에서 중요한 영역을 차지한다. 만일 학생들이 수학적 과제를 처리하는 능력을 발달시키지 못했다면 그들은 수학을 더 이상 공부하는 데 장애를 갖게 된다. 높은 수준의 수학을 공부하기 위해서는 유리수를 연산하는 방법뿐만 아니라 간단한 유리수의 연산을 잘 할 수 있는 기능도 있어야 한다. 수학과 학습지도가 수학적 기능을 중시한 나머지 기능 숙달에만 치중해서도 안 된다. 오늘날은 손쉽게 계산기나 컴퓨터를 사용하여 복잡한 식의 계산을 처리할 수 있기 때문에, 개념적 지식을 이해하고 이를 문제해결에 적용하는 데 필요한 정도의 기초적인 수학적 기능을 지도하면 충분하다.

수학적 기능의 지도는 교사가 적절한 시범을 보여주어서 학생들이 모방할 수 있게 하여야 하며 그 기능에 관한 수학적 원리나 법칙에 대한 지식과 그것을 사용하는 적절한 연습을 제공하여야 한다. 수학적 기능이 부족하면, 수학 학습에 대한 자신감과 흥미도 상실하게된다.

(2) 수학적 기능의 지도 방안

수학적 기능을 지도하는 데 필요한 활동들에는 도입(introduction), 기능 제시(assertion), 설명(interpretation), 타당성 확인(justification), 연습(practice) 등이 있다. 이들에 대하여 간단히 알아보기로 한다.

① 도입

학습의 주제와 목표를 제시하고 동기유발을 제시하여 학습 의욕을 갖게 한다. 이는 개념의 지도나 일반성의 지도에서의 도입과 같은 목적이다. 기능을 지도하기 위한 목표 진술의 내용은 본 학습을 함으로써 이 주제에 대한 처리를 정확하고 신속하게 할 수 있음을 포함하여야 한다.

② 기능 제시

지도하고자 하는 수학적 기능의 실행 순서를 제시한다. 예를 들어 자와 컴퍼스를 사용하여 선분의 이등분점을 찾는 기능을 지도하려면 다음과 같은 작도의 순서를 제시한다. 이때 학생이 따라할 수 있도록 교사가 시범을 보이는 것이 중요하다.

1. 자를 이용하여 선분을 그린다.
2. 컴퍼스를 벌려서 반지름이 선분의 길이의 반보다 더 크게 하여라.
3. 컴퍼스의 끝점을 선분의 한 끝점에 놓고 그 선분의 아래, 위로 원호를 그려라.
4. 컴퍼스의 끝점을 선분의 다른 한 끝점에 놓고 앞에서와 같은 반지름으로 선분의 아래, 위로 원호를 그려서 먼저 그린 원호와 만나도록 하여라.
5. 두 원호가 만나서 이룬 두 교점을 자로 연결하여 주어진 선분과 만나는 점을 찾는다. 이 점이 주어진 선분을 이등분한다.

③ 설명

지도하고자하는 기능의 알고리즘을 학생들이 잘 이해할 수 있도록 설명한다. 설명을 할 경우 알고리즘에 사용되고 있는 용어들에 대하여 학생들이 정확하게 이해할 수 있도록 쉽고 적절한 예를 들어 설명하여야 한다. 예를 들면, 원뿔의 부피를 구하는 공식 $V=\frac{1}{3}\pi r^2 h$를 설명할 경우는 각 기호의 의미를 설명하데, h가 나타내는 높이의 정의를 설명할 때에 모선의 길이와 혼동하지 않도록 그림을 그려 설명하는 것이 중요하다.

④ 타당성 확인

지도하고자 하는 수학적 기능의 알고리즘이 타당함을 확인할 수 있게 한다. 타당성을 확인하게 하는 데는 두 가지 방법이 있다. 첫째 방법은, 교사가 제시한 기능의 순서를 따라한 결과가 타당함을 학생들이 다른 방법으로 확인하여 보는 것이다. 교사가 제시한 방법이 더욱 간편하면서도 그 결과가 옳음을 학생들이 실제로 확인할 수 있다면 그 방법을 신뢰하고 모방하게 될 것이다. 예를 들면 교사가 선분을 n등분하는 알고리즘을 설명하였다면 학생들은 이 방법에 의하여 선분을 3등분하여 보고, 선분이 정확하게 3등분되었음을 자, 컴퍼스, 종이 접기를 이용하여 확인하는 방법이 있다.

두 번째 방법은, 교사가 제시한 기능의 방법이 논리적으로 정당함을 입증해 보이는 것이다. 첫째 방법을 실제적 타당성 확인(pragmatic justification)이라고 하고 두 번째 방법을 연역적 타당성 확인(deductive justification)이라고 한다.

⑤ 연습

계산 방법이나 법칙 등을 적용해 보는 충분한 연습을 한다. 이 연습을 통하여 수학적 처리 능력의 정확성과 신속성이 높여진다. 연습을 할 경우, 맹목적이며 기계적인 연습이 되지 않도록 학생 활동에 대한 즉각적인 강화와 피드백을 제공하는 것이 바람직하다. 연습을 하게 할 때는 지루함을 느끼지 않도록 다양한 방법이나 소제를 가지고 연습하게 하는 것이 좋다.

수학적 기능 지도를 위한 계획 수립은 한 가지 방법으로 결정되는 것이 아니라 상황에 따라서 다양하게 계획될 수 있다. 기능을 지도하기 위한 계획을 수립할 때, 다음 사항들을 충분히 고려하여 상황에 맞게 수립하도록 한다.

- 가르치고자 하는 기능을 명확하게 파악한다.
- 지도하고자 하는 기능의 절차를 명확히 한다.
- 학습목표와 동기유발을 제시하는 적절한 방법을 준비한다.
- 기능의 절차를 설명하려고 할 때, 학생들이 어려워하거나 모르는 용어는 없는지, 적절한 예는 무엇인지를 조사한다.
- 학생들에게 기능의 절차를 잘 확신하게 할 수 있는 방법을 모색한다.
- 연습 과제를 제시하기 전에 학생들이 그 기능의 절차를 실행할 수 있음을 확신할 수 있어야 한다.
- 적정량의 연습 과제를 제시하여야 한다. 연습을 많이 한다고 해서 바람직한 것은 아니다. 필요 이상의 연습은 학습의 효과에 별 도움이 안될 뿐만 아니라 학습에 대한 흥미를 상실하게 할 수 있다.

(3) 수학적 기능 지도를 위한 수업모형

수학적 기능을 지도하기 위해서는 먼저 지도하고자 하는 기능의 개념과 알고리즘을 바르게 이해하게 한 다음 충분한 연습을 통하여 그 기능을 익히게 하여야 한다. 따라서 기능의 개념과 알고지름 이해를 지도하는 단계에서는 교사의 설명이 중요한 역할을 하므로 설명식 수업모형이 적절하다고 할 수 있다. 그리고 기능을 익히는 지도를 할 경우는 개별학습모형 또는 게임을 이용하는 연습을 위해 협력학습 수업모형이 적절할 수 있다.

4 증명지도와 수업모형

증명은 중등학교 수학의 중요한 학습 내용 중의 하나로서 수학적 활동을 통해 얻어진 결과가 참임을 확신시켜주는 한 수단이다. 여기서는 증명의 뜻과 증명 지도의 필요성, 증명의 기본이 되는 논리적 추론, 완전한 증명의 방법과 사회에서 흔히 볼 수 있는 불완전한 증명에 대하여 알아보기로 한다.

(1) 증명의 뜻

우리는 중학교 학생들에게 처음으로 증명을 지도하기 시작한다. 이때의 증명의 뜻은 실생활에서 사용하는 증명의 뜻과는 차이가 있다. 실생활에서 사용하는 증명의 뜻은 자기의 주장을 남에게 확신시키는 것이다. 사회에서 남에게 자기의 주장을 확신시키는 방법으로서 적절한 예를 들어 보일 수도 있고, 경험을 제시할 수도 있고, 상대방이 반례를 들 수 없음을 지적하여 확신시키는 경우도 있다. 그러나 수학에서 사용하는 증명의 뜻은 특수한 형식을 갖추어 어떤 주장이 타당함을 전개하는 것이다. 이와 같은 증명을 완전한 증명이라고 한다. 완전한 증명을 보여준 대표적인 책은 Euclid의 원론(Elements)이라고 할 수 있다.

원론의 구성은 23개의 정의, 5개의 공준, 5개의 공리을 전제로 하여 논증의 법칙에 의하여 명제들을 증명해 가고 있다.

과학이나 사회학의 연구에도, 증명을 통하여 새로운 사실이나 자기의 주장이 타당함을 보이고 있다. 이 경우는 실험에 의하거나 통계적 방법, 또는 귀납적 추론을 주로 사용하는 것으로서 논리적으로 완전함을 보장하지 못하는 경우가 많다. 이와 같이 논리적으로 완전하지 못한 증명을 불완전한 증명이라고 한다.

중등학교 학생들에게 왜 증명의 지도가 필요한가, 이들에게 어느 정도의 엄밀한 증명을 지도하는 것이 타당한가, 하는 문제는 교사들에게는 매우 중요한 문제이다. 수학에서의 증명은 명제와 정의 및 공리 또는 명제와 명제 사이의 관계를 밝혀준다. 그 결과 수학을 구조화하는 데 도움을 준다. 따라서 수학을 학습하는 학생들은 수학의 본질을 이해하기 위해서 증명을 이해하고 할 수 있어야 한다. 증명을 처음 학습하는 학생들에게 모든 수학 학습에 있어서 완전한 증명을 요구하는 것은 무리이다. 학생들에게는 증명의 필요성과 형식을 이해하게 하고 간단한 증명을 할 수 있게 하며, 학생들의 수학 학습이 높은 수준으로 진행되면서, 증명의 엄밀성도 점차적으로 그 수준을 높여 가는 것이 바람직하다.

(2) 논리적 추론 규칙

완전한 증명의 과정은 논리적 추론의 규칙을 지켜야 한다. 증명에 이용되는 논리적 추론의 규칙에는 다음과 같은 것들이 있다.

삼단긍정논법(modus ponens)

삼단긍정논법은 가정과 결론으로 이루어진 어떤 명제가 참임을 알고 있을 때에, 그 명제의 가정이 참임을 알면 그 명제의 결론도 참이라고 규정하는 논증의 방법이다. 예를 들면, 피타고라스의 정리를 알고 있다면, 어떤 직각삼각형에서 세 변의 길이를 알고 있을 때에 그 삼각형의 빗변의 제곱은 다른 두 변의 제곱의 합과 같다는 것을 참인 것으로 받아들이는 것이다. 이 추론의 규칙을 오른쪽과 같은 형식으로 나타낼 수 있다.

$$\begin{array}{l} P \Rightarrow Q \\ P \\ \hline \therefore\ Q \end{array}$$

삼단부정논법(modus tollence)

가정과 결론으로 이루어진 어떤 명제가 참임을 알고 있을 때에 그 명제의 결론의 부정을 알고 있으면, 그 명제의 가정은 참이 아니라고 규정하는 논증의 방법이다. 예를 들면, 피타고라스의 정리를 알고 있을 때에, 어떤 삼각형의 세 변의 길이의 사이에 빗변의 제곱이 다른 두 변의 제곱의 합보다 클 때 그 삼각형은 직각삼각형일 수 없다는 것이다. 이 추론의 규칙을 오른쪽과 같은 형식으로 나타낼 수 있다.

$$\begin{array}{l} P \Rightarrow Q \\ \sim Q \\ \hline \therefore\ \sim P \end{array}$$

조건삼단논법(hypothetical syllogism)

두 명제 'P이면 Q이다'와, 'Q이면 R이다'가 참임을 알 고 있을 때에 P가 참임을 알면 R이 참이라고 규정하는 논증의 규칙이다. 예를 들면, 방정식 $x^2-4=0$이면 $(x+2)(x-2)=0$이 성립하고, $(x+2)(x-2)=0$이 성립하면 $x=2$또는 $x=-2$가 성립한다. 따라서 $x^2-4=0$의 해는 $x=2$ 또는 $x=-2$라고 보는 것이다. 이 논법을 오른쪽과 같이 형식화할 수 있다.

$$\begin{array}{l} P \Rightarrow Q \\ Q \Rightarrow R \\ \hline \therefore\ R \end{array}$$

선언삼단논법(disjunctive syllogism)

두 명제 P, Q가 있고, P 또는 Q가 참임을 알고 있을 때에, P가 참이 아니라고 하면 Q가 참이라고 규정하는 논법이다. 예를 들면, 방정식을 푸는 과정에서 $x=2$ 또는 $x=-2$를 알았지만, x는 음수가 될 수 없다는 조건이 있으면 $x=2$가 그 방정식의 해가 되는 것이다. 이 논법을 오른쪽과 같이 형식화할 수 있다.

$$\begin{array}{c} \mathrm{P \ or \ Q} \\ \sim\mathrm{P} \\ \hline \therefore \mathrm{Q} \end{array}$$

위의 논법들 외에도 구성적 양도논법(constructive dilemma), 파괴적 양도논법(destructive dilemma), 흡수논법(absorption), 분리논법(simplification), 연접논법(conjunction), 선접논법(addition) 등이 있다. 이 논법들은 수학교육에서는 거의 사용되지 않는다.

(2) 증명의 방법

앞에서 제시한 추론의 규칙을 사용하여 어떤 명제가 참임을 증명하는 것을 완전한 증명 또는 간단히 증명이라고 한다. 증명의 방법들을 크게 나누어 직접증명법, 간접증명법, 반례법, 수학적 귀납법으로 나눌 수 있다. 이 방법들에 대하여 알아보자.

직접증명법

어떤 명제가 참임을 증명하고자 할 때에 추론의 규칙을 사용하여 그 명제의 가정으로부터 결론을 이끌어내는 방법을 직접증명법이라고 한다. 예를 들면, 피타고라스의 정리를 증명할 경우, 직각삼각형의 각 변을 한 변으로 하는 세 개의 정사각형을 만들고 가장 큰 정사각형의 넓이가 다른 두 정사각형의 넓이의 합과 같음을 증명하는 방법은 직접증명법이다. 중등학교 수학에서는 이 방법을 많이 사용하고 있다.

$$\begin{array}{c} \mathrm{P} \Rightarrow \mathrm{Q} \\ \mathrm{Q} \Rightarrow \mathrm{R} \\ \hline \therefore \mathrm{P} \Rightarrow \mathrm{R} \end{array}$$

간접증명법

경우에 따라서는 직접증명법으로는 증명의 과정이 매우 복잡하거나 어려운 경우가 있다. 이런 경우는 증명하고자 하는 명제를 부정함으로서 모순을 도출하여 그 명제를 부정할 수 없음을 즉, 그 명제가 참이라고 규정하는 증명법을 간접증명법이라고 한다. 명제를 부정하는 방법으로는 그 명제의 가정을 부정하거나 결론을 부정하거나 가정과 결론을 모두 부정할 수 있다. 그런데, 어떤 명제의 가정을 부정하면, 즉 그 명제의 가정이 거짓이면 그 명제는 결론의 참, 거짓에 관계없이 항상 참이다. 그러므로 가정이 거짓인 명제는 증명의 대상이 될 필요가 없다.

따라서 간접증명을 위해 명제를 부정할 때는 그 명제의 결론을 부정한다. 명제의 결론을 부정한 결과 그 명제의 가정 또는 참이라고 밝혀진 다른 사실(공리, 정의, 정리 등)에 모순됨을 보임으로서 그 명제가 참임을 보이는 증명법을 귀류법이라고 한다. 예를 들면, 명제 '공집합은 모든 집합의 부분집합이다'를 증명하기 위하여 공집합이 어떤 집합의 부분집합이 아니라고 가정하면, 공집합에는 어떤 집합에는 속하지 않는 적어도 한 원소가 속해 있어야 한다. 이는 공집합의 정의에 모순이다. 따라서 공집합은 모든 집합의 부분집합이라고 증명하는 방법은 귀류법이다.

반례법

어떤 주장이 성립하지 않음을 보이려면, 그 주장이 성립하지 않는 한 예를 제시할 수 있으면 충분하다. 이러한 증명법을 반례법이라고 한다. 예를 들면, $x<-2$이면 $x^2<4$라고 대답한 학생에게 $x=-3$을 예로 들어 그 학생의 진술이 잘못되었음을 깨닫게 해주는 방법은 반례법이다.

수학적 귀납법

수학적 귀납법은 자연수 $n \geq k$에 관한 어떤 성질 $p(n)$이 타당함을 증명하는 데 사용되는 한 증명 방법으로서 다음과 같은 수학적 귀납법의 원리를 이용한다. 수학적 귀납법의 원리는 도미노의 원리로 설명될 수 있다.

〔 수학적 귀납법의 원리 〕

① $p(k)$는 참이다.

② 임의의 자연수 $n(\geq k)$에 대하여 $p(n)$가 참이라고 가정하면, $p(n+1)$도 참이다.

③ 그러면, 모든 자연수 $n(\geq k)$에 대하여 $p(n)$은 참이다.

수학적 귀납법은 용어의 느낌상 귀납적 증명법에 속하는 것처럼 보이지만 연역적 증명법이다. 수학적 귀납법은 수열에서 일반항 또는 제 n항까지의 합을 구하는 공식이 타당한지를 증명하는 데 유용하게 사용된다.

증명의 지도를 위한 수업은 증명의 뜻과 그 종류를 지도하는 과정에서는 교사의 설명이 중요한 역할을 하므로 설명식 수업모형이 적절하다고 할 수 있다. 그리고 증명의 방법을 구체적인 문제에 적용하는 기능을 익히는 경우는 학생의 개인별 활동이 위주가 되어야 하므로 개별학습 수업모형이 적절하다고 할 수 있다.

5 문제해결과 수업모형

문제해결은 수학교육의 중요한 학습목표로서 고래로부터 수학자들의 연구과제이다. 최근 수학 교육이 학교 교육에서 더욱 주목을 받기 시작한 것은 1980년에 NCTM(National Council of Teachers of Mathematics; 미국 수학교사 협의회)가 1980년에 발행한 "An Agenda for Action: Recommendation for School Mathematics of 1980s"에서 문제해결은 1980년대의 수학 교육의 초점이 되어야 한다고 권고한 것에서 비롯된다.

수학교육에서 문제해결의 중요성을 강조하는 근거로서 두 가지 이유를 생각할 수 있다(Coony, Davis, Henderson, 1975). 첫째 이유는 학생들에게 문제해결을 지도하는 것은 그들의 인생에서 더욱 분석적으로 판단할 수 있게 해 준다는 신념 때문이다. 컴퓨터를 비롯한 멀티미디어 시스템의 발달로 인한 정보화 사회는 쏟아지는 각종 정보를 분석적으로 판단하는 것은 현대인의 필수적인 과제가 되고 있다. 그러므로, 앞으로 학교교육에서의 문제해결은 더욱 강조될 것이다. 둘째 이유는 수학 학습의 본질은 수학적 사실이나 법칙을 암기하여 문제 풀이에 적용하는 단편지식의 습득과 문제 풀이 기능 습득에 있는 것이 아니라, 주어진 상황에서 수학적인 문제를 구성하고 이를 해결함으로서 실세계에 관련된 문제를 해결하는 능력을 신장함은 물론이고, 새로운 수학을 창조하는 능력을 기르는 데 있다고 보기 때문이다. 문제해결은 수학교육에서 지속적으로 강조될 것으로 전망된다.

(1) 문제와 문제해결의 뜻

수학 교과서에서 '문제'라는 용어를 많이 사용하고 있다. 예를 들면, '보기'나 '예제'에 이어서 나오는 '문제', '연습문제', '종합문제' 등과 같이 '문제'라는 용어를 사용하고 있다. 수학 교과서에서 어떤 개념의 설명에 이어서 나오는 '문제(exercise)'의 개념은 이 단원에서 사용하려고 하는 문제(problem)의 개념과는 다르다. '예제'는 앞에서 설명한 수학적 개념을 적용하는 방법을 교사가 설명하기 위한 대표적인 과제이며, 이어서 나오는 '문제'는 본문의 설명이나 예제에서 교사가 보여준 방법을 학생들이 스스로 적용하여 해결해 보게 하는 과제인 것이다. 단원 말미에 나오는 연습문제 또는 종합문제도 그 단원에서 학습한 개념들을 종합적으로 응용해 보게 하는 수준의 과제로서, 본문의 내용과 예제의 풀이 방법을 이해하면 그 방법을 적용하여 학생들 스스로가 해결할 수 있는 수준의 과제이다.

그러나 '문제해결'(problem solving)에서 의미하는 문제(problem)의 뜻은 위에서 설명한 문제의 뜻과는 차이가 있다. 문제해결에서 의미하는 문제는 학습자가 해결해야할 과제로서 처음에는 그 답이나 풀이 방법을 알 수 없지만, 학습자가 해결하고자 하는 도전감을 불러일으키며, 궁극적으로는 스스로 해결할 수 있는 과제를 의미한다. 그르므로, 문제해결이란 해결 방법을 알 수 없는 막연한 상황을 도전감을 가지고 노력하면 궁극적으로는 해결할 수 있는 상황이라고 정의할 수 있다. 문제는 학습자가 도저히 해결할 수 없을 정도로 지나치게 어려워도 안되며, 즉각적으로 답이나 해결 방법을 알 수 있어서 도전감을 가질 수 없을 정도로 쉬워도 안 된다. 그러므로 어떤 과제는 학습자의 대상에 따라서 문제가 될 수도 있고 되지 못할 수도 있으며, 같은 학생이라도 지적 성숙에 따라서 문제가 되던 과제가 더 이상 문제가 되지 않을 수도 있다.

문제의 유형을 분류하는 방법에는 여러 가지가 있는데, 그 중의 한 방법은 문제를 정형문제, 비정형문제, 실생활문제로 나눈다. 정형문제는 교과서형 문제라고도 불리어지는 것으로서, 그 문제를 해결하기 위한 형식이 정해져 있는 문제이다. 교과서에 나오는 대부분의 문제는 그 단원에서 학습한 수학을 사용하는 것인으로 정형문제에 해당한다. 비정형문제란, 그 문제를 해결하는 형식이 정해져 있지 않은 문제이다. 해가 여러 개로 나올 수 있는 열린문제나 실생활 문제인 경우가 많다. 실생활문제란 실생활의 상황을 문제의 소제로 하는 문제로서 수학의 유용성을 보여줌으로 문제해결에서 많이 다루어진다.

(2) 문제해결을 위한 사고의 과정

문제해결 지도는 학생들이 문제해결의 사고 단계에 따라 스스로 사고하고 창의적으로 사고할 수 있도록 도와주어야 한다.

문제해결을 위한 사고의 단계는 학생수준과 문제의 내용에 따라서 다소 다를 수 있지만, 일반적으로 Polya의 문제해결 사고 단계인 문제의 이해, 계획 수립, 실행, 반성의 네 단계를 생각할 수 있다. 이 네 단계를 문제해결 사고 단계, 문제해결 발견술, 또는 문제해결 전략이라고도 한다. Polya의 문제해결 사고 단계에 의하여 문제해결을 지도할 경우 지도의 원리와 교사가 유의하여야 할 사항은 다음과 같다.

첫째, 학생들이 문제를 정확하게 이해하도록 하여라.

문제를 정확하게 이해하지 못하고는 그 문제를 풀 수 없는 것은 당연할 뿐만 아니라, 수학 학습에 대한 흥미마저 상실하게 한다. 많은 학생들이 쉬운 문제도 그 문제를 잘 못 이해하였기 때문에 바른 답을 구하지 못하는 경우를 흔히 볼 수 있으며, 이 경우 학생들은 쉬운 문제에 대한 자기의 실수에 매우 좌절하며 수학에 흥미를 상실하게 되는 경우가 흔히 있다.

교사는 학생들의 정확한 문제 이해를 돕기 위해서 학생들에 대한 다음 사항들을 파악하여야 한다.

- 문제에 사용된 수학적 용어와 기호의 의미를 바르게 이해하고 있는가?
- 문제에 주어진 자료, 조건, 찾고자 하는 것, 가정과 결론을 하나하나 확인하고 있는가?
- 문제를 다른 말로 진술할 수 있는가?
- 문제를 그림으로 나타내거나, 적절한 문자나 기호를 사용하여 표현할 수 있는가?

문제를 대할 때마다 위의 사항들에 유의하여 문제를 정확하게 이해하려고 노력하는 것은 문제해결 학습을 위해 매우 중요한 태도이다.

둘째, 해결 계획을 효과적으로 작성할 수 있도록 적절한 전략을 사용하게 하여라. 문제를 정확하게 이해하였다고 해서 저절로 문제의 해결 방안이 떠오르는 것은 아니다. 학생들이 문제 해결을 위한 효과적인 계획을 수립할 수 있도록 돕기 위해서는 다음 사항들을 유의하여야 한다.

- 이 문제와 같은 문제를 해결해 본 경험이 있는지를 생각해 보게 한다. 여기서 '같은 문제'의 의미는 문제의 소제나 주어진 자료, 조건, 문장 등 외형적인 것만을 의미하지는 않는다. 그 문제를 구성하고 있는 조건과 찾고자 하는 것, 또는 주어진 가정과 결론이 같은 문제를 의미한다. 문제해결의 경험이 많으면, 문제의 진술문은 전혀 다르더라도 문제의 구조가 같으면 같은 문제로 볼 수 있다. 구조가 같은 문제는 같은 방법으로 해결할 수 있다. 학생들이 학습하는 과정에서 대하는 문제들 중 상당수는 구조적으로 같은 경우가 많다. 주어진 문제의 구조가 이미 해결한 경험이 있는 문제와 같은 구조를 가진 것이라면, 그 문제는 이미 해결한 것이나 마찬가지여서 더 이상 문제가 되지 않는다. 과거의 경험을 상기하고 활용하는 습관은 수학을 구조적으로 이해하고 학습하는 데 도움이 된다.
- 같은 문제를 해결한 경험이 없으면, 유사한 문제를 해결해 본 경험을 생각해 보게 한다. 유사한 문제란, 자료, 조건, 찾고자 하는 것 중의 일부가 다르지만 그 문제 해결을 위해 핵심적인 원리나 방법이 같은 문제를 의미한다. 예를 들면, 서로 만나지도 않으며 다른 것에 포함되지도 않는 두 원이 있을 때, 이 두 원의 외접선을 긋는 문제와 내접선을 긋는 문제는 모두 원 밖의 한 점에서 그 원에 접선을 긋는 방법을 사용하는 것이기 때문에 유사문제로 볼 수 있다.
- 동일한 문제나 유사한 문제를 상기하기 어려울 때는 그 문제를 변형하여 보게 한다. 문제의 변형은 주어진 자료, 조건, 찾고자 하는 것 중의 일부를 생략하거나 다른 것으로 바꾸어 봄으로서 원래 문제의 해결 방안을 생각해 내게 하는 것이다. 조건이 여러 개일 경우 그 일부를 생략한 간단한 문제를 해결한 다음 남은 조건을 생각하는 문제해결 전략을 단순화라고 한다.
- 문제가 잘 해결되지 않을 때는 다른 시각에서 문제를 생각해 보게 한다. 어떤 고정된 과점에서만 생각하면 그 문제가 해결될 수 없거나 매우 복잡한 과정을 거쳐야만 해결되는 경우가 있다. 어려운 문제로 느껴지는 문제도 다른 관점에서 보면 놀랍게도 쉽게 해결되는 경우가 있다.

다음 문제를 생각해 보자.

〔문제〕 다음 그림에서 주어진 원의 반지름은 1이고, $\overline{AB}$, $\overline{CD}$는 모두 지름으로서 서로 수직이다. $\overline{EG} \perp \overline{AB}$, $\overline{EF} \perp \overline{CD}$이다. $\overline{FG}$의 길이를 구하여라.

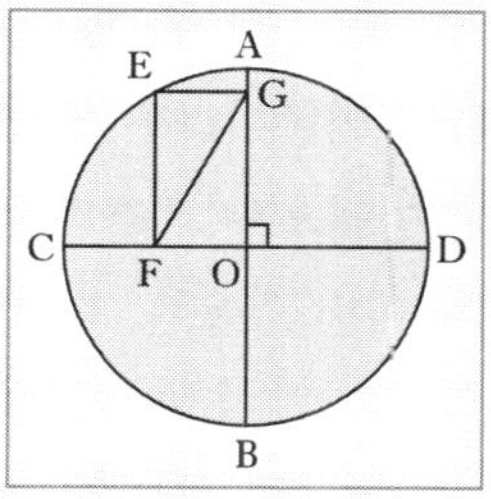

[그림 16-6]

이 문제를 $\overline{OF}$, $\overline{OG}$의 길이를 구하여 피타고라스 정리를 활용하려고 생각하면 해결되지 않는다. 그러나 관점을 바꾸어서, 사각형 EFOG를 직사각형으로 볼 수 있으면 구하는 선분의 길이는 대각선의 길이로서 1임을 쉽게 알 수 있다.

관점을 바꾸어 생각해 봄으로서 다양한 해결방법을 생각해 보는 것은 창의적이고 발전적으로 문제를 해결하는 능력을 기르게 하는 데 도움이 된다.

셋째, 문제해결에 집중할 수 있게 하는 분위기를 조성하여라. 문제들은 본질적으로 쉽게 해결되지 않는다. 문제해결에 필요한 시간은 보통 수준의 문제인 경우 20분에서 2시간 정도를 필요로 하며, 긴 과제는 그 이상에서 몇 일 동안을 필요로 하기도 한다. 따라서 학생들이 어려운 문제에 부딪쳐 있을 경우는 그들이 충분히 생각할 수 있도록 시간과 용기를 주어야 한다.

넷째, 문제를 해결한 학생들에게 그 문제와 해결방법을 반성해보게 하여라. 문제를 해결한 뒤 그 결과가 문제의 상황에 타당한지를 생각해 보는 것은 문제해결 과정의 중대한 오류를 발견할 수 있게 하거나 수학적 풀이를 실제 상황에 맞도록 해석할 수 있게 한다. 문제를 해결한 후 그 문제의 구조와 해결 방법을 되돌아보고 더 좋은 방법은 없는지를 생각해 봄으로서 더 간결하고 명확한 풀이법을 찾을 수 있으며, 이전에 해결한 문제들과의 관련성을 찾을 수 있게 된다. 또한, 주어진 문제를 다양하게 변형해 봄으로서 그 문제의 특수한 경우나, 일반화된 경우, 또는 도전감을 불러일으키는 새로운 문제를 만들 수 있게 되고 수학에 대한 흥미와 자신감을 가지게 된다.

(3) 문제해결 지도를 위한 수업모형

문제해결 활동은 수학적 개념이나 원리 또는 법칙을 찾는 것이기보다는 이미 학습한 여러 가지 수학적 지식을 사용하여 실생활 문제 또는 수학적 문제의 해를 구하거나 주어진 명제가 참임을 증명하는 문제를 다룬다. 그러므로 문제해결 활동을 지도하는 수업은 협력학습 모형을 적용하는 것이 바람직하다고 할 수 있다. 그러나 문제해결 지도의 내용이 문제해결의 단계 또는 해결전략에 관한 이론이라면 설명식 수업모형이 적절하다고 할 수 있다. 문제해결 학습지도의 실제는 일반적으로 해결과정이나 전략을 먼저 지도한 다음 이를 적용해 보는 문제해결 활동을 한다. 이런 경우는 복합적인 수업모형을 적절히 구사하는 것이 바람직하다.

참고문헌

강옥기(2007). 『수학과 학습지도와 평가론』. 경문사.

Ausubel, David P.(1968) *Educational Psychology : A Cognitive View*. New York : Holt, Rinehart and Winston.

Cooney, M. L., Davis, E. J., Henderson, K. B. (1975). 『*Dynamics of Teaching Secondary School Mathematics*』. Waveland Press, Inc., Illinois.

MAA (1997). 『*Readings in Cooperative Learning for Undergraduate Mathematics*』. The Mathematics Association of America, Washington D.C.

MacGregor, J. (1997). *Collaborative Learning : Shared Inquiry as a Process of Reform, Readings in Collaborative Learning for Undergraduate Mathematics*, MAA Notes Number 44, The Mathematics Association of America.

NCTM (1989). *Curriculum and Evaluation Standards for School Mathematics*. Reston, NCTM

NCTM (1991). *Professional Standdards for Teachiong Mathematics*. Reston, NCTM.

Chapter 16

생각해 볼 문제

01 설명식 학습지도를 할 경우 교사가 유의하여야 할 사항에 대하여 설명하시오.

02 Ausubel의 유의미 설명식 학습지도 이론에 대하여 설명하시오.

03 협력학습 지도에서 교사가 유의하여야 할 사항에 대하여 설명하시오.

04 설명식 학습지도와 협력학습 지도의 특성을 비교하여 설명하시오.

05 수준별 학습지도에서 교사가 유의해야 할 사항을 설명하시오.

06 수학적 개념을 지도하는 수업사례를 찾아 분석해 보고 그 특성을 설명하시오.

06 수학적 원리나 법칙을 지도하는 수업사례를 찾아 분석해 보고 그 특성을 설명하시오.

07 증명 능력을 지도하는 수업 사례를 찾아 분석해 보고 그 특성을 설명하시오.

08 문제해결 능력을 지도하는 수업 사례를 찾아 분석해 보고 그 특성을 설명하시오.

09 답이 한 가지로 정해지지 않는 실생활 문제를 만들고, 그 문제를 해결하는 방법에 대하여 설명하시오.

MEMO

Chapter 17

수학사를 활용한 수학교육

01 수학의 역사적 발달 개관

수학의 발달과정을 수학태동기, 초등수학기, 고등수학기, 현대수학기로 나눌 수 있다. 수학태동기는 수학이 학문으로 형성되기 이전의 시기를 말하며, 고대 바빌로니아, 고대 이집트 지역에 수학태동기의 유물들이 출토되고 있다. 이때는 수나 도형에 대한 수학적 지식들이 개별적으로 발명되어 축적되었다.

초등수학기는 기원전 6~5세기에 시작되며, 수학태동기에 축적된 지식들을 바탕으로 수학이 고유의 연구 영역과 방법을 가지는 학문으로 형성되어 발전하는 시기이다. 초등수학기에는 고대 그리스, 중국, 인도, 이슬람 국가들, 르네상스 시기의 유럽에서 수학적 발달이 두드러지게 이루어진다.

고등수학기는 17세기에 시작되며, 고등수학기에는 이동, 변화의 개념이 수학 연구의 중요한 대상이 된다. 이 시기의 수학적 성과들은 자연과학의 연구에서 중요한 도구로 사용되었다. 그리하여 수학적 연구의 결과에 대한 요구가 급격하게 늘어났으며, 수학 연구 또한 다양한 영역에서 활발하게 진행되었다.

고등수학기의 수학의 급격한 발전은 18세기말과 19세기에 들어서면서 새로운 특징을 가지게 된다. 즉 그때까지 수학적 연구의 대상이었던 양적 관계, 공간적인 형태를 추상화시켜 이제는 '가능한 유형의 수학적 대상'에 대한 체계적인 연구가 이루어지게 된다. 예를 들어 러시아의 수학자인 로바체프스키(Lobachevskii N.I.)는 '상상의 기하학'을 발명하여 새로운 수학 연구의 방향을 제시하였다. 한편 수학 이론 체계의 바탕이 되는 논리적 문제들, 철학적 문제들이 연구되었고, 수학의 공리 체계에 대한 재구성이 시도되었다. 이와 같이 수학 연구의 새로운 특징을 가지는 19세기 이후를 현대수학기라고 부른다.

	B.C. 6-5세기부터	A.D. 17세기부터	A.D. 19세기부터
수학태동기	초등수학기	고등수학기	현대수학기
수학적 지식들의 개별적 축적	수학이 독자적인 학문으로 형성, 발전	이동, 변화가 중요한 수학 연구의 대상	수학 연구 대상의 확장, 수학적 기초의 확립

1 수학태동기

수학태동기에는 주변 사물들에 대한 수세기 활동과 관련하여 자연수 개념과 연산 등이 발명되었고, 다양한 도형 개념과 이들의 측정에 관련된 수학적 지식이 발명되었다.

지구상에 존재했던 모든 인류는 생존을 위해 수나 도형의 개념을 발명했다. 그러나 수학적 발명의 구체적인 형태는 주변 환경, 생존 조건, 종족의 규모 등에 따라 다양하게 나타난다. 현재까지 알려진 수학태동기의 유물들은 고대 이집트와 고대 바빌로니아의 것들로, 고대 이집트는 파피루스에 기록이 남아있고, 고대 바빌로니아는 점토판에 남아있다.

고대 이집트의 수학적 지식에 대한 대표적인 유물은 린드 파피루스와 모스크바 파피루스가 있다. 이들 파피루스에는 실생활과 관련된 문제가 기술되어 있다. 예를 들어 분수의 연산, 평면도형(직사각형, 삼각형, 사다리꼴, 원)의 넓이 계산, 입체도형(평행육면체, 원기둥)의 부피 및 치수 계산 등에 관련된 문제가 포함되어 있다.

고대 이집트에서는 십진수체계를 바탕으로 하는 상형문자수체계를 사용하였으며, 분수에 대한 사칙연산도 수행하였다.

한편 고대 바빌로니아에서는 60진법의 위치 수체계를 사용하였으며, 1×1에서 60×60까지의 곱셈표, 자연수의 제곱표, 세제곱표, 제곱근표, n^3+n^2을 계산한 표들이 점토판에 남겨져있다.

고대 바빌로니아에서는 일차방정식, 이차방정식, 삼차방정식으로 귀착되는 실생활 문제들을 해결하였다. 이들 문제의 해결에서는 방정식의 일반화된 해법을 사용한 것이 아니라, 각각의 문제에 대한 개별적인 풀이방법에 의존했다. 그리고 고대 바빌로니아에서는 등차수열을 비롯한 다양한 수열의 합을 계산하였으며, 피타고라스 정리를 만족시키는 다양한 세

수의 쌍을 구했다.

고대 바빌로니아의 점토판에는 각의 측정이나 삼각함수 관계에 관련된 기초적인 내용들이 기술되어 있으며, 평면도형의 넓이 구하기, 원에서 현의 길이 구하기, 입체도형의 부피 구하기 등의 문제도 해결되어 있다.

살펴본 바와 같이, 수학태동기의 고대 이집트와 그대 바빌로니아에서는 자연수, 분수, 이들의 사칙연산, 도형의 넓이 및 부피구하기, 실생활의 다양한 문제해결에 관련된 많은 수학적 지식들이 축적되었다. 이러한 수학적 지식의 축적은 지중해 연안에서 수학이 독자적인 학문으로 형성되어 발달할 수 있는 토대가 되었다.

2 초등수학기

초등수학기 이전에 수학적 지식의 발명과 축적은 아주 오랜 시간이 걸쳐 점진적으로 이루어졌지만, 초등수학기에는 이전과는 비교할 수 없을 정도로 수학적 지식과 방법의 발명, 체계화가 두드러지게 나타난다.

초등수학기에는 수학태동기에서 축적된 국소적이고 실제적인 문제들, 방법들에 대한 추상화, 일반화의 경향이 뚜렷하게 나타났으며, 수학의 다양한 영역에 대한 이론들이 발명되었다. 그리하여 초등수학기에 수학은 고유의 연구 영역과 방법을 가지는 학문 체계로 형성, 발전하였다.

초등학교와 중등학교에서 지도되는 수학 교과내용의 대부분이 초등수학기에 발명되었다. 이 시기의 수학 연구로, 고대 그리스의 수학, 중국과 우리나라의 수학, 인도의 수학, 이슬람 국가들의 수학, 르네상스 시대의 수학 등을 꼽을 수 있다. 여기서는 유럽의 수학을 중심으로 살펴보자.

고대 그리스 시대의 초등수학기를 대표하는 수학자로는 피타고라스(Pythagoras), 유클리드(Euclid), 아르키메데스(Archimedes), 아폴로니우스(Appolonius), 파푸스(Pappus) 등을 들 수 있다.

B.C. 530년경	B.C. 300년경	B.C.250년경	B.C. 200년경	A.D. 300년경
피타고라스	유클리드	아르키메데스	아폴로니우스	파푸스
산술(정수론), 기하, 음의 조화, 천문학을 연구	13권으로 된 '원론'을 집필함. 공리적인 수학 체계 구성의 모범이 됨	극한적 방법, 무한소 방법, 적분합, 접선 등의 방법을 문제해결에 이용	8권으로 된 '원추곡선'을 집필함. 좌표의 방법을 이용한 원추곡선의 연구	8권으로 된 '수학집성'을 집필함. 고대 그리스 수학에 대한 주석서

피타고라스는 기원전 530년경에 이탈리아 남부의 크로톤에서 피타고라스 학교(학파)를 열었다. 피타고라스학파는 산술, 기하, 음의 조화, 천문학을 연구하였고, 주변 대상들을 수를 중심으로 해석하려 시도했고, 산술로부터 정수론을 발전시켰다.

고대 그리스 시대에 선분들을 측정을 통해 수(자연수, 양의 유리수)로 표현하였는데, 정사각형의 한 변과 대각선이 같은 단위로 측정되지 못한다는 사실이 밝혀지면서, 이러한 시도는 난관에 봉착했다. 이것은 선분들의 집합이 유리수의 집합을 포함한다는 것을 의미한다. 즉 모든 유리수는 선분으로 나타낼 수 있는데, 선분들 중에서는 유리수로 나타낼 수 없는 선분이 존재했다. 유리수로 나타낼 수 없는 선분의 존재는 알게 되었지만, 그러한 선분들이 몇 개나 존재하며, 어떤 수학적인 특성을 가지는가에 대해서는 오랜 연구가 필요했다. 결국 고대 그리스인들은 일반적인 계산을 선분의 형태로 수행하는 것이 타당하다는 결론에 도달했고, 수학 연구가 기하학적인 양들을 중심으로 수행되었다. 이러한 수학의 연구 방향에 관련된 대표적인 성과가 유클리드의 '원론'이다.

유클리드는 기원전 300년경에 알렉산드리아에 살았으며, 최소의 출발점 명제들(공리, 공준)을 기초로 논리적으로 완전한 수학이론 체계를 기술한 '원론'을 저술하였다. '원론'은 공리적인 수학 구성의 모범이 되었으며, 1900년대까지 수학교과서로 사용되었다. '원론'에는 평면기하학, 비례론, 정수론, 무리수, 공간기하학의 내용이 포함되어 있는데, 이들 내용은 모두 기하학적으로 기술되었고, 문제해결의 도구로 자와 컴퍼스가 이용되었다. 예를 들어 유클리드 '원론'에서 $x^2-ax+b^2=0$과 같은 이차방정식의 해결은 $x^2-ax+b^2=0$을 만족시키는 선분 x를 작도하는 것이었다.

고대 그리스 수학에서는 극한적 방법, 무한소 방법, 적분합, 접선 등의 수학적 방법들이 발명되어, 체계적으로 문제해결 과정에 사용되었다. 이러한 연구의 대표적인 수학자가 아르키메데스이다. 아르키메데스는 기원전 287년에 태어났으며, 암묵적으로 극한의 개념을 사용하여 도형의 넓이나 부피를 계산하였다(이러한 고대의 극한 방법을 후에 실진법, method of exhaustion이라 부름). 실진법은 문제해결의 유용한 방법으로 폭넓게 활용되었지만, 고대 그리스의 수학에서는 실진법에 관련된 수학적 개념들이 체계적으로 연구되지는 못했다.

아르키메데스는 회전체의 부피를 구하기 위해, 회전체를 원판으로 얇게 자른 다음, 이들 원판에 외접하는 원기둥, 내접하는 원기둥의 합을 구하여 회전체의 부피를 구하는 적분합의 방법을 사용하였다. 한편 아르키메데스는 미분 방법에 관련되는 접선 구하기 문제를 해결하였다.

아르키메데스가 현대 수학의 중요한 기초인 극한적 방법, 무한소 방법, 적분합, 접선 등을 문제해결에서 체계적이고 폭넓게 활용했지만, 그러한 방법의 바탕이 되는 수학적 개념들은 아직은 엄밀하게 정의되거나 도입되지는 않았다. 예들 들어 적분, 극한, 무한합 등과 같은 개념들은 17세기 이후의 수학 발전과정에서 체계적으로 연구되어, 수학이론으로 정립된다.

아르키메데스와 같은 시대에 살면서 쌍벽을 이룰 정도로 뛰어난 수학자가 아폴로니우스이다. 아폴로니우스는 8권으로 이루어진 '원추곡선'이라는 저술을 남겼다. 아폴로니우스는 두 원뿔의 꼭짓점을 맞붙여 놓고, 이들 원뿔을 평면으로 절단하여 다양한 원추곡선들을 얻었다. 이때 얻어지는 다양한 원추곡선들을 지름과 공액현이라는 개념을 이용하여, 타원, 쌍곡선, 포물선으로 분류했으며, 좌표를 이용하여 이들 곡선의 방정식을 구하였다.

아폴로니우스는 원추곡선의 연구에서 좌표의 방법을 이용하여, 원추곡선을 대수적으로 나타냈다. 이것은 데카르트가 해석기하학을 발명한 것보다 1800년 정도가 앞선 것이다.

파푸스는 기원후 4세기경에 살았는데, 기원후에서 중세시대 전까지의 수학적 특징을 잘 보여주는 수학자이다. 이 시기에는 다양한 주석서들이 폭넓게 출판되었다. 이것은 그 당시의 수학 연구가 창의적인 이론의 발명보다는 기존의 수학 연구들을 체계적으로 정리하여 발전시키는 방향으로 진행되었음을 보여주는 것이다. 파푸스는 8권으로 된 '수학집성'이라는 주석서를 남겼는데, 여기에는 유클리드, 프톨레마이오스를 비롯하여 고대 그리스 수학자들의 뛰어난 수학적 발명이 기술되어 있다. '수학집성'의 7권에는 수학 문제해결의 중요한 발견술로 많은 수학자들이 관심을 가졌던 '분석'의 방법이 기술되어 있다.

5-15세기의 중세 유럽의 수학에서 고대 그리스와 같은 새로운 수학적 발명은 찾아보기 어렵다. 서로마 제국의 멸망과 중세시대가 시작되는 기간에는 잦은 전쟁으로 인해, 문화적 유산들이 많이 파괴되었다. 결국 중세 유럽은 문화적인 암흑기인 동시에 수학적인 암흑기라 할 수 있다. 이 시기의 중세 유럽의 수학적 지식의 수준은 매우 낮았고, 새로운 수학적 발명도 거의 없었다. 이때 수학적 지식을 접할 수 있는 사람들은 주로 고대의 서적들을 필사하는 필사가, 역사가, 수도자들이었다.

15세기에 들어 먼 바다를 항해하면서, 천문학적 지식에 대한 수요가 많아졌다. 1461년 독일의 수학자 뮐러(Müller J.)는 '삼각법의 모든 것'이라는 책을 저술하였다. 이 책을 통해, 삼각함수는 천문학으로부터 독립되어, 수학의 한 독자적인 연구영역으로 형성되었다.

15-16세기 르네상스 시대에는 페로(Ferro), 타르탈야(Tartaglia), 카르다노(Cardano G.), 페라리(Ferari L.) 등이 3차방정식과 4차방정식의 해법을 발명하였다. 그리고 프랑스의 수학자 비에트(Viète F.)는 일차방정식에서 4차방정식까지 그 당시의 수학적 지식들을 체계적으로 정리하여 방정식 이론을 정립하였다.

3 고등수학기

고등수학기는 17세기에서 18세기까지를 말하며, 변량수학기라고도 한다. 이 시기의 수학은 자연과학과 밀접하게 연결되며, 변화와 이동의 개념이 수학 연구의 중요한 대상이 되었다.

17세기의 수학의 발전은 자연과학과 밀접하게 관련된다(이 시기의 자연과학을 수학적 자연과학이라고 부르며, 자연현상을 수학적으로 형식화된 법칙들을 이용하여 설명하려 시도하였다). 특히 17세기의 수학적 자연과학과 관련하여, 역학과 광학이 수학을 근거로 획기적인 발전을 보인 대표적인 영역이다. 예를 들어 역학과 관련하여, 케플러(Kepler J.)는 행성 운동의 법칙을 발명했고, 뉴턴(Newton I.)은 만유인력의 법칙을 발명했다. 그리고 광학과 관련하여 갈릴레이(Galilei G.)와 케플러는 망원경을 만들었고, 뉴턴은 유율 이론에 근거하여 광학을 발달시켰다. 그밖에도 항해를 위한 정교한 시계 발명의 필요성은 호이겐스(Huygens C.)의 진자시계 발명으로 이어진다. 호이겐스는 1673년에 '진자시계'라는 책을 출판하였는데, 여기에서 그는 공학과 수학의 유기적인 결합을 제시하였다. 그리고 제도학, 탄도학 등이 수학과 관련되어 진지하게 연구되었다.

자연과학과의 밀접한 관련성을 바탕으로, 17세기의 수학은 새로운 발달의 단계로 올라설 수 있었다. 예전의 형식-논리적인 범주에 포함되지 않았던 새로운 개념들이 현실세계와의 실제적인 관련성을 기반으로 그 존재의 타당성을 인정받았다. 예를 들어, 도함수 개념의 실재성은 역학에서 속도 개념의 실재성으로부터 유래하였다. 그리하여 이 개념의 존재성 자체에 대한 문제를 뛰어넘어, 곧바로 이 개념의 논리적 정당화에 대한 문제로 진행하여 수학적 발명에 도달할 수 있었다. 그리고 자연 현상에서 관찰되는 변화와 이동의 개념, 이 개념들에 대한 수학적 분석과 해석이 수학의 중요한 연구대상이 되었다.

변화하는 양과 함수의 종속관계에 대한 연구는 수학적 해석학의 기본개념들, 즉 무한의 아이디어를 극한, 도함수, 미분, 적분의 개념에 도입하는 것으로 귀착되었다. 결국 데카르트(Descartes R.)와 페르마(Fermat P.)의 연구를 통해, 좌표를 이용해 기하학적 대상의 형태나 특성을 대수적 관계로 나타내는 방법인 해석기하학이 발명되었고, 뉴턴과 라이프니츠(Leibniz)의 미분과 적분의 발명을 바탕으로 무한소해석학이 창조되었다.

미분과 적분의 발명에서 뉴턴과 라이프니츠는 서로 다른 방향에서 접근하였다. 뉴턴에게 있어 출발점 개념은 '유량(流量, 액체를 포함해 연속적으로 변화하는 모든 양)'과 이것의 '유율(流率, 유량의 변화 속도 또는 변화율)'이다. 유율을 구하거나 주어진 유량들에 의해 유율들 사이의 관계를 구하는 문제에 대해, 뉴턴은 이들 문제의 역문제인 유율들 사이의 주어진 관계들에 따라 유량을 구하는 문제, 즉 미분방정식을 적분하는 문제를 대응시켜 연구했다. 왜냐하면, 뉴턴은 수학적 자연과학의 창시자로서, 자연 현상의 기본적인 법칙들은 미분방정식의 형태로 표현되며, 이러한 미분방정식들에 의해 기술된 자연 현상들을 예측하려면 적분이 필요하다고 생각했다.

반면에 라이프니츠는 유한 대수로부터 무한소 대수로의 이동에 대해 관심을 가지고 있었다. 라이프니츠는 적분을 무한히 작은 차들(미분, differentials)의 무한히 많은 개수의 합으로 생각했고, 차(변량들의 무한히 작은 증가)를 미분 계산의 기본적인 개념으로 이해했다. 라이프니츠는 양의
무한히 작은 증가를 차라고 했고, 함수의 차를 함수의 그래프에 대한 접선영(subtangent)을 이
용하여 정의했다. 즉 [그림 17-1]에서 함수의 차인 dy가 $dy = \frac{y}{l_x}dx$와 같이 계산하였다.

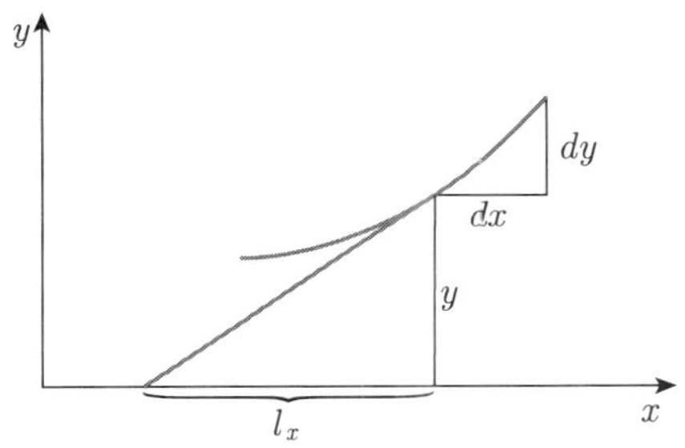

[그림 17-1]

라이프니츠의 연구결과가 출판되자, 유럽 대륙에서는 미분, 적분계산, 미분방정식의 적분, 해석학의 기하학적 활용에 대한 폭넓은 연구가 시작되었다. 이때부터 수학 연구의 현대적인 기법이 만들어져, 얻어진 연구 결과들이 논문으로 곧바로 출판되고, 출판된 내용들은 다른 학자들에 의해 사용되었다. 이를 통해 수학적 지식의 발명 속도가 눈에 띄게 빨라졌다.

무한소해석학을 이용하여, 물리와 역학의 기본적인 법칙들이 미분방정식의 형태로 기술되었다. 그리고 이 방정식들을 적분을 이용하여 해결하는 문제는 수학의 중요한 문제로 대두되었다. 한편 몇몇 조건에 의해 결정되는 함수들을 구하는 연구가 이루어졌다. 기존의 방정식에서는 미지의 것이 수들이라면, 변량수학기에는 미지의 것이 함수인 그러한 방정식들이 연구되었다.

한편 무한소해석학을 기하학에 활용하는 새로운 수학 분야가 나타났다. 케플러는 곡률

반경의 식을 유도하였고, 호이겐스는 평면 곡선의 축폐선(evolute)과 신개선(involute)을 대수적으로 표현하는데 성공하였다. 이를 바탕으로, 후에 미분기하학이 수학의 한 독립된 영역으로 발전할 수 있었다.

대수학 분야에서는 이미 양들 사이의 종속 관계가 암묵적으로 인식되었다. 그러나 양들 사이의 관계를 '변화'의 관점에서 이해하기 위해서는, 양들 사이의 종속관계 자체를 독립적인 연구의 대상으로 삼아야 했다. 결국 종전의 양 또는 수 개념과 같은 독자적인 연구의 대상으로 함수의 개념이 추출되었다.

17~18세기의 대수학은 방정식 $F(x)=0$의 좌변을 변수 x의 함수로 취급하였으며, 이에 관련된 연구들이 폭넓게 진행되었다. 이러한 연구들을 통해, 실근의 개수, 근의 분리, 근의 근삿값 계산 등에 관련된 수학적 성과를 얻을 수 있었다. 그리고 복소수에 관련된 연구로, 프랑스의 수학자 달랑베르(D'Alemberr J.)는 '임의의 대수방정식은 적어도 하나의 근을 가진다'는 대수학의 기본정리의 증명에 도달하였다.

그러나 17~18세기의 대수학은 양들 사이의 임의의 종속 관계 또는 임의의 방정식의 해법 자체를 연구하기 보다는, 대수적인 방정식이나 종속 관계의 범위에 한정된 연구가 이루어졌다. 그리하여 17~18세기의 대수학은 해석학의 첫 번째 장 정도로 생각되었으며, 해석학의 사실들, 방법들로부터 대수학의 사실들, 방법들이 독립된 것은 19세 후반과 20세기에 들어 이루어졌다.

17세기에 해석기하학이 발명되면서, 기하학과 다른 수학 분야 사이에 본질적인 변화가 생겼다. 기하학의 문제들을 대수의 언어로, 해석학의 언어로 번역하였으며, 기하학의 문제들을 대수적인 방법, 해석적인 방법으로 해결하는 보편적인 방법이 발견되었다. 그리고 대수적인 사실과 해석적인 사실들을 기하학적으로 표현하는 폭넓은 가능성이 열렸다. 예를 들어 함수적인 종속관계를 그래프를 이용하여 기하학적으로 나타낼 수 있게 되었다.

한편 기하학에는 이동과 변환의 개념이 도입되면서, 기하학의 연구 대상도 획기적으로 확장되었다. 결국 이동이나 변환 개념 자체에 대한 연구가 기하학에서 중요한 위치를 차지하기 시작하였다. 예를 들어 기하학에서는 평면이나 공간의 변환 자체가 중요한 연구 대상이 되었다.

4 현대수학기

17세기와 18세기에 탄생한 해석학의 다양한 분야들은 19세기와 20세기에 눈부시게 발전하여, 수학적 지식이 자연 과학이나 공학 분야의 문제들을 해결하는데 유용하게 사용되었다. 19세기 초에 수학적 지식의 양적 팽창과 더불어, 수학 발전에서 또 다른 본질적인 특징을 볼 수 있다. 즉 현대수학기에는 수학적 연구 및 그 방법의 확장, 수학의 기초의 확립에 대한 연구를 두드러진 특징으로 꼽을 수 있다.

기하학에서는 비유클리드 기하학이 발명되었으며, 이 이론은 20세기에 상대성 이론이 발명되면서 물리학에 폭넓게 활용되었다. 로바체프스키는 비유클리드 기하학에 대한 자신의 연구 결과를 1829년에 발표하였고, 볼야이(Bolyai F.)도 독자적인 연구를 통해 비유클리드 기하학의 개념들을 발명하였다. 한편 1854년에 리만(Riemann G.F.B.)은 리만공간에 대한 연구 결과를 발표하였다.

한편 사영기하학, 다차원기하학, 위상수학 등이 형성, 발전되었다. 그리고 대수학의 '군'의 개념을 기하학과 결합시켜, 1872년 클라인(Klein F.)은 '에르랑겐 프로그램'으로 알려진 강연에서 기하학을 '특정한 변환군에서 불변인 도형의 성질을 연구하는 학문'으로 정의하면서, 대수학의 군의 개념을 바탕으로 다양한 기하학들을 정의하고 분류하였다.

해석학은 실수와 극한 개념의 현대적인 정의 위에서 재구성되었다. 예를 들어 바이에르슈트라스(Weierstrass K.)는 $\epsilon-\delta$의 개념을 이용하여 해석학의 개념들을 엄밀하게 정의하였고, 데데킨트(Dedekind R.)는 '절단'을 이용하여 실수에 대한 이론을 완성하였다. 그리고 해석학에서 새로운 분야인 복소수 변수에 대한 함수론, 실수 변수에 대한 함수론 등의 영역이 생겨나 폭넓게 연구되었다.

한편 확률론과 수리통계학이 학문으로 형성되었다. 1812년에 라플라스(Laplace D.S.)는 '확률의 해석적 이론'이라는 연구를 통해 확률론을 독립적인 학문으로 발전시켰고, 20세기에 꼴모고로프(Kolmogorov A.N.)는 확률론을 공리론적으로 구성하여 확률론을 순수 수학 이론으로 완성하였다. 한편 피어슨(Pearson K.)은 통계학의 수학적 기초를 세웠으며, χ^2분포를 유도하였다. 한편 20세기에 고셋(Gosset W.S.)과 휘셔(Fisher R.A.) 등에 의해 t-분포가 연구되었고, 그 후 z-분포가 연구되었다. 이와 같은 다양한 확률분포에 대한 연구가 두드러진 성과를 내면서, 20세기에는 생물학, 경제학, 사회학 등 다양한 학문 영역에서 확률분포를 이용한 통계적 추론의 방법이 널리 활용되었다.

대수학에서는 군론의 방법에 의한 연구 방법을 활용하여 오래된 수학의 난제들을 해결했다. 아벨(Abel N.H.)과 갈로아(Galois E.)는 치환군의 개념을 이용하여 일반적인 5차 방정식의 가해성을 연구하였으며, 리이(Lie M.S.)는 미분방정식의 해공간의 변환에 대한 군론적 접근을 통해 연속적인 변환군인 리이군(Lie group) 이론을 발명하였다. 이와 같이 현대수학기에는 대수학적 방법들이 폭넓게 발명되어 다양한 수학 영역의 문제해결에 활용되었다.

수학적 기초의 확립과 관련하여 집합론의 연구와 논리학의 연구를 들 수 있다. 칸토어(Cantor G.)는 수학의 한 연구 영역으로 집합이론의 체계를 확립하였다. 이전에는 수학에서 자연수의 집합, 실수의 집합을 모두 같은 무한으로 취급했지만, 칸토어는 무한집합의 기수인 초한수 이론을 정립하였으며, 무한집합을 분류하였다. 예를 들어 정수 집합의 기수는 가장 작은 초한수 E이며, 실수 집합의 기수는 E보다 큰 C이다(이때 C는 연속체의 기수이다). 그리고 어떤 집합의 부분집합들로 이루어진 집합의 초한수는 처음 집합의 초한수보다 크다는 것이 증명되었으며, 이로부터 C보다 큰 초한수가 무한히 많다는 것을 알 수 있다. 칸토어의 집합론은 다른 수학 영역의 구조에 큰 변화를 일으켜, 20세기에 수학은 집합론의 개념들을 바탕으로 재구조화, 재개념화되었다.

한편, 연구되는 수학적 대상도 넓어져 수학의 중요한 문제들 자체에도 변화가 생겼다. 초기 수학의 문제들과 함께 수학의 기초에 관련된 문제들이 중요시되었다. 수학기초론에는 수학의 역사적, 논리적, 철학적 문제, 수학 이론의 체계에 관련된 문제들이 포함된다. 특히, 수학의 공리적 체계에 대한 비판적 재고찰이 이루어졌고, 수학적 증명의 논리적인 방법에 대해 새로운 조명이 이루어졌다. 이러한 비판적인 재검토는 수학 기초의 엄밀한 체계의 확립을 목적으로 하였다.

19세기 수리논리학의 연구는 1847년 부울(Boole G.)의 '연역적 추론법에 관한 소론인 논리의 수학적 해석', 1847년 드 모르간(De Morgan A.)의 '추론법, 필연과 개연', 쉬뢰더(Schröder E.)의 '논리대수에 관한 강연'이 기초가 되었으며, 후에 프레게(Frege G.)와 페아노(Peano G.), 힐베르트(Hilbert D.) 등이 수리논리학을 현대적인 형태로 발전시켰다. 이들은 수리논리학의 기초를 정립하고, 특히 힐베르트 등은 수학의 역설들, 수학의 무모순성 증명 등을 수리논리학의 도구들을 이용하여 연구하였다.

수학의 무모순성에 대해 괴델(Gödel K.)은 '모순이 없는 임의의 수학적 공리계가 주어졌을 때, 이 공리계로부터 이끌어낼 수 없는 참인 수학 명제가 반드시 존재한다', '어떤 공리계가 무모순일 때, 그 공리계의 무모순성을 이 공리계에서는 증명할 수 없다'는 것을 논리적으로 증명하여, 수학적 지식의 본질을 수학적 도구를 통해 규명하였다.

02 수학적 지식의 역사적 발생과 수학교육

19세기와 20세기에 수학교육의 역사적 발달 과정에서 수학적 개념의 발생, 발달을 강조하는 관점들이 다양하게 제기되었다. 이러한 역사-발생적 방법의 대표적 옹호자인 보부닌(Bobynin)은 1886년의 저술 '수학 역사의 철학적, 과학적, 교수학적 의의'에서 새로운 세대의 지적 발달은 모든 인류의 지적 발달 단계에서 나타난 법칙들에 의해 이루어지며, 각 학문의 교육은 학문의 발달에서 그 학문이 지나온 길을 따라 가야 한다고 주장했다. 보부닌은 이러한 방법을 발생적 방법이라 불렀다. 발생적 방법에서는 지식이 실제로 발생, 발달되어 온 것과 같은 방식으로, 학습자들이 교육을 통해 지식을 형성, 발달시켜야 한다는 것을 가정한다. 이를 통해, 학습자는 지식이 어떻게 발생되어 발전되었는가를 알 수 있을 것이다.

1900년대 초반에 포앙카레(Poincaré) 등의 수학자들은 동물들이 태내에서 배의 발생의 짧은 기간에 모든 세기 동안 선조들의 역사 발생을 재현하는 것처럼, 인식의 과정도 마찬가지로 생각할 수 있다고 주장하였다. 이들에게 있어 중요한 것은, 학습자들이 수학교육을 통해 수학의 발달 과정을 지나면서 수학을 학습하도록 하는 것이다.

수학의 발달과정에서 수학자들에게 발생했던 장애, 어려움들은 현재의 학습자들에게도 장애, 어려움으로 나타나며, 교수-학습 과정의 논리적인 구성만으로는 이러한 장애, 어려움을 사전에 예방할 수는 없다. 오히려 수학교육에서는 학생습자들의 그러한 장애, 어려움들을 수학사적인 분석을 통해 예측하고, 학습자들이 이를 극복할 수 있는 교수학적 방법들을 모색해야 한다.

발생적 방법으로 기술된 퇴플리츠의 미적분학 서문에서 쾨테(Köthe G.)는 다음과 같이 퇴플리츠의 발생적 방법을 설명하였다.

> 오늘날 우리가 무한소 미적분학의 표준적인 필수 내용으로 가르치는 주제들, 예를 들어 중간값 정리, 테일러 급수, 수렴의 개념, 정적분, 미분에 대해 '왜 그렇지?' 또는 '어떻게 그런 결과에 이르게 되었지?'와 같은 질문은 결코 하지 않는다. 그러나 이 모든 것들은 창조되던 시점에는 절박한 탐색이지 긴급한 질문에 대한 답변이었음이 틀림없다. 우리가 만일 그 아이디어의 근원으로 돌아간다면 무미건조한 사실들로 이루어진 죽은 모습을 벗어버리고, 생생하게 약동하는 생명력을 띠게 될 것이다. … 퇴플리츠는 그의 방법이 '역사적'인 것으로 불리기를 원하지 않았다. … 나는(퇴플리츠) 수학의 역사 속에서 그 가치가 증명된 아이디어의 근원만을 선택적으로 이용하기를 원한다. 사실 무한소 미적분학의 역사에 대해 가르치는 것은 나와는 크게 동떨어진 일이다. … 나의 관심은 역사 그 자체라기보다 문제와 사실과 증명의 중요한 측면들이 어떻게 발생되었는지에 있다.

한편 퇴플리츠의 미적분학의 또다른 서문에서 푸트낙(Putnam A.L.)은 다음과 같이 퇴플리츠의 발생적 방법을 설명하였다.

> 이 책은 미적분학 교과서도 아니고, 미적분학의 역사를 서술한 책도 아니다. 퇴플리츠는 여러 해에 걸쳐 수학에 대한 '발생적 접근'이라고 불리는 바를 그의 강의에서 발전시키려고 하였다. 퇴플리츠의 의도는 미적분학의 핵심적인 아이디어가 시간의 흐름에 따라 성장하고 발전해 온 과정을 미적분학을 제시할 때 반영하고자 한 것이다.

살펴본 바와 같이, 역사-발생적인 방법은 발생의 과정을 이면에 숨기고 형식화된 논리적 체계를 강조하는 논리적인 수학 교수-학습 방법에 대응된다. 논리적 기술에서는 여분의 것이 없으며, 어떤 수학적 발명에 도달하게 된 역사적 우연성들이 포함되지 않는다. 그러므로 교수-학습 과정에서 이론의 개념이나 정리의 발생에 관련된 언급이 없는 논리적 방법은 수학 내용이 매우 인위적인 것이며, 수학 문제가 어떻게 풀렸는가는 알 수 있지만 그 문제들의 발생, 발전에 대해서는 알 수 없다.

역사-발생적인 접근은 러시아의 유명한 심리학자인 다비도프(Davydov V.V., 2004)의 다음과 같은 주장으로부터 철학적인, 심리학적인 근거를 찾을 수 있다.

> '진정한 인식(認識-사물을 깨달아 앎, 사물을 바르게 깨달아 아는 마음의 작용)의 중요한 조건들 중의 하나는 발생과 발전의 과정 속에서 인식의 대상들을 고찰하는 것이다. 즉 대립되는 주장들, 대립되는 흐름들의 투쟁과 이들의 통일의 과정 안에서 대상들을 바라보는 것이다. 이때 투쟁은 실제(實際-있는 그대로의 상태나 형편)의 자기움직임(이동)의 원천이다. 어떤 대상을 이해하는 것은 대상의 자기움직임의 양식들(樣式-그렇게 해 내려온 방식이나 형식)과 이를 위한 조건들을 규명하는 것을 의미한다. 결국 대상들에 대한 과학적 사고는 이 대상들을 발생과 투쟁을 통한 자기움직임의 과정에서 고찰하는 과정 안에 존재한다.'

다비도프의 주장으로부터 진정한 수학적 인식은 첫째, 수학적 대상들의 발생, 발전의 과정에 관련되며, 둘째 수학적 발전은 대립되는 주장들, 흐름들의 투쟁, 그리고 통일의 과정에서 드러나는 자기움직임이며, 셋째 수학적 대상을 이해한다는 것은 수학적 대상의 자기움직임의 양식들, 이에 관련된 조건들을 밝히는 것이다.

수학적 대상들의 발생, 발전, 자기움직임의 양식들, 이에 관련된 조건들이 바로 수학사를 구성하는 요소들이며, 이들의 규칙성이 수학 발달의 규칙성이며 본질이다. 그러므로 수학사 연구와 중등학교 수학교육이 밀접하게 연결되어 있다. 아비탈(Avital S.)은 중등학교 수학교과 내용의 역사적 발달에 대한 폭넓은 이해를 통해, 다음과 같은 교수학적인 시사점을 찾을 수 있다고 하였다.

- 교수-학습 과정에서 발생할 수 있는 어려움에 대한 정보를 얻을 수 있다.
- 수학의 발명 과정을 이용하여 교수 방법을 개선할 수 있다.
- 단순한 정보의 전달이 아니라, 탐구하고 고찰하는 교실 분위기를 만들 수 있다.
- 수학사에서 탐색 및 탐구의 과정이 존재하는 문제를 찾아 교수-학습에 사용할 수 있다.
- 미해결 문제에 대한 탐구를 통해, 수학은 진지한 탐구 활동이 중요한 미완성 교과라는 사실을 알게 할 수 있다.
- 수학 탐구에 관련된 수학자들의 노력을 알게 됨으로써, 수학에 대한 긍정적인 태도를 가지게 할 수 있다.

역사-발생적 방법에서는 어떤 개념이 어떤 실제적인 문제에서 발생되었으며 어떻게 사용되었는가에 대한 고찰을 통해 수학적 개념의 도입에 대한 근거를 부여할 수 있다. 그리고 역사-발생적 방법을 통해, 교사는 몇몇 교수학적인 문제에 대한 해결의 실마리를 찾을 수 있다.

그러나 첫 발명자의 모든 세세한 오류나 오해를 반복하면서, 수학적 진리 인식의 모든 역사적 과정을 완전히 재생하려는 시도는 그리 바람직하지 않을 것이다. 수학 교수-학습에서 역사-발생적 방법을 수학사의 개별적인 사실의 단편적 이용으로 생각해서는 안된다. 역사-발생적 방법을 사용하면서, 교사는 학생들과 수학의 발생, 발달을 경험하면서 학생들을 새로운 발명의 길로 이끌어야 한다.

참고문헌

한인기(2005). 『교사를 위한 수학사』, 서울 : 교우사.

Avital S. (1995). *History of Mathematics Can Help Improve Instruction and Learning.* In F. Swetz, J. Fauvel, O. Bekken, B. Johansson & V. Katz (Eds.), Learn from Master (pp.3-12). Washington : MAA.

Davydov V.V.(2004). *Problemy razvivayushego obucheniya*, Moskva : Akademiya.

Kolmogorov A.N. (1991). *Matematika v ee Istoricheskom Razvitii*, Moscow : Nauka.

Toeplitz O. (2006). 『퇴플리츠의 미적분학』, 서울 : 경문사. (우정호·임재훈·박경미·이경화 옮김).

MEMO

Chapter 18 수학교육과정

01 우리나라의 수학과 교육과정의 변화

교육과정(curriculum)이란 말의 어원은 라틴어의 Currere에서 출발한다. 이 Currere는 달리는 코스나 트랙을 의미하는 단어였으나, 교육에서 사용하면서 교수 요목(course of study)란 의미로 바뀌어 사용되었다. 현대적 의미의 교육과정이란 의미를 사용한 사람은 Franklin Bobbitt로 그의 책 The curriculum에서 처음으로 교육과정이란 의미로 "curriculum"이란 단어를 사용했다고 한다(이경환, 박제윤, 권영민 2002에서 재인용). 우리나라 교육법에서 보자면, 문교부령 제 35호(1954.4.20)에 공포된 '국민학교, 중학교, 고등학교 사범학교 시간배당 기준령'에서, 처음으로 교육과정이란 "각 학교의 교과목 및 기타 교육 활동의 편제를 말한다"라고 정의하였다. 제 2차 교육과정에서는 "학생들이 학교의 지도하에 경험하는 모든 학습활동의 총화"라고 의미를 주었으며, 제 5차 교육과정의 개정 시안을 연구하고 개발한 한국 교육 개발원의 답신 보고서(곽병선, 1986)에서는 "교육과정이란 학교에서 전개되고 실현될 교육실천의 효과를 극대화하기 우해서 일정 학생에게 무엇을 어떻게 교육할 것인가를 국가 수준에서 규정하는 의도되고 문서화된 계획을 의미한다"고 밝히며 좀 더 구체적인 교육과정의 정의를 내렸다. 제 6차 교육과정에서는 처음으로 교육과정의 성격을 명시했는데 초중등학교의 교육 내용에 대한 전국적인 공통적, 일반적 기준이라는 것이었다. 여기에 교육과정의 목표, 내용, 방법, 평가 및 운영에 관한 국가수준의 기준과 지침을 함께 제시하였다. 제

7차 교육과정은 6차와 마찬가지로 국가 수준의 기준임을 명확히 하면서 다음과 같은 교육과정의 성격을 제시하였다.

- 다양성을 추구하는 교육과정
- 학습자 중심의 교육과정
- 교원, 학생, 학부모가 함께 실현하는 교육과정
- 교육과정을 중심으로 개선하기 위한 교육과정
- 교육의 질적 수준을 유지 관리하기 위한 교육과정

우리나라의 교육과정은 교육 내용을 결정자는 주체에 따라 '국가 수준의 교육과정 기준', '지역 수준의 교육과정 편성 운영 지침', '학교 수준의 교육과정' 등으로 구분할 수 있다(이경환 외, 2002). 6차 교육과정부터 국가, 시 도 및 지역 교육청, 학교가 교육과정의 역할을 분담하고 국가 수준의 공통성과 지역 및 학교, 개개인의 수준의 다양성까지 함께 추구하고자 노력하였다. 국가 수준의 교육과정은 우리가 흔히 교육과정이라 부르는 교육법 상의 공통적인 교육과정을 생각하면 된다. 지역 수준의 교육과정이란 각 시, 도교육청 수준에서 국가 수준의 교육과정을 지역 특수성에 맞게 학부모 및 지역 사회의 요구에 맞추고 지역 학교들의 교육 여건도 고려하여 정하는 것이다. 7차 교육과정부터는 시군구의 지역 교육청에서도 학교 교육과정 편성과 운영에 관한 장학 자료를 작성하여 학교에 제시해 주도록 규정하고 있다. 마지막으로 학교 수준의 교육과정이란 국가와 시도의 교육과정 지침을 바탕으로 각 학교의 실정에 맞게 준비하는 실천적인 계획이다. 여기에는 그 학교의 교육 목표나 철학, 전통 등이 반영될 수 있고, 창의적인 교육 방법과 독특한 운영등도 나타날 수 있다. 이경환 외(2002)는 교육의 효율성과 적합성을 높이고 교원의 자율성과 전문성을 높이며, 교육의 다양성을 추구하고 학습자 중심의 교육을 하기 위해 학교 수준의 교육과정이 필요하다고 설명하였다.

이 장에서는 우리나라 수학과 교육과정을 교수 요목기를 포함하여 1차부터 7차까지 그 내용과 특징을 수학교육 변화 시기에 맞추어 구분하여 살펴보고자 한다.

1 1945-1970년대 : 수학교육의 시작

(1) 교수 요목기

일본의 식민지로부터 해방된 1945년은 우리나라만의 교육과정이 없었다. 그래서 10월에 학교를 열었을 때, 무엇을 가르칠 것인가에 대한 구체적인 방향이 없어 학교 교사들은 자신의 판단하에 수학내용을 선택하고 가르쳐야 했다. 그리하여 1946년 3월에 '교수요목 제정 위원회'가 조직되고 학교에서 가르칠 교과별 주제들을 나열한 교수요목을 작성하여 9월부터 실행하였다. 이 시기를 교수 요목기라 부르며 우리나라의 첫 교육과정 성격의 문서가 작성된 의미를 가진다.

이 시기는 식민지 교육에서 벗어나 자주적, 민주적 교육을 하는 것이 주요 목표로, 교수요목은 기초 능력을 기르는데 집중하고 분과주의를 채택, 애국 애족을 강조하고 일제의 잔재를 청산하는 데 노력을 기울였다. 그 내용을 보면 다음과 같다.

중학교 수학과 지도의 내용

1학년(필수 175시간)	2학년(필수 175시간)	3학년(선택 175시간)
① 측량 ② 통계 ③ 기본 도형 ④ 문자와 분수 ⑤ 표의 작성과 사용	① 식의 변화와 변형 ② 도형의 확대, 축소, 이동 ③ 도형의 성질 ④ 삼각형과 삼각함수	① 삼각함수 ② 근사값 계산 ③ 대수 ④ 궤적

고등학교 수학과 지도의 내용

1학년(필수 175시간)	2학년(선택시간)	3학년(선택 175시간)
① (평면)논증 기하(50시간) ② 통계(55시간) ③ 수열과 연속적 변화(70시간)	① 평면 삼각볍(30시간) ② 대수학(40시간) ③ 평면해석기하학(35시간) ④ 미적분학(70시간)	① 미적분학(105~125시간) ② 입체기하학(50~70시간)

하지만, 이는 학년별 가르칠 주제의 나열 수준으로 광복 이전과 크게 다르지 못했고 내용의 수준은 높은 데 비해 실제 학교에서 지도할 만한 충분한 시간과 기회가 주어지지 않았다. 이후 1950년 시작된 한국전쟁으로 새 교육과정도 만들지 못하고 약간의 수정만 거쳐 1955년까지 사용하게 된다.

(2) 제 1차 교육과정

한국 전정이 끝나고 1953년 교육과정 전체 위원회이 구성되어 1954년 '교육과정 시간 배당 기준령'을 공포하고 1955년 법령으로 '교과과정'이라 불리는 1차 교육과정이 초중고 사범학교에 공포되었다. 이는 법령으로 공포된 우리나라 최초의 교육과정이다. 이 교육과정은 교수 요목기의 문제점이었던 수학의 수준과 분량을 학생들에게 맞게 줄여 나갔다. 전

세계적으로 진보주의의 영향으로 실생활에 필요한 수학을 강조하던 때였다. 그래서 경험 중심의 이 교육과정을 '생활단원 학습기'라고도 한다.

1차 수학교육과정의 기본 방향은 수학의 기본 개념과 원리를 익혀 사고능력을 향상하고 생활 문제 해결력을 높이도록 내용을 정하고 지도 방법을 개선하는 것이었다. 그리고 1차에서는 수학 용어를 한글화하려는 노력이 있었다. 예를 들어, 평행사변형을 나란히꼴, 평행은 나란히금, 전개도는 펼친 그림, 회전체는 돌림체, 대칭형은 맞선꼴 등의 한글용어를 사용했다. 1차 수학과 교육과정의 내용을 보면 다음과 같다.

중학교 수학과 지도의 내용

1학년(140시간)	2학년(105시간)	3학년(105시간)
① 수에 대한 이해와 큰 수의 활용 ② 자연수의 사칙 문제 해결 ③ 분수, 소수의 개념과 그 사칙계산 ④ 측정과 이에 관한 계산 ⑤ 비와 수량 관계의 이해 및 실무적인 문제 해결 ⑥ 자료의 수집 정리 ⑦ 식 또는 공식의 이해와 활용 ⑧ 도형, 입체 도형	① 산수적인 실제 문제 ② 양, 음수의 이해, 활용 ③ 관계를 식으로서의 표시와 계산 활용 ④ 방정식에 의한 문제 해결 ⑤ 비례관계의 이해와 활용 ⑥ 측정과 그의 계산 ⑦ 표와 그림표 ⑧ 평면도형, 입체도형의 이해, 구적	① 산수의 실제 문제 해결 ② 측정 ③ 문제해결에 방정식 활용 ④ 비와 관계의 관념의 활용 ⑤ 표, 그림표 이용 ⑥ 도형에 대한 이해, 활용

고등학교 수학과 지도의 내용

1학년(140시간)	2학년(140시간)	3학년(140시간)
① 중학교 수학의 복습 ② 함수 ③ 삼각함수 ④ 측정값 ⑤ 확률 ⑥ 통계 ⑦ 경제와 금융 ⑧ 도형과 그 성질	① 수와 식의 계산 ② 대수 함수 ③ 대수 ④ 삼각함수 ⑤ 확률통계 ⑥ 수열과 급수 ⑦ 함수의 변화 ⑧ 적분과 계량	① 기하적 체계, 방법의 이해 ② 직선형 ③ 원 ④ 궤적과 작도 ⑤ 입체도형 ⑥ 좌표와 방정식

1차 교육과정에서는 내용 영역을 대수, 해석, 통계처럼 구분하지 않고, 학년에 따라 내용을 결정하였다. 초등학교 수학교과 명칭은 '산수'라 하고, 고등학교는 1학년에 공통수학, 2학년 이후에는 선택 교과로 해석과 기하를 두었다. 하지만, 1차 교육과정은 실용성을 너무 강조한 나머지 학문으로서의 계통성이 서지 못했다는 비판을 받았다.

(3) 제 2차 교육과정

1963년에 공포된 2차 교육과정은 전 세계적으로 새 수학 운동이 한창일 때 실행되었는데, 선진국에서는 산업 사회에서 현대사회로의 변화를 위해 높은 수준의 과학과 수학 교육을 위해 교육 개혁을 실시하였는데, 미국에서는 현대수학에 논리와 집합을 이용하고 컴퓨터를 활용하는 CAI(Computer Assisted Instruction)연구도 시작하던 때였다. 우리나라에는 수학교육에서 새수학 운동은 크게 반영되지 않았지만, 이러한 시대적 변화를 반영하려 1961년부터 준비하여 1963년에 제 2차 교육과정이 공포된다.

2차 수학과 교육과정은 수학의 계통적 내용을 학생의 발달 단계에 맞게 생활 문제 해결에 활용하고, 논증적 사고와 수리 능력을 길러 급격한 과학기술의 발전에 대처할 수 있도록 수준을 높이는 것을 기본 방향으로 삼았다. 이 교육과정은 체계, 계통 학습의 강조로 인해 '계통학습기'라 부르기도 한다. 2차 수학과 교육과정의 내용을 보면 다음과 같다.

초등학교(주당 3-5시간)	중학교(주당 2-4시간)	고등학교(단위제)
① 수 ② 계산 ③ 양과 측정 ④ 도형 ⑤ 수량 관계와 응용	① 수 ② 식과 그림표 ③ 함수 ④ 측량 ⑤ 통계 ⑥ 도형	① 공통수학 (8단위) ② 수학 I (12단위) ③ 수학 II (26단위)

초등학교 수학 내용은 이때부터 5개 영역으로 구분하는 것이 보편화 되었고, 중학교는 6개의 영역으로 구분하였으며, 고등학교는 공통필수인 '공통수학'과 인문계와 자연계를 따로 구분하여 '수학1', '수학II'로 과목을 정하였다. 고등학교는 원칙적으로 단위제였으나 학교 실정에 따라 학년제와 병행하기도 하였다.

2 1970-1980년대 : 새 수학의 시기

(1) 제 3차 교육과정

우리나라 수학교육에서도 1960년대 초부터 새 수학 운동에 관심을 가졌으나 자료 부족으로 구체적인 내용 파악이 힘들었다. 1970년대에 이르러서야 SMSG의 실험교과서가 국내에 들어오면서 3차 교육과정에서는 '새 수학'의 내용을 반영하게 된다. 3차 교육과정은 1973년 초등학교와 중학교, 1974년 고등학교 교육과정을 공포하고 시행하게 된다. 3차 수학과 교육과정에서는 수학 구조를 강조하고, 교과서에 집합을 도입하고 엄밀한 용어와 기호 사용을 하는 변화를 보였고 고등학교에서 문과와 이과 수학을 구분하지 않았다. 그 내용을 보면 다음과 같다.

초등학교(140-175시간)	중학교(105-140시간)	고등학교(단위제)
① 수 ② 계산 ③ 관계 ④ 도형 ⑤ 측도	① 집합 ② 수와 연산 ③ 방정식과 부등식 ④ 함수관계 ⑤ 통계 ⑥ 도형	① 수학 I (공통필수-단위수 14-18): 집합, 대수, 기하, 해석, 통계 ② 수학 II (자연계 선택-단위수 8-14): 대수, 기하, 해석

3차 수학과 교육과정은 학년별로 영역을 구분하여 각 영역에서 학습할 내용과 반드시 다루어야 할 용어나 기호를 제시하는 등 교육과정의 내용과 수준을 명확히 보여 주었다. 하지만 이 또한 내용이 너무 많고 수준이 높다는 비판을 받아 개혁이 요구되어졌다.

3 1980-1990년대 : 기본으로 돌아가기

(1) 제 4차 교육과정

1981년 12월 공포된 4차 교육과정은 새수학을 유지하면서 문제점을 보완하도록 구성되었다. 기본 방향은 내용 선정시 학생들의 발달 수준과 학년의 관련성을 고려하고, 무리한 수학적 구조 강조나 엄밀한 용어나 기호 사용을 줄이고 교재를 단계적으로 구성하고 문제해결력을 높이는데 중심을 두었다. 4차 수학과의 내용을 보면 다음과 같다.

초등학교(136-170시간 1학년은 산수/자연통합 204시간)	중학교(102-136시간)	고등학교(8-14단위)
① 수 ② 계산 ③ 관계 ④ 도형 ⑤ 측도	① 수와 연산 ② 방정식과 부등식 ③ 함수관계 ④ 통계 ⑤ 도형	① 수학 I (공통필수) ② 수학 II (계열별 선택)

초등학교는 1학년의 경우 산수와 자연 교과서를 통합하여 '슬기로운 생활'을 만들었고, 교과서에 '여러 가지 문제'라는 단원을 만들어서 문제 해결 지도를 강화하기도 했다. 중학교에서는 '집합' 단원이 사라지고 '수와 연산'단원에 포함되었고 고등학교는 이과와 문과에 따라 이수단위가 다른 '수학 II'를 선택한다. 4차에서 특별한 점은 교육과정에 '지도'와 '평

가'라는 설명이 더해져 이전의 교육과정에 비해 지도 및 평가가 강조되었다고 할 수 있다. 하지만, 4차의 중심이었던 수학의 기본 개념과 기능, 문제 해결에 대한 명확한 설명이 부족했고, 특히 문제 해결에 대한 사전 연구나 구체적인 교수-학습 방법이 소개되지 않아 실제 현장에서 이용하기에 부족한 점이 많았다.

4 1990-2000년대 : 문제풀이 강조의 시기

(1) 제 5차 교육과정

1987년 초등학교와 중학교, 1988년 고등학교에 공포된 5차 교육과정은 4차의 운영상 문제점을 보완하는 것에 초점을 두어 큰 변화를 보이지는 않는다. 당시 미국의 NCTM의 학교수학에 대한 8가지 권고에 영향을 받아 문제 해결력 향상을 중점적으로 반영했다. 기본 방향은 필수 지식 및 기능을 익히고 수학적 활동 강화, 문제 해결력 강화와 수학의 정의적 측면을 강조하였다. 그 내용을 보면 다음과 같다.

초등학교(120-170시간)	중학교(102-170시간)	고등학교(8-18단위)
① 수 ② 계산 ③ 관계 ④ 도형 ⑤ 측도	① 수와 연산 ② 방정식과 부등식 ③ 함수관계 ④ 통계 ⑤ 도형	① 일반수학(공통필수): 대수, 기하, 해석 ② 수학 I(인문, 사회계열): 대수, 해석, 확률과 통계 ③ 수학 II (자연계): 대수, 기하, 해석, 확률과 통계

초등학교에서는 보조 교재로 '산수 익힘책'을 만들었는데, 기초 학습 능력 향상과 사고력 향상을 위한 문제풀이로 심화교재의 역할을 했다. 4차 교육과정에서 초등학교 1학년의 산수와 자연을 통합한 '슬기로운 생활'은 지도의 어려움으로 다시 '산수' 교과서로 독립하여 사용되었다. 중학교는 변화가 없었고, 고등학교에서는 학년별 명칭이 바뀌고 계열별 내용이 바뀌었다. 인문, 사회 계열은 수 I, 자연계열은 수II를 선택하여 듣도록 하였다. 그리고 지도상의 유의점에서 특별히 교사들의 발문의 역할을 강조하고 평가 상의 유의점에서 정의적 목표와 문제 해결력 평가에 대해 언급하였다. 5차에서는 세계적인 수학교육의 흐름이었던 문제 해결 지도를 4차 때보다 더 강조하였으나, 1990년대 학교현장의 입시위주의 교육때문에 새로운 문제 해결에 대한 관심 부족, 교사들의 문제 해결 수업에 관한 정보 부족 등으로 실제 고등학교 교육 현장에서는 큰 영향을 미치지 못했다.

(2) 제 6차 교육과정

1992년에 초중고에 공포된 6차 교육과정은 5차 교육과정의 기본을 유지하면서 문제 해결력의 전략과 방법을 제시하고 교수-학습 및 평가방법을 개선하고 정보화 사회를 위해 컴퓨터 활용 등에 대해 방법을 제시했다. 6차에서는 세계적인 추세에 따라 초등수학 교과서의 명칭이 '산수'에서 '수학'으로 바뀌고 '관계'영역에 문제해결을 하위 영역으로 설정하여 문제 해결력 향상을 추구하였다. 중학교에서는 '수와 연산'이 '수와 식'으로, 고등학교에서는 인문계와 자연계 공통인 수학 I 외에 자연계 학생만을 위한 수학 II가 추가되었고, '실용수학'이 새로 만들어져 실생활에서의 수학의 활용을 강조하게 된다. 구체적인 내용은 다음과 같다.

초등학교(120-170시간)	중학교(136시간)	고등학교
① 수 ② 계산 ③ 관계 ④ 도형 ⑤ 측도	① 수와 식 ② 방정식과 부등식 ③ 함수관계 ④ 통계 ⑤ 도형	① 공통수학(공통필수): 대수, 해석, 기하 ② 수학 I(인문, 자연계 공통) ③ 수학 II (자연계) ④ 실용수학

5 2000년 이후 : 새로운 규준의 시기

(1) 제 7차 교육과정

1997년 7차 교육과정이 고시된 이후 2000년부터 초등학교 교육과정부터 학년별로 시행되기 시작했다. 초등학교 1학년은 2000년부터, 3,4학년과 중학교 1학년은 2001년부터, 5,6학년과 중학교 2학년, 고등학교 1학년은 2002년부터, 중학교 3학년과 고등학교 2학년은 2003년, 고등학교 3학년은 2004년부터 시행되었다. 기본 방향은 세계화를 이끌어갈 자기 주도적이고 창의적인 인간 교육이고, 여기에 수학과 교육과정은 수학의 기본 개념과 원리를 이해하고 실생활의 문제에 창의적으로 응용, 해결하는 능력을 키우는 것을 목표로 한다. 문제 해결은 5차 교육과정 이후로 꾸준히 강조되어 왔는데, 7차에서는 문제 해결에서 창의적, 논리적, 비판적인 사고력이나 추론, 의사소통 등의 사고 능력 향상에 비중을 두었다. 그리고 7차 교육과정은 학생들의 능력과 개인차를 고려한 차별적인 교육이라는 점에서 '수준별 교육과정'이라고도 부른다.

7차에서 수학은 내용간의 위계가 분명하여 단계형 교육과정을 선택하였는데, 고등학교에서는 학년과 관계없이 자신의 능력에 맞는 단계에서 학습 받을 수 있도록 단계형 수준별 교육과정이 제안되었다. 이를 위해, 각 단계에서 이수 자격시험으로 그 성취도에 따라 다음 단계로 가거나, 학생, 교사, 학부모의 동의하에 그 단계를 재이수 하거나, 특별 보충을 통해 다음 단계로 가는 등의 방법을 고안하였다. 특별 보충 과정의 편성과 운영, 시기, 대상 학생 선정과 교수-학습과 관련된 사항들은 학교에게 맡겨 시행하게 했다. 그리하여 기존의 '학년-학기'가 아닌 '학년-하위 단계'라는 명칭을 사용하여 수학과 교육과정의 단계를 연속적이고 점진적으로 재구성 하였다. 제 7차 교육과정의 수학과 내용을 보면 다음과 같다. 자세한 내용은 '제 7차 교육과정 교육부 고시 제 1997-15호'를 참고하기 바란다.

제 7차 수학과 교육과정 영역

초등학교(1-6단계)	중학교(7-9단계)	고등학교(10단계와 선택과목)
① 수와 문자 ② 문자와 식 ③ 규칙성과 함수 ④ 확률과 통계 ⑤ 도형 ⑥ 측정	① 수와 문자 ② 문자와 식 ③ 규칙성과 함수 ④ 확률과 통계 ⑤ 도형 ⑥ 측정	① 공통수학(10단계-공통필수): 대수, 해석, 기하 ② 심화 선택 : 수학 I, 수학 II, 미분과 적분, 확률과 통계, 이산수학 ③ 일반 선택: 실용수학

① 제 7차 수학과 교육과정 특징

제 7차 교육과정의 특징은 다음과 같이 설명할 수 있다.

1) 국민 공통 기본 교육과정으로 학생 선택 중심의 교육과정
2) 차별화된 수준별 학생중심 교육과정
3) 학습 내용의 적정화와 난이도 조정
4) 교육과정 평가 체계 수립
5) 창조성과 정보 능력 기르기

우선, 첫 번째 특징은 국민 공통 기본 교육과정으로 학생 선택 중심이라는 점이다. 제 6차 교육과정과 다르게 공통 기본 교육과정으로 수학을 1단계부터 10단계까지 같은 영역 구분으로 일관성을 유지하고 내용을 체계화시켰다. 고등학교 2, 3학년에서는 학생들의 능력과 진로에 따라 과목을 선택하여 학습할 수 있도록 선택 중심 교육과정을 도입하였는데, 교양 및 실생활과 관련된 일반 선택으로 '실용수학'이 있고, 학생의 진로, 적성, 소질 개발에 도움이 되기 위한 심화 선택 과목으로 수학 I, 수학 II, 미분과 적분, 확률과 통계, 이산수학이 있다. 수학 I, 수학 II, 미분과 적분은 서로 연계가 되어 순차적으로 학습해야 하는

과목들이고, 확률과 통계는 정보화 시대의 다양한 통계 자료를 통한 정보 처리와 현상들을 이해하기 위하여 내용을 구성하였고, 이산수학은 기본 수학 개념과 원리를 통해 실생활의 이산적인 문제를 해결하는 것을 목표로 하였다. 제 7차 교육과정의 영역을 6차 교육과정과 비교하여 보면 다음의 표와 같다.

제 7차 교육과정 영역 비교

제 6차 교육과정의 영역 구분		제 7차 교육과정의 영역 구분	
초등학교	수, 연산, 도형, 측도, 관계	국민공통기본 교육과정	수와 연산, 도형, 측정, 확률과 통계, 문자와 식, 규칙성과 함수
중학교	수와 식, 방정식과 부등식, 함수, 도형, 통계		
공통 수학			

두 번째, 차별화된 수준별 교육과정이란 학습자의 학습 능력과 교육 내용간의 상호작용을 위해 차별적, 선택적 교육을 제공하는 것이다. 이는 학년이나 교과에 따라 단계형, 심화 보충형, 과목 선택형으로 나뉜다. 제 7차 교육과정 전체를 구분해 보자면 다음과 같다.

수준별 교육과정

기간	주안점	유형	적용 교과
국민공통 기본 교육과정 (초등1-고등1)	속도	단계형	수학 (1-10단계) 영어 (7-10단계)
	심화·보충형	국어, 과학, 사회, 영어 (4-6단계)	
선택중심 교육과정 (고등학교 2, 3학년)	적성	과목 선택형	모든 교과

수학에서는 단계로 구분하고, 고등학교에서 학생들의 선택의 폭을 넓혔다. 교육과정상으로는 학생이 속한 학년에 관계없이 자기의 능력 수준에 맞는 단계에서 학습할 수 있는 단계형 수준별 교육이 고안되었다. 각 단계 후반의 성취도에 따라 진급이나 동일 단계 재이수 또는 특별 보충 과정을 통한 진급 등의 제도적인 장치를 마련하였다. 이에 관한 제반 사항은 학교가 자율적으로 정하도록 되어 있다.

그리고 학생 중심이라는 특징은 제 7차 교육과정 단계별 과목 목표에서 쉽게 찾아볼 수 있다. 제 6차 교육과정에서는 교사 중심으로 '…할 수 있게 한다'는 표현을 사용한 것과 다르게, 제 7차 교육과정에서는 학생 중심의 표현인 '…할 수 있다'라는 행동 중심의 표현을 사용하였다. 예를 들자면, 6차 교육과정에서 삼각형 합동조건에서 목표진술이 "삼각형의 합동조건을 이용하여 간단한 도형의 성질을 증명하게 한다"인 반면, 7차 교육과정에서는 "삼각형의 합동조건을 이용하여 삼각형과 사각형에 관한 간단한 성질을 증명할 수 있다"와 같이 변화되었다. 다음에 있는 예를 볼 때, 6차 교과서에는 학습목표가 명확하지 않지만, 7차 교과서에는 학습자 중심의 학습목표가 명확히 제시되어 있다.

6차와 7차 교과서 비교

6차	7차

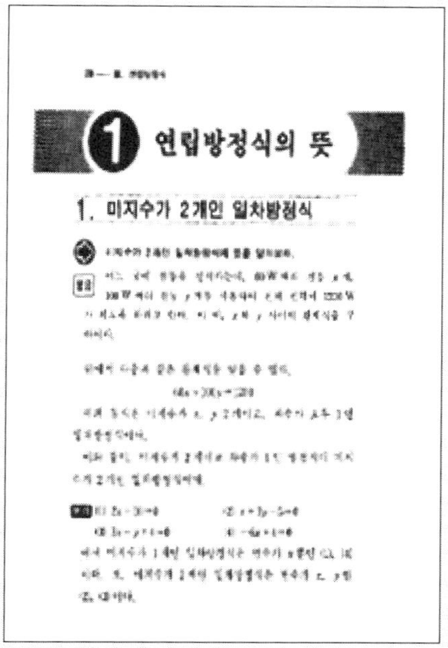

1 연립방정식의 뜻

1. 미지수가 2개인 일차방정식

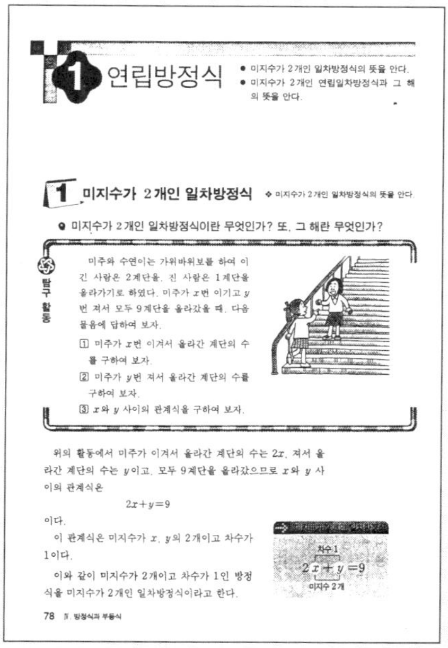

1 연립방정식

- 미지수가 2개인 일차방정식의 뜻을 안다.
- 미지수가 2개인 연립일차방정식과 그 해의 뜻을 안다.

1 미지수가 2개인 일차방정식 ◆ 미지수가 2개인 일차방정식의 뜻을 안다.

● 미지수가 2개인 일차방정식이란 무엇인가? 또, 그 해란 무엇인가?

탐구 활동

미주와 수연이는 가위바위보를 하여 이긴 사람은 2계단을, 진 사람은 1계단을 올라가기로 하였다. 미주가 x번 이기고 y번 져서 모두 9계단을 올라갔을 때, 다음 물음에 답하여 보자.

1. 미주가 x번 이겨서 올라간 계단의 수를 구하여 보자.
2. 미주가 y번 져서 올라간 계단의 수를 구하여 보자.
3. x와 y 사이의 관계식을 구하여 보자.

위의 활동에서 미주가 이겨서 올라간 계단의 수는 $2x$, 져서 올라간 계단의 수는 y이고, 모두 9계단을 올라갔으므로 x와 y 사이의 관계식은

$$2x+y=9$$

이다.

이 관계식은 미지수가 x, y의 2개이고 차수가 1이다.

이와 같이 미지수가 2개이고 차수가 1인 방정식을 미지수가 2개인 일차방정식이라고 한다.

78 Ⅳ. 방정식과 부등식

이와 같은 상세한 목표 진술은 내용 학습을 통해 성취해야 할 능력을 파악하기 쉬워 평가 기준으로도 사용될 수 있는 장점이 있다.

세 번째 특징은 학습 내용의 적정화와 난이도 조절이다. 교육과정 개정마다 지적되었던 내용의 적정화를 위해 7차에서는 이전 수학교과 내용의 30%정도를 축소한다는 방침을 세우고, 지나친 심화 내용이나 상급 단계와 연관성이 없는 개념들을 약화, 삭제시키고, 학습자의 인지 수준을 고려하여 내용을 적절 단계로 이동시키거나 교육과정 개정에 대한 요구조사 결과를 바탕으로 필요한 내용을 강화 또는 추가 하였다. 내용의 이동, 약화·삭제, 강화·추가는 다음의 준거에 의하여 이루어졌다.

- **이동** : 학습자의 인지 수준, 개념의 중복, 점진적인 연결성을 고려하여 적절한 단계로 이동
- **약화 · 삭제** : 기본적인 내용이 지나치게 심화된 것이나 상급 단계의 개념과직결되지 않는 독립적인 개념들을 약화 또는 삭제
- **강화 · 추가** : 교육과정 개정에 대한 요구 조사 결과를 고려하여 필요한 내용을 심화하거나 약간의 새로운 내용을 추가

학습내용의 적정화는 학생들의 학습 부담을 줄여 수학 학습에 흥미를 가지고 자신감을 가지게 하는 것이 기본 목표이다. 이를 위한 변화는 주로 내용의 '약화, 삭제'나 상위 학년으로의 이동을 중심으로 이루어졌는데 다음의 표로 정리할 수 있다.

제 7차 교육과정에서 수학과 교육 내용 적정화를 위해 변화된 내용

내용	6차 교육과정	7차 교육과정
소수와 분수관계, 대소 비교	초 5	6-가
집합	초 5	10-가
좌표평면	초 5	7-가
정수	초 6	7-가
방정식	초 6	7-가
닮음비, 확대와 축소	초 6	8-나
원, 원주, 부채꼴	초 6	7-나
정비례와 반비례	초 6	7-가
산포도와 표준편차	중 3	10
삼차함수	고 1	삭제
지수함수와 로그함수	고 1	10

또한 학습 부담을 줄이기 위해 수학 교과에 대한 단위수도 조정하였다. 제 6차 교육과정에서 주당 4시간이었던 초등학교 5, 6학년이 제 7차 교육과정에서는 주당 3시간으로 축소되고, 중학교 3학년에 해당하는 수학 9단계 수업 시수도 주당 3시간으로 축소되었다.

네 번째, 교육과정 평가에 관한 변화로, 제 7차 교육과정에서는 상대평가로 일렬로 줄 세우기보다는, 평가를 교수-학습 과정의 중요한 부분으로 인식하고, 이후 학생의 학습 활동과 교사의 지도 활동 개선을 위한 참고 자료료 활용되기를 희망하였다. 그리하여 실제 평가에 사용할 여러 항목과 평가내용, 방법을 제시했다. 예를 들어, 수업에 따른 진단, 형성, 총괄 평가의 실시와 그 결과를 교수-학습 방법에 활용할 것, 객관식 위주의 평가가 아닌 주관식 지필 검사, 프로젝트 평가, 포트폴리오 활용, 관찰과 면담 등의 다양한 평가 방법을

이용할 것을 제안했다.

마지막 특징은 학생들의 창의력과 사고력을 강조하는 데 있다. 7차에서도 문제해결을 강조하는데, 학생들의 다양한 사고방식을 자극하고 학습한 내용을 종합적으로 활용하여 주어진 문제에 독창적으로 적용하는 훈련의 기회를 제공함으로써 창의적인 사고력을 기르고자 함이다. 이를 위해 문제 해결 지도에 필요한 다양한 문제 개발이 있어야 하고 협동 토론식이나 조작적 활동에 의한 발견 등 학습자의 학습 태도에 대한 고찰도 필요하다. 계산기나 컴퓨터 사용에 있어서도 계산 능력이 목표가 아닌 문제해결에서 사용하도록 권장하고, 기초 기능의 습득을 방해하지 않는 범위 내에서 활용하여 수학적 사고 능력 개발에 이용할 수 있도록 하고 있다.

② 제7차 교육과정에서의 교수-학습 방법

앞서 설명된 특징들로부터, 제 7차 수학과 교육과정은 자율과 창의를 강조하는 학습자 중심의 교수-학습을 지향함을 알 수 있다. 이를 위한 구체적인 방법으로 다양한 교수법 개발과 교사의 발문 개발, 문제 해결 지도, 교육 기자재의 활용 등을 제안했다. 첫번째로, 7차 교육과정에서는 학습 내용의 성격이나 상황에 맞는 다양한 학습 지도를 준비할 것을 요구하고 있는데, 특히 중학교 학생들의 수학 지도에서 학생의 인지적인 면과 함께 정의적 측면을 고려할 것을 강조한다. 단순히 교사의 설명에 의존하던 기존의 방식을 지양하고 교사의 치밀한 준비에 의한 설명식 교수 방법과 함께 학습자의 심리적 상태도 고려하는, 수업의 주체가 학습자가 될 수 있는, 교수법 개발이 필요하다는 것이다. 예를 들어, 발견식 학습법이나 학습자의 능동적인 조작 활동을 통한 탐구 학습, 학습자의 적극적인 참여를 중시하는 협동 학습 등 학습 효과를 극대화 시킬 수 있는 학습 방법에 대한 이해를 기반으로 한 다양한 교수법 개발이 필요하다.

두 번째, 수학을 가르치는데 있어서 교사의 발문은 매우 중요한 역할을 할 수 있다. 수업 상황에 따라 또는 학습 목표에 따라 교사의 발문은 방식을 달리하며 변화하여야 하며, 동시에 발문의 상황은 교사와 학습자가 공동의 심리상태에 놓이는 것이므로 학습자의 심리적인 상태나 인지적 상태를 충분히 파악하는 것이 기본이 된다. 발문에 있어서도 단답식 대답을 요구하거나 준비된 답에서 고르도록 하는 방식은 지양해야 한다. 철저하게 준비된 열린 방식의 발문은 학습자가 지신의 생각을 창의적으로 표현할 수 있는 기회를 제공하며, 직접적으로 발문을 받지 않은 학습자들도 각자의 생각을 점검하고 정리하는 기회가 될 수 있다. 교사 스스로에게도 발문은 개별 학생의 학습 상태 점검과 문제점 해결, 그리고 미래 자신의 교수 활동을 위한 기초 단계로써 중요한 의미를 지닌다. 이처럼 교사 자신에게나 학습자에게 발문은 중요한 역할을 하며 제 7차 교육과정이 지향하는 학습자 중심의 교수-학습을 위해서는 교사의 발문에 대한 깊은 이해와 철저한 준비가 필요하다.

세 번째로 수학 학습 지도에 있어 문제 해결은 오래 전부터 강조되어 왔다. 제 7차 교육과정에서도 전체적인 수학 교수-학습 차원에서 문제 해결 지도를 강조한다. 이를 위해 문제 해결 지도에 적합한 문제나 문제 상황 개발은 물론, 학습자의 문제 해결 학습—예를 들면, 자발적 탐구, 협동 토론식, 조작적 활동에 의한 발견 등 학습자의 능동적 학습 활동—에 대한 고찰이 필요하다. 또한 문제 해결 지도를 위해서도 단편적인 전략을 사용하는 문제나 상황보다는 이미 학습된 내용을 바탕으로 스스로 독창적인 아이디어와 전략을 짜는 훈련을 할 수 있는 기회를 제공하는 문제 상황을 개발하여야 한다.

네 번째, 제 7차 수학과 교육과정에서는 교육 기자재의 활용을 통한 수학적 개념과 원리 탐구를 추구한다. 우리나라 수학 교수 학습에서의 문제점 중 하나인 성급한 형식화 및 수학화는 빠른 시간안에 기능을 숙달시킬 수는 있으나, 수학적 개념 이해에 있어서는 성공적일 수 없다. 또한 초등학교에서는 관찰과 실험 등의 구체적 조작 활동을 통한 재미있는 학습을 추구하다가 중학교부터는 조작 활동보다는 형식화에 치우치는 것도 문제점일 수 있다. 새로운 개념이나 내용의 교수-학습을 위해서는 기자재를 활용한 구체적 조작 활동과 실험이 학습에 큰 도움이 된다. 따라서 기존의 시청각 기자재 외의 교육 기자재의 개발과 활용이 필요한데, 예를 들면, 기하판, 그래픽 계산기 또는 그래픽 기능을 가진 컴퓨터 프로그램 등으로, 중고등학교에서 이를 적절하게 활용하면 문제 해결 학습의 효과를 높일 수 있을 것이다.

지금까지 제 7차 교육과정과 교수-학습 방법에 있어 특징들을 몇 가지 설명하였다. 보다 상세한 내용은 교육인적 자원부 고시 교육과정 해설서를 참고하기 바란다.

(2) 제 7차 개정 수학과 교육과정

제 7차 교육과정에서의 변화는 실시된 이후 여러 가지 문제점들이 나타났다. 예를 들어, 각 학교에서의 단계형 수준별 교육과정은 운영의 어려움이나 학생과 학부모의 정서적 거부감 등이 나타났고, 학년 간, 학교급간의 학습량 불균형과 학습 난이도에서의 문제점 등이다. 이것을 수정 보완하기 위하여 2006년부터 개정된 교육과정이 공표되었고 현실적인 수업 방안을 제시하고자 노력하였다.

① 주요 개정 내용

제 7차 수학과 교육과정 개정안의 주요 내용을 살펴보면, 첫째, 영역명의 변경이다. 7차 교육과정에서 동일하던 영역을 개정안에서는 초등학교는 수와 연산, 도형, 측정, 확률과 통계, 규칙성과 문제해결의 다섯 가지 영역, 중고등학교는 수와 연산, 문자와 식, 함수, 확률과 통계, 기하의 다섯 가지로 영역을 다르게 구분하였다. 둘째, 목표 제시 방식과 내용의 수정이다. 과거 10년간 교육목표만 제시하던 방식에서 학교급별 목표를 제시하는 방식으로 바뀌었고, 7차에서 제시되었던 단계별 목표를 삭제하였다. 또한 목표 내용에 의사소통 능력의 신장과 수학의 가치 이해, 수학에 대한 긍정적 태도의 신장을 추가하였다. 셋째, 학교급간 문서 체제 통일을 위하여 '단계'라는 용어를 없애고 '학년', '학기' 용어를 다시 사용하고, 심화 과정 내용을 대부분 삭제하여 학습량 감축에 노력하였다.

② 교수-학습 방법의 개정 내용

7차의 '단계형 수준별 교육과정'을 '수준별 수업'으로 전환하여 수업 운영 방안을 제시하였다. 구체적으로 다양한 수업 방법, 의사소통 능력 향상을 위한 교수-학습상의 유의점, 수학적 사고와 추론 능력 향상을 위한 유의점, 긍정적 태도를 기르기 위한 교수-학습상 유의점을 제시하고 문제 해결력 향상을 위해 '문제 만들기'를 추가한 것 등이다.

또한 평가를 위해서도 다양한 평가 방법을 활용하도록 하면서 평가 항목에 '수학적 사고 과정과 결과를 합리적으로 의사소통하는 능력'을 추가하였다. 이전의 '수학적 성향' 평가를 '정의적 영역'에 대한 평가로 전환한 것도 차이점이다. 수준별 수업을 위한 성취 수준 자율성을 강화하기 위해 평가 기준에서 수준 구분 사항들도 삭제되었다. 구체적으로 7차와 개정안의 수학과 교육과정을 비교하면 다음과 같다. 표에는 중등과정과 관련되는 내용만 정리하였다.

제 7차 교육과정과 개정 교육과정 비교

구분	제 7차 교육과정	수정 고시안	비고
기본 방향	• 개인의 능력 수준과 진로 고려 • 수학의 기본 지식 중시 • 수학적 사고력, 문제 해결력 신장 • 수학 학습에 흥미와 자신감을 가지게 하는 수학 교육 등	• 현실 적합한 수준별 수업 방안 구축 • 학습 내용의 적정화 • 수학적 사고력 신장 강조 • 수학의 가치 제고와 정의적 측면 강조	
성격	• 단계형 수준별 교육과정 설명 • 6개 내용 영역	• 학교급별 5개 내용 영역의 구성 요소 설명	• 단계형 삭제 • 학교급별 특성에 맞는 영역명 제시 • 학습내용간 연계성 강화를 고려한

구분			제 7차 교육과정	수정 고시안	비고
					영역명 제시
목표				• 학교급별 목표 제시	• 초 · 중 · 고의 성취 목표를 세분화 하여 진술
내용	내용 체계		• 6개 영역에 따라 내용 구성 • 심화과정	• 학교급별 5개 내용영역에 따라 내용 구성 • (삭제)	• 새 영역명에 따라 내용 재구성 • 심화과정 삭제
내용	학년별 내용	초등 6학년	• 비와 비율	• 정비례, 반비례	• 중1에서 이동 (실생활 문제해결력 신장, 타교과 연계성 강화)
내용	학년별 내용	중학교 1학년	• 이진법의 덧셈, 뺄셈 • ,	• (삭제) • =, =	• 삭제(학습량 감축, 난이도 조정) • 수정(국제 표준 사용)
내용	학년별 내용	중학교 1학년	• 정비례와 반비례	• (삭제)	• 하향화하여 초6으로 이동
내용	학년별 내용	중학교 1학년	• 함수(비례 관계로 도입)	• 함수(종속 관계를 바탕으로 한 대응으로 도입)	• 수정(보편적인 개념 사용)
내용	학년별 내용	중학교 1학년	• 표와 그래프 읽기	• 표와 그래프 해석	• 수정(자료 해석 강화)
내용	학년별 내용	중학교 1학년	• 기호 ∠R	• (삭제) • 두 원의 위치관계	• 삭제(학습량감축, 필수기호정선) • 고1에서이동(학습내용 축소, 난이도 하향)
내용	학년별 내용	중학교 2학년	• 근사값의 덧셈과 뺄셈	• (삭제) • 곱셈공식 유도	• 삭제(학습량경감, 필수내용정선) • 중3에서이동(중3 학습 부담 경감)
내용	학년별 내용	중학교 2학년		• 명제의 뜻과 증명의 의미 이해 • 기호 $p \rightarrow q$ 추가	• 학습 내용 명료화 • 추가(명제에 대한 이해 향상)

구분			제 7차 교육과정	수정 고시안	비고
			• '닮음의 활용'과 관련된 명제 증명	• '닮음의 활용'과 관련된 명제 이해	• 증명 축소(난이도 조정, 학습량 경감)
내용	학년별 내용	중학교 3학년	• 무한소수를 이용하여 무리수 도입 • 곱셈공식	• (삭제) • (삭제)	• 제한사항 삭제 • 중2로이동(중3 학습 부담 경감)
			• 상관도와 상관표	• (삭제) • 중앙값, 최빈값 • 분산과 표준편차	• 삭제(학습내용정선) • 추가(미래사회요구) • 고1에서이동(연계성 강화)
			• 원의 접선에 대한 성질 증명	• 원의 접선에 대한 성질 이해	• 증명 축소(난이도 조정, 학습량 경감)
내용	학년별 내용	고등학교 1학년		• '조건, 진리집합, 모든, 어떤' 용어 도입	• 추가(논리적 사고력 신장)
			• 산포도와 표준편차	• (삭제)	• 중3으로 이동(연계성 강화)
			• 시컨트, 코시컨트, 코탄젠트함수	• (삭제)	• 학습량 감축, 필수적인 교육내용 정선
				• 경우의 수, 순열과 조합	• 수학 I 에서이동 (수학적 소양으로 적합, 고1 '확률과 통계' 영역 내용 요소 필요, 고2, 3 학습 부담 경감)
내용	학년별 내용	고등학교 1학년	• 두 원의 위치관계	• (삭제)	• 중1로 이동(학습범위 축소, 난이도 하향, 연계성 강화)
방법			• 단계별 수준별 교육과정 편성·운영 방안, 단계별 보충, 심화 과정 운영 유의 사항 제시	• (삭제) • 다양한 수업 방법 제시 • 의사소통 능력 지도 유의점 제시 • 수학적 사고와 추론 능력 지도 유의점 제시 • 문제 해결력에 문제 만들기 추가	• 단계형 수준별 교육과정을 수준별 수업으로 전환 • 다양한 수업 방법 활용 권장 • 의사소통 능력 강화 • 추론 능력 강화 • 문제해결력 강화

구분	제 7차 교육과정	수정 고시안	비고
		• (삭제)	• '교수 · 학습상의 유의점'에서 제시
	• 영역별 내용 지도 방안 제시	• 교육기자재의 확보·활용	• 교육기자재 확보를 위한 근거 제시
	• 교육기자재의 활용	• 수준별 수업 운영 방법 제시	• 학교여건 고려하여 실시하게 함
평가		• 다양한 평가 방법 제시	• 다양한 평가 방법 활용 권장
		• 의사소통 능력 평가 제시	• 의사소통 능력 신장
	• 수학적 성향 평가	• 정의적 영역 평가	• 수정(보편용어 사용)
		• 공학적 도구와 교구 이용 평가 기회 제공	• 학습과 평가 일치
	• 절대 평가 기준 제시	• (삭제)	• 평가 기준의 수준 구분에 대한 단위 학교의 자율성 확대

(3) 2009 개정 교육과정

① 개정 방향

미래 사회가 요구하는 창의적인 인재 양성이라는 큰 목표를 위해 학습의 효율성을 높이고 인성교육을 추구하며 학교의 다양화를 유도하기 위해 교육과정을 개정하였다. '학년군', '교과군'을 도입하여 이전에 여러 학기에 배우던 과목을 한 학년이나 한 학기에 배우게 하여 학기당 과목 수가 줄어드는 효과로 학생들의 학습 부담을 줄인다. 창의적 체험 활동으로 기존의 창의적 재량활동과 특별활동 5개 영역을 통합 운영하여 창의적이면서 배려와 나눔을 실천할 수 있는 인재를 키운다. 고교 과정을 선택형으로 바꾸어 학생들이 자신의 진로에 맞는 진로집중과정을 운영하여 핵심역량을 키울 수 있도록 한다. 학교별로 여건에 맞게 교과목을 운영하고, 수업 시간도 20%내에서 증감 운영할 수 있게 하여 특색 있는 교육과정을 학교가 운영할 수 있는 자율성을 부여하고자 하였다.

② 주요 개정 내용

교육과학 기술부에서 제공한 2007 개정 교육과정과 2009 개정 교육과정의 차이를 보면 다음과 같다. 수학에서도 전체적인 내용상의 변화는 없지만, 과목 운영에 있어 수학 교실제를 운영한다든가 블록 타임제를 실시하는 등의 운영에 있어서의 차이가 있고, 고등학교 전 과목이 선택제가 되면서 공통과정이 사라진다는 변화가 있을 것이다. 2009 개정 교육과정은 학교에 자율성을 많이 부여하는 만큼 수학 교과에 있어서도 운영 시간, 방법에 있어 학교별로 여건과 특성에 맞춘 다양한 시도가 있을 것으로 보인다.

2007년 개정 교육과정과 2009년 개정 교육과정

구분		2007 개정 교육과정	2009 개정 교육과정
공통	용어	• 국민공통기본 교육과정 • 선택 중심 교육과정 • 외국어(영어) • 재량활동, 특별활동	• 공통 교육과정 • 선택 교육과정 • 영어 • 창의적 체험활동
	신설사항		• 학년군, 교과군 개념 • 교육과정 자율권 확대(교과(군)별 기준시수의 20% 증감 운영 등) • 교과 교실제 운영 활성화 유도 • 학습부진아, 다문화 가정 자녀 등에 대한 특별한 배려와 지원 • 교육과정 편성·운영 지원을 위한 국가 및 시·도교육청 지원 사항 신설
학교급별	중학교	• 선택과목: 한문, 정보, 환경, 생활, 외국어, 보건 등	• 선택과목 : 한문, 정보, 환경, 생활 외국어, 보건, 진로와 직업 등 • 학기당 이수과목 수를 8개 이하로 편성
	고등학교	• 고1 교과 필수 • 총 이수단위 210단위 • 외국어 계열 고등학교 : 전문 교과 이수단위의 50%를 전공외국어로 하고, 전공포함 3개의 외국어교육	• 고교 모든 교과 선택 • 총 이수단위: 204단위 • 학기당 이수과목 수를 8개 이하로 편성 • 대학과목 선이수제의 과목을 개설할 수 있고, 국제적으로 공인받은 교육과정 과목을 선택과목으로 인정 • 과학, 영어, 예술 등 영역별 중점학교를 운영할 수 있으며, 학교자율과정의 50%이상을 관련 교과목으로 편성 • 외국어 계열 고등학교: 전문교과 이수단위의 60%를 전공외국어로 하고, 전공외국어 포함 2개를 외국어 교육
	공통	• 민주시민교육, 경제교육 등 35개 요소	• 녹색교육, 한자교육, 한국문화사교육 추가

02 미국 NCTM의 규준집들

우리나라의 교육과정은 세계 여러 나라의 교육의 흐름과도 관련이 많고, 여기에 미국 교육의 영향이 적지 않았다. 미국 수학교육의 경우, 미국 수학교사협의회인 NCTM(National Council of Teachers of Mathematics)에서 발간하는 여러 보고서와 규준집들을 통해 미국 교육 개혁에 관한 많은 의견을 제시하고 있다. 현재도 그들에 대한 지지나 반대 의견들이 난립하고 있지만, 우리는 그에 대한 의견 제시보다는 NCTM의 규준집들을 통한 미국 수학교육과정의 변화를 알고 우리의 교육과정에 미친 영향을 이해하고자 한다.

NCTM은 지금까지 5개의 규준집들을 냈는데, 1989년 교육과정에 관한 규준,[28] 1991년 교수법에 관한 규준, 1995년 평가에 관한 규준, 2000년 학교수학의 원리와 규준, 2007년 교수-학습에 관한 새로운 규준이다. Latterell(2004)는 NCTM이 이전 규준집들을 낼 수밖에 없었던 이유를 세 가지로 정리했다. 첫째, 과학의 발전으로 인한 테크놀로지 사용이 확대되면서 새로운 교육과정이 필요하게 되는 시대적 변화에 따른 것이다. 둘째, 학생들의 변화로 인해 그들을 이해하기 위한 교수법과 교육과정이 필요하다는 인식이 생겨났다. 셋째, 지금까지 성공적이지 못했던 미국의 수학 교육의 결과에 대한 반성에서 새로운 변화가 필요했다. 지금부터는 각 규준들이 나오게 된 배경과 그 내용들에 대해 간단히 살펴보겠다.

1 교육과정에 관한 규준(Curriculum and Evaluation Standards for School Mathematics, 1989)

(1) 발간 목적과 배경

실제로 교육과정에 관한 규준(CESSM)은 미국의 수학교육 전반에 걸친 자기반성의 결과로 등장하게 되었다. 미국 학생들의 수학 성적 하향에 대한 보고와 함께, 1980년대 미국경제의 급격한 하향추세는 수학과 과학교육의 질적 하락과 밀접한 관련이 있으며 이런 추세라면 국제경쟁에 대비할 수 없다는 분석이 계속해서 이루어졌다. 이를 계기로 미국 수학교육의 문제점을 파악하기 노력이 시작되었고, 수학교육자들은 그 문제점들을 극복을 위한 교육내용과 방법에서의 획기적인 변화를 요구하기 시작하였다. 여기에 대한 최초의 해답이 1989년 4월 미국 수학교사협의회(NCTM)에서 발표한 이 자료집인 것이다. 많은 수학, 과학 단체들이 여기에 제시된 교육과정 및 평가 준거를 지지하였고, 교사, 교육청, 정부가 교육과정과 평가문제에 대한 해결책을 제시할 때 유용하게 사용되어졌다.

28) 이 규준집들의 제목들은 원문 제목을 그대로 달기 보다는 내용을 중심으로 구성하였다.

(2) CESSM의 내용

NCTM은 이 자료집에서의 규준(a set of standards)이란 가치있는 것에 대한 진술이라 설명하고, 수학교육과정의 기본 방향을 제시하고 있다. NCTM은 수학교육의 목표로 수학적 힘을 기르는 것을 들면서 이를 위한 세부 목표로 다음의 다섯 가지를 들고 있다.

1) 수학의 가치 이해하기
2) 수학을 행하는 자신의 능력에 대해 확신하기
3) 수학 문제를 해결할 수 있는 능력 갖추기
4) 수학적으로 의사소통하기
5) 수학적으로 추론하기

CESSM은 크게 네 가지 범주로 구성되는데, 학년을 K-4, 5-8, 9-12학년으로 구분한 세 범주와 평가를 따로 하나의 범주로 구성하였다. 각 범주마다 교육과정에 포함되어야 할 수학을 문제해결(problem solving), 의사소통(communication), 추론(reasoning), 수학적 연결성(mathematical connection)으로 규정하고 기본 방향을 제시한다. 그리고 각 학년별로 9-14개의 내용규준을 제시하며 그 내용들과 관련하여 학생들의 학습과 교사의 가르침에 관한 실제 예시를 통해 어떤 내용을 어떻게 가르칠 것인가를 설명한다. 예를 들어, 9학년에서 12학년까지의 교육과정 규준을 보면, 도입부에서 다음의 14가지 세부 규준을 제시한다: 문제해결로서의 수학, 의사소통으로서의 수학, 추론으로서의 수학, 수학적 연결성, 대수, 함수, 종합적(synthetic) 관점에서의 기하학, 대수적 관점에서의 기하학, 삼각법, 통계, 확률, 이산수학, 미적분의 개념적 토대, 수학적 구조. 이러한 세부 규준들에서 교실 상황에 대한 예시를 들면서, 학생 활동은 어떠해야 할지, 교사는 어떻게 가르치는 것이 좋을지에 대한 의견을 제시한다.

CESSM은 평가규준을 따로 제시하는데, 다시 세 개의 범주로 나누어진다. 첫 번째는 교육과정 규준과 관련된 일반적인 평가 전략이고 두 번째는 교수학적 목적을 위해 교사들에게 정보를 제공하는 것에 초점을 맞추고 있으며 교육과정 규준과 평행하게 전개된다. 세 번째는 수학 프로그램의 질과 관련된 증거 수집을 다루어 교사, 교육 행정가, 정책 입안자들이 사용할 수 있다.

CESSM의 큰 특징을 요약하자면, 수학을 보는 관점에 있어서 수학 내용보다 학생들의 수학적 과정 참여에 중점을 두었고, 전통적 교수법에 없었던 수학 학습을 논의하였다는 것이다. 수학 교수법에 있어서도 변화를 주어야 한다고 했는데, 수학적 언어 전달자로서 교사가 아닌 안내자로서의 교사 역할을 강조한 것이다. 이는 교수-학습 방법에서 구성주의적 관점을 반영한 것이라 할 수 있다.

수학을 보는 관점에서는 결과로서의 수학이 아닌 과정으로서의 수학을 강조한 것인데, 구체적인 예로, 문제 해결에서 보면, 전통적 수학 교육과정은 계산과 절차적 알고리즘에 치중하는 것이라면, CESSM이 지향하는 수학 교육과정은 수학적 전략을 강조한다는 점이다(Latterell, 2004). 또한 CESSM이 제시한 수학을 의사소통으로 본 관점은 전통적인 수학 교육과정에는 없었던 내용이다. 전통적인 수학 교육과정이나 NCTM이 지향하는 수학교육과정이나 둘 다 절차적인 수학과 개념적인 수학을 다루지만, 비교하자면, 전통적인 수학 교육과정은 절차적인 것을 더 강조했고, NCTM 지향 교육과정은 개념적인 것을 더 강조했다는 것이다.

이런 특징들은 약화시킨 수학 내용들을 보면 자세히 알 수 있는데, 초등 교육과정에서의 핵심적인 주제들인 기계적 연습, 암기된 규칙이나 공식, 한 가지 정답 또는 한 가지 방법으로 해결되는 문제, 설명식 수업 등을 약화[29](decreased attention)하라고 제안하였다(NCTM, 1989, p.21). 중학교 과정에서는 규칙과 알고리즘 암기, 지루한 지필 계산 연습, 정확한 형태의 정답 찾기 등이 약화되었다. 고등학교 수준에서는 이산수학, 통계, 확률 등을 추가할 것을 제한했는데, 여기서도 절차적 수학과 계산 수학을 약화시키라고 제안했다.

지금까지 CESSM의 전체적인 구성과 내용을 간략히 요약하고 특징을 설명하였으나, 이것으로 세부적인 내용을 이해했다고는 볼 수 없다. 이는 독자들의 이해를 돕기 위한 간단한 소개에 불과하니 자세한 것은 CESSM을 직접 보고 내용을 분석해 보길 기대한다.

2 수학 가르침에 관한 전문가적 규준

(1) 발간 목적과 배경

1989년 NCTM은 위원회를 구성하고 교육과정에 관한 규준(CESSM)에 기반하여 수학을 가르치는 것, 그것의 평가, 수학교사의 전문가적 발전, 그를 위한 도움과 책임들에 관한 일련의 규준을 의논하였다. 이 초안은 학교 교사, 교육 연구자, 수학교육 연구자, 수학자들에 의해 고쳐지고 1991년 그 결과로 Professional Standards for Teaching Mathematics(PSTM)이 나오게 된다.

29) Latterell(2004)에 의하면, 이 말은 규준을 진술하면서 계속 사용되는데, 교육과정 개발자들은 불행하게도 이것을 삭제(none)라는 의미로 받아들였다고 한다.

(2) PSTM 내용

PSTM은 서론에서 학생과 교사들, 부모들 그리고 사회가 생각하는 수학교육과정과 수학을 가르치는 데 있어서의 믿음이 각자 달라서, 수학이 어떻게 가르쳐지고 배워야 할 것인지에 대한 방향 제시를 위해 이 규준들을 작성했다고 밝혔다. PSTM은 두 가지 가정에서 출발하는데, 하나는 수학을 배우고 가르치는 방법을 변화하는 데 주요 요소가 교사이고, 다른 하나는 그런 변화를 위해 오랜 기간 교사를 지원하고 적절한 리소스를 제공해야 한다는 것이다. 그리고 수학교실 환경에서 변화시켜야 할 다섯 가지를 제시했는데,

1) 교실을 단순히 개인들의 모임이 아닌 수학 커뮤니티로 변화
2) 교사가 정답에 대한 유일한 권한을 지닌 것에서 수학적 증거와 논리가 정당화의 근거가 되는 것으로 변화
3) 단순히 과정을 암기하는 것이 아닌 수학적 이해로 변화
4) 기계적인 답 찾기 강조가 아닌 가정하고, 만들어 내고, 문제 풀이로 변화
5) 수학을 독립된 개념, 과정으로 보는 관점에서 수학과 그 아이디어, 활용과 연결하는 것으로의 변화이다. (p.3)

PSTM은 다섯 장으로 구성되어 있는데, 수학 교수에 관한 규준, 수학 교수 평가에 관한 규준, 수학 교사의 전문가적 발전에 대한 규준, 수학 교사의 발전과 지지에 대한 규준, 미래를 위한 다음 단계에 대해 논하는 것이다.

첫 번째 규준은 학교 교사들이 무엇을 알아야만 하며 NCTM이 제시하는 수학을 가르치기 위해 해야 할 것들에 대한 비전을 제시하고 있다. 수학교수에 있어 수학적 대화, 학습환경, 분석 등으로 나누어 여섯 가지 하위 규준을 설명하는데, 자세히 보면, 여기에 훌륭한 교수-학습이 일어나는 상황에 대한 예제를 보여 각 하위 규준의 설명을 도왔다.

두 번째 규준에서는 수학 교수 평가에 있어 평가의 과정과 내용에 대해 논했다. 기본적으로 교수 평가는 가르치는 것을 향상하기 위한 목적임을 밝히고, 여덟 가지 하위 규준을 제시했다. 평가의 과정에 대해서는 계속 순환되는 평가, 평가에 참가자로서의 교사, 정보의 제공을 규준으로 제시하고, 평가의 중심 내용으로는 으로 규준을 세우고 세부 내용을 설명했다. 이 규준들은 자기 발전을 위한 교사들, 누군가의 멘토가 되어야하는 동료들, 가르치는 것을 평가하는 것과 관련된 이들에게 방향을 제시했다.

세 번째 규준에서는 잘 준비된 교사의 비전을 제시하면서 여섯 가지 하위 규준을 설명한다. 여기에는 교사의 개인적 경험과 지속적인 수학학습, 학생을 가르치는 것의 발전, 경험과 지식을 활용할 것들을 포함한 훌륭한 수학 교사의 발전 방향을 서술하였다.

네 번째 규준은 가르치는 것과 교사의 발전을 돕기 위한 방법들에 대한 것으로 네가지 하위규준으로 1) 정부, 사업, 산업에서 정책을 만드는 사람들의 책임들, 2) 학교의 책임들, 3) 대학의 책임들, 4) 전문적 기관들의 책임들(p.177)을 설명하였다. 이는 수학을 가르치는 것에 영향을 줄 수 있는 결정권을 가진 기관이나 사람들이 가져야 할 책임들에 대한 규준들이다. NCTM이 제시하는 비전으로 나아가기 위해서는 교육 정책에 관여하는 사람들의 변화가 필수적이었던 터라 그들의 책임을 구체적으로 나열한 것이다.

이러한 네 가지 항목의 규준에 이어 PSTM은 제시된 목표로 나아가기 위해 논의해야 할 점들로 마지막 장을 할애하였다. 이 규준들은 단순히 교사를 평가하는 데 활용할 목록을 제시하기 보다는 수학을 가르치는 데 있어 적절하고 가치 있는 것이란 무엇인지를 생각하게 하고, 훌륭한 수학 가르침에 대한 방향을 제시했다는 의미를 지닌다.

PSTM은 수학 교수법이 변해야 한다는 점을 자세하게 설명하면서 수학 교사의 전문성에 대해 언급하고 발전을 위한 방법과 영향을 미치는 사람들의 책임을 논하면서 1989년 규준에서 제시한 새로운 교수법을 위한 교사들의 변화를 위한 구체적인 방향을 제시했다. 이 절 또한 간략한 요약에 불과하니 PSTM을 전체적으로 보고 구체적인 내용 이해를 하기 바란다.

3 평가에 관한 규준(Assessment Standards for School Mathematics, 1995)

(1) 발간 목적과 배경

1992년에 NCTM은 이전의 두 규준들을 보완하기 위해서 평가에 관한 규준(ASSM)을 준비하기로 결정했다. 1993년부터 두 해에 걸쳐 수많은 교사와 수학교육학자들로부터, 특히 교육과 관련된 이들의 넓은 관점들을 반영하기 위한 노력들이 있었고, 기본적인 평가에 대한 규준을 만들어 이에 대한 비판, 제안들을 받아들여 수정하여 1995년에 완성, 출판되었다. 이 규준을 만드는 데는 초중등 교사들과 수학교육자, 교육심리학자, 교육 행정가 등 다양한 교육 분야의 사람들이 참여하였다. 이들 대부분이 학교에서의 평가, 주 단위의 평가나, 프로젝트를 통한 평가 등과 관련된 사람들이었기 때문에 그들의 경험을 통해 규준 속의 다양한 상황과 예제들을 제공할 수 있었다.

(2) ASSM의 내용

ASSM은 이전에 NCTM에서 제안한 평가 규준을 보완하기 위한 것으로 학생 평가와 프로그램 평가를 위한 추가의 조건들을 비전에 담고 있다. 그 내용은 학교 수학의 내용(content), 학습(learning), 교수(teaching), 평가(evaluation)에 있어서의 변화를 설명하는데, 구체적으로 보면 다음과 같다.

- 수학 내용면에서 변화는 모든 학생들이 수학의 전반적인 분야(미적분학을 포함)에 대한 이해를 할 기회를 제공한다는 믿음을 포함하고 있다. 이는 단순히 기초적이고 산술적인 능력만의 숙달이 아닌 다양한 문제 상황에서 수학 주제를 연결하는 균형잡힌 교육과정으로의 변화를 의미한다.
- 수학 학습면에서는 문제풀이에 대한 다양한 전략을 적용하고 관찰, 표현, 추론하는 등 학습하는 기술적인 면에서 인지적인 면으로의 변화를 의미한다.
- 수학 교수에 있어서는 학생들에게 지시하는 것으로부터 벗어나 학습 상황을 만들고 질문하고 듣는 것으로 교사의 역할이 변하는 것을 의미한다.
- 평가에 있어서는 한 번의 시험을 통한 평가를 지양하고 다양한 평가 방법들로부터 나온 결과에 기초한 체계적인 평가로의 변화를 의미한다.

ASSM에서는 평가(assessment)를 정의하기를, 학생의 수학을 사용하는 능력이나 수학적 지식에 대한 증거를 모으는 과정이라고 했다. 이는 학생들이 어떤 수학을 알고 할 수 있는지를 설명하는 과정이라고 할 수 있다. 그리고 어떤 가치를 결정하는 과정도 다른 의미의 평가(evaluation)라고 구분해 정의하였다. 이러한 정의에서, 수학(mathematics), 학습(learning), 평등(equity), 개방성(openness), 추론(inferences), 일관성(coherence)의 여섯 가지 부분에서 평가를 위해 생각해 보아야 할 구체적인 질문들을 제시한 뒤, 평가의 목적에 따라 일어날 수 있는 상황들을 예제를 들면서 설명하였다. 평가는 그 목적이 학생들의 성장을 모니터하기 위함이거나, 교수적 판단을 위함이거나, 학생들의 학업 성취를 알아보거나 프로그램 자체를 평가하기 위한 것 등 다양할 수 있으므로 ASSM은 독적에 맞는 평가 방법을 택하는 것이 중요하다는 것을 다양한 예를 통해 보여주었다.

4 학교 수학을 위한 원리와 규준

(1) 발간 목적과 배경

NCTM은 수학교육의 향상을 위한 리더적 역할을 실행하기 위한 노력으로 1989년 학교 수학 교육과정과 평가 규준부터 1991년 학교 수학을 위한 전문가적 교수 규준, 1995년 학교 수학 평가 규준등 여러 규준을 제안했다. 수학교육을 발전시키고 새로운 아이디어 제공을 위해 꾸준히 노력해 온 NCTM은 이전 세 개의 규준에 이어 네번째 규준, Principles and Standards for School Mathematics(PSSM)을 2000년 내 놓게 된다. 1995년부터 위원회를 구성하여 이루어진 프로젝트의 결과인 이 규준을 만들기 위해 교사, 교사를 가르치는 사람들, 행정분야 사람들, 연구자들, 수학자들 등 다양한 분야의 전문가들이 참가하였다. 1998년 초고가 나오면서 지역 학술 대회를 통해 또는 논문을 통해 토론이 이루어지고, 그 초고에 대한 수정이 이루어지면서 책과 CD, 그리고 인터넷 웹 사이트를 통해 최종본이 공개되었다.

(2) PSSM의 내용

우선 PSSM은 수학의 네 가지 필요성에 대해 언급했다: 생활에 필요한 수학, 문화적 유산의 일부로써 수학, 일터에 필요한 수학, 그리고 과학적이고 기술적인 사회를 위한 수학(p.4). 이러한 필요성에 의해 단순히 수학자가 될 몇몇을 위한 수학을 교육하는 것이 아닌, 모든 학생들이 중요한 수학을 배울 수 있는 기회를 제공하고 도와야 하다는 것이 기본 목표이다.

PSSM은 전체 8장으로 구성되어, 크게 네 부분(1장, 2장, 3-7장, 8장)으로 나누어 생각해 볼 수 있다. 1장에서는 규준의 역할에 대해 언급하면서, 수학교육 내에서나 또는 모든 사람이 인정하는 완벽한 규준은 존재하지 않지만, PSSM의 역할은 '학생들의 학교 수학 교육을 향상시킬 수 있는 중심되고 지속적인 노력으로 조언을 제공하는 것(p.6)'이라고 밝히고 있다. 이 역할을 수행하기 위해 학생들을 위한 수학의 종합적이고 일관된 목표를 세우고, 가르치는 사람과 교육 관련 종사자, 교육 정책을 만드는 사람들에게 정보를 제공하고, 교과과정, 평가, 교수 도구 등의 발전에 도움을 주고, 지속적으로 토론하고 아이디어를 내도록 하는 노력을 PSSM이 할 수 있기를 희망했다.

2장에서는 학교 수학을 위한 여섯 가지 원리들을 설명하고 있는데, 평등(equity), 교육과정(curriculum), 교수(teaching), 학습(learning), 평가(assessment), 공학(technology)이 그 원리들이다. 여기에 각 원리들이 무슨 의미를 내포하고 있는지에 대한 설명이 뒤따른다. 이 원리들은 학교 수학과 관련되어 교육자들이 반드시 생각해 보아야 할 점들에 대해 열거하고 있어, NCTM이 생각하는 수학 교육의 기본 지침이라 볼 수 있다.

그 다음 3장에서는 유치원에서 고등학교에 이르기까지 수학교육의 규준들에 대한 전체적인 설명이 있고, 4장부터 7장까지는 각 학년별로 상세한 규준들이 나온다. 89년 규준과 다른 점은 학년 구분에서 세 학년이었던 것이 2000년 PSSM 에서는 네 학년급 -Pre K-2, 3-5, 6-8, 9-12- 으로 나뉘었다. 각 학년별로는 10개의 규준들이 제시되는데, 크게 내용적인 면과 과정적인 면의 규준들로 나뉜다. 내용 규준은 학생들이 배워야 할 내용으로 수와 연산, 대수, 기하, 측정, 자료 분석과 확률의 다섯 가지를 말하고, 과정 규준은 문제풀이, 추론하기와 증명, 대화, 연결, 표현 등 다섯 가지의 수학 내용을 배우고 사용하는 방법들에 대한 내용이다. 이러한 규준들은 각 학년별로 논하면서 이는 교사들이나 교육과정 개발자가 교육과정을 만드는 데 도움이 되기를 바랐다. 마지막 장에서는 앞에서 열거한 규준들을 바탕으로 더 나아가기 위해 무엇을 해야 할 지에 관해 논의하였다.

1989년 처음의 규준집과 가장 큰 차이점은 2000년 PSSM은 기초 기능, 계산 및 절차를 약화시키려고 했던 이전의 제안들이 삭제되었다는 것이다. NCTM-지향 교육과정들이 새로운 것을 강조하는 만큼, 기초기능에 약해졌다는 비판을 무시할 수 없었던 것이 이유로 보인다. 하지만, PSSM에서도 기초 기능이 중요하다고 언급만 할 뿐 기초 기능 습득을 위한 구체적인 방법을 제시하지는 않았다는 비판은 여전하다.

5 새로운 규준(Mathematics Teaching Today(MTT), 2007)

(1) 발간 목적과 배경

MTT는 1991년 출판된 가르침에 관한 규준(PSTM)을 업데이트 한 것이라고 할 수 있다. 2000년에 PSSM을 출판하면서 가르침에 관한 규준도 업데이트 할 필요성을 느껴 초판을 발행할 때 참여한 저자들을 포함한 수학교육자들을 모아 현재에 맞는 효과적인 수학 가르침에 대한 비전을 제시하기 위하여 발간을 계획하였다. 그동안의 대규모 국내외 평가에서 미국 학생들의 수학 성적이 저조한 것으로 나타난 것이 큰 자극이 되어 수학교육에서는 개혁의 요구가 계속되어, NCTM에서는 여러 규준들을 출판하게 되고, 개정판을 만들게 되었다.

(2) MTT의 내용

MTT는 2000년 PSSM에서 제시한 목적에 이르기 위해 교사들의 관점이 변화되어야 한다고 주장하면서, 전문가로서 교사와 교수 학습에 영향을 줄 수 있는 이들의 역할과 교수 학습, 교수 평가, 교사 준비 등을 위한 규준 등에 대해 기술하였다. MTT를 구성하는 기본적인 두 가지 가정으로 교사가 학교에서 수학을 학습을 발달시키는 데 있어 중요한 요소라는 것과 그 발달을 위해 교사는 적절한 자료와 오랜 기간의 도움이 필요하다는 것을 제시하였다. 그리고 수학 수업의 환경을 변화시키기 위한 여섯 가지 목표를 다음과 같이 제시한다.

1) 모든 학생들에게 동등한 기회를 주는 커뮤니티
2) 과정적 이해와 동시에 개념적 이해의 균형
3) 수업 과정에서의 학생들의 활발한 참여
4) 이해를 돕기 위한 공학 활용이 쉽도록 잘 갖추어진 학습 센터
5) 교수 목적에 맞춘 다양한 평가 방법
6) 적절한 추론과 수학적 통합 안에서 수학적 권위 유지

위의 목표 아래 가르치는 활동을 지식, 분석, 실행의 일련의 연결 행위로 보고 여기에 학교 문화나 연수 과정, 전문가적 발전, 교사의 준비, 학생들의 기대, 커뮤니티의 협조 등을 교수 활동에 영향을 미칠 수 있는 요소들로 생각하였다.

MTT에서 제시한 규준들을 구체적으로 보면, 1991(PSTM)년의 내용에 2000년(PSSM)의 규준을 포함하여 우선 수학 교수 학습에 관한 규준에서 학교의 어떤 학년에서도 교사가 알아야만 하는 것과 수학을 가르치기 위해 할 수 있어야 하는 것들에 대해 설명하고 있다. 이 내용은 가르치는 과정이 수학과 일반 교육학, 학생들의 수학 학습에 대한 지식을 기본적으로 알고, 교수 학습 행위를 실행한 뒤, 학생들의 학습과, 수학활동, 환경 등을 분석한다는 세 가지 과정으로 구성되어야 한다는 가정에서 출발하였다. 두 번째로 수학 교수 향상과 감독, 관찰을 위한 규준을 제시하는데, 여기서는 교사와 교사를 감독하는 사람의 역할에 대해 설명하면서, 교사가 학생의 수학을 이해하는 능력에 초점을 맞추어 전문가로 성장할 수 있도록 서로 도와가는 것이 필요하다고 하였다. 학생들의 수학 학습을 평가하기 위한 방안들과 함께 교사가 혼자서만 평가에 참여하려는 것보다 다른 교사들과의 협력활동이 필요하고 일본의 lesson study를 활용하는 것을 통해 이것이 가능함을 보였다. 이 규준에서는 단순히 학생을 평가하는 것을 넘어서 교사 스스로 발전할 수 있도록 평가를 활용할 것도 제안하고 있다. 마지막으로 수학 교사의 지속적인 전문가적 발달을 위한 규준에서는 예비 교사와 현직 교사 모두 고려해야 할 전문가적 성장을 위한 1)훌륭한 수학 교수의 모델화, 2)수학과 학교 수학을 구분해 아는

것, 3)수학 학습자로 학생을 아는 것, 4)수학적 교수법을 아는 것, 5)수학 교사로서 발달하는 것, 6)전문가적 성장에서 교사의 역할 등의 면을 나누어 설명하였다. 여기서도 교사 혼자의 노력만을 요구하는 것이 아니라 예비교사 교육을 위한 대학과의 협조, 현직 교사들과 대학 교수들과의 공동 연구 등 서로의 발전을 위해 서로 협력할 것을 제안하고 있다.

MTT의 마지막 절에서도 밝히고 있듯이 이 규준들은 교사들이 가져야 할 어떤 특정 개념이나 기술들에 대한 체크리스트가 아니라 더 가치 있고 적절하다고 생각되는 방향을 제시하는 것이다. 훌륭한 교사를 양성하고 그들의 지속적인 발전을 체계적으로 돕는 것이 필요하고 이것이 실제 학교 현장에서 반영되고 있는지, 교사들의 수업이 변화하고 있는지를 확인하는 작업도 계속 필요할 것이다.

6 NCTM 지향 교육과정

이 절에서는 Latterell이 쓴 수학 전쟁(Math Wars, 2004)에 기반하여 NCTM-지향 교육과정과 전통적 교육과정의 차이를 알아보겠다. 차이점은 크게 네 가지 면에서 볼 수 있는데, 계산기 등 technology 사용, 의미 형성에 대한 관점, 통합적인 내용, 새로운 교수법 등이 그것이다.

(1) Technology 사용

전통적 교육과정에서는 계산기 사용을 별로 권하지 않고 고등학교 정도에서는 사용할 수 있다고 생각하지만, NCTM 지향 교육과정에서는 저학년에서부터 계산기를 사용하게 한다. 이는 계산 절차보다는 개념이 더 중요하다고 여기기 때문에, 문제 해결에 있어 기초 계산을 계산기로 하면 문제에 포함된 개념과 사고력에 더 많은 노력을 기울일 수 있다는 관점이다.

(2) 의미 형성

전통적 교육과정이 문제를 해결해 답을 구하는 데 중점을 둔다면, NCTM 지향 교육과정은 답보다는 문제를 푸는 과정에 형성되는 의미를 더 중요하게 생각한다. 예를 들어, 전통적 교육과정은 대수 교육에서 방정식을 기호와 변수 등을 사용하여 알고리즘을 이용한 변수 x를 구하는 학습을 한다. 하지만, NCTM 지향자들은 방정식을 그래픽 계산기를 이용해 그래프로 그리거나 대응표를 만드는 것으로 변수 x를 이해할 수 있다고 생각한다. 전통적 방식으로 대수 문제를 해결하기(x값 구하기)보다는 대수 문제를 푸는 것이 무엇인지에 대한 의미를 형성하는 것(sense-making)을 더 중요하게 생각하는 것이다.

(3) 통합적인 내용

NCTM 지향 교육과정은 내용상의 통합을 강조한다. 여기서 '통합'이라고 함은 수학내에서의 다양한 주제들의 통합을 의미한다. 예를 들어, 전통적 교육과정에서는 대수, 기하 등을 분리된 각각의 과목으로 가르쳤다면, NCTM 지향 교육과정에서는 이런 과목들을 일부분 매년 조금씩 가르쳐서 3년 후에는 모든 과정을 이론상 완수하는 것이 매년 통합된 주제들을 가르치는 것이라고 본다.

(4) 새로운 교수법

전통적으로 교사의 설명을 듣고 개별 활동으로 학습하는 것과 달리, NCTM 지향 교육과정은 집다 학습이나 모둠 토론을 강조한다. 즉, 친구들과 협력하여 문제를 해결하기 위해 추측하고 탐구하는 활동을 하기를 원한다. 전통적 교육과정에서 알고리듬을 제시하고 연습하도록 하는 것과는 반대로, NCTM의 방식을 지향하는 교육자들은 학생들이 탐구를 통해 알고리듬을 스스로 발견하고 이를 통한 개념적 학습을 강조하는 것이다. 그래서 전달자로서의 교사보다는 안내자, 조력자로서의 교사의 역할을 제안한다.

이 외에도 수학적 원리의 정당화를 강조하고 형식적 증명은 덜 강조하는 등 수학 내용을 가르치는 데 있어서 다른 관점을 제시한다. 특이한 점은 NCTM 지향 교육과정에는 수준별 과정이 없다. 오히려 전통적 교육과정에서는 학생별로, 대학 진학 지망생인지 아닌지, 또는 이전 수학 실력에 따라 수준별 과정이 있으나, NCTM은 모든 학생들이 같은 교실에서 수업을 받으며 서로 가르쳐 주고 토론하며 교사에게서만 배우는 것이 아니라 같은 반의 또래들끼리 학습도 의미 있다고 여긴다.

지금까지 전통적 교육과정과 NCTM 지향 교육과정의 차이점을 나열하였는데, 이들을 완전히 둘로 구분하여 비교하는 것은 무의미하다. 이를 비교하는 것은 이전의 교육과정과 NCTM이 새롭게 제시하는 교육과정의 관점의 차이를 이해하기 위해 더 중점을 두는 것이 무엇인지, 더 가치 있게 여기는 것이 무엇인지를 살펴본 것이다. 양쪽의 입장 중 어느 것이 더 이상인가의 판단은 여기서 논할 내용을 넘어서는 것이므로 하지 않겠다. 단지 이 글을 읽는 독자들은 내용을 통하여 자신이 전적으로 혹은 일부분이라도 지지하는 교육과정이 어떤 것인지 알 수 있기를 바란다. 수학과 교육과정은 수학 교수-학습에 있어서 목표를 제시하고 실제 수업 논의의 중심이 되는 것으로 중요하다. 따라서 교육과정이 어떠한 관점을 지향하는 지에 대해서도 알고 세부 내용들과 연결시키는 것이 필요할 것이다.

참고문헌

교육부(1992). 『교육부 고시 제1992-11호 수학과 교육과정』. 교육부.

교육부(1997). 『교육부 고시 제1997-15호 [별책 8] 수학과 교육과정』. 교육인적자원부.

교육인적자원부(2007). 『교육인적자원부 고시 2006-75 [별책 8] 수학과 교육과정』. 교육인적자원부.

문교부(1987). 『문교부 고시 제88-7호 중고등학교 수학과 교육과정』. 문교부.

이경환·박제윤·권영민(2002). 『한국 교육과정의 변천』. 대한교과서(주).

곽병선(1986). 『제5차 교육과정 총론 개정 시안 연구 개발 답신 보고서』. 한국교육개발원.

Latterell, C. M. (2004). 『수학전쟁』 (박성선 역). 교우사.

National Council of Teachers of Mathematics(1989). *Curriculum and evaluation standards for school mathematics*. Reston, VA : NCTM.

National Council of Teachers of Mathematics(1991). *Professional standards for teaching mathematics.* Reston, VA : NCTM.

National Council of Teachers of Mathematics(1995). *Assessment standards for school mathematics.* Reston, VA : NCTM.

National Council of Teachers of Mathematics(2000). *Principles and standards for school mathematics.* Reston, VA : NCTM.

National Council of Teachers of Mathematics(2007). *Mathematics teaching today : Improving practice, improving student learning*. Reston, VA : NCTM.

Chapter 18

생각해 볼 문제

01 제 3차 수학과 교육과정부터 현재까지 우리나라 수학과 교육과정 변천 과정에서 나타난 주요 특징으로 적절하지 않은 것은? (2011년도 기출문제)

① 수학적 구조를 강조하고 집합 개념을 토대로 수학을 전개하며 수학의 논리적 엄밀성을 강조하였다.

② 학생의 생활 경험을 중시함으로써 생기는 단점을 해소하기 위하여 수학의 체계를 근간으로 수학 본연의 계통성을 중시하는 방향으로 선회하였다.

③ 단계형 수준별 교육과정으로 개인의 능력과 적성 등을 고려한 수학교육을 도모하였다.

④ 계산력 향상을 목표로 하지 않는 복잡한 계산과 문제해결력 향상 등을 위하여 계산기나 컴퓨터를 가능하면 적극적으로 활용할 수 있게 하였다.

⑤ 최소의 필수 기본 지식 및 기능을 정선하고 문제 해결력과 정의적 측면을 강조하였다.

02 2007년 개정 수학과 교육과정에서 기하 영역과 관련된 교육 내용 및 교수·학습 상의 유의점으로 옳은 것을 〈보기〉에서 모두 고른 것은? (2010년 기출문제)

보기

㉠ 중학교 1학년에서 점, 선, 면, 각, 원에 대한 성질은 직관적으로 탐구한다.

㉡ 중학교 2학년에서 삼각형과 사각형의 성질은 증명 없이 직관적으로 이해하는 정도로 다룬다.

㉢ 중학교 3학년에서 피타고라스 정리의 역은 증명 없이 문제 상황을 통해 간단히 다룬다.

㉣ 고등학교 '기하와 벡터'에서 공간도형의 성질은 관찰과 직관에 의해 이해한 후 증명을 하도록 한다.

① ㉠, ㉡ ② ㉠, ㉢ ③ ㉠, ㉡, ㉢ ④ ㉠, ㉢, ㉣ ⑤ ㉡, ㉢, ㉣

03 2007년 개정 수학과 교육과정의 내용에 대한 설명으로 옳지 않은 것은? (2009년 기출문제)

① 고등학교 1학년의 학습 내용이었던 '두 원의 위치관계'를 중학교 1학년으로 이동하였다.

② 중학교 3학년에 있던 '무리수의 도입은 무한소수를 소재로 한다'라는 학습 지도상의 유의점을 삭제하였다.

③ 고등학교 1학년의 수와 연산 영역에 '조건', '진리집합', '모든', '어떤'이라는 용어를 도입하였다.

④ 「적분과 통계」 과목에 '중복조합' 및 '표본비율과 모비율의 관계'에 대한 내용을 도입하였다.

⑤ 「기하와 벡터」 과목에 '일차변환과 행렬' 및 '복소수의 극형식'에 대한 내용을 도입하였다.

MEMO

Chapter 19 수학과 교사

01 교사교육이란

1 교사교육의 이해

흔히 교사 교육이라고 하면 단순히 대학에서 교사를 양성하기 위해 설치된 학과의 교육 과정이나 현직 교사들의 전문성 신장을 위해 일정 시간 이수해야 하는 연수 등이 관련될 것이라 생각할 수 있다. 교사 교육이 무엇인지 알아보기 위해 우선 교육자들이 사용하는 용어를 살펴 볼 필요가 있다. 예를 들자면, 좁은 의미에서 Lerman(2001)은 예비 교사들의 교육 과정, 즉 교과 교육 수업과 교육 실습 같은 것을 포함하는 과정만을 교사 교육이라고 불렀다. 하지만, 어떤 교육자들은 교사 교육(teacher education)과 전문성 신장(professional development)이란 용어를 함께 사용한다. 예를 들어, Sowder(2007)는 미국의 국립 과학 기금(National Science Foundation)에서 사용하는 전문성 신장이란 용어의 의미를 예비 교사 교육과 현직 교사들의 발달을 동시에 의미하는 것이라고 했다. 전문성 신장이 전문가로써의 자아를 형성하고 지식을 향상시키는 것이라는 의미에서 예비 교사와 현직 교사를 동시에 의미할 수 있는 것이다. 이런 넓은 의미에서 교사라 함은 예비 교사를 포함한 교사 모두를 지칭한다고도 할 수 있다. 이 장에서 우리가 논하는 수학 교사 교육은 예비 수학 교사를 포함한 넓은 의미의 교사를 준비하는 과정과 교사의 전문성 신장을 돕는 과정을 포함하여 사용할 것이다.

2 교사 교육의 이론의 변화

교사는 학생들의 학습에 큰 영향을 미칠 것이라는 가정 하에 교사 자질에 대한 연구들이 계속되어져왔다. 초기에는 교사가 갖추어야 할 자질의 항목들을 제시하는 데 중점을 두었다면 Shulman 이후로는 교사의 지식에 대한 내용으로 그 항목들이 옮겨가게 되었고 교과교육학적 지식(PCK)[30]을 강조하게 된다. 여기서는 이종일(2003)의 연구에서 언급한 교사 교육 이론에 대한 변천을 간단히 살펴보겠다.

1960년대와 70년대의 교사 능력에 대한 연구들은 CBTE(혹은 PBTE) 연구라고 불리는데 이것은 행동주의적 입장에서 교사의 능력을 측정하려고 했다는 특징이 있다. 이는 교사의 자질에 대한 논의를 제기하고 이후 연구의 토대가 된다는 점에서는 의미를 가진다. 하지만, 이 연구들은 구체적인 교수-학습 과정에 필요한 교사의 능력에 대한 항목을 연구하는 것에 중점을 둔 반면, 교과교육학적 지식에 대한 이해가 부족했다는 비판을 받았다. 이를 극복하기 위하여 CBTE 연구들은 교사들에게 필요한 지식이 무엇인가에 대한 연구들로 변화되어 갔고 그 중심에 Shulman의 연구가 있었다.

Shulman(1986)은 교사의 능력에 대한 항목을 너무 많이 나열하기보다 기본적으로 갖추어야 할 '지식 기초 범주' 7가지로 나누어 소개하였다. 그의 분류를 살펴보면 다음과 같다.

1) 내용 지식(content knowledge)
2) 일반적인 교육학 지식(general pedagogical knowledge)
3) 교육과정 지식(curriculum knowledge)
4) 교과교육학 지식(pedagogical content knowledge)
5) 학습자의 그들의 특성에 관한 지식(knowledge of learners and their characteristics)
6) 교육 상황에 대한 지식(knowledge of educational contexts)
7) 교육목적, 목표, 가치, 철학적 역사적 배경 지식(knowledge of ends, purposes, and values and their philosophical and historical grounds)

이 중 1) 은 내용과 관련된 지식 2, 3, 5, 6, 7)은 교육학 관련 지식, 4) 는 교과교육학적 지식으로 크게 나뉜다. 여기서 4) 의 PCK가 이전과 다르게 강조된 교사의 능력인 것이다. Shulman(1987)의 예를 보면, 한 교사가 Huck Finn 소설 수업을 하는데, 이 교사는 학생들이 Moby Dick이라는 소설 수업을 받은 적이 있다는 걸 미리 알아서 그 수업보다는 쉬운

30) PCK는 교과내용지식으로 번역하는 경우도 있고, 교과교육학 지식으로 번역하는 경우도 있다. 여기서는 이종일의 연구에서 언급한대로 '내용지식'과 혼돈할 우려를 고려해 교과교육학 지식으로 사용했다.

것으로 판단하고, Huck Finn 소설 수업을 더 자유롭고 효과적이게 진행하였다. 이 경우 이 교사는 교과교육학적 지식(PCK)를 지니고 있다고 보는 것이다. PCK에 관한 연구는 지금도 계속 진행중이며 현장 수업에서 필요한 지식으로 중요성을 더해가고 있다.

CBTE에 대한 비판 중의 다른 하나는 교사에 대한 외부적 접근보다는 교사 스스로 자신을 개선하고자 하는 노력이 필요하다는 것이었는데, 이러한 접근은 Schön(1983)의 저서 『반성적 실천가(reflective practitioner)』로부터 시작되었다. Schön은 연구자가 만든 이론적 지식과 실천과 반성으로 얻어지는 실천적 지식을 구분해서 보았다. 여기서 전문적 연구자와 전문적 실천가를 달리 본 것인데, 교사를 전문적 실천가로 여겨 학생을 가르치는 행위(실천)를 통한 반성으로 자신의 지식과 기술을 발전시킬 수 있다고 본 것이다. 이는 일상적인 교수행위를 통해 반성하고 새로운 상황에서 지속적으로 그 반성을 적용하여 전문가이자 실천가로서의 교사의 능력을 향상시킬 수 있다는 아이디어로 외부적인 연구나 판단보다는 교사 스스로의 내부적인 변화를 요구하는 것이다.

이와 같이 교사교육과 관련된 이론들은 지속적으로 변화하고 있다. 수학 교사도 수학 내용만 가르치는 것이 아니라 교사로서 필요한 교육학적인 지식과 연관된 많은 통합된 지식들이 필요하다는 것을 이러한 이론들의 변화를 통해 알 수 있다. 교사 교육에서 중요한 내용들은 컴퓨터나 과학의 발전과 같은 사회의 변화를 반영하고, 교육에서의 새로운 철학과 이론에도 대응하여 나라의 교육 정책과 함께 지속적인 변화를 꾀하여야 한다.

3 교사 전문성 신장 노력

수학교실문화는 전형적인 반복학습과 교사 설명 위주에서 학생의 개개인의 능력과 수준을 고려하고 구성주의적인 학습을 추구하는 쪽으로 변화하고 있기 때문에 이에 맞춘 교사의 변화는 필수적일 것이다. 하지만, 교육과정 개발이나 평가를 변화시키는 개혁만으로는 교사를 변화시키는데 한계가 있고, 교사를 직접적으로 변화시키기 위한 전문성 신장이 필요하다(Nelson, 1997). 교사들은 교사 교육 프로그램들을 통해 외부 전문가로부터 정보를 제공받고 변화를 위해 노력하지만, Smylie(1989)의 연구에 의하면, 교사들이 자신의 수업 변화에 유의미한 것을 나열해 보라고 했을 때, 지역 교육청에서 진행한 재교육 워크숍이 가장 영향이 적다고 하였고, 직접적인 수업 경험이 가장 유의미하다고 선택했다. 수학 교사들도 전문성 신장을 위한 노력에서 학습자로써 의미 있는 경험을 통하여 자신의 수학 학습 및 수학의 본질에 대한 생각을 바꾸어야만 교수법의 변화가 이루어질 수 있는 것이다(Schifter & Fosnot, 1993). 이런 결과를 본다면 교사들의 변화를 위해서는 교사들에게 의미 있는 학습, 배운 지식을 수업 상황에 적용할 수 있는 프로그램 개발이 필요함을 알 수 있다.

현재 우리나라에서는 사범대학이나 교육대학에서 진행되는 예비교사 교육을 포함하여, 현직교사들의 전문성 신장을 위해서 정기적인 재교육과 다양한 교육 프로그램들이 실시되고 있다. 교사의 전문성 신장은 변화하는 교육 현장에 대응하는 교사의 필수적인 준비이고 개인적인 노력과 제도적인 노력이 함께 뒷받침되어야 한다. 예를 들어, 80년대에는 컴퓨터의 사용이 일반화되지 않아 교실에서 인터넷 사용이나 특정 프로그램(예 GSP)을 사용하는 것이 드물었다면, 현재는 대부분의 학교 교실에서 사용 가능하고 수업에서도 이용되고 있다. 이런 상황에 적응하기 위해서 교사는 컴퓨터 교육을 받아야 하고 인터넷에서의 수많은 교육 내용에 관한 또는 다양한 새로운 교수법에 대한 정보들을 찾아보는 개인적인 노력이 필요한 것이다. 또한 제도적인 측면에서 예전에는 예비교사들의 교과내용 지식만을 강조하였으나, 현재는 교과교육에 대한 관심도 증가하여 교과교육 전문가를 늘리고 과목을 다양화하는 등의 노력을 하고 있다. 현직교사들에게도 재교육 프로그램을 다양화하고, 교사 연구년제 도입, 스터디 그룹 조성을 위한 펀드 제공 등의 제도적인 노력이 시도되고 있다. 교사는 이와 같은 제도적인 뒷받침과 함께 개인적인 부단한 노력으로 교사로서의 전문성 신장에 게을리 하지 않도록 해야 할 것이다.

02 수학 교사가 되기 위해

수학 교사 교육에서 해야 할 가장 중요하면서 기본적인 것들을 몇 가지 생각해 보면 우선 수학 교사의 역할과 자신이 가진 수학에 대한 관점을 명확히 하며, 수학 교사로서 가져야 할 지식을 알게 하는 것이라고 할 수 있다. 이 절에서는 수학 교사 교육에서 기본이라고 생각하는 점들을 언급하고자 위의 세 가지에 대해 서술한다.

1 수학 교사의 역할

많은 사람들이 교사의 질이 교육의 질을 좌우한다는 말을 많이 한다. 이것을 반드시 옳다고만 할 수는 없지만, 교육에 있어서 교사의 역할이 중요하다는 데 있어서는 이견이 없다. 90년대 이전시대의 교사 주도의 학습에서 지금의 학생 중심의 학습을 논하기까지, 교사의 역할은 그들의 학생들의 학습과 떼어 놓을 수가 없는 것이다. 우리나라의 경우 이미 7차례 이상 교육과정이 개정되었고, 새로운 이론과 교수법들이 소개되어지고 있지만, 교사들에게 있어서 그만큼의 변화가 있었는지는 되짚어보아야 할 일이다. 이 절에서는 교사들의 변화를 논하기 보다는 교사의 기본 역할에 대해 생각해 볼 것이다. 일반적인 교사의 역할을 살펴본 다음, 구체적으로 수학 교사에 대해 살펴보겠다.

조용기(2003)는 교사의 역할을 교육자, 실천가, 연구자, 전문가의 네 가지로 구분해 설명하였다. 첫째, 교육자로서의 교사의 역할이 의미하는 것은 단순히 교과를 가르치는 사람으로서가 아니라 아이들을 가르치는 사람으로서의 교사를 말한다. 단순히 지식을 가르친다고 생각하면 학생들의 이해 여부에 상관없이 가르치면 그만이지만, 교육자이기 때문에 왜 이 지식을 가르치는지 또는 궁극적으로 왜 교육을 하는지 등에 대해 생각하면서 가르치는 행위를 하는 것이다. 둘째, 실천가로서의 교사는 목적의식만 투철한 교사가 아니라 실천할 수 있어야 한다는 것이다. 교사는 가르침이라는 행위를 실천하는 사람이다. 교사 교육 과정에서 교재 연구를 하거나 모의 수업을 하는 등이 실천적인 면을 위해서이다. 교생 실습의 과정 또한 교사의 실천력 향상을 위해 준비하는 과정이라고 할 수 있다. 셋째, 연구자로서의 교사는 가르치는 행위만이 아니라 그를 통해 자신과 학생들에 대해 반성적으로 사고하고 연구하는 것을 의미한다. 잘 가르치는 교사가 되기 위해서는 수업에 필요한 지식을 알고, 가르치는 다양한 방법도 알고 있어야 하지만, 매 수업에서 겪은 잘 된 점이나 잘못된 점을 꼼꼼히 밝혀 앞으로의 수업에 이용할 수 있어야 한다. 교사가 연구자가 되면 수업의 질은 자연스럽게 향상될 것이며, 교사 자신도 반성적 실천가로서 발전 할 수 있을 것이다. 넷째, 전문가로서의 교사는 가르치는 분야에서 전문성을 지닌 사람이 되어야 한다는 것이다. 대학만 졸업해서 교사가 된다면 이는 지식만 가졌을 뿐 교육 목적관에 있어, 실천력에 있어, 연구자적 자세에서 전문성을 가지지는 못한다. 교사를 양성하는 기관이 따로 존재하는 이유가 전문성을 기르기 위함이기도 하다.

위의 교사의 역할을 수학 교사의 경우로 바꾸어 생각해 보자면, 수학 교사는 수학적 지식만을 가르치는 것이 아니라, 왜 수학 공부를 하는가, 또는 이 수업의 궁극적인 목표는 무엇인가 등을 생각하면서 가르쳐야 한다. 수학 교사로서 교육의 전반적인 문제들에 대해 생각해 보고 나름의 가치를 찾고 학생들이 이를 생각할 수 있는 여지를 남겨 두라는 것이다. 그리고 항상 수학 수업을 통해 학생들이 어려워하는 것이 무엇인지, 지도상의 문제점 등을 살펴보고 다음 수업에서 개선할 수 있도록 해야 한다. 가능하다면 일지를 통하여 잘 된 점이나 문제점을 기록해 두고 지속적으로 활용하는 것도 좋은 방법이다. 수학 교사는 단순히 수학만 가르치는 사람이 아니다. 수학을 가르치면서도 학생들을 인간적으로 이해해야 하고, 내가 가르친 내용이 아니라, 학생이 하고 있는 수학을 이해해야 하고, 학생들이 수학을 할 수 있도록 도와주는 조력자가 되어야 한다.

1990년 NCTM의 규준집인 수학을 가르치는 전문가적 규준(Professional standards for teaching mathematics)에서 제시한 교사의 중요한 역할들을 보면 다음과 같다.

1) 수학의 교수-학습을 도울 수 있도록 교실 환경을 만드는 것
2) 목표를 세우고 그 목표를 성취하도록 학생들에게 수학적 과제를 만들어 제시하는 것
3) 학생과 교사가 무엇을 배우는지를 명확히 하도록 교실 담화를 이끌어 내고 유지하는 것
4) 가르치는 것을 계속 판단할 수 있도록 학생들의 학습과 수학적 과제, 수업 환경을 분석하는 것

90년대에도 수학교육에서는 많은 변화가 있었지만, 수학을 가르치는 것에 대한 관점도 많이 변화했는데, 예전에는 지식을 전달하는 과정이라고 보던 반면, 지금은 학생들이 수학을 이해하는 것을 도와주는 과정이라고 보는 이가 많다. 이런 관점의 변화는 교사들의 역할에서도 더 많은 것을 요구하는데, Martin(2007)이 서술한 수학 교사들의 역할들을 살펴보면, 90년대에 비해 늘어난 역할들에 대해 알 수 있다.

1) 학생들의 관심을 자극할 수 있는 수학적 경험들을 계획하는 것
2) 수학적 아이디어를 향상시킬 수 있도록 교실 대화를 조절하는 것
3) 학생들의 수학적 탐구 활동에 테크놀로지나 다른 도구들을 사용하도록 돕는 것
4) 이전 지식을 평가하여 그 지식을 늘릴 수 있도록 학생들에게 도전적인 과제를 주는 것
5) 수학의 가치에 대한 긍정적인 자세를 길러주는 것
6) 수학의 이해를 높일 기회를 주는 것
7) 수업에서 한 것들의 가치를 되새겨보고 수학적인 활동들을 증가시키도록 도울 것
8) 자신의 교수 행위를 발전시킬 수 있도록 동료들과 전문가들과의 관계를 형성할 것

이런 다양한 역할들을 보면 수학을 가르친다는 것이 단순한 일이 아님을 알 수 있다. 수업 시간을 준비하기 위해서 학생들이 할 과제와 활동들을 적절히 계획하여야 하고, 지나간 활동들에 대한 반성적 사고도 필요하며, 동료 교사들이나 수학 교육 전문가들과 상호 교류하며 새로운 교육 매체들에 대한 정보나 수학 교육 이론 등을 아는 것도 수학 교사로서 해야 할 일들인 것이다.

이 글을 통해 교사 교육 과정에서 수학 교사의 역할에 대해 다시 한 번 생각해 보고 앞으로 무엇을 어떻게 가르칠 지 생각해 보는 시간을 가져보길 바란다.

2 수학에 대한 관점

수학을 무엇이라 생각하느냐고 수학 교사들에게 묻는다면, 그 답은 여러 가지일 것이라 추측된다. 우리는 수학의 본질에 대한 질문을 하고자 하는 것이 아니라, 수학 교사가 가진 수학에 대한 관점이 얼마나 중요한가를 얘기하고자 한다. 이것은 수학 교사 교육에서 반드시 언급해야 할 중요한 점이다.

믿음과 지식이라는 개념 사이에 많은 논쟁이 존재하지만, 그럼에도 불구하고 교사가 가진 믿음이 가르치는 행동을 변화시킬 수 있다는 것은 많은 연구에서 알려져 있다(Thompson, 1992). 수학 교사의 경우 수학에 대한 생각이나 교수-학습에 관한 관점에 따라 그들의 가르치는 방식도 바뀔 수 있다는 것이다. 이것은 철학과도 관련이 될 수 있는데, 한 연구를 통해 수학 교사의 수학에 대한 관점이 어떻게 행동을 변화시킬 수 있는지에 대해서만 살펴보겠다. Thompson(1984)의 연구는 세 명의 중학교 수학 교사들의 믿음과 교수 행위에 대해 설명하는데, 수학을 문제 풀이의 과정으로 보는 관점을 가진 교사는 학생들이 수학을 하는 과정에 참여하도록 하기 위한 수학 활동들을 강조했다. 그리고 수학이 창조되는(create) 것이 아닌, 논리와 의미로 구성된 지식체로, 발견되는(discover) 것으로 생각하는 플라톤주의적 관점을 지닌 교사는 수학적 과정의 논리나 개념의 의미에 집중해 가르쳤다. 마지막으로 수학을 법칙과 사실들의 축적으로 보는 도구주의자적 관점을 지닌 교사는 법칙이나 과정을 보여주는 것으로 수학을 가르쳤다. 이와 같이, 수학 교사가 수학을 무엇으로 보느냐는 자신의 수업시간에 무엇을 중점적으로 가르치게 될 것인가에 큰 영향을 미칠 수 있다.

앞에서도 얘기했듯이, 수학에 대한 관점은 철학적인 얘기가 될 수도 있으나, 여기서는 미국 NCTM 규준들에서 제시하는 수학의 네 가지 관점에 대해서 서술하고자 한다. 1989년 교육과정에 관한 규준집을 보면 수학을 보는 관점을 의사소통, 추론, 문제 해결, 연결성의 네 가지로 설명하였다.

(1) 의사소통으로서의 수학

우리나라에서도 제 7차 개정 교육과정에서부터 수학적 의사소통을 명시적으로 강조하였다. 수학을 이용하여 자유롭게 의사소통하게 하는 것은 학생들의 수학적 사고 향상에도 도움이 된다. 의사소통도 두 가지 방식을 생각해 볼 수 있는데, 첫째는 우리가 의미하려는 것을 다른 이에게 전달할 때 수학을 사용해 의사소통하려는 것이고, 둘째는 실세계의 정보 교환에 수학을 사용하는 면에서의 의사소통이다. 예를 들자면, 한 명이 종이에 그려진 도형을 다른 이에게 직접 보이지 않고 설명해야 할 때, 수학적인 기호를 사용하며 설명이 필요하고, 이것이 수학적인 의사소통인 것이다. 또 다른 예는 신문이나 방송에서 설문 조사한 결과를 얘기 할 때, 통계를 이용하는데, 이것은 정보를 의사소통하기 위해 수학을 사용하는 것이라 볼 수 있다.

(2) 추론으로서의 수학

수학은 여러 종류의 추론 과정을 포함하는데, 귀납, 연역, 비례, 공간의 네 가지를 들 수 있다. 귀납 추론이라 함은 여러 예들로부터 공통적으로 관찰되는 특징들을 묶어 일반화시키는 과정을 말한다. 예를 들어, $3^2-1=8$ $5^2-1=24$ $7^2-1=48$ $9^2-1=80$ $11^2-1=120$ 이 수들을 관찰함을 통해서 홀수의 제곱에서 1을 뺀 것은 짝수라는 일반화를 형성한다면 귀납 추론을 통한 것이라 할 수 있다. 물론 위의 숫자들을 관찰하다보면 다른 일반화도 만들어 낼 수 있을 것이다.

연역 추론은 귀납 추론과 달리 일반적인 것에서 구체적인 것으로 논리를 진행시킨다. 예를 들어, '만약 ABCD가 정사각형이면, ABCD는 직사각형이다'라는 명제와 '만약 ABCD가 직사각형이면, ABCD는 평행사변형이다'라는 두 명제를 통해 '그러므로 만약 ABCD가 정사각형이면, ABCD는 평행사변형이다'라는 명제를 완성시킬 수 있다. 이와 같은 논리 과정을 연역 추론이라 한다.

NCTM에서 논의된 또 다른 종류의 추리로 비례 추리와 공간 추리가 있다. 비례라고 함은 두 수량의 증감에 따라 그 비율이 항상 같은 것을 이른다. 예를 들어, x가 독립변인으로써, x와 y가 비례한다면, 각각의 x, y에 대해 $y=kx$(k는 상수)의 관계에 있다고 할 수 있다. 비례 추리를 이용하면 "만약 3장의 영화 티켓이 12$라면, 12 티켓은 얼마인가?" 같은 문제를 풀 수 있다. 공간 추리란 2차원 3차원의 공간에서 사고하는 것을 이른다. 예를 들어, 정육면체를 가로지는 면이 어떤 모양을 형성할 지 생각해 보는 문제라면 공간적 추리를 요구한다.

(3) 문제 해결로서의 수학

수학을 학습하는 데 있어 문제 풀이는 빠뜨릴 수 없는 중요한 부분이다. 문제 풀이라고 하여 답만 구하던 예전의 방식에서 벗어나 문제를 풀기 위한 다양한 전략을 찾고, 결과를 해석하여 정당화하고, 답을 구한 과정을 되돌아보는 반성적 사고를 하는 것까지 문제 풀이에는 많은 과정이 포함된다. Polya는 그의 책 "어떻게 문제를 풀 것인가?"에서 풀이 전략과 풀이 과정에 대한 반성을 강조하기도 하였다. 흔히 교과서에서 보는 문제(exercise)는 문제해결의 문제(problem)와는 개념이 다르다. 교과서에 나오는 문제는 예제에 이어 학생들이 스스로 적용하여 풀이해 보라는 의미이고, 문제 해결(problem solving)에서 문제는 학습자가 궁극적으로 해결해야 할 과제, 즉 당장 답을 알 수는 없으나, 다양한 시도를 통하여 해결할 수 있는 과제를 의미한다(강옥기 외, 2010). 1980년대 이후로 문제해결은 계속 강조되어 왔으며, 우리나라의 2007 개정 교육과정에서도 문제 해결력 신장을 위해 컴퓨터나 계산기 등의 새로운 방법을 사용하도록 권장하고, 반복 연습보다는 수학적 창의력을 개발하고 협동하여 문제 해결하는 능력을 기르기를 목표하고 있다.

(4) 연결로서의 수학

NCTM에서 강조하는 연결은 두 가지 종류를 생각해 볼 수 있다. 하나는 수학과 실제를 연결하는 것이고 다른 하나는 수학 자체 내에서의 연결이다. 전자는 수학을 모델링을 통하여 실제 상황과 연결하는 것을 의미한다. 예를 들어, 누군가 꽃 가게를 열었을 때 적당한 꽃의 가격을 어떻게 결정할 것인가라는 문제가 있다. 이때 가격을 결정하기 위해 꽃을 사들인 가격, 꽃가게를 빌린 비용, 주인과 종업원의 임금 등 다양한 요소들을 고려해야 할 것이다. 이런 요소들을 찾아 수학적으로 모델링하는 과정이 수학과 실생활을 연결하는 것이 된다. 후자에서 말한 수학적인 연결은 수학 안에서의 연결들을 의미하는데, 예를 들어 같은 수학 영역에서 대수적인 것과 기하적인 것을 관계 짓는 연결을 말한다. 우리나라 2007 개정 교육과정에서도 생활 주변 현상이나 자연 현상 등을 수학적으로 탐구하고 모델링화하여 일반화하기를 강조하고 있다.

그렇다면 수학 교사 교육에서는 수학에 대한 어떤 관점을 가르쳐야 할 것인가? 여기서는 무엇을 가르쳐야 하는가 보다는 수학 교사들이 자신들이 가진 관점을 확립시킬 수 있도록 다양한 기회를 주라고 권하고 싶다.

3 수학교사에게 필요한 지식

1986년 Shulman이 제시한 교사의 지식에 관한 내용을 시작으로 많은 연구가 지속되어져 왔다. 스탠포드 대학에서 Sulman을 중심으로 그의 동료들이 체계적으로 교과 및 교수에 대한 교사의 지식을 연구했는데, 그들은 여러 교과의 교사에 대한 연구를 토대로 수업계획과 실행을 위한 교사 지식의 구성 요소를 7가지 영역으로 구분하여 제시하였다: (1) 교과 내용에 대한 지식, (2) 교수학적 내용 지식, (3) 다른 여러 내용에 대한 지식, (4) 교육 과정에 대한 지식, (5) 학습자에 대한 지식, (6) 교육 목적에 대한 지식, 그리고 (7) 전반적인 교수학적 지식(shulman, 1986, 1987). Shulman은 80년대 당시의 일반적인 교수법에 대한 지식만을 요구하는 교사 자격 시험을 비판하면서, 교사는 교과 내용 지식(subject matter knowledge)과 교수학적 내용 지식(pedagogical content knowledge)을 모두 가져야 한다고 주장하였다. Shulman이 주장한 교과 내용 지식은 두 가지로 구분되는데, 교과 지식을 아는 것(knowing that)과 왜 필요한지를 아는 것(knowing why)이다. 이후 1989년 연구에서는 교과 내용에 대한 믿음도 이 항목에 추가하였다. 교수학적 내용 지식이라 함은 다양한 수준을 가진 학생들에게 적절한 방법으로 묘사할 수 있고 표현할 수 있는 능력으로 정의하였다. 그는 이 능력을 교과를 다양하게 표현하는 지식과 학생들의 연령과 발달정도에 따라 적절한 개념이 무엇인지 아는 지식으로 구분하고 두 지식의 조화를 주장하였다. Shulman의 지식을 수학 교사의 경우에 적용시켜 보자면, 교과 내용 지식이라 함은 수학적인 내용 지식들을 의미하고 교수학적 내용 지식은 학생들이 이해할 수 있는 다양한 수학적 표현 지식이나 학생들에게 적절한 수학 지식을 아는 것 등을 포함한다,

Shulman이후로 많은 교육자들이 교사에게 필요한 지식을 규명하기 위해 노력해 왔는데, 수학교육 분야에서도 마찬가지였다. 1990년에는 Grossman이 Shulman의 아이디어를 발전시켜 교사에게 필요한 지식을 네 개로 구분하였는데, 내용 지식(subject-matter knowledge), 교수 지식(general pedagogical knowledge), 교수학적 지식(pedagogical content knowledge), 배경 지식(knowledge of context)이 그것들이다. 여기서는 교수학적 지식에 학생, 교육과정, 교수 전략들을 이해하는 지식들이 모두 포함되었다. Borko와 Putnam(1996)에 의하면 Shulman의 아이디어를 신념과도 관련지어, 교사의 교수활동과 관련된 지식과 신념을 세 영역으로 구분하였는데, 일반적인 교수학적 지식과 신념(general pedagogical knowledge and beliefs), 교과내용에 관한 지식과 신념(subject matter knowledge and beliefs), 그리고 교과내용에 대한 교수학적 지식과 신념(pedagogical content knowledge and beliefs) 등이다. 최근 연구는 미국 미시건 대학의 Debora Ball과 그녀의 동료들이 LMT 프로젝트를 통해 밝힌 가르치기 위한 수학 지식(mathematical knowledge for teaching)에 관한 구조를 밝히고 실제 수학 교사들의 지식을 측정하려는 시도이다. 우리의 관심은 어떻게 수학 교사들의 지식을 측정할 것인가보다는 어떤 지식들이 수학 교사에게 필요한 것이냐 하는 것이다. 다음의 그림에서 그들이 밝힌 수학 교사가 가르치기 위해 필요한 수학적 지식을 살펴보자.

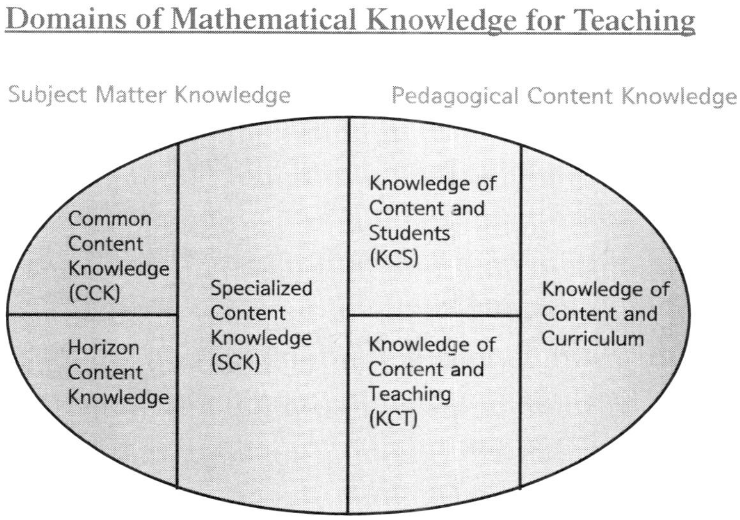

[그림 19-1] **가르치기 위해 필요한 수학 지식의 영역들**
(Hill, Schilling, & Ball, 2004)

Hill, Shilling과 Ball은 [그림 19-1]과 같이 가르치기 위해 필요한 수학 지식의 영역을 크게 교과 내용 자체에 관한 지식과 교수학적으로 연관된 내용 지식으로 보았다. 수학 자체에 관한 지식은 세부적으로 일반적인 수학 내용 지식(CCK), 특별한 수학 내용 지식(SCK)과 그 외의 수학 내용 지식(Horizon content knowledge)으로 나뉜다. 교수학적으로 연관된 내용 지식으로는 수학 내용과 학생이 연관된 지식(KCS), 수학 내용과 가르치는 것에 관한 지식(KCT), 수학 내용과 교육과정에 관한 지식(KCC)으로 세분화하였다. 이 모델은 각 영역들에 대한 내용을 지속적으로 연구 발전시키고 있는 과정에 있으므로 모든 영역들에 대한 명확한 정의들이 내려져 있다기보다는 지금까지의 연구로 밝혀진 내용들을 위의 모델과 같이 설명하고 있다고 이해하기 바란다.

구체적으로 보면, CCK란 모든 학생들이 학교 수학에서 배우게 될 수학 내용 지식들을 의미한다. 이 지식에 한해서는 예비교사들이 현직 교사들보다 적게 알 수도 있다. SCK란 학생들이 학교에서 배울 수학 내용보다는 좀 더 추상화되고 높은 단계의 수학 내용 지식을 의미한다. 이 지식은 예비교사들에게도 가지고 있어야 할 지식으로 기대되어 대학에서 배우는 수학 내용들이 해당될 수 있다. KCS는 구체적인 수학 내용에 대한 학생들의 오개념이나 학습에 있어서 어려운 점들에 관한 지식이다. 이는 가르치는 경험을 통해서 많이 습득되므로 예비교사들은 이러한 지식을 가질 기회가 많지 않다. KCT는 가르치는 데 사용되는 지식으로 특정 수학 주제를 가르치는 데 필요한 다양한 표현 방법들이나 수학을 가르치는 데 또는 평가하는 데 필요한 적절한 문제 해결을 이용하는 것 등을 포함한다. 일반적으로 예비교사들은 가르친 경험이 별로 없다는 가정 하에 예비교사들이 이런 종류의 지식에 익숙하리라고는 기대하지 않는다. KCC는 Shulman이 교수법에 관한 지식이라고 구분 지었던 것이지만 Ball과 그녀의 동료들은 이것을 가르치는 데 필요한 수학 지식으로 보았다. 수학 교육과정에 관한 지식은 단순히 주제들을 나열하는 정도의 지식이 아니라 개별 단원들의 구체적인 학습 목표라든가, 주제들이 교육과정상에 어떻게 배열되어 있는지, 어떻게 실행되어야 하는지 등을 포함하는 지식이다.

이렇게 수학 교사가 가져야 할 지식들을 구분하고 연구하는 이유 중 하나는 수학을 가르치기 위해 필요한 최소한의 교육이 무엇일 지를 결정하기 위한 것이다. 대학에 졸업 요건이 있는 것처럼, 수학 교사를 양성하기 위해 구성해야 할 교육 내용을 정하기 위해서도 어떤 지식들이 필요한지 알아야 한다.

우리나라에서도 교사의 지식에 관한 연구들이 활발하고 특히 PCK에 대한 관심이 많다. PCK에 대해 좀 더 살펴보자면, Shulman(1986)에 의해 처음 제기된 PCK는 사람들이 교과를 이해할 수 있도록 표상하는 방식을 포함해서 "그 교과의 구체적인 내용에 대한 학습을 쉽게 또는 어렵게 만드는 것이 무엇인지에 대한 이해; 다양한 연령층과 배경의 학생들이 가장 자주 가르치는 내용의 학습과 수업 상황으로 가져오는 아이디어와 선입관"(p.9)을 포함한다. 이후 Grossman(1990)이 확장한 PCK는 (1) 교과를 가르치는 목적에 대한 교사의 개념(conception), (2) 교과 내용에 대한 학생의 이해와 가능성 있는 오개념에 대한 지식, (3) 교육과정과 그 자료에 대한 지식, 그리고 (4) 특정 주제를 가르치기 위한 전략과 표상에 대한 교사의 지식의 네 가지 영역이다. 이러한 이론적인 연구에도 불구하고, 아직도 수학교육 연구에서 PCK에 대한 정의나 구성 요소에 대한 명시적인 합의는 이루어지지 못한 상태이다. 박경미(2009)는 PCK에 대한 최근 연구들을 살펴보면서, 중등교원 임용 시험 문제와의 관련성을 살펴보았는데, 우리나라의 경우 1997학년도 임용시험부터 교과내용학과 교과교육학의 문항 형태가 선택형에서 서술형으로 바뀌었다고 한다. 초기에는 구체적인 수학 교수·학습 상황이 없이 비교적 포괄적인 수학 교육의 이론을 설명하라는 것이었다면, 2000년 이후의 시험 문항들은 구체적인 교수·학습 상황을 제시하면서 이론을 적용하여 해석하게 하고, 적용되는 이론들도 고전적인 이론들에서 벗어나 다양화되었다. 그리고 수학의 PCK와 관해서도 97년부터 2000년까지 문항들은 교수에 대한 지식만을 주로 다룬 반면, 2000년 이후 문항들은 수학 내용 지식, 학습자의 이해에 관한 지식, 교수에 대한 지식을 복합적으로 다루고 있다고 했다.

2009학년도부터 교과교육의 비중이 높아지는 방향으로 교육과정은 개편되어 지고 있고,

3차에 걸쳐 다단계로 실시되는 교원 임용 시험에서도 교과교육의 비중이 높아지고 있는 추세이다. 이러한 변화는 수학 교사에게 필요한 지식에 대한 꾸준한 연구를 요구하고, 예비 수학 교사들의 전문성 향상을 위한 교사 교육에서의 교육 과정을 점검하고 변화하기를 필요로 한다. 수학 교사에게 필요한 지식을 연구함에 있어 한 가지 유념해야 할 것은 우리나라의 특수한 사회 문화적인 상황을 고려해서, 외국의 연구에만 의존하지 말고, 우리 실정에 맞는 수학 교사를 양성하는 데 필요한 지식들에 대한 체계적인 연구도 필요하다는 것이다.

02 수학 교사가 되면 학생들에게 어떤 영향을 끼칠 수 있는가?

이제 수학 교사가 되려고 준비하고 있는 학생들에게 몇 가지 질문을 하려고 한다. 이것은 예비 수학 교사로서 교육 과정을 이수하면서 내용 지식이나 교과 교육에 관련된 지식을 배우는 것 이외에 자신을 되돌아보게 하기 위한 질문들이다.

1. 왜 수학 교사가 되려고 하는가?
   만약에 수학 교사가 안 된다면 어떤 직업을 가질 것인가?
2. 수학 교사로서 자신이 가진 교육관은 무엇이며, 교육 철학은 무엇인가?
3. 학생들이 수학이 무엇이냐고 묻는다면 어떻게 대답할 것인가?

위의 질문들은 수학 교사가 되고자 한다면 또는 수학 교사라면 반드시 생각해 보아야 할 것들이다. 어릴 때부터 교사가 되고 싶다는 꿈을 가진 학생들은 많지만, 그 꿈을 유지하고 실현하는 학생들은 많지 않을 것이다. 막연히 교사가 되고 싶다는 꿈에서 수학 교사를 선택하게 된 계기는 무엇인지 생각해 보라. 그리고 교원 자격증을 취득한 사범대 졸업생일지라도 임용시험에 통과하지 못해 교사가 되지 못하는 학생들도 많을 것이다. 만약 당신이 수학 교사가 되지 못한다면 어떤 직업을 가질 것인가? 이것은 교사가 되지 못하는 경우를 가정해 생각해 볼 문제가 아니라, 예비 교사로 공부하고 있는 학생들이 진정 원하는 것이 무엇인지 생각해 보라는 것이다. 가르치는 것이 좋아서 수학 교사를 하려고 하는 것인지, 교사라는 직업의 안정성 때문인 것인지, 또는 명예 때문인지 등 수학 교사가 되려고 하는 이유는 다양하겠지만, 수학 교사로 여러 가지 일들을 겪으면서 어려움을 이겨나갈 수 있는 힘은 본인이 왜 수학 교사가 되고자 했나를 생각해 보면 알 수 있을 것이다.

수학 교사로서 교육관과 교육 철학에 관한 물음은 흔히 교육학 시간에 많이 받을 수 있는 질문이라고 생각할 것이다. 하지만, 보통의 사범대학 교육과정상 교육학 과목들은 모든 전공의 학생들이 공통으로 수강하기 때문에 전공별로 가진 생각들을 따로 얘기하기가 쉽지 않다. 그리고 전공별로 이루어지는 학과 수업에서는 수학 내용이나 교수법, 학습이론들에 대한 내용에 치중하여 철학적인 질문들은 등한시 하는 경향이 있다. 내가 공부한 수학을 가르치는 데 있어서, 학생들이 수학을 학습하는 데 있어서, 가장 중요하고 기본적인 원칙은 무엇이고, 내가 학생들을 바라보는 입장은 무엇인가? 학생들은 단순히 나의 지식을 답습하고 외운다고 생각하는지, 본인들 스스로의 지식을 발견해 나가는 것인지, 수업을 통한 경험을 통하여 무엇인가 새로운 내용을 만들어 나가는 것인지, 등등 이러한 학습에 관한 철학 자체가 수업 시간에 교사가 하는 행위와 목표를 바꿀 수 있다는 것을 유념해야 한다. 교사의 행동을 결정하는 데 있어 교사가 믿고 있는 바가 큰 역할을 할 것이라는 연구(예 Thompson, 1992)를 생각한다면, 수학 교사로서 나의 교육관과 교육 철학에 대해 생각해 보는 것은 당장 학생을 가르치기 위해서 반드시 필요한 것이다.

학생들이 수학이 무엇이냐고 묻는다면 어떻게 대답할 것인지 생각해 본 적이 있는가? 수학의 실용성이나 심미성, 추상성 등의 성질을 얘기하며 수학은 꼭 필요한 것이라고 강조할 수도 있다. 하지만, 본인이 생각하는 수학이 무엇인지를 생각해보라. 교과서에 나오는 수학을 가르치는 것이 수학 교사가 할 일이라면 본인이 생각하는 수학이란 무엇인가? 수와 식으로 이루어진 추상화된 체계인지, 논리를 따지는 학문인지, 또는 현실 세계에 존재하는 법칙들을 밝혀내는 것인지, 등 수학에 대한 생각들은 다양할 수 있다. 이는 개인의 철학과도 관련된 것이다. 수학에 대한 교사의 생각은 앞으로 수학을 가르치는 데 있어 큰 영향을 줄 수 있는 것이라는 점에서 이 질문은 반드시 생각해 보아야 할 것이다.

수학 교사가 되어 학생들에게 끼칠 영향에 대해 생각해 보는 것은 교사가 어떤 영향을 끼치는 사람일 것인가와도 관련이 된다. 수학 교사가 수업 시간에 수학적인 용어와 기호들만 사용하는지 생각해 보라. 수업을 시작하기 전 학생들의 일상에 관해 질문할 수도 있고, 수업 내용과 관련된 생각해 볼 문제를 제시하기 위해 실생활에 있는 일들을 얘기할 수도 있다. 학생들의 흥미를 유발하기 위한 이런 시간들에 하는 얘기들이 학생들에게 어떤 영향을 끼칠 것인지 생각해 보았는가? 또는 수업 시간에 수학을 가르치는 말투나 학생들을 대하는 자세 등이 학생들에게 어떤 영향을 끼칠 것이라고 생각해 보았는가? 수업 시간에 한 아무 생각 없는 행동이 학생들에게 어떤 영향을 끼칠까? 이런 여러 가지를 생각해 본다면 수학 교사로서 자신의 행동을 세심히 살피게 될 것이고, 자신의 수업을 돌아보는 데도 큰 도움이 될 것이다.

참고문헌

박경미(2009). 「수학의 교수학적 내용 지식(PCK)에 대한 연구의 메타적 검토」. 《수학교육》 48(1), pp.93-105.

이종일(2003). 「사회과 교사자질 교육이론의 변천-교사자질형성과정을 중심으로」. 《초등교육연구논총》 18(3), pp.17-38.

조용기(2003). 「교사와 교육자」. 《대구교육대학교 초등교육연구논총》 18(3), pp.1-16.

Borko, H. & Putnam, R. T. (1996). Learning to teach. In D. C. Berliner & R. C. Calfee (Eds.), *Handbook of educational psychology*(pp.673-708). New York : Macmillan.

Grossman, p.L. (1990). *The making of a teacher : Teacher knowledge and teacher education.* New York : Teachers College Press.

Hill, H. C., Schilling, S. G., & Ball, D. L. (2004). Developing measures of teachers' mathematics knowledge for teaching. *The Elementary School Journal,* 105(1), 11-30.

Lerman, S. (2001). A review of research perspectives on mathematics teacher education. In F. L. Lin & T. J. Cooney (Eds.), *Making sense of mathematics teacher education* (pp.33-52). Dordrecht, The Netherlands : Kluwer.

Martin, T. S. (2007). *Mathematics teaching today : improving practice, improving student learning.* Reston, VA : National Council of Teachers of Mathematics.

National Council of Teachers of Mathematics(1991). *Professional standards for teaching mathematics.* Reston, VA : NCTM.

National Council of Teachers of Mathematics. (1989). *Curriculum and evaluation standards.* Reston, VA : NCTM.

Nelson, B. S. (1997). Learning about teacher change in the context of mathematics education reform : Where have we come from? In E. Fennema & B. S. Nelson (Eds.), *Mathematics teachers in transition* (pp.3-15). Mahwah, NJ : Lawrence Erlbaum Associates.

Schifter, D. & Fosnot, C. T. (1993). *Reconstructing mathematics education : Stories of teachers meeting the challenges of reform.* New York : Teachers College Press.

Schön, D. A. (1983). *The reflective practitioner : How professionals think in action.* London : Temple Smith.

Shulman, L. S. (1986). Those who understand : Knowledge growth in teaching. *Educational Researcher,* 15(2), 4-14.

Shulman, L. S. (1987). Knowledge and teaching : Foundations of the new reform. *Harvard Educational Review* 57(1), 1-22.

Smylie, M. A. (1989). Teachers' views of the effectiveness of sources of learning to teach. *Elementary School Journal,* 89, 543-558.

Sower, J. T. (2007). The mathematical education and development of teachers. In F. Lester (Ed.), *Second handbook of research on mathematics teaching and learning* (pp.157–223). Reston, VA : National Council of Teachers of Mathematics.

Thompson, A. (1984). The relationship of teachers' conceptions of mathematics teaching to instructional practice. *Educational Studies in Mathematics,* 15, 105–127.

Thompson, A. (1992). Teachers' beliefs and conceptions : A synthesis of the research. In A. G. Douglas (Ed.), *Handbook of research on mathematics teaching and learning* (pp.127–146). Reston, VA : National Council of Teachers of Mathematics.

Chapter 20

Krutetskii의 수학적 재능과 개인차

이번 장에서는 Krutetskii가 쓴 '학생들의 수학적 재능에 대한 심리학(The Psychology of Mathematical Abilities in Schoolchildren)'을 중심으로 살펴보고자 한다. Krutetskii는 이 책에서 1955년부터 1966년까지 12년간에 걸쳐 수학적 재능의 구조에 관한 연구, 수학적 재능의 연구를 위한 실험도구 및 방법의 고안, 개인의 수학적 능력의 구조에 있어서 유형적 차이에 관한 규명, 수학적 능력이 나타나는 연령차에 관한 연구를 다양한 측면에서 수행한 연구에 대해 소개하고 있다. 이러한 그의 연구를 바탕으로 본 장에서는 첫째, 수학적 재능에 대한 개념과 의미에 대해 고찰하고, 둘째, 수학적 재능에 다른 개인차를 고려한 수학교육에 대해 살펴보기로 한다.

01 Krutetskii의 수학적 재능에 대한 심리학

Krutetskii는 1968년 'The Psychology of Mathematical Abilities in Schoolchildren'의 러시아 원문을 출판하였다. Krutetskii는 이 책에서 수학적 재능에서 드러나는 개인차의 문제를 심도 있게 다루고 있다. Krutetskii의 수학적 재능과 개인차에 대한 그의 연구는 매우 독특하다는 평가와 함께, 그의 연구에 사용한 수학 문제들이 매우 다양하고 잘 다듬어진 것들이라는 점에서 큰 관심을 불러일으켰다. 미국에서 수학교육에 대한 러시아의 문헌을 합동으로 번역하여 내기로 했을 때 Krutetskii의 논문 중 4개를 싣는데 전집의 제 2권 전부를 할애하기도 하였다. Krutetskii의 개인차에 대한 재능의 연구에 대해 Kilpatrick과 Wirszup (1969)는 미국 번역판 서문에서 Piaget의 연구가 수학교육에 끼친 것과 같은 정도의 영향을 미쳤다고 평가하면서 수학적 재능만을 독립적으로 번역하여 출판하였던 것이다.

구체적으로 Krutetskii의 수학적 재능과 개인차에 관한 그의 저서를 각 장별로 살펴보면 다음과 같다.

1장 현대 러시아의 과학과 교육에 있어서의 수학적 재능에 관한 중요성
2장 수학적 재능에 대한 다양한 연구들의 소개
3장 수학적 재능에 대한 러시아의 심리학적 문헌의 소개
4장, 5장 수학적 재능의 연구와 관련된 연구 목표, 방법, 설계에 대한 소개
6장 수학적 재능의 추출을 위한 구성요소에 대한 기본적인 가설의 설정
7장 실험의 방법에 대한 소개
8장 실험에 사용된 문제에 대한 체제 및 소개
9장 실험에 대한 조직에 대한 소개
10장, 11장 자료의 분석
12장 정보수집단계에서의 수학적 재능의 특성 소개
13장 정보처리단계에서의 수학적 재능의 특성 소개
14장 정보기억단계에서의 수학적 재능의 특성 소개
15장~18장 다양한 분석 및 논점에 대한 소개

Krutetskii의 이러한 연구 중에서 수학적 재능과 개인차와 직접적인 관련이 있는 1장, 2장, 3장, 6장, 12장, 13장, 14장을 중심으로 살펴보기로 한다.

02 수학적 재능에 대한 다양한 견해

수학을 잘하는 학생은 수학에 재능이 많다고 말하지만 수학을 잘 못하는 학생은 재능이 부족하다고 말한다. 이러한 일반적인 견해의 근거에는 수학에서의 개인차는 개인의 재능의 차이로 인식하고 있다는 것을 의미하고, 이러한 재능의 차이로 인해 수학의 학습에서 개인

차가 발생하고 있다는 것이다. 모든 사람이 모든 방향에서 같은 발달 정도를 보이고 활동의 수행에서 같은 잠재능력을 소유한다면 재능에 대해 논의할 것은 아무것도 없을 것이다. 우리가 재능을 얘기할 때 사람들 간에 어떤 개인적 차이가 존재함을 미리 가정하고 있다. 모든 것에서 부진한 사람도 없고, 모든 것에 재능 있는 사람도 없다. 모든 사람이 어떤 일을 할 수 있는 능력을 가지고 있다지만 할 수 있는 정도에는 차이가 있을 것이다. 현직교사의 대부분은 학교 학생들에게 교육의 성공에 영향을 주는 개개인의 심리적 차이가 있다는 것에 대해 실질적인 증거들을 제공해 준다고 말하고 있다(Krutetskii, 1976). 게다가 다른 모든 조건이 일정한 상황에서 동일한 연습과 동일한 교수방법에 의해서 본질적으로 서로 다른 학습의 결과를 나타내게 된다면 이러한 차이는 학생의 개개인의 재능과 능력의 차이로 받아들 수밖에 없을 것이다.

이제 수학적 재능에 대한 다양한 연구결과에 대해 구체적으로 살펴보기로 한다.

1 수학적 재능에 대한 초기의 연구

수학적 재능에 대한 초기의 연구들은 주로 수학적 재능에 대한 선언적 수준에서 개념을 제시하고 있다. 수학적 재능의 단편적인 특성에 더 많은 관심을 가졌던 것 같다.

첫째, Rogers는 수학적 재능의 두 가지 측면을 구별하였는데, 하나는 기억 기능과 관련된 재생적 측면이고 다른 하나는 사고 기능과 관련된 생산적 측면이다(김응태 외 1992, 211쪽 재인용). 즉, 수학적 재능은 기억과 재생으로 구성된다고 보았다.

둘째, Betz는 수학적 재능을 '여러 가지 수학적 관계 사이에 존재하는 내적 관련성을 분명히 깨닫고, 수학적 개념으로 정확하게 사고하는 능력' 이라고 정의하였다. 같은 맥락에서, Wenzl은 수학적 재능을 '여러 가지 수학적 사실 사이에 있는 의미 있는 관련성을 찾아내는 능력' 이라고 하였다(Krutetskii 1976, 21쪽 재인용).

셋째, Meinander는 수학적 재능을 '지능, 기억, 관심, 의지적 요인 등을 포함한 복합적인 성질'이라고 하였다.

넷째, Mordukhai-Boltovskii는 수학적 재능의 구성요소를 따로 떼어 놓으려고 시도하였고, 이러한 구성요소들을 세 가지로 분류하여 제시하였다. 하나는 '수학적 기억력' 으로 사실에 대한 기억력 보다는 개념과 사고에 대한 기억력으로 구별되는 강력한 '수학적 기억력' 이다. 다른 하나는 '명석한 이해력' 으로 관련이 없는 두 개의 사고영역으로부터 한 가지 개념을 끌어내고, 외견상으로는 완전히 다른 종류의 물건들 가운데에서 이미 알고 있는 것들 중 비슷한 것을 찾아내거나 아주 관계가 미약한 범위에서도 비슷한 것을 찾을 수

2 수학적 재능에 대한 발전된 연구

초기의 연구가 선언적이고 정의하는 수준에 머물렀다면 20세기 중반의 여러 연구들은 다양한 관점에서 재능에 대해 구체적으로 제시하고 있다.

첫째, Werdelin은 수학적 재능에 대한 가장 의미 있고 폭넓은 정의를 내렸다. 재능이란 수학적인 기호나 방법을 문제 상황에서 적용하고, 기억하고, 이해하는 것과 관련이 있는 것이라고 하면서, 그의 저서 『The Mathematical Ability』에서 학교 수학적 재능을 일반적으로 많은 조건에 의해 정해지는 다양한 종류의 문제를 푸는 것으로 보았다(Krutetskii 1975, 32쪽 재인용).

그는 이러한 생각을 바탕으로 수학적 재능에 대해 '수학적 재능은 수학적인 또는 그와 유사한 문제, 기호, 방법, 증명의 본질 등을 이해하는 능력, 그것들을 배우고 기억하고 재생하는 능력, 그것들과 또 다른 문제, 기호, 방법, 증명 등과 결합시키는 능력, 수학적인 또는 그와 유사한 문제들을 해결할 때 그러한 것들을 사용하는 능력' 이라고 정의하였다. 이러한 그의 의견은 수학적 재능이 재생적인 측면보다는 생산적이고 창조적인 측면을 더 중시하는 것으로 볼 수 있다.

둘째, Poincaré는 수학적 재능과 관련하여 '수학자의 사고의 특성, 수학자에게 특유한 원초적인 수학적 직관, 잠재적인 창조활동'에 대해 논의하였다. 그리고 Hadamard(1945)는 Poincaré의 '과학의 방법' 에 나타난 사상에 큰 도전을 받아 어떻게 수학자들이 새로운 사상(idea)들을 발견하는지에 대해 의문을 가지고 연구를 시작하였다. 결국 Poincaré는 수학자의 사고 특성을 '발견이라는 과정'을 통해 밝혔고, 이러한 과정을 통해 수학적 재능에 대해 분석할 수 있다.

먼저 Poincaré(1983)는 그의 저서 『과학의 방법』에서 다음과 같이 언급하고 있다. Poincaré는 수학자의 발견의 방법으로 모든 사실로부터 법칙으로 옮겨 가는 것과 법칙으로부터 사실을 탐구하는 것 두 가지를 제시하였다. 이러한 점을 분명하게 하기 위해 Poincaré는 수학자의 사고활동을 세 가지로 분류하였다. 첫째, 발견하고 창조하는 수학정신, 둘째, 공간의 본능적 개념을 건설해 준 무의식적 기하학적인 정신, 셋째, 수학의 최초의 원리를 가르치며 기초적인 정의를 설명하려고 노력하는 정신이 그것이다.

Poincaré는 또한 기억력에 대해 논하였다. 수학자의 기억력은 특별히 나쁜 것은 아니지

만 바둑의 고수가 되기에는 충분치 않다. 왜냐하면, 수학자의 수학적 내용에 대한 높은 기억은 추리의 일반적인 적용법에 익숙해 있기 때문이다. 따라서 수학적 증명의 경우 단지 추리식만의 나열에 불과한 것은 아니고 어떤 일정한 순서에 의해 배열되어 있는데, 이 순서가 추리식 자체보다는 훨씬 중요하다. 만일 우리가 이 순서에 대한 느낌, 말하자면 직관 같은 것을 가지고 한 순간에 추리전체의 배열을 파악할 수만 있다면 그 요소 중의 하나라도 잊어버릴 염려는 없는 것이다. 많은 경우 한번 배운 추리를 되풀이 하고 있는 동안 마치 자기 자신이 발견한 것처럼 생각되는 경우가 있는데, 스스로 발견할 수 있는 능력은 없지만 되풀이하는 동안에 스스로 발견하는 체험을 하게 된다.

다음으로 Hadamard는 창조적 사고과정으로 순차적인 4단계를 제안하였다. 창조적인 사고활동은 다음 네 단계가 차례대로 나타나는 것을 의미한다. 1단계는 준비(preparation) 단계이다. 문제 상황에 의해 어려움에 처하게 되고 그것을 의식적으로 관심을 가지게 된다. 2단계는 숙고(incubation) 단계이다. 문제해결을 위해 의식적인 준비가 무의식적인 심리과정으로 이행을 시작하는 단계이다. 무의식적인 심리과정은 심미적인 기준에 의해서 다양한 많은 결합 결과들을 평가하게 된다. 3단계는 통찰(illumination) 단계이다. 무의식적인 사고과정을 통해 유의미한 사고결과가 의식 속으로 드러나게 된다. 4단계는 실증(verification) 단계이다. 문제에 대한 통찰의 결과가 합당한지 의식적으로 실행에 옮기고, 정확하게 그것을 형식화하고, 그것에 의해 연속적으로 일어나게 될 것에 대해 가정하게 된다.

Hadamard와 Poincaré의 이론으로부터 수학적 재능에 대한 중요한 시사점을 분석하면 다음과 같다. 개인차는 문제해결의 사고과정에서 드러나고 관찰될 수 있다는 점에서 사고과정에 대한 두 학자의 의견으로 수학적 재능에 대한 의미 있는 구성요소를 추출할 수 있다. 하나는 모든 사실로부터 법칙으로 옮겨 가는 것과 법칙으로부터 사실을 탐구하는 것이 수학적 사고활동이라고 언급한 점이다. 이것은 곧 주어진 수학적 사실을 일반화하고, 일반화된 사실에 적용할 수 있는 재능을 의미한다. 또 하나는 기억은 단순한 나열에 대한 암기가 아니라, 나열에 있는 중요한 느낌, 말하자면 직관 같은 것을 가지고 기억할 수 있어야 한다고 언급한 점이다. 이것은 기억을 할 때 수량적인 정보에 대한 막연한 기억이 아니라 문제의 본질에 대한 구조적인 기억을 할 수 있는 재능을 의미한다. 마지막 하나는 통찰의 결과를 의식적으로 실행에 옮기고, 정확하게 그것을 형식화하고, 그것에 의해 연속적으로 일어나게 될 것에 대해 가정하게 된다고 언급한 점이다. 이것은 수학적으로 타당한 지에 대한 증명하는 재능과 주어진 수학적 대상으로부터 추측할 수 있는 재능을 의미한다(서보억, 2008).

셋째, 수학적 재능에 관한 Ruthe의 연구를 살펴보자. 그는 학생들이 많은 문제를 푸는 과정을 비교 분석한 후 수학적 재능을 구성하는 하위요소를 분리해 내었다. 비록 추출한 요소들이 모호하고 지나치게 일반적이긴 하지만 '추상화 능력', '공간적 개념에 관한 능력', '사고에 관한 기능적인 자질', '연역적 능력', '공간적 산술적인 관계에 대한 예리한 감각', '강력한 집중력'을 수학적 재능을 구성하는 구성요소로 제시하였다(Krutetskii 1975, 37쪽 재인용).

넷째, 형태(Gestalt)심리학자들에 의한 수학적 재능에 대한 연구에 대해 살펴보자. 형태주의 심리학자들에 의하면 문제를 푸는 과정은 초기 문제 상황에 의해 수행되는 변형들로 이루어지고 그 상황은 궁극적으로 해답에 도달한다. 그 상황의 역동적인 부분은 사고과정이다. 예를 들면, 수학적 증명의 복잡한 과정은 상황의 연속적인 재해석에 귀착된다. 물론, 형태심리학자들은 어떤 사고과정이 어떤 연속적인 과정을 거치는가에 대해서는 회피하였지만 그들이 개인차 연구에 주는 의미는 가치가 있다. 특히, Duncker의 실험적인 연구와 Szekely, Maier에 의해 확장된 연구는 수학적인 문제의 답을 구하는 동안에 나타나는 사고과정의 개인적인 특징과 생산적 사고과정에 대한 설명으로 개인차 연구에 중요한 의미가 있다. 실제로, Resnick과 Ford(1981)는 Duncker의 논문 'The Psychology of Productive Thinking'을 인용하면서 Duncker의 수학문제를 푸는 과정에 주목하였다. 그는 문제의 해답이 문제 상황으로부터 어떻게 얻어지는가를 묻고 있는데, 해답은 문제의 초기작용의 시도에서부터 연속적인 상황의 재구성을 통해 갑작스런 이해의 순간에서 나온다는 것이다. Duncker는 수학적 재능에서 개인의 차이에 대한 몇 가지 의견을 제시하였다(Resnick와 Ford 1981, 141쪽 재인용). 실행 가능한 해법을 얻기 위해서는 문제에 대한 일련의 재조직의 과정이 필요하다. 재능이 많은 사람들과 그렇지 않은 사람들 사이의 가장 커다란 차이는 이러한 재조직의 용이함이다. 그는 수학적으로 재능이 적은 학생들이 증명에 필요한 변형을 시도할 때의 어려움에 대해 논하면서 Duncker는 빈약한 수학자들은(재능이 적은 학생) 그가 생각할 수 있는 내용이 비교적 고정되고 굳어 있기 때문에 쉽게 변형을 할 수 없고, 따라서 재조직 과정에서 어려움을 겪는다고 설명을 하였다. 또한 Duncker(1945)는 구체적 사실로부터 일반성을 발견하는데 필수적인 지각 능력에는 개인차가 있다고 서술한다. 그는 이러한 능력을 수학적 사고를 이루는 요소 중의 하나라고 여겼다. 그리하여 Duncker는 수학 문제를 푸는데 성공을 좌우하는 본질로서 사고의 여유와 다양성, 구체적인 내용을 추상적인 것으로 이끄는 능력을 보았다. 그리고 Maier는 문제를 푸는 과정에서 경험의 역할을 명확히 규정 지우려 하였다. 문제의 조건이 재결합되면서 자아의 구체적인 해답으로의 접근을 의미하는 '사고과정의 방향' 또는 '해답으로의 방향' 의 개념을 소개하였다. Maier는 '두 줄 문제' 의 실험을 통해서 자아들이 계산의 습관적인 방법에 매여 있지 않을 때 그들은 좀더 능동적으로 다양한 접근을 시도하면서 바른 답을 찾는다고 강조하였다. 계산의 습관적인 방법은 바른 해답을 찾는 것을 방해하게 된다. 그리하여 그는 성공적인 문제풀이를 위한 전제조건으로 사고의 특별한 유연성을 강조한다. Szekely는 문제에 대한 해답은 주어진 문제상황의 구조에 달려있다고 보면서 일반화시키는 특별한 능력은 다양한 문제를 푸는 과정에서 가치 있다고 주장하였다(Krutetskii 1975, 42쪽 재인용).

다섯째, 수학적인 재능에 대한 러시아 심리학자들의 연구이다. 재능에 대한 러시아 심리학자들의 연구는 Menchinskaya, Landa, Kavalev, Kolmogorov, Krutetskii 등에 의해 진행되었다. Menchinskaya는 사고의 기본적인 조작을 분석, 종합, 추상화, 일반화로 나누고 이에 대해 연구하였고, Landa는 재능의 문제와 관련된 심리학적인 요소인 '사고하는 기술' 에 대해 연구할 필요성을 제기하면서, 재능을 개발하는 것은 '사고의 기술을 가르치는 것' 을 의미한다고 보았다. 특히, 기하학적인 문제를 추론하는 새로운 방법을 학생들이 숙달하는 것에서 필수적인 개인적인 차이를 발견하였다. Kovalev와 Myasishchev는 수학적인 활동을 할 때의 사고과정의 특징을 결정짓는 몇 가지 기준들을 추출하였다. 이 기준에는 '수 조작에 대한 성향 및 차후의 수학문제해결에 대한 성향과 좀 더 높은 수준에서 보이는 수학문제에 대한 흥미와 성향', '계산과 산술법칙의 빠른 숙달정도', '추상적인 사고 및 분석하고 종합하는 활동과 수와 기호의 조작에서 특히 강하게 나타나는 종합 능력에서의 사고의 특성', '수학문제해결에서의 독창성과 창조적인 면이 강화될 때 재생하는 측면과 창조적인 측면사이의 상호관계', '자발적인 활동과 수학을 공부하는 수고를 받아들이는 능력', '좋아함과 흥미가 열광으로 발전하여 수학 공부하는 것을 열망하는 정도', '동료들의 수행을 훨씬 능가하는 수행을 하도록 하는 질과 양에서의 생산적인 활동' 을 제시하였다. Kolmogorov는 수학적인 재능의 구성요소로서 알고리즘적 측면, 기하학적 측면, 논리적 측면으로 구분하였다(한인기, 2001, 73쪽 재인용). 먼저 알고리즘적 측면이라는 것은 복잡한 문자식을 변형하고 일반적인 방법으로 접근할 수 없는 방정식의 풀이를 위해 성공적인 접근방법을 찾아내는 것과 같은 대수적인 조작을 수행하는 것과 관련된다. 알고리즘적 측면에서 재능은 '주어진 알고리즘의 실제적인 효율성을 평가하는 재능, 이미 알려진 알고리즘이나 방법들을 구체적인 문제 상황에 적용하는 재능, 주어진 문제를 좀더 단순하고 간단한 유한번의 조작을 통해 해결할 수 있도록 변형하는 재능, 문제해결을 위한 새로운 알고리즘을 찾아내는 재능' 등으로 세분화할 수 있다. 다음 기하학적인 측면에서는 수학자들은 가능하면 그들이 연구하는 문제들을 기하학적인 구체적 형태토 나타내려 하므로 기하학적 상상력

(기하학적 직관)은 수학의 모든 영역에서 중요한 역할을 하는 것은 당연하다. 기하학적인 측면에서 재능은 '주어진 도형을 생생하게 머릿속으로 상상하는 재능, 주어진 기하학적 문제로부터 문제해결을 위해 필요한 정보들을 분석하는, 즉 필요한 정보들을 추출하는 재능, 주어진 문제를 기하학적으로 구체적 형태로 표현하고 기하학적 언어로 번역하는 재능' 등으로 세분화할 수 있다. 마지막으로 논리적인 측면이라는 것은 본질적으로는 수학적인 재능의 본질로 볼 수 있는 측면이다. 학교교육에서 이러한 측면을 개발하는 대표적인 것으로는 정의, 정리, 증명으로 이루어진 기하학적 교과가 대표적인 것이다. 즉, 복잡한 논리적인 구조를 정확하게 이해하는 것과 관련된다. 기하학적인 측면에서 재능은 연속적인 알맞게 분할된 논리적인 추론에의 숙달, 특히, 수학자에게 절대적으로 필요한 논리적인 성숙의 좋은 기준인 수학적 귀납법의 원리를 이해하고 적절하게 사용하는 기술이 매우 중요하다.

3 Krutetskii의 연구에서의 수학적 재능

Krutetskii는 수학적 재능의 구성 요소들을 추출하기 위해 다양한 유형의 수학 문제를 이용하여 수학적 재능이 많은 학생, 평균적인 학생, 재능이 적은 학생들을 대상으로 실험연구를 수행하였다. 학생들이 수학적 문제해결과정을 다음 세 단계, 즉 '문제에 대한 정보수집단계', '수집된 정보를 처리하는 정보처리단계', '문제에 대한 정보를 저장하는 정보기억단계' 로 나누어 각 단계별로 문제를 해결하는 과정에서 수학적 재능의 구성요소들을 추출하고 이를 바탕으로 학생들의 개인차를 연구하였다. Krutetskii는 수학적 재능의 구성요소를 추출하기 위해 먼저, 수학적인 요소를 학습하는데 재능이 많은 학생과 재능이 적은 학생들의 차이가 가장 현저히 나타나는 영역을 대략적인 길잡이로 선택하여 연구를 실시하였다.

첫째, 수학을 배우는데 재능이 많은 독특한 능력을 가진 학생은 수학적 요소를 일반화하는 능력과 일반화된 것을 기억하는 능력 모두에서 차이를 보인다.

둘째, 재능이 많은 학생과 재능이 적은 학생은 틀림없이 문제해결에서의 추론과 추론의 단축에서 차이 보인다. 재능이 많은 학생들은 추론과 조작체계의 단축을 매우 빠른 속도로 일반화시키는 것으로 보인다.

셋째, 수학에 재능이 많은 학생들은 순행의 것으로부터 역행의 사고로 쉽게 전환하는 능력을 가지고 있는 것으로 보인다. 명백히, 재능이 많은 학생들이 이런 조작을 아주 쉽고 자유롭게 수행하는데 반해서 대부분의 평균적인 학생은 일반적인 증명으로부터 간접적인 증명으로 또는 정리에서 그 역으로의 이행에 곤란을 겪는 것으로 보인다. 모든 학생들이 순행의 연산으로부터 역행으로 독립적으로 전환할 수 있는 것은 아닐 것이다. 재능이 많은 학생은 한 가지 방향으로 의미를 만들고, 보다 쉽게 이것의 반대방향에 적용한다. 하지만 재능이 적은 학생들에게는 이것은 어려운 작업일 것이다.

지금까지의 발전된 연구결과들에서 제시한 수학적 재능의 구성요소를 분류하면 다음 〈표 20-1〉과 같고, 그 결과를 다음과 같이 설명할 수 있다.

첫째, 수학적 정보의 수집과 정보들 사이의 관련성 파악과 관련된 구성요소이다. 문제해결을 위한 수학적인 대상들을 분명하게 이해하고 수학적인 정보를 수집하고, 이들 사이의 유의미한 결합을 생성하여 그 문제의 구조를 파악하며, 문제를 재조직하는 활동으로 분석 및 종합적인 사고활동이 수학적 재능에서 중요한 역할을 한다.

둘째, 구체적이고 특별한 내용으로부터 새로운 규칙을 찾는 것과 주어진 문제 상황을 이미 알고 있는 내용에 정확하게 적용할 수 있는 일반화 능력, 증명의 일반적인 유형을 이해하는 능력과 관련된 구성요소이다. 이 구성요소에는 수학적인 증명의 명확한 이해, 수학적 대상들의 폭넓은 적용, 일반적인 사실에서 규칙을 찾고 적용하기, 직관의 결과로부터 형식화하기 및 증명과 이를 통한 다양한 추측, 적용 가능한 새로운 알고리즘을 찾고 새로운 것을 만드는 일반화하는 것이 수학적 재능에서 중요한 역할을 한다.

셋째, 사고과정과 관련된 구성요소이다. 사고과정에서 나타나는 사고의 단축, 논리적 추론의 빠른 숙달, 사고과정에서의 특별한 유연성, 사고의 여유와 다양성, 문제해결과정에서의 사고의 독창성과 창조성, 사고의 우아성 등이 수학적 재능에서 중요한 역할을 한다.

넷째, 기억과 재생과 관련된 구성요소이다. 수학적 내용의 정확한 기억과 재생, 수학적인 내용의 체계적인 기억, 창조적인 재생과 생산적인 활동, 정보의 파지 등을 포함시켰다. 단순한 기계적인 기억이 아니라 수학적으로 의미 있는 것이 무엇인지 알고, 그것을 어떤 방법으로 기억할 것인지 결정하고, 기억된 것을 재생하여 언제 어떻게 사용할 것인가와 관련된 수학적 재능이 중요한 역할을 한다.

〈표 20-1〉 수학적 재능에 대한 다양한 관점

구분	수학적 재능의 구성요소(1)			
	수학적 정보의 수집과 관련성 파악	일반화와 다양한 적용과 증명	사고과정에서의 다양한 재능	사고의 단축 및 빠름
Werdelin	1. 수학적 대상의 분명한 이해 2. 수학적 대상들의 다양한 상호 결합	1. 수학적인 증명의 명확한 이해 2. 수학적 대상들의 폭넓은 사용	·	·
Hadamard, Poincaré	유의미한 많은 결합을 잘 만듦	1. 일반적인 사실에서 규칙을 찾고 적용 2. 직관의 결과를 형식화 하기 및 증명과 다양한 추측	·	·
Ruthe	공간적 산술관계에 대한 감각	추상화	연역적 사고	·
형태주의 심리학자	문제에 대한 뛰어난 재조직화	일반화, 추상화	·	·
Kovalev, Myasishchev	분석 및 종합적 사고	추상적인 사고	·	산술의 빠른 숙달
Kolmogorov	주어진 정보의 분석과 자료의 추출	1. 적용 가능한 알고리즘을 찾고 새로운 것을 만듦 2. 정리의 증명	1. 복잡한 논리구조의 정확한 이해 2. 수학적 귀납법의 이해와 사용기술	논리적 추론의 빠른 숙달
Krutetskii	주어진 정보수집	1. 일반화 2. 증명	사고의 가역성	사고과정의 단축성
구분	수학적 재능의 구성요소(2)			
	사고의 유연성 및 빠른 적응성	사고의 우아성 및 심미지향성	기억과 재생에서 폭넓은 활용	기타
Werdelin	·	·	수학적 내용의 기억 및 재생	·
Hadamard, Poincaré	·	·	수학적인 내용의 체계적인 기억	직관, 무의식적 자아, 창조활동
Ruthe	·	능숙한 사고능력	·	1. 뛰어난 공간개념 2. 집중력
형태주의 심리학자	사고에서의 특별한 유연성	사고의 여유와 다양성	·	·
Kovalev, Myasishchev	·	문제해결에서의 독창성과 창조성	창조적 재생과 생산적 활동	1. 수조작의 흥미 2. 자발성과 인내력 3. 열의
Kolmogorov	·	·	·	기하학적 형태로 표현하고 기하학적 언어로 번역
Krutetskii	사고의 유연성	사고의 우아성	정보의 기억	·

03 개인차와 수학적 재능

Cooper(1998)는 개인차와 관련된 연구는 심리학에서 가장 역사가 긴 연구 분야 중의 하나이고, 지금까지 가장 폭넓게 적용되어지는 분야라고 언급하였다. 실제로 사고능력과 관련된 개인차의 연구는 가장 실제적인 가치가 있는 것으로 인정받고 있다. 특별히 개인차 연구에 있어서 네 개의 큰 연구의 방향이 있는데 그것은 개성(Personality), 감정(Mood), 동기(Motivation), 재능(Ability)의 차이에 대한 연구인데, 개성, 감정, 동기와 관련된 연구는 상당히 주관적인 측면이 강한 반면 사고능력과 관련된 수학적 재능의 개인차의 연구는 객관적인 기준이 명확하게 제시할 수 있어 오랜 개인차 연구에서 가장 중요한 부분이라 할 수 있다.

1 개인차

학교에서의 학습 집단은 서로 다른 지능, 개성, 감정, 동기, 재능을 가진 학생들로 구성되어져 있다. 어떤 학생은 높은 수준의 사고능력을 가지고 있는 반면 그렇지 못한 학생들도 있다. 특별한 목적을 위해 설립되어진 과학 고등학교, 외국어 고등학교, 정보 고등학교, 예술 고등학교 등이라 할지라도 이러한 개인간의 차이는 엄연히 존재한다. 특히, 일반적인 중·고등학교의 경우 재능이 서로 다른 학생들이 함께 학습 집단을 형성하고 있어 개인차에 대한 고려가 무엇보다 중요시되고 있다. 이를 반영하듯 수학 교과에는 최근 수준별 이동수업 등을 통해 이러한 개인차를 해소하려고 시도하고 있지만, 이러한 수준별 반편성에도 여전히 학생간의 개인차가 존재하는 것은 분명한 사실이다. 따라서 개인차에 대한 명확한 이해는 학교 수학교육에 있어서 매우 중요한 부분이고 개인차에 대해 구체적으로 살펴보는 것도 매우 중요한 문제이다.

수학 교실에서 동일한 재능을 가진 학생은 단 한 사람도 없을 것이다. 따라서 교육과 관련된 문제에서는 개인차란 말을 자주 사용한다. 개인차에 대한 사전적 의미로는 '각 개인의 신체적, 정신적 성능의 차이' 라고 정의하고 있고, 심리학적 측면에서는 '집단을 구성하는 개인과 개인 사이에 발견되거나 나타나는 신체적 조건, 지능, 능력, 학업성취, 흥미, 취미 등의 차이' 로 정의하고 있다.

인간의 개인차에 관한 조직적인 연구는 심리학에서 먼저 시작되었는데, 인간의 정신능력을 측정하기 위한 심리검사의 제작과 더불어 본격화되었다. 개인차 연구의 초기 작업은 대부분 인간의 능력의 차이를 밝혀내는 데 집중되었지만, 최근에는 개인차 연구영역이 확대되어 인간의 지능적인 측면뿐만 아니라 개성적인 측면, 감성적인 측면, 동기적인 측면, 환경적인 측면에까지 확대되었다. 또한, 이러한 '능력' 을 보는 관점에도 큰 변화가 생겼다. 초기에는 주로 성취결과의 차이에만 집중하였지만 지금은 사고과정에 더 많은 관심을 가진다. 왜냐하면 사고의 개인적 특성, 즉 개인차는 과제를 수행하는 사고과정에서 드러나기 때문이다(한인기, 2006). 실제로 Rubinstein은 결과보다 오히려 사고활동의 과정이 더 중요한 연구문제라고 지적하였다(Krutetskii 1969, 12쪽 재인용). 또한 Krutetskii는 이러한 사고과정에서 발생하는 개인차를 연구하는 것이 바로 재능의 문제로 보았다. 즉, 개인차의 문제를 재능의 문제로 귀결시켰다.

지금 학교 교육의 목적은 학습자 개인에게 부합되는 재능의 계발에 있다. 실제로, Sternberg와 Salter(1982) 및 Snow와 Yalow(1982) 등이 제시하는 주장에서 교육이 재능 계발 프로그램이라는 것을 확인할 수 있다. 교육이 재능계발에 목적이 있다는 사실은 곧 재능이 사람마다 다르다는 것을 인식하게 된다. 이러한 인식은 학교 수학교육의 교수-학습을 어떻게 해야 하는가에 대한 물음으로 귀결될 수밖에 없다. 각기 서로 다른 지능과 재능을 가진 학생들에게 각기 적합한 다른 교육적 방법이 있을 것이라는 확신을 가질 수 있다. 결국 교육은 개별화된 재능의 계발로 보아야 한다는 것이다.

2 사고의 개인차를 연구하는 재능에 대한 연구

재능에 대한 연구는 사고의 개인차를 연구하는 대표적인 연구영역이다. 러시아 심리학자들의 연구를 통해 살펴본 재능에 대한 일반적인 정의는 다음과 같다.

Rubinstein은 재능을 인간 사회의 역사적 발달 과정에서 축적된 사회적으로 유용한 어떤 활동의 성공적인 수행과 관련된 인간의 특성이라고 하였다. 즉, 재능은 인간의 활동과 관련된다는 것을 알 수 있는데, 재능은 인간의 활동을 통해서 재능이 없이는 수행되기 어려운 활동을 통해서 드러나게 된다고 볼 수 있다. 또한, Petrovski는 재능은 주어진 활동의 성공적인 수행의 조건이 되며 활동의 수행에 필요한 지식, 기능, 능력 등의 획득과정에서 차이를 유발시키는 개인적-심리적인 특성으로 정의하였다.

이러한 재능에 대한 정의를 기초로 하여 심리학자인 Teplov는 재능의 특성을 다음 세 가지로 분류하였다.

첫째, 재능은 어떤 사람을 다른 사람과 구별시키는 개인적이고 심리적인 특성이다. 즉, 모든 사람이 동등하게 가지고 있는 것을 재능이라고 부르지는 않는다.

둘째, 개인적이고 심리적인 특성들 중에서 어떤 활동의 성공적인 수행에 관련된 특성만을 재능이라고 부른다. 예를 들면, 게으름, 지저분함, 무기력함등은 개인적인 특성 이기는 하지만 재능이 될 수는 없다.

셋째, 재능이라는 개념은 어떤 사람의 축적된 지식들, 기능들, 능력들로 귀착되지는 않는다. 재능을 축적된 지식, 기능, 능력과 동일시하지 않는 것은 중요하다. 따라서 수학적 지식, 기능, 능력이 있다고 해서 그 학생이 수학적으로 재능이 있다는 결론을 내리지는 못하는 것이다.

따라서 Teplov와 Petrovski의 주장을 정리하면 다음과 같은 주장을 펼 수 있다.

재능은 활동 수행에 필요한 지식, 기능, 능력의 획득과정에서 차이를 유발시키는 개인의 심리적인 특성이라는 것이다. 즉, 재능은 활동수행의 결과가 아니라 수행과정에서 나타나는 것이며, 재능의 차이는 지식, 기능, 능력의 획득과정에서 볼 수 있다는 것을 의미한다. 어떤 학생이 특정한 문제를 풀도록 한 후 그 결과만 보고는 그 학생이 수학에 재능이 있는지 없는지에 대한 결론을 내릴 수 없다는 것이다. 결국 재능이라는 것이 개인 간의 차이를 유발하는 특성이므로 재능에 대한 고려는 바로 개인차에 대한 고려가 될 수밖에 없다.

3 재능에 대한 Vygotski의 견해

Vygotski는 어떤 학생이 문제를 푸는데 실패하였다면 이것은 그 학생의 재능에 대해 어떤 것도 말해 줄 수 없다. 이것은 이 문제 해결에 필요한 지식, 기능, 능력을 가지지 못하여 필요한 답을 스스로 찾아내지 못했다는 것을 의미한다. 그러나 학생의 지적인 계발은 혼자서 이루어지는 것이 아니라, 성인과의 계속적인 의사소통을 통해서 이루어진다. 그러므로, 학생이 아직 스스로 하지 못하는 것은 어른의 도움을 받아 할 수도 있다. 즉, 내일에는 그것을 학생 스스로 하는 것을 배울 수 있을 것이다.

Vygotski는 학생에 대해 한번만 기회를 제공하지 말고, 두 번에 걸쳐 검사를 수행해야 한다고 제안하였다. 첫 번째는 학생이 스스로 문제를 어떻게 푸는가를 보고, 두 번째에서는 성인의 도움으로 어떻게 푸는가를 보는 것이다. 즉, 스스로 문제를 푼 결과에 의해서가 아니라 스스로의 풀이와 성인의 도움에 의한 풀이 사이의 차이가 학생의 재능을 평가하는 중요한 부분이 된다.

물론, 어떤 학생이 스스로도, 어른의 도움으로도 풀지 못하면 그 학생의 재능이 충분히 높지 않다는 것에 대한 근거가 될 것이다.

4 개인차를 유발시키는 심리적인 특성 : 재능의 구성요소

앞 절에서도 살펴보았지만 개인차를 유발시키는 심리적인 특성을 재능으로 정의한다면 이러한 재능의 구성요소를 보다 세밀하게 고찰할 수 있다. 하나는 일반적인 재능과 관련된 수학적 재능의 요소이고 다른 하나는 수학적 활동과 관련된 수학적 재능의 요소이다.

먼저, 일반적인 재능과 관련된 수학적 재능의 요소는 의지적인 적극성, 끈기, 관찰력, 의지적인 통제, 지적호기심과 같은 인격적인 특성들과 관련된 구성요소들이 있고, 추상적으로 사고하기, 간결하게 표현하기, 사고의 언어표현에서의 정확성, 단축성, 명료성, 명확하게 판단하기, 분석하기, 비교하기와 같은 사고활동의 특성들과 관련된 구성요소들이 있으며, 정돈하여 작업하기, 도식화하기, 자립적으로 터득하기, 효과적으로 기억하기, 순차적으로 논리적 추론, 스스로 문제를 설정하기, 유추하기와 같은 효율적인 학습활동에 관련된 특성들과 관련된 구성요소들로 구분할 수 있다.

다음으로 수학적 활동과 관련된 수학적 재능의 요소는 사고과정의 유연성, 사고과정의 가역성, 사고의 간결성과 엄밀성, 문제 해결의 명료성, 평이성, 경제성, 합리성의 지향, 주변현상에서 논리적이고 수학적인 의미를 찾으려는 경향성, 수학문제해결의 인내심과 같은 수학적인 사고성향에 관련된 구성요소들이 있고, 구체적인 상황에서의 수학 문제의 형상하기, 문제에 포함된 규칙성을 규명하기, 수학적 대상의 구성요소, 구조를 분석하기, 결론을 예측하기, 주어진 것들을 비교하고 분류하기, 양이나 도형들 사이의 관계성 밝히기, 구체적인 수학적 대상으로부터 규칙성을 일반화하기, 공간도형을 상상하기, 방법 유추하기와 같은 수학적인 활동의 방향설정에 관련된 구성요소들이 있으며, 일반화된 규칙, 원리들을 사용하기, 추상화된 양들을 조작하기, 수학적인 도식이나 관계식 다루기, 수학적 귀납법의 원리를 이해하고 정확하게 사용하기와 같은 수학적인 활동의 실행과 관련된 구성요소들로 세분화할 수 있다(한인기, 2006). 이를 표로 간략히 정리하면 다음과 같다.

수학적 재능	일반적인 재능	수학적 활동의 재능
구성 요소	인격적인 특성 사고활동의 특성 효율적인 학습활동의 특성	수학적인 사고성향의 특성 수학적인 활동의 방향설정의 특성 수학적인 활동의 실행의 특성

5 개인차를 고려한 교육과 이에 상응하는 수업

전통적인 학교교육은 집단교육이었기 때문에 학생 개개인의 재능에 맞는 교수 방법을 실현하는 것은 쉬운 문제가 아니었다. 비록 개인차에 대한 인식이 있기는 했으나 구체적이지 못하였고, 한 종류의 교수방법이나 프로그램의 처치가 모든 학생들에게 적합할 것이라고 생각을 해 왔다. 이러한 상황에서 교수 방법의 긍정적인 효과는 개개 학생의 것이 아니라 집단으로서의 평균적인 효과를 측정한 것에 의해 결론 내렸다.

그런데, 학생중심과 교사중심의 교수방법의 비교연구 결과를 보면 이 두 수업방법 사이에 차이가 없는 것으로 보고하고 있다. 또한, 원격교육과 전통적 교수방법에 대한 비교연구에서도, 대학에서의 전통적인 강의 수업과 전체 토론중심 수업의 비교연구에서도 그 효과의 차이가 없다고 보고하고 있다. 이러한 결과들은 우리에게 어떤 교육활동을 집단적으로 실행하는 것은 그 효율성을 입증할 수 없음을 알려준다. 다른 말로 한다면, 학생들에게 효과적인 교수방법이 존재한다면 그것은 학생 개개인의 개인차를 고려한 교수-학습이어야 한다는 것을 시사해 준다. 이처럼 학교에서 학습자 개개인의 개인차를 고려한 교수-학습을 차등화된 교육(adaptive instruction)이라고 볼 수 있다.

이러한 차등화된 교육은 첫째, 학생의 약한 특성을 개발하는 것을 목적으로 학습자 내의 변화를 유도하고, 둘째, 개인차를 고려한 교육과정을 통해 학습자에게 적절한 학습 내용과 경험을 제공하고, 셋째, 학습 집단구성이나 교수-학습 자료, 교수-학습 방법, 지도 방법 등의 학습 환경의 차별화를 통해 학습자의 요구, 흥미, 재능에 부합된 교육을 제공하는 것이 필요하다.

Jonassen과 Grabowski(1993)는 교육에서 개인차를 고려하지 않고 특별한 전략을 사용하지 않은 수업 방법(M_1)으로 수업을 실시하는 경우에 대해 연구를 실시하였고, 한범숙은 수업 방법에 따른 수업효과에 대해 분석하였다. 그 결과는 다음 [그림 20-1]과 같다.

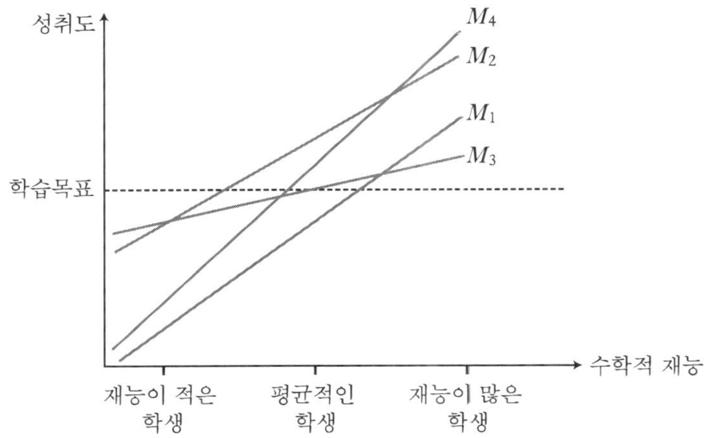

[그림 20-1] **수학적 재능에 따른 학습과 성취도**

첫 번째 수업방법(M_1)은 교실에서 가장 일반적인 수업형태라고 볼 수 있다. 수업은 평균적인 재능을 가진 학생을 기준으로 실시하지만, 재능이 낮은 학생은 낮은 성취를 보이게 되고, 재능이 높은 학생도 적당한 성취를 보이는 학습결과를 보이게 된다. 두 번째 수업방법(M_2)은 학습자들 전체의 평균적인 학습결과를 끌어 올리는 경우로서, 개개인의 학습자들의 필요를 고려하여 학업성취 능력을 전반적으로 향상시키는 방법이다. 세 번째 수업방법(M_3)은 재능이 부족한 학습자의 학습결과를 크게 높여 보려는 방법으로 재능이 많은 학습자에게는 큰 향상을 고려하지 않고 있다. 네 번째 수업방법(M_4)은 재능이 많은 학습자에게 유리한 학습방법으로, 재능이 부족한 학습자는 큰 향상을 고려하지 않는다. 결국 개인차를 고려한 수학교육이라는 것은 두 번째 수업방법(M_2)과 같은 교수-학습 방법을 찾으려는 것이다.

04 Krutetskii의 문제해결의 과정

Krutetskii 는 수학적 재능의 구성 요소들을 추출하기 위해 다양한 유형의 수학 문제들을 수학적 재능이 많은 학생, 평균적인 학생, 재능이 적은 학생들을 대상으로 실험연구를 수행하였다. 학생들이 수학적 문제해결과정을 첫째, 문제해결을 위한 다양한 정보를 수집하는 정보수집단계, 둘째, 수집된 정보를 처리하는 정보처리단계, 셋째, 문제에 대한 정보를 저장하는 정보기억단계로 나누어 각 단계별로 문제를 해결하는 과정에서 수학적 재능의 구성요소들을 추출하고 이를 바탕으로 학생들의 개인차를 연구하였다.

문제해결과정에 대한 정보수집단계에서는 지각의 조건들이 같더라도 서로 다른 재능을 가진 학생들은 서로 다른 성격의 정보를 얻게 된다. 이 단계에 대한 특징을 살펴보면, 첫째, 처음 문제를 지각할 때 정보수집활동 및 물음이 없는 문제, 정보가 불충분한 문제, 정보가 과잉된 문제에 대한 정보수집활동과 관련된 분석-종합적인 지각이 이루어지고, 둘째, 주어진 문제에 대한 지각과정에서의 방향 설정의 단축성이 이루어지며, 셋째, 문제해결을 위한 방향설정의 도구적인 성격을 지니게 된다.

문제해결과정에 대한 정보처리단계에서는 다음과 같은 다섯 가지 수학적 사고활동이 관련되어 나타난다. 첫째, 수학적인 대상, 관계 및 연산을 일반화하는 활동, 둘째, 문제를 해결하는 과정에서 추론의 단축적인 경향성, 셋째, 문제를 해결하는 과정에서 사고과정의 유연성, 넷째, 문제를 해결하면서 우아한 해법을 얻으려는 노력, 다섯째, 문제를 해결하는 과정에서 수학적 추론 과정의 가역적 활동이 일어나게 된다.

마지막으로 문제해결과정에 대한 정보기억단계에서는 문제를 해결한 다음 주어진 문제에서의 다양한 정보, 문제의 풀이과정, 문제의 여러 가지 풀이 방법 등에 대한 정보를 저장하는 활동이 이루어진다.

05 정보수집단계에서의 수학적 재능

문제해결과정 중 정보수집단계에서는 수학적 대상의 분명한 이해, 다양한 상호결합, 문제의 재조직, 분석 및 종합적 사고, 정보의 분석과 자료의 추출, 정보의 수집 등과 관련된 수학적 재능이 나타난다. Krutetskii의 연구결과로부터 문제해결을 위한 정보수집에서의 개인의 심리적 특성을 다음과 같이 요약할 수 있다.

정보수집단계에서 문제해결에 필요한 정보를 수집하고, 해석 및 평가하는 활동의 궁극적인 목적은 주어진 문제의 구조를 파악하는 것이다. 여기서 문제의 구조를 파악한다는 것은 구조 속에 있는 세 가지의 질적으로 서로 다른 요소를 구별할 수 있음을 의미한다. 첫째, 주어진 문제에서 본질적인 수학적 의미를 갖는 관계를 뽑아낼 수 있다. 이것은 서로 다른 유형의 문제와 구별할 수 있는 능력과 관계되고, 동일한 문제 유형에서의 전형적인 한 특징을 찾아 낼 수 있다는 것이다. 따라서 일반적인 해결방법을 탐색할 수 있게 된다. 둘째, 주어진 문제 형태에는 비본질적이나 구체적인 변형에서는 필수적인 양을 뽑아 낼 수 있다. 이것은 같은 유형의 문제라는 것을 인식하고, 같은 유형의 문제라는 큰 틀 속에서 구체적인 차이를 찾아 낼 수 있는 것이다. 셋째, 특정문제를 푸는데 불필요한, 과잉된, 비본질적인 양들을 구별해 낼 수 있다. 문제를 해결하기 위해 불필요한 정보들을 유용한 정보들의 집합으로부터 분리시킬 수 있는 것을 의미한다.

문제의 구조를 파악하기 위한 정보수집 단계에서의 수학적 재능으로 Krutetskii는 다음 세 가지로 세분하여 제시하였다. 첫째, 분석-종합적인 지각이다. 정보를 수집하는 과정에서 수학적인 자료는 먼저 분석적으로 지각한다. 즉, 문제 구조의 서로 다른 구성 요소들을 추출하고 이들 각 요소를 평가하고, 이들을 체계화하며 위계적으로 정의한다. 또한, 문제를 종합적으로 지각한다. 즉, 문제 구조의 서로 다른 요소들을 결합시켜 집합체로 만들고, 수학적 관계들과 기능적인 종속성을 찾는다. 즉, 문제의 수학적인 구조를 찾기 위한 정보를 수집하는 활동은 분석과 종합의 과정을 통해 이루어진다.

정보수집단계에서, 재능이 많은 학생은 스스로 문제에 주어진 다양한 정보를 찾아내고, 그들 사이의 관련성을 쉽게 파악한다. 평균적인 학생은 새로운 유형의 문제를 접하면 대개 수학적 정보들을 개개의 독립적인 정보들로 분리해서 지각을 한다. 따라서 주어진 정보들 사이의 관련성을 찾는 것에 집중하는 경향이 있고, 분석과 종합의 일련의 과정을 통해 이러한 관련성을 찾을 수 있다. 재능이 적은 학생은 새로운 유형의 문제를 처음으로 접할 때, 단지 서로 관련 없는 정보들만을 지각하고, 구체적인 자료에 얽매이게 되고 문제의 본질을 파악하는 것에 어려움을 느낀다. 심지어 많은 도움을 받고도 문제에 제시된 정보들 간의 관계를 찾는 것을 매우 힘들어한다. 문제의 구성요소들 사이의 관계를 이해하는 것이 어떤 학생들에게는 매우 어렵게 느껴지기 때문에 문제의 본질을 구성하고 있는 다양한 관계를 파악하는데 어려움을 겪고, 문제의 본질적인 특성과 비본질적인 특성을 구분하는데 실패하기 쉽다. 또, 재능이 적은 학생들은 문제의 구체적인 내용으로부터 추상화시키는 것에 어려움을 느낀다. 문제의 주제를 넘어서 그것의 수학적인 의미는 거의 보이지 않는다. 그리고 과다한 정보가 주어진 아주 쉬운 문제들에서도 학생들이 혼란스러워한다. 왜냐하면, 재능이 적은 학생들은 모든 구체적인 양들을(그 양이 유형에 본질적인 전형이든, 구체적인 문제에 전형이든 관계없이) 동등한 것으로 인식하고 처리하기 때문이다. 양들 사이의 위계를 세울 수 없어서 문제풀이에 필수적인 것을 추출해 낼 수 없는 것이다.

둘째, 문제의 지각에 있어서의 단축성이다. 재능이 많은 학생들은 문제의 지각과정에서 단축적인 성격을 띄며, 많은 경우에 지각과 동시에 문제의 구조 파악이 이루어지는 경향이 있다. 즉, 문제 구조를 지각하는 것을 '분석-종합적으로 보는 것(insight)'으로 표현할 수 있다. 재능이 많은 학생들은 문제를 지각하면서 순식간에 문제의 구체적인 것으로부터 벗어나 문제의 골격, 구조를 볼 수 있는 능력을 가지고 있다. 반면, 평균적인 학생들은 문제의 구조를 지각하는 것은 분석-종합적인 과정(process), 즉 시간을 따라 펼쳐진 순차적인 과정을 통해 나타난다.

결국, 재능이 많은 학생들은 수학적 문제의 인식 및 추론과정이 단축되어 나타나고, 문제를 지각하는 동안 문제의 구조를 파악하는 신속하고 단축된 과정이 드러난다. 이들은 문제의 초기 방향설정에서 매우 단축된 형태로 중요한 추론의 요소가 보이지 않을 정도로 순간적으로 추론이 일어나고 있다. 이러한 단축으로 인해 수학적인 문제를 지각하는 동안에 분석-종합적인 방향설정의 순차적인 활동은 거의 나타나지 않는 것으로 보여 진다. 평균적인 학생과 재능이 적은 학생에게는 분석과 종합적인 방향설정이 일련의 선형 과정으로 나타나지만, 재능이 많은 학생은 거의 동시에 일어나는 분석-종합적인 통찰로 볼 수 있다. 평균적인 학생은 분석-종합적인 방향설정 활동은 다소간의 시간을 요하면서 순차적으로 천천히 일어나지만, 재능이 많은 학생은 이러한 활동이 단축되어 있어서 절차적인 것이라기보다는 하나의 단일한 행동으로 즉각적으로 일어나게 된다.

셋째, 정보수집에서 방향설정의 도구적인 성격이다. 재능이 많은 학생에게 방향설정은 항상 도구적인 성격을 지니고 있다. 이러한 방향설정은 문제의 특성들을 확인하고 다른 문제들로부터 주어진 유형의 문제를 식별하는 가능성 뿐 아니라 이후의 문제해결을 위한 적극적인 행동의 가능성을 제시한다. 문제해결을 위한 행동들의 계획수립에 바탕이 되는 징표들의 추출을 지향한다. 재능이 적은 학생들의 방향설정은 주어진 문제를 인식하여 다른 문제들과 구별하도록 하는 징표들의 추출을 지향한다. 그리하여 주어진 문제를 다른 문제들과 구별할 수는 있지만 이들 문제의 해결을 위한 행동에서 어떤 차이가 있어야 하는가에 대해서는 알지 못한다.

구체적인 예를 들어 보자. $(a-b)^2$, a^2-b^2의 연산 결과를 구하는 문제가 주어졌다. 이 문제를 해결하기 위해서는 두 가지 서로 다른 지능이 필요하다. 첫째는 $(a-b)^2$이라는 표현을 인식하기 위한 목적 혹은 그와 유사한 표현인 a^2-b^2과 구별하기 위한 목적으로 분석하는 것이다. 둘째는, $(a-b)^2$의 해결에 필요한 계산 절차를 결정하기 위한 목적으로 분석하는 것이다. 첫째는 '어떻게 다른가?' 가 목적이고, 후자는 '어떻게 조작할까?' 가 목적이다. 재능이 적은 학생은 구별은 가능하지만, 조작방법은 결정하지 못한다.

위의 예를 통해서 문제해결을 위한 정보를 분석하는 두 가지 서로 다른 수준이 있음을 알 수 있다. 첫째는 분석의 일차적 수준으로서 주어진 정보를 구별하지만, 조작방법을 결정하지는 못하는 수준이다. 문제의 인식이 행동의 '도구(방향설정)'가 되지 못하는 수준이다. 도형을 학습한 학생이 도형의 모습은 분명하게 인식하지만, 그 도형의 의미는 파악하지 못하는 단계이다. 둘째는 분석의 이차적 수준으로서 문제를 해결하는데 필요한 조작을 완벽하게 수행 가능한 수준이다. 이 단계는 분석을 통해 문제해결을 위한 방향설정의 도구적인 성격을 가지고 있다.

06 정보처리단계에서의 수학적 재능

문제해결과정 중 정보처리단계에서는 크게 일반화와 다양한 적용 및 증명에서의 개인의 심리적 특성, 사고과정에서의 개인의 심리적 특성으로 세분화된다. 이 두 가지 측면에서 보여지는 수학적 재능에 대해 살펴보자.

1 일반화와 증명과정에서의 수학적 재능

일반화는 주어진 문제에 대한 적용 가능한 알고리즘을 찾거나 새로운 알고리즘을 만드는 것과 관련된다. 실제로, 수학교육에서 효과적인 일반화는 다음 두 가지 측면으로 나누어 생각할 수 있다. 하나는 주어진 문제 상황을 우리가 이미 알고 있는 내용 중에서 어디에 적용할 것인지 정확하게 결정하는 것이고, 다른 하나는 구체적이고 특별한 내용들로부터 추상화하여, 주어진 내용들 사이의 관계, 유사성 등을 찾아 본질적인 것이 무엇인지 결정하는 것이다. 즉, 하나는 주어져 있는 특별하고 구체적인 것을 우리가 이미 알고 있는 어떤 것으로 볼 수 있는 능력이고, 다른 하나는 분리되고 특별한 것들로부터 우리가 알고 있지 않은 새로운 규칙을 찾을 수 있는 능력이다.

이러한 일반화에 대해 재능이 많은 학생은 다양한 특별한 것 속에 숨어있는 일반성을 쉽게 찾아내고, 외견상 감추어진 현상의 내재된 본질을 보고 외견상 다르고 구별되는 것 중에서 무엇이 주가 되고 기본적이고 일반적인 것인가를 잘 파악하고 새로운 것 속에서 친숙한 요소를 정확히 찾아낸다.

평균적인 학생에게는 주어진 문제를 재능이 많은 학생들처럼 그 자리에서 일반화하거나 동일한 유형의 문제로 확장하는 것은 보이지 않는다. 하지만, 그들은 계속된 잘 만들어진 절차로 교육을 받은 결과 점진적으로 그러한 일반화에 도달할 수 있다. 이들은 자신의 힘으로는 다른 문제를 같은 유형의 문제라고 인식하기는 어려운 것으로 보인다. 그러나 일반적으로 교사의 도움을 받거나 동료들의 도움을 통해 성공적으로 수행할 수 있다. 따라서 그들은 문제를 풀기 이전에 일반화할 수 없기 때문에, 일반화에 성공하기 위해 문제들을 풀어 볼 필요가 있고, 그 다음에 풀이과정을 비교하면서 점진적으로 일반화에 도달하도록 요구하여야 한다.

재능이 적은 학생들은 수학적인 자료를 일반화하는데 큰 어려움을 가지고 있다. 교사의 직접적인 도움에도 쉽게 해결하지 못한다. 그들은 한 수준의 일반화에서 다른 수준으로 이행하는 것이 어려웠고, 상당히 많은 수의 문제에서 도움을 주고, 질문을 하고, 효과적인 추론을 제공해 주었을 경우에 다음 문제로 넘어갈 수 있다. 이들은 교사의 상세한 도움을 받고도 문제들의 공통된 유형요소를 인식하는데 어려움을 겪는 것으로 보인다. 재능이 적은 학생들은 가능한 모든 조합의 문제들을 다루어보고 특별히 고안된 자료에 대한 장시간의 교육을 통해 어느 정도의 일반화가 가능하다는 것을 발견할 수 있다.

Hadamard와 Poincaré는 증명의 중요성에 대해 언급하였다. Krutetskii는 이러한 증명의 중요성을 일반화의 한 영역에서 언급하고 있다. 수학적으로 재능이 많은 학생들은 전혀 어려움 없이 한 번의 증명문제의 학습으로 그와 유사한 모든 증명문제를 어려움 없이 쉽게 해결한다. 모든 문제에 있어 증명의 일반적인 유형을 인지하면서 대개 바로 첫 문제를 해결한 다음, 유사한 증명의 전형적인 틀인 증명의 우형을 정확하게 인식한다. 평균적인 학생들은 증명 진행과정의 가장 간단한 것에서 가장 복잡한 것으로 독자적인 전환이 일어나지는 못한다. 그러나 증명과정에서 중간의 몇 단계를 교사의 도움을 통해 추가함으로써 특별한 어려움 없이 증명의 최종단계에 도달할 수 있다. 재능이 적은 학생들에게 증명의 일반화, 주어진 유형의 대수적 원리를 세우는 것은 그들의 능력을 넘어서는 것이었다. 가장 쉬운 증명의 진행 과정에서 조차도 교사의 도움을 필요로 한다.

이러한 일반화하는 재능의 차이를 Krutetskii는 [그림 20-2]와 같이 설명하고 있다. 이 그림을 통해 재능이 많은 학생과 평균적인 학생, 재능이 적은 학생들이 일반화에서 얼마나 큰 차이가 나는지 쉽게 이해할 수 있다.

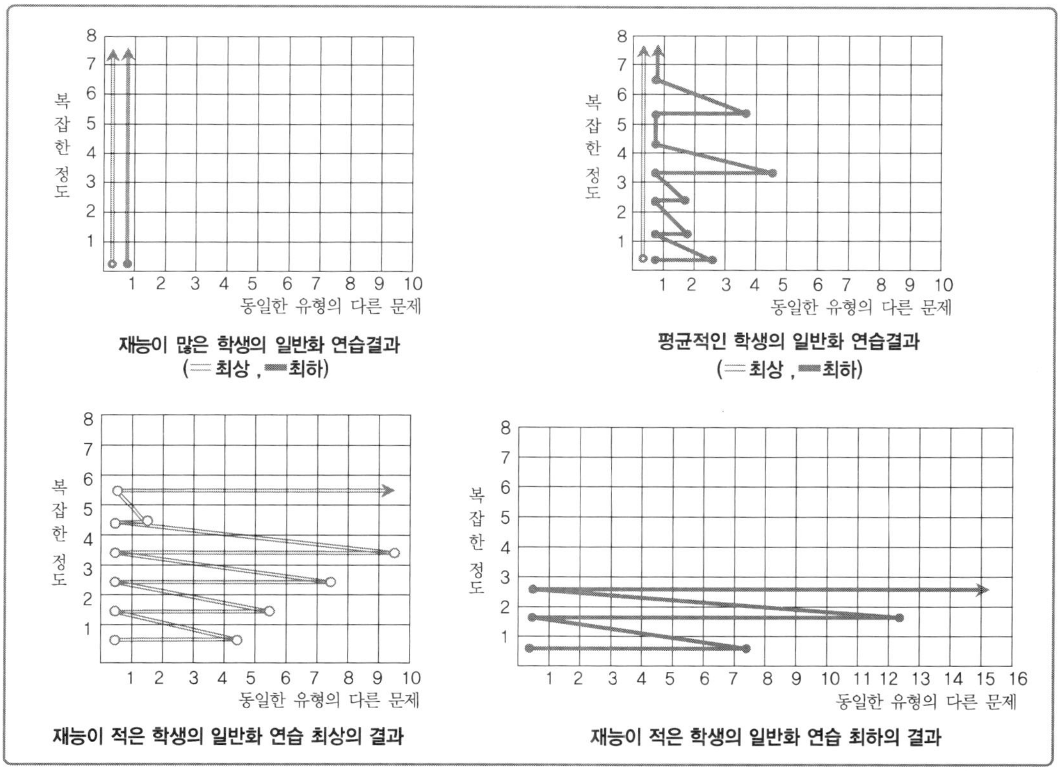

[그림 20-2] **학생들의 개인차에 따른 일반화 경향**

결론적으로 Krutetskii는 재능의 차이에 따른 일반화의 네 가지 수준이 학생들에게서 나타난다고 제시하였다. 제 1수준은 교사의 도움과 많은 수의 동일 유형의 문제들을 해결한 후에도 본질적인 특성에 따라 수학적 자료를 일반화시키지 못하는 수준이다. 제 2수준은 교사의 도움을 받으며 상당한 수의 동일 유형의 문제를 해결하고, 틀리고 실수를 해 가면서 본질적인 특성에 따라 수학적 자료를 일반화하는 수준이다. 제 3수준은 혼자서 본질적인 특성에 따라 수학적 자료를 일반화하는 수준이다. 그러나 약간의 동일 유형의 문제를 해결한 후에 사소한 실수를 하기도 하지만, 교사의 격려와 유도 질문이 있을 때 적절하고 잘못이 없는 일반화가 일어난다. 제 4수준은 교사의 도움이나 동일 유형의 문제를 푸는 특별한 교육 없이 수학적 자료를 옳게 또한 즉각적으로 어려움 없이 일반화하는 수준이다.

2 사고과정에서의 수학적 재능

사고과정에서 나타나는 수학적 재능은 복잡한 논리구조의 정확한 이해, 산술의 빠른 숙달, 논리적 추론의 빠른 숙달, 사고과정의 단축성, 사고과정에서의 특별한 유연성, 사고의 가역성, 능숙한 사고능력, 사고과정의 여유와 다양성, 독창성과 창조성, 사고의 우아성 등이 있다. 이러한 다양한 특성을 크게 다음 네 가지로 나누어 살펴보자.

첫째, 논리적 추론의 빠른 숙달과 사고과정의 단축성이다. 친숙한 문제를 해결할 때는 점차적인 사고과정의 단축이 일어난다는 것은 널리 알려진 사실이다. 학생은 한 유형의 문제를 반복해서 풀어 봄으로써 사고의 단계가 짧아지거나 자동적으로 문제를 해결하게 된다. 사고과정의 점진적인 단축에 대해 Vygotsky는 큰 관심을 보였고, Menchinskaya(1979)는 문제를 해결할 때 사고과정에서 상세한 추론과 함께 단축된 추론도 많은 부분을 차지한다고 주장하고 있다. 그는 '추론의 생략은 점진적으로 일어나는 현상이다.'고 하였다.

이처럼 많은 연구자들은 단축은 한 유형의 문제를 지속적으로 다루어 봄으로써 점진적인 단축으로 발전된다고 지적하고 있다. 이러한 견해는 평균적인 재능을 가진 학생이나 재능이 적은 학생에게는 분명한 것으로 보이지만, 재능이 많은 학생들에게는 반드시 그렇다고 볼 수 없다는 것이 Krutetskii의 기본적인 연구 결과이다. 재능이 많은 학생들은 추론과 수학적인 연산에 대응되는 체계를 빨리 단축하는 경향이 있고, 어떤 의미에서는 문제를 푸는 그 순간 즉각적으로 단축의 경향이 있다. 경우에 따라서는 재능이 많은 학생들의 추론의 구조는 아주 단축되어 있어서 문제의 지각과 결론 사이에 직접적인 연결로 보여 진다.

평균적인 학생들의 경우 처음에는 추론과정의 단축이 잘 일어나지 않는다. 추론 과정에서 필요한 요소들 중 하나라도 빠진다면, 빠진 요소들을 채울 때까지 전체 추론과정은 방해를 받는다. 결국 평균적인 학생들은 점진적으로 추론과정의 단축이 일어난다.

재능이 적은 학생들은 눈에 보이는 단축이 많은 연습 후에도 잘 일어나지 않는다. 개념을 획득하는 첫 단계에서 그들은 항상 힘들어한다. 하지만, 교사의 도움으로 어렵게 추론과정이 어느 정도는 자리를 잡게 된다.

사고과정에서 단축의 가치는 주로 정보처리 속도와 관련되는데, Krutetskii는 [그림 20-3]을 통해 서로 다른 재능을 가진 학생들에게 보이는 사고과정의 단축에 대해 설명하고 있다.

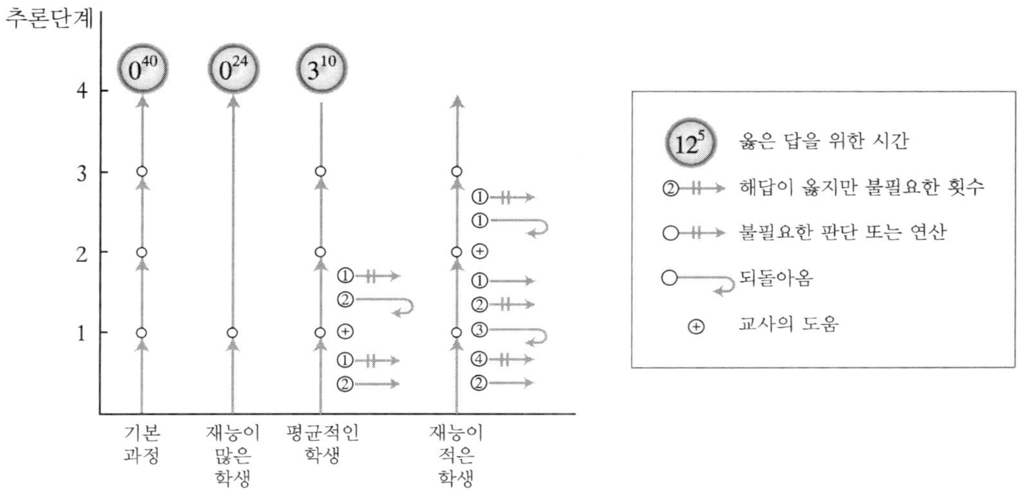

[그림 20-3] **개인차에 따른 학생들의 추론과정의 단축정도**

둘째, 사고과정의 유연성이다. 여러 개의 해를 가지는 문제들에 대해 재능이 많은 학생들은 어려움 없이 한 사고 조작으로부터 새로운 사고 조작으로 쉽게 전환을 한다. 다양한 측면에서 문제풀이의 접근을 시도하고 있다. 이때 이전에 발견된 풀이 방법은 그들의 새로운 풀이 방법에 구속당하지 않았다. 중요한 것은 여러 가지 풀이 방법들을 찾는데 있어 그들의 한 사고 조작에서 또 다른 사고 조작으로 쉽게 전환하면서 그들의 조작 방법을 다양화했다는 것이다. 수학적으로 재능이 많은 학생들은 한 가지 사고 조작으로부터 질적으로 다른 사고 조작으로의 쉬운 전이, 문제해결에 접근하는 방법에서의 다양성, 판에 박힌 상투적인 풀이 방법으로부터의 자유, 이미 확립된 사고 패턴과 조작 체계를 재구성하는 것의 용이함으로 드러난다.

평균적인 학생들에게는 이러한 특성이 잘 드러나지 않는다. 그들의 시도는 명백히 이전에 발견된 방법에 구속당하고 있다. 결국, 그들의 사고는 매번 이미 발견된 패턴으로 되돌아가고 말았다. 문제를 푸는데 있어 성공하지 못한 풀이 방법을 털어버리는 것은 모든 것 중에 가장 어려웠다. 따라서 그들은 빠른 사고의 전환에 약점을 드러내고 있었다.

재능이 적은 학생들에게 있어 이미 발견된 풀이는 그들이 새로운 조작방법으로 전환할 가능성을 끊어 버리는 것처럼 보인다. 그들은 사고의 한 수준에서 또 다른 수준으로, 한 사고 조작에서 또 다른 사고 조작으로 전환하려고 시도하는데 있어 매우 큰 어려움을 느낀다. 때때로 처음에 발견된 풀이 방법은 같은 문제를 푸는 또 다른 풀이 방법을 발견하는 것을 방해했다. 또한 더 일찍 발견된 풀이 방법을 잊어버릴 때 새로운 풀이 방법을 발견할 가능성을 증가시켰다. 즉, 학생의 습관적인 조작방법이 새로운 해답을 찾는 것을 방해하고 있다고 볼 수 있다.

셋째, **사고과정의 가역성**이다. 여기서의 사고과정의 가역성은 순행적인 사고에서 역행적인 사고로의 방향의 재조직을 의미한다. 이 개념은 서로 다르지만 서로 관련이 있는 두 가지 과정을 포함하고 있다. 첫 번째 과정은 단지 한 방향으로의 기능인 A ⇒ B 와 대조적인 개념으로서 B ⇒ A, 즉 역행 가능한 것을 의미한다. 따라서 A ⇔ B 와 같이 상호 작용이 가능한 것이다. 두 번째 과정은 결과나 해답으로부터 초기 자료로 거꾸로 추리하고 사고하는 사고과정의 역행성이다. 사고의 역행에서 사고는 항상 정확하게 같은 경로를 밟지 않는다. 다만 거꾸로 진행된다는 것을 의미한다. 중요한 것은 초기의 사고 방향이 A에서 Z이었다면, 이제 Z에서 A로의 다른 방향으로 움직이는 것을 의미한다.

재능이 많은 학생들은 특별한 어려움 없이 특별한 조언을 필요로 하지 않고 역행적 사고를 통해 역행문제를 잘 푼다. 재빨리 전에 풀었던 문제의 반대로서 역행문제를 동일시하고 있다. 기본문제(순행문제라고 보자)를 푼 직 후에 역행 문제를 푸는 것은 그들에게 어려움이 없다.

평균적인 학생들의 대다수는 역행문제를 모방하는 수준에서 해결하려고 한다(Krutetskii, 1969). 그들의 대부분은 순행문제와 주어진 역행문제를 동일시하고 있지만, 분명한 확신을 가지고 역행문제를 해결하지는 못한다. 따라서 평균적인 학생에 있어서 역행문제를 해결하는 것은 특정한 교육을 필요로 하며, 순행문제와 시간적으로 분리되어 있어야 한다. 즉, 처음에는 순행문제에 대해 학습하고, 그 다음 적당한 연습의 결과로서 역행문제를 순행문제와 결합시켜야 한다.

재능이 적은 학생들은 역행문제는 순행문제 후에 바로 주어지는 경우보다는 시간적인 차이를 두고 역행문제를 순행문제와 완전히 구분시켜 독자적으로 주어질 때 더 잘 해결한다.

넷째, 문제해결에서의 능숙함, 다양성, 독창성과 창조성, 우아성이다. 문제에 대한 가장 합리적인 풀이의 추구, 목표에 이르는 가장 명확한, 가장 간단한, 가장 짧은, 그리하여 가장 멋있고 아름다운 길을 찾는 것과 관련된다. 이러한 특성들은 재능이 많은 학생들의 전형적인 특징이라고 볼 수 있다.

수학적으로 재능이 많을수록 사고에서 이러한 특성은 더욱 뚜렷하다. 예를 들어 '이등변삼각형에서 중선들 중 하나는 그 둘레의 길이를 두 부분으로 나눈다. 한 부분은 12, 다른 부분은 9이다. 이 삼각형의 각 변의 길이를 구하시오.' 라는 문제가 주어졌다고 하자.

이 문제에 대해 재능이 많은 한 학생은 다음과 같이 해결하였다. '이것은 분명히 밑변의 중선이 아니다. 큰 변과 작은 일부분은 더 작은 변과 같은 일부분보다 3cm 더 크다. 전체는 21cm이다. 두 등변은 6cm 더 크다. 따라서 8cm, 8cm, 5cm이다.' 잠시 후에, '여기에는 다른 해가 있다. 한 변의 한 배 반이 9cm이다. 두 번째 삼각형은 6cm, 6cm, 9cm이다.' 라고 하였다.

평균적인 학생들은 풀이의 질에 특별한 주목을 하지 않지만, 재능이 많은 학생들은 그들이 발견한 첫 번째 풀이로 만족하지 않았다. 그들은 문제 풀기를 그만두지 않았고, 그 풀이를 개선할 수 있는지, 또는 그 문제를 더 간단하게 할 수 있는지 살펴보았다. 그들이 발견한 풀이가 경제적이고 합리적이고 멋지고 아름다움을 가질 때에만 만족을 느꼈다. 만일 그들 스스로 그것을 풀 수 없었다면 친구들이나 교사가 보여준 풀이가 아름답고 멋있다고 판단될 때, 그들은 같은 만족을 받았다. 반면에 그들이 발견한 풀이가 조잡하고 다루기 힘들고 또한 복잡하지만 더 좋은 풀이를 발견할 수 없을 때 그들은 불만족스러운 느낌을 가졌다.

07 정보기억단계에서의 수학적 재능

문제해결과정 중 정보기억단계에서는 문제해결 후 문제의 구조, 수치, 추론의 구조, 증명의 방향, 논리적 규칙성에 대한 기억과 관련된 수학적 재능이 나타난다.

수학적으로 재능이 많은 학생들의 기억작용은 문제의 유형, 문제를 푸는 일반화된 방법, 추론의 구조, 증명의 기본방향, 논리적 규칙성 등을 즉시 그 자리에서 기억하고, 영원히 기억하는 것으로 보인다. 결국 문제를 푸는 방법을 정확하게 잘 기억한다. 반면 구체적인 자료나 수치자료는 문제를 푸는 동안에만 잘 기억하고 문제를 푼 후에는 빨리 잊어버린다.

그들은 과도하거나 불필요한 자료는 기억하지 않고, 문제를 푼 후에 즉시 잊어버린다.

평균적인 학생들은 조금 다른 성격을 지니고 있다. 그들은 구체적인 자료나 수치 자료들을 비교적 잘 기억하지만 문제의 일반적인 유형이나 추론의 구조는 잘 기억하지 못한다. 평균적인 학생들은 일반적인 것과 특수한 것, 추상적인 것과 구체적인 것, 본질적인 것과 비본질적인 것의 차이를 느끼지 못해 모든 것을 기억하려는 것으로 보인다. 이로 인해 과다한 정보의 기억으로 인해 과중한 짐을 지고 있는 것으로 보여 진다.

재능이 적은 학생들은 그들 사이에도 큰 차이를 보여주고 있다. 일부 학생들은 수학적인 영역에서 기억 작용에 매우 현저한 약점을 보여 주고 있다. 그들은 수학적인 일반적인 구조나 구체적인 수치자료 모두에서 같은 현상을 드러내고 있다. 여기서 주목할 것은 그들이 다른 학교과목에서는 기억이 좋은 것으로 보여 지고 있다는 것이다. 그들은 많은 노력과 부단한 반복이 필요하다. 많은 학생들은 그러한 자료들을 기계적으로 기억했으며 그것을 비체계적으로 재생하였다. 그들은 문제 유형과 그것을 푸는 일반화된 성질을 깨달았을 때 조차도 그들이 적절한 자료를 규칙적으로 복습하지 않았다면 이 모든 것이 그들의 기억 속에서 급속히 사라지곤 했다. 반면 일부의 재능이 적은 학생들은 구체적인 수들, 숫자들, 값들, 특별한 문제들, 기하학적인 모양들에 대해서는 비교적 잘 기억하고 있는 것으로 나타났다.

지금까지의 사실을 통해 볼 때, 수학적 기억력의 본질은 추론과 조작들의 전형적인 구조의 일반화된 유형의 기억에 관련된다고 볼 수 있다. 특수한 자료나 수치 등은 수학적 재능에 중립적인 것으로 보인다. 이에 대해 Poincaré는 비상한 기억력은 수학자에게 필수적인 것은 아니라고 말하였다. 실제로 학생들은 문제가 어려울수록 문제에 주어져 있는 구체적인 수들을 더 잘 기억하지 못하는 것으로 밝혀졌고, 수치들은 풀이 방법을 찾는 데에 본질적인 중요성을 가지지 않기 때문에 희미하게 기억한다. 문제의 구조와는 직접적으로 관련되지 않은 모든 것들을 떨쳐버리고, 문제의 핵심과 그것의 실제적인 구조를 기억하고 실제 새로운 문제 상황에서 기억한 것을 정확하게 재생하는 것이 중요하다고 볼 수 있다.

참고문헌

김응태·박한식·우정호 (1992). 『수학교육학개론』. 서울 : 서울대학교출판부.

서보억(2008). 「개인차를 고려한 중학교기하교수-학습 방법 개발」. 《수학교육》 47(2), pp.113-133.

한글학회(1992). 『우리말 큰 사전』. 서울 : (주)어문각.

한인기(2001). 「콜모고로프와 수학적 재능에 관한 그의 이론」. 《한국수학사학회지》 14(1), pp.73-82.

한인기(2006). 『수학교육학의 기초와 실제』. 경남 : 경상대학교출판부.

Cooper, C. (1998). *Individual differences*, London : Arnold.

Duncker, K. (1945). On problem solving, J. *Psychological monographs*. 58(5), pp.1-113.

Hadamard, J. (1945). *The psychology of invention in the mathematical field*, Princeton : Princeton University Press.

Jonassen, D. H. and Grabowski, B. L. (1993). *Handbook of individual differences, learning, and instruction*, New Jersey : Lawrence Erlbaum Associates.

Kilpatrick, J. and Wirszup, I. (1969). *Soviet studies in the psychology of learning and teaching mathematics : The structure of mathematics abilities*, Chicago : University of Chicago Press.

Krutetskii, V. A. (1969). An analysis of the individual structure of mathematical abilities in schoolchildren. *In Soviet Studies in the Psychology of Learning and Teaching Mathematics* (Kilpatrick, J. and Wirszup, I., editors), University of Chicago Press, pp.59-104.

Krutetskii, V. A. (1969). An investigation of mathematical abilities in schoolchildren. *In Soviet Studies in the Psychology of Learning and Teaching Mathematics* (Kilpatrick, J. and Wirszup, I., editors), University of Chicago Press, pp.11-12.

Krutetskii, V. A. (1976). *The psychology of mathematical abilitres in schoolchildren,* Chicago : University of Chicago Press.

Menchinskaya, N. A. (1979). Intellectual activity in solving arithmetic problems, *In Soviet Studies in the Psychology of Learning and Teaching Mathematics* (Kilpatrick, J and Wirszup, I., editors), University of Chicago Press, pp.7-53.

Poincaré., H., 김형보 역. (1983). 『과학의 방법』, 서울 : 단국대학교출판부.

Resnick, L. B. and Ford, W. W. (1981). *The psychology of mathematics for instruction,* New Jersey : Lawrence Erlbaum Associates.

Snow, R. E. and Yalow, E. (1982). *Education and intelligence, In Handbook of Human Intelligence* (Sternberg, R. J., editor), Cambridge University Press, pp.493-585.

Sternberg, J. and Salter, W. (1982). *Conceptions of intelligence. In Handbook of Human Intelligence* (Sternberg, R. J., editor), Cambridge University Press, pp.3-28.

Chapter
20

생각해 볼 문제

01 Krutetskii는 수학적 재능의 구성요소를 추출하기 위한 연구에서 대략적인 길잡이로 선택한 요소가 무엇인지 서술하시오. 이러한 요소들이 재능이 많은 학생과 재능이 적은 학생들 사이에 어떤 차이가 있는지 조사하시오.

02 개인차 연구에 있어서 큰 연구의 방향은 개성(Personality), 감정(Mood), 동기(Motivation), 재능(Ability)의 차이에 대한 연구이다. 이러한 개성, 감정, 동기와 관련된 연구에 비해 수학적 재능에 대한 연구가 개인차의 연구에 가장 중요한 부분을 차지하게 된 원인과 이유에 대해 서술하시오.

03 재능에 대한 연구는 사고의 개인차를 연구하는 대표적인 연구영역이다. 러시아 심리학자들의 연구를 통해 개인차와 재능의 관계를 서술하시오. 수학적 재능이 곧 개인차와 직결되는 이유와 연관시켜서 논하시오.

04 개인차를 고려한 수업의 이상적인 형태가 무엇인지 생각해 보고, Freudenthal 의 수학화 수업모형과 Bruner의 발견학습모형에서 이러한 수학적 재능의 차이를 고려하여 어떻게 수업을 진행할 것인지에 대해 서술하시오.

05 Krutetskii 는 수학적 재능의 구성 요소들을 추출하기 위해 수학 문제해결과정을 세 단계로 설정하였다. 이 세 단계가 무엇인지 서술하고, 아래의 문제를 통해 각각의 단계의 특징을 서술하시오.

(문제) 각 A가 직각인 직각삼각형 ABC에서 빗변 BC의 중점을 M, 점 A에서 빗변에 내린 수선의 발을 H, 각 A의 이등분선이 빗변과 만나는 점을 D라고 할 때, 각 DAH와 각 MAD가 같음을 보이시오.

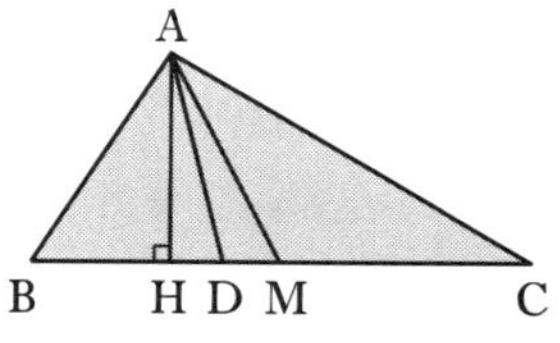

06 정보수집 단계에서의 수학적 재능으로 Krutetskii가 제시한 세 가지 요소를 적고, 각각의 요소가 의미하는 바를 수학적인 예(다양한 문제)를 통해 구체적으로 서술하시오.

07 정보처리단계에서 나타나는 수학적 재능으로 일반화와 관련된 재능이 있다. 평균적인 학생의 경우, 일반화 연습 결과(최상-흰 선, 최하-파란선)에 대한 그래프가 어떻게 제시되는지 찾아보고, 이를 통해 수학수업시간에 고려해야할 점이 무엇인지 서술하시오.

그리고 이항정리 $(a+b)^n=\sum_{k=0}^{n}{}_nC_k a^{n-k}b^k$ 를 학생들에게 지도할 때, 학생들의 일반화에 대한 수학적 재능의 차이를 어떻게 고려해서 수업자료를 준비해야할지 서술하시오.

08 정보처리단계의 수학적 재능의 하나로 사고과정의 가역성이 있다. 여기서의 사고과정의 가역성의 개인의 심리적인 특성이 무엇인지 구체적으로 서술하시오. 이러한 가역성을 고려하여 학생들의 증명지도를 어떻게 하는 것이 타당할지 서술하시오.

09 순행문제와 역행문제가 의미하는 바가 무엇인지 서술하시오. 아래의 문제에 대한 역행문제를 가능한 여러 가지로 만들어 보고, 수학적 재능과 관련시켜 순행문제와 역행문제의 해결과정을 비교하여 설명하시오.

> 순행문제 : 현재 어머니의 나이는 딸 나이의 3배이고, 10년 후에는 어머니의 나이는 딸 나이의 2배가 된다고 한다. 현재 어머니의 나이를 구하시오.

10 정보기억단계에서 수학적 재능의 특성을 간략하게 서술하시오. 이러한 수학적 재능에 대한 심리적 특성을 고려할 때, 아래 문제를 푼 다음 교사가 수학교실에서 해야 할 역할 혹은 교수활동이 무엇인지 서술하시오.

> (문제) $y=\log(x+1)$의 그래프를 이용하여 세 양수 $(A+1)^{\frac{1}{A}}$, $(B+1)^{\frac{1}{B}}$, $\left(\frac{B+1}{A+1}\right)^{\frac{1}{B-A}}$의 대소관계를 구하시오.

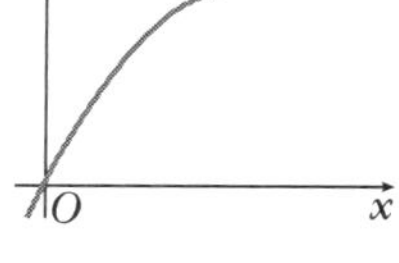

INDEX

찾아보기

• 저자 소개 • (가나다순)

강옥기	성균관대학교 수학교육과 교수
강윤수	순천대학교 수학교육과 교수
고상숙	단국대학교 수학교육과 교수
고호경	아주대학교 교육대학원 교수
권나영	인하대학교 수학교육과 교수
김구연	서강대학교 대학원 수학교육과 교수
김래영	이화여자대학교 수학교육과 교수
김민경	이화여자대학교 초등교육과 교수
김응환	공주대학교 수학교육과 교수
김익표	대구대학교 수학교육과 교수
노선숙	이화여자대학교 수학교육과 교수
서보억	대구가톨릭대학교 수학교육과 교수
신재홍	한국교원대학교 수학교육과 교수
이수진	Montclair State University 수학교육과 교수
이중권	동국대학교 수학교육과 교수
정인철	前 고려대학교 수학교육과 교수
한인기	경상대학교 수학교육과 교수
허혜자	관동대학교 수학교육과 교수
황우형	고려대학교 수학교육과 교수

수학교육학 신서

2012년 1월 30일 초 판 발행
2022년 11월 25일 초 판 2쇄 발행

저 자 / 강옥기 · 강윤수 · 고상숙 · 고호경 · 권나영
김구연 · 김래영 · 김민경 · 김응환 · 김익표
노선숙 · 서보억 · 신재홍 · 이수진 · 이중권
정인철 · 한인기 · 허혜자 · 황우형

발행자 / 오판근
발행처 / 교우사

주 소 / 서울 동대문구 제기2동 148-19
전 화 / 925-2861(代), 편집부 / 925-2825
팩 스 / 925-2860

E-mail / kyowoo@kyowoo.co.kr
http://www.kyowoo.co.kr

등록 / 1994. 3. 24 제6-0256호

ISBN 978-89-8172-910-3 (93410)

값 45,000 원